中国城市轨道交通通风空调行业发展研究报告

亚太建设科技信息研究院有限公司
中国勘察设计协会建筑环境与能源应用分会　组织编写
中国城市轨道交通协会工程建设专业委员会

朱建章　主　编

中国建设科技出版社
北　京

图书在版编目（CIP）数据

中国城市轨道交通通风空调行业发展研究报告/亚太建设科技信息研究院有限公司，中国勘察设计协会建筑环境与能源应用分会，中国城市轨道交通协会工程建设专业委员会组织编写；朱建章主编. --北京：中国建设科技出版社，2024.10. -- ISBN 978-7-5160-4275-5

Ⅰ.F426.472

中国国家版本馆 CIP 数据核字第 2024TP8254 号

中国城市轨道交通通风空调行业发展研究报告
ZHONGGUO CHENGSHI GUIDAO JIAOTONG TONGFENG KONGTIAO HANGYE FAZHAN YANJIU BAOGAO
亚太建设科技信息研究院有限公司
中国勘察设计协会建筑环境与能源应用分会　组织编写
中国城市轨道交通协会工程建设专业委员会
朱建章　主　编

出版发行：	中国建设科技出版社
地　　址：	北京市西城区白纸坊东街2号院6号楼
邮　　编：	100054
经　　销：	全国各地新华书店
印　　刷：	北京雁林吉兆印刷有限公司
开　　本：	889mm×1194mm　1/16
印　　张：	19.25
字　　数：	500千字
版　　次：	2024年10月第1版
印　　次：	2024年10月第1次
定　　价：	**76.00元**

本社网址：www.jccbs.com，微信公众号：zgjskjcbs
请选用正版图书，采购、销售盗版图书属违法行为
版权专有，盗版必究。本社法律顾问：北京天驰君泰律师事务所，张杰律师
举报信箱：zhangjie@tiantailaw.com　　举报电话：（010）63567684
本书如有印装质量问题，由我社事业发展中心负责调换，联系电话：（010）63567692

顾问委员会

主 任 委 员：罗继杰
副主任委员：张 杰　熊文文　杨爱丽　赵一新

编写委员会

主　　编：朱建章
执行主编：陈晓春
委　　员：李德辉　刘伊江　刘英杰　车轮飞　李国庆　孟 鑫
　　　　　郑晋丽　罗燕萍　邓保顺　巩 云　孙兆军　郭旭晖

参编单位：中国铁路设计集团有限公司
　　　　　中铁第一勘察设计院集团有限公司
　　　　　中铁二院工程集团有限责任公司
　　　　　中铁第四勘察设计院集团有限公司
　　　　　北京城建设计发展集团股份有限公司
　　　　　上海市隧道工程轨道交通设计研究院
　　　　　广州地铁设计研究院股份有限公司

编写分工

第1章　中国城市轨道交通通风空调发展概述
负责人：刘英杰　孙兆军
参编人：徐 驰　刘 越　刘 树　王奕然

第2章　城市轨道交通通风空调系统形式
负责人：李德辉　邓保顺
参编人：侯卫华　乔小博　黄泽茂　鱼晟睿　何 磊　樊 航
　　　　马江燕　赵 鹏　刘 垚

第3章　通风空调设备应用
负责人：蔡崇庆　车轮飞　郭旭晖
参编人：姜 涛　李森生　陈玉远

第 4 章　通风空调系统应用技术
负责人：刘伊江　苟红松　巩　云
参编人：王静伟　孟　鑫　黄　翔　谭小卫　蔡崇庆　查晓冬
　　　　叶水泉　范志远　李靖龙

第 5 章　工程案例
负责人：李国庆　孟　鑫
参编人：王怀良　张晓伟　师　可　曲　歌　马　骁　张银萍
　　　　王静伟　刘伊江

第 6 章　发展趋势与展望
负责人：罗燕萍　郑晋丽
参编人：朱建章

附录
负责人：姜燕梅
参编人：陈晓春　刘承军　张　静　张　超

调研参与人：于永波　赵　青　李义岭　王　晖　周良奎　周　颖
　　　　　　董　琴　张　领　张本利　孙永强　曲　歌　曾　臻
　　　　　　刘　树　于海洋　齐卫阳　黄泽茂

高校参与人：毕海权　李安桂　由世俊　李晓锋　臧建彬　潘　嵩
　　　　　　王丽慧

企业参与人：傅家早　贺　进　李宏波　陈旭峰　卫　宇　韩晓迪
　　　　　　李雄诗　彭　婧　贾雄峰　李　明　徐境岭　谭俊明

支 持 企 业：广东美的暖通设备有限公司
　　　　　　珠海格力电器股份有限公司
　　　　　　克莱门特捷联制冷设备（上海）有限公司
　　　　　　搏力谋自控设备（上海）有限公司
　　　　　　皇家动力（武汉）有限公司
　　　　　　依必安派特电机（上海）有限公司
　　　　　　澎克机电设备（上海）有限公司

序 一

我与城市轨道交通通风空调行业有多年的渊源。北京地铁 1 号线建于 20 世纪 60 年代末，由于当时人们对室内热环境的要求标准不太高，同时也受投资费用的限制，仅设置了通风系统，没有考虑空调系统。随着运行年限和客流量的不断增加，原有的设计运行模式越来越难以抑制地铁内环境逐年温升的趋势，到了 80 年代已经严重影响到正常运行。为摸清情况，我常常带着几个本科生半夜两三点钟钻到地铁里去测试，掌握了第一手资料，为后来的通风改善和空调改造提供了支撑。之后，经过多年对地铁地下环境变化规律的研究，清华大学开发出地铁环控模拟分析软件 STESS。另外，我连续参加了 3 届中国勘察设计协会建筑环境与能源应用分会组织的轨道交通暖通空调技术交流年会，针对轨道交通通风空调技术及发展提出看法和建议，与大家一起讨论工程热点问题，至今记忆犹新。

通风空调（也称环控）系统在轨道交通中担负着安全、舒适和节能减碳的重要使命，其能耗相对占比较高，是节能潜力最大的用能领域之一，也是大家一直关注的焦点。国家"十三五"研发项目"公共交通枢纽建筑节能关键技术与示范"中课题 3"地下交通建筑节能关键技术研究与设备开发"，对地铁车站通风空调系统进行了深入研究，给出了不同地区地铁车站环控能耗水平约束值和引导值的研究成果。通过健全能耗评价体系，对地铁通风空调技术发展趋势和节能潜力挖掘起到了引导作用。另外，将来随着客观、精准、科学的电网碳排放因子体系的逐步建立和导向，势必对地铁通风空调系统柔性用能的响应能力提出新的要求，通过改变自身的用电行为，最大限度地减少二氧化碳排放。

本书共 6 章和 1 个附录，全面梳理了地铁通风空调系统的发展历程和当前行业的发展现状，对涌现的新模式、新技术、新产品实践效果进行了探讨，分析了面临的挑战和机遇，以及未来的发展趋势，呈现了一个真实、全面、客观的地铁通风空调发展图景。

当前我国轨道交通正处于从高速发展到高质量发展的转折期，通过行业报告的形式，对地铁通风空调系统研究、实践成果进行"回头看"和梳理总结，有利于进一步挖掘系统节能和减碳潜力，有利于促进地铁通风空调系统整体水平的进步，有利于行业高质量发展和绿色低碳转型。为行业决策者、设计建造、施工运行以及相关从业者提供有价值的参考和启示，对后续建设和更新改造水平的进一步提升提供必要的支撑和参考具有重要意义。

中国工程院 院士
清华大学 教授
江亿
2024 年 8 月

序 二

轨道交通领域是建环分会的重要组成部分，伴随着20多年的高速发展，地铁通风空调系统进行了大量的探索和实践。随着认识的不断提高和经验积累，编写行业报告的时机已经成熟。为了系统总结和梳理我国轨道交通行业通风空调系统的建设与发展成就、经验以及存在的痛点问题，填补这个领域行业发展报告的空白，2022年7月，中国勘察设计协会建筑环境与能源应用分会和《暖通空调》杂志社共同发布了"关于编写我国城市轨道交通暖通空调行业发展研究报告的决定"，后又联合了中国城市轨道交通协会工程建设专业委员会作为共同发起单位。

7家轨道交通领域的设计单位承担了主要编写任务，经过两年的不懈努力，克服了诸多困难，汇聚了地铁行业内设计院、高校、生产企业、建设与运维等诸多单位的智慧和经验，梳理了大量的工程设计、实践和使用效果，调阅了大量参考文献，调研、统计了大量相关信息和数据，分析提炼并经多轮修改，终于推出了《中国城市轨道交通通风空调行业发展研究报告》（以下简称《报告》）一书。

报告主要内容包括：中国城市轨道交通通风空调发展情况，主要技术工程应用时间节点；地铁通风空调系统逐步形成和优化情况，典型模式和变化脉络；典型设备性能和应用情况，各种设备市场占有率统计；涌现的热点技术实际应用情况，各种节能技术的应用背景和应用效果；不同气候区及不同技术特点的典型工程案例，展示工程做法和测试效果；技术发展趋势与展望，形势和相关政策引导下，痛点问题解决、面临的挑战和技术发展应对。《报告》脉络清晰、内容全面、数据充实、分析客观、观点明确。

我国城市轨道交通行业持续发展至今，通风空调在节能减碳及安全舒适等方面起到了关键作用。一段时间内地铁项目由新建为主向存量市场转变是必然的趋势，特别是随着我国"双碳"目标的实施和深化，城市轨道交通通风空调的发展更具挑战性。绿色低碳挖潜、环境可持续保障能力、存量市场设备系统亟需更新换代等，这些问题和需求成为地铁通风空调专业今后一段时间内的发展方向。报告作为多年发展成果的总结和提升，无疑对助力行业后续健康有序发展具有重大意义。从历史走向未来，我们肩负使命。我相信，建环分会搭建平台，产学研设用登台唱戏，构建行业综合发展能力，统筹规划设计、建设、运营、管理、维护各环节，一定会为地铁高质量发展添砖加瓦，再铸辉煌。

中国勘察设计协会建筑环境与能源应用分会 名誉会长
全国工程勘察设计大师

罗继杰

2024年8月

前言

2022年7月，中国勘察设计协会建筑环境与能源应用分会和《暖通空调》杂志社共同发起并发布了"关于编写我国城市轨道交通暖通空调行业发展研究报告的决定"。这是城市轨道交通暖通空调领域第一个行业发展研究报告，由于没有此类文体的编写经验，我们接收任务后忐忑不安，担心编写的内容是否恰当，担心读者是否能从中得到收益，也担心是否能够完成这项艰巨的任务。在建环分会指导下，我们组织轨道交通领域多家设计单位，进行了大量研讨论证和调研分析，经过行业内产学研设以及运维等多方面机构与单位的共同努力，历时两年，终于推出了《中国城市轨道交通通风空调行业发展研究报告》一书。

通风空调系统是城市轨道交通的重要构成之一，是安全、舒适和绿色运营的关键影响环节，尤其是在"双碳"目标和国家新的节能政策颁布的背景下，编写发展研究报告是对这些年地铁通风空调系统研究和实践成果进行的"回头看"和梳理总结，有利于进一步挖掘地铁节能和减碳潜力，有利于促进地铁通风空调系统整体水平的进步，有利于行业高质量发展和绿色低碳转型，对后续工程建设和工程更新水平的进一步提升，提供必要的支撑和参考具有重要意义，并填补了城市轨道交通通风空调行业报告的空白。

城市轨道交通通风空调系统经过几十年的发展变革，形成了一整套的标准模式。这是一个缓慢的过程并具有一定的复杂性，随着认识的不断提高和经验积累，编写行业报告的时机已经成熟。报告编写的指导思想和原则是：真实呈现发展历程、技术路线的历史沿革，客观分析工程实践效果，全面总结经验教训和提请注意的问题。力求让从业人员对地铁通风空调系统有一个更清晰的了解和认识。

本书共分6章：第1章为中国城市轨道交通通风空调发展概述，从多方面多角度记录地铁通风空调的发展历程和重大事件；第2章为城市轨道交通通风空调系统形式，反映城市轨道交通通风空调系统目前发展水平，通风空调系统形式、功能及运行策略演变原因、目的和效果等；第3章为通风空调设备应用，介绍目前存在的城市轨道交通通风空调系统典型设备应用情况和市场格局统计；第4章为通风空调系统应用技术，主要内容为目前已在城市轨道交通工程中应用的通风空调单项技术现状、效果和关注点；第 5 章为工程案例，展示不同气候区、不同技术特点的工程案例；第 6 章为发展趋势与展望，介绍今后尚需解决的问题和进一步发展追求的目标。附录主要内容为到目前为止我国大部分城市的主要轨道交通线路能耗相关数据及高校人才培养统计。

非常感谢全体编者为本书作出的贡献和耗费的心血。还有很多未能署名的参与者，给本报告提供了很好的观点、文稿、数据和建议，在此一并感谢。

本书从设计角度进行编写，建设、施工、运行和消防内容涉及较少。第一次尝试编写行业发展报告，难免会有研究工作不够深入、数据和统计可能不十分准确、对某些问题的认识可能也不够全面等问题。希望广大读者给予批评、建议和指正。我们清醒地认识到，行业报告的编写是一项需要长期、不间断积累的细致工作，希望这个行业报告只是一个开始，将来能接续有下一个更加全面、深入的行业报告，为广大读者提供更多的观点、数据和建议。

中国勘察设计协会建筑环境与能源应用分会　副会长
中国铁路设计集团有限公司　顾问总工

朱建章　主编

2024 年 8 月

CONTENTS 目　　录

1　中国城市轨道交通通风空调发展概述 1
  1.1　城市轨道交通概述 1
  1.2　国内轨道交通建设发展 3
  1.3　国内轨道交通通风空调发展 6

2　城市轨道交通通风空调系统形式 40
  2.1　概述 40
  2.2　环境控制标准 40
  2.3　地下车站通风空调系统 60
  2.4　地上车站通风空调系统 77
  2.5　车辆基地、控制中心通风空调与供暖系统 86
  2.6　通风空调系统工程投资分析 89
  2.7　通风空调系统统计数据分析 98

3　通风空调设备应用 101
  3.1　概述 101
  3.2　主要设备应用 102
  3.3　通风空调设备统计数据分析 121
  3.4　通风空调系统设备生产 127

4　通风空调系统应用技术 144
  4.1　隧道通风 144
  4.2　隧道压力波控制 152
  4.3　高效制冷机房 155
  4.4　直膨技术 163
  4.5　蒸发冷凝技术 167

4.6	蒸发冷却技术	170
4.7	温湿度独立控制空调系统	174
4.8	冷却塔高效运行	182
4.9	蓄冷技术应用	186
4.10	装配式制冷站	193

5 工程案例 … 201

5.1	严寒地区	201
5.2	寒冷地区	205
5.3	夏热冬冷地区	218
5.4	夏热冬暖地区	226
5.5	温和地区	232
5.6	西北干旱地区	235
5.7	高效制冷机房	238
5.8	车辆基地	248

6 发展趋势与展望 … 253

6.1	绪论	253
6.2	轨道交通发展趋势	253
6.3	轨道交通通风空调发展趋势	255
6.4	展望	264

参考文献 … 266
附录1：2023年中国城市轨道交通运营线路制式统计表 … 270
附录2：地铁线路能耗统计表（2021年—2023年） … 273
附录3：高校人才培养 … 292

1

中国城市轨道交通通风空调发展概述

1.1 城市轨道交通概述

国际上对"城市轨道交通"一词没有统一的定义。中国的国家标准《城市轨道交通工程基本术语标准》（GB/T 50833—2012）中，将城市轨道交通定义为"采用专用轨道导向运行的城市公共客运交通系统"。城市轨道交通是指服务于城市客运交通，具有固定线路、铺设固定轨道、配备运输车辆以及服务设施等的公共交通设施。城市轨道交通系统通常以电力为动力，以轮轨运行方式为特征。城市轨道交通主要有地下铁道、城市轻轨交通、单轨交通、自动化导向交通、磁悬浮列车、市域快速轨道系统等类型，地下铁道是城市轨道交通的主要形式。

1863年英国伦敦建成世界上第一条地铁（图1.1-1），缓解了城市的交通拥堵。之后，布达佩斯、波士顿、巴黎、纽约等发达城市都相继引进这种高效快捷的交通工具。目前，世界上已有几十个国家、100多个城市建成了地铁并投入运营，产生了巨大的社会和经济效益。如今世界上著名的城市几乎都将城市轨道交通作为城市公共交通的主要工具，大大改善了城市交通，在促进城市经济发展的同时，城市轨道交通自身也成为现代化大城市的标志。

图1.1-1　1863年英国伦敦建成世界上第一条地铁

世界轨道交通发展主要分为4个阶段：初步发展阶段（1863—1924年）、停滞萎缩阶段（1925—1949年）、再发展阶段（1950—1969年）和高速发展阶段（1970年至今）。

世界城市轨道交通发展史上重大历史事件见表1.1-1。

表1.1-1 轨道交通发展史上重大历史事件

时间	地点	事件
1863年	伦敦	世界上第一条地下铁道在伦敦建成，采用了蒸汽机车牵引
1881年	柏林	世界上第一辆有轨电车在德国柏林工业博览会上展示
1888年	里士满	世界上第一条有轨电车系统投入运行
1899年	北京	中国第一条有轨电车建成通车
1969年	北京	中国第一条地铁建成通车

地下铁道建设是在第二次世界大战后，伴随着全世界经济飞速发展而步入快车道，20世纪70年代到80年代是各国地下铁道建设的高峰。发达国家的主要大城市如纽约、华盛顿、芝加哥、伦敦、巴黎、柏林、东京、莫斯科等已基本完成了地铁网络的建设（图1.1-2）。但后起的中等发达国家和地区，特别是发展中国家地铁建设却方兴未艾。比如亚洲共有26个城市有地下铁道，除了东京与大阪在二次世界大战前就建有地下铁道，其余城市均是在战后建成。

(a) 纽约地铁

(b) 巴黎地铁

(c) 东京地铁

(d) 莫斯科地铁

图1.1-2 全球主要城市地铁

旧式有轨电车行驶在道路中间，与其他车辆混合运行，又受路口红绿灯的控制，运行速度很慢、正点率低，而且噪声大、加减速性能较差。随着汽车工业的迅速发展，西方国家私人小汽车数量急骤增长，大量的汽车涌上街头，城市道路面积明显不够用。

20世纪50年代开始，世界各国大城市纷纷拆除有轨电车线路，这阵风也波及到中国。到20世纪50年代末，我国各大城市也把有轨电车线基本拆完，仅剩下大连、长春等个别线路没有拆光，并一直保留至今，继续承担着正常公共客运任务。

20世纪60—70年代在地下铁道建设发展高潮时期，由于地下铁道造价昂贵，建设进度受财政和其他因素制约，西方大城市在建设地下铁道的同时，又重新把注意力转移到地面轨道上来。利用现代高科技开发了新一代噪声低、速度高、转弯灵活、乘客上下方便，甚至照顾到老人和残疾人的低地板新型有轨电车。在线路结构上，也采用了降噪技术措施。在速度要求较高的线路上，采用专用车道，与繁忙道路交叉处，进入半地下或高架交叉，互不影响。对速度要求不高的线路，可与道路平齐，与汽车混合运行。

回顾20世纪城市交通的发展历程，就是一个否定之否定的过程，有轨电车从大发展到大拆除；接着汽车登上历史舞台，逐渐成了城市交通的主角；到20世纪末，以地铁和轻轨为代表的城市轨道交通又恢复了它的主导地位，这是个螺旋式的上升过程。

1.2 国内轨道交通建设发展

1.2.1 国内轨道交通建设发展历程

1.2.1.1 萌芽阶段

有轨电车是我国最早出现的城市轨道交通系统。1899年,英国人在马家堡到永定门之间,修建了一条有轨电车线路(图1.2-1),全长7.5km。这条线路的技术和设备是由当时的德国西门子公司提供的。随后,天津、上海、大连、沈阳、哈尔滨、长春陆续修建了有轨电车。有轨电车虽然为市民出行带来了方便,但自身存在一定缺陷,轨道影响翻修路面和市政建设,容易造成交通拥堵、速度慢、噪声大等。鉴于存在的这些问题,后期我国相继拆除了有轨电车。此阶段,可以说是我国轨道交通系统的萌芽期。

图1.2-1 北京城第一条有轨电车:从马家堡至永定门

1.2.1.2 缓慢发展阶段

由于经济实力和技术水平落后,我国大运量城市轨道交通建设起步较晚。新中国第一个五年计划期间,国务院决定修建北京地铁,1956年9月5日北京地下铁道筹建处成立。1965年7月1日,北京地下铁道一期工程正式举行开工典礼,经过4年多的建设,1969年9月20日,长23.2km的北京地铁1号线正式建成通车(图1.2-2),同年10月1日开始试运营。

20世纪80年代以前,我国地铁的规划与建设,除了实现城市客运的功能,更重要的考虑是战备的需求。天津轨道交通1号线就是市人防工程的一部分,是天津市最早的地铁线路,被称为"7047工程"。1970年6月5日天津轨道交通1号线正式动工,1976年1月新华路至海光寺段3.6km试通车,成为继北京之后国内第二条建成的地铁(图1.2-3)。天津轨道交通1号线后经多次停工缓建及复工扩建,于1984年12月28日正式开通运营,全程达到了7.4km,历时14年。

图 1.2-2　早期的北京地铁

图 1.2-3　天津地铁 1 号线建成通车

1.2.1.3　逐步建设阶段

进入 20 世纪 90 年代以后，为适应城市快速发展的需要和缓解城市交通的紧张状况，我国政府加大了对城市交通基础设施的投入，开始强调轨道交通对城市交通系统的引导和城市发展的作用，发展大运量城市轨道交通系统的理念开始显现。90 年代以后，上海、广州、深圳、南京等城市逐步开始了轨道交通项目的建设。

1986 年 7 月，上海市政府向国务院呈报《关于建设新龙华至新客站地下铁道工程项目建议书的请示》，同年 8 月，国务院批准"新龙华至新客站地下铁道工程"立项。1988 年 2 月，国务院批准《上海市新龙华至新客站地下铁道工程可行性研究报告》，1990 年 1 月 19 日，批准上海地铁 1 号线一期工程动工。按"分段建设、分段通车"原则，一期工程划分为南、中、北 3 段。1993 年 4 月 9 日，上海地铁 1 号线南段（徐家汇站至锦江乐园站）开通试运营［图 1.2-4（a）］，这是上海第一条轨道交通线路。5 月 28 日，上海地铁 1 号线南段（锦江乐园站至徐家汇站）双线开通观光试运营。

1990年11月，广州地铁1号线获中华人民共和国国家计划委员会批准立项。1993年3月，经国务院同意、国家计划委员会批准广州地铁1号线工程可行性研究报告。1993年12月28日，广州地铁1号线正式动工。1998年9月30日，广州地铁1号线热滑成功；12月28日，广州地铁1号线土建完成。1999年2月16日，黄沙站至广州东站.11个车站投入服务，广州地铁1号线通车并作观光运营[图1.2-4（b）]；6月28日，广州地铁1号线全线（西塱至广州东站）正式开通运营。

（a）上海地铁1号线南段开通试运营　　　　　　（b）广州地铁1号线开通试运营

图1.2-4　上海、广州地铁开通试运营

1998年5月，深圳地铁1号线工程经中华人民共和国国家计划委员会批准后立项，时称深圳地铁一期工程。1999年4月，深圳地铁一期工程开工建设获批。2002年4月，深圳地铁一期工程延长段通过评审。2003年11月30日，深圳地铁一期工程实现全线电通。2004年12月28日开通运营一期工程，2008年，深圳地铁1号线一期工程改名为"罗宝线"。2011年6月15日，深圳地铁罗宝线西延段开通运营，恢复线名为"深圳地铁1号线"。

1999年4月5日，南京地铁南北线一期工程（即南京地铁1号线一期工程）经国务院批准正式立项。1999年10月，南京地铁1号线一期工程可行性研究报告得到国家计划委员会批复。2000年12月12日，南京地铁1号线一期工程在小行车辆基地举行开工典礼。2004年6月26日，南京地铁1号线工程全线轨道贯通。后又陆续实现电通以及车辆上线热滑。2005年5月15日上午9：00，南京地铁1号线开通观光运营，南京成为继北京、天津、上海、广州、深圳之后，中国内地第6个拥有地铁的城市。8月16日，南京地铁1号线工程通过竣工初步验收。9月3日，南京地铁1号线正式开通运营。

1.2.1.4　高速发展阶段

2000年以后，我国大城市人口的增加和城市规模的不断扩大，使得城市交通需求迅速增长，尽管城市道路及城市车辆保有量都大幅度提高，但交通问题依然日益突出。大城市交通问题的解决必须依赖公共交通的发展，特大城市需建立一个以轨道交通系统为骨干、以公共交通系统为主体、多种交通方式互相协调的综合交通系统。

随着中国经济的飞速发展和城市化进程的加快，城市轨道交通也进入大发展时期，截至2023年末，中国（不含港澳台）已有59座城市拥有了自己的轨道交通系统，运营总里程超过11000km。

1.2.2　国内轨道交通建设发展现状

截至2023年12月31日，中国（不含港澳台）共有59个城市开通城市轨道交通运营线路338条，运营线路总长度11224.54km。其中，地铁运营线路8543.11km，占比76.11%；其他制式城轨交通运营线路2681.43km，占比23.89%。当年运营线路长度净增长866.65km。

拥有4条及以上运营线路，且换乘站3座及以上的城市27个，占已开通城轨交通运营城市总数的

45.76%。2023 年全年累计完成客运量 294.66 亿人次，同比增长 52.66%；总进站量为 177.28 亿人次，同比增长 52.09%；总客运周转量为 2450.53 亿人次 km，同比增长 54.67%；与上年同期相比全年客运水平整体提升。

2023 年在建线路总长 5671.65km，在建项目的可研批复投资累计 43011.21 亿元，2023 年全年共完成建设投资 5214.03 亿元，同比下降 4.22%，年度完成建设投资总额连续 3 年回落。全年完成车辆购置投资共计 283.72 亿元，同比增加 12.96%。据可统计的 36 个城市下一年计划完成投资数据预计，2024 年计划完成投资额合计约 4153.59 亿元，其中，计划完成车辆购置投资合计约 216.18 亿元。

截至 2023 年底，城轨交通线网建设规划在实施的城市共计 46 个，在实施的建设规划线路总长 6118.62km（扣除统计期末已开通运营线路以及截至统计期末连续 3 年及以上处于暂停、暂缓状态的项目）；可统计的在实施建设规划项目可研批复总投资额合计为 40840.07 亿元。2023 年当年，共有 5 个城市的新一轮城轨交通建设规划或建设规划调整方案获批，获批项目中涉及新增线路长度约 550km，新增计划投资额约 4500 亿元。

2023 年，中国内地城轨交通运营线路规模持续扩大，日均客运量突破 8000 万人次大关，再创历史新高，悬挂式单轨系统为首次投入运营，已投运城轨交通线路系统制式达到 10 种，低运能城轨交通系统制式进一步丰富。年度完成建设投资额有所回落，城轨交通建设进入平稳发展期，预计未来两年新投运线路与 2023 年基本持平，"十四五"末城轨交通投运线路总规模趋近 13000km。

1.3 国内轨道交通通风空调发展

1.3.1 建设篇

1.3.1.1 起步阶段

我国地铁建设初期的 20 世纪 60 至 70 年代，以北京、天津地铁为代表，受当时的经济条件等各方面限制和影响，地铁车站只设置了通风系统。

1. 北京地铁 1 号线

1969 年建成了中国第一条地下铁道——北京地铁 1 号线（其中复兴门—宣武门—北京站段为现北京 2 号线）。北京 1 号线全线共 18 座地下车站，全部为地下线路。其中苹果园站—复兴门站段（现属北京 1 号线）共 12 座车站（含复兴门站），复兴门—宣武门—北京站段（现属北京 2 号线）共 6 座车站（不含复兴门站）。

北京地铁 1 号线建设时的指导思想是战备为主，兼顾运营。每座车站仅在单端设置一条事故风道以及两台事故风机，同时在每座车站之间的区间均设置一座中间风井，中间风井设置了事故风机，与车站事故风机联合动作，满足区间及车站机械通风与机械排烟的功能需求。车站公共区与隧道相互连通，未设置站台门及轨顶风道，车站无活塞风井，列车活塞风由车站出入口进出；区间隧道通风和车站公共区通风均利用事故（兼通风）风机进行机械排风，自然进风，车站公共区未设置空调系统；车站公共区火灾和区间隧道火灾时也利用车站单端的事故（兼通风）风机进行机械排烟。车站设备管理用房未设置空调系统及排烟系统。

随着城市的变化和发展，北京地铁 1、2 号线的功能已经从战备为主变化为城市客运的主干线，从建成至今也进行了多次改造。其中为进一步适应运营需求，北京城建设计发展集团股份有限公司完成了北京地铁 1、2 号线消隐改造工程设计工作并于 2009 年顺利通过验收。

2. 天津地铁 1 号线

天津轨道交通 1 号线就是市人防工程的一部分，是天津市最早的地铁线路，被称为"7047 工程"。1970 年 6 月 5 日天津轨道交通 1 号线正式动工，1976 年 1 月新华路至海光寺段 3.6km 试通车，成为继北京之后国内第二条建成的地铁。天津轨道交通 1 号线后经多次停工缓建及复工扩建，于 1984 年 12 月 28 日正式开通运营，全程达到了 7.4km，历时 14 年。

天津地铁 1 号线始建于 1970 年，1976 年 1 月新华路至海光寺段试通车，1984 年 12 月 28 日正式建成通车。这是继北京之后，我国建成的第二条地铁线路。地铁线路南起和平区的新华路，北至红桥区的西站，全长 7.4km，属浅埋式地铁，全线设有 8 个风格各异的车站，平均站距 1km，有运营客车 8 组 24 节。地铁实行双线运行，按设计能力每小时可运送 3 万人次。

天津地铁 1 号线通风空调系统的设置与北京地铁 1 号线基本相同。

1.3.1.2 发展阶段

改革开放后，我国经济发展步入高速发展的初始阶段，以上海、广州地铁为代表，学习借鉴了国外地铁设计经验，开始使用地铁模拟软件，地铁车站通风空调系统有了较大的变化和发展。

1. 上海地铁 1 号线

上海地铁 1 号线一期工程锦江乐园站至上海火车站段工程自 1990 年 1 月开始动工建设，1993 年 5 月 28 日，一期工程南段试运营，1994 年 12 月一期工程基本建成，1995 年 4 月开始全线试运营，共设 13 座车站（地下 11 座、地面 2 座）。之后经多次向南、向北延伸，至 2022 年 2 月上海地铁 1 号线全长 36.89km，共设 28 座车站，其中高架站 9 座，地面站 4 座，地下站 15 座。采用 8 节编组 A 型列车，设计高峰运行对数为 30 对/h。

1995 年开通的 13.365km 由上海市隧道工程轨道交通设计研究院（组长单位）、北京市城建设计院和上海市城市规划设计院联合设计；后续延伸部分均由上海市隧道工程轨道交通设计研究院承担总体和系统设计。

1995 年先期开通段按屏蔽门系统设计，但由于当时屏蔽门系统尚不成熟，屏蔽门系统进行了缓装。经过近 10 年的运营，车站温度渐高，于 2005—2006 年完成屏蔽门的加装。后续延伸开通段按屏蔽门一次到位设计。

车站公共区设计标准站厅为温度 30℃、相对湿度 65%，站台为温度 29℃、相对湿度 65%。公共区采用全空气空调系统，采用组合式空调箱、回排风机和新风机组成的全空气系统，每端设 2 台。冷源由冷水机组、水泵及冷却塔组成，每座车站设 2 台冷水机组，单机冷量 349~698kW。由于屏蔽门缓装，早期开通的车站公共区冷量留有一定余量。区间采用双活塞风井，标准车站设置 4 台 60m³/s 事故风机，每端 2 台。设有车站轨区排热通风系统，设 2 台 40m³/s 排热风机，上、下排热风量的占比分别为 65% 和 35%。设备管理用房采用通风或分体式空调。区间通风的模拟计算由美国 DELEUW ACATHER 公司承担，采用软件 SES 3.0 计算。

2. 广州地铁 1 号线

广州地铁 1 号线工程起自珠江以南广州钢铁厂的西朗，终到火车东站，线路全长 18.497km（右线长度）。共设车站 16 座，14 座车站为地下车站，2 座车站为地上车站。此外，全线还设有 1 座车辆段、1 座控制中心及 2 座主变电所。广州地铁 1 号线工程连接芳村、荔湾、越秀、东山、天河五城区，穿越珠江和最繁华的闹市区，是贯穿广州城市东西向客运交通走廊的重要干线。设计列车采用 6 节车编组，最高车速为 80km/h。

1992 年，中铁二院受广州市地铁总公司的委托，承担了广州地铁 1 号线工程设计总承包和总体设计任务。1997 年 6 月 28 日西朗至黄沙段首期五站开通试运行，1998 年 12 月 28 日全线建成，1999 年 6 月 28 日全线开通试运营，2001 年 3 月 24 日通过政府竣工验收，工程设计、施工历时 7 年。

广州地铁 1 号线工程隧道通风系统为单活塞方案，采用了隧道风机加喷嘴、设置推力风机以及射流风机的方案进行气流调控。为减少外界热空气对靠近洞口区间的车站内空调环境的影响，在洞口位置设置了空气幕。车站大系统采用一次回风全空气系统，回排风机兼作排烟风机。通风机房设于站厅层两端，各负担半个车站的空调通风负荷。车站站厅、站台气流组织形式为上送上回。为提升大系统的可靠性，车站每端环控机房的组合式空调机组、新风机、回排风机均按 2 台布置。空调冷源为冷水机组，按 2 台离心式机组和 1 台活塞式机组组合设计，冷水机房设于车站地面易于布置冷却塔的一端，冷却塔与冷水机组数量一一对应。

2004—2008 年，广州地铁公司对广州地铁 1 号线加装屏蔽门。

1.3.1.3 成熟阶段

以深圳、南京地铁为代表，强调应用 SES 等软件模拟各种工况，地铁车站通风空调系统逐步完善，更加清晰、规范，基本形成了屏蔽门和安全门制式下的典型系统模式。

1. 深圳地铁 1 号线

深圳地铁 1 号线是深圳市第一条建成运营的地铁线路，2004 年 12 月 28 日开通运营一期工程，2011 年 6 月 15 日开通运营二期工程。深圳地铁 1 号线一二期工程线路总长 40.876km，共有 30 个站点，其中 28 座地下站，2 座高架站，列车采用 6 节编组 A 型列车，远期高峰运行对数为 30 对/h。

该线的一期工程由铁三院承担总体设计，上海市隧道工程轨道交通设计研究院承担环控系统设计。深圳地铁 1 号线采用屏蔽门系统，且按一次安装到位设计，区间模拟计算采用自有空气动力学程序计算。

车站公共区的设计标准站厅为温度 30℃、相对湿度 55%~65%，站台为温度 28℃、相对湿度 55%~65%，总风量 95000~150000m³/h，采用全空气集中空调、三风机系统，即组合式空调箱、回排风机和小新风机，且采用变频节能技术。车站管理用房和设备用房根据需要设置空调或通风系统。区间隧道采用双活塞风井，车站每端设 2 台事故风机，风量 55~66m³/s。站台轨区设排热通风系统，设上、下排热风道，单机 20~60m³/s，采用双速风机，可根据列车运行对数调整转速，由此达到节能运行目的。公共区与设备管理用房合用冷源，一般每站设 2 台冷水机组，单机冷量 426~1118kW。

2. 南京地铁 1 号线

南京地铁 1 号线全长 45.44km，其中地下线 34.14km、高架线 11.3km；共设置 32 座车站，其中地下站 21 座、高架站 11 座；列车采用 A 型列车 6 节编组，最高运行时速 80km/h，设计高峰运行对数为 30 对/h。其中一期工程北起迈皋桥站，南至奥体中心站，线路全长 21.72km，其中地下线 14.33km、高架线 7.49km，设 16 座车站，其中地上车站 5 座、地下车站 11 座，全线设小行车辆段和珠江路控制中心各 1 处。一期工程是南京地铁第一条开通的地铁线路，于 2005 年 5 月 15 日开通观光运营，同年 9 月 3 日正式运营。南京地铁 1 号线途经栖霞区、鼓楼区、玄武区、秦淮区、雨花台区和江宁区，线路北起燕子矶新城的八卦洲大桥南站，经迈皋桥片区过南京站后，沿南京主城南北中轴线一路南下，于安德门站向东南转至江宁东山片区，进入江宁大学城，南至中国药科大学站。2005 年开通的 21.72km 由北京城建设计研究总院承担总体设计，上海市隧道工程轨道交通设计研究院承担环控系统设计；后续延伸部分均由北京城建设计研究总院总体设计。

2005 年先期开通段按有站台门设计，但由于当时站台门系统尚不成熟，站台门系统进行了缓装。经过近 10 年的运营，车站温度渐高，于 2009—2010 年完成站台门的加装。后续延伸开通段均设置全高站台门，空调系统按集成闭式系统进行设计。

车站公共区设计标准站厅为温度 30℃、相对湿度 65%，站台为温度 29℃、相对湿度 65%。公共区采用全空气空调系统，采用组合式空调箱、回排风机和新风机组成的全空气系统，每端设 2 台，且采用变频节能技术。冷源由冷水机组、水泵及冷却塔组成，每座车站设 3~5 台冷水机组，单机冷量 350~1000kW。由于站台门缓装，早期开通的车站公共区冷量留有一定余量。区间采用双活塞风井，标准车站设置 4 台 60m³/s 事故风机，每端 2 台。设有车站轨区排热通风系统，设 2 台 50m³/s 排热风机兼回排风机，上、下排热风量的占比分别为 65% 和 35%。车站管理用房和设备管理用房根据需要采用通风或柜式空调系统，公共区与设备管理用房合用冷源。

1.3.1.4 提高阶段

随着国家经济实力增强，对节能环保的要求提高，以洛阳、广州地铁为代表，对典型模式因地制宜进行研究和尝试，地铁车站通风空调系统得到了更多的改进和完善，更加注重设计、施工和运行各环节中节能、环保理念落地。

1. 洛阳地铁2号线一期工程

洛阳市轨道交通2号线一期工程采用6B车辆编组，起于国家牡丹园附近的经三路站，止于伊洛路与龙门大道交叉路口的龙门大道站，线路长约18.216km，地下线，设站15座，含换乘站3座，平均站间距1.26km。最大站间距2.26km（九都西路站至博物馆站），跨洛河处设中间风井一座，最小站间距0.70km（体育中心站至开元大道站）。设一座车辆段，位于线路终点；设一主一备两处控制中心，一处设于车辆段内，另一处设于洛阳龙门站附近。

洛阳市轨道交通2号线一期工程总体设计和环控系统设计均由中铁第四勘察设计院集团有限公司完成。线路2016年8月19日立项获批，2021年12月26日正式开通运营，历时5年。

项目采用了以下创新方案。

1) 小型磁悬浮压缩机技术：磁悬浮压缩机的小型化，一直是行业难题。在本线的设计之初联合厂家针对地铁行业开发特定的磁悬浮直膨机组。压缩机采用格力自主研发的小冷量小压比变频磁悬浮离心压缩机，解决了行业内缺少小冷量磁悬浮压缩机的痛点。对于非超一线城市，采用直膨方案后大部分车站的单台机组的制冷量均不超过100RT。

2) 水冷直膨机组技术：洛阳地铁2号线采用磁悬浮压缩机的水冷直膨机组，并要求机组高度化集成，规避压缩机回油问题；省去了空调冷水循环系统，无须二次换热，也规避了空调冷水系统保温失效漏热和滴水等问题；机组集成度高，压缩机、冷凝器均集成到组合式空调箱内，节约机房用地。

3) 风机墙技术：将组合式空调机组传统的离心风机段改为了风机墙段。对于水冷直膨机组，其对断面迎风面风速的均匀性要求更高。其主要优势如下：机组的风机段采用多个直流无刷风机构成风机墙，可实现风量在0～100%的无级调节，实测断面36个测点均匀度提升到91.7%；直流无刷电机与风机直联，无须皮带联动，风机效率更高，较常规皮带轮传动交流风机效率提升12.1%；设备维护维修方便，单台风机故障对系统运行的影响相对小；风机启动电流小，噪声低。

4) 单端送风方案：将服务于公共区的水冷直膨机组均布置在设备区小端，避免了设备区大端空调风管必须要穿越设备区的80～100m的主风管导致的管网排布困难和风机输配能耗高问题。由于采用集中回风形式，取消了回排风机，仅保留送风机，规避了传统地铁空调方案送风机与回排风机在实际运营过程中由于风机匹配难导致的一系列问题。2号线采取大系统单端送风，单双活塞相结合、弱电机房整合、优化公共区布局等措施，标准车站长度由常规的202m缩减至184m，全线共缩减土建规模约18000m²，降低土建初投资近2亿元。

5) 新系统专用节能控制软件：针对洛阳地铁2号线的大系统空调设置了专用的节能控制软件，对风系统、压缩机、冷却水系统进行统一的协同控制。核心采用了模块化及分档分级的思路，其特点如下：采用档位前馈控制思路，在地铁反馈控制运行不理想的情况下，可以实现细化的档位控制，降低能耗；模式和档位的编辑功能，进行了针对性的开发，可以实现简易的模式和档位的编辑，提高了运营后的软件适用性；节能分析诊断功能，通过软件对关键的能耗、能效指标进行处理，分析潜在问题，降低管理难度。

6) 屏蔽门可开启通风转换装置：结合洛阳地铁的规划情况，洛阳地铁2号线到达远期客流预计会有非常长的时间。结合洛阳地层常年温度情况，为降低车站公共区通风空调系统的能耗及运行时间，节省运行费用，项目实施时在屏蔽门的上部设置了可开启/关闭的通风换气装置。在地铁运行初期近期、过渡季节等区间隧道温度低于车站站台温度时，开启通风换气装置，充分利用区间隧道免费冷源。

在地铁运营远期、夏季较热月等区间隧道温度高于车站站台温度时，关闭通风换气装置，最大限度隔离区间隧道与车站站台。

2. 广州地铁6号线首期工程

广州地铁6号线首期工程浔峰岗—长湴段线路全长24.5km，其中高架线3km，过渡段0.3km，其余为地下线；设22座车站，其中浔峰岗、横沙、沙贝站为高架车站，其余为地下车站。在浔峰岗设1座停车场，在大坦沙、燕岭设2座主变电站，在海珠广场和区庄设2座集中制冷站，控制中心位于停车场内。车辆采用直线电机系统，4辆固定编组，最高车速为90km/h。

6号线首期工程由广州地铁设计研究院有限公司和中铁二院集团联合承担总体设计，广州地铁设计研究院有限公司承担环控系统设计。2005年线路立项获批，开始设计，2013年12月28日开通运营，历时8年。

6号线首期工程线路横穿老城区，同时与多条线路换乘（共9座），因此6号线深埋车站多、站间距小、客流小；同时沿线环境敏感点较多，对声环境质量要求较高。针对这些工程特点，隧道通风系统采用了单活塞风井系统，即只在车站一端的进出站端设置活塞风井，另一端只设置1个机械风井；同时车站单端排热，设置2台30m³/s的排热风机并联运行，并充分利用埋深空间垂直布置隧道风机，减小车站规模，节省初投资。车站大系统均只在车站一端设2台立式空调机组，单端送风，减少机房占地面积。这样车站一端只设置4个风亭，另一端只设置1个风亭，不但减少了车站风亭的数量和地面工作的协调量，还减少了对周边环境及居民的影响，并节省了初投资。

同时为解决在城市繁华闹市区设置冷却塔及征地拆迁的困难，6号线首期在海珠广场、区庄设有2座集中制冷站，海珠广场制冷站采用珠江直流冷却系统，为市中心无法设置冷却塔的车站提供冷源。东山口站、黄沙站利用1号线加装屏蔽门后的剩余冷量供冷。其余车站采用分站供冷系统，冷水机组采用螺杆冷水机组。

3. 广州地铁12号线工程

广州地铁12号线浔峰岗—大学城线路全长37.6km，全为地下线；设站25座，其中换乘站17座。最大站间距2.4km（里槎区间），最小站间距0.75km（景广区间），平均站间距1.52km。全线设置一段一场，分别为槎头车辆段和大学城南停车场。车辆采用A型车，6节编组，最高车速为80km/h。

12号线工程由广州地铁设计研究院有限公司承担总体设计和环控系统设计，目前正在建设中，预计2025年开通运营。

本线横穿老城区，同时与多条线路换乘（共9座），隧道通风系统结合车站周边环境采用了3种系统方案：有条件设置风亭的车站采用双活塞系统，车站每端设置2个活塞风亭；巾中心车站设置风亭困难车站采用单活塞系统，车站每端只设置1个活塞风亭；对于景云路、烈士陵园站这种市中心无法拆迁车站，采用单端双活塞系统，即只在车站一端设置2个活塞风亭，另一端不设置风亭，集中力量拆迁一端，保证车站顺利实施。车站隧道排热系统根据车站布置采用单端或双端排热，取消了轨底风道，仅设置轨顶风道，车站排热风机风量为30m³/s，变频风机，根据行车对数、室外环境、区间温度进行开启和变频节能运行；同时全线首次采用实现风口风量均匀的轨顶风道优化布置技术，取消了插板阀的布置。车站大系统根据车站工程特点采用单端送风或双端送风或中部送风。车站冷源采用3种方案：有条件车站尽量采用分站供冷；无条件设置地面冷却塔的小金钟站、南航新村站采用地下埋地式冷却塔，景云路站采用地下蒸发冷凝机组；对于无条件设置地下冷源的烈士陵园站，直接由东湖制冷站集中供冷。12号线通风空调系统结合车站土建周边条件因地制宜设置不同的方案，有效解决了市中心车站地面无法设置风亭问题，绿色低碳、经济社会效益明显。

全线车站采用高效节能空调系统，实现全年制冷机房能效不低于5.0、空调系统能效不低于3.5的两个节能目标。全线车站通风空调系统首次设置智能运维系统，实现设备在线监测和故障诊断，持续维持系统高效运行。全线冷水机房采用标准化设计、装配式施工技术，实现标准设计、工厂预制、模块运输、现场拼装。冷水机组采用磁悬浮冷水机组，空调机组采用变风道EC空调机组。

1.3.2 设计篇

设计是一个行业健康发展的重要组成部分，经过几代人的持续学习实践和不断研究探索，如今我国城市轨道交通设计水平已经达到世界领先。暖通专业是轨道交通行业的重要专业之一，肩负着地铁安全、舒适和节能等使命。伴随着中国轨道交通的发展，地铁暖通行业也取得了一个又一个里程碑意义的发展成果，为城市轨道交通行业乃至我国暖通空调行业的发展作出了重要的贡献。

1.3.2.1 设计特点

1. 设计阶段

轨道交通工程设计阶段与一般公共建筑设计阶段有所区别，住房和城乡建设部颁布的《城市轨道交通工程项目建设标准》（建标 104—2008）中的总则第十二条规定："城市轨道交通是特大型城市建设系统工程，应按设计程序做好总体设计、初步设计和施工图设计工作"。规定中的总体设计是狭义的概念，特指设计阶段的一个设计流程，起于设计单位确定后，终于初步设计之前。一般来说，轨道交通从规划到运营的程序是：线网规划—建设规划—规划方案—工程可行性研究—总体设计—初步设计—施工图设计—施工—运营。

总体设计阶段是整个地铁工程建设周期中抓好设计工作的关键节点。总体设计阶段在"工程可行性研究报告"及国家评审意见的基础上，结合外部条件，对工程的各专业系统进行深化、研究和技术方案的比较。确定工程的规模、设计原则、标准和技术要求，经业主组织审查批准后，作为下一步编制初步设计的依据。

总体设计中通风空调包含在机电设备系统中，重点是确定系统构成和功能，从技术可行性、能耗节约性、经济性和可实施性等方面分析论述。总体设计阶段暖通空调须明确推荐设计方案、相应的主要设备和投资，并进行全线模拟计算，给出正常运行及最不利阻塞工况、火灾工况的模拟计算结果。

2. 系统设计

地铁地下空间狭长并连通，列车活塞风对各空间环境参数产生巨大动态影响，因此需要整条线路统一进行计算、模拟和设计，此项工作由环控系统设计单位承担。系统设计单位提供区间隧道通风系统原理图，隧道通风系统各种风机的选型、风量、风压、功率，活塞通风、机械通风道数量、位置（特殊情况下提供设置的里程点）、过风面积，迂回风道过风面积以及各运行策略等。系统设计和总体设计单位提供诸如设计技术要求、施工图细则、标准图、通用图技术资料等，这些是工点设计单位开展设计的基础条件，工点设计是按照总体性（院）、系统性（院）设计的要求，对具体车站、隧道通风系统进行的工程实施性设计。从初步设计阶段开始进行工点设计。

3. 通风空调系统的"制式"

车站公共区与区间隧道的分隔形式不同，习惯叫通风空调系统制式。目前在传统屏蔽门制式（屏蔽门系统，也称密闭屏蔽门）和安全门制式（开闭式系统，也称非密闭屏蔽门）两种制式的基础上，发展形成了"可调通风型站台门"第三种制式。这种站台门有很多称呼，"可调站台门""复合站台门""可开启站台门"等，目前工程做法大都是在站台门上部设置风阀，通过风阀的开启或关闭，使隧道与站台空间连通或隔离，实质上与站台门没有必然的直接联系。地铁车站站台门严格说不属于通风空调系统范畴，但"制式"对通风空调系统有巨大的影响，选择适宜的制式是地铁通风空调系统的关键环节之一。从通风空调专业角度看，制式实质上是隧道和车站公共区空气交换的程度不同，区间隧道和公共区要求的设计和实际运行参数决定了其空气交换程度的"利"与"弊"，无疑可调通风型站台门制式具有明显的概念优势，目前尚缺乏完善的"产品"是制约其推广的主要因素。

地铁通风空调制式经历了一个认识提高的过程，曾经有过"一般空调季节时间长的地区选用屏蔽门系统，过渡季节时间长的地区选用开闭式系统"的说法，严寒地区的哈尔滨地铁采用安全门制式，会导致冬季车站温度过低。

1.3.2.2 设计技术

不同的制式对应了不同的通风空调系统构成和模式，在实践中不断摸索和改状况，设计技术不断涌现和积累。

1. 典型系统模式的形成

1）屏蔽门通风空调系统

20世纪60年代初，圣彼得堡地铁在全球首次使用屏蔽门的地铁系统。1973年，法国的自动捷运系统 VAL 的里尔地铁（Lille Metro）为了保障自动行车的安全，订制并安装了玻璃屏蔽门，里尔地铁是世界上最早安装玻璃屏蔽门的运营线路。

采用屏蔽门式系统可减少40%~50%的空调负荷，节省可观的建筑面积，从而显得更加经济适用。然而在我国轨道交通发展之初，北京、天津等地铁均无站台门，活塞风加剧了隧道与站台空气直接交换，随着安全和节能需求的不断提升，站台门设置被提上日程，从无站台门到设置屏蔽门或安全门经过了一个曲折的过程。2002年12月广州地铁2号线在国内首次安装地铁屏蔽门（按缓装设计）。随后深圳地铁1号线设计阶段采用屏蔽门，完善并基本形成了屏蔽门制式的通风空调系统，并发展形成了一个典型车站的标准模式，影响至今，为地铁通风空调工程设计、建设和发展作出了很大贡献。目前大部分城市地铁仍采用此典型系统，上海隧道院胡维撷总工及其团队为此做了大量有益工作。

2）开闭式通风空调系统

1981年日本东京地铁南北线上安装了半封闭式的站台安全门，这是一道结构简单、高度较低的玻璃隔墙和活动门，主要是起隔离的作用，提高了站台候车乘客的安全，同时也能起到一定的降噪作用。考虑到车站过渡季更充分利用列车活塞风，地下站采用安全门制式，车站两端设置迂回风道开闭式运行。2005年上海地铁5号线春申路站在国内首次安装地铁安全门系统，也逐渐形成了典型车站的标准模式。目前国内北京地铁开闭式系统采用的最多，例如北京地铁10号线等，其他地区也有应用，例如南京地铁1号线等。

2005年北京地铁5号线首次采用了集成闭式系统，将隧道通风系统与车站通风空调系统进行有机结合。主要设计思路是充分利用风道内的空间、优化合并隧道通风系统和公共区通风空调系统，结合风机变频、冷凝器开启减少通风机运行风压等技术组成系统。北京城建设计研究总院推动并更多采用了此项技术。

3）通风系统

规范规定了空调系统设置条件，严寒地区、部分寒冷地区及温和地区地下车站公共区不设置空调系统（设备管理用房设置空调系统），只需设置机械通风系统。也形成了典型车站公共区的通风标准模式。这里说的通风系统与设置空调系统的通风运行模式应区别开来。

通风模式核心问题是解决冬季公共区温度过低的问题，目前即使在严寒地区也不设置供暖系统，这种做法从地铁过渡舒适和能耗的角度是合理的，因此目标集中在满足最小新风前提下，减少与外界空气交换和列车散热的合理利用上。

2. 设计技术发展历程

经过调查统计，罗列了不限于下列技术应用节点：

1969年10月1日，北京地铁1号线开始试运营，诞生了中国第一个地铁通风系统。

1993年5月28日，上海地铁1号线开始试运营，诞生了中国第一个地铁空调系统。

2000年开始，站台屏蔽门在深圳地铁1号线一期工程、广州地铁2号线应用，对地铁通风空调系统构成及运行模式具有深远的影响。

至此，地铁车站基本形成了以下固定形式：半高站台门＋通风系统、半高站台门＋通风空调系统、全高站台门＋通风空调系统。

2003 年，广州地铁 2 号线江南西站公共区通风空调采用风机盘管系统。
2004 年，深圳地铁 1 号线一期工程（部分车站）通风空调系统变送风量变频控制。
2005 年，北京地铁 5 号线采用集成闭式通风空调系统。
2008 年，上海地铁 4 号线（体育馆站）采用通风空调系统风水联动节能控制。
2010 年，成都地铁 1 号线（南部区间隧道）采用地铁区间隧道。
2011 年，北京地铁 1 号线（西单站、建国门站改造）采用蒸发冷凝冷水机组。
2011 年，北京地铁 9 号线、武汉地铁 2 号线（部分车站）采用整体集成制冷站技术。
2011 年，上海地铁 11 号线采用可调通风型站台门技术。
2014 年，北京地铁 14 号线阜通站采用分散式蒸发冷却直膨技术。
2016 年，北京地铁 9 号线（丰台南路站）采用自清洁空气净化过滤设备。
2017 年，广州地铁（车陂南站改造）采用高效制冷机房技术，取得良好节能效果后，在白江站、新塘站和深圳地铁全线推广。
2017 年，成都地铁 3 号线（磨子桥站、新南门站、前锋路站）采用隐蔽型鼓风式冷却塔技术。
2017 年，青岛地铁 2 号线（麦岛站）采用通风空调系统温湿度独立控制技术。
2018 年，南宁地铁 2 号线（明秀路站）采用水冷直膨空调机组。
2019 年，兰州地铁 1 号线、乌鲁木齐地铁 1 号线采用直接蒸发冷却降温系统。
2020 年，合肥地铁 4 号线、5 号线全线采用磁悬浮高效冷水机组。
2020 年，青岛地铁 1 号线（东郭庄站）采用通风空调系统单端均匀送排风技术。
2020 年，宁波地铁 4 号线（矮柳站）采用车站设备管理用房变风量空调系统。
2020 年，太原地铁 2 号线一期工程全线采用蒸发冷凝直膨式空调系统。
2020 年，南宁地铁 4 号线（飞龙路站、那洪立交站）采用地铁车站设备管理用房水冷多联分体空调系统。
2021 年，洛阳地铁 1 号线的牡丹广场站和解放路站采用了磁悬浮直膨式空调系统，其中公共区与设备区大小系统冷源独立设置。
2021 年，深圳地铁四期工程采用地铁车站通风空调设备智能环控系统。

总而言之，经过广大地铁设计者不懈努力，通风空调技术水平不断更新完善，经历了由简单到复杂、由摸索到有序、由粗放到精细的发展历程。以节能为中心，根据实际运行效果，逐步打破了一些已经形成的固有设计、运行模式，提出了若干改善思路，并进行了实践尝试，取得了很好的效果。包括通风系统制式（站台门形式及影响等）、隧道通风系统（单双活塞风井、TVF 集成等）、车站通风空调系统（活塞风的利用和抑制、空调系统的以水代风、单端送风等）、小系统（设备冷负荷、系统形式等）和水系统（蒸发冷凝机组、制冷高效机房）。还包括了运行优化（机械新风、TEF 和全新风空调工况运行策略等）。下列几个具体技术的描述具有一定代表性，对地铁通风空调系统的构建和运行产生过积极的影响。

1）江亿院士对地铁通风空调系统非常关注，从节能角度出发，给出了若干纲领性意见，总结下来称为"4 项基本原则"。一是机械新风：实测数据表明一般情况下最小新风工况不开最小新风机，二氧化碳浓度满足规范要求。二是大小系统分开：克服了小系统多房间采用全空气系统调节困难和夜间冷水机组及水泵能效低的弊病，节能效果显著。三是大系统采用单风机：节省了末端风机能耗，也推动了单端送风技术的发展。四是采用直膨技术：简化系统、节地节能。

2）TEF 风机运行策略调整节能量巨大，由原来的持续运行改为需要时（轨行区接近设计温度）运行。

3）可调通风型站台门技术思路是地铁列车活塞风利用和抑制的一项特别重要发明，对后续技术发展产生深远影响。

4）蒸发冷凝机组地下设置是地铁车站特有方式，是解决冷却塔噪声和漂水扰民问题的有效途径之一。

5）地铁车站的通风空调系统构成和使用特点相近，广州地铁设计研究院在地铁车站制冷高效机房方面取得很多成果，为广大设计者迅速复制推广创造了条件。

1.3.2.3 专业软件的应用

1. SES

SES 软件全称 "The Subway Environment Simulation Computer Program",即"地铁环境模拟计算机程序"。在美国国家交通研究中心的赞助下,由柏诚公司于 1975 年开发出第 1 版。随着工程的需要和计算机的发展,1976 年和 1982 年相继完成了第 2 版与第 3 版。后第 4 版于 1997 年推出,不仅可以在个人电脑上使用,而且基于 Windows 的输入程序对软件的输入格式进行了简化。该软件应用于国际上多个城市的轨道交通系统,也是国内地铁通风空调系统设计应用最多的软件。

SES 提供给了一个在多轨地铁中多辆列车双向运行的动态模拟,其主要功能包括:在各种复杂的地区,针对不同的列车运行状况、客流情况、站台结构、通风空调模式进行长、短期动态过程的模拟预测;确定各种条件下隧道、风井、车站的风速、温湿度的连续值、最大值、最小值、平均值及空调负荷,并确定区间发生阻塞及火灾时的通风方案。SES 主要用于短期模拟,如高峰时期的模拟。其应用范围有:前期通风空调方案的可行性研究、经济比选与技术分析、自动控制系统的设计和运营后环控系统的运行改造。

SES 软件主要由列车运行子程序、空气动力学子程序、温度/湿度子程序、热积聚/环境控制子程序四个互相关联的子程序组成。首先,列车运行子程序根据列车的运行安排计算出列车的实时位置及对应的速度、加速度和产热量。结合车站隧道的结构形式,空气动力学子程序便可计算出每个支路的空气流速、风量和空气阻力。然后根据热量与风量的关系,温度/湿度子程序便可计算出各个区段的温湿度值。最后,综合围护结构、土壤与空气的传热以及车站设计温湿度,求出车站冷负荷。具体的计算原理如图 1.3-1 所示。

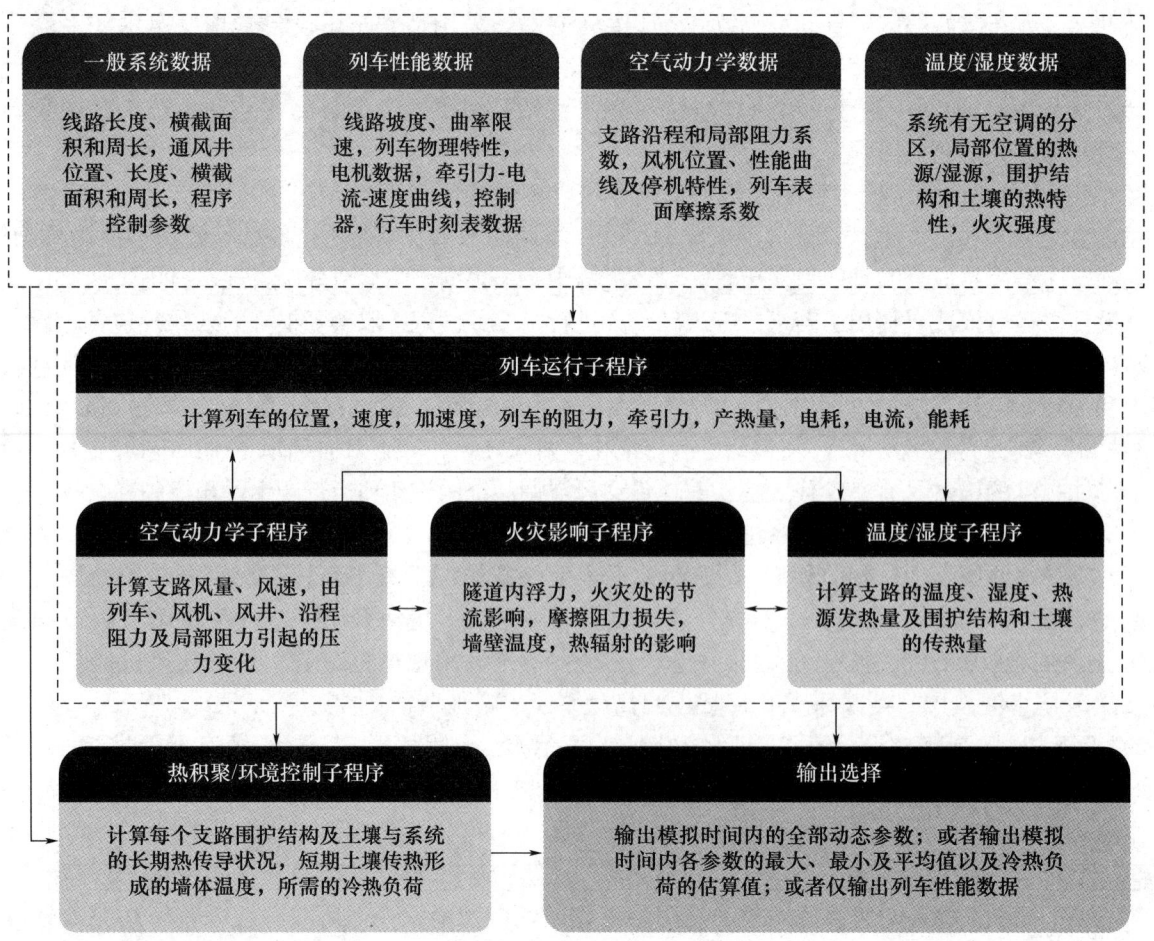

图 1.3-1　SES 程序计算原理

2. STESS

STESS 软件全称"Subway Thermal Environment Simulation Software",即"地铁热环境模拟软件",是清华大学基于北京地铁、上海地铁热环境的研究成果,在江亿的指导下,朱颖心、杨旭东等人开发的地铁热环境模拟软件,表 1.3-1 为地铁热环境模拟软件 STESS 发展历程。

表 1.3-1　地铁热环境模拟软件 STESS 发展简史

时间	发展历史
1979 年	北京地铁热环境控制研究
1987 年	上海地铁 1 号线环控系统方案设计研究
1989 年	"地铁热环境控制"获建设部科技进步奖二等奖
1990 年	开发地铁热环境模拟软件 STESS v1.0
1996 年	北京地铁 1 号线、上海地铁 1 号线现场测试;隧道火灾通风模拟软件 TNFIRE 1.0
1996 年	根据实测数据对软件进行验证及完善,开发 STESS v2.0
2000 年	"地下铁道热环境研究"获教育部科技进步奖二等奖
2003、2004 年	地铁通风及热环境、运行能耗现场测试研究(北京、广州)
2005 年	对软件界面及算法进行升级,开发 STESS v3.0
2011 年	地铁隧道通风状况及空气品质实测及模拟研究(北京、广州)
1990—2021 年	完成国内外 18 个城市超过 30 条地铁线路环控系统方案设计

STESS 软件根据地铁热环境的研究成果,加上对流体网络非稳态流动、地下空间和非均质土壤层不稳定传热过程的理论分析,改进了稳态网络基本回路分析法来解决地铁通风网络动态问题,保证了动态网络流动模拟的收敛性;将土壤传热的周期性变化分解为低频变化和高频变化两部分分别求解,解决了国内外现有成果未能解决的长期预测中的发散问题。

整个软件包由图形化输入界面、核心计算程序及后处理程序构成,由于输入输出全部采用图形方式,使整个软件包运行简便、直观。STESS 核心计算部分由以下几个独立程序构成:气象参数模拟程序 MEDPHA,发热量模拟程序 QOUTPUT,系统特征值及逐月、逐时反应系数求解程序 F1,系统通风模拟程序 AIR,系统逐月温度模拟程序 Y1,逐时温湿度模拟仿真程序 H1。

作为地铁环控系统分析、方案优化和控制策略制定的有力工具,STESS 能够预测地铁系统在不同的列车密度、运行方式和系统结构下,不同位置(隧道和站台)的风速、风量、压力情况以及长期(逐月)和短期(逐时)的温度变化情况,从而选择合理的结构形式和运行方案,以维持地铁环境于较舒适的范围中。STESS 的主要功能有:地铁区间发生阻塞及火灾事故时的通风方案的模拟计算,在各种隧道状况、车站构造、列车运行状况下,对通风方案下的地铁系统各处风量进行模拟预测;初、近、远期地铁车站、隧道全年温度的模拟计算,可应用于各种复杂的气象环境,针对各种列车运行状况、客流情况、站台构造、通风空调方式的作用下进行长、短期的车站和隧道温度动态变化过程的模拟预测;车站空调负荷的模拟计算,确定各种条件下的地铁车站和隧道的风量、风速、温度、列车发热量、空调负荷、环境控制能耗的状况。

3. IDA TUNNEL

IDA TUNNEL 是瑞典开发的一款针对隧道通风火灾模拟的软件,主要模拟地铁/城市轨道交通的通风、污染物、火灾等,可全面模拟各种不同工况下的隧道通风与防火通风和烟气扩散。使用 IDA TUNNEL 隧道模拟软件可以将整个隧道网络的计算结果通过 3D 动画呈现出来。已被世界各地知名的隧道设计企业应用在实际工作中。

IDA 隧道模拟软件根据用户输入的加速度、减速度、最大功率和最高速度等参数,可以模拟正常运行或者紧急情况下的轨道交通以及相应的隧道内风速、污染物分布、风机控制等多项变量。用户在进行长期交通运行隧道模拟时，还可以通过选择随机交通运行的模式在模拟中加入偶然性事件（如地铁晚点）的影响，从而使模拟更加接近真实情况。

火车运动的活塞效应对空气流动的影响、隧道内烟囱效应、风压，以及轨道壁面蒸发对隧道内空气湿度影响、冷凝和壁面结冰等所有这些参数，都可以通过 IDA TUNNEL 隧道模拟进行模拟。还可以通过软件计算的空气特性：如换气率（即空气在隧道停留的时间）、二氧化碳浓度（主要由人员负荷产生的空气中颗粒物浓度，例如火车行进产生的 PM_{10}，火灾和柴油燃烧所产生的烟气扩散，柴油发动机产生的一氧化碳、氧氮化物和碳氢化合物的浓度等）。

通过隧道内设置的送排风末端，通风组织模拟可以模拟沿隧道走向的通风，或者切入隧道走向的通风（图 1.3-2）。对于射流风机，用户可以设定截面积、效率和射流出口速度等参量。通过在隧道中某一段添加火灾热流量，还可以进行隧道火灾模拟（图 1.3-3）。火势的大小和产烟量取决于着火的类型和燃烧材料，以及燃烧处有效氧气浓度。通过建模还可以计算出隧道壁内的温度变化曲线和烟气热辐射。

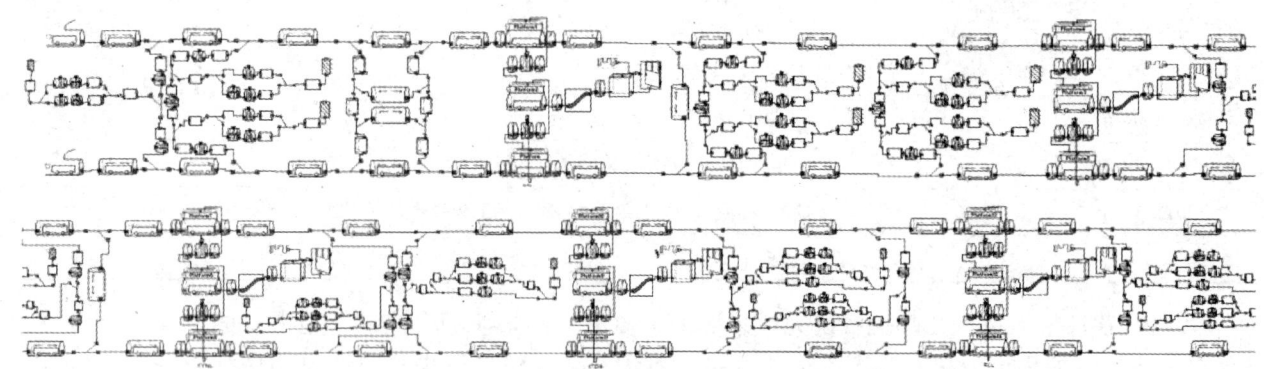

图 1.3-2　IDA TUNNEL 隧道通风模拟节点图

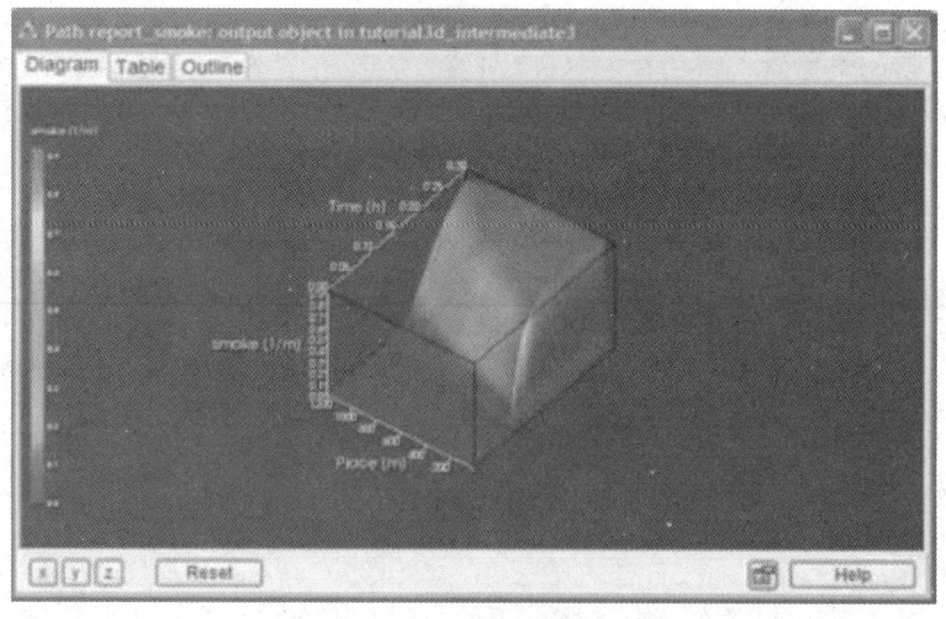

图 1.3-3　IDA TUNNEL 隧道火灾烟气模拟

4. TES

TES 软件全称"Tunnel Environmental Simulation System"，即"隧道环境模拟系统"，是中铁二院工程集团有限责任公司暖通团队 2021 年二次开发完成的城市轨道交通隧道环境模拟软件（图 1.3-4），实现了地铁隧道环境的高效动态模拟。

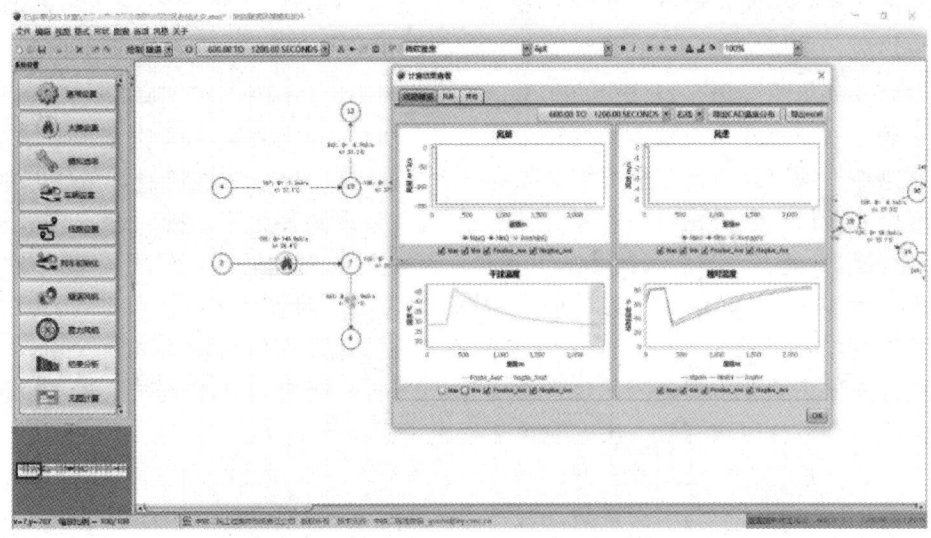

图 1.3-4　隧道环境模拟系统软件界面

TES 软件适用于城市轨道交通及城际铁路隧道通风系统的设计，一般用于初步设计、施工图设计阶段，可用于正常工况下的活塞通风计算，以及阻塞工况和火灾工况下的隧道风速、风量、风温、排烟模拟计算。目前已广泛应用于成都、深圳、昆明、东莞等城市的地铁工程实际。应用情况表明，本软件采用灵活简便的图形操作界面，以及强大的容错、纠错功能，高效的 AutoCAD、Word、Excel 报告、报表导出功能，极大地提高了设计生产效率；一键式设计校核，极大地提高了设计质量管控效率。隧道环境模拟计算的设计用时由原来的近两个月减少到 1 天内完成。具备简便可靠、高质高效的特点。

TES 软件采用图形化的网络图绘制界面，用户根据工程方案，按照节点、风井分支、隧道分支进行网络图绘制。网络图绘制完成后，可以根据工程情况进行网络参数的基本参数设置，并可对其图形界面参数进行设置。软件系统可对风井分支是否设置风机，以及风机的开停进行分支状态的动态显示。对于发生火灾的隧道分支、设置有射流风机的隧道分支，则会对其火灾状态以及射流风机进行动态显示。分支绘制完成后，根据图论的基本理论，自动判断系统的连通状态、节点类型，并对相应的计算提示在网络图上进行动态显示。

网络图绘制时，可以根据项目隧道通风系统原理图先绘制简单的网络简图，但并不需要设置节点。通过文件操作菜单选择的合理图形比例导入后，系统根据 CAD 文件自动生成网络图。

系统计算完成后，可根据需求进行 CAD、Word 以及 Excel 文件导出，其中 CAD 导出主要分为纯节点图导出、包含计算结果的节点图导出以及线路温度分布的 CAD 导出。

1.3.2.4　反向设计

按全线隧道通风系统初步布置并绘制节点图，设定风机容量和列车等其他边界条件，通过 SES 或其他软件，验算是否满足正常工况、阻塞工况和火灾工况性能要求。

1.3.2.5　设计单位

地铁环控设计分为设计总体总包单位、系统设计单位和工点设计单位。从初期只有 10 个左右设计单位发展到目前 40 余个主要设计单位，本节介绍 7 家地铁总体总包项目较多的设计单位，旨在从 7 家设计单位的发展情况，反映和展现地铁暖通空调发展历程。

1. 北京城建设计发展集团股份有限公司

北京城建设计发展集团股份有限公司（简称北京城建院），是国内第一家以城市轨道交通设计咨询为引领的 H 股上市企业，是由北京城建集团等多家大型国企共同发起成立的、为城市建设提供专业服务的科技型工程公司，业务涵盖城市轨道交通、综合交通枢纽、地下空间开发、工业与民用建筑、市政、桥梁、道路等领域，为客户提供工程前期咨询、规划、投融资、勘察测绘、设计、项目管理、工程总承包、系统集成、项目评价、经济分析等专业化高质量的全程服务。

北京城建设计发展集团股份有限公司的前身是北京城建设计研究总院有限责任公司，于1958年专门为新中国第一条地铁——北京地铁1号线建设而成立。1958年7月，中央决定成立北京地下铁道工程局，同时由北京地下铁道筹建处在全国抽调技术人员，组建北京地下铁道设计处。1980年7月，北京城建设计发展集团股份有限公司（时称基建工程兵北京指挥部科研设计院）获得国家颁发的编号为"设证字001号"的设计证书，走出了改革的第一步。后经多次机构沿革，完成了部队集体专业、国企改制等改革过程，于2002年正式成立北京城建设计研究总院有限责任公司。2013年10月，北京城建设计发展集团股份有限公司成立，并于2014年7月8日在香港联交所挂牌上市。

北京城建设计发展集团股份有限公司现汇聚了近700名高级专业技术人员，近400名各类注册人员，目前持有工程设计综合甲级资质、房屋建筑工程施工总承包壹级、市政公用工程施工总承包壹级、城市轨道交通工程专业承包，以及工程咨询、城乡规划编制、工程造价、工程勘察综合类、工程测量、地质灾害评估、施工图审查等多项甲级资质，截至2022年，公司设计咨询板块已承担了40多个城市的182条城市轨道交通线路的总体设计任务，其中已开通里程达到2130km，占全国已开通里程的25%，是国内市场份额最大、最具综合实力的城市轨道交通总体总包设计单位；公司还承担了180多条线路的可行性研究报告、30多个城市的轨道交通设计咨询工作，并代表国家对全国22个城市44条轨道交通线路的可行性研究报告进行评估，提供了城市轨道交通全过程、全领域、全制式的设计咨询服务。

北京城建设计发展集团股份有限公司作为国内城市轨道交通行业主要标准规范的制定者，主编了《地铁设计规范》（GB 50157）《城市轨道交通工程项目建设标准》（建标104）《城市轨道交通工程测量规范》（GB/T 50308）《城市轨道交通岩土工程勘察规范》（GB 50307）《城市轨道交通采暖通风空气调节与供暖设计标准》（GB/T 51357）《轻轨交通设计标准》（GB/T 51263）等11项国家和行业标准规范。

与北京城建设计发展集团股份有限公司悠久的历史与广泛的业务范围相对应，公司通风空调专业在常规设计咨询业务之外，还拥有丰富的极具创新性的工程实践成果和设备研发成果，如北京地铁1、2号线改造，城市轨道交通通风空调多功能设备集成系统应用，以及板管型蒸发冷凝式冷水机组设备、可调通风型站台门产品研发等项目。2021年9月，由城建院主导的国家重点研发计划课题——地铁车站建筑节能营造技术体系及工程示范项目顺利完成，不断积极践行"双碳"战略、强化绿色引领，助推城轨行业高质量、绿色发展，起到了良好的引领示范作用。深耕通风空调专业领域的李国庆创新工作室，从城市轨道交通大规模建设和改造中新技术发展的紧迫性、从"单打一"转而形成群体创新的新氛围。

正是依托着强劲的人才团队，北京城建设计发展集团股份有限公司通风空调专业首创了城市轨道交通暗挖车站新型通风空调系统、城市轨道交通通风空调多功能设备集成系统、可调通风型站台门式通风空调系统等多项科研成果并成功推广应用，在蒸发冷凝式通风空调系统、区间隧道火灾安全系统、地层渗漏气体通风排除技术、城市轨道交通通风空调新技术新设备研发等技术领域均有独特建树。"广州地铁2号线节能、环保和安全技术集成与应用"于2006年荣获国家科学技术进步奖二等奖，"地铁环境保障与高效节能关键技术创新及应用"于2016年荣获国家技术发明奖二等奖，"建筑热环境理论及其绿色营造关键技术"于2021年荣获国家科学技术进步奖二等奖。

2. 上海市隧道工程轨道交通设计研究院

上海市隧道工程轨道交通设计研究院（简称上隧院），前身是上海市地下铁道筹建处"地下铁道设计小组"，1965年8月，上隧院正式建院，建院名称为"上海市隧道工程设计研究院"。1968年5月，上隧院并入上海市隧道建设公司的直属设计室，从事空调通风设计的人员约5人。1965年10月，上隧院与同济大学联合设计地铁104站工程；1983年，承担上海轨道交通1号线新客站（现名上海火车站站）设计。1985年4月，上隧院更名为"上海市隧道工程轨道交通设计研究院"，延续至今。

上海市隧道工程轨道交通设计研究院是专业从事隧道、城市轨道交通等市政公用工程、公路工程、建筑工程、勘察与测量等的国家甲级设计、咨询、勘察、监理单位，是国内最早从事软土隧道设计研究的单位，也是最早承担城市轨道交通前期研究与设计总体单位之一。通风空调团队在近60年的发展历程中，参与了上百条轨道交通的设计、咨询、审查、评审、验收工作，作为总体设计单位或通风空调系统设计单位主导了上海1号线、南京1号线、哈尔滨1号线、天津1号线、深圳1号线和4号线一期工程、南昌1号线、福州1号线、常州1号线、南通1号线等多地第一条轨道交通线路的通风空调设计工作，并主导和负责上海大多数地铁线路，参与了印度、匈牙利、印度尼西亚等境外轨道交通建设，设计团队从建院之初的寥寥数人发展到40多人的团队。展望未来，这支团队将秉承"诚信、专业、创新、卓越"的核心价值观，继续为客户和社会奉献优质、满意的轨道交通工程。

上隧院注重标准规范和科研方面工作，先后主编规范《城市轨道交通设计规范》（DG/TJ 08-109—2017）、《城市轨道交通工程技术规范》（DG/TJ 08-12232—2017）、《城市轨道设计规范》（DB33/T 1146—2018）、《城市轨道交通上盖建筑设计标准》（DG/TJ 08-2263—2018）、《地铁设计防火标准》（GB 51298—2018）、《城轨快线施工质量验收标准》（DBJ 50/T-398—2021）、《成都轨道交通设计防火标准》（DBJ51/T 163—2021）等。参编规范《城市轨道交通工程基本属于标准》（GB/T 50833—2012）、《城市轨道交通安全运营技术规范》（DGJ 08-120—2006）、《轨道交通地下车站与周边地下空间的连通工程设计规程》（DG/TJ 08-2169—2015）、《城市轨道交通安全运营评价标准》（DB31/T 902—2015）、《排烟系统组合风阀应用技术规程》（CECS 435：2016）、《江苏省城市轨道交通工程设计标准》（DB32/T 3700—2019）、《城市快线设计标准》（DBJ50/T-354—2020）、《绿色城市轨道交通建筑评价标准》（T/CECS 724—2020）等。

围绕轨道交通环控领域开展了"轨道交通环控系统车站风井优化研究""地铁区间列车火灾烟气迁移规律和控制技术研究""盾构车站环控关键技术及车站轨区排热特性研究""车辆基地高大厂房岗位空调技术研究""上海地铁环境监测研究""轨道交通设备管理用房空调系统设置研究""基于BIM的轨道交通车站风系统仿真模拟软件研发与应用""市域线（120km/h）空气动力学和承压变化综合控制技术研究"等专项课题研究。

3. 广州地铁设计研究院股份有限公司

广州地铁设计研究院股份有限公司（简称广州地铁院）成立于1993年，拥有国家工程设计综合甲级、工程勘察综合甲级、城乡规划编制甲级、人防设计甲级等行业最高资质，是国家级高新技术企业，业务范围涵盖城市轨道交通、市政、建筑等工程的规划咨询、勘察设计、工程总承包等领域。经过近30年的精耕细作和市场拓展，设计院现有1900多名专业技术人才，拥有全国工程勘察设计大师、国务院特殊津贴专家、全国勘察设计行业科技创新带头人、广东省杰出工程勘察设计师等一大批行业带头人。目前业务已遍及广州、北京、天津、南京、西安、成都、武汉、深圳、厦门等40多个城市以及海外，累计承接了全国107条城市轨道交通线路的总体总包设计与咨询项目，涵盖地铁、轻轨、城际轨道交通、现代有轨电车、自动导轨系统、中低速磁悬浮等多种类型，运营通车里程超过500km。

广州地铁设计研究院股份有限公司的前身是广州市地下铁道设计院，成立于1993年。2009年，设计院完成公司制改造，正式更名为"广州地铁设计研究院有限公司"。2018年，广州地铁设计研究院股份有限公司正式创立。2020年，设计院在深圳交易所成功上市，成为国内首家登陆A股市场的地铁设计公司。股票简称：地铁设计，股票代码：003013。

1993年6月，广州市地下铁道设计院正式成立，人员规模仅30多人，并于次年开始承担广州地铁1号线西朗、坑口、烈士陵园三站，黄沙—芳村、体育中心—广州东站两区间设计任务。1996年4月，设计院获得建筑工程设计甲级资格证书，并逐步开始拓展市政公用工程项目。1997年6月，设计院负责的广州地铁1号线首段西朗站—黄沙站成功试运营，并在12月设计院获得城市快速轨道交通和市政公用工程（隧道）甲级资质。1998年3月，设计院获市政、城市快速轨道交通、人防工程资质证书（甲级），并与铁二院、北京城建院联合承担广州地铁2号线设计总体总包任务，这是第一次承担轨道交通设计总体总包工作。1999年，设计院营业收入突破1000万元，人员规模已增长至100多人，并助力广州地铁1号线全线通车。2001年，设计院开始承担广州地铁3号线设计总体总包，这是设计院第一次独立承担设计总体总包工作。至此以后，设计院先后完成了广州市快速轨道交通线网19条线共计726km的规划，以及广州市轨道交通2010年建设项目实施研究等工作，承担了广州市轨道交通2~6、8号线和广州—佛山城际快速轨道交通线等工程的前期咨询、勘察及工程可行性研究、总体设计、初步设计，设计实力快速提升，先后兼并了广州市城镇建筑设计院和广州地铁监理公司，并顺利获得工程监理企业资质证书（甲级）、工程勘察证书（勘察专业类工程测量）（乙级）、工程勘察证书（勘察劳务类工程钻探）（乙级）和工程咨询甲级中国资格证书，为公司设计业务走出广州、迈向全国打下了坚实的基础。

2003年，设计院佛山办事处揭牌，开始探索广州以外城市的勘察设计业务。2005年，设计院第一次走出广州，承担成都、武汉地铁设计任务，并于2007年3月中标设计院第一个外地轨道交通总体总包设计任务——南宁地铁1、2号线总体总包设计项目。2008年以后，设计院陆续成立了西安、南宁、北京、成都、深圳、南京、长沙、天津、福州、厦门等项目部并成功中标设计业务，后演变为如今华东、西部、中南、华南、东南、华北区域分院，勘察设计业务已在全国各大城市成功拓展，先后顺利完成了南宁1、2号线，西安4号线，深圳9号线，苏州5号线，无锡3号线等总体总包设计任务，获得全国各地地铁业主的广泛好评。

广州地铁设计研究院股份有限公司始终以技术创新为引领，在城市轨道交通、综合交通枢纽和上盖物业开发等领域创造了多项"中国第一"：第一条最高时速12km/h的地铁线路、第一条直线电机牵引的地铁线路、第一条城际地铁线路、第一条无人驾驶的城市旅客自动运输线路、第一条采用超级电容供电的现代有轨电车线路、第一条实现公交化运营的160km/h全地下市域快线、第一个超高层地铁上盖城市综合体。先后主编或参编了《地铁设计规范》（GB 50157）等众多国家和行业技术标准，多次荣获国家级、省部级奖励，包括国家科技进步奖、全国优秀工程勘察设计奖、国家环境友好工程环境保护设计优秀奖、中国土木工程詹天佑奖等奖项近700项，并拥有专利技术200多项，是业内最富创新精神、最有设计活力、最具增值服务的高新技术企业。

4. 中国铁路设计集团有限公司

中国铁路设计集团有限公司（简称中国铁设），原铁道第三勘察设计院集团有限公司（简称铁三院），成立于1953年，2017年更名为中国铁路设计集团有限公司。是以铁路、城市轨道交通、公路等工程勘察、设计、咨询、监理、工程总承包、工程项目管理业务为主的大型企业集团。中国铁设具有工程设计综合资质甲级证书，是国家首批认定高新技术企业，亦是FIDIC国际会员，是国家发展改革委认定的铁路、城市轨道交通投资评估咨询单位。

中国铁设现有员工约4800人，工程技术人员2200余人，全国勘察设计大师6人，省级勘察设计大师8人，教授级高工192人。拥有独立完整铁路、城市轨道交通规划与咨询、勘察设计的全部专业，城市轨道交通数字化建设与测评技术国家工程实验室、轨道交通勘察设计国家和天津市联合工程实验室、院士专家工作站和博士后科研工作站。

1989年，根据国内地铁建设发展的需要，铁三院成立了专门负责地铁设计及研究的城交处，当时仅有不到10人；1994年10月1日，为适应地铁建设快速发展的需要，铁三院将原城交处改名为地铁分院并扩充设计人员达80多人；2002年1月1日，铁三院将原地铁分院改名为城交分院，设计及管理人员达150人；2017年，城交分院改名为城交院，正式员工达到388人；2019年，经过内部机构调整，城交院改名为城交事业部，正式员工达到406人。

20世纪70年代，铁三院承担了由天津市市政管理局组织的天津地铁1号线（7047）工程的部分设计工作，是铁三院首次参与国内地铁的建设和设计。此后几十年的发展过程中，铁三院参与国内几十项地铁工程项目，具有代表性的项目有：北京地铁1号线西单折返线和西单站的设计工作、深圳地铁一期工程设计总体总包工作、上海地铁3号线漕溪路和长宁路站的设计工作、上海地铁R4线（9号线）

工程设计总体总包工作和沈阳地铁1号线工程设计总体总包工作等。截至2022年底，中国铁设共承担了15个城市47条线的勘察设计总承包、设计总体总包；参与了35个城市的轨道交通项目设计、咨询及前期研究；承担了天津、大连、洛阳等11个城市轨道交通线网规划、建设规划研究；组织完成了12个大中城市20多个项目的可研评估、设计审查、建设后评价。

5. 中铁第一勘察设计院集团有限公司

中铁第一勘察设计院集团有限公司（简称铁一院），成立于1953年，总部设在陕西省西安市，是新中国成立的第一批大型综合性铁路勘察设计单位，为世界500强中国铁建全资子公司，企业综合实力位于全国勘察设计百强前列。

铁一院业务范围涵盖工程规划、勘察、设计、咨询、监理、总承包和房地产、资本运营、综合物业开发等全过程、全产业链，拥有国家工程勘察、工程设计、工程监理及工程咨询等20余项各类甲级资质证书，在全行业第一个通过ISO9001认证，建立运行质量、环境、职业健康安全综合管理体系，并获得英国皇家UKAS认证。建有"轨道交通工程信息化国家重点实验室"和"陕西省铁道及地下交通工程重点实验室"以及院士专家工作室、博士后科研工作站。

铁一院始终将人才和技术作为企业发展的双翼，现有员工4300余人，集中了一批具有行业影响力的领军人物，先后培养中国工程院院士1名，全国工程勘察设计大师8人，享受国务院政府特殊津贴专家36人，各类省部级人才近200人次，高级工程师以上人员2000余人，拥有各类国家注册执业资格人员1200余人次。建院以来，荣获国家和省部级科技奖500余项，其中，国家科技进步特等奖4项、一等奖2项，中国专利银奖1项，中国专利优秀奖1项；荣获国际、国家和省部级优秀勘察、设计、咨询等各类奖项1471项，其中，国家级68项，摘得菲迪克（国际咨询工程师联合会）大奖15项。拥有专利1590余项，其中发明专利260余项。拥有软件著作权325项。

铁一院承担了全国30余个城市的轨道交通业务，涵盖地铁、轻轨、市域轨道交通、有轨电车、磁浮等多种类型的规划研究和勘察设计；在全国11个省市开展了20余项旅游轨道交通研究和设计，成为"交通＋旅游＋N"模式的领军者；持续拓展新型轨道交通、生态环保、TOD、站城融合（片区）开发等新兴业务领域。积极实施"走出去"战略，紧跟"一带一路"倡议步伐，在全球40多个国家承揽了超过2000多km的铁路、公路、地铁等项目勘察设计咨询监理任务，逐步向国际高端咨询领域转型升级。

2022年4月，为适应市场需求、合理配置资源、促进技术创新和人才培养、提高管理效率，巩固和提升铁一院在城市轨道交通、建筑、规划、城市开发等领域的发展，铁一院对相关机构和职责范围进行了调整。撤销"城市轨道与建筑设计研究院"（简称城建院），成立"城市轨道交通设计研究院"（简称城轨院）和"建筑与规划设计研究院"（简称建筑院）。目前从事轨道交通生产的暖通空调专业技术人员约150人。其中，注册公用设备工程师（暖通空调）26人、公用设备工程师（给排水）4人。

铁一院高度重视科技创新工作，依托项目广泛开展科研工作，提高了企业的自主创新能力。提炼出了"地铁工程蒸发冷却冷凝技术""北方地区地铁车站热环境控制与节能运行成套技术""地铁车站环控、给排水装配式一体化技术"等15项新技术、新成果，并在成都、西安、兰州、乌鲁木齐等地铁中得到应用，取得了较好的社会效益和经济效益。"十三五"期间，城建院共立项科研课题81项，其中国家级1项、省部级5项、中国铁建科研2项、院级科研73项。获得各类科技进步奖励31项，其中省部级5项、中国铁建8项、院级18项。取得国家专利92项，其中发明专利13项、实用新型专利79项、软件著作2项。连续三年科技创新考核均在铁一院内名列前茅。

伴随着铁一院地铁事业发展，暖通专业团队迅速成长。技术人员在1999年轨道院成立时仅有1人，到2004年城建院成立时40余人，2021年达到了110余人。承担了国内城市轨道交通约450座车站和36条线路环控系统的设计，近40项设计咨询和施工图审查及秘鲁利马机电系统设计咨询。主持完成了省部级、集团级科研项目共22项，获得专利32项、科技奖励35项、国家及省部级优秀设计18项。形成了"地铁工程蒸发冷却冷凝创新技术""北方地区地铁车站热环境控制与节能运行成套技术""地铁车站环控、给排水装配式一体化技术应用"三大创新成果。

6. 中铁二院工程集团有限责任公司

中铁二院工程集团有限责任公司（简称铁二院），成立于1952年，隶属于世界双500强企业——中国中铁股份有限公司，是国内特大型工程综合勘察设计企业，两次获得国家科技进步最高奖，是全国首批工程设计综合甲级资质单位。

铁二院业务范围涵盖规划、勘察设计、咨询、监理、产品产业化、工程总承包等基本建设全过程服务，横跨铁路、城市轨道交通、公路、市政、港口码头、民航机场、生态环境等多个领域。设立经济运量、运输组织、城市规划、线路、轨道、路基、桥涵、隧道、站场、机务、车辆、机械、建筑、结构、暖通、电力、牵引供变电、接触网、通信、信号、信息、环保、给水排水、施预、地质、测绘共26个专业。

公司现有员工5700人，拥有全国工程勘察设计大师7人，省级工程勘察设计大师21人，新世纪百千万人才工程国家级人选1人，国家有突出贡献中青年专家1人，享受国务院政府特殊津贴专家近50人，各类省部级专家230余人次，拥有高级职称及以上人员3000余人，持各类注册执业资格人员1500余人次。

公司暖通专业现有110人，其中教授级高级工程师11人，高级工程师49人，注册公用设备工程师（暖通空调）28人，注册消防工程师4人。公司暖通专业自1986年参加上海1号线设计以来，先后承担了国内如北京、上海、广州、成都等40多个城市，以及国外如亚的斯亚贝巴、开罗、亚历山大等8个城市，共计200余条城市轨道交通工程的勘察设计总承包、工程设计、设计咨询以及EPC。其中，已建成项目100余项，已通车里程超3000km，国内项目占全国已运营轨道交通（地铁）里程的1/3；在建及前期项目70余项，累计规模超2300km。团队研究成果推动城市快线速度从120、140km/h迈进160km/h，承担了跨座式单轨、悬挂式空轨、磁悬浮等近50条新制式轨道交通项目，同时在TOD、大盾构、空气压力波、隧道通风防灾、地下空间开发、综合交通枢纽、隧道环境模拟等领域积累了雄厚实力。

公司暖通专业参建项目先后荣获国家级勘察设计金银奖16项，全球FIDIC杰出工程项目奖4项，省部级科技和创优奖1000余项，参与编制了168项国家及行业标准、2项国际标准。近年来，暖通专业授权发明专利10余项，实用新型50余项，参编专著10余部。

公司暖通团队2021年开发完成的城市轨道交通隧道环境模拟软件，实现了地铁隧道环境的高效动态模拟，可大大提高设计生产效率，采用该软件可将原来近2个月的隧道通风模拟计算工作缩减至1天内完成。并可通过一键式设计校核，极大提高设计质量管控。一般设计人员无须深入掌握图论、通风网络理论、隧道空气动力学、燃烧学、火灾烟气控制、列车牵引制动、传热传质等方面的知识，只需按照本软件提供的用户使用说明，半天即可学会全部操作，进行相关设计计算。

7. 中铁第四勘察设计院集团有限公司

中铁第四勘察设计院集团有限公司（简称铁四院），成立于1953年，是国家大型综合性勘察设计、研究单位，具备国家首批工程设计综合甲级资质。自2002年起，铁四院稳居全国勘察设计行业综合实力百强单位前十名。

城市轨道与地下工程设计研究院（简称城地院）成立于2011年，现有职工141余名，其中教授级高工14人，高级工程师43人，工程师33人，持注册公用设备工程师（暖通空调）24人、公用设备工程师（给排水）2人、公用设备工程师（热能动力）2人、注册消防工程师8人。

近年来，铁四院在城市轨道交通工程暖通专业技术发展方面取得了显著成果，重点突破了通风空调系统节能、自动化控制、隧道通风等关键技术；掌握三维流体计算机模拟仿真、三维综合管线、火灾场景模拟、人员疏散模拟、BIM等先进技术手段；研究了地下工程综合防灾关键技术、车站空气质量综合治理、隧道空气污染物的治理、新型轨道交通、市域铁路领域等相关技术；有能力解决大型交通枢纽、复杂大型地下工程、超长水底隧道的空调通风、防排烟等问题。

近年来，城地院暖通所累计在武汉、苏州、郑州等20余个城市承担了100余条城市轨道交通总体总包设计项目,承担了400余座地铁车站、50余座车辆段/停车场的设计任务,其中近60余条线路已经开通运行。承担了全国100余条隧道通风设计,承担了广州、石家庄、苏州、无锡等城市多条地铁线路的设计咨询业务。

暖通专业共取得发明专利19项、实用新型专利100余项、专利转化为产品生产7项、软件著作权11项;编著出版专业技术著作3本:《地铁暖通空调工程常见问题及分析》《公路隧道通风系统设计工程实录》《地铁能效适宜技术》。承担了国家重点研发计划,负责课题《智能化深部空间运维和安全控制理论、设备和智能方法》,参与课题《超长海底隧道多目标协同优化与科学设计方法》;参编国家级手册《实用供热空调设计手册(第三版)》"隧道通风篇";承担了湖北省重点研发计划《城市复杂交通隧道火灾安全保障关键技术研究与应用示范》。获中国铁道学会科技特等奖1项,华夏科技进步一等奖1项,获湖北省、中国铁建、中国公路学会等单位授予的科技奖二等奖、三等奖20余项,获全国勘察设计协会、中国铁建、中国建筑学会和省级优秀设计奖等工程类奖项50余项。

铁四院是中国勘察设计协会建筑环境与能源应用分会常务理事单位、全国暖通空调学会空调专委会委员单位、湖北省土木建筑学会暖通空调专业委员会副主任委员单位、湖北省暨武汉市制冷学会副理事长单位、湖北省土木建筑学会热能动力学术委员会委员单位、中国消防协会城市轨道交通安全专业委员会副主任委员单位。

目前城地院暖通专业主要承担城市轨道交通、城市隧道工程、地下空间商业开发等领域的通风空调、给排水及消防工程的设计、咨询工作;承担(超)高层住宅、商场等各类民用建筑、公共建筑的通风空调、给排水及消防设计、咨询工作;承担城市地下综合管廊、建筑物内综合管线、BIM等设计工作;民用建筑、公共建筑在节能运行管理、既有工程改造、室内空气质量处理等方面提供实质性的项目建议策划、维护报告和实际操作手册。

1.3.3 研究篇

高校和设计院都进行了大量研究工作,其成果对设计发展及改进起到重要作用,本节重点介绍几个高校关于地铁通风空调研究发展情况,作为高校研究成果代表,希望能反映出地铁通风空调系统科研的发展及现状。

1.3.3.1 清华大学

从1979年起,清华大学热能系空调教研组(现清华大学建筑学院建筑技术科学系)在彦启森教授的带领下,开始了地铁环控相关研究。1980年开始在前门、五棵松等区段进行热工测试,在测试结果与长年运行值班记录参数的基础上,对隧道内热环境作了初步分析,提出了改进建议。1981年在北京站至长椿街站之间按照建议的方案开始试运行,运行结果证实了当时的分析和预想。1981年夏季和冬季,为进一步研究热环境规律,在前崇区间段进行了较细致的热环境测试,研究了隧道壁体蓄热放热量与壁温的关系、空气经过隧道温度变化规律、机械通风系统空气流动规律、列车活塞风规律、列车发热量及其在车站和隧道的分布等问题。

1982—1984年,根据大量的实测数据,进行了地铁热环境方面的理论研究,提出了求解长期不稳定传热问题的特征值法,编制了逐时模拟地铁热环境的计算程序SUBWAY。由于该程序存在计算量过大、长期计算累计舍入误差较大等问题,1985年又研制了分析地铁热环境准稳态过程的数学模型及SW1的计算程序,利用该程序可以在IBM-PC机上10min左右完成一次车站和隧道全年温度分布变化的模拟计算。对1979年、1981年及1983年、1985年前崇区间和前门站内温度状况作了计算,与实测结果基本吻合,证明了该程序的可靠性。

1985—1986年,进一步完成了地下空气流动情况的理论研究,提出了描绘地铁系统在三十余台风机及热压的作用下全线各处空气流动规律的数学模型,并完成了AIRNA程序,实测结果与计算值相吻合。1986年完成了列车活塞风的理论研究，提出了描述列车活塞作用造成地铁内部各处空气流动情况的数学模型，在当时国外关于列车活塞风研究的基础上进一步从理论上和实际上完善了活塞风理论。编制了活塞风模拟程序TRAN，可以用来分析机械通风系统与活塞风的相互影响，列车在隧道上下行线对开时活塞风的变化，以及车站出入口开闭程度不同引起的活塞风变化。

1987年，江亿与北京地铁公司科研所共同完成的"地铁热环境研究项目"是我国地铁热环境第一个系统的测试和模拟研究，科学地总结了北京地铁1号线运行15年来的热环境情况，提出了利用冬季通风降温排除储存在地铁周边土壤中的热量，从而中止地铁热环境温度逐年上升现象的技术途径。在大规模测试的基础上提出地铁传热、通风及列车活塞风的数学模型，开发出模拟分析软件，总结了地铁地下环境变化的规律，针对北京地铁的具体情况，给出控制地铁热环境的"动态控制"策略及具体实施措施。课题通过由国家重大装备办主持的鉴定，被专家认为具有"高的学术价值、较大的使用价值和显著的社会经济效益""填补了我国空白，达到世界先进水平"。

1992年，彦启森、李先庭对柱状燃料火焰传播及隧道网络烟气流动分析开展了研究，针对已有隧道火灾模型中存在的不足，首次提出了分析隧道网络烟气流动的场网络模型。该模型在火源区域采用场模型，以反映强烈的湍流燃烧现象，而在其他部分采用网络模型，便于反映复杂的地铁网络情况，同时使得计算更加经济和可行，该模型在火源区域求解三维非稳态连续方程、动量方程、能量方程、组分方程、湍动能方程和湍动能耗散率方程。在网络区域采用特征值法以考虑地下空间的传热。配合场网络模型的特点，提出了一套用于求解场网络模型的计算方法，开发出地铁隧道网络烟气流动计算程序TNFIRE，并对其中的求解火源区域的三维非稳态燃烧传热程序STACH-3进行了验证。李先庭利用TNFIRE程序，对伊朗德黑兰地铁1号线中的防火排烟方案进行了模拟分析，提出了不同情况下相应的防火排烟方案。

2000年，朱颖心、江亿、杨旭东、李先庭、李晓锋、秦绪忠等人的"地下铁道热环境研究"成果获得教育部科技进步奖二等奖。

进入21世纪以来，清华大学围绕我国地铁建设速度快、能耗巨大，且地铁内部空间大，存在网络结构复杂、活塞风运动剧烈、准确模拟难度大的难题，系统性地开展了以下研究工作：

1. 地铁运行节能

2000—2007年，朱颖心先后指导研究生江泳、奚峰、王俊宏、刘垚等人对地铁环控系统全年节能运行开展了研究。研究成果先后用于指导德黑兰地铁环境控制软件EnCs的改进以及南京地铁1号线BAS系统的在线调试与优化，为国内其他地铁BAS的系统设计与控制运行提供了参考借鉴，取得了良好的社会效益与经济效益。

2. 地铁防火排烟

2004—2007年，朱颖心、李晓锋指导研究生欧阳沁、邓伟开展了对火灾条件下地下隧道烟气传播的场网耦合模拟及通风控制的研究，建立了符合地铁特点及火灾仿真要求的火灾传播模型，基于以上成果，完成了国家科技攻关计划课题"地铁灾害虚拟现实（VR）及北京地铁控制中心（OCC）防灾决策系统"。

3. 地铁环控系统形式

江亿2001年参加在香山饭店举行的北京市新建地铁项目审查会上提出，地铁车站空调应采用直接蒸发方式，取消冷水循环系统，从而提高蒸发温度、节省冷水系统能耗。2011年江亿提出地铁车站节能的"大小分开、直接蒸发、取消新风、出入口进风"的地铁车站环境控制新思路。

4. 地铁车站、隧道的热环境和风环境

2006—2009年，朱颖心指导硕士生李俊对各种站台门制式的地铁车站热环境开展了大量现场测试，总结出实际运行中存在的主要问题，并改进了现有空调负荷计算方法；2015—2018年，李晓锋指导硕士生王莹开展了屏蔽门地铁车站的渗透风测试方法及动态模拟方法研究，提出了屏蔽门的气密性现场检测方法，建立了阻力系数可逐时变化的通风网络模型，实现了可考虑屏蔽门开关状态的地铁网络通风模拟,给出了屏蔽门渗风量的影响因素及变化规律。2017—2022 年,李晓锋指导博士生张越开展了不同气候区大量地铁隧道热环境的长期监测工作,结合理论分析和模拟研究给出了地铁隧道温度长期变化的预测方法,为列车空调安全运行提供了理论依据,并给出了轨排风机的优化运行策略,可大大降低其实际运行能耗。

5. 地铁车站能耗指标

2012 年由清华大学主持,联合北京、上海、广州和深圳地铁公司共同承担中国工程院的咨询课题"地铁车站能耗现状和节能途径"。江亿指导博士生杨乐组织开展了调研和测试工作,指出了决定地铁车站能耗的主要因素,给出了通风、空调、照明等系统降低能耗的主要措施。2018—2022 年,在"十三五"课题"地铁车站建筑节能营造技术体系及工程示范"的支持下,李晓锋指导博士生苏子怡、硕士生王怡臻等调研了北京、南京、广州等 10 个城市地铁车站的运行数据,总结了各气候区、各类型车站的用能及运行现状;研究建立了地铁车站分项能耗原理模型,通过敏感性分析减少了 80% 以上的模型输入参数,使其实际工程应用成为可能。基于以上研究工作,最终建立了中国各气候区地铁车站的合理能耗指标体系,可对节能潜力进行分析,为地铁车站节能运行提供指导,支持完成了两项团体标准。

6. 地铁车站环控系统全过程节能优化方面

李晓锋课题组对洛阳地铁 1 号线、2 号线环控系统进行了从设计方案到运行调节的全过程节能优化研究,首次提出并实施完成了基于水冷模块机组的分期实施方案和单端磁悬浮直膨机组空调方案,同时通过精细化设计使设计负荷平均降低 37%,节约机房总面积 1.8 万 m^2。洛阳地铁创新方案的样板站实测制冷站能效比 6.78,系统能效比 5.68。

7. 地铁车站空气环境污染与控制方面

2018 年起,李晓锋指导研究团队针对我国多个地铁车站内细颗粒物的浓度分布及组分特征开展研究,测试了全国多个地铁站内设备区、站厅区、站台区细颗粒物的浓度及成分,研究了地铁站内细颗粒物的来源及迁移规律,是国内首个针对地铁站中多区域细颗粒物成分污染特征的系统研究。此外,还结合地铁站内工作人员及乘客的暴露特征,建立了一套不同组分细颗粒物人群暴露及健康风险评价方法。并采用了以 Fe 元素为示踪元素的示踪气体法,研究揭示了 $PM_{2.5}$ 在地铁车站各空间之间的迁移规律,进而提出了空气质量的改善措施。

1.3.3.2 西南交通大学

西南交通大学是我国最早从事地铁环境控制的单位之一。从 20 世纪 90 年代起,西南交通大学对地铁环境控制进行了大量研究,基于 SES 软件研制开发了地铁环控模拟程序 TEST,软件采用一维不可压缩非定常流动模型和有限差分法,根据地铁列车在运行过程中引起空气流动的特点,基于通风网络理论,对空气流动现象进行合理简化,对于复杂的地铁网络系统,利用图论中"树图"理论形成独立回路,并利用电路理论中有关定律解算回路中风量、风阻,发展和完善了地铁空气流动的数值计算模型。在流动模型中考虑了空气与列车壁和隧道壁之间的摩擦、隧道横断面变化、隧道与竖井接口等变化。并对地铁内热源进行了分析,如列车运行产热、照明及辅助设备产热、人员散热等。该软件可以模拟地铁各种运行状态下的速度场、温度场,对不同的环境控制方案进行比较,分析不同环控方案对地铁系统内空气参数、空调负荷、通风能耗等方面的影响,并在深圳地铁和重庆轻轨较新线地下车站等实际工程中进行了模拟计算,为地铁环控系统的工程设计提供借鉴和指导。

经过多年的研究和发展,TEST 软件也陆续增加了多个子程序,如 PBM、ZS 和 FSC 子程序。PBM 子程序可以模拟站台屏蔽门方案对地铁系统内空气温度、湿度、空调负荷、通风耗能等方面的影响,为是否采用屏蔽门环控方案提供了有力的分析工具,研究结果表明车站采用屏蔽门后空调能耗有所降低;ZS 子程序可以模拟列车在发生阻塞时,采用了各种通风方案后隧道及站台的空气流量、环控温度等参数;FSC 子程序可模拟地铁系统发生火灾时的污染物浓度以及热烟气流动状态,为紧急情况下选择最佳通风方案提供了有力的依据和指导。

21世纪10年代前后的研究主要集中在不同地铁环控系统制式的研究，如不同区域地铁屏蔽门系统和开闭式系统的对比、轨行区有无轨道排热系统的对比。同时也对影响通风的主要因素展开了大量研究，包括隧道长度、活塞风井长度、活塞风井面积、活塞风井的数量和位置、列车运行速度等等，并将研究结果成功运用到了成都地铁4号线的建设中。不同气候地区下地铁环控模式也有所不同，结合我国各个地区的气候特点分析了不同地铁环控系统的区域适用性以及能耗情况，针对严寒地区某典型地铁线路，建立一维通风网络模型，对不同环控系统方案下的车站、隧道热环境与热负荷进行分析，研究合理可行的严寒地区地铁环控系统模式及辅助加热措施，为严寒地区地铁环控系统设计提供技术参考和数据支持。

在隧道结构和环控系统的优化方面，西南交通大学也开展了大量研究：分析研究了单活塞通风形式下，活塞风井位置的选取问题；由于成都地铁7号线全线所有车站都采用单活塞通风的形式，区间隧道上中间风井的取舍问题成为了工程上的难题，以琉璃场站与科华路站之间区间隧道为例，按7号线最大运输能力进行了数值模拟，分析了中间风井对附近活塞风井空气流动影响和对隧道内壁面与空气温度的影响，并以温度为评价指标，分析了中间风井的利与弊，并为实际设计提供理论依据；一些智能控制算法也被应用于地铁环控系统中，选取了最优控制方案，解决了工程所需。

近些年随着地铁建设的大规模开展，衍生了多线路连通、大型地下车站等复杂空间结构的问题，西南交通大学对大空间综合交通枢纽型地铁的通风空调问题开展了研究。以西安某屏蔽门制式地铁为例，建立了两线连通的简化模型，分析了线路连通前后活塞风和空气温度变化的基本特性与模型车站数量的关系，结果表明线路连通对隧道活塞风量的影响主要在连通站前后各一个车站和各一个区间隧道，联络线所在的区间隧道活塞风量受影响最大，隧道与外界总换气量受线路连通影响较小；对地下综合交通枢纽来说，对受活塞风及室内热压综合作用下的车站环境问题开展了研究，以某地下综合交通枢纽车站为研究对象，研究冬季一侧列车靠站屏蔽门开启另一侧列车越行时所引起的活塞风对站内气流分布的影响，其车站负荷计算方法也对地下综合交通枢纽类建筑各层日射得热负荷计算提供了参考。

1.3.3.3 天津大学

1970年天津地铁建设伊始，天津大学接到市里通知，抽调了一批老师支援地铁建设。其中天津大学土建系暖通教研室的温强为教授和马九贤教授承担了地铁负荷计算和地下通风设计研究任务。为了计算地铁车站负荷，他们对地下不稳定传热进行了研究，通过建立非稳态传热数学模型，做拉普拉斯变换，给出其解析解，并编写了《地下通风工程》自编教材，对天津市第一条地铁工程设计给出了指导。

2002年，天津地铁1号线扩改建工程南延至双林站、北延至刘园站正式开工，到2006年正式运营。在这次扩改建工程中，最关键的是既有线7.4km的合理利用。天津大学环境学院建环系主任由世俊教授带领团队，承担了这个研究任务，研究成果提出了采用站台地面下设置送风道，沿站台长度两端向中间每间隔4m贴墙设置一个垂直送风管，送风口设置在上部，实现侧式站台横向空调送风，在基于CFD模拟的基础上给出了这些侧式站台的空调送风方案，圆满地解决了地铁空调送风问题，保住了既有线7.4km，节省了大量的工程投资。

针对因穿山、跨海隧道的建设，长大区间增加而日益突出的实际工程建设问题，天津大学环境学院建环系主任张欢教授带领团队进行了十余年的科研攻关，创新发明了长大隧道区域耦合式防排烟新技术及多重动网格耦合的模拟方法，搭建了国内外隧道研究领域内首个同方向行驶两列车的长大隧道区域耦合式防排烟模型实验台，取消竖井，解决了竖井选址困难的工程问题，同时能降低工程投资与施工风险，保护生态环境。项目成果在重庆地铁4号线等地铁工程建设中得到了推广应用。

伴随着全国地铁的建设高潮，天津大学涂光备、由世俊、张欢、朱能、杨昭、叶天震等多位老师开展了地铁通风空调领域的课题研究，主要科研成果包括地铁车站岛式站台和侧式站台通风空调气流组织、站厅通风空调气流组织、防灾排烟系统、可调通风型站台门系统、狭长受限空间运动地铁列车火灾特性、地铁环控节能技术等方面的研究。

1.3.3.4 西安建筑科技大学

西安建筑科技大学在地铁通风空调领域的探索与研究可以追溯至20世纪60年代。自我国地铁建设伊始，西安建筑科技大学赵鸿佐教授便开始致力于地下空间通风及热湿环境的研究，并承担了北京地铁1号线通风热环境的实验研究工作。步入20世纪90年代，西安建筑科技大学李安桂教授团队开始致力于地下空间环境保障技术攻关研究，与中铁第一勘察设计院集团有限公司、中铁二院工程集团有限责任公司华东勘察设计院、中国铁路设计集团有限公司、中铁第四勘察设计院集团有限公司以及广州地铁设计研究院股份有限公司等多家地铁设计院所进行长期合作研究，解决了先进通风技术热湿环境保障、通风空调输配系统减阻降碳、火灾排烟与安全疏散等一系列地铁工程建设中的重大难题。研发了一系列地铁热环境保障技术，建立了轨道交通站房高效贴附气流组织理论、设计与应用方法。李安桂教授牵头完成的"地铁环境保障与高效节能关键技术创新与应用"获得2016年国家技术发明奖二等奖。

步入21世纪之后，随着地铁建设飞速发展，运营里程的持续增长，我国轨道交通建筑的运营能耗居高不下。如何降低地铁环控系统运营能耗一直是业内学者关注的焦点问题。西安建筑科技大学主要围绕地铁活塞风效应、北方地区冬季地铁站热环境保障技术、轨道交通站房高效贴附气流组织和空气输配系统减阻等方向开展研究工作。

1. 地铁活塞风效应

李安桂指导研究生张欣、齐江浩等人开展地铁活塞风效应研究，通过对屏蔽门与全高安全门两种典型地铁站现场实测，抓住地下车站空气流通的三大关键路径——轨行区、风井、车站出入口通道，结合理论分析、现场实测和一维网络数值计算的方法，明晰了地铁站三大路径活塞风流动特性。

2. 北方地区冬季地铁站热环境保障技术

北方地区冬季严寒而漫长，最冷月平均气温甚至降低至-10℃以下，地铁车站温度过低，不仅使乘客及站务人员感觉不舒适，甚至会造成部分阀门、管道冻结，影响到地铁的正常、安全运营。西安建筑科技大学李安桂教授指导研究生马江燕、张欣等人先后赴西安、呼和浩特、兰州等地区对冬季地铁热环境进行了实地监测，研发了基于活塞风利用的定向通风装置、隧道废热利用的站台新风系统等相关环境保障新技术，研究可为北方地区地铁建设提供技术支持。

3. 轨道交通站房高效贴附气流组织

合理的气流组织对于保证乘客的舒适健康、降低运行能耗具有重要意义。李安桂教授团队提出了一种得到国内外高度评价的先进通风模式——贴附通风理论与技术，该项技术已在郑州地铁、合肥地铁等工程中应用，为地铁站空调系统节能增加了一种有效解决方式。

4. 轨道交通站房空气输配系统低阻力关键构件设计

轨道交通站房内管线系统繁多复杂，通风空调系统中管道局部构件普遍存在，其局部阻力约占总阻力的40%～60%，但却常被忽视。因此，对通风空调管道局部构件进行降阻研究，是其减阻降耗可以"榨取"的"油水"所在。西安建筑科技大学李安桂教授团队基于长达近20年输配系统减阻机理的研究，研发了一系列空气输配管道低阻力弯头、三通等局部构件，在郑州、合肥地铁站应用。

1.3.3.5 同济大学

1984年10月，吴喜平教授团队参与上海地铁1号线建设，负责新闸路站、上海火车站站至莘庄站地铁环控和防排烟，全线长14.4km，项目周期8年。1992—1997年，参加上海地铁2号线建设，负责南京西路站地铁环控和防排烟，并负责地铁1号线部分站点的施工监理。

2001年，张旭教授团队参与上海磁浮示范运营线轨道梁温度场测试分析项目，通过全年多断面多点温度监测，给出了轨道梁全年温度动态变化规律，为轨道梁的应力变形研究提供了数据支持。

从 2011 年开始，同济大学在上海申通地铁集团有限公司、中铁第四勘察设计院集团有限公司、宁波轨道交通集团有限公司、上海市隧道工程轨道交通设计研究院等支持下，陆续开展了上海轨道交通地下区间热环境监测及评价体系研究、地铁车站排热系统优化研究、上海轨道交通环境质量综合管理平台建设研究、盾构车站环控关键技术及车站轨行区排热特性研究、典型车站设备电转热测试分析与研究应用等工作，在轨行区排热、隧道环境评估及温升监测、设备用房空调节能等方面开展了系统研究工作。

同济大学暖通空调学科，发挥专业特长，将理论应用于实践，长期参与解决各类重大工程复杂空调通风问题。在轨道交通通风空调领域的主要研究方向如下。

1. 地下隧道复杂气流控制与优化

该研究方向主要包括：交通风力作用下隧道自然通风强化技术；隧道峒口污染物扩散与回流规律研究；多匝道结构对地下隧道气流控制的影响和地铁隧道火灾污染物传播规律及控制措施等研究。

2. 地铁空调节能与通风优化

该研究方向主要包括：长距离均匀送风技术应用及优化；蒸发冷凝技术在地铁的应用优化；中长期地铁管道的温升预测控制和大盾构车站轨行区环境控制优化等研究。

1.3.3.6 上海理工大学

上海理工大学于 2007 年开始地铁车站和区间热环境领域的研究，截至 2022 年底，先后开展了有关地铁热环境的 7 个主题的研究工作，分别如下。

1. 地铁车站典型动态气流组织研究

2008—2015 年，王丽慧教授团队在国家自然科学基金项目"地铁环控送风射流在间歇性受迫气流作用下的机理研究"（编号：50908147）支持下，针对非屏蔽门地铁车站典型气流组织特征开展研究。结合指导的 5 位研究生学位论文，分别采用数学理论建模、现场实测、液体缩尺模型试验和 CFD 数值模拟等研究手段，建立了非屏蔽门地铁车站站台活塞风与送风射流等温和非等温耦合的速度场和温度场数学模型并开展相关变工况特性研究。

2. 地铁车站乘客动态热舒适性需求研究

2011—2021 年，王丽慧教授团队针对地铁辐射温度稳定和乘客过渡区域热舒适性需求特点，分别采用 800 份问卷调查、假人 Manikin 试验、模型试验和理论研究等方法，研究了非屏蔽门地铁车站典型气流下乘客动态热舒适特征、假人 Manikin 对流和辐射换热分离特性、高温天地铁车站运行温度调控和车站冷壁面辐射下车站温度优化等四部分内容。

3. 地铁区间气温与围岩土体蓄放热逐年演化特性研究

2010 年至今，王丽慧教授团队针对远期运营地铁区间隧道温度过高的行业"卡脖子"问题，在国家自然科学基金面上项目"耦合了潮涌相变换热的多孔介质土体与地铁空气间能量互动演化机理及应用研究"（编号：51878408）支持下开展相关研究工作。分别采用缩尺模型试验、理论建模迭代、现场实测、数值模拟等方法，研究了地铁区间隧道围岩土体蓄放热量和区间气温随运营年限的演化特性。

4. 地铁车站气温与各部分热量逐年演化特性研究

2016 年至今，针对地铁车站环控降碳减排关键问题，结合 6 位研究生学位论文，分别采用缩尺模型试验、理论建模迭代、现场实测、数值模拟等方法，研究了影响地铁车站热平衡的各部分热量和车站气温随运营年限的演化特性。

5. 车站围岩土体潮涌相变换热特性研究

来自对地铁车站实测中围岩热流密度激增的科学猜想，也是王丽慧老师团队国家自然科学基金面上项目（编号：51878408）内容。目前有 2 位研究生学位论文分别采用现场实测、缩尺模型试验和数值模拟等方法，研究了在室外降温过程中地铁车站近壁面土体内部水蒸气相变放热特性。

6. 不同运营时期地铁车站环控设备及系统能效特性研究

结合2位研究生学位论文，分别采用对40多个初期、中期和远期运营地铁车站的现场实测和数值模拟等方法，研究了不同时期地铁车站环控设备与系统能效特性，为地铁车站环控新产品的引入、不同年限地铁车站环控设备的大修和更换提供重要参考。

7. 车站压力特性研究

结合上海地铁第一、第二和第四运营公司，上海基础和隧道工程有限公司等委托的屏蔽门承压、中间风井侧墙承压等相关课题开展，已有2篇研究生硕士学位论文研究了活塞风压力效应在屏蔽门车站中的传输和调控特性，由减少出入口渗透风量实现降碳节能。

1.3.3.7 北京工业大学

2013年，北京工业大学潘嵩教授团队对地铁细颗粒物浓度分布规律进行研究，基于"三分区"思想对北京地铁进行了初步实测，并进行了相关分析；2016年，课题组开始对北京地铁进行大规模颗粒物浓度实测，并探索了基于理论模型及数据驱动模型的地铁细颗粒物浓度预测方法；2021年与北京城建设计发展集团股份有限公司合作对青岛地铁进行一系列测试，对青岛地铁公共区及工作区细颗粒物浓度分布规律进行了研究。

2015年，北京工业大学潘嵩教授团队对地铁动态热舒适及热湿环境营造进行了研究，先后对北京、长春、青岛等城市地铁进行了现场实测调查，对地铁乘客乘车全过程经历的热环境和热舒适进行了分析研究；2022年与北京城建院合作对青岛地铁进行一系列测试，对青岛地铁公共区及工作区热环境及乘客热舒适规律进行了研究。通过研究地铁乘客从进站到乘车再到出站全过程经历的热环境及热舒适变化规律，分析了不同城市地铁乘客在不同季节、不同地铁区域（如站厅、站台、列车车厢等）的热舒适区，得到了影响地铁乘客热舒适的因素，以及热感受与热环境之间的模型关系。

2015年，北京工业大学潘嵩教授团队开始对蒸发冷凝制冷系统进行研究，同年与北京城建设计发展集团股份有限公司合作，对北京、杭州、石家庄、青岛等地地铁车站制冷系统进行长期测试，并进行相关分析。针对蒸发冷凝制冷系统实际运行中存在的缺少节能运行策略问题进行了研究，提出了蒸发冷凝制冷系统节能运行方案，并对蒸发冷凝器结构优化进行了研究。

1.3.4 标准篇

随着我国轨道交通的快速发展，相关标准规范同样得到了快速发展。地铁暖通空调的相关标准规范从最初的综合性标准的专业章节发展到专业性标准。本篇简单梳理并介绍主要标准通风空调专业的发展历程。

1.3.4.1 综合性标准

1. 国家标准《地铁设计规范》(GB 50157)

《地铁设计规范》(GB 50157)是我国首部城市轨道交通综合性国家标准，被视为我国地铁设计工作的"法典"，是我国城市轨道交通行业其他设计规范的蓝本和依据，它在我国地铁工程建设过程中，担当着制定原则、统一标准、规范设计、指导设计的重要作用。

《地下铁道设计规范》(GB 50157—92)是《地铁设计规范》(GB 50157)的最初版本。1986年启动编制工作，1992年6月13日发布，1993年1月1日实施。1992版标准由北京市城建设计研究院（现北京城建设计发展集团股份有限公司）主编，铁道部通信信号公司研究设计院、上海市隧道工程设计院、天津市地铁管理处参编。1992版标准仅有13章内容，与暖通空调专业相关的主要有2个章节：第6章通风、空调和采暖，包括一般规定、隧道通风与空气调节、局部通风、采暖四节内容；第12章防灾的第4节事故通风与排烟。1992版标准的主要起草人是我国首条地铁线路暖通空调专业的设计负责人褚敬止先生。

1992 版标准制订的主要技术基础是已建成的北京和天津地铁，以及当时国际上建设地铁的经验和技术资料。随着我国地铁建设的发展，建设区域扩及自然条件不同的南北地区，建设和运营经验的积累，不断涌现出的新技术，1992 版标准又先后经历了 2003 年和 2013 年 2 次修订。自 2003 年版标准起，标准名称调整为《地铁设计规范》，内容从最初的 13 章和 1 个附录，增订到 23 章和 4 个附录，2013 年版增订为 29 章和 5 个附录。编制单位也从最初的 4 家扩增到 2013 版的 8 家。与暖通空调专业相关的主要仍为 2 个章节：第 13 章通风、空调和供暖，包括一般规定、地下线段通风空调与供暖、高架地面线段通风空调与供暖、其他四节内容；第 28 章防灾的第 4 节防烟、排烟与事故通风。

2. 国家标准《城市轨道交通技术规范》(GB 50490) 和《城市轨道交通工程项目规范》(GB 55033)

《城市轨道交通技术规范》(GB 50490) 与《城市轨道交通工程项目规范》(GB 55033) 是不同时期的两部全文强条国家标准。

《城市轨道交通技术规范》(GB 50490) 于 2009 年首次发布，2009 年 10 月 1 日实施；随着《城市轨道交通工程项目规范》(GB 55033—2022) 的发布实施，标准于 2023 年 3 月 1 日废止。标准由住房和城乡建设部地铁与轻轨研究中心（中国城市规划设计研究院）主编。标准是以功能和性能要求为基础的全文强制标准，条款以城市轨道交通安全为主线，统筹考虑了卫生、环境保护、资源节约和维护社会公众利益等方面的技术要求。其中，8.4 节为通风空调与采暖系统。

《城市轨道交通工程项目规范》(GB 55033) 是国家工程建设强制性标准改革后的首部城市轨道交通工程全文强条标准。标准于 2022 年发布，2023 年 3 月 1 日实施，由中国城市规划设计研究院等 23 家单位联合编制。标准实施后，包括《城市轨道交通技术规范》(GB 50490) 全文以及《地铁设计规范》(GB 50157) 等 15 项标准中的强制性条文废止。标准具体规定了保障人民生命财产安全、人身健康、工程安全、生态环境安全、公共安全和公共利益，以及促进能源资源节约利用、满足社会经济管理等方面的控制性底线要求。涵盖规划、勘察、可行性研究和预可行性研究、测量勘测、设计、施工、验收和运行维护的全过程要求。其中，6.4 节为通风空调与供暖系统。

3. 国家标准《地铁设计防火标准》(GB 51298)

《地铁设计防火标准》(GB 51298—2018) 是我国首部城市轨道交通消防专项综合性国家标准。2008 年启动编制工作，2018 年 5 月 14 日发布，2018 年 12 月 1 日实施。由上海市隧道工程轨道交通设计研究院和公安部天津消防研究所主编，住房和城乡建设部地铁与轻轨研究中心、北京城建设计研究总院有限责任公司等 10 家地铁设计、科研、建设、运营以及市消防监督单位参编。《地铁设计防火标准》(GB 51298—2018) 在分析和总结近十几年来国内外城市轨道交通消防安全科技成就及经验的基础上，结合轨道交通特点、借鉴《建筑设计防火规范》(GB 50016) 等消防安全理念，对《地铁设计规范》(GB 50157) 防灾设计篇章进行了全面扩充。与暖通空调专业相关的主要为第 8 章防烟与排烟，包括一般规定，车站，控制中心、主变电所与车辆基地，区间，排烟设备与管道 5 节内容。

4. 国家标准《跨座式单轨交通设计标准》(GB/T 50458) 和《轻轨交通设计标准》(GB/T 51263)

《跨座式单轨交通设计标准》(GB/T 50458)、《轻轨交通设计标准》(GB/T 51263) 均为针对特殊制式城市轨道交通的综合推荐性国家标准。《跨座式单轨交通设计标准》(GB/T 50458) 于 2008 年首次发布，2009 年 2 月 1 日实施；2022 年进行了修订，2022 年 12 月 1 日起实施；由重庆市轨道交通集团有限公司主编。《轻轨交通设计标准》(GB/T 51263) 于 2017 年首次发布，2018 年 5 月 1 日起实施；由北京城建设计发展集团股份有限公司主编。上述两部标准均以《地铁设计规范》(GB 50157) 为基础，针对单轨及轻轨的特殊制式，对暖通空调及防排烟系统设计进行了规定。

5. 行业标准《地铁快线设计标准》(CJJ/T 298) 和《市域快速轨道交通设计标准》(CJJ/T 314)

《地铁快线设计标准》(CJJ/T 298)、《市域快速轨道交通设计标准》(CJJ/T 314) 均为针对特殊制式城市轨道交通的综合推荐性行业标准。《地铁快线设计标准》(CJJ/T 298) 于 2019 年首次发布，2020 年 3 月 1 日实施；由中铁二院工程集团有限公司主编。《市域快速轨道交通设计标准》(CJJ/T 314) 于 2022 年首次发布，2022 年 8 月 1 日实施；由中铁二院工程集团有限公司主编。上述两部标准针对地铁快线

（100~120km/h）与市域快速轨道交通（120~160km/h）的特殊制式，对隧道通风及事故通风系统设计进行了规定。

6. 上海市《城市轨道交通设计规范》（DGJ 08—109）、北京市《城市轨交交通工程设计规范》（DB11/995）等地方标准

随着城市轨道交通在全国的大力发展，各地纷纷针对本地的实际情况与需求，在《地铁设计规范》（GB 50157）等国家、行业标准的基础上，编制具有地方特色的地方标准。

上海市《城市轨道交通设计规范》（DGJ 08—109）是我国首部公开发布的城市轨道交通工程地方标准。《城市轨道交通设计规范》（DGJ 08—109）于2003年首次发布，2004年3月1日实施；2017年进了修订，2017年7月1日起实施；由上海市隧道工程轨道交通设计研究院主编。北京市地方标准《城市轨交交通工程设计规范》（DB 11/995）于2013年首次发布，2014年1月1日实施；由北京城建设计研究总院有限责任公司主编。

2016年，重庆市颁布了由重庆市轨道交通（集团）有限公司主编的地方标准《重庆市地铁设计规范》（DBJ 50—244）；2020年，颁布了由中铁二院工程集团有限责任公司、重庆市铁路（集团）有限公司主编的地方标准《城轨快线设计标准》（DBJ50/T—354）。2021年，雄安新区颁布了由河北雄安轨道快线有限责任公司、北京城建设计发展集团股份有限公司主编的地方标准《雄安轨道快线设计标准》（DB 1331/T 001）。

7.《市域快速轨道交通设计规范》（T/CCES 2）、《市域快轨交通技术规范》（T/CAMET 01001）等团体标准

随着国家标准化改革的推进，团体标准成为一种新的标准形式，城市轨道交通行业出现了大量的团体标准。

《市域快速轨道交通设计规范》（T/CCES 2）、《市域快轨交通技术规范》（T/CAMET 01001）均为针对市域轨道交通的综合性团体标准。《市域快速轨道交通设计规范》（T/CCES 2）为中国土木工程学会团体标准，于2017年首次发布，2017年4月1日实施；由北京城建设计发展集团股份有限公司等单位联合主编。《市域快轨交通技术规范》（T/CAMET 01001）为中国城市轨道交通协会团体标准，于2019年首次发布，2019年12月1日实施；由北京城建设计发展集团股份有限公司等单位联合编制。上述两部标准针对市域快速轨道交通（100~160km/h）的特殊制式，对暖通空调及防排烟系统设计进行了规定。

《绿色城市轨道交通车站评价标准》（T/CABEE 002）（T/CAMET 02001）为中国建筑节能协会与中国城市轨道交通协会联合发布的团体标准，是针对轨道交通车站绿色评价的专项团体标准；于2019年首次发布，2019年10月1日实施；由北京城建设计发展集团股份有限公司主编，其他17家单位参与编制。《绿色城市轨道交通建筑评价标准》（T/CECS 724）为中国工程建设标准化协会发布的团体标准，是针对轨道交通车站及车辆基地建筑绿色评价的专项团体标准；于2020年首次发布，2021年1月1日实施；由上海市建筑科学研究院有限公司和上海申通地铁集团有限公司联合主编，其他14家单位参与编制。上述两部标准针对城市轨道交通建筑的暖通空调专业绿色评价进行了规定。

1.3.4.2 专业性标准

1. 国家标准《城市轨道交通通风空气调节与供暖设计标准》（GB/T 51357）

《城市轨道交通通风空气调节与供暖设计标准》（GB/T 51357—2019）是我国首部城市轨道交通暖通空调专业国家标准。标准2010年启动编制工作，于2019年首次发布，2019年8月1日实施；由北京城建设计发展集团股份有限公司和广州地铁设计研究院股份有限公司联合主编，北京市轨道交通建设管理有限公司、北京市地铁运营有限公司、清华大学、中铁二院工程集团有限责任公司、中铁第四勘察设计院集团有限公司参编。标准以《地铁设计规范》（GB 50157）为基础，针对速度不超过120km/h的各类城市轨道交通制式的暖通空调设计进行了规定，标准不包含防排烟系统设计要求。标准包含总则、术语、室内外设计参数、地下线路、地上线路与地上建筑、监测与控制、消声与隔振、节能8个

章节及通风、空气调节室外空气计算温度 2 个附录。

2. 团体标准《轨道交通车站高效空调系统技术标准》（T/CABEE 008）（T/CAMET 02003）

《轨道交通车站高效空调系统技术标准》（T/CABEE 008）（T/CAMET 02003）为中国建筑节能协会与中国城市轨道交通协会联合发布的团体标准，是针对轨道交通车站高效空调系统的专项团体标准。标准于 2020 年首次发布，2021 年 3 月 1 日实施；由广州地铁设计研究院股份有限公司主编。该标准对轨道交通车站电驱动水冷式冷水循环的高效空调系统的设计、施工、调试、能效验收及运行维护进行了规定。

3. 团体标准《城市轨道交通站点室内环境质量要求》（T/CCES 6002）

《城市轨道交通站点室内环境质量要求》（T/CCES 6002）为中国土木工程学会发布的团体标准，是针对城市轨道交通车站内部环境质量的专项标准。标准于 2021 年首次发布，2021 年 4 月 1 日实施；由中国建筑科学研究院有限公司和北京城建设计发展集团股份有限公司联合主编，其他 21 家单位参编。该标准对轨道交通车站内部分区域的二氧化碳、$PM_{2.5}$、PM_{10}、TSP、臭氧、氨、甲醛、TVOC、细菌总数、照度等参数的限值及测试方法进行了规定。标准绝大部分内容与暖通空调专业关系密切。

4. 团体标准《城市轨道交通单洞双线隧道火灾烟气控制系统技术规范》（T/CAMET 05005）

《城市轨道交通单洞双线隧道火灾烟气控制系统技术规范》（T/CAMET 05005）为中国城市轨道交通协会发布的团体标准，是针对城市轨道交通单洞双线隧道火灾烟气控制的专项标准。标准于 2023 年首次发布，2023 年 7 月 1 日实施；由宁波市轨道交通集团有限公司主编，其他 11 家单位参编。该标准主要针对城市轨道交通单洞双线隧道的烟气控制提出设计、施工、验收等方面的技术要求，与现行国家标准、行业标准相协调，是对相关现行技术标准的有效补充。参照《地铁设计规范》（GB 50157）、《地铁设计防火标准》（GB 51298）及《建筑防烟排烟系统技术标准》（GB 51251）等相关要求，结合理论分析、数值模拟、缩尺实验和现场实测等研究方法，确定了城市单洞双线隧道火灾烟气控制通风模式、连通口的防烟风速等参数。

1.3.5 行业协会及学术活动篇

1.3.5.1 铁道与城市轨道交通委员会

建环分会铁道与城市轨道交通委员会的前身是铁道委员会，隶属于中国勘察设计协会建筑环境与能源应用分会和中国铁道学会工程分会，成立并持续开展学术活动距今已有 40 余年。

1996 年 5 月 9—11 日，铁道委员会组织在上海召开了暖通专业地铁专题研讨会，这是目前有记录的第一次地铁暖通空调专题会议（图 1.3-5）。

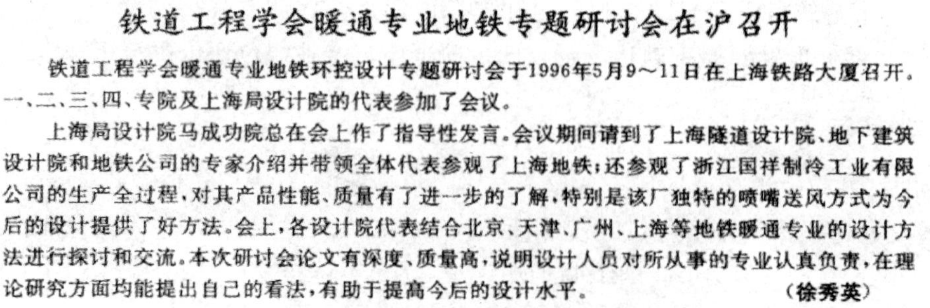

铁道工程学会暖通专业地铁专题研讨会在沪召开

铁道工程学会暖通专业地铁环控设计专题研讨会于1996年5月9~11日在上海铁路大厦召开。一、二、三、四、专院及上海局设计院的代表参加了会议。

上海局设计院马成功院总在会上作了指导性发言。会议期间请到了上海隧道设计院、地下建筑设计院和地铁公司的专家介绍并带领全体代表参观了上海地铁；还参观了浙江国祥制冷工业有限公司的生产全过程，对其产品性能、质量有了进一步的了解，特别是该厂独特的喷嘴送风方式为今后的设计提供了好方法。会上，各设计院代表结合北京、天津、广州、上海等地铁暖通专业的设计方法进行探讨和交流。本次研讨会论文有深度、质量高，说明设计人员对所从事的专业认真负责，在理论研究方面均能提出自己的看法，有助于提高今后的设计水平。

（徐秀英）

图 1.3-5 地铁专题研讨会媒体报道

2007 年中国勘察设计协会建筑环境与能源应用分会全国年会大会报告《浅谈地铁环控设计》，第一次提出屏蔽门系统持续开启、排热风机运行策略在节能方面存在明显不足，应优化排热运行策略，不应连续运行。随后多个设计院做了很多测试验证工作，在很多项目中进行了实施，取得了巨大节能效果。

2014年,由《暖通空调》杂志社组织召开了"中国地铁建设暖通空调新技术交流会"专题会议,是第一次全国性地铁通风空调学术会议,对推动地铁交流平台的建立及地铁环控技术创新起到了非常积极的作用。

2015年5月,经中国勘察设计协会建筑环境与设备分会理事长扩大会议研究决定,在原铁道委员会的基础上扩大成立铁道与城市轨道交通委员会。2015年9月,在天津召开了铁道与城市轨道交通委员会成立暨第一届全体委员会(图1.3-6和图1.3-7)。建筑环境与设备分会会长罗继杰宣布了第一届委员会设置原则和名单。朱建章担任主任委员,李国庆担任副主任委员,讨论修改了委员会工作条例和近期主办会议筹备工作等。

轨道交通委员会委员组成为:

主任委员	朱建章	(中国铁路设计集团有限公司)
副主任委员	李国庆	(北京城建设计发展集团股份有限公司)
委员	邓保顺、李德辉	(中铁第一勘察设计院集团有限公司)
	巩云、刘伊江	(中铁二院工程集团有限责任公司)
	孙兆军、刘英杰	(中国铁路设计集团有限公司)
	郭旭晖、车轮飞	(中铁第四勘察设计院集团有限公司)
	孟鑫	(北京城建设计发展集团股份有限公司)
	郑晋丽	(上海市隧道工程轨道交通设计研究院)
	罗燕萍	(广州地铁设计研究院有限公司)

图1.3-6 铁道与城市轨道交通委员会成立大会

图1.3-7 铁道与城市轨道交通委员会委员合影

轨道交通委员会的成立具有重大意义,对城市轨道交通暖通空调行业尤其重要,从此有了相互交流的平台。轨道交通委员会后改名为轨道交通工作部,是国内目前唯一一个轨道交通暖通空调专业性学术组织,其学术交流会议等活动现在均已由建环分会直接主办。

1.3.5.2 学术活动

地铁通风空调技术交流会每年都有很多次,学会、协会、媒体和生产企业都积极组织和主办,参加者踊跃,特别是在地铁节能方面。中国勘察设计协会建环分会轨道交通工作部每2年举办一次轨道交通暖通空调学术年会(如表1.3-2和图1.3-8～图1.3-11所示),每2年举办一次中国地铁建设暖通空调技术发展高端论坛(如表1.3-3和图1.2-12～图1.3-16所示),以及其他小型学术交流活动。

表1.3-2 全国铁路与城市轨道交通暖通学术年会

2016年10月	武汉	2016年全国铁路与城市轨道交通暖通学术年会
2018年11月	北京	2018年全国铁路与城市轨道交通暖通学术年会
2020年10月	西安	2020年全国铁路与城市轨道交通暖通学术年会
2023年3月	天津	2022年全国铁路与城市轨道交通暖通学术年会

图1.3-8 全国铁路与城市轨道交通暖通学术年会(武汉,2016年)

图1.3-9 全国铁路与城市轨道交通暖通学术年会(北京,2018年)

图1.3-10 全国铁路与城市轨道交通暖通学术年会(西安,2020年)

图 1.3-11　全国铁路与城市轨道交通暖通学术年会（天津，2023 年）

表 1.3-3　中国地铁建设暖通空调技术发展高端论坛

时间	地点	会议名称
2015 年 10 月	武汉	第一届中国地铁建设暖通空调技术发展高端论坛
2017 年 9 月	广州	第二届中国地铁建设暖通空调技术发展高端论坛
2019 年 8 月	武汉	第三届中国地铁建设暖通空调技术发展高端论坛
2021 年 10 月	深圳	第四届中国地铁建设暖通空调技术发展高端论坛
2023 年 9 月	宁波	第五届中国地铁建设暖通空调技术发展高端论坛

图 1.3-12　第一届中国地铁建设暖通空调技术发展高端论坛

图 1.3-13　第二届中国地铁建设暖通空调技术发展高端论坛

图 1.3-14　第三届中国地铁建设暖通空调技术发展高端论坛

图 1.3-15　第四届中国地铁建设暖通空调技术发展高端论坛

图 1.3-16　第五届中国地铁建设暖通空调技术发展高端论坛（智慧轨道交通暖通空调技术论坛）

1.3.5.3　学术论文

《暖通空调》杂志于 2015 年首次开设"地铁专栏"，截至 2024 年 2 月，共开设 10 期，分别是 2015 年第 7 期、2016 年第 5 期、2017 年第 5 期、2019 年第 5 期、2019 年第 10 期、2021 年第 4 期、2021 年第 9 期、2023 年第 7 期、2023 年第 10 期和 2024 年第 2 期，如表 1.3-4～表 1.3-13 所示。

表 1.3-4　《暖通空调》杂志 2015 年第 7 期"地铁专栏"

序号	题目	第一作者
1	地铁通风空调系统新观点	朱建章
2	南方某地铁站蒸发冷凝冷水机组能效测试分析	罗燕萍
3	对城市轨道交通通风空调系统设计若干习惯做法的质疑	刘伊江
4	毛细管壁面换热器用于地铁隧道的可行性分析	胡松涛
5	地铁车站双存车线处的烟控系统研究	蔡崇庆
6	地铁车厢内热环境现状调查研究	胡松涛
7	地铁车站公共区通风空调系统空调负荷计算	高慧翔
8	两种站台门系统对天津地铁侧式站台冬季内部环境的影响	谢强松
9	高原隧道施工通风量的计算	张仕杰
10	地铁隧道内壁龛尺寸对射流风机效果的影响	曾臻
11	地铁车站小系统空调箱电动机烧毁故障树的建立及应用	孙立

表 1.3-5　《暖通空调》杂志 2016 年第 5 期"地铁专栏"

序号	题目	第一作者
1	高速模式下地铁隧道空气动力学效应断面优化分析	刘俊
2	青岛地铁 1 号线跨海隧道通风设计	郝世杰
3	武汉轨道交通 7 号线越江区间通风系统研究	陈玉远
4	三维状连体模型在地铁工程空气流动数值模拟中的应用	王奕然
5	武汉东湖隧道通风方案研究	胡清华
6	地下交通综合体地面风亭存在问题及解决方案探讨	王胜男
7	地铁车站通风空调工艺控制设计若干问题探讨	李森生
8	某地铁车站制动电阻柜室超温分析	贺利工
9	地铁隧道通风加压喷嘴设置方案分析	廖凯
10	新型风机叶片的研发及其在武汉地铁工程中的应用	向清河

表 1.3-6　《暖通空调》杂志 2017 年第 5 期"地铁专栏"

序号	题目	第一作者
1	我国不同气候区地铁车厢内空气品质的评价与分析	胡松涛
2	某地铁车站空调水系统节能控制系统设计及节能测试数据分析	赵建伟
3	铁路调度中心数据机房空调设计方案	于世平
4	分布式空调系统在地铁车站设备房的应用	周群
5	地铁热环境的主要设计输入参数敏感性分析	刘垚
6	围岩水文地质条件对地铁隧道热沉积的影响	刘伊江
7	高速地铁隧道压力波研究	毕海权
8	封闭式地铁车辆检修库通风模式模拟比选研究	孙永强
9	从土壤负荷特征看铁路客站地源热泵系统运行策略	孙兆军
10	地铁隧道围岩热库逐年演化特性的实验研究	王丽慧

表 1.3-7　《暖通空调》杂志 2019 年第 5 期"地铁专栏"

序号	题目	第一作者
1	地铁车站制冷系统综合节能改造	罗燕萍
2	严寒地区地铁环控系统设计方案研究	韩平
3	轨道交通高大厂房供暖实测与分析	马江燕
4	铁路隧道避难所防烟风速研究	黄丽娟
5	基于实测数据的列车车载空调器能耗分析	秦旭
6	地铁车站水冷空调机组性能研究	李峰

表 1.3-8 《暖通空调》杂志 2019 年第 10 期"地铁专栏"

序号	题 目	第一作者
1	地铁站台屏蔽门漏风原因分析及建议	篮杰
2	基于活塞风效应的严寒地区冬季典型地铁车站运行方案	马江燕
3	地埋管换热器低温换热性能测试与模拟	邹志胜
4	BIM 技术在地铁机电工程施工管理中的应用	胡金杰
5	可调通风型站台门系统节能效果分析	王斌
6	地铁站通风空调系统节能改造方案研究	孙勇

表 1.3-9 《暖通空调》杂志 2021 年第 4 期"地铁专栏"

序号	题 目	第一作者
1	严寒及寒冷地区轨道交通高大厂房风幕阻风特性研究	车凯
2	活塞风对地铁区间隧道空气品质的影响研究	徐驰
3	广州地铁车站冷水机组 NPLV 研究与实践	罗燕萍
4	地铁区间隧道热环境与土体蓄放热特性的监测研究	王丽慧
5	西昌西站复合通风节能研究	许琳
6	中庭式拱顶多层地铁车站排烟系统设计及模拟分析	曾惜
7	火灾工况下区间隧道疏散平台的加压送风防烟模式研究	鱼晟睿
8	长大隧道洞口风道式通风相关问题数值模拟研究	王成哲
9	地铁设备用房通风空调系统最优切换温度研究	严清

表 1.3-10 《暖通空调》杂志 2021 年第 9 期"地铁专栏"

序号	题 目	第一作者
1	过站运行条件下地铁车站出入口卷帘门压力分析	马江燕
2	盖下动车检查库诱导通风系统设计参数研究	田利伟
3	基于基坑肥槽的地道风节能技术研究	王胜男
4	地铁车站分项能耗原理模型及其简化研究	苏子怡
5	雄安站首层候车厅空调系统气流组织优化设计	李桂萍
6	地铁防排烟系统设计理念及方法反思	刘伊江
7	地铁车站环控设备能效随运行年限演化特性研究	王丽慧

表 1.3-11 《暖通空调》杂志 2023 年第 7 期"地铁专栏"

序号	题 目	第一作者
1	高铁客站空调系统冷水机组设计能耗预测	张亚静
2	地下车站冷水机组部分负荷性能系数研究	刘伊江
3	铁路站房碳排放计算方法分析	田利伟
4	太阳能耦合空气源-水源热泵复合供暖系统性能分析	马江燕
5	地下车站排热通风系统困境及其原因探讨	郑晋丽
6	北方城市某地铁站内颗粒物浓度分布实测和分析	潘嵩
7	基于长期现场实测的地铁车站水冷直接制冷式空调系统与传统空调系统性能对比分析	杨卓
8	基于实测与问卷调研的高温天地铁车站空气运行温度优化	王丽慧
9	天津地区初期运营地铁站夏季热环境及空调系统节能潜力分析	喻彦喆

表 1.3-12 《暖通空调》杂志 2023 年第 10 期"地铁专栏"

序号	题 目	第一作者
1	地铁车站空调设备分期配置与实施方案的经济性分析	刘晓亮
2	天津市某地铁站排热系统实测研究	杨鋆
3	南宁地铁车站关键区域 PM2.5 浓度实测研究	李严

表 1.3-13　《暖通空调》杂志 2024 年第 2 期 "地铁专栏"

序号	题　目	第一作者
1	地铁车站弱电设备间设备发热量确定方法	王艳
2	地铁隧道全年逐时温度计算方法	张越
3	地铁车站月平均气温随运营年限演化特性	王丽慧

城市轨道交通通风空调系统形式

2.1 概述

轨道交通作为现代化的城市公共交通工具，承担着越来越重要的大客流运输任务。从城市化、能源紧张、效率与环境问题等方面考虑，轨道交通具有运量大、速度快、低污染、节约资源、低能耗、乘坐方便、舒适等特点，符合可持续发展的原则，特别适用于大中城市，轨道交通也因此成为了城市人首选的出行方式，对提升城市的综合地位具有重大意义。

作为城市的交通运输骨干、重要的客流集散区域，尤其是在车站、隧道等内部空间，通风空调系统是城市轨道交通必不可少的重要保障系统之一。设置城市轨道交通通风空调的主要目标是保障其内部空气环境的质量、温度、湿度、气流组织、气流速度、压力变化和噪声等均能满足人员的生理及心理条件要求和设备正常运转。在阻塞、火灾及其他紧急情况时，具备通风、排烟等条件，保障人员安全。

城市轨道交通工程线路通常按照地上、地下划分为两种敷设方式。地上线路与室外环境接壤，往往具有良好的自然条件，例如在高架车站、车辆段、停车场等建筑内，根据不同的建筑功能需要，在充分利用自然条件的基础上，结合部分机械措施就可以营造良好的环境。相比之下，轨道交通地下线路，尤其是地下区间隧道、车站等内部空间，需要更多的人工、机械措施来辅助营造良好的环境。因此，也造就了轨道交通线路地上、地下截然不同的通风空调系统形式。

地上线路，结合不同城市的气象条件，为满足运行要求，通常在车站公共区与设备用房、停车场与车辆段的各建筑内设置通风、空调、供暖系统，除有特殊的工艺要求的房间外，其系统形式与民用地上建筑十分相似。

地下线路，由于城市轨道交通地下空间狭长，具有"幽闭"特性，又有列车活塞风的影响，其通风空调形式较为特殊。地下线路的通风空调系统主要由区间隧道通风系统与车站通风空调系统构成。按照隧道换气的形式以及隧道与车站站台层的分隔关系，通风空调系统目前在传统屏蔽门制式（屏蔽门系统）和安全门制式（开闭式系统）两种制式的基础上，发展形成了"可调通风型站台门"第三种制式。

2.2 环境控制标准

为保障城市轨道交通工程内部空气环境的温度、湿度、气流速度、空气质量、压力变化、系统运行噪声、气流组织等满足乘客舒适性要求和设备正常运转，需要设置通风、空调与供暖系统。而合理准确的室外计算参数和室内环境控制标准是轨道交通通风空调系统进行冷（热）负荷及通风量计算的重要依据，是系统设计"安全可靠、功能合理、经济适用、节能环保、技术先进"的重要保证，既可为乘客、工作人员提供舒适的环境，也能保障设备正常、高效运转，是实现绿色城轨、智慧城轨的基础条件。

轨道交通工程区别于铁路工程，结合运营组织特点，通风空调系统为乘客仅提供"过渡性舒适"的候车和乘车环境，同时为地铁工作人员提供舒适的工作环境、为设备正常运行提供所需的运行环境。轨道交通工程地上车站、场段建筑与民用建筑相似，而地下区间、车站与民用建筑区别较大。地下车站、区间受室外环境影响较弱，内部环境受到活塞风影响较大，空调负荷高峰受客流强度、行车对数等内热源影响程度较大。因此，科学合理地确定轨道交通通风、空调与供暖系统的室外设计参数和室内环境控制标准至关重要。

目前国内针对城市轨道交通工程的环境控制标准，主要结合了《地铁设计规范》（GB 50157）、《城市轨道交通通风空气调节与供暖设计标准》（GB/T 51357）之外，还参考《民用建筑供暖通风与空气调节设计规范》（GB 50736）、《工业建筑供暖通风与空气调节设计规范》（GB 50019）以及《城市轨道交通工程项目规范》（GB 55033）的相关标准要求执行。

随着社会发展，国内轨道交通工程通风空调系统形式因地制宜、不断创新，出现了一批特殊的通风空调形式，例如直接蒸发冷却通风降温系统等，其室外设计参数、室内环境控制标准具有一定的特异性。此外，随着轨道交通工程列车运行时速的不断提高，高速列车行进带来的气动压力波、气动荷载等问题，也促进了轨道交通工程对环境控制标准的不断优化提升。

2.2.1 室外计算参数

2.2.1.1 区间隧道

城市轨道交通的区间隧道均处于地下，其室外环境计算参数的定义和选取与地上工程大不相同。由于地下线路围护结构与周围土壤的热容大、热惯性大，容易形成"恒温蓄热"效应，通过分析一些长期运行线路隧道内平均温度，对区间隧道室外环境计算参数的确定具有一定的参考价值。

以北京、上海、广州、天津、武汉、西安、成都等城市地铁的运营数据为例，远期运营的轨道交通线路中，隧道内的平均温度与室外最热月月平均温度的平均值相近。据此分析，认为随着时间的推移，室外空气通过列车活塞风效应进入隧道后，不断与隧道围护结构及周围土壤进行对流换热，并在其他内热源的共同作用下，常年累月形成一个接近于室外最热月月平均温度的恒温层，进而影响隧道内平均温度。

因此，在《地铁设计规范》（GB 50157）、《城市轨道交通通风空气调节与供暖设计标准》（GB/T 51357）等标准中，提出夏季通风室外空气计算温度应采用近20年或30年最热月月平均温度的平均值、冬季通风室外空气计算温度应采用近20年或30年最冷月月平均温度的平均值，以此为基础开展区间隧道通风系统设计。

2.2.1.2 地下车站公共区

在地下车站公共区系统设计中，考虑到车站公共区与地下区间隧道所处的地下环境较为类似，通风室外空气计算温度的选取原则与区间隧道是保持一致的。

针对夏季空调室外空气计算温度，轨道交通工程与民用建筑有着明显的区别。民用地上建筑的空调负荷，其核心因素是室外气候条件变化，而城市轨道交通地下车站，其空调负荷核心是内热源，受到室外气候环境变化的影响较弱，受客流强度、行车对数等因素影响较强。《民用建筑供暖通风与空气调节设计规范》（GB 50736）中规定的夏季空调室外空气计算干球温度一般出现在12：00—14：00，而此时间段为运营客流低谷区，客流量一般仅为晚高峰的 50%～70%，如果照此时段进行负荷计算，很难满足晚高峰的负荷要求。

因此，地下车站公共区夏季空调室外空气计算干球温度一般按近 30 年夏季运营晚高峰时刻历年平均不保证 10h 确定，夏季空调室外空气计算湿球温度一般按近 30 年夏季运营晚高峰时刻历年平均不保证 10h 确定。

2.2.1.3 地下车站设备管理用房及地上建筑

轨道交通工程地下车站的设备及管理用房内，工作人员需要长时间停留，为了保证其舒适性与生理、心理健康，将其设计参数与地面封闭性较高的建筑等同视之，高架线、地面线车站及车辆基地等地上建筑与普通民用建筑类似。因此，一般按照国家标准《民用建筑供暖通风与空气调节设计规范》(GB 50736) 确定其室外设计参数。

夏季空调室外计算干球温度，应采用历年平均不保证 50h 的干球温度；室外计算湿球温度，应采用历年平均不保证 50h 的湿球温度；夏季通风室外计算温度，应采用历年最热月 14 时的月平均温度的平均值；夏季通风室外计算相对湿度，应采用历年最热月 14 时的月平均相对湿度的平均值；冬季通风室外计算温度，应采用累年最冷月平均温度；冬季空调室外计算温度，应采用历年平均不保证 1 天的日平均温度；冬季空调室外计算相对湿度，应采用累年最冷月平均相对湿度。

2.2.1.4 特殊系统形式

我国地域辽阔、各地气候差别很大，具有多种复杂的自然环境和气候条件，按《建筑气候区划标准》(GB 50178)，将全国气候区域划分为 7 个主气候区和 20 个子气候区；按《民用建筑热工设计规范》(GB 50176)，将全国划分为"严寒地区、寒冷地区、夏热冬冷地区、夏热冬暖地区、温和地区"等 5 个分区；按气象行业标准《干湿气候等级》(GB/T 34307)，将全国气候区域划分为"极湿、湿润、半湿润、半干旱、干旱及极端干旱" 6 个气候区域。结合不同地区的气候特征，轨道交通通风空调系统秉承绿色、低碳的发展理念，也衍生出了一些特殊的系统形式，具有相对特殊的设计参数标准。

例如在西北地区，其气候具有干燥、全年平均气温不高的特点。利用其不饱和干空气能，在兰州、乌鲁木齐等地的城市轨道交通工程中，采用了直接蒸发冷却通风降温系统，实现了低碳、节能运行。而目前现行国家规范、标准中对直接蒸发冷却地铁通风空调系统的室外计算参数确定尚未有明确的规定或要求。

对于直接蒸发冷却系统而言，最主要的驱动势是室外干、湿球温度之差形成的干空气能，因此结合干湿球温度综合考量其室外设计参数更加合理。结合兰州、乌鲁木齐等轨道交通工程的实施经验，中铁第一勘察设计院科研团队通过研究，给出了直接蒸发冷却地铁通风空调系统室外空气计算参数参考方法：

1) 室外空气计算湿球温度采用近 20 年夏季地铁晚高峰负荷时平均每年不保证 30h 的湿球温度；

2) 室外空气计算干球温度则采用近 20 年夏季地铁晚高峰负荷时平均每年不保证 30h 的干、湿球温度之和与所确定的室外计算湿球温度的差值。

2.2.2 室内环境控制标准

2.2.2.1 温湿度控制标准

1. 区间隧道

1) 正常运行工况

当车站设置非封闭式站台门时，列车进站时由于活塞作用将隧道内的空气及热量带入车站，会增加车站空调冷负荷和影响乘客舒适性，对车站内环境造成较大冲击，因此隧道内空气温度不宜过高；

当列车出站时，车站内的冷空气又会被吸入隧道内，对隧道起到了一定的冷却作用。大量运营实测结果与数值模拟结果表明，这种工况下，隧道内的温度一般不高于35℃，伴随着列车活塞作用，区间隧道与车站互相影响，虽然隧道内温度略高于站台公共区室内设计温度，但基本在可接受范围内。

当车站设置屏蔽门（封闭式站台门）时，为保证空调冷凝器正常运行，保持列车车厢内的温度条件，参考目前国内地铁列车空调冷凝器失效最高温度46℃，通过对隧道内温度分布的模拟分析，同时考虑一定安全冗余量，规定夏季最高日平均温度不应高于40℃。

夏季土壤从隧道中吸热，降低隧道内温度，为使冬季尽可能将夏季土壤吸收的热量放出来，维持土壤热平衡，使其在夏季有较大的吸热能力，降低夏季空调运行能耗，规定冬季平均空气温度不应高于当地地层的自然温度。此外，考虑到如果温度低于5℃，对隧道内设备不利，例如给水管有冻裂的风险，故又规定最低空气温度不应低于5℃。

此外，《地铁设计规范》(GB 50157—2013)中还规定：当列车车厢不设置空调时，温度不得高于33℃。

2）阻塞工况

当列车阻塞在区间时，为保证空调冷凝器正常运行，保持列车车厢内的温度条件，参考空调冷凝器失效最高温度46℃，要求列车阻塞在区间隧道时应按控制列车顶部最不利点的隧道空气温度低于45℃校核。

2. 地下车站公共区

当车站采用通风系统时，参照《工业企业设计卫生标准》(GBZ 1—2010)中与城市轨道交通相类似的散热量大、轻度作业的车间，要求公共区的室内空气设计温度不应超过30℃，且不宜高于通风室外空气计算温度5℃。

当车站采用空调系统时，根据对已运营的地铁车站的长期观测，当车站温度超过30℃时，工作人员和乘客都感到不舒适。此外，城市轨道交通是人员短时间逗留的公共场所，乘客完成一个乘车过程一般为3~5min，从节能的角度，只需要满足"暂时舒适"就可以了，考虑到人对温度有明显感觉的温差为2℃以及地域差异，提出一个既满足不同地区人员习惯又较为灵活的温差标准。从上海、广州地铁的实际运行情况来看，当采用空调系统时，要求公共区中站厅的室内空气设计温度不应超过30℃，且应低于空调室外计算干球温度2~3℃；站台的空气设计温度应低于站厅的空气设计温度1~2℃；站厅及站台的空气相对湿度均应为40%~70%是合理、可行的。需要注意的是原《地铁设计规范》(GB 50157—2003)中规定站厅及站台的相对湿度为40%~65%，按照《民用建筑供暖通风与空气调节设计规范》(GB 50736—2012)中第3.0.2条的规定，属于供冷工况舒适度Ⅰ级标准，而现行规范是按照供冷工况舒适度Ⅱ级标准确定的，这更符合"暂时舒适"的设计理念。

地下车站冬季站内最低温度不应低于12℃的要求参照了《工业企业设计卫生标准》(GBZ 1—2010)的规定。

此外，由于地下车站与外界大气间的相对分隔，其内部满足人员生理和心理需求的空气环境完全由通风空调系统营造，一旦通风空调系统失效，地下车站空气环境将迅速恶化，严重时危及生命安全，因此考虑通风空调部分运转条件下满足人员生理和心理需求，规定当公共区通风空调系统某一局部失效时，站厅和站台的温度不应高于35℃。

针对直接蒸发冷却通风降温系统，考虑到系统形式并非传统空调系统，其室内设计标准具有一定的特异性。相关研究表明，温度在28~32℃、相对湿度在70%~90%范围内，人体感到满意的空气流速在1.0~1.2m/s，也就是说在此温湿度范围内，若控制空气流动速度在1.0~1.2m/s时，人体感觉也是舒适的。以采用了直接蒸发冷却通风降温系统的兰州城市轨道交通1号线为例，根据上述室外环境参数计算方法，对兰州市近20年内的典型气象年逐时气象数据通过筛选、分析、整理得到，计算干球温度应为30.1℃，按照规范要求站厅设计干球温度为28.1℃、站台设计干球温度为27.1℃。根据前述研究结论，最终采用站厅设计干球温度为29.0℃、站台设计干球温度为28.0℃。

3. 地上车站公共区

地上车站站厅采用通风系统时，夏季室内设计温度不应超过35℃且不应超过室外空气计算温度3℃，相关的要求参照了《工业企业设计卫生标准》（GBZ 1—2010）。

当设置空调系统时，一方面如前所述，空调系统只需要营造"暂时舒适"的环境即可；另一方面，由于站台一般不设置空调系统，如果站厅温度较低，人员由站厅进入站台，温差较大造成冷热交替，反而会影响乘客舒适度。因此站厅设计温度按照《城市轨道交通工程项目规范》（GB 55033—2022）要求，夏季设计温度为29～30℃。其相对湿度参照《民用建筑供暖通风与空气调节设计规范》（GB 50736—2012）第3.0.2条供冷工况舒适度Ⅱ级标准，不应大于70%。

当地上车站站厅设置供暖系统时，站厅内空气设计温度不应低于12℃。

4. 设备及管理用房

表2.2-1列出了地下车站设备与管理用房室内设计温度、相对湿度与换气次数要求，这是在总结北京、上海和广州等城市地铁运营经验的基础上，根据电气专业的要求和相关设计规范确定的，部分标准较《地铁设计规范》（GB 50157—2013）有所提高，如厕所、污水泵房等房间的换气次数等。

表2.2-1　地下车站设备与管理用房室内设计温度、相对湿度与换气次数

房间名称	冬季 设计温度（℃）	夏季 设计温度（℃）	夏季 相对湿度（%）	换气次数（h⁻¹）
站长室、站务室、值班室、休息室、更衣室、修理间、清扫员室、公共安全室、会议交接班室	18	27	<65	6
车站控制室、广播室、变电所控制室、人防控制室、售票室、票务室	18	27	40～60	6
车票分类/编码室、自动售检票设备室、有电池配电室、通风空调电控室	16	27	40～60	6
通信设备室、通信电源室、信号设备室、信号电源室、公安通信设备室、民用通信设备室、站台门设备室、综合监控设备室	16	27	40～60	6
降压变电所、牵引降压混合变电所	—	36	—	按排除余热计算
机械室、无电池配电室	16	36	—	4
蓄电池室、UPS设备室	16	27	—	6
茶水间、盥洗室、车站备品间、清扫工具间、气瓶室、储藏室	—	—	—	4
废水泵房、消防泵房	>5	—	—	6
厕所	>5	—	—	≥15
污水泵房	>5	—	—	10
通风与空调机房、制冷机房	—	—	—	6
折返线维修用房	12	30	—	6

近年来为有效控制卫生间的环境条件，提升站内空气品质和人员舒适性，部分城市已提高了卫生间的设计标准，设置空调系统提升舒适性及车站品质，例如广州、深圳等城市轨道交通项目。部分地方标准中已明确相关要求，例如陕西省工程建设标准《城市轨道交通通风空调与供暖工程技术规程》（DB61/T 5023—2022）要求卫生间应考虑设置空调系统，设计温度不高于27℃，换气次数不小于20h⁻¹。

表2.2-2列出了地上车站设备与管理用房室内设计温度、相对湿度要求，其换气次数应执行《民用建筑供暖通风与空气调节设计规范》（GB 50736—2012）的相关规定。

表 2.2-2　地上车站设备与管理用房室内设计温度、相对湿度

房间名称	冬季 设计温度（℃）	夏季 设计温度（℃）	夏季 相对湿度（%）
站长室、站务室、值班室、休息室、更衣室、修理间、清扫员室、公共安全室、会议交接班室	18	27	＜65
车站控制室、广播室、变电所控制室、人防控制室、售票室、票务室	18	27	40～60
车票分类/编码室、自动售检票设备室、有电池配电室、通风空调电控室	16	27	40～60
通信设备室、通信电源室、信号设备室、信号电源室、公安通信设备室、民用通信设备室、站台门设备室、综合监控设备室	16	27	40～60
降压变电所、牵引降压混合变电所		36	
机械室、无电池配电室	16	36	
蓄电池室、UPS 设备室	16	27	
污水泵房、废水泵房、消防泵房	＞5		
盥洗室、厕所	12		

5. 地下车站通道

根据《城市轨道交通通风空气调节与供暖设计标准》(GB/T 51357—2019) 4.3.2 条，当车站出入口通道或换乘通道超过 60m 时，应采取通风或空调降温措施。对于出入口通道，仍然采用"暂时舒适"的设计策略，要求与站厅空气温差为 2℃；对于换乘通道，规定内部空气温度与站厅、站台保持一致，这样既不会引起乘客感觉上的变化，也有利于统一通风空调系统的控制标准。

6. 车辆基地

对于车辆综合基地综合楼、公寓楼、控制中心和主变电所等地上建筑通风空调设计，与地上民用建筑类似，采用《民用建筑供暖通风与空气调节设计规范》(GB 50736) 和《工业建筑供暖通风与空气调节设计规范》(GB 50019) 的相关要求。

对于夏季不具备自然通风的库室，需要设置机械通风，基于库室体量虽大，但内部发热量不大的特点，采用较大的换气次数不利于节能，因此，参考《工业建筑供暖通风与空气调节设计规范》(GB 50019—2015)，要求车辆综合基地的停车库、列检库、洗车库、月检库等运用和检修生产设施库室夏季采用机械通风时，换气次数不宜小于 $1h^{-1}$；当房间高度大于 6m 时，机械通风量可按 $6m^3/(h \cdot m^2)$ 标准。

2.2.2.2 空气质量标准

1. 新风量

现行《城市轨道交通通风空气调节与供暖设计标准》(GB/T 51357—2019) 和《地铁设计规范》(GB 50157—2013) 规定了区间隧道内每个乘客的新风量不应少于 $12.6m^3/h$ 的要求，这是综合考虑了人员生理健康需求、工程实施可行性、系统能力实现和运行节能等方面的研究制定的。

地下车站公共区采用通风系统开式运行时，参考国内外相关规范，并结合我国《工业企业设计卫生标准》(GBZ 1—2010) 中与地铁工程相类似的条文规定，确定每个乘客的新风量不应小于 $30m^3/h$；当采用通风系统闭式运行时，每个乘客的新风量不应小于 $12.6m^3/h$；且系统新风量不应小于总送风量的 10%。

地下车站公共区采用空调系统时，综合考虑舒适性、卫生要求和节能，参考人员短期逗留的地面建筑新风量，确定每个乘客的新风量不应小于 $12.6m^3/h$，且不应小于总送风量的 10%。需要注意的是，上述规定与现行《公共场所集中空调通风系统卫生规范》(WS 394—2012) 第 3.1 条"集中空调系

统新风量的设计应符合下列要求：候车（机、船）室、公共交通工具等新风量大于等于 $20m^3/(h·人)$"不一致，因此一些工程项目的具体设计过程中有时也参照此标准的要求，适当提高了新风量的计算标准。

地下车站设备管理用房考虑到环境比较闭塞的特点，依据《民用建筑供暖通风与空气调节设计规范》（GB 50736—2012）的要求，每个工作人员的新风量不应少于 $30m^3/h$，当采用空调系统时，系统新风量不应小于总送风量的 10%。

2. CO_2 浓度

列车在区间隧道内运行过程中，为保证乘客生理健康安全，规定地下区间隧道、地下车站公共区空气中的 CO_2 日平均浓度应小于 0.15%，对于设备管理用房，参考《室内空气质量标准》（GB/T 18883）要求，车站设备管理用房空气中的 CO_2 日平均浓度应小于 0.10%。在《城市轨道交通工程项目规范》（GB 55033）中，将车站设备管理用房空气中的 CO_2 日平均浓度限值调整为 0.15%。

3. 颗粒物浓度

地下车站公共区空气中粒径小于或等于 $10\mu m$ 的颗粒物日平均浓度应小于 $0.25mg/m^3$。根据《环境空气质量标准》（GB 3095—2012）将三类区并入二类区，同时考虑电气设备防尘要求以及提升工作人员长期工作环境，将地下车站设备管理用房空气中粒径小于或等于 $10\mu m$ 的颗粒物日平均浓度由《地铁设计规范》（GB 50157—2013）的 $0.25mg/m^3$ 提高到 $0.15mg/m^3$。而在《城市轨道交通工程项目规范》（GB 55033）中，将地下车站设备与管理用房空气中可吸入颗粒物的日平均浓度限值调整为 $0.25mg/m^3$。

2.2.2.3 室内风速标准

风速的增加一方面可以缓解炎热的感觉；另一方面，过高的风速会令乘客有吹风感，降低人员舒适度。因此，参考美国《地铁环控设计手册》，要求地下车站公共区站厅和站台的乘客候车区正常工况下的瞬时最大风速不宜大于 5m/s。

当区间发生火灾时，一方面需要风速控制烟气流向；另一方面，为了从心理上营造有利于人员疏散的环境，让乘客感受到有新鲜空气流动，综合各类因素，规定断面风速不小于 2m/s。此外，当风速大于 11m/s 时，过大的风速会影响到乘客正常逃生，因此对最大风速进行限定。列车阻塞时风速标准制定的基本思路与火灾工况是一致的。

2.2.2.4 隧道压力波控制标准

近年来，随着城市轨道交通的快速发展，建设、运营了许多时速超过 100km/h 的高速地铁和市域铁路，例如，成都轨道交通 13 号线一期、18 号线，深圳轨道交通 11 号线，广州轨道交通 22 号线，雄安新区 R1 线，东莞地铁 R2 线等。以往列车低速运行时可以忽略的问题，在高速运行时就显得尤为重要，隧道压力波就是其中之一。

由于高速运行的列车与隧道内空气之间的作用加剧，形成的压力波通过车体传入车内，影响乘客舒适性，严重时危害乘客和司机生理健康。隧道内空气压力波动会使车上乘客和隧道内的人员感受到一系列压力脉冲。轻微的压力波会使乘客感到不舒适、内耳疼痛，严重时将会对耳鼓造成永久性伤害，如表 2.2-3 所示。

表 2.2-3 不同压力变化值下人的典型生理症状

压力变化值	典型症状
$\Delta p < 0.3kPa$	人员感觉不到压力波动
$0.3kPa < \Delta p < 5.0kPa$	耳朵不舒服，有耳鸣感，且随着波动值增加，症状加重
$5.0kPa < \Delta p < 10.0kPa$	耳朵疼痛
$\Delta p > 10.0kPa$	医学健康标准，鼓膜可能破裂

基于此，隧道压力波舒适度设计标准均是以这种特定时间内的压力变化值进行规定。表2.2-4详细列出了目前国内相关地铁、市域（郊）铁路规范对隧道压力波的控制标准。

表2.2-4 压力波舒适性控制标准汇总

项目标准	《地铁设计规范》(GB 50157—2013)	《地铁快线设计标准》(CJJ/T 298—2019)	《市域（郊）铁路设计规范》(TB 10624—2020)	《市域快速轨道交通设计标准》(CJJ/T 314—2022)	《市域快速轨道交通规划与设计导则》(RISN-TG 032—2018)
适用速度(km/h)	≥100	100～120	100～160	120～160	100～160
控制标准	当隧道内空气总的压力变化值超过700Pa时，压力变化率不大于415Pa/s	当隧道内空气总的压力变化值超过700Pa时，压力变化率不大于700Pa/3s和400Pa/s	车厢内空气压力波动不大于415Pa/s，且时段压力波动率不大于800Pa/3s	当隧道内空气总的压力变化值超过700Pa时，压力变化率不大于415Pa/s	当隧道内空气总的压力变化值超过700Pa时，非密封车内压力变化率不大于415Pa/s，密封车内压力变化率不大于800Pa/3s

《地铁设计规范》和《市域快速轨道交通设计标准》关于隧道压力波控制标准一致，根据《地铁设计规范》13.2.7条条文说明，此处直接参考了美国《地铁环控设计手册》的规定。

《地铁快线设计标准》《市域（郊）铁路设计规范》和《市域快速轨道交通规划与设计导则》在上述基础上，还参考了《铁路隧道设计施工有关标准补充规定》（2007铁道部发）第13条的相关内容，特别是《地铁快线设计标准》结合深圳地铁11号线运行实测数据，将压力波控制标准由800Pa/3s提高到700Pa/3s。

2.2.2.5 运行噪声控制标准

运行噪声控制标准，是基于不影响人们普通谈话和尽可能降低消声设备造价两方面考虑，制定通风与空调系统设备运转传至站厅、站台公共区的噪声阈值为70dB（A），经过多条线路的实践，此标准是合理的；对于通风与空调系统设备运转传至各管理用房的噪声标准，则是参照了《工业企业设计卫生标准》(GBZ 1—2010)的相关规定，不应超过60dB（A）。

2.2.3 地下区间隧道通风系统

地下区间隧道包含独立隧道段、地下隧道段、地下车站隧道段。独立隧道段主要出现在线路穿越山岭、铁（公）路、江河湖海、保护区等特殊地段时所形成的与城市轨道交通车站不直接相连的单独的隧道段，地下隧道段是指城市轨道交通线路敷设于地下且与地下车站相连接所形成的连续封闭隧道段，地下车站隧道段则特指处于地下车站范围内主要用于列车停靠供乘客上、下车的隧道段，通常也叫轨行区。

地铁列车于区间隧道内高速运行时，会带动隧道中的空气产生高速流动，类似汽缸内活塞压缩气体之现象，称之为列车活塞风（图2.2-1），是地下区间隧道通风的关键所在。

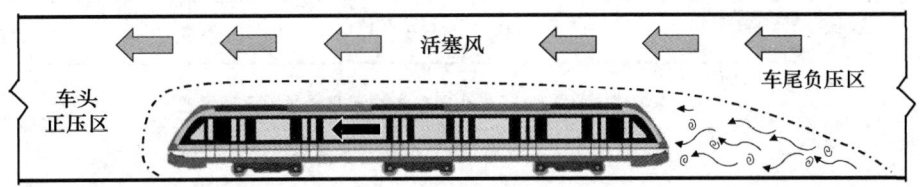

图2.2-1 地铁活塞风示意图

利用地铁活塞风对正常运营期间的区间隧道和车站公共区进行通风换气是隧道通风系统的主要手段之一，依靠设置相应的通风设备对非正常运营期间（特指夜间停运期间、阻塞或火灾等其他灾害期间）进行机械通风换气或烟气排除等是隧道通风系统的另一手段。

2.2.4 系统组成及功能

2.2.4.1 区间隧道通风系统

区间隧道通风系统主要由活塞风通风系统和机械通风系统两部分组成。

如图 2.2-2 所示，活塞风通风通过土建活塞风道将区间隧道与室外环境进行连通，列车进入区间隧道时依靠活塞效应可将室外空气通过土建活塞风道吸入区间隧道内，为区间隧道内的乘客提供新鲜空气；列车驶出区间隧道时依靠活塞效应将隧道内的空气通过土建活塞风道压出室外，排出区间隧道内的余热、余湿及废气。此过程完全依靠列车高速运行所产生的地铁活塞风对区间隧道进行通风换气，以满足区间隧道新鲜空气供应及隧道内二氧化碳浓度、空气温度的相关要求（地下车站站台边缘设置密闭屏蔽门时，隧道内的空气温度不得高于 40℃；地下车站站台边缘设置非密闭屏蔽门时，隧道内的空气温度不得高于 35℃）。

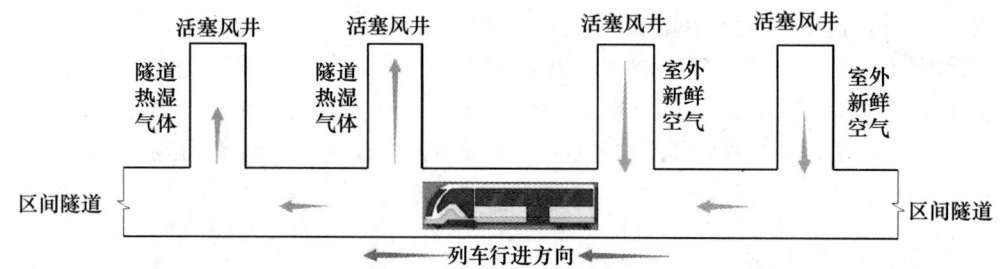

(a) 列车行进在区间隧道内活塞风通风原理示意

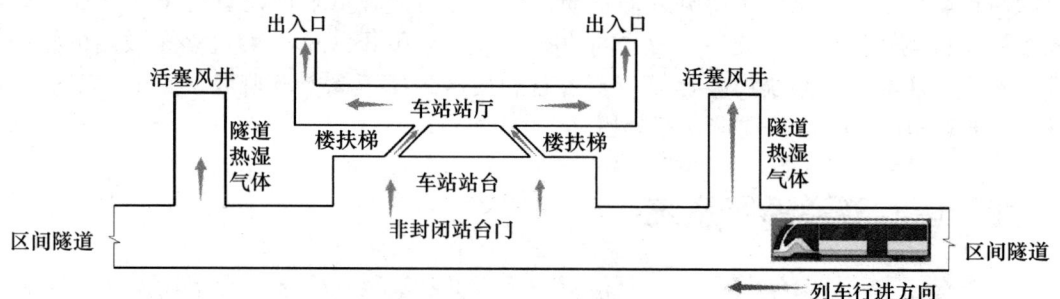

(b) 非封闭站台门车站列车进站活塞风通风原理示意

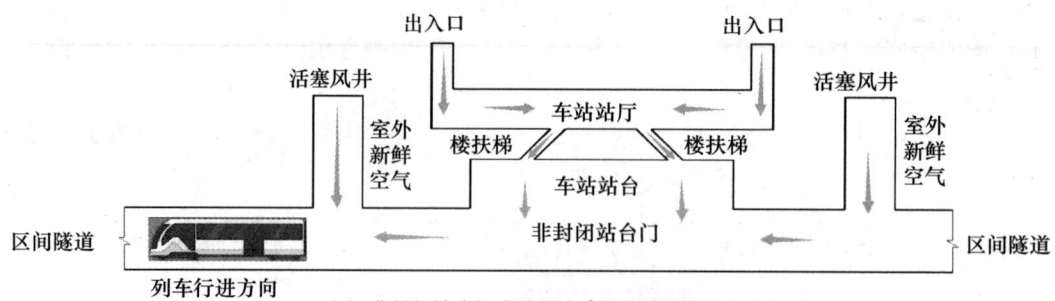

(c) 非封闭站台门车站列车离站活塞风通风原理示意

图 2.2-2 活塞风通风原理示意图

机械通风则是在将室外与地下区间隧道相连通的土建风道机房内设置两台大型轴流风机（简称：TVF 事故风机，两台互相备用，也可同时使用），通常在地下隧道段的两端部分别设置一座土建风道机房（独立隧道段根据其长度确定机房的位置），当区间隧道内因发生事故或活塞通风不能满足相应要求而需机械通风时，通过地下隧道段两端部的土建风道机房内所设置的大型轴流风机进行运转，形成隧道段的一端送风、另外一端排风的推拉式纵向通风，以满足相应工况的通风换气需要。图 2.2-3 为机械通风原理示意图。在一些复杂配线区间中，为保证推拉式纵向通风集中作用于事故区间，通常利用射流风机等辅助措施，引导隧道气流流向。

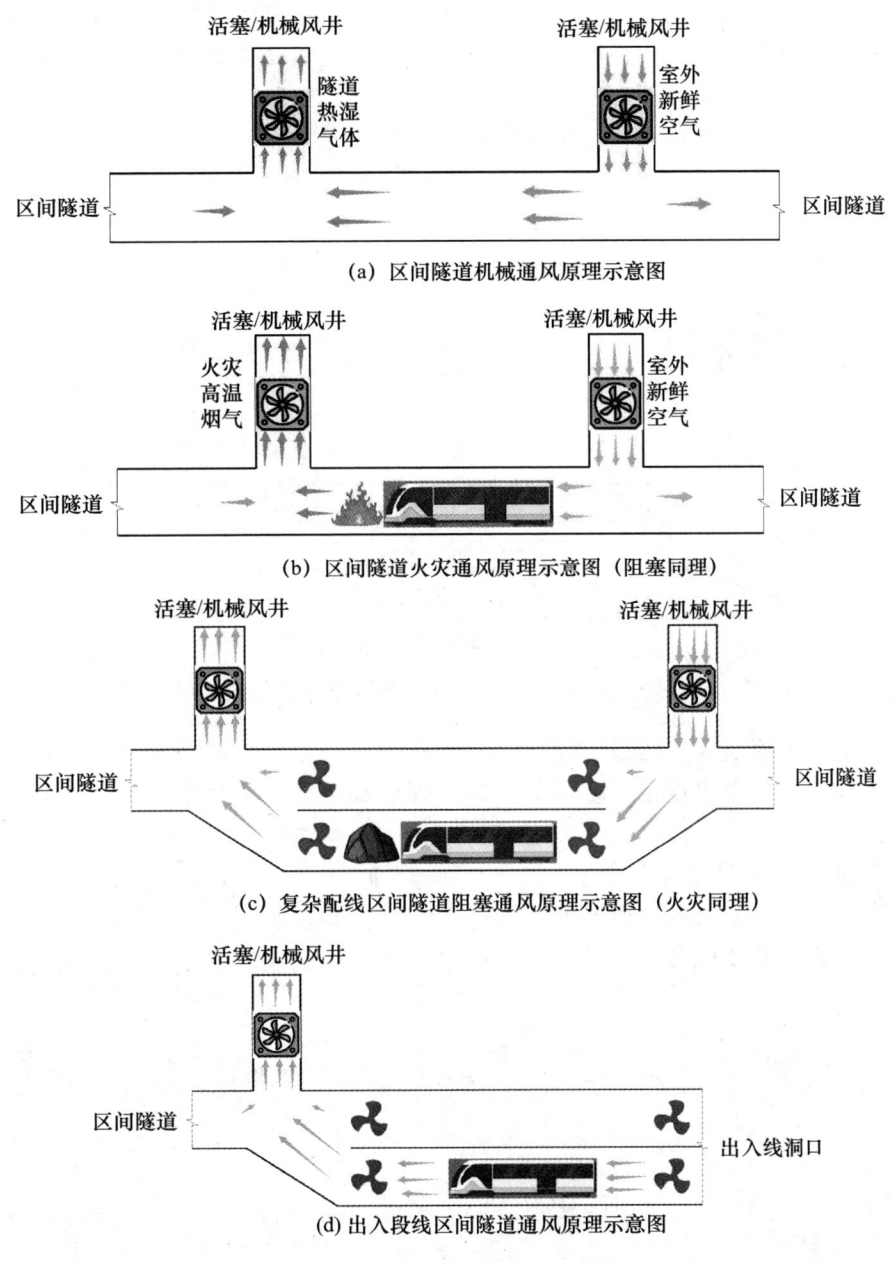

图 2.2-3　机械通风原理示意图

2.2.4.2　车站轨行区排热系统

地下车站隧道段通常指地下车站范围内的车站轨行区域，由于列车进站停靠过程中车载空调会将大量冷凝热排除在该区域空气中，如不能及时有效将此部分余热排除，余热大量聚集，则会在地铁长期运营的过程中造成车站轨行区域的环境温度升高，超过地下隧道温度控制标准；此外，列车进站停靠站台门打开时，余热也可通过站台门渗透到车站站台公共区内，也会增加站台公共区空调负荷。因此，通常在地下车站轨行区域设置一套机械排热风系统（简称：车站轨行区排热系统），以便于就近、快速地排除列车空调余热。此外，在列车未停靠的时段内，轨行区排热系统也能够对区间隧道内的温度起到辅助调节的作用。

车站轨行区排热系统的主要功能为排除站台列车停靠区域的两条线路上停靠列车散发的余热，通常在车站两端各设置一条与室外相连通的排热风道机房，风道机房内布置一台轴流风机（简称：排热风机），分别在车站轨行区顶部与下部靠站台侧设置土建排热风道（简称：轨顶排热风道与轨底排热风道），结合列车冷凝器散热位置，均匀布置若干组排热风口。根据制定的运行控制策略，当车站轨行区域需要排热时，开启车站两端的排热风机，通过排热风口、土建排热风道，将地下车站轨行区范围内的高温空气排除至室外大气中。如图2.2-4所示。此外，车站轨行区排热系统同时兼做列车发生火灾停靠此区域时的排烟功能，烟气排除方式与排除余热的方式相同。

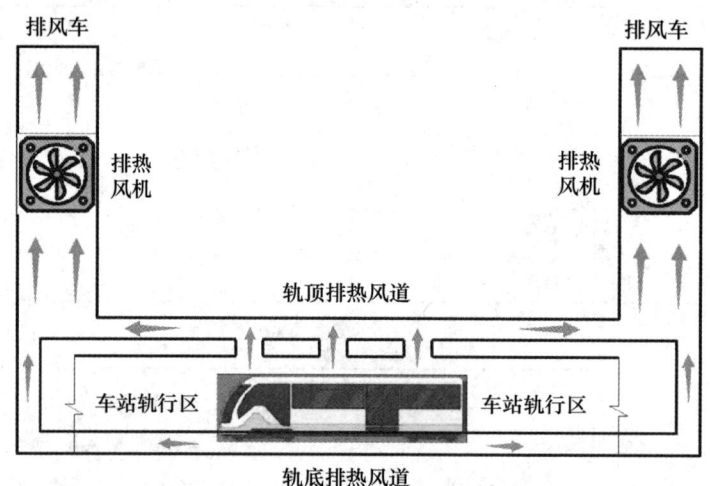

图2.2-4　车站轨行区排热系统原理示意图

随着国内轨道交通工程通风空调系统设计经历了几十年经验积累和技术革新后，针对车站轨行区排热系统设计，各地项目中也出现了很多新的方案、理解和思路，成为近些年的行业热点话题，主要体现在以下方面。

1. 关于隧道风机兼用排热风机

与传统方案区别在于，不再单独设置排热风机，利用区间隧道通风系统中的隧道风机，通过风阀、风道的衔接布置，实现隧道风机日常对车站轨行区进行排热，火灾工况下对应切换模式进行排烟。如图2.2-5所示。

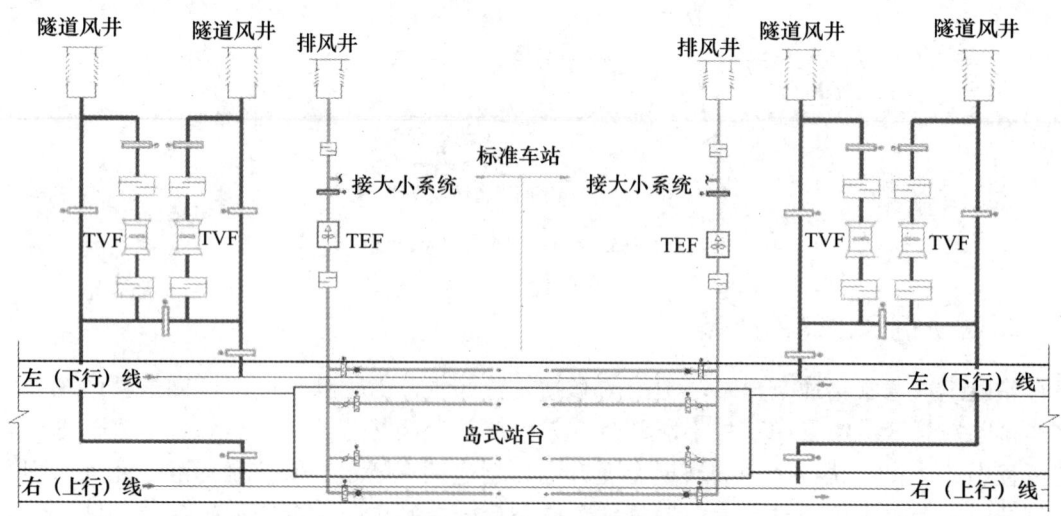

(a) 排热风机与隧道风机独立设置原理图

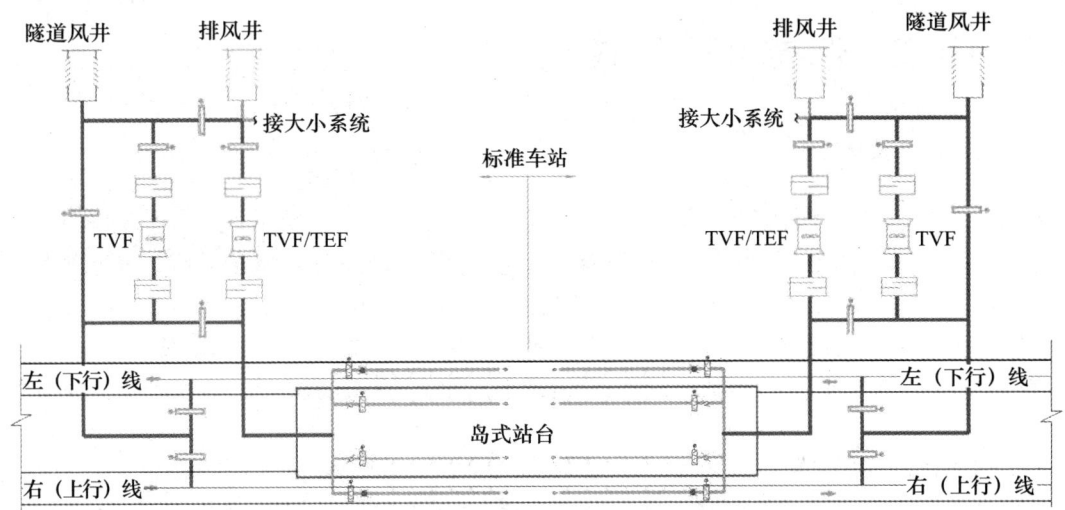

(b) 排热风机与隧道风机兼用原理图

图 2.2-5　轨行区排热系统设计方案原理对比

这种方案优势在于，降低了设备和土建初投资，实现了节地、节材，并增加了设备的利用率。方案的劣势在于，遂道风机为可逆风机，效率低，此外风机专用性下降、风阀电控点位增多带来了安全冗余度的降低，火灾工况下的控制模式设定也存在一定的限制。车站带有配线时，风机位置受到限制。

2. 关于轨底风道取消

目前国内各城市轨道交通工程中，针对轨行区排热系统轨底风道的设置原则基本达成共识，即取决于轨行区底部是否存在明显的发热源。结合国内大多数设计单位的做法，基本以地铁电客车的制动电阻（发热源）是否设置在底部来判定轨底风道设置的必要性。此外也有学者认为，即便是轨行区底部存在发热源，热气流上浮聚集在轨行区顶部，也能通过轨顶排热风道排除；也有不同的声音认为，系统排热效率和余热控制能力下降，无法就近、快速地排热。

结合目前国内各地地铁的实际运营效果和实测数据，大多数车站取消了轨底排热系统，均能达到良好的排热效果。

3. 关于轨顶风道设置

近年来，国内针对能否取消轨顶风道的讨论日益增多，逐渐成为了行业热点。不同学者提出了多种思路与声音，呈现出百家争鸣的景象。

部分专家学者提出，目前部分城市地铁车站的轨行区排热系统运营实际使用率较低，列车冷凝器余热大多是通过活塞风排除室外，并综合诸多国内外实测资料后，认为轨顶风道设置意义不大，尝试提出取消轨顶风道的做法，从而降低投资，简化系统。

关于能否取消轨顶风道这一问题，行业内尚存在较大争议，未达成一致共识。尤其是中国幅员辽阔，气候特征存在明显差异，不同城市地铁运营实际使用需求也各不相同。例如广州等南方城市，即便是排热系统满负荷运行，部分线路的地铁运营实测中仍出现了轨行区超温、列车冷凝器报警的情况。而在一些北方城市，气候相对凉爽干燥，排热系统开启频率较低，部分城市在初期、近期区间隧道内实测平均温度也低于原先预测模拟数值，理论上活塞风通风能力存在较大的"冗余潜力"，反而更适宜开展相关的研究工作。但无论哪种方案，其科学性、合理性都需要经历长期运行、远期运营的检验。

另外，由于轨顶风道兼顾轨行区排烟功能，取消后消防问题如何解决，是否存在隐患，还需要大量的方案研究和实测来佐证。地铁车站作为重要的城市客流集散场所，涉及消防安全的变化和革新，还需要权威的安全认证与规范体系的完善支撑。

综上，无论未来轨顶风道的"宿命"如何，这一命题的提出与思考，都切实带动了行业领域的技术进步，促进了城市轨道交通通风空调系统的发展与革新。

2.2.5 风井设置原则与站台门形式

2.2.5.1 风井设置原则

地下区间隧道与室外相连通露出室外地面的通风井道，简称活塞/机械风亭，又称风井。目前，针对两端均连接有地下车站的区间隧道，风井设置有 2 种组合方案：其一为在对应列车行驶的每条线路（左线和右线）的隧道两端各设置 1 座活塞/机械风亭（简称：双风井方案），即左右两线地下区间隧道的两端共设置有 4 座风井露出室外地面；其二为在每条线路（左线和右线）列车驶入隧道的一端设置 1 座活塞/机械风亭（简称：单风井方案），即左右两线地下区间隧道的两端共设置有 2 座风井露出室外地面。

当地下区间隧道两端连接有地下车站，且该区间隧道的长度较长，存在两列列车同时在该区间隧道内正常运行时，通常需要在区间隧道的中部增设一座区间中间风机房及风井，主要目的为：在平时工况下，实现该超长区间隧道的活塞通风换气；在火灾事故工况下，有效控制烟气扩散范围，防止烟气影响区间内其余非起火列车的安全行驶与乘客疏散。

当地下区间隧道一端与室外直接连通时（存在隧道洞口的情况），该端是否需要设置风井，具体按该区间隧道长度进行确定。

当区间隧道的活塞通风道无法与机械通风道机房合并设置时，则应按照两者独立配置的原则，分别设置，以满足活塞通风与机械通风的功能需要。

2.2.5.2 站台门形式

为保障地铁正常运营的安全，在地铁车站站台的边缘均设置了相应的站台门。由于我国幅员辽阔，气候特性存在明显差异，不同地区城市地铁的地下车站采用不同站台门形式。地下车站常见有非密闭屏蔽门（也称全高或半高安全门）和密闭屏蔽门（也称屏蔽门）两种形式，个别城市的部分线路或车站采用了密闭和非密闭转换的屏蔽门形式（也称可调通风型站台门），高架车站和地面车站通常设置半高安全门。

非密闭屏蔽门是在屏蔽门的门体顶部有一条百叶风带或敞口将车站站台公共区与车站轨行区域相连通（如图 2.2-6 所示）。

图 2.2-6 非密闭屏蔽门工程实例图

密闭屏蔽门是屏蔽门整体完整封闭，安装于车站站台边缘后，可完全将车站站台公共区与车站轨行区分隔成两个独立空间（如图 2.2-7 所示）。

可调通风型站台门是在结合非密闭屏蔽门和密闭屏蔽门功能优势的基础上创造出的一种新型屏蔽门，其将非密闭屏蔽门的门体顶部固定百叶或敞口优化成若干组可电动控制启闭的百叶风阀，当需要将车站站台公共区与车站轨行区相连通时，远程控制门体顶部的电动百叶风阀组开启，当需要将车站站台公共区与车站轨行区分隔为独立空间时，远程控制门体顶部的电动百叶风阀组关闭（如图 2.2-8 所示）。

图 2.2-7　密闭屏蔽门工程实例图

图 2.2-8　可调通风型站台门工程实例图

2.2.6　区间隧道通风系统形式

为保障地铁运行的安全可靠，满足地铁正常运营与非正常运营期间的通风需求，综合考虑工程所在地区气候条件、工程建设投资、运营维护等因素，地下区间隧道通风有多种系统形式。

2.2.6.1　活塞通风系统

活塞通风系统完全依靠列车在区间隧道内高速运行过程中产生的活塞气流，通过区间隧道端部设置的与室外环境连通的土建风道，实现对地下区间隧道内的通风换气，此过程中不需要任何机械通风设备参与。活塞通风的目的与功能主要体现在如下两方面：

1) 与室外环境进行空气交换，为区间隧道内提供足够的新鲜空气，及时排除列车运行轨道摩擦散热、列车空调冷凝风扇散热等余热，保证区间隧道内空气温度满足相关要求。

2) 利用活塞风道进行活塞风突变压力的缓解与释放，以降低活塞风压对车站站台边缘密闭屏蔽门的承压，或缓解采用非密闭屏蔽门时站台区域的气流冲击与压力突变。

为实现上述目的，通常在每条隧道的前后两端（一般设于相连地下车站的端部）各设置一条与室外相通的土建风道，列车运行前方的风道用于排出隧道内空气与余热，后方的风道用于向隧道内引入室外新鲜常温空气，即双活塞风井方案［图 2.2-9（a）］。对于室外设置风亭困难的地下车站或区间，也可采用在列车运行后方设置一条与室外相通的土建风道引入室外空气，而列车运行前方的活塞风排出及风压释放均考虑由相邻车站的土建风道实现，即单活塞风井方案［图 2.2-9（b）］。

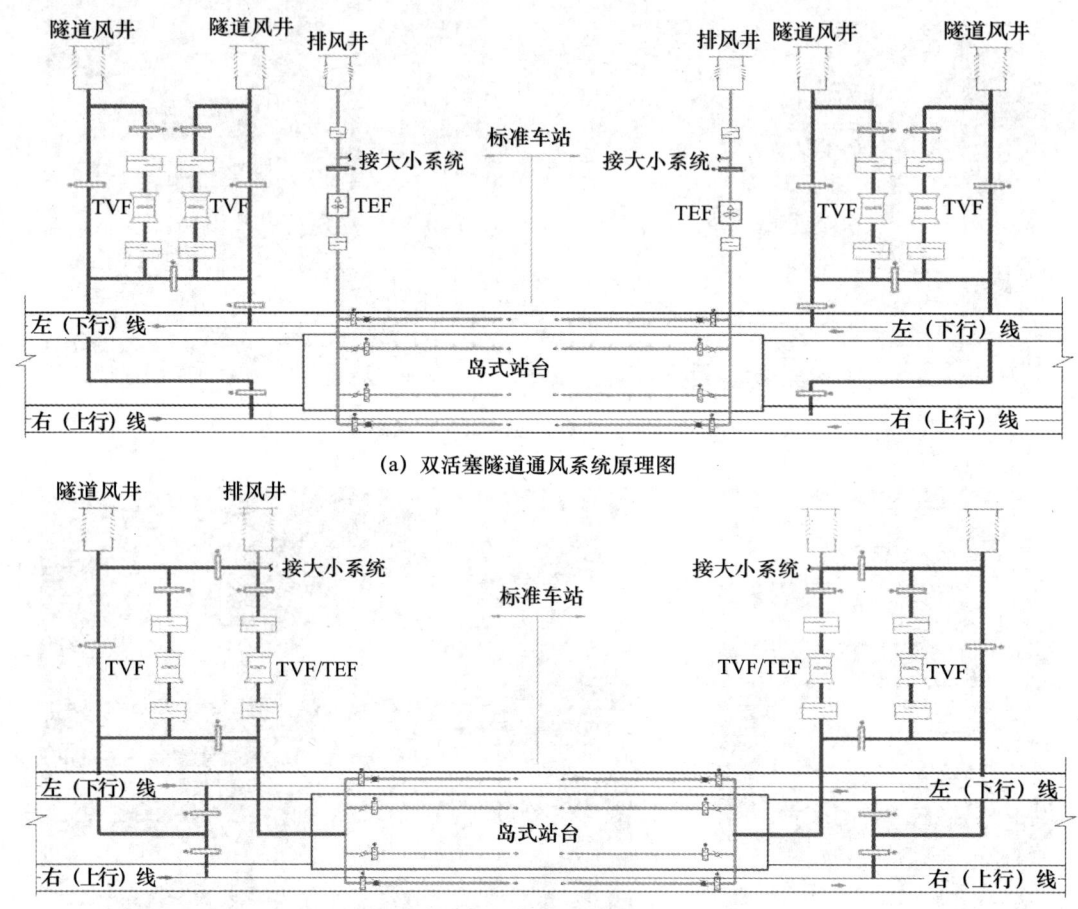

图 2.2-9　双（单）活塞风井的区间隧道通风系统原理示意图

此外，结合站台屏蔽门形式与气候条件，一般当车站站台设置非密闭屏蔽门或严寒地区冬季区间隧道通风系统需采用闭式运行方式时，在区间隧道两端或相邻车站端部需设置一个过风面积不小于1.5倍隧道断面面积的迂回风道，以满足在闭式运行时的活塞风泄压需求。

2.2.6.2　活塞/机械通风系统

活塞/机械通风系统则是指在活塞通风系统的基础上，对车站活塞风道部分进行适当扩宽与加长，将用于对区间隧道进行事故机械通风的风机等设备布设于土建风道内，在满足活塞自然通风和事故机械通风功能的基础上，发挥机房整合优势，有效节省土建规模。

1. 区间隧道通风独立系统

区间隧道通风独立系统，是指其风机等设备仅用于区间隧道的机械通风，包括区间隧道正常工况的早晚机械通风、巡检机械通风及事故工况的机械通风、烟气排除功能。该系统设备单独配置，通常区间隧道的每一端设置 2 台大型轴流风机及相应的功能转换风阀、金属外壳消声器等，所有设备均布置于独立风道机房内，风机等设备的运行工况相对固定、简单。区间隧道通风独立系统原理如图 2.2-10 所示。

2. 区间隧道通风兼车站轨行区排热系统

区间隧道通风兼车站轨行区排热系统，则是指其风机等设备除负担区间隧道的正常与事故工况的通风排烟外，还需负担车站隧道段范围内的轨行区正常余热排除及火灾排烟功能。该系统设备配置不仅需考虑满足区间隧道机械通风的要求，还应满足车站轨行区的机械通风要求，设计过程以满足区间隧道通风为主、车站轨行区进行相匹配即可。通常区间隧道的每一端设置2台大型轴流风机及相应的功能转换风阀、金属外壳消声器等，同样所有设备均布置于独立风道机房内，风机等设备的运行工况相对复杂，相应转换风阀的数量明显多于区间隧道通风独立系统。如图2.2-11所示。

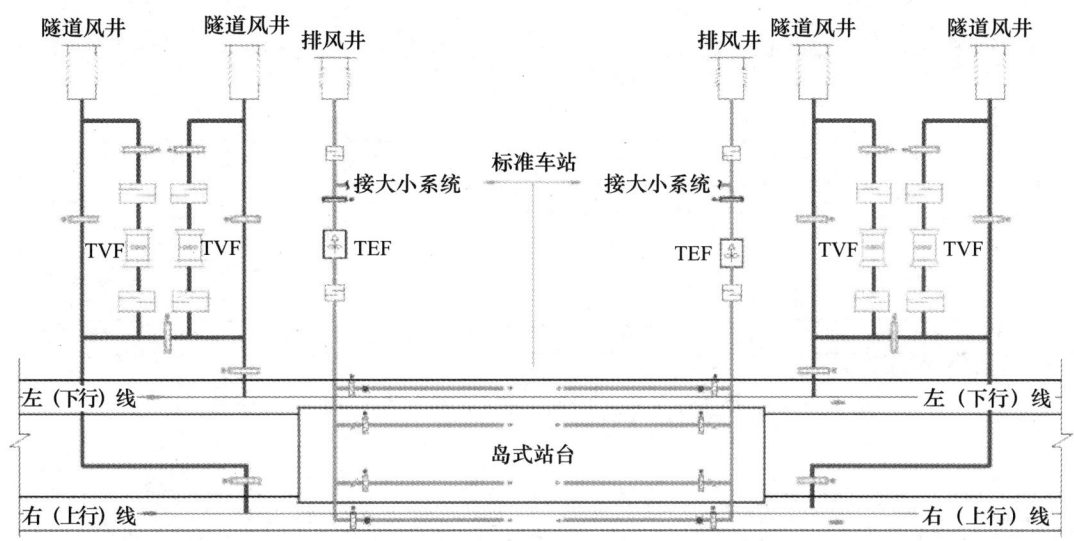

图 2.2-10 区间隧道通风独立系统原理图

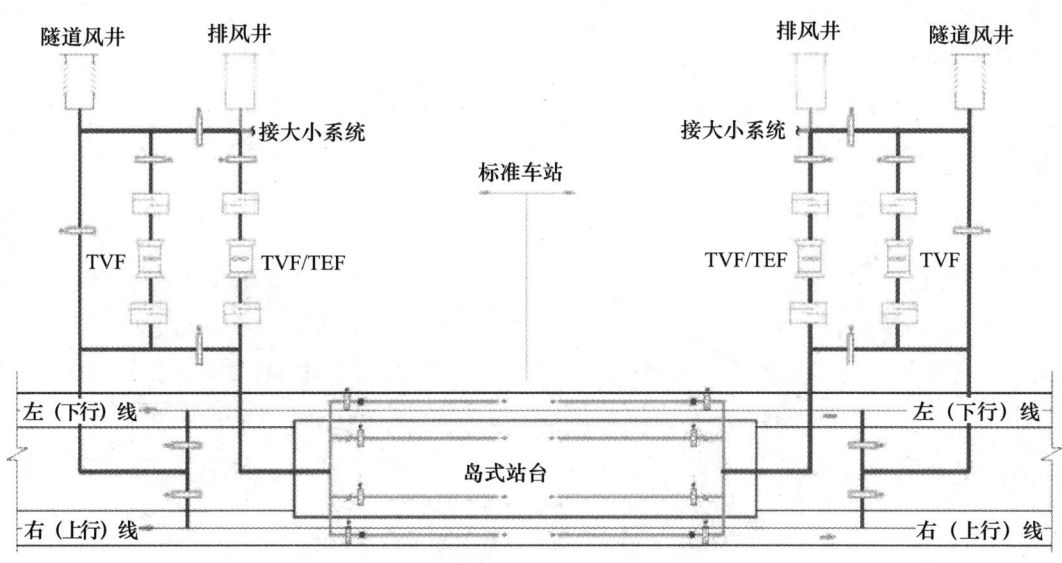

图 2.2-11 兼作车站轨行区排热的区间隧道通风系统原理图

3. 区间隧道通风兼车站公共区通风系统

区间隧道通风兼车站公共区通风系统与前述的兼车站轨行区排热的系统基本相似，主要区别是两者负担的区域范围和实现的功能有所不同，该系统的风机设备除负担区间隧道的正常与事故工况的通风排烟外，同时也要承担车站站厅、站台公共区的通风换气和余热排除。该系统车站站台设置非密闭屏蔽门，车站轨行区排热与站台公共区的排风通风换气合二为一，车站公共区域通过机械通风与活塞自然通风的方式来满足新风供应与空气温湿度要求。该系统所有通风设备均布置于独立风道机房内，关键设备参数通过相关模拟验证软件进行相应工况验算确定，车站公共区通风量参数通过设计计算与其匹配。如图2.2-12所示。

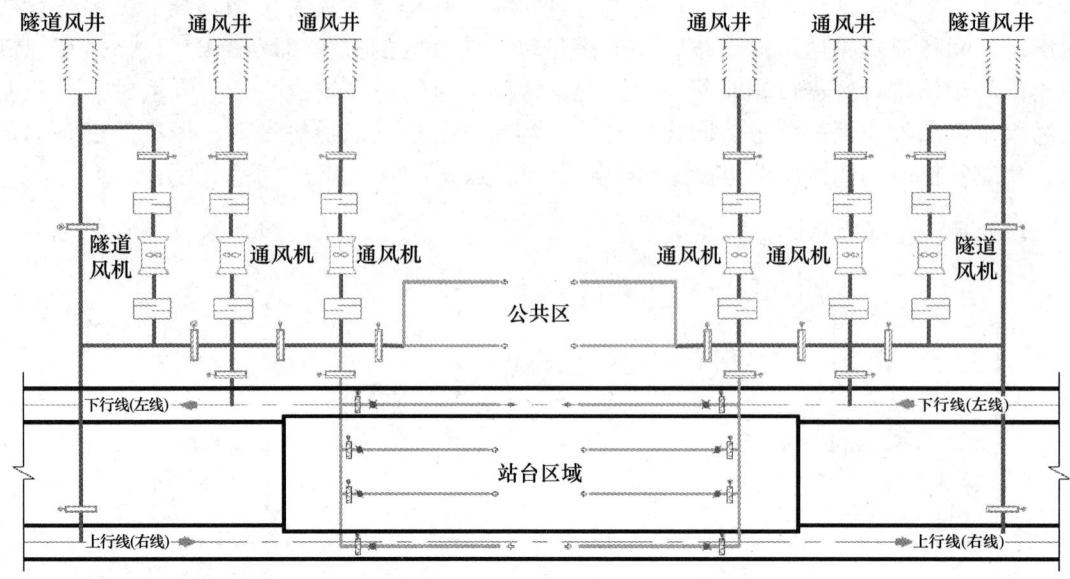

图 2.2-12　兼作车站公共区通风的区间隧道通风系统原理简图

2.2.7　轨行区排热系统形式

车站轨行区排热系统主要负担地下车站隧道段范围内的正常余热排除（主要为列车空调冷凝器散热、列车停站制动摩擦散热等）及火灾事故时烟气排除，如图 2.2-13 所示。由于车站站台边缘所设置的屏蔽门形式的不同，其系统设备配置方式也各不相同。

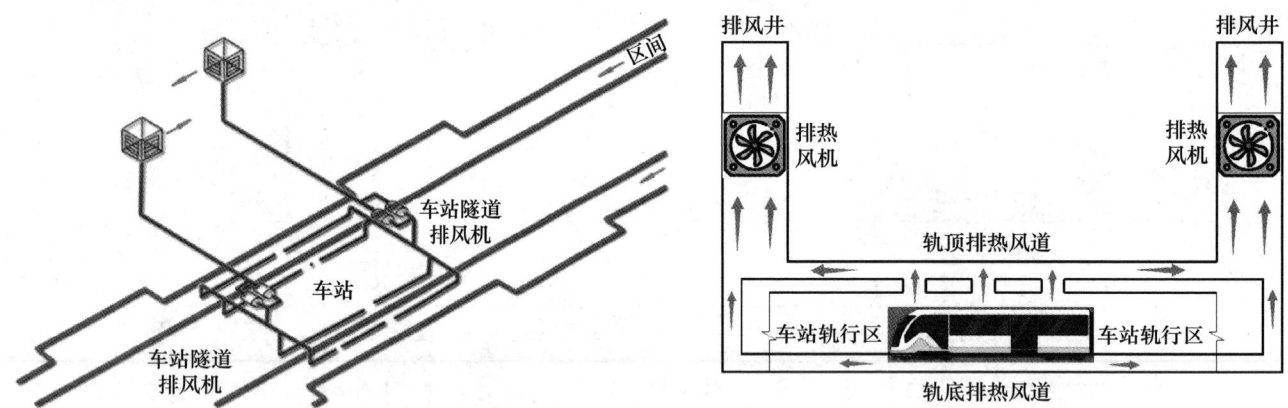

图 2.2-13　轨行区排热系统原理图

2.2.7.1　非密闭屏蔽门形式轨行区排热系统

由于站台边缘设置的非密闭屏蔽门的门体顶部设有百叶风带或敞口将站台公共区与车站轨行区相连通，因此，在通风空调系统方案设计与设备配置时，通常将车站站台公共区与车站轨行区看作一个整体通盘考虑，排风风机设备也按负担站台层整个区域进行配置，以满足站台公共区空调通风换气与轨行区余热排除的需求，风机采用变频调节技术以满足地铁运营初、近和远期的不同工况和不同时段的需求。排热系统管路设计与气流组织形式通常是在车站轨行区上方设置土建风道，风道底面设置数组排热风口（孔），采用上部排风的气流组织方式，具体为当风机运转排风时，在负压抽吸的情况下，车站站台公共区的空气经门体顶部的百叶风带或敞口被吸入轨行区，而由排热风口吸进轨顶土建风道后直接排出室外。

2.2.7.2 密闭屏蔽门形式轨行区排热系统

密闭屏蔽门将站台公共区与车站轨行区完全分隔成两个独立空间，因此各区域的系统设备及管路、风口也同样分开配置以负担各自区域的需要。具体轨行区排热系统的风机配置容量以满足其正常的余热排除和火灾事故时烟气排除的需求即可，风机采用变频调节技术以满足地铁运营初、近和远期的需求。一般风道采用混凝土土建风道分别布设于车站轨行区上方、站台板下靠近轨道区域一侧，轨顶排热风道底面设置数组插板阀排热风口（孔）、站台板下排热风道侧面均匀设置数组格栅风口，轨行区排热系统采用上部、下部相结合排风的气流组织方式。同样，目前国内已开通运营的一些城市的地铁结合实际运行效果，取消了轨底风道，正在建设的地铁工程，大部分项目已取消轨底风道。

2.2.8 特殊配线区段隧道通风与排烟系统形式

轨道交通工程中的特殊配线区段，包含交叉折返线及出入段线等。

交叉折返线（存车线、单渡线等）是指地铁线路中除正线外，在运行过程中为列车提供收发车、折返、联络、安全保障、临时停车等功能服务，通过道岔与正线相互联络的轨道线路（通称为配线）。由于配线设置于正线之间，因此在地下区间隧道内（或车站端部有效站台外的区域）设有配线的区域，通常为大断面地下空间的结构形式，与标准且独立的单洞单线正线隧道存在明显差异，在正常运行工况、阻塞工况和火灾工况时的气流组织难度明显高于常规正线区间。因此，针对地下区间隧道的配线区域，需通过合理设置土建活塞风道、活塞风孔、轨行区隔墙，并设置横向排烟风道或射流风机辅助区间两端的事故风机进行推拉式通风（如图2.2-14和图2.2-15所示），实现对气流组织的强化。

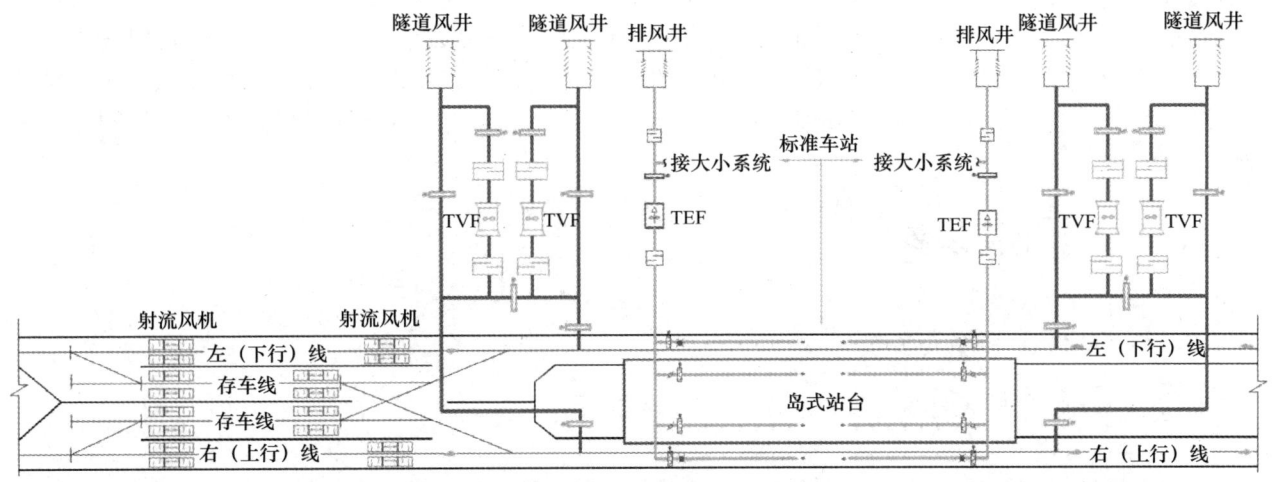

图 2.2-14 特殊配线区域采用射流风机的纵向通风排烟系统原理图

出入段线是指从正线线路接入车辆基地的运营线路，当车辆基地设于地面上时，从地下正线至车辆基地内的运营线路会在某一部位由地下转为地面，此处则形成了一个隧道洞口，根据防灾的相关要求，地下区间隧道范围内需考虑火灾工况下的烟气排除。出入段线隧道常规的通风方案为，在隧道洞口范围内设置若干组射流风机，与出入段线接轨站端的隧道通风系统共同实现该段隧道的纵向通风排烟。对于出入段线隧道较长的情况，当仅采用射流风机无法满足火灾排烟气流组织要求时，需在靠近洞口处设置推力风机房，形成由接轨站端的区间隧道通风系统、区间射流风机通风系统、洞口推力风机房通风系统联合运行的方式，强化出入段线区间隧道的通风排烟效果。对于出入段线隧道较短的情况，可由接轨站端的区间隧道通风系统进行纵向通风排烟或在隧道内设置土建排烟道及排烟口进行横向排烟，达到区间隧道火灾通风排烟的要求。

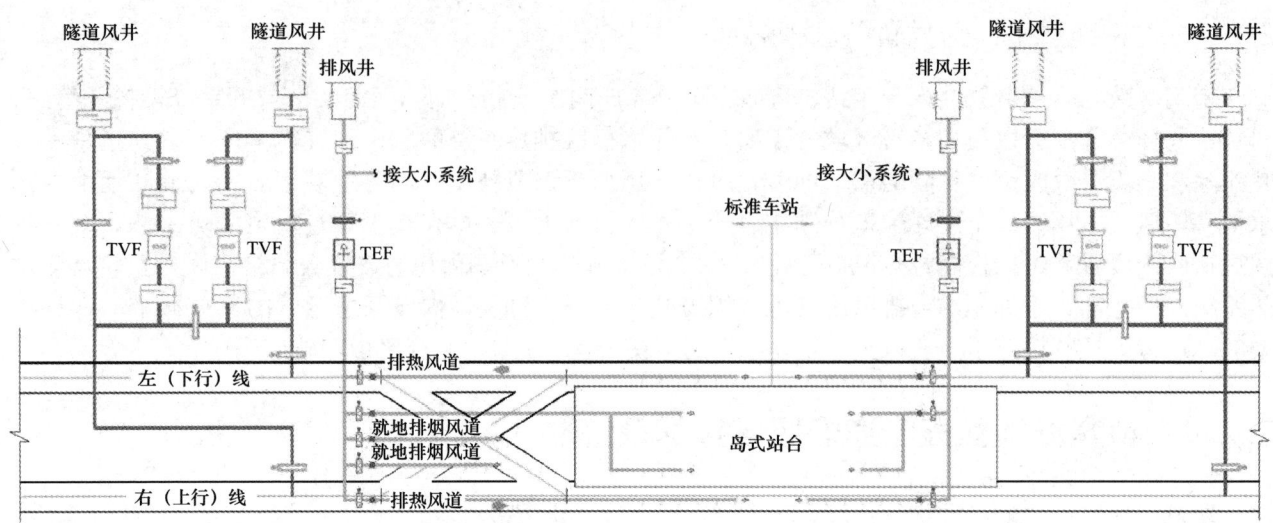

图 2.2-15 特殊配线区域采用就地排烟风道的横向通风排烟系统原理图

2.2.9 区间隧道通风系统设计方法

鉴于模拟软件功能和诸多复杂因素制约，目前，地铁工程的地下区间隧道通风系统设计，通常仍旧采用先假定初步系统配置方案，再进行模拟验证，最终确定具体系统方案的方法。具体为：基于地质资料、气象资料、线路资料、行车资料、客流资料、车辆资料、建筑资料、结构资料、车站与区间隧道的各类设备发热量资料等设计条件，假定区间隧道通风系统事故风机、射流风机等设备布置位置、配置容量、启停操作控制策略等，再根据具体的工程项目设计参数信息和边界条件，采用 SES（美国）、STESS（中国）、IDA TUNNEL（瑞典）等隧道通风模拟计算软件进行辅助分析，验证工程设计初步配置方案是否安全可靠、经济合理，并进行优化迭代，最终根据模拟结果确定设计系统和设备规程，同时制定相应工况的系统控制策略。

2.2.10 系统运行策略

2.2.10.1 区间隧道通风系统

1. 非密闭屏蔽门的区间隧道通风系统

1) 正常运行模式

列车正常运行时，隧道通风系统主要利用活塞通风方式，采用开、闭式运行相结合的运行模式。在通风有利时，例如春秋过渡季节采用开式运行方式，打开活塞风阀、关闭迂回风道，利用列车的活塞效应，通过活塞风道、风亭使地下空间与外界通风换气，保证列车正常运行所需的环境要求；在通风不利时，例如夏季和冬季室外温度较高或很低时需采用闭式运行方式，当采用闭式运行时，关闭活塞风阀、打开迂回风道，尽量减少地下空间与外界的通风换气，以保持地下隧道内适宜的环境温度标准。

根据需要在运营停运时段进行设备巡检时，按照相应的巡检模式要求开启车站端区间事故风机（TVF 风机）进行各类设备检查。

2) 阻塞运行模式

当列车因故障或其他原因而停在区间隧道内，停车时间超过一定时间（通常按 4min 考虑）时，运行相应的阻塞模式，由列车后方的隧道风机运转进行送风，列车前方的隧道风机运转进行排风，在区间隧道内形成与列车行驶方向一致的气流，控制列车顶部最不利点的隧道最高平均温度不超过 45℃，保证阻塞列车的空调冷凝器正常工作及车内乘客的新风量要求。

3）火灾运行模式

列车在区间隧道发生火灾时，列车应尽量驶入前方车站，进行人员疏散。若火灾列车被迫停在区间隧道内时，采用纵向排烟，由连接区间隧道一端的车站端部隧道事故风机将火灾区间隧道内烟气经风道、风井、风亭排至地面室外，连接区间隧道另一端的车站端部隧道事故风机向火灾区间隧道内进行送风。连接区间隧道两端的车站端部隧道事故风机具体是运转送风还是运转排风，应根据列车着火时在区间隧道的位置、列车车厢火灾部位及相应的人员疏散方向等因素决定，以保证区间隧道内的排烟气流方向总是与乘客疏散方向相反为原则，确保疏散路径上始终处于新风无烟气。火灾排烟时区间隧道内气流速度控制在 2～11m/s 范围内，以保证列车着火产生的烟气单向流动，使乘客能顶风撤离火灾现场。

在设有存车线、交叉渡线区间隧道发生火灾时，由相邻车站（甚至需再联动前后各一两座车站）的 TVF 事故风机与射流风机或加压导流喷嘴装置等组合运行，以保证区间隧道的通风排烟要求。

2. 非严寒地区密闭屏蔽门区间隧道通风系统

1）正常运行模式

列车正常运行时，隧道通风系统主要利用活塞通风方式，采用开式运行方式，通过车站两端的活塞风井进行通风换气，排除区间隧道的余热余湿，以保证列车正常运行所需的环境要求。

根据需要在运营停运时段需进行设备巡检时，按照相应的巡检模式开启车站端区间事故风机（TVF 风机）进行各类设备检查。

2）阻塞运行模式

当列车因故障或其他原因而停在区间隧道内，停车时间超过一定时间（通常按 4min 考虑）时，运行相应的阻塞模式，由列车后方的隧道风机进行送风运转，列车前方的隧道风机进行排风运转，在区间隧道内形成与列车行驶方向一致的气流，控制列车顶部最不利点的隧道最高平均温度不超过 45℃，保证阻塞列车的空调冷凝器正常工作及车内乘客的新风量要求。

3）火灾运行模式

列车在区间隧道发生火灾时，列车应尽量驶入前方车站，进行人员疏散。若火灾列车被迫停在区间隧道内时，则由连接区间隧道一端的车站端部隧道事故风机将火灾区间隧道内烟气经风道、风井、风亭排至地面室外，连接区间隧道另一端的车站端部隧道事故风机向火灾区间隧道内进行送风。连接区间隧道两端的车站端部隧道事故风机具体是运转送风还是运转排风，应根据列车着火时在区间隧道的位置、列车车厢火灾部位及相应的人员疏散方向等因素决定，以保证区间隧道内的排烟气流方向总是与乘客疏散方向相反为原则，确保疏散路径上始终处于新风无烟气。火灾排烟时区间隧道内气流速度控制在 2～11m/s 范围内，以保证列车着火产生的烟气单向流动，使乘客能顶风撤离火灾现场。

在设有存车线、交叉渡线区间隧道发生火灾时，由相邻车站的 TVF 事故风机与射流风机组合运行，保证该区间通风排烟要求。

3. 严寒地区密闭屏蔽门的区间隧道通风系统

1）正常工况运行

为保障冬季地铁温度，需要同时设置迂回风道。列车正常运行时，隧道通风系统主要利用活塞通风方式。在夏季及春秋过渡季节，打开活塞风阀、关闭迂回道，利用列车的活塞效应通过活塞风道、风亭使地下空间与外界通风换气，保证列车正常运行所需的环境要求；在严寒冬季室外温度较低时，关闭活塞风阀、打开迂回风道，尽量减少地下隧道的散热量，以保持地下隧道内适宜的温度标准。根据需要在运营停运时段需进行设备巡检时，按照相应的巡检模式开启车站端区间事故风机（TVF 风机）进行各类设备检查。

2）区间隧道阻塞、火灾运行模式

与非严寒地区密闭屏蔽门的区间隧道阻塞、火灾运行模式相一致。

2.2.10.2 站台轨行区排热系统

1. 非密闭屏蔽门的轨行区排热系统

正常工况，轨行区与站台公共区合用排风机开启运转，排除站台公共区和轨行区余热。火灾工况当列车着火停在站台时，打开站台门进行车厢内乘客疏散，车站通风空调系统转入车站轨行区火灾运行工况，排风机按工频运行工况进行排烟，关闭车站送风系统，由出入口自然进风，在站厅到站台楼扶梯口产生向下气流，便于乘客安全疏散至站厅层，同时启动车站两端的隧道风机协助排烟。火灾工况时车站空调水系统关闭停止运行。

2. 密闭屏蔽门的轨行区排热系统

正常工况，根据轨行区温度，必要时排热风机开启运转，排除轨行区余热。火灾工况当列车着火停在站台时，打开屏蔽门进行车厢内乘客疏散，轨行区排热系统转入火灾运行工况，排热风机按工频运行工况进行排烟，关闭车站通风空调系统，由出入口自然进风，在站厅到站台楼扶梯口产生向下气流，便于乘客安全疏散至站厅层，同时启动车站两端的隧道风机进行辅助排烟。此外，火灾工况时车站空调水系统停止运行。

2.3 地下车站通风空调系统

2.3.1 公共区通风空调系统

地铁的建设目的是为市民提供快捷、舒适、安全的出行工具，根据市民出行调查及客流预测，市民的乘车过程一般是一个比较短暂的过程，从进站、候车到上车，在车站停留仅3~5min，下车出站约需3min。地下站公共区通风空调系统（也可称为"大系统"）直接服务乘客，根据节能及舒适的设计原则，公共区的通风空调系统应与列车内通风空调系统共同为乘客提供一个"过渡性舒适"的环境。所谓"过渡性舒适"是指乘客由室外到乘车的短暂过程中感到暂时舒适，达到既舒适又节能的目的。

公共区通风空调系统按是否设置空调及站台门的不同形式一般分3种：机械通风系统、闭式系统和屏蔽门系统。通常在每条地铁线路建设初期，通风空调设计要从技术方面进行系统稳态或瞬态的分析研究及比选，经济方面进行系统静态或动态分析研究及比选。不管采用何种分析方法，均要根据客流、线路、行车、车辆、供电、土建等跟通风空调专业紧密相关各专业的设计方案进行通风空调系统的设计，通过详细计算初期投资成本和运营维护费用，从技术、经济和社会三大效益综合进行分析比较，最终确定适合本工程的通风空调系统形式。

2.3.1.1 机械通风系统

《地铁设计规范》(GB 50157—2013)第13.1.5条规定："夏季当地最热月的平均温度超过25℃，且地下铁道高峰时间内每小时的行车对数和每列车车辆数的乘积大于180时，可采用空调系统；夏季当地最热月的平均温度超过25℃，全年平均温度超过15℃，且地铁高峰时间内每小时的行车对数和每列车车辆数的乘积大于120时，可采用空气调节系统"。

机械通风系统一般适用于严寒、寒冷地区，如哈尔滨、长春、沈阳、大连、兰州、呼和浩特、乌鲁木齐等城市的车站公共区均采用机械通风系统。

以严寒地区的呼和浩特市地铁为例进行介绍。呼和浩特市最热月平均温度22.3℃，且6、7、8月的月平均温度均在21℃左右；最冷月的平均温度为－11.6℃，1、2、3、11、12月的月平均温度均低于0℃，结合其气候特征，地下车站公共区设置了通风系统。

地下车站每端均设置活塞风道及送排风道，整条线路隧道通风系统以单活塞为主，且独立设置，即设置一个活塞风道及风井，活塞风道内设置两台隧道风机，通过组合风阀的转换来满足区间隧道的通风与排烟需求，同时车站站台端部设置迂回风道，可实现区间隧道的开式运行和闭式运行。车站两端新风道内各设置一台送风机，设置风管连接至公共区内，对公共区进行送风。车站两端排风道内各设置一台排风机，通过风管敷设至公共区内，并设置土建风道连接至轨行区排热风道，通过风阀转换满足车站公共区及站台层轨行区的通风及排烟需求。考虑到呼和浩特市常年存在风沙天气，在地下车站每端的新风道内设置一套粗、中效过滤装置，使进入站内的空气经过过滤处理后再送入地铁站内。

《地铁设计规范》规定，冬季车站公共区室内空气计算温度不宜低于12℃，对于呼和浩特市等严寒地区，保障冬季公共区室内温度也是重中之重。冬季车站采用闭式运行的方式，即关闭活塞风道，开启迂回风道，以闭式运行作为常规模式，切断活塞风与外界的联系。为减少冬季活塞效应对车站公共区温度的影响，同时保留其余通风季活塞通风的便利性，呼和浩特市地铁设置可调通风型站台门。

过渡季打开电动可控风口，车站公共区采用活塞风通风，可以有效地降低机械通风运行能耗。冬季运行时，关闭电动可控风口，区间隧道通风系统利用区间两端迂回风道闭式运行，可避免由于活塞效应从出入口进入大量新风造成公共区环境温度过低。冬季闭式运行时，为保证车站和区间新风量满足乘客需求，有些工程采用在新风道内增设小新风机，通过开启车站小新风机对车站及区间送新风。这种机械送新风和新风预热的方式有待进一步商榷和研究。

与此同时，为保证冬季公共区室内温度，减弱出入口冷风侵入、渗透等效应，车站出入口通道增设电热风幕、活塞风道增设人防门防寒卷帘等冬季防寒保暖措施。呼和浩特市地铁隧道及大系统通风原理如图2.3-1所示。

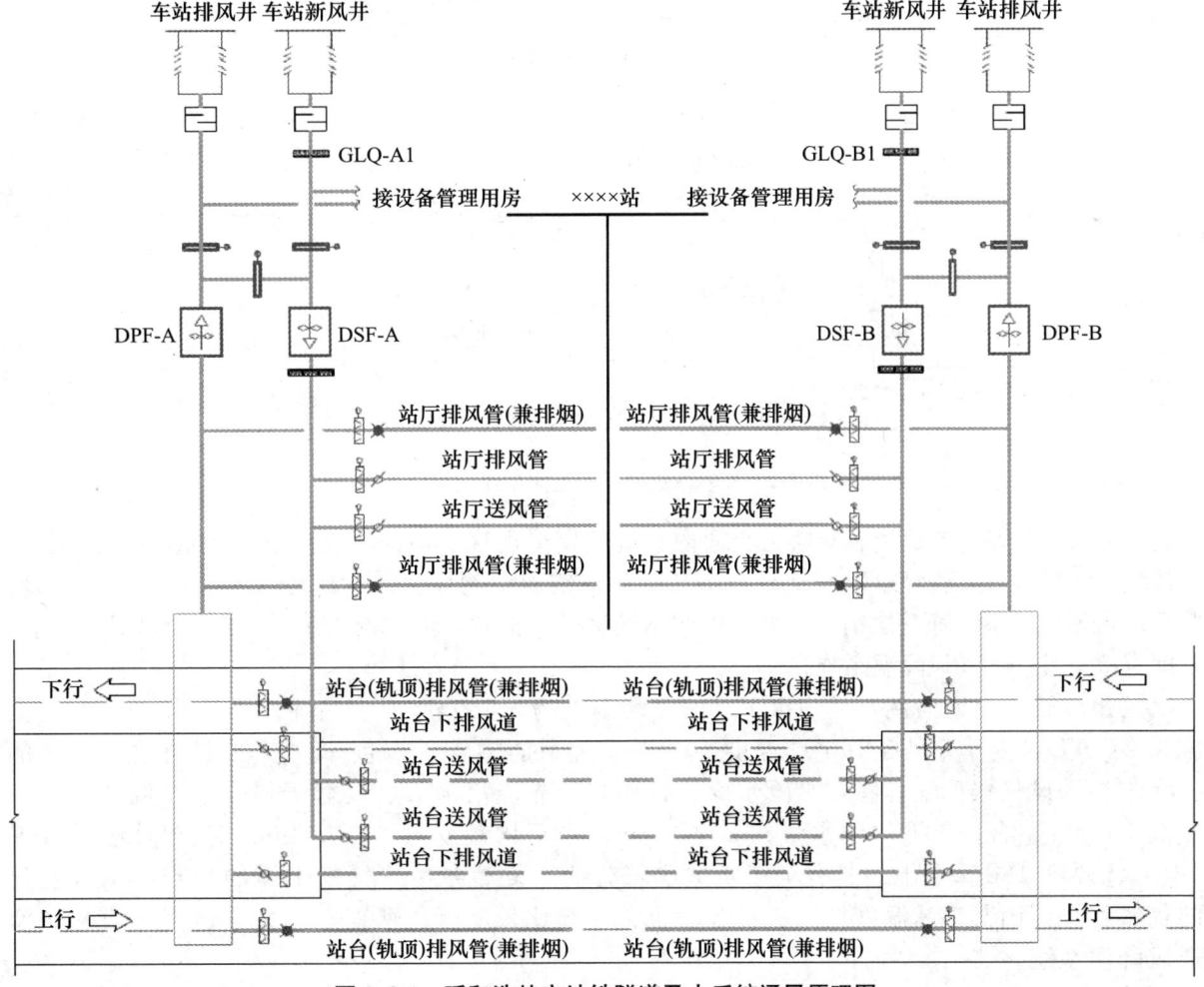

图2.3-1 呼和浩特市地铁隧道及大系统通风原理图

同样是采用了机械通风系统,长春市地铁隧道通风与公共区通风系统形式略有不同。如图2.3-2所示,地下车站每端排风道内并联设置两台参数相同的车站通风机,这两台风机为可逆转风机,平时作为车站公共区的送风机,同时兼作地下车站公共区排烟风机和区间隧道事故风机。车站两端均设置一条活塞风道,并设置了电动组合风阀与两台区间隧道相连接,在不同的季节开启对应不同区间隧道的电动组合风阀,实现区间隧道活塞通风模式的要求。车站两端与活塞风道并联设置一台隧道风机(TVF),该风机为可逆转轴流风机,平时不投入运行。当区间隧道发生阻塞或火灾时,TVF风机与通风机同时运行,对事故区间进行送风或排烟。

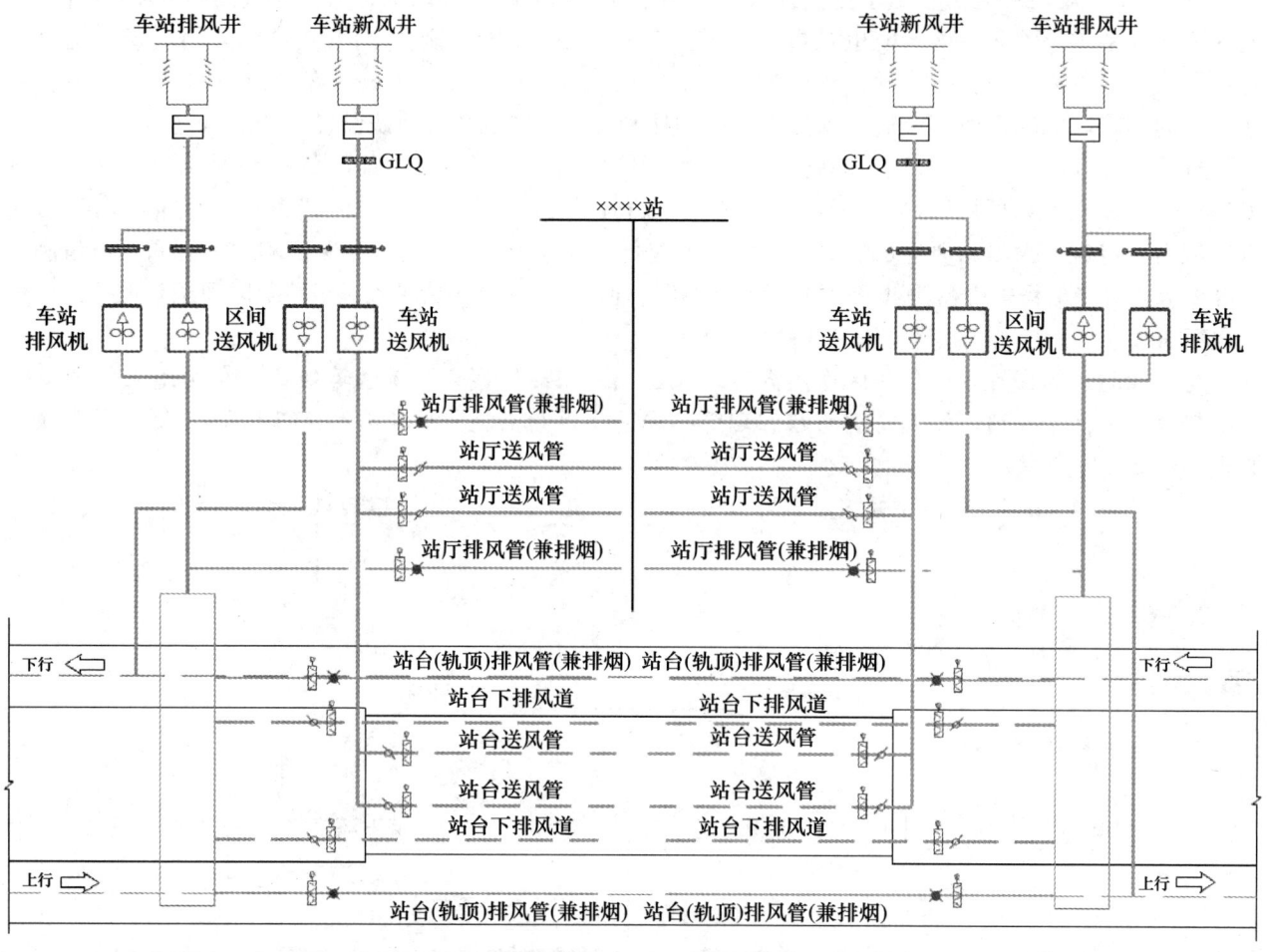

图2.3-2 长春市地铁隧道及大系统通风原理图

随着社会的进步,市民乘客对轨道交通内环境的期待也逐步提升,即便是在严寒、寒冷地区,仅通过传统的机械通风,已经难以匹配日益增长的人民需求。例如兰州、乌鲁木齐等城市,这类地区,夏季采用机械通风系统舒适性稍差,采用空调系统又过于浪费,因此衍生出另一种"特殊"的通风系统,即直接蒸发冷却通风降温系统。

以兰州市轨道交通为例,兰州市1月的平均温度为−5.5℃,7月的平均温度为22.4℃,变化幅度为27.9℃,夏季室外计算干球温度30.4℃、室外计算湿球温度18.0℃,具有盆地城市的特征,大陆性季风气候明显,特点是降水少、日照多、光能潜力大、气候干燥、昼夜温差大,年平均气温10.2℃左右,年平均降水量约287.6mm,年平均蒸发量1446.4mm。全年日照时数平均2446h,无霜期180天以上。具有全年四季比较分明、夏暖冬冷、气候干燥的特点。结合兰州城市的气候特点,因其湿球温度低、相对湿度小、气候比较干燥,所以车站公共区采用直接蒸发冷却通风降温系统。

蒸发冷却技术是利用自然环境中可再生能源干燥空气的干球温度与露点温度差,通过水与空气之间的热湿交换来获取冷量的一种环保高效而且经济的冷却方式,无须人工冷源、能耗较少,在我国实施节能减排中具有重要的作用。在《采暖通风与空气调节设计规范》《公共建筑节能设计标准》《民用建筑供暖通风与空气调节设计规范》等相关设计规范和技术措施中均对该技术的应用做出了要求。目前,该技术在国内各行业的应用范围也十分广泛,尤其是在西北地区(如新疆、甘肃等)的民用或公共建筑工程中得到了大力推广,且取得了良好的节能效果。直接蒸发冷却通风降温原理如图 2.3-3 所示。

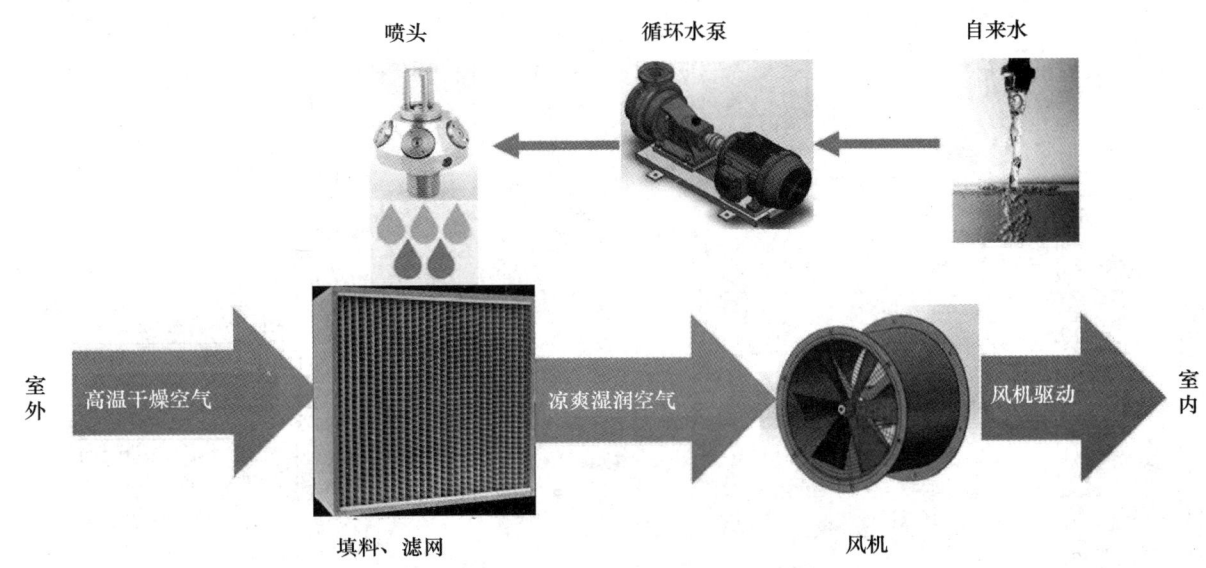

图 2.3-3　直接蒸发冷却通风降温原理示意图

结合兰州市特有的气候特点,利用蒸发冷却降温技术对直接送入地下车站公共区的室外新风进行冷却降温处理达到较低的温度后,再送入室内与室内空气混合消除余热后排出室外。采用蒸发冷却技术应用于本工程主要有以下优势:

1) 比设置空调系统具有明显的节能优势,比设置机械通风系统的舒适性更好,空气环境质量更能保证;

2) 无须设置专门的人工机械冷源,在消耗少许电能的情况下,明显提高了空气品质及环境舒适性;

3) 采用蒸发冷却空调技术后,通风温差增大,车站通风所需通风量大大降低,土建风道、风亭面积变小,节省土建规模及占地面积,同时减小了设备容量、管道材料工程量;

4) 结合传统的机械通风系统形式,空气无须循环,直流室外,空气新鲜、新风量充足;

5) 设备维护保养工作量少,一般只须清洗过滤网,无须专门值班人员。

兰州市地铁除了设置非封闭站台门、蒸发冷却系统,其他系统形式与前序提到的呼和浩特市轨道交通的设置情况类似,车站公共区通风降温系统兼排烟系统采用全空气双风机通风系统。送、排风道均通过风管与车站公共区相连进行通风换气。如图 2.3-4 所示。

由于兰州市设置了非封闭站台门,呼和浩特设置的为可调通风型站台门,两个地区的站台层公共区的气流组织形式有所不同。兰州市站台层送风管布置在吊顶内,通过风口向下送风。站台送风管、送风口沿站台纵向均匀布置在站台公共区,尽量远离安全门布置,避免直接吹向轨道区由轨顶排风排走而形成气流短路。站台排风由列车顶排风和站台板下排风组成,列车顶排风道布置在车行道上方,列车顶排风口与列车空调冷凝器的位置对应;站台板下排风道为土建风道,站台下排风口与列车车轮制动装置对齐。列车顶排风道兼作站台公共区及车站轨道区的排烟风道。车站公共区通风空调系统原理及设备配置如图 2.3-5 所示。

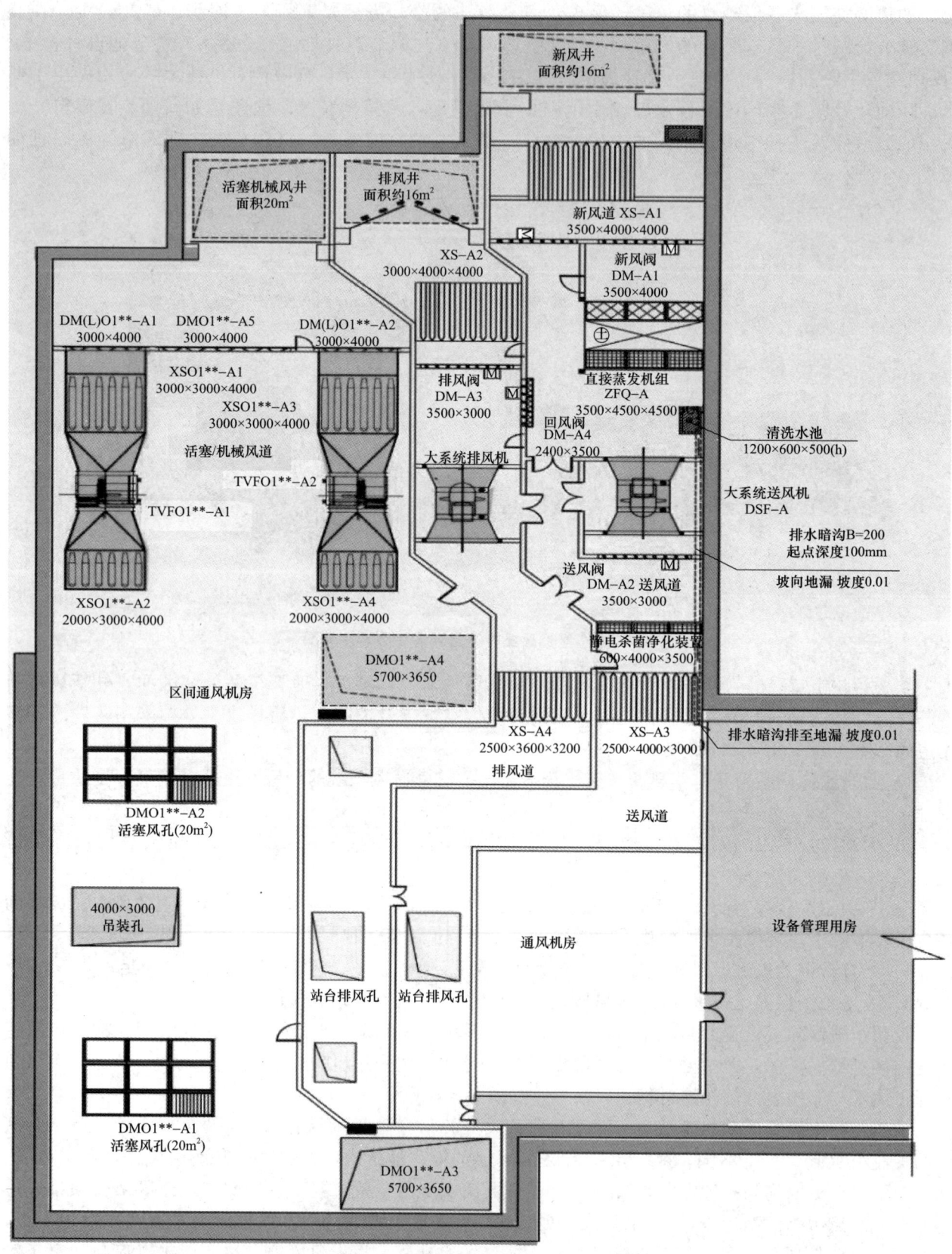

图 2.3-4 直接蒸发冷却机组风道布置方案

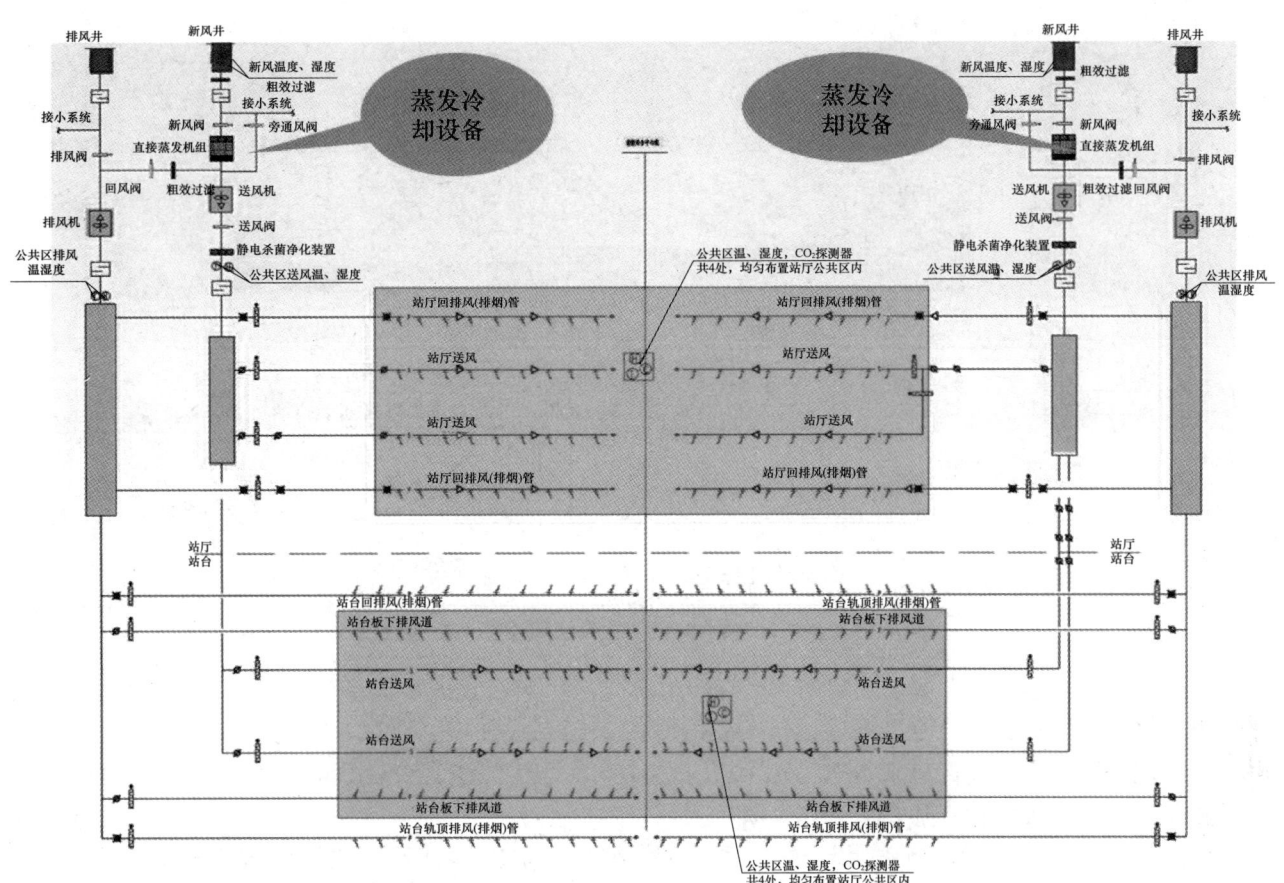

图 2.3-5　车站公共区通风空调系统原理及设备配置图

2.3.1.2　闭式系统

城市地下轨道交通工程是以隧道连接众多车站构成一个庞大的地下空间环境，出于基本卫生和环境控制需求，总是需要设置与外界大气环境相通的通道。通过这些通道，采用机械通风或是自然通风的方式，地铁空间的空气与室外大气得以交换，以满足地铁环境的基本需求。

传统的闭式系统典型车站在车站两端分别设置组合式空调机组，车站公共区设置送风道和回排风道，以及消声器、组合风阀等组成车站公共区空气处理系统。其特点是隧道与车站公共区通过非封闭站台门相通。最小新风空调工况时，闭式运行，开启迂回通道，送风机、回排风机运行对车站公共区供冷。全新风空调工况时，关闭迂回风道，送风机运行对车站公共区供冷。

集成闭式系统（图 2.3-6）是在传统的闭式系统基础上提出的，它将隧道通风系统与车站公共区通风空调系统有机地结合在一起。与集成闭式系统一样，车站采用空调系统，区间隧道的冷却借助于活塞效应携带部分站台空调冷风来实现。

典型车站在车站两端分别设置一条送风道和一条排风道，每端的送风道内设置可自动开启式表冷器（包括挡水板）和空气过滤器，并利用车站送排风道及风道内的送排风机、消声器、组合风阀等组成车站公共区空气处理系统。通过电动组合风阀的开闭转换及表冷器的开启，满足公共区空调季节最小新风运行、全新风空调运行和非空调季节通风运行等要求。车站公共区通风空调系统同时兼作站台、站厅的排烟系统，排风机兼排烟风机。车站送、排风机均为可逆转耐高温轴流变频风机。正常运行工况下，通过变频调整至车站所需的空调送、回风量和风压。

上述每端两台车站送、排风机共同兼区间隧道事故风机，共同组成区间隧道事故通风系统。当区间隧道发生火灾时，两台风机可以同时对事故区间进行送风或排烟，同时电动开启送风道内的表冷器和空气过滤器，形成无阻挡的送风道或排烟道；当区间隧道发生阻塞事故时，可以继续向表冷器送冷水，降低送入阻塞区间空气的温度，对降低夏季阻塞区间的温度非常有利。

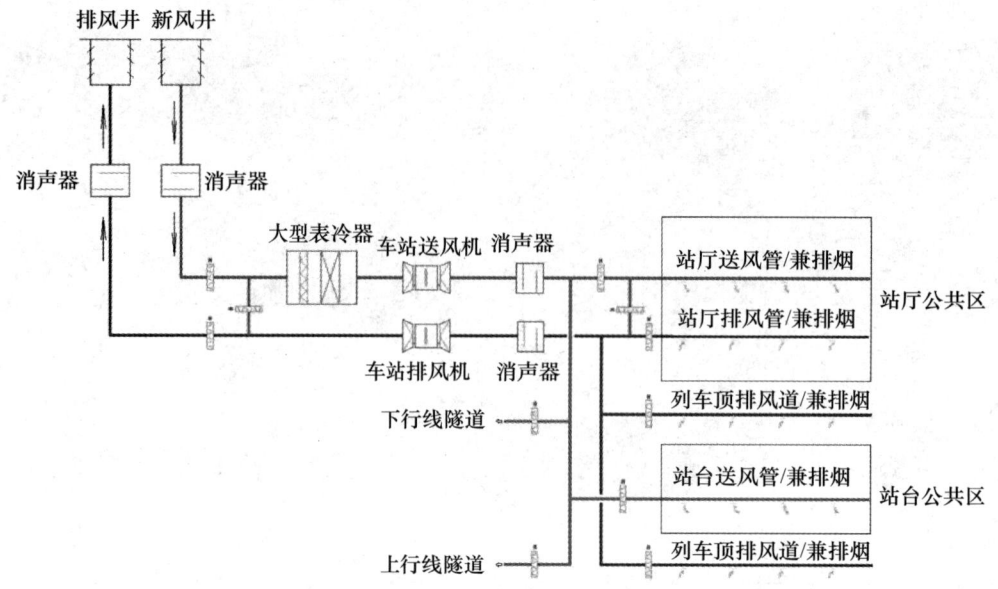

图 2.3-6 集成闭式系统原理图

可自动开启式表冷器主要由两扇门式表冷器组成,而每扇门式表冷器是由3～4个小型模块式表冷器组成,安装在装配式的表冷段之内。整个表冷段在工厂完成加工、测试,现场施工管理方便,冬季可采用高压吹风的方法进行泄水防冻。另外,门式表冷器可以电动开启和关闭,开启时间小于30s,火灾时和非空调季节可电动打开。

该系统车站公共区与轨行区是相通的,站台处设置非全封闭站台门,站台门高度一般不超过2.5m。车站端部可不设置活塞风道。该系统通过可开启式换热器、可逆转轴流风机等新型设备,有机地将车站公共区通风空调系统和区间隧道通风排烟系统合二为一地集成在一起,缩短了车站长度;同时采用变频风机适应运营初、近、远期的不同负荷变化,可逆风机作为正常工况运行,其风机效率较低。

2.3.1.3 屏蔽门系统

屏蔽门系统是在车站与隧道之间安装屏蔽门,将其分隔开,车站安装空调系统,隧道设通风系统(机械通风或活塞通风或两者兼用)。对于屏蔽门系统而言,在空调季较长的地区,可以减少区间活塞风对车站温度场和速度场的干扰,降低车站空调冷负荷,因此对空调系统节能比较有利。目前国内在建和已建成的大部分轨道交通线路采用屏蔽门系统,且公共区通风空调以一次回风全空气空调系统为主,现以西安地区为例进行介绍。

西安市1月的平均温度为-0.4℃,7月的平均温度为26.7℃,变化幅度为27.1℃,全年气温变化幅度较大。5、6、7月的月平均温度接近和超过25℃,最冷月的平均温度为-0.4℃,1、2、12月的月平均温度接近和低于0℃,具有明显的夏热冬冷特点。西安市极端最高温度为42.9℃,日最高气温≥35℃的天数与上海市相同,均为10天,夏季较为炎热。因此为了减少区间对车站公共区的影响,设置屏蔽门系统。

区间隧道通风系统与车站通风空调系统独立设置。车站公共区通风空调系统采用全空气双风机一次回风系统,排烟系统管路由回排风管路兼用,排烟风机单独设置。车站设备分别布置在站厅层两端通风空调机房内,每端系统各负担半个车站公共区的通风空调负荷。车站公共区通风空调系统主要由空调新风机、组合式空调器、回/排风机、排烟风机、消声器、风阀和风道等组成。

根据车站负荷特点、车站形式,考虑组合式空调箱规格尺寸、安装检修空间及对机房面积的需求各种因素综合考虑后,车站每端均布置一台组合式空调器及一台回排风机负担一半站厅和站台负荷。公共区采用上送上回的方式,送风采用双层百叶送风口,回风采用单层百叶回风口。以此来满足空调季节小新风工况、空调季节全新风工况、非空调季节工况的运行模式,以及站厅、站台公共区火灾的排烟需求。屏蔽门系统原理图如图2.3-7所示。

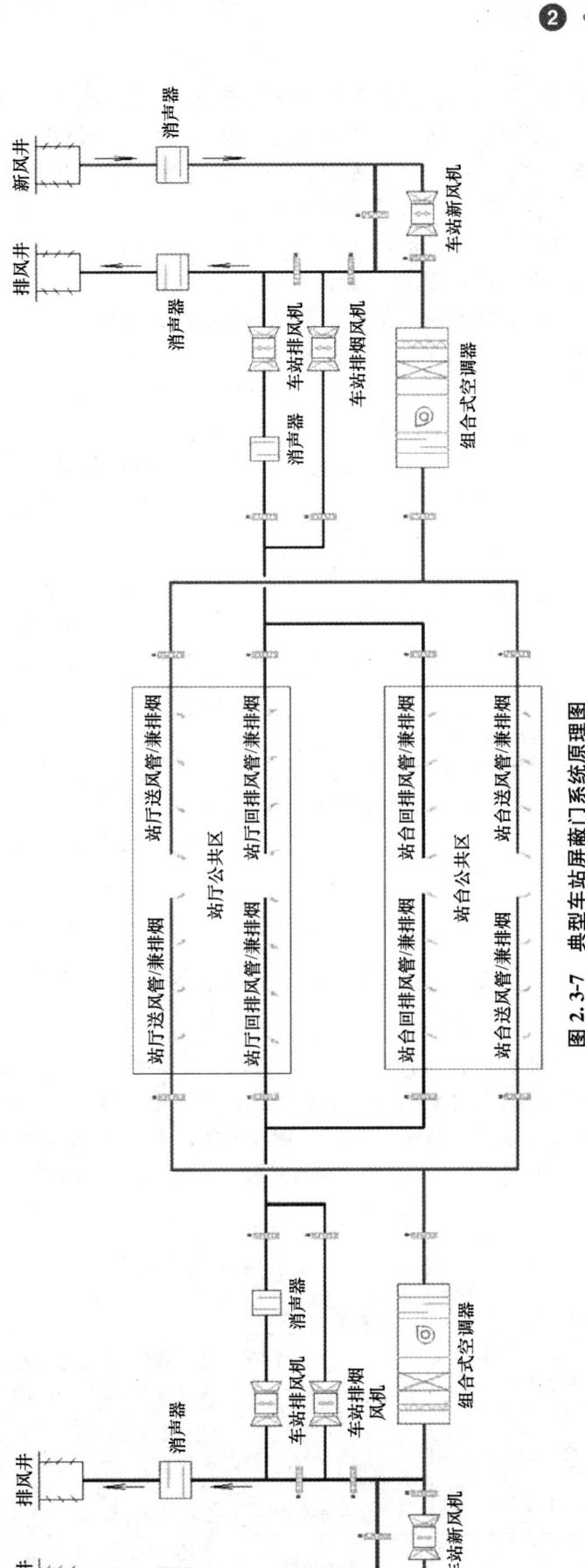

图 2.3-7 典型车站屏蔽门系统原理图

对于传统的全空气一次回风设计方案，服务于公共区的组合式空调机组设置于车站两端的通风空调机房内，通风空调机房一般位于两端设备管理用房区的外侧，而服务于公共区的通风空调风管须穿越整个设备管理用房区域，敷设至公共区内。一般情况下，设备管理用房通常集中布设在车站一端，另外一端设备管理用房较少。设备区管理用房密集端各类管线十分密集，管线敷设、运营维护及检修困难，由于公共区送排风管要穿越整个设备区，从而产生了巨大的末端风机能耗。而非密集端的管理用房吊顶内各类管线少，空间充足。同时公共区通风空调机房普遍与设备管理用房通风空调机房合用，机房面积长度受服务于公共区的组合式空调机组长度限制，导致两端通风空调机房面积会有一定的浪费。因此为了合理利用土建规模，减少输配能耗与管线布置压力，对于一些4辆编组的车辆，公共区采用单端送风的形式，即将2台组合式空调机组、2台回排风机、2台新风机、公共区排烟风机均设置于车站设备管理用房较少的一端，另一端不再设置公共区空调设备，如图2.3-8所示。对于单端送风空调的系统形式，均有空调冷源与公共区组合式空调机组车站同端与异端的情况。

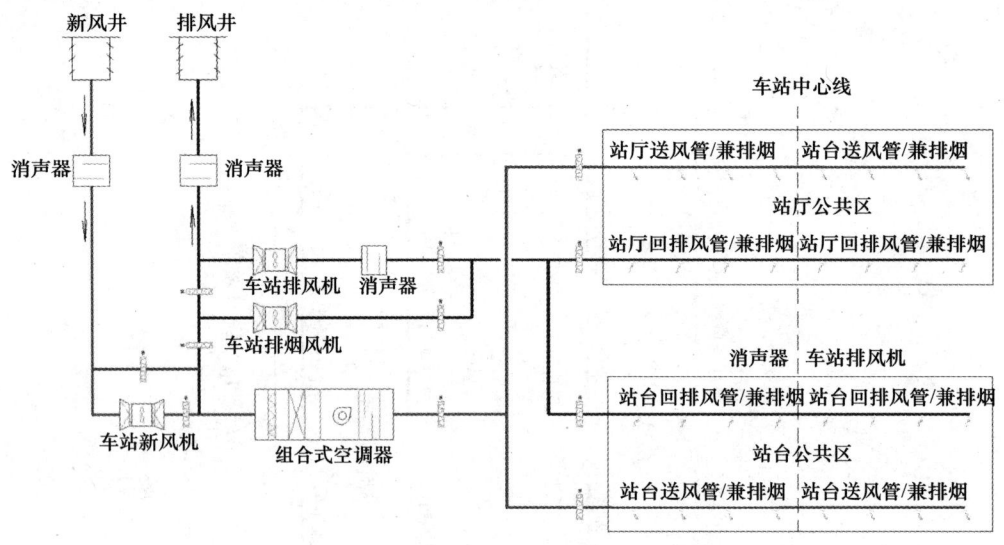

图 2.3-8　公共区单端送风系统原理图

对于6辆及6辆以上编组车辆的地铁车站，采用单端送风的形式并不多，主要是因为单端系统方案每根风管设置的风口数量更多，风系统水力平衡相对难以实现，回排风管往往兼顾公共区的排烟风管，结合以往的工程经验，回排风风管的水力平衡容易出现问题，需采取相应措施确保排烟效果。因此除了考虑设置回排风系统外，单独设置排烟系统，此做法造成的弊端是风管数量增多。而回风系统有接入组合式空调机组的单风机集中回风和设置回排风机两种情况，如图2.3-9和图2.3-10所示。

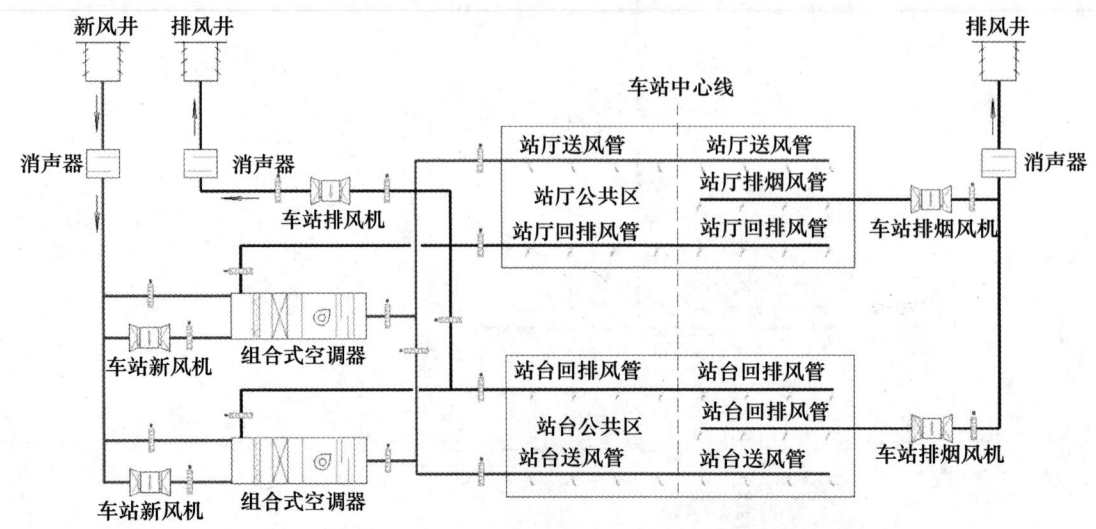

图 2.3-9　接入组合式空调机组的集中回风方式

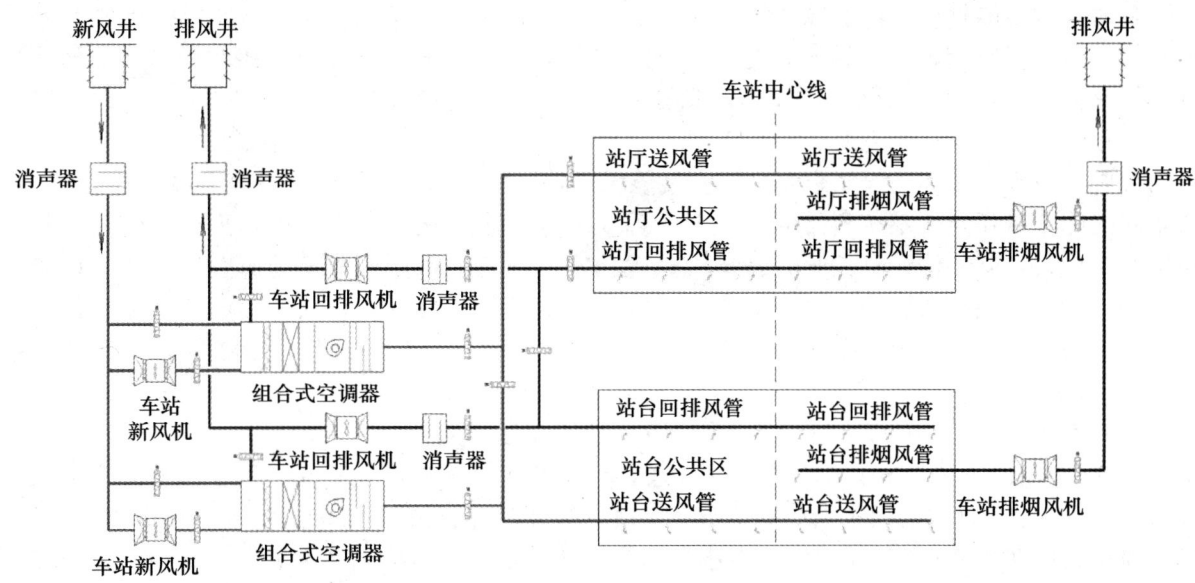

图 2.3-10 设置回排风机方式

单端送风有水力平衡之类的弊端,中部送风(图 2.3-11)可以很好地解决此类问题,但是受车站布置条件约束。

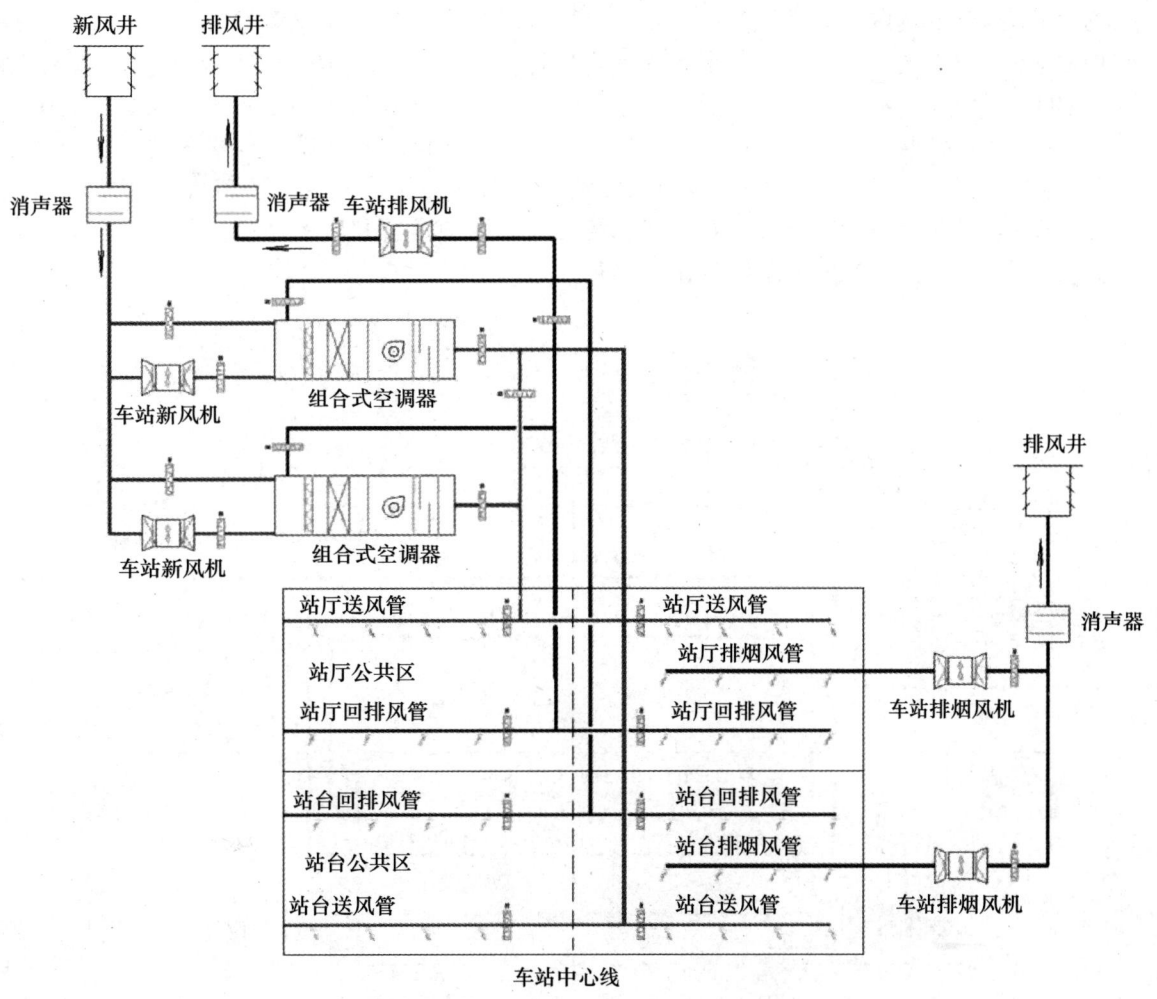

图 2.3-11 公共区中部送风系统原理图

针对地铁车站的特点，全空气系统可兼顾通风工况需求，系统相对集成，尤其是地铁车站这种人员密集、新风量需求较大的场所，有利于非空调季的运行节能，运行模式相对简单，此外回排风管可兼作火灾工况时的排烟风管，节地、节材。但是，全空气系统相较于空气—水系统存在以下劣势：①工程造价高，全空气系统的造价明显高于空气—水系统，一方面设备初投资高，另一方面对机房面积要求较大，土建初投资也高。②末端能耗高，一方面由于空气的比热容远小于水的比热容，输送相同的能量采用空气系统所需的输配能耗远大于采用水系统；另一方面，因全空气系统集中设置空气处理设备，空气输配管路长，且集中设置挡水、消声、风量调节等局部管件，使得风机能耗进一步加大。③使用灵活性差，由于全空气系统设备数量少，单台容量大，使用中不便根据实际负荷情况灵活组合，在部分负荷下只能靠变频运行调节风量。另外，一旦某台设备故障则系统将损失较大的工作能力。

根据上述空气—水系统的特点，结合国内各地轨道交通运营需求，国内部分车站也采用了空气—水系统。例如广州2号线江南西站，公共区设置多台风机盘管进行降温；长沙地铁将柜式空调机组在靠近站厅、站台公共区位置设置独立立柜机房，站台层辅以部分吊柜在吊顶内安装，同时通过设置小新风空调柜机及机械排风机满足空调季节小新风及过渡季通风要求。对于车站公共区的排烟，由公共区机械排风管道兼作公共区排烟管道，排风机与排烟风机分开独立设置，空调季节小新风通过设置独立的新风管路送至站厅与站台。无条件设置独立立柜机房的车站，柜机在公共区内吊装后，存在漏水隐患和噪声问题。此外，对于吊装在公共区内的设备，其运营检修维护的难度加大。一种车站公共区空气—水原理图如图2.3.12所示。

在前述章节提到的机械通风系统多采用非封闭站台门或设置可调通风型站台门的形式，而乌鲁木齐冬季通风室外计算温度-12.7℃，冬季室外平均风速1.6m/s。为了减少室外低温及活塞风的影响，其通车运营的1号线的车站站台设置了全封闭站台门。因此与呼和浩特、哈尔滨、长春、沈阳等气候相近的城市地下车站公共区与车站轨行区合设排风机不同，乌鲁木齐地铁1号线车站两端分别独立设置了轨行区排热风机。同时在小新风机管路上设置电加热器，保证公共区冬季车站温度满足规范要求。与兰州地铁相同，新风道内设置直接蒸发冷却机组，夏季可满足公共区的通风及降温需求。乌鲁木齐地铁1号线隧道通风及大系统原理图如图2.3-13所示。

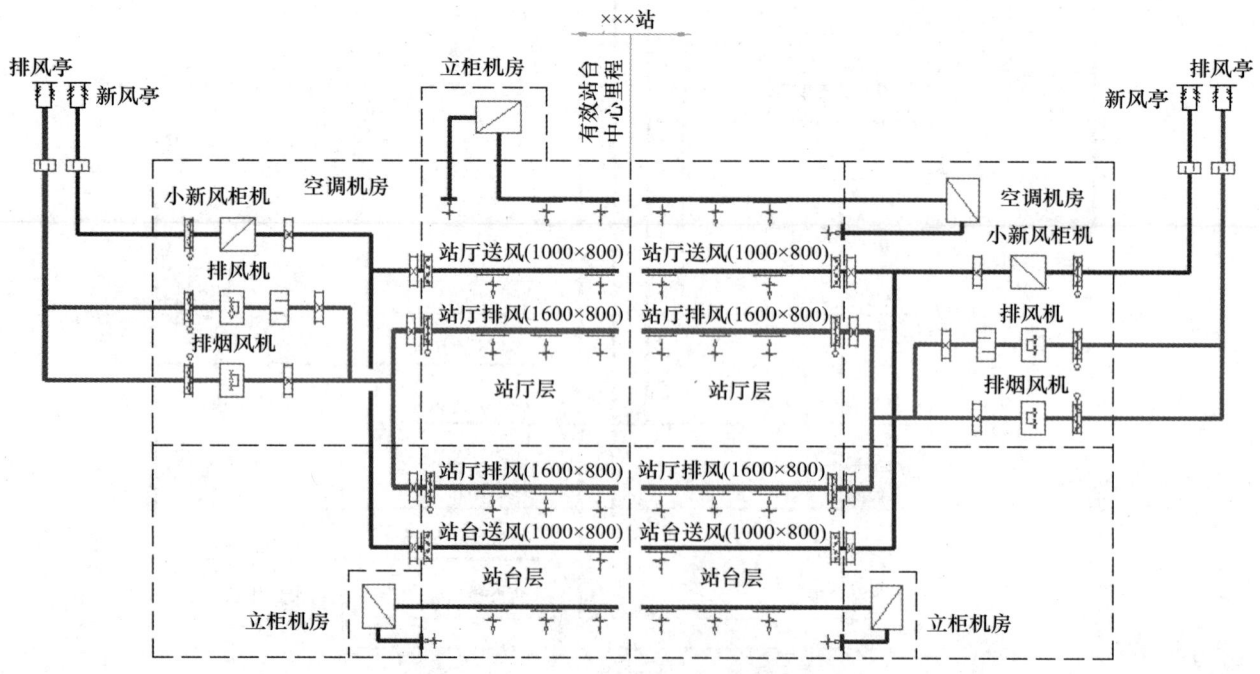

图2.3-12　公共区空气—水系统原理图

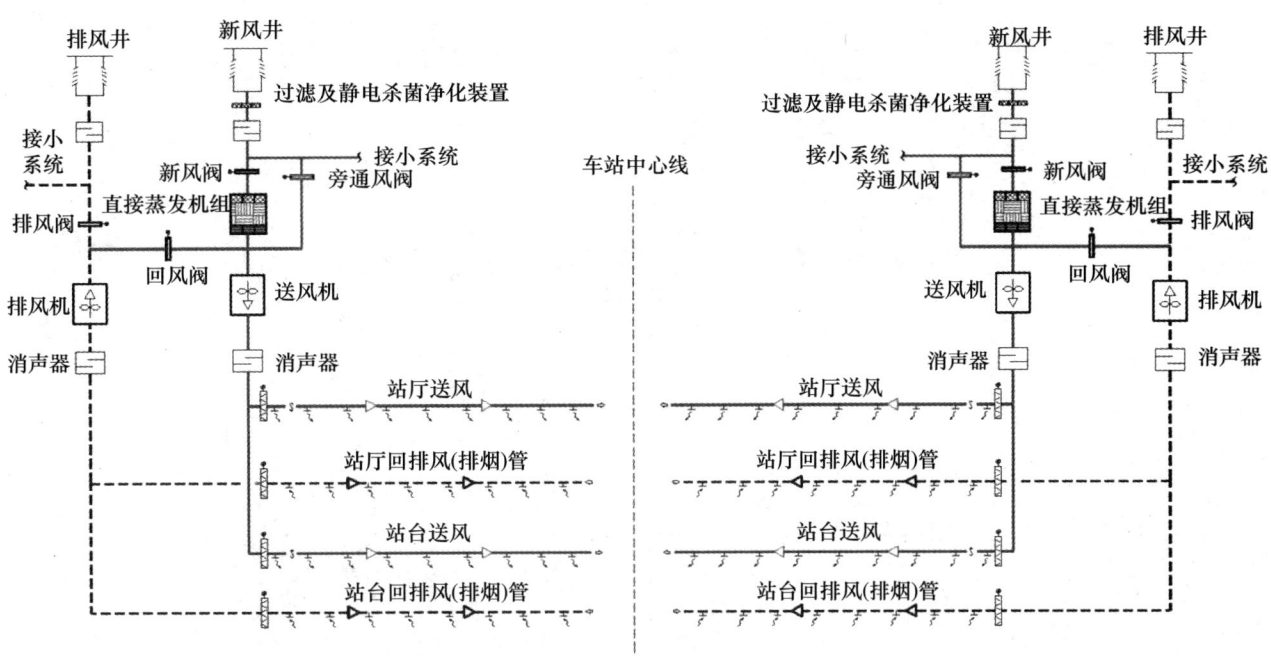

图 2.3-13　乌鲁木齐地铁 1 号线隧道通风及大系统原理图

2.3.2　设备管理用房通风空调与供暖系统

地铁车站设备管理用房通风空调与供暖系统的主要功能是保证正常运行时房间内环境温湿度满足工艺及人员舒适性要求和火灾事故时快速有效排除烟气，其运行方式是空调季采用全新风或小新风进行空调降温以满足工艺及人员舒适性要求，在非空调季采用机械通风换气排除余热以保证房间内环境温湿度要求，而在火灾事故时由空调通风运行转换为排烟模式。通常根据房间使用功能、性质和环境温度要求，将地铁设备管理用房分为管理办公类房屋、强电类设备房屋、弱电类设备及其他设备房屋三大类，常见的通风空调系统形式有双风机一次回风（兼排烟）全空气系统、多联机空调＋新风＋通风排烟的复合系统等。

由于地铁设备管理用房基本上处于地下空间内，受通风空调与供暖系统特殊功能要求、地下空间设备及管道布置限制、系统配置简单等因素影响，以及全空气系统具有全新风空调降温、全面通风和可兼作排烟的明显优势，目前地铁设备管理用房的通风与空调仍以全空气双风机一次回风定风量空调通风＋螺杆冷水机组和冷却塔为主流。在具体工程设计过程中，基本上根据房间环境温度要求，并考虑管道布置的因素，通常环境温度要求为 27℃ 的管理办公用房设置一套通风空调系统，环境温度要求为 27℃ 的设备用房设置一套通风空调系统，同时为环境温度要求为 36℃ 的变电所设备房单独设置一套通风空调系统，共设置 3 套空调系统。空调冷源一般考虑与车站公共区空调系统冷源设备合用，设备管理用房空调系统单独配置冷源设备的方案也越来越多，即大小系统分开方案。

全空气空调系统具有各房间环境温度无法实现单独控制调节、机房占用面积大、风管管路大等一些不足。由于设备用房严禁水管进入，因此风机盘管一般仅应用于管理用房区域，27℃ 设备用房与 36℃ 变电所房屋仍以全空气系统为主。但多联机空调＋新风＋通风排烟的复合系统（如图 2.3-14 所示）相对于风机盘管系统应用越来越广泛，设备管理用房内设置多联机室内机，满足设备用房的供冷、管理用房的供冷与供热需求。同时为满足房间的通风及排烟需求，设置相应的送排风机及风管。

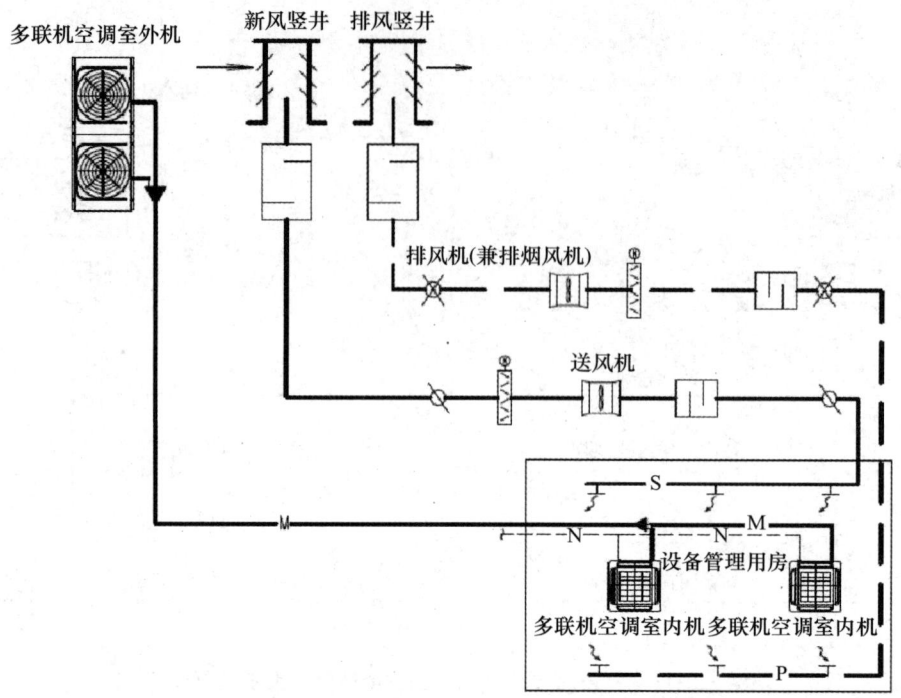

图 2.3-14　多联机＋新风＋通风排烟复合系统原理图

随着节能要求越来越高，出现了风冷直膨、水冷直膨等空调机组替代水冷柜式空调器的全空气系统（如图 2.3-15 所示）。

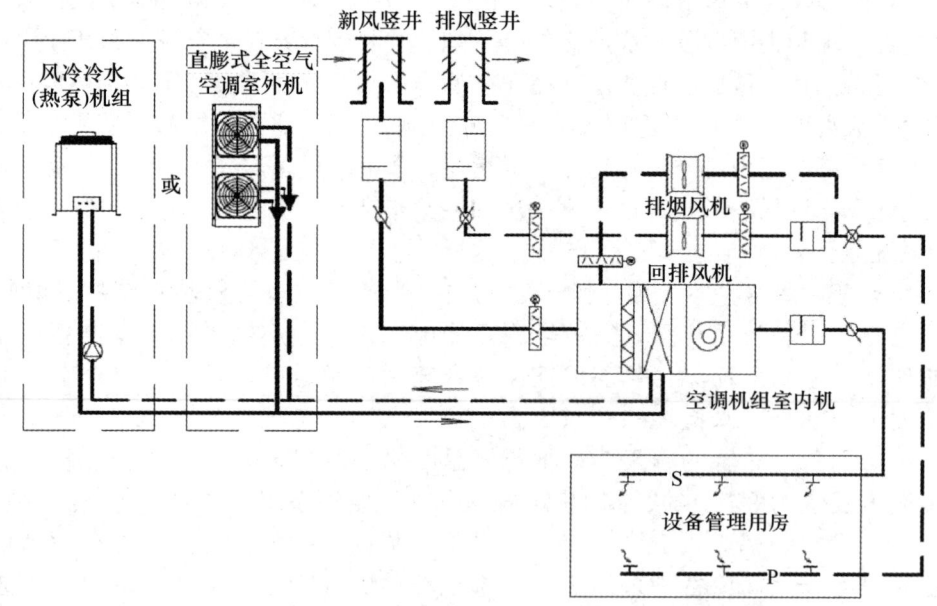

图 2.3-15　采用直膨式空调机组的通风空调系统原理图

通过对一些城市已运营地铁线路运营情况的调查，发现全空气空调方式存在以下问题：

1）当夜间列车停运后，部分设备用房内设备处于待机状态，负载率降低，设备发热量减少，而通风空调系统无法根据设备负荷的变化进行相应的调整，造成能源的浪费。

2）由于地铁空间限制，专业繁杂，改造难度较大，且负荷的不确定性也较大，因此通风空调系统设备选型一般是按远期最不利的条件包容性设计，同时由于各弱电、供电系统设备厂家无法提供设备的准确发热量，造成实际运营时，大部分设备用房温度偏低，造成能源浪费。

3) 由于采用全空气一次回风定风量系统，各房间无法独立调节，自动控制时，只能以最不利的房间作为保证对象，造成大部分房间温度偏低，浪费能源，且运营灵活性差。

为了解决以上问题，需要空调系统根据房间负荷的变化调整送风量，并对各房间进行独立控制，降低能耗。

变风量空调系统（VAV）是全空气空调系统中的一种，它是由单风道定风量系统演变而来的，主要用于办公和其他商用建筑的舒适性空调，在民用建筑空调领域使用非常广泛。

如图 2.3-16 所示，其系统主要由变风量末端装置、空调器及风机、自动控制系统等组成。当室内负荷发生变化时，由变风量的末端机组根据室内温度调节送风量，以维持室内温度。现已有城市地铁设备用房尝试采用了变风量空调系统，运行效果良好。

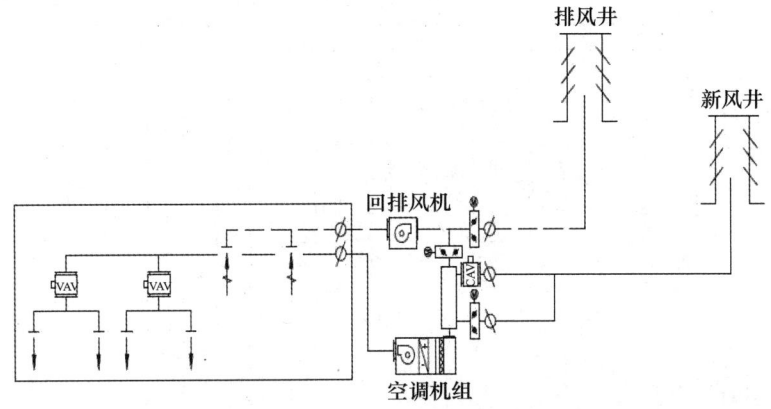

图 2.3-16　变风量空调系统原理图

2.3.3　空调冷源系统

空调冷源系统主要为车站公共区、车站设备管理用房空调系统提供冷源，满足乘客、车站工作人员舒适性及设备的正常运行。

常规的地铁空调水系统多采用一次泵系统，早期使用定流量系统，随着技术的发展，现阶段空调冷水系统均为变流量系统，有些城市车站冷却水也采用变频变流量技术。通常标准车站系统由两台螺杆式冷水机组、两台冷却塔、两台冷却水泵、两台冷水泵及定压设备、集分水器、相应的阀门、管路组成。空调水系统原理图如图 2.3-17 所示。

目前地铁车站中使用最广泛、技术最成熟的供冷方式是上述提到的分站供冷。然而，随着集中供冷在开罗、香港地铁中的成功应用，集中供冷的概念也被引入内地地铁通风空调系统中。集中供冷是指几个车站设置一个集中制冷站，通过集中制冷站向该区域内多个地铁车站的空调系统提供低温冷水，相对于分散供冷而言，集中供冷集中设置冷却塔和制冷设备，能够有效地减少制冷机房数量和占地面积，解决冷却塔分站设置的难点，减轻对城市景观造成的负面影响。然而，冷水的远距离输送对保温材料、管道工艺的要求较高，输送能耗也相对较大，并且对输送反应具有一定的滞后性。一般在冷却塔绝对不能设置的区域，集中制冷站才是考虑的方案之一。集中供冷系统原理图如图 2.3-18 所示。

无论是采用分站式供冷还是集中供冷，冷却塔一般设于地面，会产生占用地面空间、与周边环境协调困难、影响城市景观等问题，且冷却塔产生的噪声、漂水等问题也经常成为市民投诉的热点。

蒸发冷凝空调制冷系统是将常规空调制冷系统的冷水机组和冷却塔及冷却水系统设备及管路集成为一体，由蒸发冷凝冷水机组代替（如图 2.3-19 所示）。蒸发冷凝空调制冷系统对地铁车站传统空调水系统进行优化，对土建规模和建筑布置的影响小、对通风防排烟系统的变化要求不大，功能接口以及控制均比较单一，因此，在地铁工程中应用具有可实施性，同时解决了常规制冷方式设置冷却塔而带来的问题。

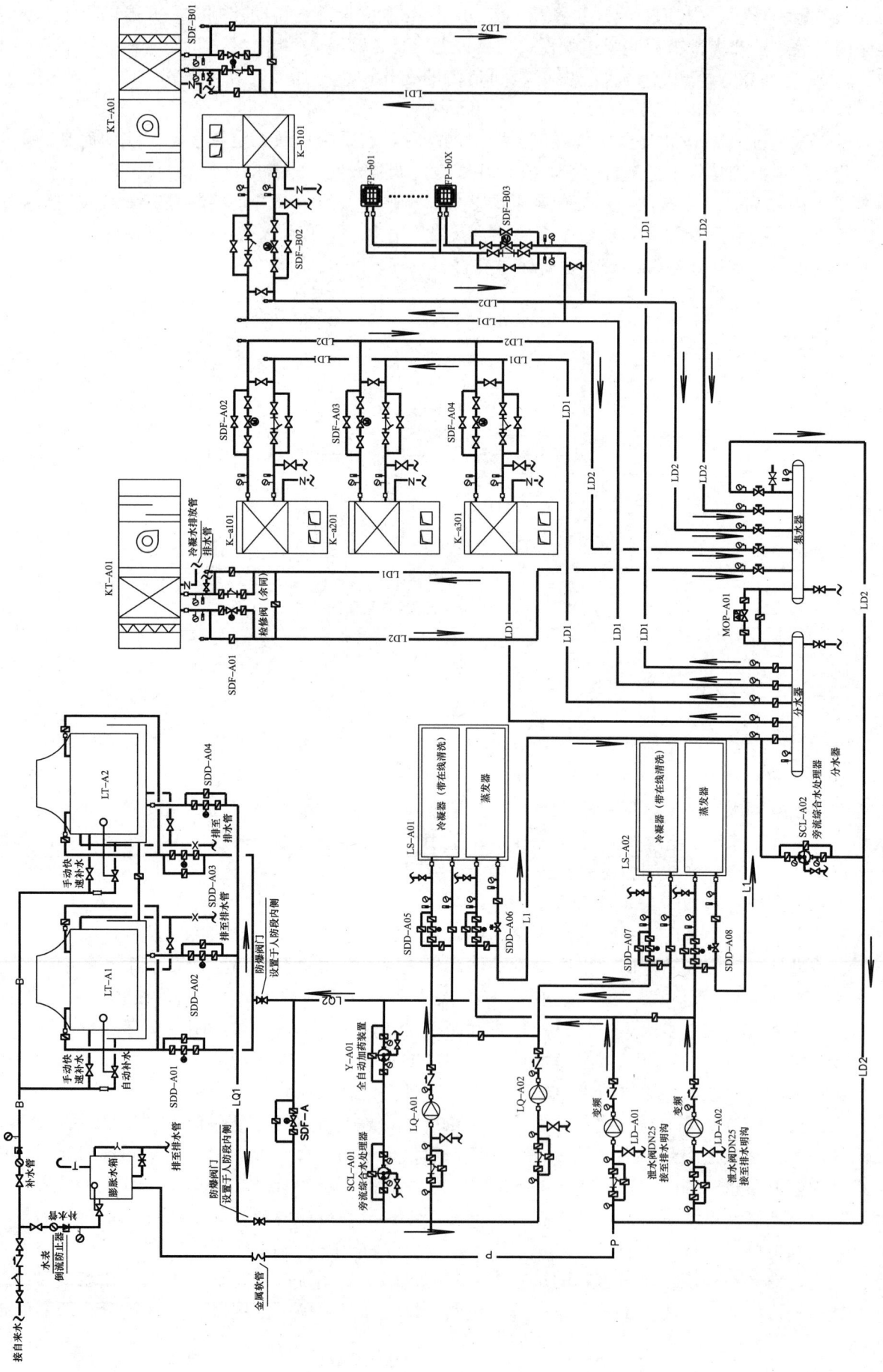

图 2.3-17 空调水系统原理图

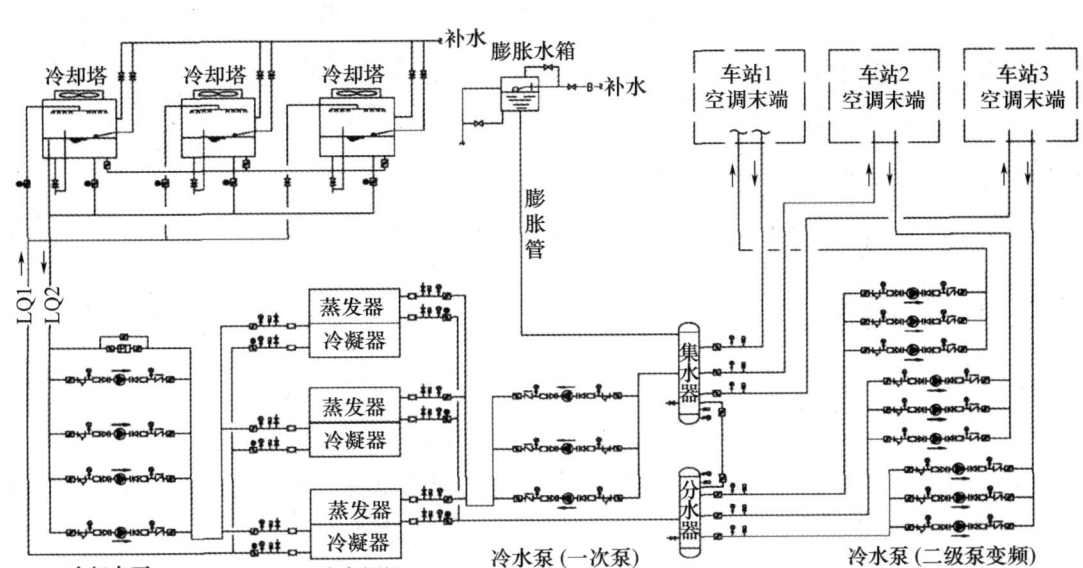

图 2.3-18 集中供冷系统原理图

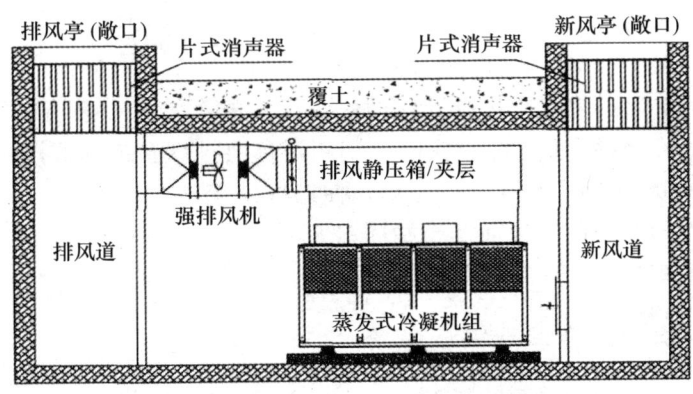

图 2.3-19 一种蒸发冷凝冷水机组设备布置示意图

蒸发冷凝冷水机组在地铁中应用的关键是处理好蒸发冷凝冷水机组进风与排风的关系，保证机组正常运行所需要的环境空气参数（进风温度、进风口风速等），使得蒸发冷凝冷水机组处在高效运行，满足地铁车站所需的空调冷量。

随着对节能要求越来越高，直膨（也称直接蒸发）技术也越来越多地运用到了地铁冷源系统中，减少传统的制冷循环数量，力求达到节能的目的。直膨冷源系统原理图如图 2.3-20 所示。

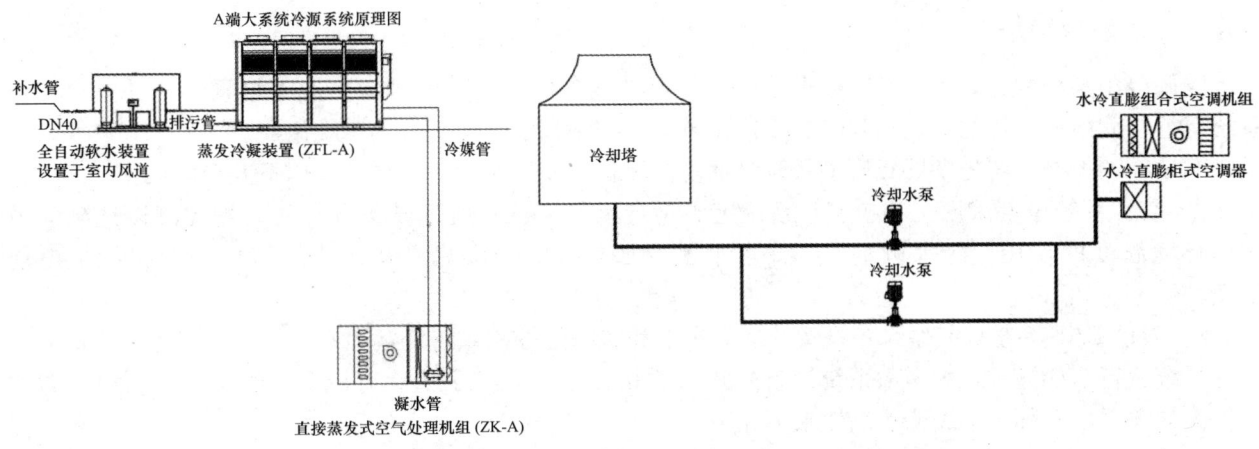

图 2.3-20 直膨与冷水冷源系统对比原理图

2.3.4 系统运行策略

2.3.4.1 公共区通风空调系统

空调季节小新风工况：当室外空气比焓大于车站空调大系统回风空气比焓时，空调系统采用小新风运行。

空调季节全新风工况：当室外空气比焓小于或等于车站空调大系统回风空气比焓且室外空气温度高于空调送风温度时，采用全新风空调运行，空调器处理室外新风后送至空调区域，回/排风机停止运行。

非空调季节通风工况：当站外空气温度低于空调送风温度时，停止冷水机组运行，外界空气不经冷却处理直接送至空调区域，回/排风机停止运行。也可以根据室外空气质量情况，采用回/排风机单独排风满足通风要求，能耗更小。

车站乘客过度拥挤：当发生突发性客流、区间阻塞、线路故障及其他原因引起车站乘客过度拥挤时，大系统的组合式空调器、制冷机、空调用水泵、冷却塔等空调设备应根据实际情况按当时季节正常运行的满负荷状态运行。

疫情运行工况：当发生重大疫情时，采用全新风运行，开启全新风阀，小新风机关闭，空调器处理室外新风后送至空调区域，回/排风机停止运行。

火灾事故运行：车站公共区发生火灾时，立即停止无关的车站的小系统以及空调水系统，转换到车站大系统火灾模式运行。当站台层发生火灾时，利用站台层排烟系统排烟，同时开启 TEF 风机（排热风机），利用站台层辅助的辅助排烟管进行排烟，使站厅层楼梯口产生向下 1.5m/s 气流，车站内人员迎着新风方向从站台经站厅疏散至地面；当站厅层发生火灾时，利用站厅层排烟系统进行排烟，车站内人员迎着新风方向从车站出入口向地面疏散。

2.3.4.2 设备管理用房通风空调与供暖系统

正常运行：设有通风与空调系统的设备管理用房，空调系统采用与大系统正常运行情况相同的三种方式进行控制；对只设通风系统的设备、管理用房，全年按设定的通风模式进行。

疫情运行工况：当发生重大疫情时，设备管理用房通风空调系统采用全新风运行。

火灾事故运行：当车站设备管理用房发生火灾时，其所在端的大系统停止运行，小系统转入到设定的火灾模式运行。即根据小系统的既定模式立即排除烟气或隔断火源和烟气，与着火区相邻的内通道，设有排烟系统的立即进行排烟，着火区所在车站端设有加压送风的疏散楼梯间以及车站控制室立即进行加压送风。

2.3.4.3 制冷机房

空调冷源系统的运行策略为火灾事故工况下全部设备停止运行，正常工况下根据相应的空调控制系统运行，而冷源系统的节能控制，是车站通风空调控制系统节能控制的重要组成。

车站空调控制系统的发展经历了从简单到复杂漫长的发展过程，主要分为以下几个阶段：

1) 空调系统全部采用工频控制，系统定水量定风量运行，通过设备自身的启停控制以达到调节室内环境温度的作用。冷水机组、冷却水泵、冷水泵、冷却塔风机运行能效很低，引起大量电能浪费。

2) 通过 BAS 系统控制系统各设备的运行参数和状态，控制系统能远程进行简单的启停，不能满足空调系统运行节能需求，大多数系统设备还是需要相关管理人员手动调节，设备的运行与人员的素质有很大的关系。实际工程表明控制效果不理想。

3) 随着技术的发展及节能的需求，冷水机组压缩机、水泵和风机变频被广泛应用。

4）空调水量和风量是两个相互影响的因素，因此，越来越多城市地铁将风系统和水系统控制均交给同一个厂家，实现风水系统的联动控制。根据空调冷负荷时变性的特点，系统冷量调节的变量（水量、风量）在不断地变化过程寻优，找到最佳风量和水量的组合，根据实时运行工况的变化动态优化机组的风量和水量，实现风水联动，达到最大的节能效果。

同时，随着《绿色城轨发展行动方案》《智慧城轨发展纲要》相继发布，构建"绿智化"的新时代中国特色城市轨道交通是地铁人新的使命。目前，智慧通风空调控制系统应用越来越多，为交通领域"双碳"目标的实现作出了贡献。

2.4 地上车站通风空调系统

地上车站分为地面车站和高架车站，其中以高架车站为主。据统计，截至2022年，全国已建设通车的城市轨道交通高架车站共有837座，分布在全国38座城市。对于通风空调系统而言，由于地面车站与高架车站的外部气候、边界条件与民用地上建筑类似，其系统形式的选择与方案的设计基本相同，多年来系统的演变和发展方向也基本一致。

近年来随着城市的发展，市民与乘客对地铁出行的品质要求不断提升，在不同气候分区的城市轨道交通项目，根据其气候特点，地上车站也因地制宜地采用了自然通风、机械通风、蒸发冷却通风降温与空调系统，为乘客与工作人员提供更好的环境品质。

2.4.1 公共区通风空调系统

2.4.1.1 自然通风系统

1. 自然通风原理

自然通风是指利用建筑物内外空气的密度差引起的热压或室外大气运动引起的风压来引进室外新鲜空气达到通风换气作用的一种通风方式。它不消耗机械动力，同时在适宜的条件下又能获得巨大的通风换气量，是一种经济、节能、低碳的通风方式。

对于地上车站而言，由于其建筑个体相对独立，且车站站位一般在城市道路主干线上，与周边城市建筑有一定的距离，因此，地上车站一般都具备良好的自然通风条件。按照自然通风的两种技术分类，地上车站的自然通风原理具体如下。

1）热压通风

热压通风是自然通风的一种，热压是室内外空气的温差引起的。轨道交通地上车站，由于站内客流、设备的影响，存在大量内热源，使得室内外存在较大温差。由于温差的存在，室内外密度差产生，沿着车站墙面的垂直方向出现压力梯度。如果车站内温度高于室外，车站内上部空间将会有较高的压力，而下部存在较低的压力。当这些位置存在窗口时，空气通过较低的开口进入，从上部流出。如果室内温度低于室外温度，气流方向相反。如图2.4-1所示。

2）风压通风

风压通风也是自然通风的一种，是风压作用下的自然通风。当环境风吹向高架车站时，受到高架车站外壁面的阻挡，会在车站外壁面的迎风面产生正压力。气流绕过车站的各个侧面及背面，会在相应位置产生负压力。风压通风就是利用建筑的迎风面和背风面之间的压力差实现空气的流通。如图2.4-2所示。

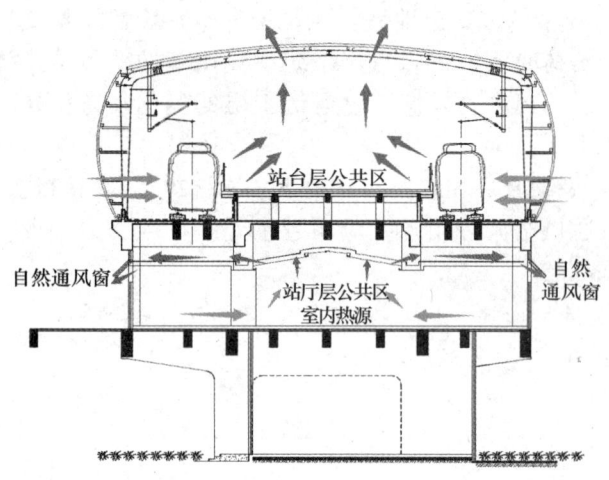

图 2.4-1　热压作用下高架车站的自然通风示意图　　图 2.4-2　环境风压作用下高架车站的自然通风示意图

2. 自然通风设计

鉴于地上车站一般都具有良好的自然通风条件，国内轨道交通工程地上车站公共区优先采用自然通风，当自然通风无法满足要求时，考虑采用机械通风或空调系统。《城市轨道交通通风空气调节与供暖设计标准》(GB/T 51357) 中规定，采用自然通风的车站公共区通风口有效面积不宜小于公共区建筑面积的 5%，且不应小于 2%；若通风口有效面积小于 2% 时，宜采用自然通风与机械通风结合的复合通风方案。

为了实现更好的自然通风效果，除了保障通风口有效面积，合理的建筑外观造型以及通风口位置选择，是另一关键因素。下文将结合国内轨道交通工程不同的案例，对地上车站的自然通风方案进行分析。

3. 站厅自然通风案例

目前国内大多数地上车站的公共区，按照相关设计规范要求，兼顾绿色、环保、节能的设计理念，均采用自然通风系统。基于不同的高架站建筑外形，其自然通风形式和效果也各不相同，具体详见以下代表性案例。

1）案例 1：西安地铁 5 号线高架站

西安属于寒冷地区，西安地铁 5 号线二期高架车站（如图 2.4-3 所示），站厅层公共区外围护结构采用可开启外窗，由车站运营人员根据站内客流量、温度以及室内外空气质量，自行开启进行通风换气。此外，地铁运营期间出入口常开，也能形成良好的风压通风与热压通风的效果。

图 2.4-3　西安地铁 5 号线高架站外景

2）案例 2：芜湖地铁 1 号线高架站

相比于北方城市，中部及南方城市室外空气质量相对较好，沙尘天气较少，站厅层公共区可采用敞开式，与室外直接连通，能够最大限度地发挥自然通风的效果，例如芜湖地铁 1 号线等工程高架站（如图 2.4-4 所示）。

图 2.4-4　芜湖地铁 1 号线高架站外景

3）案例 3：青岛地铁 11 号线高架站

随着地铁车站智能化、绿色化要求的不断提升，地铁高架站在建筑外围护自然通风形式方面不断发展创新，例如青岛地铁。青岛属于寒冷地区，青岛地铁 11 号线高架站（如图 2.4-5 所示）在站厅层外立面采用电动可调式通风百叶风口，根据季节变化调整百叶风口的开启角度，自然调节室内温度及风量，如图 2.4-6 所示。

图 2.4-5　青岛地铁 11 号线高架站外景

图 2.4-6　站厅外立面设置电动可调通风百叶

4）案例 4：广州地铁 21 号线高架站

广州属于夏热冬暖地区，广州地铁 21 号线地铁高架站（如图 2.4-7 所示）站厅层公共区设置空调系统，车站站厅公共区围护结构封闭，采用可开启外窗的形式，兼顾在过渡季节利用外窗进行自然通风的条件。

4. 站台自然通风案例

高架车站站台公共区与室外、轨行区直接连通，一般均按照自然通风的形式考虑。在不同城市，综合考虑当地气候环境特点、采光等因素，其站台围护结构形式各不相同，自然通风效果也各不相同，具体详见以下代表性案例。

图 2.4-7　广州地铁 21 号线高架站外立面实景

西安地区属于寒冷地区，冬季室外温度较低，且常年空气质量一般，部分月份伴有沙尘天气，因此西安地区地铁高架车站常采用相对"封闭"的围护结构形式（如图 2.4-8 所示），利用行车方向的敞开空间与室外进行通风换气，同时利用列车进出站的活塞风辅助进行通风。在没有列车进站时，由于站内热源的存在，可形成有效的热压通风，保障自然通风效果。

图 2.4-8　西安地铁 5 号线高架站站台实景（侧式站台）

青岛地区属于寒冷地区，冬季室外温度较低，与西安地铁类似，地铁高架车站常采用相对"封闭"的围护结构形式（如图 2.4-9 所示），利用行车方向的敞开空间与室外进行通风换气，同时利用列车进出站的活塞风辅助进行通风。在没有列车进站时，由于站内热源的存在，可形成有效的热压通风，保障自然通风效果。

图 2.4-9　青岛 13 号线高架站站台实景（岛式站台）

广州属于夏热冬暖地区，夏季闷热，冬季温暖，其高架车站站台常采用"敞开式"设计，与室外充分接壤，无论是穿堂风或风压通风，均可达到最优的自然通风效果，图2.4-10为广州地铁11号线站台实景。

图 2.4-10　地铁 1 广州 1 号线高架站实景

5. 自然排烟案例

地上车站公共区，采用自然通风时，大多也采用自然排烟方案。当自然排烟无法满足消防要求时，按照规范设置机械排烟。目前国内地上车站公共区自然排烟方案主要以设置电动排烟窗为主（如图2.4-11所示）。

站厅层公共区，当采用封闭式围护结构时，结合外立面幕墙设置情况，常采用在外墙（窗）顶部设置电动排烟窗，火灾时自动开启，以满足自然排烟的相关要求。

图 2.4-11　高架站电动排烟窗实景

站台层公共区，与室外直接接壤，一般均能满足自然排烟要求。特殊建筑形式下，需要在站台公共区顶部加设电动排烟窗，火灾时自动开启，以满足自然排烟的相关要求，如图2.4-12和图2.4-13所示。

图 2.4-12　深圳地铁 6 号线高架站站台　　图 2.4-13　福州地铁 6 号线高架站站台公共区
公共区设置自然排烟窗

2.4.1.2 机械通风与通风降温措施

1. 机械通风

目前国内针对高架车站的机械通风,半封闭的公共区往往采用机械排风、自然进风的方案,全封闭的公共区采用机械排风、机械送风的方案。

当车站设置机械通风时,一般有两种形式,一种是采用全面通风保证内部空气品质和新风量,另一种则是采用局部通风来实现降温。

1)全面通风换气案例

重庆轨道交通 2 号线李子坝站,作为著名"网红"车站,列车穿楼而过,其进站通道和站厅公共区域与周边商业楼层结合设置,需要设置全面通风以保证室内环境品质,如图 2.4-14 和图 2.4-15 所示。

图 2.4-14　重庆轨道交通 2 号线李子坝站外景

2)局部通风

在炎热的夏季,为进一步满足乘客的"过渡性"舒适要求,部分地区在地上车站公共区设置工业摇头风扇(如图 2.4-16 和图 2.4-17 所示),通过局部通风,扰动气流组织,提高空气流速改善人体热舒适,使人体热感觉降低到一个可以接受的范围,为乘客送来清凉。

图 2.4-15　重庆轨道交通 2 号线李子坝站内景　　图 2.4-16　北京地铁高架站公共区加装工业摇头风扇

2. 通风降温措施

随着乘客对出行环境要求的不断提升,为进一步改善车站公共区环境,目前国内很多地区的地上车站公共区设置了蒸发式冷气机或移动式雾化风扇(图 2.4-18~图 2.4-20),利用蒸发冷却(水蒸发成水汽而发生相变过程中会吸收热量)原理,在扰动公共区气流组织的同时可实现降温。尤其是在北方城市,气候干燥,蒸发冷却效果更加明显,同时能够加湿空气,提供一种比传统风扇更加舒适、凉爽的通风降温方案。

图 2.4-17　杭州地铁高架站公共区
加装工业摇头风扇

图 2.4-18　上海地铁高架车站站台
设置蒸发式冷气机

图 2.4-19　西安地铁高架车站站厅及
站台设置蒸发式冷气机

图 2.4-20　深圳地铁高架车站站台
设置移动式雾化风扇

2.4.1.3　空调系统

1. 局部设置空调系统

除了南方部分城市之外，目前国内大多数地上车站公共区均未设置空调系统，但考虑到乘客的过渡性舒适要求以及地铁人文化需求，通常在局部设置空调系统。例如在站台层设置空调候车室（图2.4-21），方便乘客纳凉；在母婴室设置空调系统（图2.4-22），提供环境更加适宜的母婴空间。

图 2.4-21　车站站台设置空调候车室

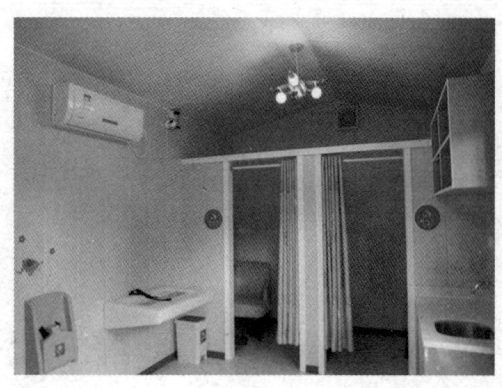 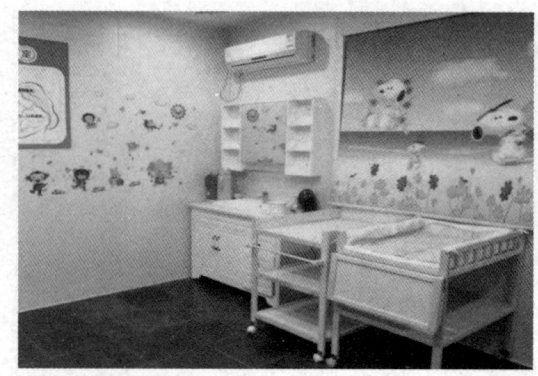

图 2.4-22 车站母婴室设置空调系统

2. 站厅公共区设置空调系统

在广州、香港等南方沿海城市中，其地铁地上车站公共区夏季环境闷热、潮湿，且客流量较大，在地铁车站相对狭小的空间内，乘客难免出现烦躁情绪和窒息感。基于当地气候特点和乘客出行需求，在部分线路高架车站的站厅层设置了多联机空调系统，从而进一步改善站内环境品质，保障乘客出行的舒适性和安全性。其多联机空调系统形式一般结合具体公共区建筑布局和客流分布流线综合确定，因地制宜地确定系统方案。

2.4.1.4 供暖系统

1. 供暖方案

1）局部供暖

在车站公共区设置局部空调的区域，当空调设备采用冷暖型时，可兼顾冬季的供暖需求。此外，在北方寒冷及严寒地区，部分工作人员的工作岗位处，预留了电暖气插座，便于工作人员冬季取暖使用。

2）集中供暖

通常公共区不设供暖，在我国的严寒地区也有例外，例如长春等城市，为保障冬季极寒气候条件下地上车站的站内环境，使乘客和工作人员处在一个相对温暖的环境中，部分地区的站厅层公共区及设备管理用房设置了集中供暖系统。例如长春地铁1号线，在车站站厅层公共区、管理用房、泵房、卫生间等各类有供暖需求的房间，采用了低温空气源热泵＋风机盘管系统，并预留了接入市政热网的条件。相关集中供暖的系统形式和具体方案无典型案例，均需结合具体车站内建筑布置形式综合确定，具体原则与设计方法同民用建筑，在此不做赘述。

2. 防寒措施

地铁车站公共区，由于客流量较大、流动性强，冬季供暖热负荷中，最大的占比为冷风侵入热负荷。为减少冷风侵入对公共区冬季室内温度的影响，在大多数严寒地区的地上车站出入口，均采用了防风门帘或热风幕的防寒措施，如图 2.4-23 和图 2.4-24 所示。

图 2.4-23 寒冷地区地上车站出入口设置门帘

图 2.4-24 出入口热风幕系统

2.4.2 设备管理用房通风空调与供暖系统

地铁车站设备管理用房通风空调与供暖系统的主要功能是保证正常运行时房间内环境温湿度满足工艺及人员舒适性要求和火灾事故时快速有效排除烟气。相比于地铁地下车站，地上车站设备管理用房的通风空调与供暖系统形式和设计标准更加贴近于民用建筑。

大多数设备管理用房是空调季采用空调降温或通风排出余热以满足工艺及人员舒适性要求，在非空调季采用机械通风换气排除余热以保证房间内环境温湿度要求，而在火灾事故时由空调通风运行转换为排烟模式。通常根据房间使用功能、性质和环境温度要求，将设备管理用房分为管理办公类房屋、强电类设备房屋、弱电类设备房屋及其他设备房屋四大类。

考虑到地上车站设备管理用房规模体量较小，设置集中制冷站的必要性与实用性不强，因此，在地上车站设备管理用房中，其空调系统绝大多数采用了多联机空调＋新风系统形式，设备开启与控制更加灵活，从而满足设备用房的供冷、管理用房的供冷与供热需求。在《城市轨道交通通风空气调节与供暖设计标准》（GB/T 51357）中，也明确指出当车站设备及管理用房采用空调系统时，宜采用多联机空调系统，且设备用房与管理用房的多联机空调系统应分别独立设置。图 2.4-25 为设备管理用房通风空调系统原理图。

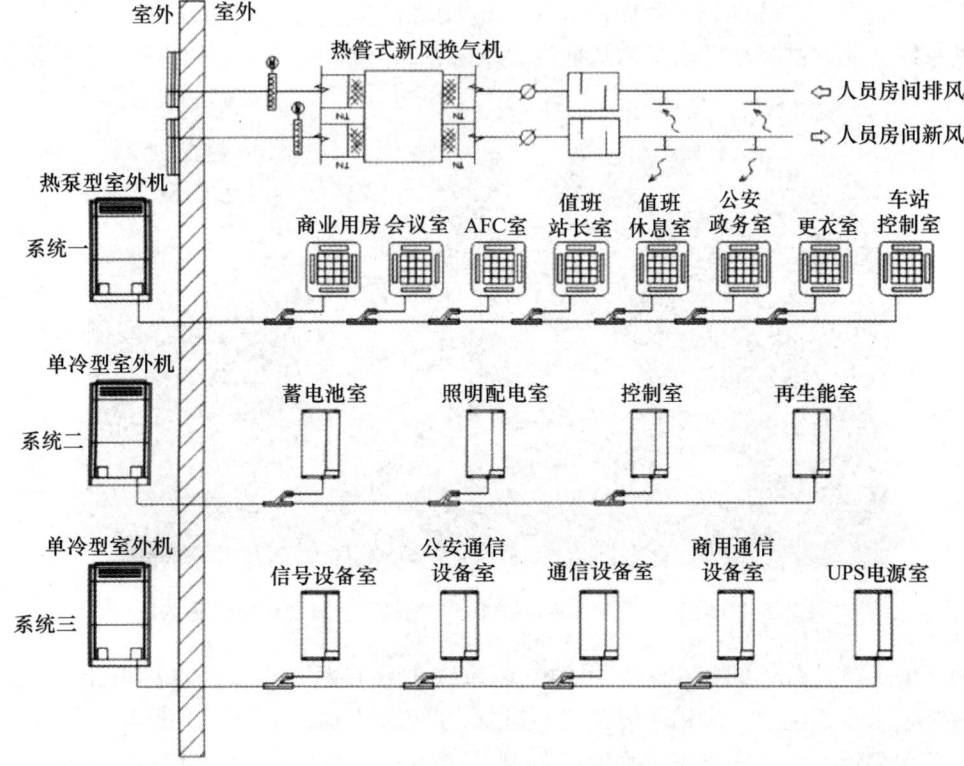

图 2.4-25 设备管理用房通风空调系统原理图

2.5 车辆基地、控制中心通风空调与供暖系统

2.5.1 车辆基地

轨道交通工程车辆基地是以车辆停放、检修和日常维修为主体，集中车辆段（停车场）、综合维修中心、物资总库、培训中心及相关的生活设施等组成的综合性生产单位。车辆基地平面示意图如图2.5-1所示。

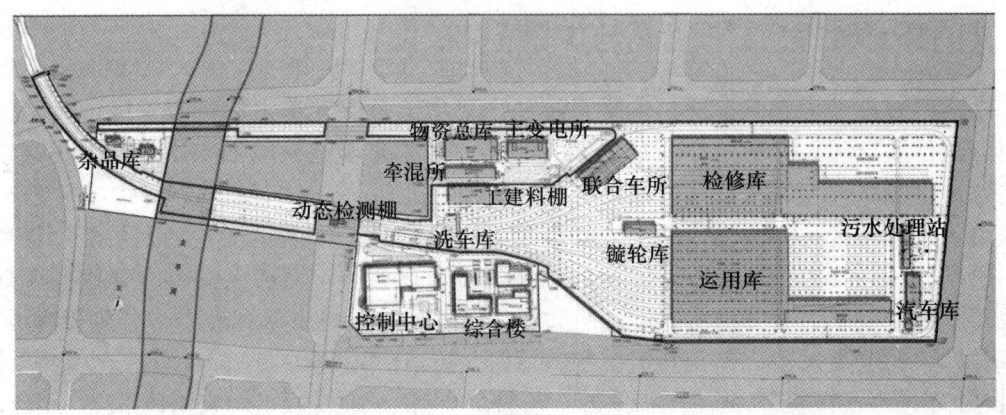

图 2.5-1　车辆基地平面示意（西安地铁 16 号线沙河滩车辆基地）

2.5.1.1 地上车辆基地

车辆基地一般由综合办公、乘务员间休、停车列检、检修维护保养车辆车间、库房和辅助生产工艺厂房等功能建筑组成。人员办公、间休房间和弱电设备机房等设置空调系统，车间、厂房、库房等区域设置通风系统。北方供暖地区的车辆基地设置供暖系统。地上车辆基地如图2.5-2所示。

图 2.5-2　地上车辆基地鸟瞰图（南宁地铁 5 号线那洪车辆基地）

目前车辆基地人员办公、间休房间常用的空调系统主要有两种形式：水冷机组＋风机盘管系统，多联机空调系统。水冷系统目前多用于夏热冬暖地区的车辆基地，比如广州地区。风机盘管水冷系统舒适度高、运营费用低，但是需要设置大面积的制冷机房和水泵房，屋面设置冷却塔、荷载较大。随

着多联机空调设备性能的逐步提升,夏季制冷和冬季制热的特性使其在夏热冬暖到严寒、寒冷地区都可使用,适用范围越来越广,加上其系统形式和室外机布置灵活,已经越来越多地成为各地车辆基地的空调系统首要选择,比如厦门、西安、成都、上海、青岛等地区。

弱电机房常用的空调系统主要有两种形式:机房专用空调,多联机空调系统。机房专用空调可实现恒温恒湿,温控误差小、精密度高,可长期保持弱电机房内的合适工作环境,但其存在占地面积大、运行时噪声大的缺点,前期配合机房方案时需要预留足够的空调位置,机房尽量集中设置且远离人员工作区域。多联机空调系统组合灵活、服务半径大、吊顶安装、不占用机房面积、运行时噪声小,越来越多地运用于弱电机房内。

车间、厂房、库房等设置可开启屋顶天窗和侧窗自然通风,设置少量屋顶风机辅助机械通风,确保室内空气流通,保持相对舒适的环境。人员检修工作区的岗位降温通常有两种方式:一种是设置工业壁扇降温,常用于夏热冬冷和严寒、寒冷地区;另一种是设置岗位空调降温,常用于夏热冬暖地区。近年来,随着运营服务品质要求的提升,工业吊扇开始运用在车辆基地的检修厂房的工人作业区(如图2.5-3所示),这种吊扇作用半径大,影响气流效果明显,正在逐步推广。

图 2.5-3 工业大吊扇在高大厂房应用实例

车辆基地的热源一直是供暖工程的一个重点和难点。具备市政供热条件的车辆基地优先使用市政集中供热。由于地铁工程车辆基地的建设地点多为郊区偏远区域,无市政供热条件,自建燃气锅炉房成为解决此类热源问题的首选方式。随着近年来国家和地方大气污染物排放标准的要求越来越高,锅炉形式也逐渐从传统燃气热水锅炉升级为低氮模块锅炉,制热效率更高、烟气排放温度更低、供热效果更好。国家"双碳"政策的实施,加快了中深层地热能等多种清洁能源供热在地铁工程中的应用,目前已有利用中深层地热能供热的车辆基地投入运营使用。

末端的供热形式主要与热源相关。市政供热和锅炉房供热的供水温度较高,办公区和库区主要采用散热器供暖系统,车间、厂房、库房内人员工作区域设置暖风机辅助供暖。中深层地热能供热等清洁能源供热的供水温度相对偏低,末端的供热形式可采用地板辐射供暖系统、风机盘管系统等。

2.5.1.2 盖板下及全地下车辆基地

随着城市轨道交通"TOD"的发展,位于城市规划核心区及具备物业开发价值的车辆基地采用上盖形式(图2.5-4)或全地下车辆基地(图2.5-5)进行物业开发。盖下或地下车辆基地的车间、厂房、库房等区域无法设置天窗自然通风,主要采用机械通风进行室内空气流通,工业壁扇和工业吊扇设置原则与地上车辆基地一致。库区以外以轨行区为主的交通区域无人员长期居留,可尽量利用与外界连同的孔洞、风井等自然通风,亦可设置射流风机辅助机械通风。各个城市气候条件和上盖条件不一样,对盖下的通风要求也不一致,目前北京、上海等城市已发布城市轨道交通上盖开发的设计标准,其他城市正在针对各自的条件制定相关标准,促进城市轨道交通上盖发展。

图 2.5-4　地上上盖车辆基地鸟瞰图（兰州地铁 1 号线东岗车辆基地）

图 2.5-5　地下车辆基地鸟瞰图（青岛地铁 13 号线灵山卫车辆基地）

由于上盖或全地下车辆基地的围护结构进行了加强处理，特别是屋面热负荷大幅降低，车辆基地的热源容量需求相对于地上车辆基地有明显降低，热源形式和末端的供热形式与地上车辆基地一致，设备用房设置需考虑对盖上开发空气环境和声环境的影响。

2.5.2　控制中心

轨道交通控制中心是列车运行、电力调度、车站设备管理、防灾报警、票务管理实行调度指挥的监控中心，对轨道交通全过程实施全面的集中监控和管理。控制中心主要功能房间包括：信号设备房、通信设备房、综合监控设备房、清分中心、调度中心、配套服务用房（运营管理用房、备品室、资料室、客服中心等）、配套设备房（如气体灭火设备房间、通风机房、空调机房）。

控制中心与其他普通办公楼的最大区别在于以下两点：1）存在大量的设备机房，这些机房的发热量大，需全年供冷，且要求恒温恒湿；2）控制的核心区域为控制大厅，该大厅属高大空间，其通风空调系统需满足人员及设备的共同需求。

1. 设备机房通风空调系统

控制中心重要设备机房包括信号设备室、信号电源室、通信设备室、通信电源室、AFC 设备室、

AFC电源室、综合监控设备室、综合监控电源室、OCC/TCC设备室等。这些机房的特点是机柜散热量大、集中，机房散热中95%是显热，热湿比大，根据计算其送风换气次数达到30~60h^{-1}；地铁设备在投入正常运行后，需要全年连续不断地运行，由于建筑围护结构的传热系数小、保温性能好，即使在冬季机房内仍有较大余热，需要全年供冷，空调系统必须保证全年运行的高可靠性，机房空调设备需根据《数据中心设计规范》(GB 50174—2017)做相应的冗余设计；机房内设备等级高，不宜或不应有压力水管。基于以上特点，目前控制中心机房空调系统以精密空调、全空气系统为主。

2. 控制大厅通风空调系统

控制大厅（即OCC指挥大厅）是地铁控制中心的核心部分，其空调系统设计是该工程的一个重点，大厅通常为圆形、椭圆形、矩形，厅内设有环形控制大屏，大屏与外围护结构之间是宽度2.3~3m的大屏幕环形检修通道，大厅与环形检修通道从建筑处理上看是完全分隔的。由于大厅和环形检修通道的负荷差异较大，在确定控制大厅空调系统方案时，应将大厅及大屏幕环形检修通道分开处理，系统各自独立。

根据控制中心线路数量的不同，大厅的面积1000~3000m²不等，大厅内无墙无柱，吊顶高度7~9m，属高大空间，大厅内人员24h值守，设备发热量较小，对于严寒、寒冷地区，冬季有供暖需求。环形检修通道的负荷特性与控制大厅截然不同，大屏幕的发热量较大，热量均散到检修通道内，即便在严寒、寒冷地区，检修通道在冬季仍需供冷降温，为此，检修通道以多联机空调为主。

2.6　通风空调系统工程投资分析

2.6.1　投资费用构成

城市轨道交通通风空调系统的工程投资费用主要由设备购置费与安装工程费两部分组成，属于轨道交通工程投资费用中的"工程费"类别。

城市轨道交通通风空调的工程投资费用与线路类型、车辆制式、编组情况、通风空调系统方案、主要设备构成等工程技术标准紧密相关。高架线与地下线的通风空调系统构成有显著不同。一般地，地下车站通风空调系统由区间隧道通风系统、公共区通风空调系统、设备与管理用房通风空调系统、空调冷源与水系统及备用多联分体空调系统等若干子系统构成。而高架或地面站，通常情况下，公共区采用自然通风，仅保留设备与管理用房通风空调系统或备用多联分体空调系统。

此外，轨道交通车辆类型的不同、编组情况的不同，使得车站土建规模产生明显差别，也会对通风空调系统的设备选型与配置产生影响，从而体现在通风空调的工程投资费用的差异上。

2.6.2　经济指标类型划分

目前，针对城市轨道交通工程投资的经济指标类型，主要采用"万元/线""万元/正线km""万元/站"或"万元/m²"等不同角度的指标划分，分别用以描述相应的投资数据指标情况。

根据城市轨道交通通风空调的主要特征，采用全线通风空调系统总投资指标（万元/线）、标准车站（或车站平均）通风空调系统投资指标（万元/站）以及单位建筑面积通风空调投资指标（万元/m²）等进行通常情况下的工程投资分析是合适的。

2.6.3　投资数据样本库基本情况

根据城市轨道交通通风空调系统构成与特征划分，可初步构建样本类型丰富、投资规模适宜的基础数据库，其主要参数特征如表 2.6-1 所示。表中所列通风空调投资总额是对应工程初步设计批复的概算数据，主要包含设备费与安装费。

表 2.6-1 样本库基本情况

工程属性	样本类型	样本数量（个）	线路长度（km）	车站数量（座）	通风空调投资总额（亿元）	单线平均投资（亿元/线）	单站平均投资（万元/站）
市域（郊）铁路	市域线	18	739.6	213	16.81	0.93	789.2
地铁	高架线	9	195.9	88	4.29	0.48	487.7
	6A 编组	26	615.0	450	62.06	2.39	1379.1
	6B 编组	88	2074.1	1519	177.08	2.01	1165.7
	8 节编组	1	23.7	21	3.56	3.56	1693.7
小计		142	3648.3	2291	263.80	1.87	1151.5

高架线、6A 编组、6B 编组这三类样本，均为地铁工程。其中，高架线样本均为 6B 车型，线路及车站形式为全部非地下或以非地下为主，其余以地下线及地下车站为主的地铁 6B 车型样本划入 6B 编组类型。同样地，6A 编组为该车型对应的全部地下线及地下车站样本（或以地下为主）。这样分类的主要原因，是考虑地上线及非地下车站在通风空调系统构成方面与地下线及地下车站之间的显著区别，以及体现在地铁工程样本通风空调投资方面的差异性既有成果。

需要指出的是，市域（郊）铁路样本（以下简称"市域线"）作为一个整体类别进行统计并汇总。在当前阶段，市域线工程特征与地铁相比仍存在显著的差异性与特殊性，主要是由于市域线工程的车辆制式及线路走向，对通风空调系统的具体构成与配置规模影响较大，因此单独将市域线作为独立类别整体考虑。此外，由于 8 节编组样本暂时收集到的数量不足，仅在列表中汇总相应数据，暂不纳入分类样本统计特征分析与对比研究之中。

2.6.4 投资数据统计分析

2.6.4.1 按线路统计

将样本库中 142 条线的通风空调投资数据按照单条线路总额进行统计，相应统计结果分别如表 2.6-2、表 2.6-3 以及图 2.6-1 所示（其中，"十四五"时期为截至 2022 年 6 月 30 日，下同），可以看出：

1）城市轨道交通通风空调投资与工程类型密切相关。在线路统计层面，高架线与市域线的通风空调单条线投资情况较为近似，统计均值分别为 4769 万元/线和 9339 万元/线，且均显著低于 6 节编组地铁线；6A 编组与 6B 编组较为接近，前者为 23870 万元/线，略高于后者的 20122 万元/线。

2）按照历年统计数据来看，市域线与 6B 编组的通风空调单条线投资数据整体变化趋势为基本持平，6A 编组呈下降趋势，高架线相应指标呈增长态势。

3）从"十一五"至"十四五"的四个主要建设时期来看，对于单条线的通风空调总投资整体呈"回落"趋势。其主要原因是，随着近年来多数城市轨道交通线网建设的逐步完善，新线建设多以延伸线、联络线为主，因此单条线路工程建设规模有所缩减，致使单条线的通风空调投资规模也随之缩减，单线投资强度也有所降低。该项指标的统计均值由"十一五"期间的 1.51 亿元/线，变为"十二五"期间的 2.20 亿元/线和"十三五"期间的 1.78 亿元/线；在"十四五"开年阶段，单线的通风空调投资下降趋势更为明显，减少为 1.48 亿元/线。

表 2.6-2 单条线路通风空调投资统计（按工程类型）

项目类型	单条线路通风空调投资（万元/线）		
	平均值	中位数	下四分位至上四分位
高架线	4768.8	4090.0	1454.0～6323.1
市域线	9339.3	8095.0	6330.0～10913.2
6B编组	20122.2	20146.6	13372.4～25498.3
6A编组	23869.8	21799.2	12796.5～29326.7

表 2.6-3 单条线路通风空调投资统计（按建设时期）

项目阶段	单条线路通风空调投资（万元/线）		
	平均值	中位数	下四分位至上四分位
"十一五"	15148.9	15150.8	9917.0～17007.3
"十二五"	21984.2	22475.3	15251.2～27080.9
"十三五"	17834.9	18309.5	8114.3～25545.4
"十四五"	14817.7	10305.4	8057.3～19223.7

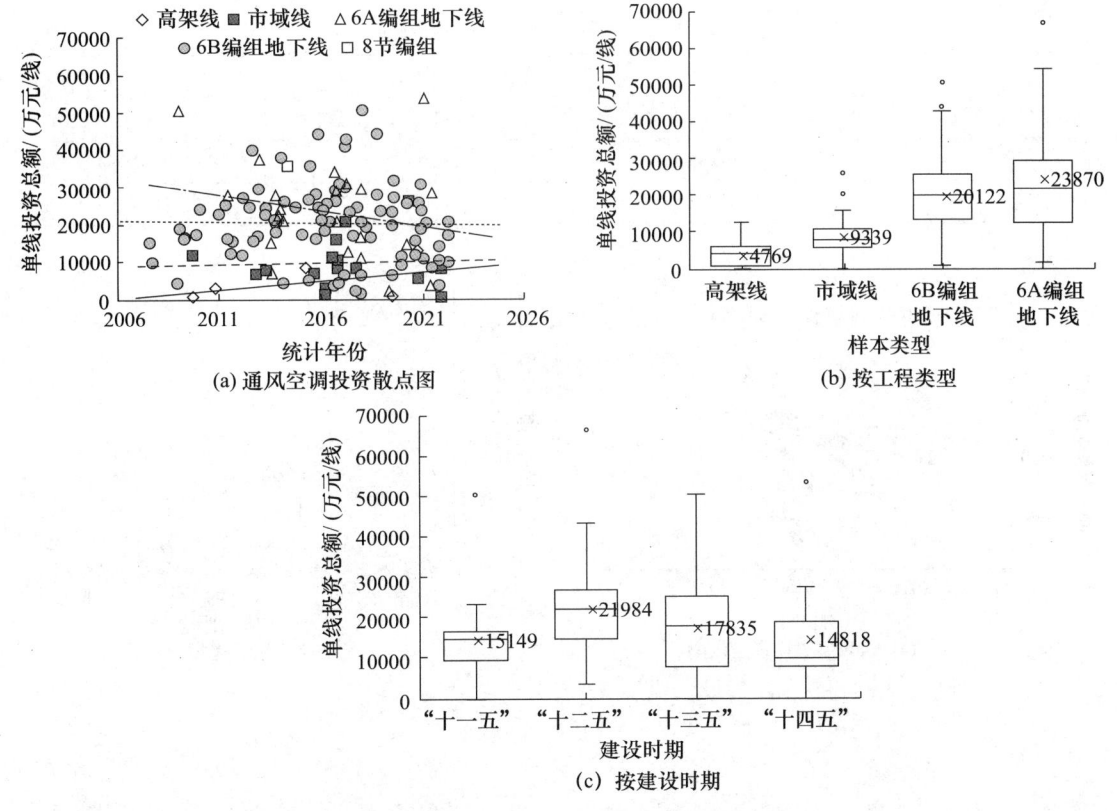

图 2.6-1 轨道交通工程通风空调投资数据特征（按单线统计）

2.6.4.2 按车站统计

将通风空调投资数据按照单座车站平均值进行统计，相应统计结果分别如表 2.6-4、表 2.6-5 以及图 2.6-2 所示，可以看出：

1）按照不同样本类型划分，高架线通风空调单站平均投资约为 445 万元/站，显著低于 6 节编组地铁线；6A 编组与 6B 编组较为接近，前者约为 1377 万元/站，后者约为 1207 万元/站，前者略高于后者；市域线介于高架线与 6B 编组之间，约为 765 万元/站。

2）按照历年统计数据来看，四种工程类型的通风空调单站平均投资数据均呈逐年增长态势。从相对增速来看，市域线与6A编组相近，高架线与6B编组相近，同时后两者相对增速略高于前两者。

3）从"十一五"至"十四五"的四个主要建设时期来看，通风空调单站平均投资，整体上呈明显的上升趋势。"十四五"开年阶段相较于"十二五"和"十三五"，通风空调单站平均投资有较大幅度升高，由之前阶段的1100～1200万元/站，增加至当前阶段的1450～1550万元/站，均值数据增幅达26.8%。

表2.6-4 单座车站通风空调投资统计（按工程类型）

项目类型	单站平均的通风空调投资（万元/站）		
	平均值	中位数	下四分位至上四分位
高架线	445.1	423.6	111.9～702.6
市域线	764.8	791.6	471.3～942.9
6B编组	1206.6	1181.9	1031.6～1352.6
6A编组	1376.9	1366.1	1204.9～1444.5

表2.6-5 单座车站通风空调投资统计（按建设时期）

项目阶段	单站平均的通风空调投资（万元/站）		
	平均值	中位数	下四分位至上四分位
"十一五"	846.7	893.6	773.1～982.6
"十二五"	1121.2	1159.9	927.4～1261.0
"十三五"	1139.3	1204.8	983.2～1371.2
"十四五"	1444.3	1556.8	1271.1～1738.7

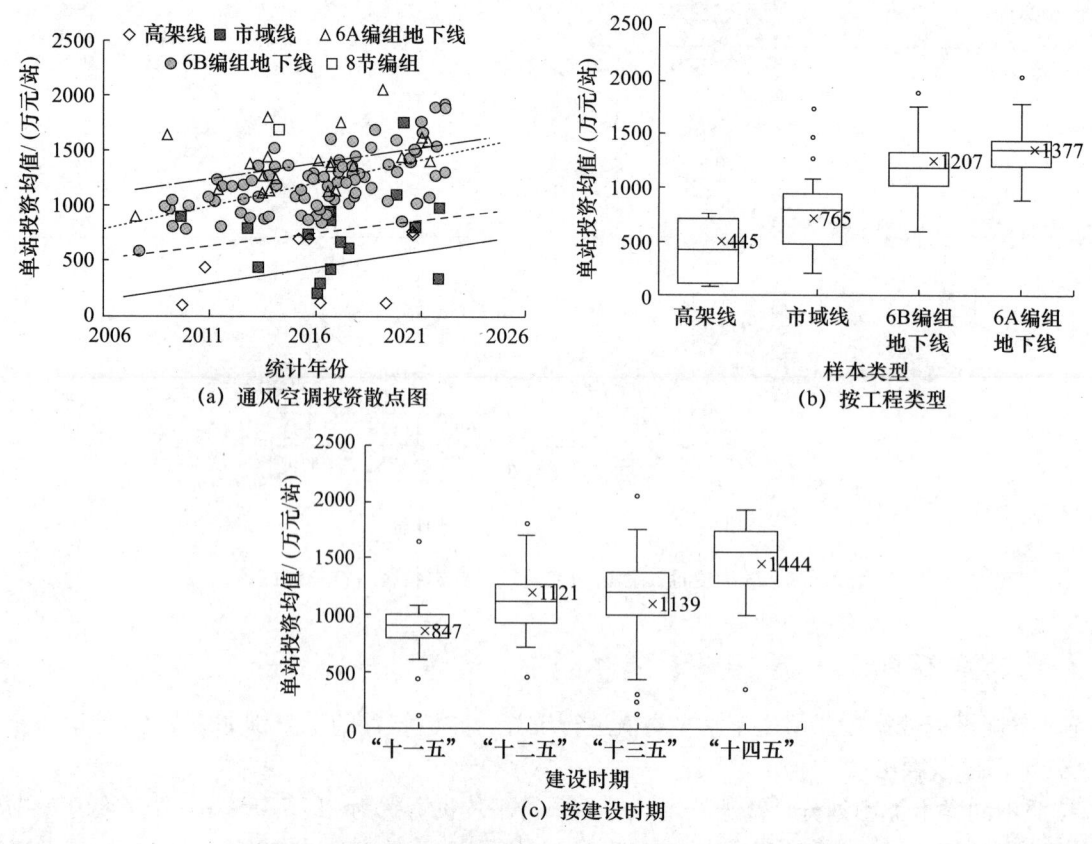

(a) 通风空调投资散点图

(b) 按工程类型

(c) 按建设时期

图2.6-2 轨道交通工程通风空调投资数据特征（按单站统计）

2.6.4.3 在总投资中占比

表 2.6-6、表 2.6-7 以及图 2.6-3 为通风空调投资数据在总投资中占比统计情况，可以看出：

1) 高架线与市域线通风空调投资在总投资中占比数据较为接近，为 0.4%~0.5%，且均显著低于 6 节编组地铁线。6A 编组与 6B 编组基本相同，约为 1.2%。

2) 按照历年统计数据来看，市域线通风空调投资在总投资中占比的变化趋势为基本持平；6A 编组与 6B 编组呈下降趋势，且前者降速略高于后者；高架线指标呈增长态势。

3) "十一五"至"十四五"期间，该项占比数据基本维持稳定，"十三五"期间有一定下降（减少约 0.2%），"十四五"开年阶段有一定回升，但与"十一五"及"十二五"时期仍有微小差距（0.05%~0.1%）。按照轨道交通工程整体统计情况来看，通风空调投资在总投资中占比基本保持在 1.1%~1.2% 范围。

表 2.6-6 通风空调投资在总投资中占比统计（按工程类型）

项目类型	通风空调投资在总投资中占比（%）		
	平均值	中位数	下四分位至上四分位
高架线	0.44	0.37	0.28~0.62
市域线	0.55	0.56	0.44~0.67
6B 编组	1.23	1.26	1.02~1.40
6A 编组	1.21	1.17	1.06~1.36

表 2.6-7 通风空调投资在总投资中占比统计（按建设时期）

项目阶段	通风空调投资在总投资中占比（%）		
	平均值	中位数	下四分位至上四分位
"十一五"	1.16	1.27	1.09~1.37
"十二五"	1.18	1.27	1.05~1.41
"十三五"	1.01	1.01	0.85~1.26
"十四五"	1.14	1.25	0.90~1.29

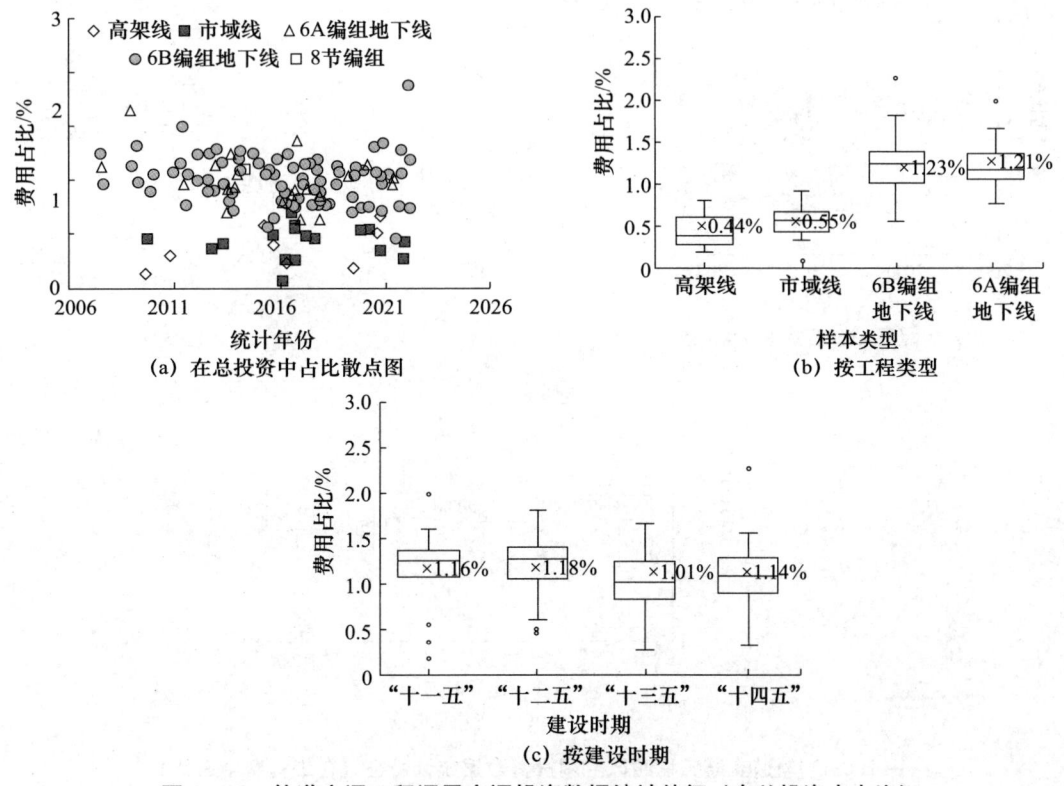

图 2.6-3 轨道交通工程通风空调投资数据统计特征（在总投资中占比）

2.6.4.4 在工程费中占比

表2.6-8、表2.6-9以及图2.6-4为通风空调投资数据在工程费中占比统计情况，可以看出：

1) 高架线与市域线通风空调投资在工程费中占比数据较为接近，高架线约为0.7%，市域线略高，约为0.9%，且两者均显著低于6节编组地铁线。6A编组与6B编组基本相同，约为2.1%。

2) 按照历年统计数据来看，市域线通风空调投资在总投资中占比的变化趋势为基本持平；6A编组与6B编组呈下降趋势，且前者降速略高于后者；高架线指标呈增长态势。

3) "十一五"至"十四五"期间，除"十三五"期间行业整体数据有一定下降（减少约0.3%），其余阶段通风空调投资在工程费中占比基本维持在1.9%～2.0%范围。

表2.6-8 通风空调投资在工程费中占比统计（按工程类型）

项目类型	通风空调投资在工程费中占比（%）		
	平均值	中位数	下四分位至上四分位
高架线	0.72	0.60	0.48～1.04
市域线	0.91	0.95	0.72～1.12
6B编组	2.05	2.10	1.76～2.38
6A编组	2.13	2.11	1.88～2.29

表2.6-9 通风空调投资在工程费中占比统计（按建设时期）

项目阶段	通风空调投资在工程费中占比（%）		
	平均值	中位数	下四分位至上四分位
"十一五"	1.93	2.11	1.74～2.27
"十二五"	2.00	2.13	1.72～2.34
"十三五"	1.70	1.79	1.32～2.14
"十四五"	1.92	2.14	1.62～2.38

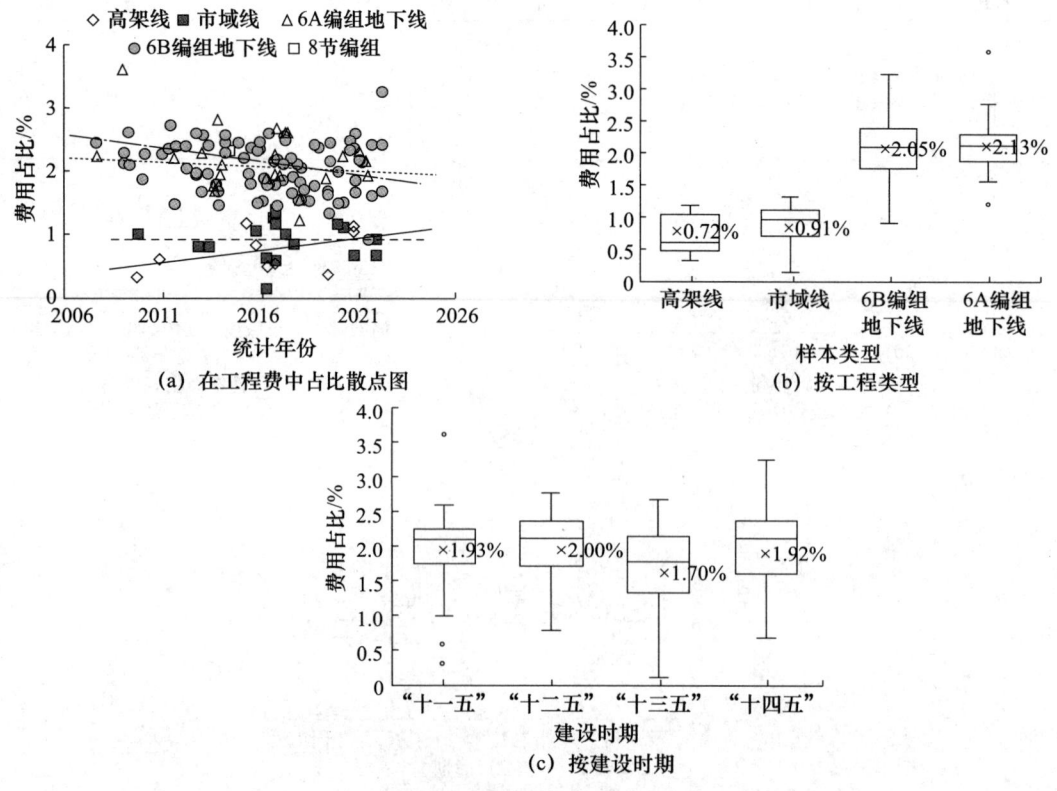

图2.6-4 轨道交通工程通风空调投资数据统计特征（在工程费中占比）

2.6.4.5 在机电系统投资中占比

表 2.6-10、表 2.6-11 以及图 2.6-5 为通风空调投资数据在机电系统投资中占比统计情况，可以看出：

1) 高架线与市域线通风空调投资在机电系统投资中占比数据较为接近，高架线约为 2.5%，市域线略高，约为 3.8%，且两者均显著低于 6 节编组地铁线。6A 编组约为 8.5%，6B 编组约为 7.5%，两者相差 1.0%。

2) 按照历年统计数据来看，6A 编组通风空调投资在总投资中占比的变化趋势为基本持平；6B 编组呈略有提升趋势；高架线与市域线呈较为明显的增长态势，且前者增速高于后者。

3) "十一五"至"十四五"期间，该项数据整体有一定波动，但基本保持在 6.4%~7.8%。"十四五"开年阶段，占比数据提升较为明显，中位数值及上四分位值有明显提升，分别达到 8.8% 及 9.9%，统计均值达 7.8%。

表 2.6-10 通风空调投资在机电系统投资中占比统计（按工程类型）

项目类型	通风空调投资在机电系统投资中占比（%）		
	平均值	中位数	下四分位至上四分位
高架线	2.45	2.05	1.70~3.85
市域线	3.80	3.42	3.21~4.45
6B 编组	7.50	7.58	6.52~8.39
6A 编组	8.50	8.29	7.46~9.04

表 2.6-11 通风空调投资在机电系统投资中占比统计（按建设时期）

项目阶段	通风空调投资在机电系统投资中占比（%）		
	平均值	中位数	下四分位至上四分位
"十一五"	6.39	7.07	5.38~7.77
"十二五"	7.33	7.66	6.79~8.49
"十三五"	6.57	6.91	5.55~8.13
"十四五"	7.83	8.76	5.92~9.88

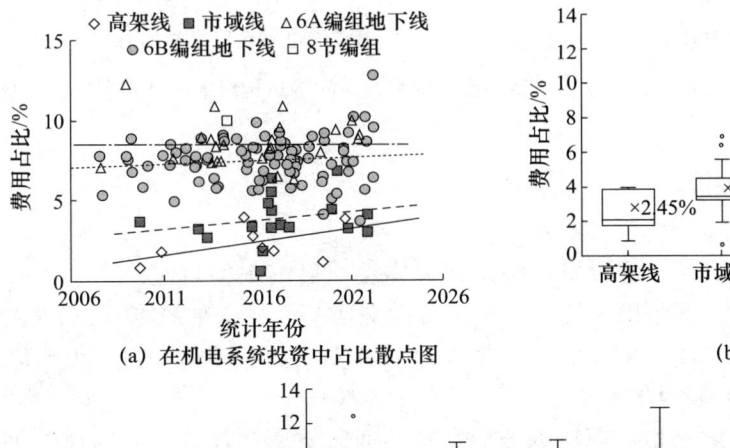

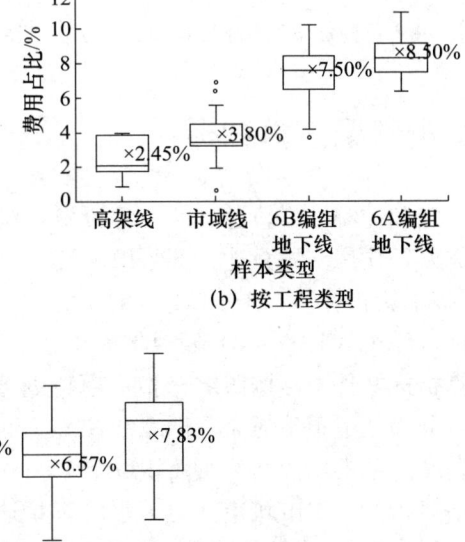

图 2.6-5 轨道交通工程通风空调投资数据统计特征（在机电系统投资中占比）

2.6.4.6 投资数据横向对比与综合分析

将城市轨道交通工程中的通风空调投资数据与其他系统或专业进行横向对比。"十一五"至"十四五"期间，城市轨道交通机电系统投资费用构成及工程费用构成的统计情况对比示意图如图 2.6-6 所示，可以看出：

1）与其他 9 项机电系统专业相比较，通风空调在机电系统投资中占比数据并非最高，在全部 10 项机电系统中排在第 5 位。按全样本累计的通风空调投资在机电系统投资中占比约为 7.14%，分别低于供电系统投资费用占比（40.58%）、信号系统投资费用占比（12.90%）、通信系统投资费用占比（11.90%）和车站辅助设备投资费用占比（9.77%）。

2）全部 10 项机电系统的投资数据之和，在城市轨道交通项目工程费用构成中的占比（26.34%）排在车站建筑费用占比（32.01%）与区间隧道费用占比（26.86%）之后，位列第 3 位。同时，这三项主要建设类别的投资数据之和，在工程费中占比已超过 85.2%。

3）"十一五"至"十四五"期间，包括通风空调在内的 10 项机电系统，其自身投资数据在机电系统投资中的占比，整体变化趋势均较为平缓，表征这 10 项机电系统之间在投资构成方面是非常稳定的，也说明轨道交通工程在机电设备系统构成方面的相互合理性与稳定发展性。需要指出的是，同期机电系统投资总额在工程费中的占比是呈"逐步下降"趋势，由"十一五"期间占比约 30.62% 减少到"十四五"期间占比约 24.33%，累计降幅超过 20.5%。

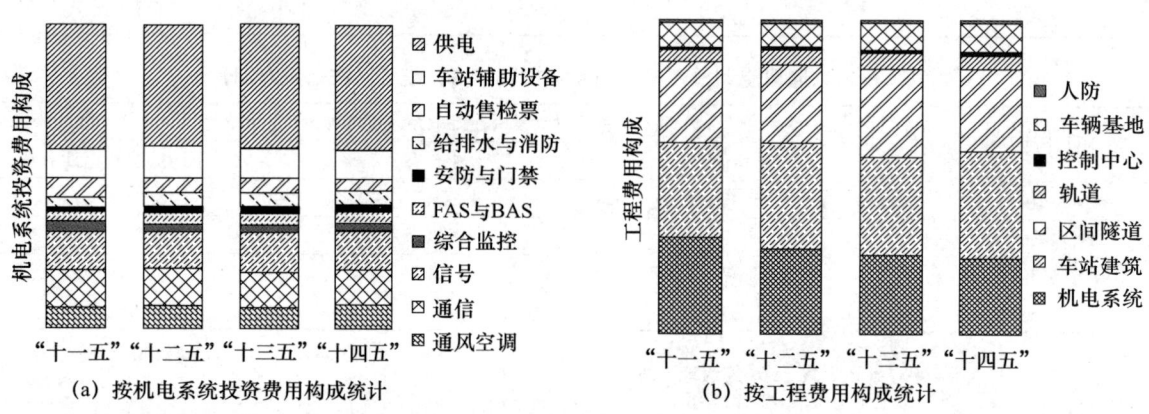

图 2.6-6　不同建设时期下城市轨道交通机电系统投资费用及工程费用构成的统计情况对比示意图

2.6.5　投资数据估算指标

为合理确定和控制城市轨道交通工程投资，满足相关建设项目编制项目建议书和可行性研究报告投资估算的需要，住房和城乡建设部组织修订了《城市轨道交通工程投资估算指标》(ZYA3-12—2024)（以下简称"该估算指标"），于 2024 年 4 月发布，自 2024 年 7 月 1 日起实施。原《城市轨道交通工程投资估算指标》(GCG101—2008) 届时将废止。

在该估算指标文件中，按照综合指标项目划分为"车站通风空调"与"区间通风"等。另根据车站形式不同，分为地下车站通风空调系统和地上车站通风空调系统。其中，地下车站综合指标以标准的地下两层车站为基准，车站建筑面积取 18756m^2；高架车站建筑面积取 5552.30m^2。

根据该估算指标，城市轨道交通工程的车站通风空调投资估算指标如表 2.6-12 和表 2.6-13 所示。其中，地下车站通风空调投资估算指标对应的工程内容有：风道制作安装，风道阀门、风口等安装，消声器安装，冷却水管、冷凝水管的安装，水阀、过滤器、温度计、压力表等附件安装，管道保温安装，系统设备安装，管道刷漆、吹扫、冲洗等。地上车站通风空调投资估算指标对应的工程内容有：风道制作安装，阀门及风口等安装，系统设备安装，管道吹扫、冲洗等。

表 2.6-12　地下车站通风空调投资估算指标

项目	指标（元/m²）	投资估算值（万元/站）	占比（%）
指标基价	850.00	1594.26	100.00
建筑安装工程费	565.00	1059.71	66.50
设备购置费	285.00	534.55	33.50

表 2.6-13　地上车站通风空调投资估算指标

项目	指标（元/m²）	投资估算值（万元/站）	占比（%）
指标基价	344.00	191.00	100.00
建筑安装工程费	190.00	105.49	55.22
设备购置费	154.00	85.51	44.78

根据该估算指标，城市轨道交通工程的区间通风投资估算指标如表 2.6-14 所示。其中，区间通风投资估算指标对应的工程内容有：风阀安装、消声器安装、系统设备安装等。

表 2.6-14　地下区间通风投资估算指标

项目	投资估算值（万元/处）	占比（%）
指标基价	187.83	100.00
建筑安装工程费	52.22	27.80
设备购置费	135.61	72.20

2.6.6　小结

城市轨道交通通风空调投资数据绝对值以及其在总投资、工程费、机电系统投资中的占比数据相对值，其统计特征分析结果均与工程类型密切相关，并在不同建设时期展现出具有一定规律性的分布特征与对应的经济指标水平。

按照样本工程四种不同类型统计，高架线通风空调投资的单线指标均值为 0.48 亿元/线，单站指标均值为 445 万元/站，在总投资中占比均值 0.44%，在工程费中占比均值 0.72%，在机电系统投资中占比均值 2.45%。市域线样本对应的上述五项投资统计指标均值依次为 0.93 亿元/线、765 万元/站、0.55%、0.91%、3.80%；6B 编组样本指标均值依次为 2.01 亿元/线、1207 万元/站、1.23%、2.05%、7.50%；6A 编组样本指标均值依次为 2.39 亿元/线、1377 万元/站、1.21%、2.13%、8.50%。高架线与市域线样本的相关投资指标较为接近，且均显著低于 6 节编组地铁线；而 6B 编组与 6A 编组样本的各项投资指标较为接近，前者略低于后者。

按照"十一五"至"十四五"不同建设期间统计，轨道交通工程通风空调投资单条线数据呈明显回落趋势，平均指标水平依次为 1.51 亿元/线、2.20 亿元/线、1.78 亿元/线、1.48 亿元/线；单站投资数据呈单调上升趋势，平均指标水平依次为 847 万元/站、1121 万元/站、1139 万元/站、1444 万元/站。通风空调投资在工程总投资中占比平均值依次为 1.16%、1.18%、1.01%、1.14%；在工程费中占比平均值依次为 1.93%、2.00%、1.70%、1.92%；在机电系统投资中占比平均值依次为 6.39%、7.33%、6.57%、7.83%，在 10 项机电系统中排在第 5 位。上述 3 项投资占比数据变化趋势均呈现"十二五"时期小幅增加、"十三五"时期明显降低、"十四五"时期显著回升的特征。

2.7 通风空调系统统计数据分析

截至 2023 年底,按照累计线路的敷设方式来划分统计,城市轨道交通地下线路 7769.99km,占比 69.58%;地面线 1260.11km,占比 11.28%;高架线 2136.21km,占比 19.13%。我国城市轨道交通分类如图 2.7-1 所示,线路制式分类如图 2.7-2 所示。

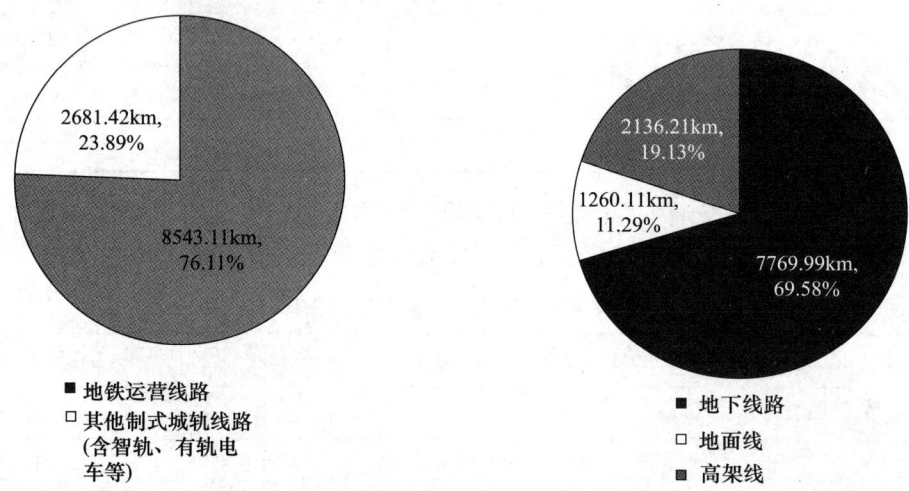

图 2.7-1　我国城市轨道交通分类饼状图　　图 2.7-2　我国城市轨道交通线路制式分类饼状图

注:上述部分数据引用《城市轨道交通 2023 年度统计分析报告》。

本报告在前期数据调研时,得到了铁一院、铁二院、中国铁设、铁四院、北城院、广州院、上隧院等设计单位的大力支持,收集到上述七家单位作为总体设计单位的 245 条已运营开通地下线路各项资料,经过分析整理,对其中通风空调系统代表性要素进行分类统计,供行业相关单位和专业技术人员进行参考和分析研究。

特别说明,相关数据截止时间为 2022 年 12 月底,仅代表上述七家总体设计单位为代表的 245 条工程线路。

2.7.1　隧道通风系统单、双活塞风井方案

经统计,在收集到的 245 条地下线路中,隧道通风系统以双活塞为主(亦存在少量单活塞情况)的线路共有 163 条,占比为 67% 左右,其余 82 条以单活塞为主(亦存在少量双塞情况),如图 2.7-3 所示。分析发现 2015 年以后开通运营的地铁工程,以双活塞为主的隧道通风系统明显增多,逐渐成为主流方案。

2.7.2　地下线站台门系统形式

经统计,在收集到的 245 条地下线路中,全高封闭站台门的线路共有 210 条,占比为 86% 左右;全高非封闭站台门(即站台门上方设置风口等类型)共有 16 条,占比 6% 左右;设置可调通风型站台门共有 15 条,占比 6% 左右;共有 4 条设置半高非封闭站台门(含前期无门,后期增设的),占比约 2%。如图 2.7-4 所示。可见,随着轨道交通工程的发展,站台门逐渐以全高封闭式方案为主。

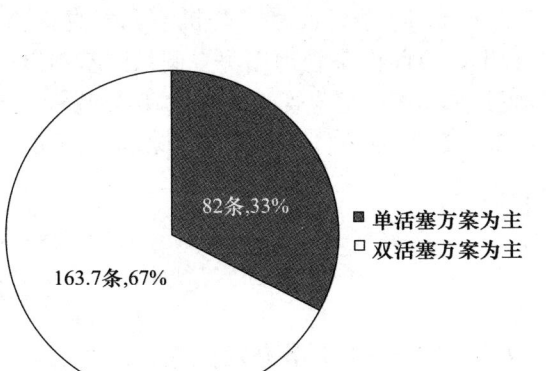 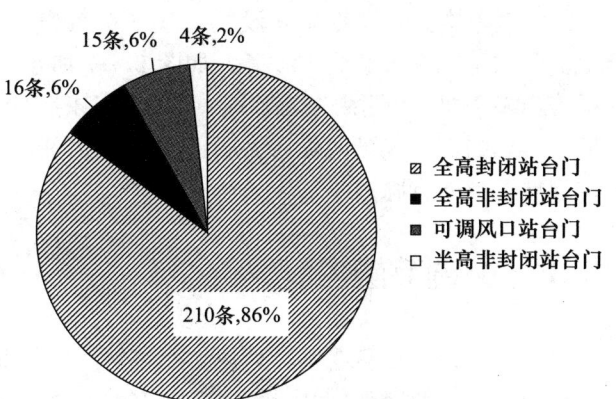

图 2.7-3　地下线隧道通风系统单、双活塞风井方案占比饼状图

图 2.7-4　地下线站台门方案占比饼状图

高架车站基本以半高非封闭站台门方案为主,部分早期线路未设置站台门,不再做统计。

2.7.3　排热风机独立设置与兼用情况

经统计,在收集到的245条地下线路中,排热风机独立设置的工程线路达到214条,占比为87%;排热风机兼用(含与隧道风机、大系统风机兼用)的工程线路达到31条,占比为13%。如图2.7-5所示。可以看出,目前国内排热风机主流方案仍以独立设置方案为主。

2.7.4　地下线车站大系统方案

经统计,在收集到的245条地下线路中,车站公共区大系统设置全空气系统的达到203条,占比为83%;设置空气—水系统的5条(不含出入口空气—水系统),占比2%;采用机械通风系统(含直接蒸发冷却)的达到35条,占比14%;其余多联机、直膨等方案的2条,占比1%。如图2.7-6所示。可以看出,目前国内轨道交通工程中,车站大系统空调仍以全空气系统为主,部分北方城市车站大系统采用了机械通风系统。

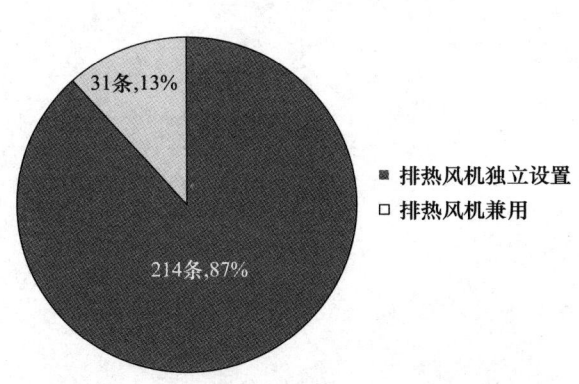 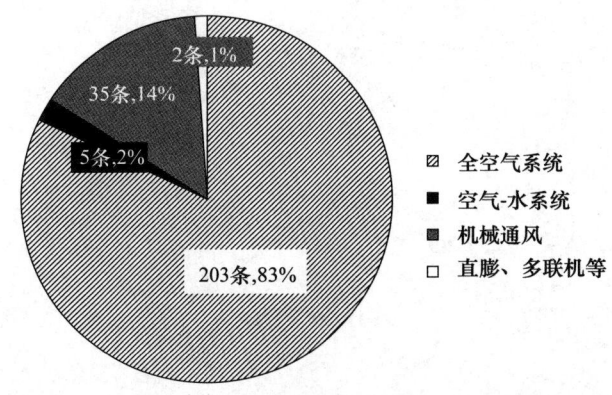

图 2.7-5　排热风机独立设置与兼用占比饼状图

图 2.7-6　地下线车站大系统方案占比饼状图

2.7.5　车站设备管理用房小系统空调方案

经统计,在收集到的245条地下线路中(部分线路采用了2种及以上系统形式),设置全空气系统

为主的空调方案达到135条,设置空气—水系统的空调方案达到20条,设置多联机空调、直膨空调、分体空调的系统方案达到148条,如图2.7-7所示。可以看出,目前设备管理用房空调系统基本以全空气系统与多联机空调系统方案为主。2015年以后的工程项目中,随着运营管理水平的不断提高,运营人员对空调的需求逐渐明确,多联机空调由于其使用的便捷性和管理的自主性,受到越来越多的地铁运营管理人员的青睐。

2.7.6 空调节能控制策略

经统计,针对地铁车站空调风、水系统节能控制策略方案中,采用BAS系统直控、仅设置固定模式的控制策略的线路达到91条,占比约为44%;水系统采用群控柜方案的线路达到81条,占比约为39%;采用了各类节能控制系统(包含变流量控制系统、变风量控制系统、风水联动节能控制系统、高效机房、数字孪生节能控制系统等)的线路约为36条,占比约为17%,且大多数线路均在2018年以后开通,早期线路较少。如图2.7-8所示。

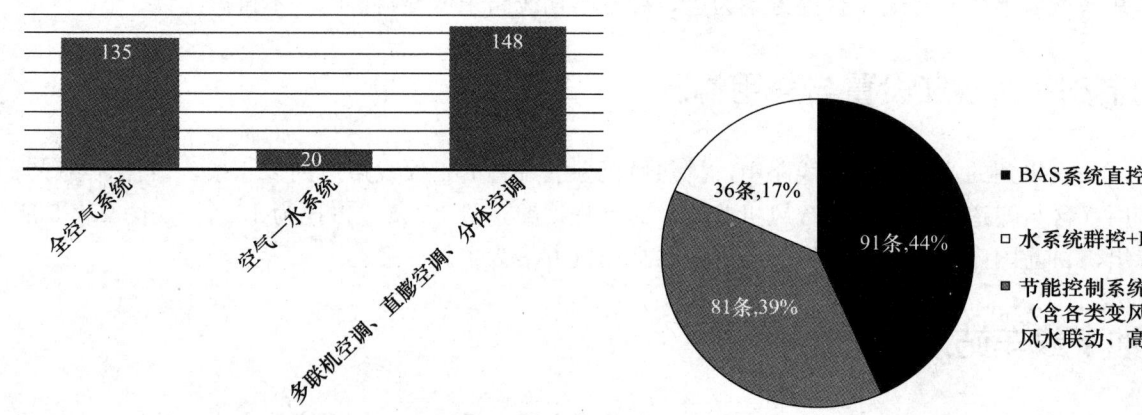

图2.7-7 地下线车站小系统空调方案柱状图　　图2.7-8 地下线车站空调节能控制方案占比饼状图

地铁车站空调系统向着节能、低碳、绿色、环保的方向发展是大势所趋,一个良好的节能控制系统及策略将极大地降低系统能耗、节省运营成本。数据证明,目前国内地铁车站在节能控制方面仍有较大提升改造的潜力。

3 通风空调设备应用

3.1 概述

3.1.1 基本情况介绍

城市轨道交通通风空调系统主要包括：区间隧道通风系统、车站隧道通风系统、车站公共区通风空调系统（大系统）、设备及管理用房空调通风系统（小系统）、空调水系统（水系统）。

区间隧道通风系统的服务范围主要是区间隧道及站台公共区，一般由活塞风道、隧道风机、消声器、组合风阀、风亭（井）等组成。主要功能是：①列车正常运行时系统应能排除隧道余热余湿，控制隧道内空气温度不超标，同时使隧道内空气压力变化率满足相关设计标准；②列车阻塞在区间隧道时系统应能向阻塞区间提供一定的通风量，保证列车空调器等设备正常运行的环境温度和为乘客提供足够的新风量；③列车火灾时系统应能及时排除烟气，控制烟气流向，并诱导乘客向安全区疏散；④协助站台火灾排烟，保证站厅站台之间楼梯洞口风速。

车站隧道通风系统的服务范围主要是车站轨行区及站台公共区，一般由排风道、排热风机、消声器、风阀等组成。主要功能是：①列车正常运行时及时排走列车空调散热及列车刹车电阻散热，尽量减少列车停站时电阻散热侵入站台，并控制车站隧道内空气温度不超标；②列车在车站轨行区火灾时系统应能及时排除烟气，控制烟气流向；③协助站台火灾排烟。

车站大系统的服务范围为地铁车站站厅和站台公共区、出入口通道等，主要由组合式空气处理机组、回/排风机、排烟风机及风管风阀组成。主要功能是：①正常运行时，车站公共区通风空调系统应能为乘客提供"过渡性舒适"的候车环境；②当车站公共区发生火灾时，车站公共区通风空调系统应能迅速排除烟气，保证乘客向安全区疏散的清晰高度。

车站设备管理用房区通风空调系统的服务范围为车站设备区的所有设备及管理用房，主要由空气处理机组、回/排风机、加压送风机、排烟风机、送风机、排风机及风管风阀组成。主要功能是：①正常运行时，车站设备管理用房通风空调系统应能为车站工作人员提供舒适的工作环境条件和为车站设备运行提供所需的工艺环境条件；②当车站设备管理用房区域发生火灾时，车站设备管理用房通风空调系统应能及时排除烟气。

车站空调水系统为全站大系统和小系统的空调末端装置提供冷水，主要由冷却塔、冷却水泵、冷水机组、冷水泵、分/集水器、水处理设备、管道及阀门等组成。

总体上来说，通风空调系统正常工况应使城市轨道交通内部空气环境的温度、湿度、气流速度、空气质量、压力变化、系统运行噪声、气流组织等满足人员舒适要求和设备正常运转，事故工况应保障人员安全疏散。

3.1.2 主要设备

城市轨道交通通风空调系统主要设备有：冷水机组、空气处理机组/空调器、多联机空调、风机、冷却水泵、冷水泵、冷却塔、风阀、消声器、水阀、水处理设备、分/集水器、节能控制系统等。

3.2 主要设备应用

3.2.1 冷源设备

3.2.1.1 容量配置与形式

结合城市轨道交通特点，城市轨道交通冷源系统形式主要介绍螺杆式冷水机组、离心式冷水机组、蒸发式冷凝冷水机组、水冷/蒸发冷直冷式机组、多联机空调系统组成和特点。

1. 螺杆式冷水机组

地铁车站空调负荷与车站规模、客流强度、车辆编组有关，标准车站空调总冷负荷一般在900~1400kW，一般配置2台冷水机组，单台冷量450~700kW。在此冷量范围内螺杆式冷水机组具有运行稳定、高效节能的优势，因此地铁车站多采用螺杆式冷水机组。

螺杆式冷水机组在城市轨道交通制冷空调领域内广泛应用，螺杆式冷水机组主要由螺杆式制冷压缩机、冷凝器、蒸发器、热力膨胀阀、油分离器以及自控元件和仪表等组成。

1) 压缩机

压缩机是为冷水机组制冷循环提供动力的核心部件。压缩机将低温低压的制冷剂从蒸发器吸入气缸，通过压缩机做功将其压缩为高温高压的状态，后经排气管道输送到冷凝器内。螺杆式压缩机通常采用轴向可移动的滑阀调节输气量，输气量可在10%~100%的范围内连续地进行。在调节过程中，在50%以上负荷运行时，功率与输气量成正比例关系；50%以下时，性能系数下降，影响运行经济性。螺杆式压缩机的输气量除了采用滑阀调节外，半封闭紧凑型螺杆式压缩机也有采用柱塞阀进行调节的。

2) 冷凝器

经过压缩机处理后的高温高压的气态制冷剂，在冷凝器内与冷却水换热，将制冷剂的热量传递给冷却水，冷却水的温度升高，制冷剂在换热的过程中凝结为高压液态形式，冷凝器与蒸发器多采用卧式壳管式换热器。冷却水进入到冷凝器后，吸收换热管外制冷剂的热量温度升高，流出冷凝器后进入冷却塔散热，重新进入到冷凝器中吸热。冷却水水质是影响冷水机组的效率和运行寿命的重要因素。

3) 节流装置

在冷水机组循环制冷的过程中，膨胀阀是将冷凝器处理后的高压液态制冷剂进行降压、节流的装置，降压后的低压液态制冷剂再由输送管道传输给蒸发器。螺杆式冷水机组的节流装置通常有孔板、热力膨胀阀、电子膨胀阀3种形式，城市轨道交通工程中多采用电子膨胀阀节流装置。

4) 蒸发器

蒸发器是一种换热装置，经过节流装置降压后的低压液态制冷剂在蒸发器内与冷水交换热量。螺杆式冷水机组的蒸发器多采用卧式壳管式，主要分为干式蒸发器、满液式蒸发器以及降膜蒸发器。

(1) 干式蒸发器是螺杆式冷水机组中较为常见的蒸发器，制冷剂在换热管内部进行换热，冷水则流经换热管外进行换热。

（2）满液式蒸发器具有结构简单、效率高等优点，被广泛地应用到螺杆式冷水机组与离心式冷水机组中。制冷剂液体从蒸发器的底部进入到蒸发器的壳程中进行换热。吸收热量后被蒸发成气体的制冷剂蒸气从蒸发器顶部被吸入到压缩机中。冷水流经换热管内将热量释放到制冷剂中，从而降低温度。

（3）降膜蒸发器结合了满液式蒸发器与干式蒸发器的优点。制冷剂液体从蒸发器的上部进入到分液器中，均匀地向下喷洒到换热管上进行换热。冷水流经换热管内部将热量释放到制冷剂中，温度降低后进入到空调系统中继续循环。蒸发后的制冷剂气体从壳程的两侧进入到蒸发器的吸气管中；少许未蒸发的制冷剂液体与少部分油在蒸发器底部通过专用回油装置被抽回到压缩机。

城市轨道交通工程中多采用满液式或降膜蒸发器。

5）螺杆式冷水机组在地铁中的应用

水冷螺杆式冷水机组在城市轨道交通项目应用较多，冷水机组布置图如图 3.2-1 所示。

图 3.2-1　冷水机组布置图

设置水冷螺杆式冷水机组的车站地面设置两台冷却塔，标准车站冷却塔原理图如图 3.2-2 所示。

2. 离心式冷水机组

随着多线换乘车站、地下交通综合体等大型工程的逐渐增多，冷量大、效率高的离心式冷水机组在地铁工程中逐步得到应用。离心式冷水机组按照压缩机级数不同可以分为单级压缩与多级压缩离心式冷水机组。单级压缩离心式冷水机组由压缩机、冷凝器、蒸发器与节流装置等主要部件组成。多级压缩离心式冷水机组有多套节流装置和经济器。随着《高效制冷行动方案》和《中国城市轨道交通绿色城轨发展行动方案》等政策的施行，高效磁悬浮离心式冷水机组在城市轨道交通中得到快速推广应用。

1）冷凝器

离心式冷水机组通常采用卧式管壳式冷凝器，其结构与螺杆式冷水机组的冷凝器基本相同。

2）蒸发器

离心式冷水机组通常采用满液式蒸发器与降膜式蒸发器，其结构与螺杆式冷水机组的蒸发器基本相同。

3）经济器

经济器是多级压缩离心式冷水机组的一个重要节能部件。三级压缩离心式冷水机组的二级经济器可提高机组 COP 5%~8%。

4）节流装置

节流装置通常有孔板、线性浮球阀等形式。

5）孔板

大多数离心式冷水机组使用孔板，并与满液式蒸发器相匹配。由于没有运动部件，其优点是结构简单、不易损坏。但对部分负荷与变工况的调节能力差。

离心式制冷压缩机单机制冷量大，效率相对较高；结构紧凑，质量轻，与同等制冷能力的活塞式压缩机相比质量轻，占地面积少；叶轮作旋转运动，运行平稳，振动小，噪声较低；无气阀、填料、活塞环等易损件，工作可靠，维护费用低。

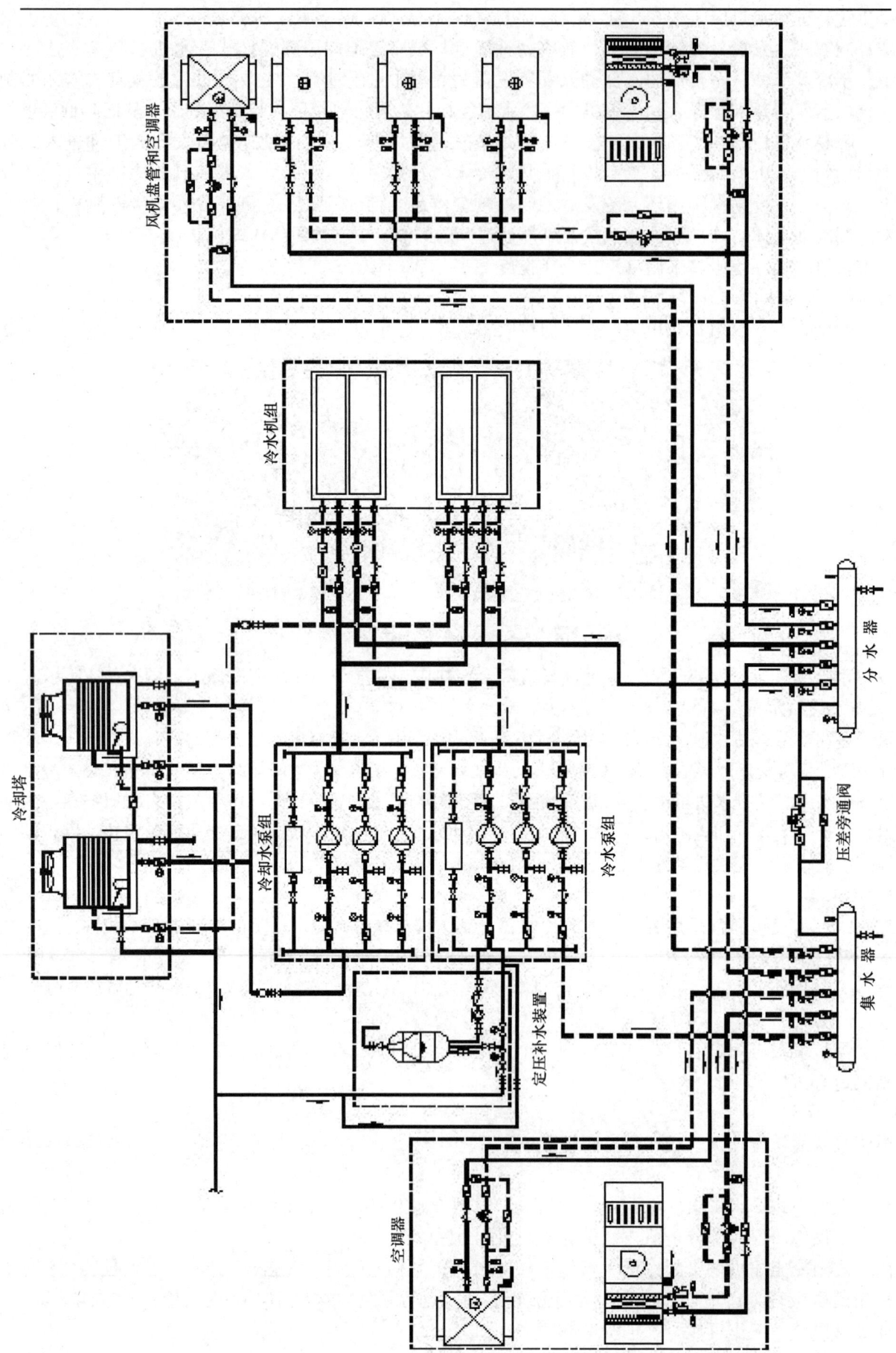

图 3.2-2 水冷式螺杆机组空调水系统原理图

6）磁悬浮离心式冷水机组

采用磁悬浮和变频技术的离心式制冷压缩机，其制冷压缩机轴可实现近似无摩擦的转动；机组不需要润滑油，避免了压缩机失油故障。机组运行的能效比，尤其是在部分负荷阶段下的能效比一般离心制冷压缩机有较大提高，机组的噪声和振动较小，机组采用软启动，启动电流小。磁悬浮离心式冷水机组在城市轨道交通工程中逐步得到推广应用。

7）离心式冷水机组的控制原理与保护

离心式冷水机组的控制通常分为能量调节控制和安全运行控制两种，常规机组分别采用反馈控制模式和停机保护模式，部分冷水机组厂商开发应用前馈控制模式和自适应控制模式。

（1）能量调节控制

常规的反馈控制模式：常规的离心式冷水机组一般采用反馈控制方式，通过监控冷水机组出水温度，实现冷水机组加减载。运行过程中比较冷水机组出水温度的测量值与设定值，通过调节压缩机的导流叶片开度，控制进入压缩机的制冷剂流量，提供不同的冷量满足空调系统的需求。冷水机组的控制通常采用PID（比例积分微分）调节方式。

前馈控制＋反馈控制模式：当空调系统的负荷变化较快或冷水机组出水温度的控制精度要求高时，常规的反馈控制模式就不能满足要求。因为冷水机组回水温度最先反映空调系统的负荷变化，因此增加回水温度测量点，根据回水温度的变化率，由前馈控制决定冷水机组的加载或减载的幅度，就能更快地控制冷水机组的负荷，更精确地控制冷水机组出水温度。而常规的反馈控制的主导作用是决定冷水机组是加载还是减载。

（2）安全运行控制

停机保护模式。为确保冷水机组安全可靠地运行，冷水机组通常设置以下安全保护措施：压缩机吸气压力或蒸发压力过低，报警停机保护；压缩机排气压力或冷凝压力过高，报警停机保护；压缩机排气温度过高，报警停机保护；油压差保护；冷水、冷却水断流保护；过电压、欠电压保护；缺相、断相保护；过电流保护；电机绕组温度过高保护。

常规冷水机组将上述保护设定成切断保护。当机组的参数达到设定切断值时机组能报警并自动停机。切断保护可有效保护冷水机组，但可能会造成冷水机组的频繁停机。

自适应控制模式。冷水机组的自适应控制模式，可有效地防止冷水机组频繁停机。当机组的运行工况发生变化，影响冷水机组正常运行时，冷水机组通过调节运行参数保证冷水机组不间断运行。

3. 蒸发冷凝式冷水机组

20世纪80年代起，国外开始用蒸发式冷凝器代替水冷式冷凝器，国内在90年代后期在新建建筑中以及建筑改造中逐步开始尝试使用蒸发式冷凝器代替原来的水冷式冷凝器。近年来，随着国内城市化水平的快速提升，城市用地逐渐收紧，环保理念深入人心，城市轨道交通工程中蒸发冷凝式冷水机组应用比例逐渐提高，目的是尽量减少地面冷却塔噪声等的影响。

蒸发式冷凝器可分为管式蒸发式冷凝器和板式蒸发式冷凝器，其结构多为上、中、下布置形式，上部设有引风机挡水装置、补水装置等，中部设有布水装置、制冷系统的换热器、填料等，下部设有集水槽、用于控制一定水量的浮球阀，以及连接布水装置和集水槽之间的水泵及管路等。机组工作时冷却水由水泵送至冷凝管组上部喷嘴，均匀地喷洒在冷凝排管外表面，形成一层很薄的水膜，高温气态制冷剂由冷凝排管组上部进入，被管外的冷却水吸收热量冷凝成液体从下部流出，吸收热量的水一部分蒸发为水蒸气，剩余水量落在机组下部集水盘内，供水泵循环使用。强排风机开启后空气以3~5m/s的速度掠过冷凝排管，促使水膜蒸发，强化冷凝管外放热，吸热后的水滴在下落的进程中被空气冷却，蒸发的水蒸气随空气被风机排出，未被蒸发的水滴被挡水板挡住落回水盘。蒸发冷凝式冷水机组的冷却水只是需补充蒸发散失的水量，减少冷却塔存在的"飞水"损失，具有节水、冷却水循环能耗低的优点，蒸发式冷凝器传热系数比风冷冷凝器大，机组体积和质量比风冷冷凝器小，机组的COP相对较高。

城市轨道交通项目将蒸发冷凝技术运用于地铁通风空调系统中，用蒸发冷凝器代替常规冷却塔，蒸发冷凝式冷水机组空调水系统原理图如图3.2-3所示。

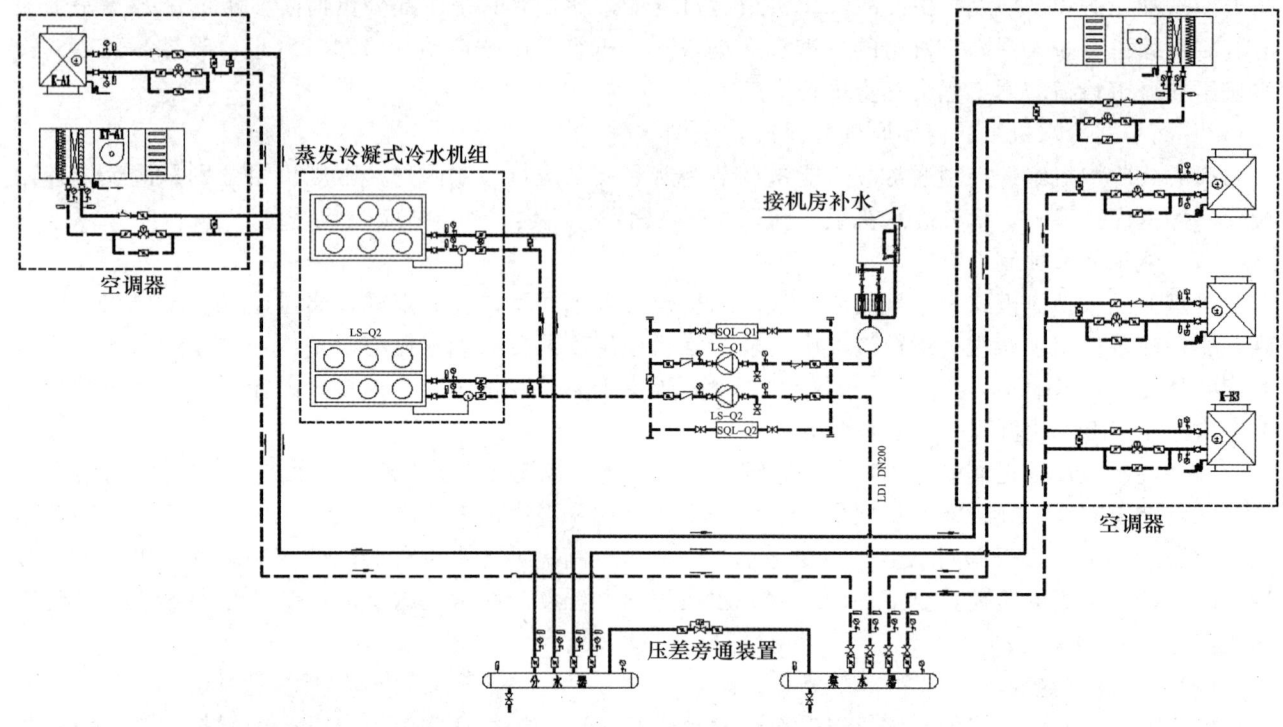

图 3.2-3　蒸发冷凝式冷水机组空调水系统原理图

4. 水冷直接制冷式机组

空调系统运行能耗占车站运营能耗25%~35%，随着《绿色高效制冷行动方案》等政策的实施，各种高效节能制冷系统在地铁工程中逐渐应用。水冷直接制冷式空调机组将传统组合式空调箱中的表冷器改为制冷剂直接膨胀蒸发空气冷却器，采用制冷剂直接膨胀蒸发冷却处理空气中的余热余湿，将传统的冷水机组与组合式空调箱整合为一体式空调机组，冷却侧的冷凝热处理与传统形式保持一致，通过冷却塔向室外空气散热，从而省去冷水系统，减少中间载冷剂的二次换热，达到提高系统能效的目的。

水冷直接制冷式机组采用制冷剂直接冷却处理室内空气，冷凝热通过冷却水泵和冷却塔向室外散热，其空调水系统原理图如图3.2-4所示。

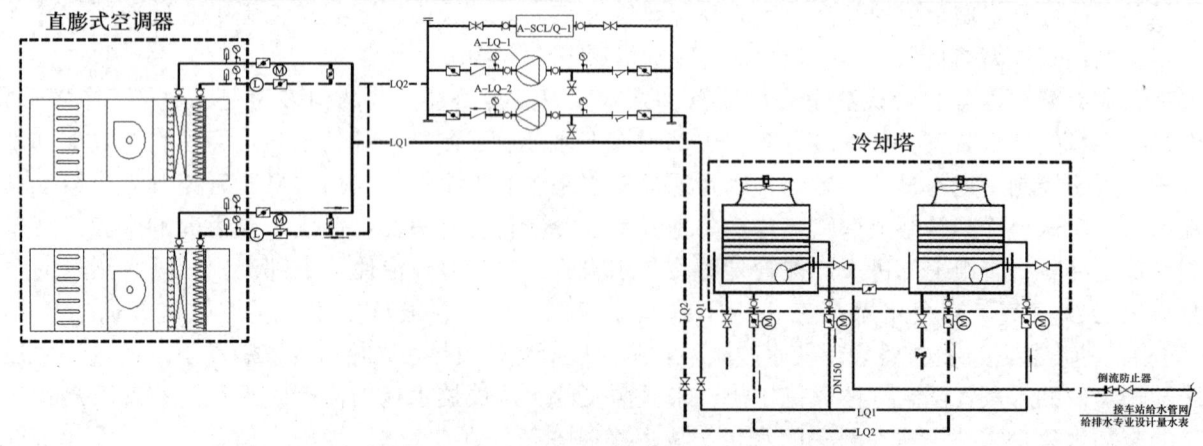

图 3.2-4　水冷直接制冷式机组空调水系统原理图

5. 蒸发冷直接制冷式机组

蒸发冷直接制冷式机组与水冷直接制冷式机组相比具有冷却侧换热效率高、用水量少的优点，在部分城市地铁工程中得到推广应用。蒸发冷却式直膨空调系统主要由压缩机（一般内置于空调末端箱体）、蒸发式冷凝器和直膨型空调末端组成。室外机与室内机之间通过铜管连接。与蒸发冷却式冷水空调系统相比，蒸发冷却式直膨空调系统省去了冷水系统，制冷剂通过压缩机后送至直膨型空调末端。直膨式空调柜由过滤段、净化消毒段、蒸发表冷段、中间段、消声段、送风段组成。蒸发冷直接制冷式机组空调水系统原理图如图3.2-5所示。

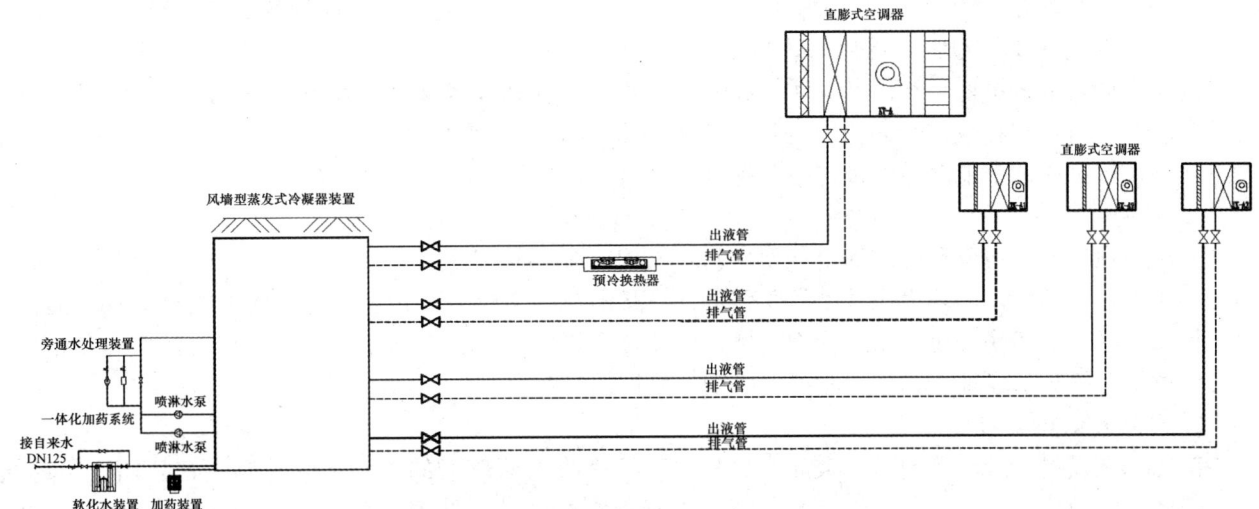

图 3.2-5 蒸发冷直接制冷式机组空调水系统原理图

6. 多联机空调系统

多联机空调系统布置灵活、形式简单、负荷适应性强，在高架车站、车辆基地及地下站设备管理用房中应用广泛。单台室外空气源制冷或热泵机组配置多台室内机，通过改变制冷剂流量能适应各房间负荷变化的直接膨胀式空调系统。系统主要由制冷压缩机、电子膨胀阀、其他附件构成环状管网系统。系统室外机包括了室外侧换热器、压缩机、风机和其他制冷附件；室内机包括了风机、电子膨胀阀和直接蒸发式换热器等附件。室外机通过管路能够向若干台室内机输送制冷剂液体，通过控制压缩机的制冷剂循环量和进入室内换热器的制冷剂流量满足室内冷、热负荷的要求。

多联机空调系统的室外机可以实现灵活布置、充分利用室外空间，多联机空调系统的室外机和室内机的容量组合形式多、适应性强。城市轨道交通车站多联机空调系统图如图3.2-6所示。

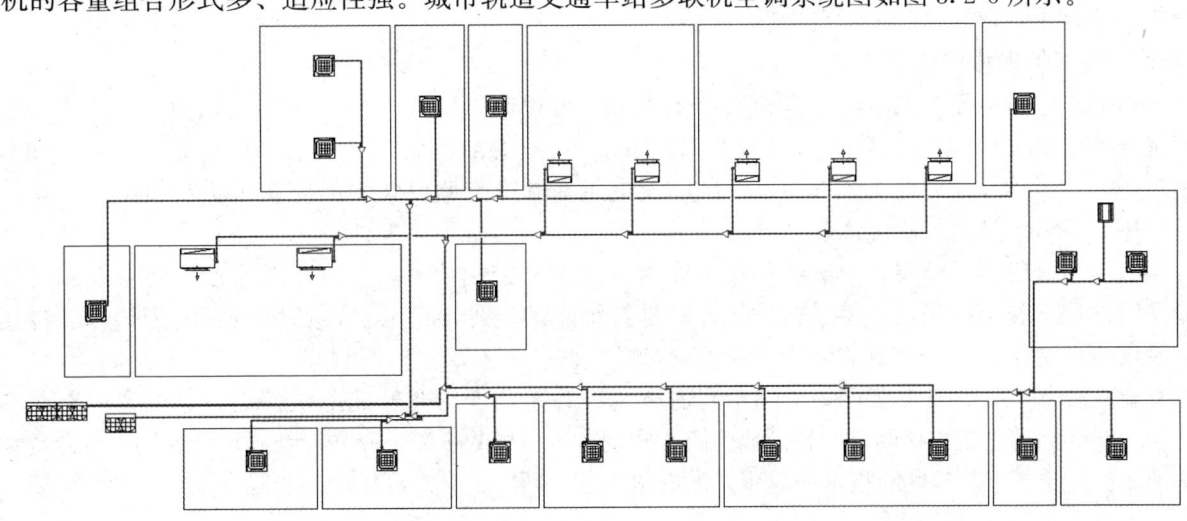

图 3.2-6 多联机空调系统图

3.2.1.2 技术发展

国家和行业对制冷空调设备能效升级的相关要求，将助力推进"双碳"目标的实现。未来国内制冷设备市场整体规模将继续保持平稳增长趋势，并在节能减排、基建投资、强化经济内循环等大环境带来的发展机遇下，进一步推动产品技术革新，以满足日渐多元化的市场需求，具体将呈现出以下发展趋势。

1. 制冷设备高效节能

2019年，《绿色高效制冷行动方案》发布，要求到2030年大型公共建筑制冷能效提升30%，制冷总体能效水平提升25%以上，绿色高效制冷产品市场占有率提高40%以上。"双碳"目标提出以来，国家对制冷空调行业的节能降耗高度关注，高效制冷相关标准和技术文件陆续制定发布。降低能源消耗、提升产品节能特性将在较长时间内成为制冷空调行业的重要发展方向。对照"双碳"目标要求，空调设备在国民经济中的节能潜力将被进一步挖掘。

2. 稳定性逐步提升

城市轨道交通对运营环境的稳定性要求持续提升，制冷设备的运行稳定是城市轨道交通日常运营的必要条件，舒适稳定的环境条件越受到重视，日渐成为考核冷水机组产品的关键指标。快速启停、便于检修、降低故障率等对机组运行稳定性的优化提升措施，将更有利于冷水机组产品的应用与推广，提升空调设备维护的便捷性，成为制冷设备未来发展的趋势之一。

3. 环境友好度逐步提升

制冷空调设备传统制冷剂存在破坏大气臭氧层、吸收地面反射的太阳辐射等问题，长期使用将加剧地球的温室效应。目前，冷水机组制造商正在积极尝试多种降低温室效应、高能效、低容积容量的新型制冷剂以满足环境发展需要。目前部分新型制冷剂还存在价格高、安全性及热力学性能相对较差等问题，但环保制冷剂的应用已成为制冷空调系统的发展趋势。

4. 定制机组占比增加

城市轨道交通制冷需求精细化、性能要求差异化趋势越来越明显，加速冷水机组产品的非标定制化需求，如城市轨道交通高效机房普遍要求提高冷水出水温度，降低冷却水温度，提高供回水温差。在制冷场景需求的不断细化之下，定制机组在冷水机组市场的规模占比将持续增加。

5. 集成化趋势更明显

城市轨道交通快节奏的建设趋势下，制冷机房施工和交付周期逐渐缩短。在此背景下，集成冷水机组、冷却塔、冷却水泵、控制柜、水箱及管阀件或部分设备的一体化机型在市场上推出。机组在工厂内部完成组装调试，现场模块化安装，节省安装成本，提高安装效率和系统能效。目前，一体化机型已在一些城市轨道交通建设项目中逐步应用。

6. 新技术加速推广应用

永磁同步电机应用。永磁同步电机具有效率高，发热小，电机冷却系统结构简单、体积小、噪声小等优点；电机无传动齿轮磨损、无传动齿轮噪声，免润滑油、免维护；电机结构简单，加工和装配费用较低，运行可靠性和电机效率高。永磁同步电机在制冷空调设备中的应用可提高机组和空调系统运行效率，降低空调系统能源消耗。

高效动压气悬浮轴承技术。磁悬浮技术作为一种主动控制技术，控制系统复杂，磁悬浮轴承及其控制系统的成本较高，采用气悬浮轴承代替磁悬浮轴承的气悬浮离心制冷压缩机是未来离心制冷压缩机的发展方向之一。气悬浮离心制冷压缩机具有成本低、不需要主动控制等优点。

直驱、变频、无油化趋势明显。随着高速电机、高速轴承与变转速电机控制技术的发展与成熟应用，使用变频高速电机直接驱动叶轮已成为离心式制冷压缩机的主流，磁悬浮技术广泛使用，气悬浮、液浮的使用已逐步扩展。这些新技术的应用，促进了离心式制冷压缩机可靠性、能效及综合性能的提高。

3.2.2 末端处理设备

3.2.2.1 容量配置与形式

城市轨道交通空调系统中常用的末端处理设备通常有组合式空调机组、柜式空气处理机组、风机盘管机组等多种形式。

组合式空调机组一般用于地下车站公共区,由混合段、粗效过滤段、空气净化消毒装置、表冷挡水段、风机段(含检修门)、消声段、出风段和若干个中间段组成。其中表冷器采用标准温差(7℃/12℃)。

柜式空气处理机组一般用于地下车站的设备管理用房,由表冷器、风机、粗效过滤器、箱体组成。表冷器部分采用标准温差(7℃/12℃)供冷。柜式空气处理机组根据安装形式分为落地式与吊装式。

风机盘管机组一般用于地下车站的出入口长通道、换乘通道、管理用房等区域,采用卧式暗装形式,由表冷器、风机和箱体组成,带回风箱的设备配置过滤网,采用标准温差(7℃/12℃)供冷。

1. 组合式空调机组

目前国内轨道交通工程中,设站台门地下车站通风空调大系统一般均采用全空气系统,车站两端各设空调机房一处,内设组合式空调机组(由混风段、粗效过滤段、净化除尘段、表冷挡水段、风机段、消声段、送风段和必要中间段组成),满足车站公共区夏季制冷要求。组合式空调机组在轨道交通工程中的典型应用情况如图 3.2-7 所示。

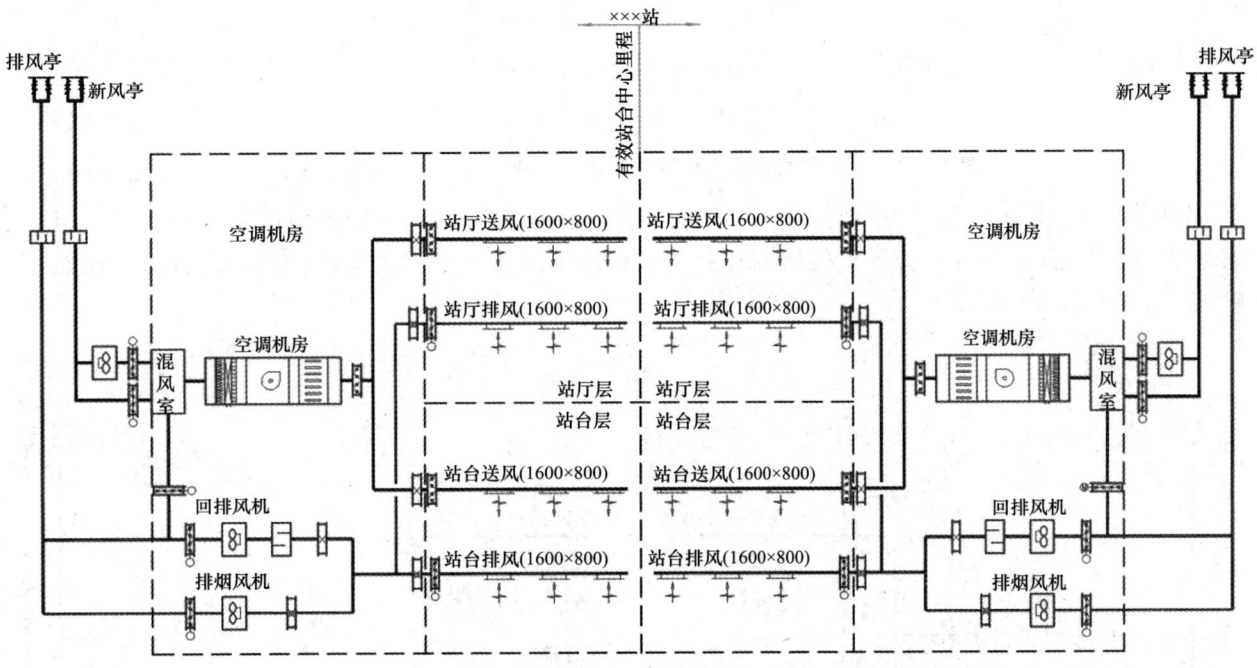

图 3.2-7 组合式空调机组在轨道交通工程中的典型应用情况

此种方式主要优点如下。

1) 系统功能完善:制冷季通过小新风机(若有)、组合式空调器及回排风机联合作用,可有效保证公共区室内温湿度环境;过渡季通过全新风阀、组合式空调器及回排风机联合作用,充分利用室外空气保证公共区环境。

2) 使用灵活:通过合理的自控系统,根据室内外环境状态,自动实现空调及通风模式的转换;组合式空调器一般采用变频控制,节能效果较好。

3) 运用经验成熟:目前国内各地轨道交通工程公共区通风空调系统基本均采用此种方式或其变化模式。

其主要缺点如下。

1) 占地面积较大：一般需设置空调机房，组合式空调器一般尺寸需达到 2500mm×7000mm×2500mm（宽×长×高），考虑过滤器抽取空间后，占地面积较大。

2) 分区域控制能力较弱：为尽量控制占地面积，一般车站站厅、站台均合用组合式空调器，由于两处室内温度标准不一致，从而导致该方式难以精确地进行分区域室内环境的控制，存在一定的能源浪费现象。

3) 管路系统较大：送风管路按空调风量计算确定，当车站客流较大、室内热负荷较高时，送风管路相对于通风需求而言偏大较多，增大了管路系统的投资。送风机及回排风机压头大，末端设备能耗大。

2. 柜式空气处理机组

目前国内轨道交通工程中，车站设备及管理用房通风空调系统（简称小系统）多采用带柜式空调器的全空气系统形式。系统主要由集中式柜式空调机组、新风机、回/排风机、送回风管及阀门组成。典型系统原理图如图 3.2-8 所示。

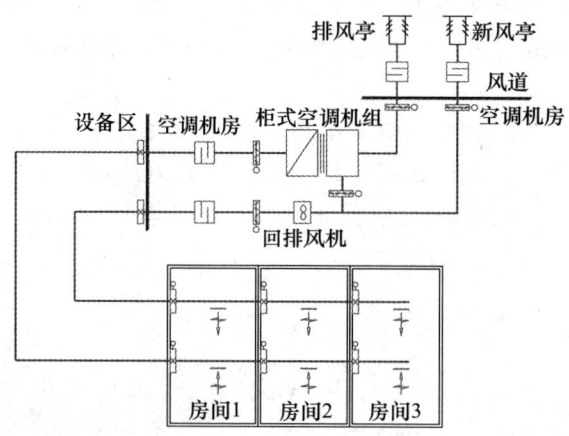

图 3.2-8 柜式空气处理机组在城市轨道交通工程中的典型应用情况

分散柜式空调器也可应用于地铁通风空调大系统。考虑在站厅层利用吊顶内空间设置吊顶柜式空调器；站台层利用楼扶梯下方三角机房设置立式柜式空调器。其目的主要在于取消组合式空调器，减少空调机房占地面积。采用柜式空调器的大系统原理如图 3.2-9 所示。

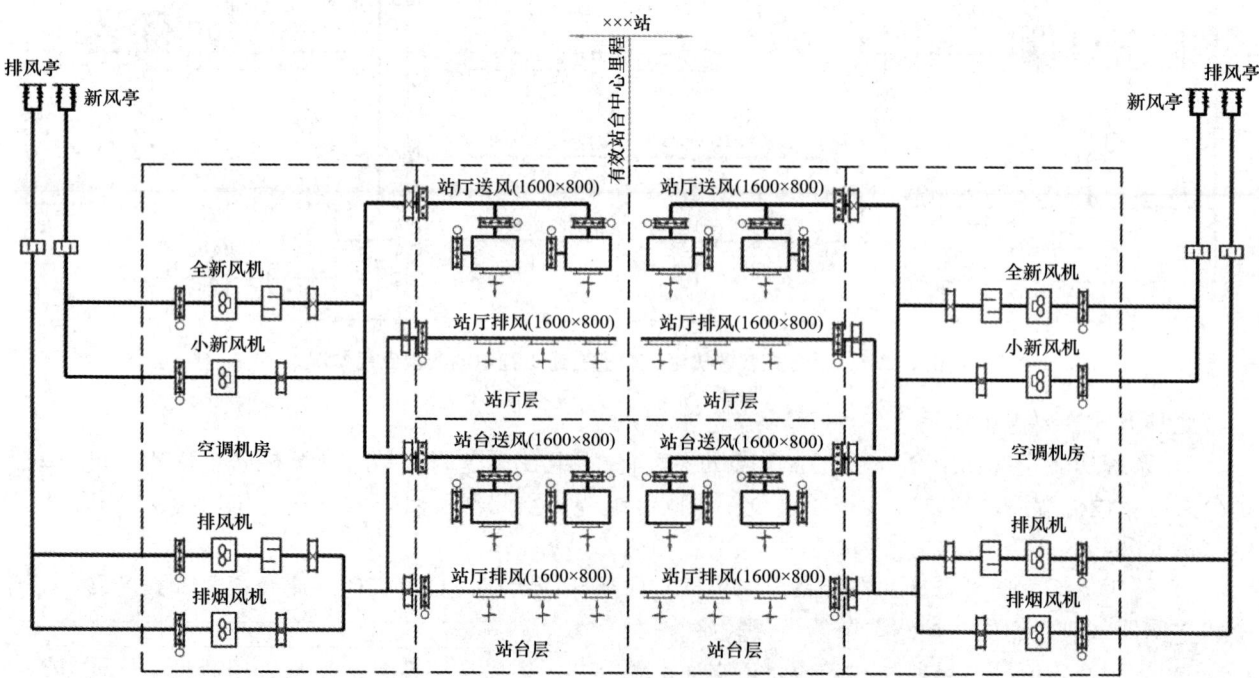

图 3.2-9 柜式空气处理机组在地铁通风空调大系统的应用情况

其主要特点在于：

1）占地面积及风系统管路尺寸减小，土建投资相应减小。
2）功能性与全空气系统基本一致；由于设备数量增加，BAS 系统监控点有所增加。
3）站厅、站台分设空调器，可完全实现分区域的温湿度控制，有一定节能效果。
4）由于空调器分散布置，变频控制难度较大，但可采用台数控制方案，节能效果更优，且可以节约变频器购置费用及变频器自身耗电。
5）空调器采用吊装影响吊顶高度，且运营管理及检修工作量增加；冷凝水需要分散排放。

3．风机盘管机组

风机盘管机组是常规集中空调系统中普遍使用的末端空调设备，通常按其安装形式可分为立式明装、卧式明装、立式暗装、卧式暗装和吸顶式等不同形式。

在城市轨道交通通风空调系统中，风机盘管机组常用于连续长度大于 60m 的地铁出入口通道，风机盘管采用卧式暗装形式。风机盘管机组亦可应用于设备管理用房即地铁空调小系统中。在民用建筑中，风机盘管机组大多与新风系统相结合应用，在城市轨道交通中，用于出入口长通道的风机盘管机组，可不设置新风系统。风机盘管在地铁通风空调的典型应用情况如图 3.2-10 所示。

风机盘管系统具有以下特点：

1）使用灵活，能进行局部区域的温度控制，且操作简单。
2）根据负荷调节运行方便，有利于全年节能管理。
3）风机盘管机组体积较小、结构紧凑、布置灵活，适用于城市轨道交通工程。
4）由于机组分散，日常维修工作量大。
5）水管与风机置于出入口吊顶，施工要求严格。

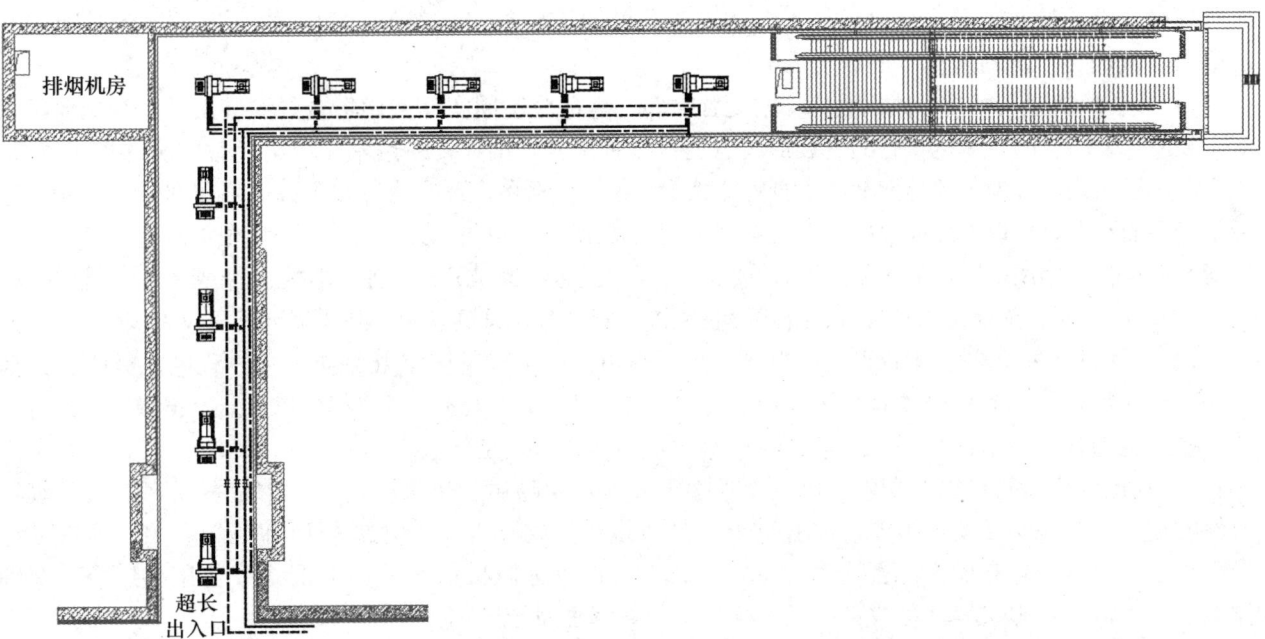

图 3.2-10　风机盘管机组在地铁通风空调的典型应用情况

3.2.2.2　技术发展

组合式空调机组优化：采用 EC 风机替代 AC 风机，组合式空调机组内置集成驱动及调速控制的永磁无刷直流电机，采用一体化直连无皮带传动。EC 风机具有如下特点：① EC 风机效率更高，不用设置变频器；②可节省组合式空调机组长度；③考虑保持机组长度不变，将多余空间预留作为备用，根据疫情防控或特殊情况进行功能加装。

目前，随着人们对室内空气品质的要求不断提高及各种特殊环境的需要，对组合式空气处理机组在密封性、特殊功能、功能段的优化及智能控制等方面提出了更高的要求。

柜式空调器室内机一般由箱体、进风格栅、风机、换热器、出风导流叶片等几部分组成，它们共同构成了室内机的风道系统，如图 3.2-11 所示。

空调器运行过程中，循环气流从下部的进风格栅进入室内机（常见有正面进风与两侧进风），经过滤尘网的吸附过滤，经离心风机加速，在蜗壳、蜗舌的限制下，沿着风道流动至蒸发器进行换热，再经导流叶片输送至房间各方向。

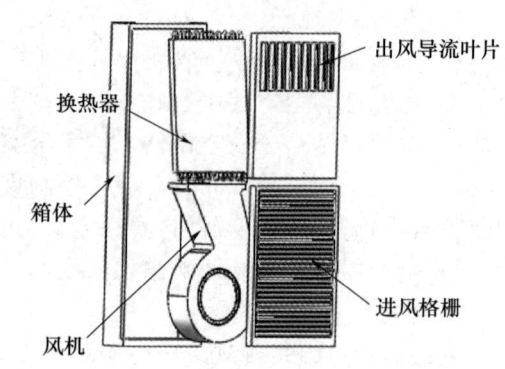

图 3.2-11 柜式空调器室内机结构

风道系统结构的合理性直接影响到空调器的噪声质量。对风道进行优化设计，可降低噪声和能量损失，提高环境舒适性和能效系数（EER）。关于柜式空调器室内机风道的研究，主要集中在探究离心风机流场的优化设计上。风道优化的最终目的是实现多态多目标集成优化，即系统各部分性能整体提高，以最大程度实现节能降噪。

由集成式节能控制空调机组（含回/排风机）、风管、风阀及消声器等部件构成，配置变频器及相应的空调末端一体化节能控制系统，根据送回风温度对水量、风量等进行调节，实现节能运行。设备集成化智能化程度高、接口少，可节省土建空间，是空调末端及柜式空调的一种发展趋势。

风机盘管机组作为半集中式空调系统不可或缺的重要末端设备，从出现之日起就顺着社会的发展不断完善自身技术以便适应更为广泛的应用前景。为了提高实际工程中风机盘管系统效能及应用前景，长期以来科研技术人员主要从风机盘管的新的结构形式、提高换热效率、提高室内空气品质、降低噪声和提高自动控制水平等多个方面入手，做了深入的研究，很多新的形式和结构的风机盘管不断被开发出来，从而更广泛地适应不同场合的需要。

1) 改善风机盘管结构形式以适应不同场合需要。为适应不同实际使用场合的安装要求，降低风机盘管安装所需要的空间，风机盘管的安装形式也变得多种多样。例如，采用轴流风扇代替传统的贯流风机，优化换热器结构，开发出的超薄型风机盘管，大大降低了盘管的高度，进一步提高了风机盘管的应用。这种新产品的开发，可以更好地解决全空气系统占用大量吊顶空间的问题，在系统选择中更具竞争力。为了提高风机盘管的应用范围，更多新的形式和结构的风机盘管不断被开发出来，如立式明装风机盘管、立柱（柜）式风机盘管、壁挂式风机盘管、卧式明装风机盘管、卡式风机盘管、卧式暗装风机盘管等多种形式。

2) 保证良好的室内空气品质。在当下，人们普遍提高了对室内空气品质的关注程度。吸附、光催化等技术先后被应用到风机盘管系统，通过在系统中添加如空气过滤器、静电除尘器、负离子发生器、紫外线发生器或纤维活性炭层等空气处理单元，从而净化室内空气。

3) 降低风机盘管机组的噪声。风机盘管噪声分为气动噪声和机械噪声，其中机械噪声取决于旋转部件的加工、动平衡及装配精度，即取决于产品质量；气动噪声仅与送风静压和风量有关。通常气动噪声高于机械噪声，是风机盘管噪声的主要来源。通过改进风机盘管的传动形式或使用多风机、双轴伸电机、直流无刷电机等，可改善风机系统的平衡，降低系统噪声。

目前，风机盘管机组的部件配置不断推陈出新，如采用高效低阻过滤器、推广无刷直流电机等，使机组在原有基础上性能得到改善，市场需求更广。

3.2.3 风机

地铁工程中风机主要应用于地铁车站、区间隧道及车辆段场的通风换气及火灾情况下的防烟排烟。通过合理地设置风机，可提高地铁各区域空气品质和舒适度、保证地铁的安全运行。风机关系到通风空调系统的输配能耗，是地铁项目节能非常重要的部分。

3.2.3.1 风机设备配置及形式

1. 风机分类

我国地铁常用风机可以分为 3 类：第一类是双向轴流风机（可逆转轴流风机），第二类是单向轴流风机，第三类是射流风机。

1) 双向轴流风机（可逆转轴流风机）

地铁隧道风机（Fan for Tunnel Ventilation，简称 TVF 风机）为可逆转轴流风机。其结构特征：电机内置，轴联传动；风机叶片平直、叶片停机可调；一般设有防喘振环。此类风机适用于需要通过叶轮正、反转来实现通风排烟系统运行模式的切换，风机应满足以下用户要求：

(1) 风机叶轮可以正、反转运行，且其风压、风量基本保持不变，风机正、反转运行效率要高（风机正、逆转效率≥76%），达到节能降耗的目的。

(2) 具有耐高温的特点，安装于车站的通风排烟系统中要求风机能在 250℃ 介质通过时连续工作 1h，在 280℃ 介质通过时连续工作 0.5h。安装于隧道通风排烟系统中时要求风机能在 150℃ 介质通过时连续工作 1h。

(3) 风机正、反转切换应在 60s 内完成。

(4) 噪声低，《地铁设计规范》(GB 50157—2013) 规定，地铁的通风与空调系统设备运转传至站厅、站台的噪声不得超过 70dB（A）。

(5) 在各种运行工况下不发生喘振。

(6) 装备比较完善的监控和安全保护系统。

(7) 安装简便，体积小和质量轻。

TVF 目前在国内地铁中通常用于隧道机械通风系统，作为隧道事故/冷却风机常用风机规格为 18#、20#、22#，风量为 40~90m³/s，风压为 800~1200Pa。

2) 单向运转耐高温轴流风机

隧道排热风机（简称 TEF 风机）为一种高效率的排风机，它可以在较低的压力下提供较高的空气流量，风机效率≥84%，静压比≥70%；具有耐高温 250℃、持续运行 1h 的功能要求。该类风机电机一般内置，轴联传动；叶片停机可调，并在风机进气口设集流器、防护网等措施。

该类风机适用于通风排烟系统在任何模式运行只要求风机单向运行的情况。地铁中常用风机规格为 12#、16#、18#，风量为 30~60m³/s，风压为 900~1500Pa。

3) 射流风机

射流风机风量大、风速高、标准推力 $F=1000\sim2000$N [推力是指风机喷射出的高速气流通过动能传递使周围空气沿全断面流动的作用力，单位以牛顿（N）计]；具有耐高温 250℃、持续运行 1h 的功能要求。射流风机电机一般内置，轴联传动；叶片停机可调，风机两端设管式消声器（一般每端长度为 2D）。该类风机在地铁中应用较少，只在折返线和尽端线隧道中应用，分为单向射流风机、双向可逆射流风机，常用的型号为 5.6~11.2。

射流风机是一种特殊的轴流风机，在性能方面，一般轴流风机用户关心的是风机的流量 Q，压力 p（全压 p_t 或静压 p_s），表征其经济性是用效率 η（η_t 或 η_s）作指标，风机的特性曲线是用 $Q\sim p$、$Q\sim P$（功率）、$Q\sim \eta$ 来表示，但是对于射流风机，用户关心的是风机的流量 Q 和推力 F，评价风机性能优劣是用推力-功率比 $\xi=F/P$，射流风机的特性曲线是用 $Q\sim F$、$Q\sim P$ 来表示。在射流风机的全压 p_t 中，静压 p_s 所占比例较小（20%左右），动压 p_d 占绝大部分（80%左右）。从结构方面来看，射流风机的轮毂比较小，$\nu=0.4$ 左右，叶片数为 4~8，安装角大。

2. 风机的结构

风机结构通常由静子、叶轮、整流罩、电机、接线盒、减振器及加油器等部件组成。静子部分主要由外壳、双向防喘振环、内整流机匣及导叶栅等焊接而成，用以保证足够的强度与刚度。电机通过高强度螺栓固定于内机匣上,叶轮前设有不锈钢整流罩,可使进口气流得到改善,叶轮直联安装在电机输出轴上。风机通过耐高温软接与系统风管相连。

从风机整体的气动结构与流场分析上考虑,风机在结构上应保证内部流道光滑、无阻,以减少风机内部不必要的压力损失,从而提高风机的整体运行效率和降低噪声。目前国内外公认的先进做法是采用内置电机,出风侧整流内筒(内机匣)为圆筒形,且与轮毂直径相同,静叶支撑沿圆周均匀分布,因此流道结构合理,有利于风机提高效率和降低噪声。

一种易产生较大涡流损失的做法是:采用带底座电机,设置电机安装架,故静叶支撑不可能沿圆周方向均匀分布。电机底座(超出轮毂直径)、电机安装架均成为流道障碍物,因该结构有较大涡流损失并产生附加的噪声,属淘汰的结构,风机设计应避免之。

风机配用电动机的要求:防护等级 IP55、绝缘等级 F 级以上风机专用的耐高温三相异步电动机,而不能采用通常民用通风系统中消防排烟风机的做法,将电机完全封闭在内风筒中,通过外部的冷却风管来冷却电机。因为在地铁火灾工况下,风机周围都是高温烟气,不可能有新的并低于环境温度的空气被引到电机周围来为电机降温,所以一般电机中的散热叶轮也就失去了冷却电机的功能,这就要求电机本身要有良好的耐高温性。同时也不允许利用风机本身带动的气流流动来冷却电机,因为风机是双向运行,在气流由叶轮流向电机时或许可行,但在气流由电机流向叶轮时就不可行了。

一些用户反映国产地铁风机外观质量较差,国外风机工艺精美。用户还反映国外风机体积小、质量轻,而国产风机比较笨重,这要从工艺上下功夫。另外是选配电机的问题,例如对压力 1000Pa、风量 $60m^3/s$ 的地铁常用参数,德国 Voith 选用的风机是 No.18、6 极电机、90kW,我国一些风机厂选用的是 No.20 风机、6 极电机、110kW 甚至 132kW。

3. 风机调节方式

国内地铁风机目前主要的调节方式有机械式静态动叶可调、动态动叶可调和变频调速。动态动叶可调结构复杂、成本高;静态动叶可调人工操作,虽简单可靠但不能远程遥控;而变频调速快捷、可遥控,且成本可以接受。因此,目前广泛采用变频调速系统。

4. 风机的效率

地铁风机一般用风机进口—扩压器出口的全压效率来衡量风机的节能水平。根据已掌握的资料和信息,在地铁风机运行工况范围内单向地铁轴流风机的最高全压效率为 75%~80%,反、正风量之比为 70% 左右。最近有文章报道最高全压效率能达到 82%,这是迄今为止此类风机报道的最高效率。对于双向可逆非对称叶型风机,达到的最高全压效率要比单向风机的低一些,反、正风量之比要高一些。

风机流量及安装角度等能较大影响风机能效,风机效率随流量增加呈现先上升后下降的趋势,随叶片角度增大呈现先增加后趋于平缓趋势。合理地设计风机流量、叶片安装角度、叶片翼型及轮毂比等对提高能效、降低成本具有重要作用,此外,电机功率对影响风机能效也起到了较大作用。

TVF 风机要保证在正转和反转工况下都具有相同或相近的风机性能,故对其叶片的翼型就有着特殊的要求——在正向和逆向送风时,翼型都能提供良好的气动性能。根据地铁可逆轴流通风机翼型的使用要求,常用的翼型有 3 种形式:S 形机翼翼型、S 形圆弧板翼型和平直板翼型。叶片翼型选择 S 形机翼翼型可有效降低流动损失、提高能效。

风机的实际运行效率并不等于风机的最高效率,为使风机实际运行工况处于风机的高效区,必须精心做好选型工作,准确计算风机的常用风量、风压和变工况范围,防止大马拉小车现象。

在土建条件允许的条件下,在风机前加装集流器,风机后加装扩压器。集流器、扩压器需要精心设计。集流器使进入风机的气流平整光滑、减少涡流,可增加风机的效率、降低噪声;后加扩压器可回收动压,使风机出口速度降低,射出的气流与空气混合时减少噪声,并可在以后风道或风管的流动中减小损失。

5. 风机的防喘振

风机的喘振可能引起流量、压力和电流的大幅度波动，噪声显著增加，同时整个系统的振荡频率与通风机风量振荡频率合拍，产生喘振，其危害很大，严重时能造成风道和通风机部件的损坏。

通常国内外风机厂家为防止风机喘振主要有 3 种方法：放空法、增速节流法及电子压差报警法。防止喘振目前最常用的方法是设置放空阀门，一旦发生喘振，打开放空阀。可以设置自动化系统，当风机运行接近喘振点时，发出警报并自动打开放空阀，这是最简单、可靠、成熟的方法。

地铁 TVF 风机、TEF 风机为耐高温轴流风机，这些风机功率较大，工况变化多，运行过程中人员接近是很不安全的，无法依靠维修人员对现场运转的设备出现异常情况作出判断，一旦出现问题，设备安全运行已得不到保障。为了监测车站及区间隧道轴流风机的运转情况，在轴流风机设备上安装轴承振动监测系统，包括：振动传感器、智能终端、软件、电脑设备及离线数据采集与故障诊断分析仪等。振动检测系统应具有对振动的振值和冲击脉冲均进行监测，并可根据设定值进行早期预警，全套监测装置要求为设备故障诊断工程界的国际知名品牌优质产品，在国内重大工程中有广泛的应用业绩和完善的售后服务。监测与振动监测装置，通过在线轴承监测与振动监测及时了解被监测机器当前的运行状况，当机组开始发生轻微故障时及时报警，以便安排检查和维修，避免造成故障扩大化。

振动监测系统应当能够与现有的自动化系统及信息化系统完全融合，为综合监控提供数据。同时自控系统也能够选择性地将转速、温度、启停状态等数据通讯至振动监测系统中去，便于监测系统做转速同步、FFT 变换以及综合工况分析等。振动监测系统应能够实时采集风机运行数据并实时计算潜在故障状态，包括但不限于振动、温度、不平衡、轴承磨损等，对轴流风机异常状态进行预警和报警。

6. 风机监控和安全保护系统

对于地铁风机的安全保护问题，通常是要求风机电机设有前后轴承及三相绕组测温装置。保护功能在风机本体中只能实现测温信号的输出功能，所有的报警与控制功能都是在风机电控箱内实现的，这里主要的测温装置（通常采用 Pt100 铂电阻）采用的是模拟量的输出方式，由 FAS（防灾报警系统）或 BAS（环境监控系统）专门在相关控制仪器内设定报警、停车温度。通常，电机轴承温度应控制在 85℃以内，温升在 40℃以内。

用户希望提供完善、可靠的风机监控和安全保护系统，包括对电机前后轴承温度，三相绕组温度，电机的电流、电压、功率，风机的风量、风压、效率，接近喘振点风压，风机装置的振动等。将这些参数进行动态实时监控，用计算机进行显示、记录、报警、远程遥控，形成一个完整、可靠的安全保护系统。从目前的发展情况，这些技术已相当成熟。其中风机风量和效率的远程监控比较麻烦，但目前也已成功解决。对于温度、压力和电机参数的监控可以说已经非常成熟，并且成本也非常低廉，完全有条件建立比较完善的安全保护系统。

3.2.3.2 风机技术发展

目前地铁通风机叶片主要应用的材料是铸造铝合金，地铁通风系统每天要运行长达 20h，占地铁系统总能耗的 50%。复合材料具有轻质高强、抗疲劳、耐腐蚀、可设计性强的特点，将复合材料应用到地铁风机叶片中，对地铁通风机的节能减排和风机性能的提升明显。

高效率、低噪声的风机一定具有市场潜力，也是技术发展的必然方向。同时随着日益成熟的科学技术应用于地铁运营维护，对风机全寿命周期健康状态实时监测与诊断，综合利用大数据分析手段，实现工作状态监测、潜在故障预警、微弱故障检测等多类型通风系统设备的智能健康管理，达到预测性维护，实现风机全寿命周期的监测。

3.2.4 冷却塔

3.2.4.1 冷却塔设置方案

地铁车站空调制冷系统通常为分站制冷，特殊情况下 2~3 个车站采用集中制冷方式。冷却塔被广泛应用到地铁车站空调制冷系统的冷却水系统中，它是以空气为冷源，通过水与空气直接或间接的热质交换来达到冷却的目的。

1. 高风亭冷却塔

高风亭冷却塔设置于高风亭上，塔体周围空旷，气流畅通无阻，塔体内的冷却水能够与室外空气进行充分的热质交换。一般采用低噪声横流冷却塔，塔体周围设置美观百叶与高风亭装修。该形式冷却塔换热效率高、运维费用低，同时也存在以下几点不足：高风亭冷却塔的设置会增大风亭的体量，对整个城市景观造成影响，维保人员上下高风亭困难，对维保造成不便。目前，有部分城市或地段不容许设置高风亭以及高风亭冷却塔。根据相关规范及环评要求，冷却塔距离各功能区有一定的距离要求，一般要求冷却塔与周边建筑物距离应不小于 15m，冷却塔传播噪声的衰减能满足规范要求，但是对于敏感建筑，距离要求会更大，从而造成选址困难。高风亭冷却塔靠人行道设置时，漂水、散热、噪声和塔体在长期使用后会滋生军团菌，对空气产生污染，将危害周边居民和行人的健康。

2. 地面冷却塔

地面冷却塔设置在地面，塔体周围空旷，气流畅通无阻，塔体内的冷却水能够与室外空气进行充分的热质交换。一般采用低噪声横流冷却塔，地面冷却塔布置形式常与景观结合，四周种植树木进行遮挡。这种方式换热效率高、运营费用低、检修维护方便。存在的主要问题类似高风亭冷却塔。

3. 下沉式冷却塔

下沉式冷却塔是将塔体全部或部分设置在地下基坑内，塔体与基坑四周留有必要的进风空间，风速满足冷却塔的进风要求。若下沉基坑较深，冷却塔出风则需加装导流弯头以减小热回流的影响。该冷却塔设置方式对城市景观、周边住户及行人的散热、噪声影响较小。而缺点主要表现如下：下沉式冷却塔的进风与排风容易在基坑内形成热回流、气流短路，导致冷却塔的换热效率降低，为保证冷却塔的换热效率，一般均通过扩大基坑面积来实现。

4. 非常规冷却塔布置形式

非常规冷却塔布置形式区别于常规冷却塔布置形式在于，不会对冷却塔周围居民及行人造成任何影响，主要表现形式有两种：1）地下隐藏鼓风式冷却塔；2）去掉冷却塔，采用蒸发式冷水机组。

根据地铁附属结构的围护设计、施工的特点，一般情况下会有一定自然形成空间。附属围护结构一般采用放坡开挖、挖孔桩或者连续墙，对于低矮风亭，其结构设计通常需外包所有风亭。将外包所有风亭的围护结构适当扩大，并利用已自然形成的空间设置冷却塔。该冷却塔布置形式能够充分利用地铁的冷排风，增加冷却塔的冷却效果，从而降低冷却水的供水温度，降低整个地铁空调制冷系统的能耗。地下隐藏鼓风式冷却塔可以非常完美地解决常规冷却塔布置形式造成的各类问题，缺点是增大了地面风亭的体量，增加了土建投资，冷却塔换热效率较差，对冷却塔设备自身的要求更高，从而导致初投资和运维费用增加。

3.2.4.2 技术发展

到目前为止，冷却塔技术的研究已经有了一定基础，由于新材料、填料、强化传热盘管等层出不穷以及冷却塔在现代工业及民用等领域的重要作用，需要对冷却塔做进一步研究。

对于城市轨道交通冷却塔的研究，主要包括地铁车站冷却塔设置方案研究、地铁冷却塔设置方式对城市环境的影响研究、噪声治理研究、节能特性研究、蒸发冷凝技术等方面。冷却塔发展方向应该是整合新技术，促进多功能的冷却塔以适用不同的应用场景，如"景观型超静音型冷却塔"和"埋地隐藏式离心鼓风冷却塔"等,提高冷却塔传动部件的效率,提高散热填料的换热性能等,以更低的耗电比、更高效的运行工况来降低整个系统的建设成本和运行成本。推动冷却塔设备信息化、智能化、智慧化。在运营维修方面,充分利用大数据、人工智能等先进技术,积极探索地铁冷却系统设备智能化运营的应用。

3.2.5 水泵

3.2.5.1 容量配置与形式

城市轨道交通通风空调系统的水泵主要为离心泵,形式主要分为立式和卧式。离心式泵的主要结构部件是叶轮和机壳。机壳内的叶轮固装于由原动机拖动的转轴上。当原动机带动叶轮旋转时,机内流体便获得能量。离心泵均依靠旋转叶轮对液体的作用把原动机的机械能传递给液体。由于离心泵的作用,液体从叶轮进口流向出口的过程中,其速度能和压力能都得到增加,被叶轮排出的液体经过压出室,大部分速度能转换成压力能,然后沿排出管路输送出去,叶轮进口处因液体的排出而形成真空或低压,吸水池中的液体在液面压力/大气压的作用下,被压入叶轮的进口,于是,旋转着的叶轮就连续不断地吸入和排出液体。

立式离心泵:立式离心泵为立式结构,进出口口径相同,且位于同一中心线上,可像阀门一样安装于管路之中,外形紧凑美观,占地面积小,建筑投入低。基于立式离心泵占地面积小的特点,较多地应用在空间紧张的地铁车站。如图 3.2-12 所示。

卧式离心泵:泵轴的绝对同心度及叶轮优异的动静平衡,保证平稳运行,绝无振动。不同材质的硬质合金密封,保证了不同介质输送均无泄漏。卧式离心泵基于运行稳定、效率高的特点,广泛应用于地铁车站。如图 3.2-13 所示。

图 3.2-12 立式离心泵

图 3.2-13 卧式离心泵

3.2.5.2 技术发展

目前针对水泵本身的研究以及水泵所在的空调水系统研究较多。在水泵本身的研究方面,有叶轮切割在离心水泵节能改造中的应用、大型离心水泵轴承改造及计算分析、大型离心水泵轴承改造及计算分析等研究,这些研究主要集中在大型水泵。在空调水系统方面,有一次泵变流量系统水力平衡及节能控制、二次泵系统研究,以及基于智能计算的水系统控制方案研究。

轨道交通对于水泵的研究主要集中在对于水系统的研究,主要研究集中在对管道减阻降低水泵能耗、水泵变频节能运行、二次泵系统降低系统能耗、自动化控制等方面。广州地铁院对城市轨道交通的空调系统目前应用的 7℃/12℃冷水供回水温度方案冷水机组及系统能效难以提升的问题进行了深入的研究,提出了城市轨道交通地下车站空调系统采用 11℃/16℃的空调供回水温度方案,减少水泵流量需求;上海市隧道工程轨道交通设计研究院针对地铁车站冷负荷变化大、对室内温度精度要求不高的特点,提出采用一次泵变流量系统,在水泵节能方面有很大的优势,在地铁车站内具有很好的应用前景,同时阐述了一次泵变流量系统在设计和工程应用上应注意的技术要点以及应采取的相关控制策略。

3.2.6 风阀

3.2.6.1 风阀配置及形式

1. 风阀分类

地铁项目风阀主要包括组合风阀、风量调节阀（电动风量调节阀、手动风量调节阀）、防火类阀门（电动防火阀、自动防火阀）、止回阀、余压阀。风阀具有两种流量特性，其中固有流量特性仅与风阀本身的形状与尺寸有关，工作流量特性与实际的工况有关。风阀作为控制和调节地铁车站及隧道内空气流动的重要设施，一方面承受着隧道内空气动力学效应的作用，另一方面对隧道风道内压力变化具有重要影响。

1) 电动风量调节阀

电动风量调节阀主要由阀体、叶片、传动机构、执行器等若干部分组成。

2) 防火阀

防火阀主要由阀体、叶片、温度感应元件、传动机构、执行器等若干部分组成，安装在车站通风空调大、小系统送回风管路及设备管理用房隔墙等处，在一定的时间内能满足耐火稳定性和耐火完整性要求，起隔烟阻火作用。

3) 组合风阀

地铁电动组合风阀是以风量调节阀为基本单元，通过风阀底框组合连接，依靠传动机构和电动执行器驱动，将若干个单体风阀作同步启闭运行的大型通风设备。它具有风量调节阀的全部优点，同时具有组合方便灵活、安装简便等优点。

（1）应用范围

① 区间隧道通风系统，风井内设有若干台卧式或立式组合风阀，以实现活塞风和机械通风相互转换的功能。

② 车站排热系统与大系统的风道中也使用组合风阀。

（2）结构特征

由底框架、多个单体多叶风阀、联杆（或齿轮）传动机构、电动执行机构等部件组成。

（3）主要技术特征

① 风阀叶片全闭时，应有良好的密封性能；

② 风阀只有全开和全闭两种状态，启闭全行程时间不超过60s，启动驱动方式有电动和手动；

③ 有效通风面积不小于80%，在静压1000Pa的条件下，泄漏率小于1%；

④ 在风压1400Pa的条件下，风阀叶片应启闭自如。

2. 风阀的密封材料

生产风阀期间往往存在着密封的材料极易老化及不耐高温等问题。部分密封材料通常因时间相对较长出现不同程度老化情况，以至于密封透光与不严密等情况出现；部分密封材料存在着不耐高温情况。风道组合风阀由若干单体阀所构成，区间隧道风阀的面积相对较大，大致为$10\sim20m^2$，需多个单体的阀才可构成一个风阀，其密封材料实际用量相对较大，框体与叶片相互间、叶片相互间、单体阀相互间需依赖于密封材料才可确保漏风量降低。如果密封材料存在着密封不严或火灾中极易变形等问题，则风阀实际漏风量会相对较大一些，系统排烟与通风效果必然大打折扣。当火灾来临时很难确保楼板、墙体开口位置防烟防火能力。

3. 风阀的执行器

部分风阀的执行器存在着不耐高温情况，所采取隔热保护的措施往往缺乏合理性及可靠性。风阀的执行器通常不可设置于排烟道中，但因地铁风道相对较大，如果无法避免将其设置于排烟道处，则必须采取有效的隔热防护手段，确保其能够与风机维持同样耐温性。具体应用期间，发现风阀的执行器并未采取有效的隔热防护手段,即便采取了这项措施,所采取隔热保护的措施也往往缺乏合理性及可靠性,以至于部分风阀所在执行器存在着不耐高温的情况。部分风阀所在执行器存在着可靠性较低的情况,出现接受控制的信号之后,风阀往往无法做出关闭或者开启动作,这一状态下若发生了火灾,则必会造成较为严重的后果。

4. 风阀的承压要求

在风阀的承压性能方面,往往很难达到实际的需求,地铁处安装的屏蔽门在列车实际运行最高的时速条件下,极易形成超出风阀承压范围的压差,风阀叶片必须自如地做出启动与关闭动作,不影响泄漏率,但要求阀体结构强度较高,且驱动装置可维持正常运转状态。为保证风阀在应有使用寿命期间、承受运行状况下最大的压差期间,还能够处于正常的启动与关闭状态,风阀承压需充分考虑到安全系数。部分厂家为将制造成本降低,节约风阀产品叶片、底框材料、叶片支撑的轴承等,致使整体结构刚度与强度均相对较低,承压性能减弱;部分风阀在使用多年之后,有锈蚀情况出现,叶片变形较为严重、打不开或者关不严问题较为突出,已经很难满足实际的使用需求,使用寿命也随之减少。

5. 风阀的漏风率

因风阀实际尺寸相对较大,漏风率需相比一般民用建筑物实际定值大很多,才可确保火灾当中起到良好阻烟火与系统烟气的排放效果。那么,为确保风阀低泄漏,应充分考虑搭配侧密封及叶间的密封处理,建议依据国外相关实践经验与标准,科学合理地设计漏风率指标。

3.2.6.2 风阀的技术发展

目前,国内地铁、隧道通风行业用组合风阀执行器的厂商大多以前从事工控行业,组合阀执行器延续了工控执行器的技术特点,改造以适应地铁通风环境;单体风阀和防火排烟阀用执行器厂商大多从事暖通行业,水暖用执行器为防止阀门出现水锤需运行速度较慢,而风阀执行器需空气流动快,防火排烟为保证安全需要动作更快。行业不同、产品特点不同导致技术领域不同,也由此导致国内几乎无一家厂商将所有风阀执行器生产齐全。

地铁隧道风阀作为地铁隧道通风环控系统的重要设备之一,它的可靠性直接关系到系统的可靠性,地铁隧道风阀必须满足能耐高温且低泄漏、低流阻的要求,但目前的地铁隧道风阀由于整体结构设计存在缺陷,不能完全满足要求,因此,研发一种耐高温、低泄漏、低流阻、承压高的地铁隧道风阀迫在眉睫。

随着技术的不断进步和普及,地铁智能风阀系统在未来几年将迅速发展,技术和性能也将不断提升,从而有力地改善地铁运行环境,提高地铁安全性和舒适度。

3.2.7 消声器

地铁噪声主要包括轮轨相互作用的噪声、轮轨相互作用产生的振动生成的二次结构噪声、隧道通风机噪声和地下站通风机噪声。除了二次结构噪声外,上述噪声都是通过风道从风亭风口排放到外环境中。为消除这些噪声,需在风管上和风道中设置消声器。

3.2.7.1 消声器配置及形式

1. 消声器分类

消声器的种类繁多,根据消声原理,可分为以下 3 类:阻性、抗性和复合式消声器。

1) 阻性消声器

阻性消声器是利用声波在多孔性吸声材料或吸声结构中传播,因摩擦将声能转化为热能而散发掉,使沿管道传播的噪声随距离而衰减,从而达到消声目的的消声器。把吸声材料固定在气流通道内壁或者按照一定的方式在管道中排列起来,就构成了阻性消声器,与电学类比,吸声材料就相当于电阻,故称阻性消声器。阻性消声器适用于消除高频和高中频为主的噪声。

常用阻性消声器分为以下 6 类。

（1）直管式：直管式消声器是结构最简单的一种阻性消声器，吸声材料直接布置在管道内壁，根据管道的需要可以是圆形或方形。由于只有一个气流通道，适合流量不大的情况使用。

（2）片式：片式消声器适合较大风量和较大管道情况使用。由于把大的管道分成多个尺寸较小的消声通道，既可以保持较大的气流通道，又增加了气流通道的吸声材料的周长，使之具有较好的消声效果。

（3）蜂窝式：蜂窝式消声器的结构特点类似于片式消声器，只是为了进一步减小每一个消声器通道截面尺寸，把整个大的通道分成多个蜂窝式小的消声通道。

（4）折板式：折板式消声器是在片式消声器的基础上，增加气流通道的长度和弯曲，增加噪声和吸声材料的接触时间，减少高频噪声的直接投射，适当地增加了消声效果，但是和片式消声器比较阻力也要增加。

（5）声流式：声流式消声器类似于折板式消声器，只是为了减小阻力，把通道加工成声流式。声流式消声器阻力较低，但是结构较为复杂，加工难度较大。

（6）弯头式：弯头式消声器是一种气流管道弯曲的消声器，多用于通风空调房间进风、排风中。

2）抗性消声器

抗性消声器是通过管道截面的突变处或旁接共振腔等在声传播过程中引起阻抗的改变而产生声能的反射、干涉，从而降低由消声器向外辐射的声能，以达到消声目的的消声器。是一种将声波反射回到声源的消声器。在其内采用膨胀和共鸣器等结构使阻抗失配以反射声波。抗性消声器的最大优点是不须使用多孔吸声材料，因此在耐高温、抗潮湿、对流速较大、洁净要求较高的条件下均比阻性消声器好。抗性消声器适用于消除中、低频噪声。

常用阻性消声器分为以下 2 类。

（1）扩张室式：又称膨胀式消声器，由各个扩张室与连管连接起来组成。它是利用横断面积的扩张、收缩引起声波的反射与干涉来进行消声的。其消声性能主要取决于扩张室的扩张比和长度。

（2）共振腔式：利用共振结构的阻抗引起声波的反射而进行消声。它由小孔板和共振腔构成。主要用于消除低频或中频窄带噪声或峰值噪声。结构简单，空气阻力小。

3）阻抗复合式消声器

阻抗复合式消声器就是把对高、中频噪声消声效果显著的阻性消声器及对中、低频噪声消声效果显著的抗性消声器组合构成。由于声波的波长比较长，阻性和抗性消声器复合在一起时有声的耦合作用，互相有影响，不能看作简单的叠加关系。

由于通过风亭对外产生噪声的风机体量均较大，消声器也多设置在风机进口及风道处，单个消声器的截面积较大，小的在 $2m^2$ 左右，大的甚至可达 $30m^2$ 以上。根据实际情况，地铁实际工程中多采用阻性消声器，目前常用的主要有片式消声器和阵列式消声器，这两种消声器均属于国家标准 GB/T 36079—2018 定义的单元并排式阻性消声器。

2. 消声器的现状分析

消声器的降噪性能通常用插入损失或传递损失表征，消声器（消声通道）的长度是决定其降噪性能的重要参数。流通比是消声器横截面空气流通面积与总面积的比值，是影响消声器空气动力性能的重要因素。增大流通比便于空气流通、降低气动阻力，但流通比过大会显著降低消声器的降噪性能。

目前在城市轨道交通车站通风系统噪声控制工程实践中，应用最多的是金属外壳或土建结构形式的片式与阵列式消声器。金属外壳式消声器由消声片、外壳、法兰组成，主要用于通风机进出口两端，直接与风机前后的变径相连接。金属外壳式消声器采用"田"字形组合思想，化整为零，在现场组装成整体。具有运输、装卸、现场安装方便，损伤概率低等优点。在地铁中，金属外壳式消声器一般安装在 TVF、TEF、UPE/OTE 风机和回排风机等的进出口和系统管道上，用于消除风机产生的噪声。结构片式消声器由消声片组成，主要用于进、排风土建风道内。

阵列式消声器采用规格一致的柱状吸声体和框架支撑结构，吸声体可以在消声器的宽度和高度方向上灵活调整，特别是对于紊乱的气流流场具有较好的自适应能力；可提升降噪的频带宽度和降噪量值，减小系统压力损失，还可提高生产效率，方便运输、贮存和安装。在保证同样降噪效果的情况下，降低通风系统的运行成本。阵列式消声器自 2008 年研发成功以来，已迅速获得国内外专家和大量用户的高度认可，已经在深圳、广州、西安、长沙、成都、宁波、东莞、重庆、福州等多个国内地铁项目中得到应用。实践证明，阵列式消声器具有性能优异、质量可靠、安装简便、节能环保等优点。在相同的流通面积下，阵列式消声器的消声量远大于片式消声器。同时，由于阵列式吸声体厚度也大于片式消声片的厚度，其低频消声性能还会优于片式消声器；阵列式消声器的片间距小于片式消声器，其高频失效截至高于片式消声器，消声效果更好。典型阵列式消声器截面如图 3.2-14 所示。

图 3.2-14　典型阵列式消声器截面

对于片式消声器而言，片间距越小，消声量越大，但风速增加，导致阻力损失上升。一般吸声片厚为 150~300mm，片间距为 100~200mm，加大吸声片厚度可增加对中低频噪声的吸声量。阵列式消声器在片式消声器的基础上进一步优化，增加了周长/面积比，吸声体横截面尺寸通常选在 200~400mm，片间距通常在 100~300mm。消声插片所采用吸声材料的特性及厚度影响消声器的优势消声频率。常见阵列式消声器的消声插片有效吸声厚度在各方向上较为均一，其优势频率会随横截面布置的不同整体倾向于中高频或低频。

3.2.7.2　消声器的技术发展

传统片式消声器的消声片由金属穿孔板内填含包覆层的玻璃纤维棉构成。目前经过应用发现，由于玻璃纤维棉耐候性差，长期使用后材料容易出现板结、纤维断裂，造成吸声性能的显著降低，从而影响消声器的降噪效果。亟须发展新型吸声材料来替代传统玻璃纤维棉吸声材料，解决玻璃纤维棉耐候性差、长期使用后造成吸声性能降低的弊端。阵列式消声器较传统的片式在消声效果、运输安装难易程度、风阻均具有明显优势，建议目前在没有新技术迭代的情况下可以推广使用。

随着人民生活水平的提高，城市居民对噪声的要求也越来越高，近些年对于轨道交通噪声的投诉也越来越多，消声降噪的发展方向应该是使用先进的声学模拟软件，提升产品降噪的准确性与计算结果的直观性，借助物理学和数学的思维模式，推动声学领域跨学科基础研究的建设。同时也在新材料、新构造、有源降噪和有源隔振技术等领域进行深入研究和产品开发。

3.3　通风空调设备统计数据分析

本报告在数据调研时，得到了国内广大运营单位的大力支持，收集到数十家运营单位上百条已运营开通线路各项设备使用资料，经过分析整理，对其中通风空调设备进行分类统计，供行业相关单位和专业技术人员进行参考和分析研究。

3.3.1 冷源设备

3.3.1.1 水冷螺杆机组市场分析

从统计的 230 条城市轨道交通线路（含延长线、支线工程）分析（如图 3.3-1 所示），国外或合资品牌中顿汉布什、开利、麦克维尔分别中标 83 条、37 条、18 条城市轨道交通线路，市场占有率分别为 36%、16%、7.8%。国产品牌中格力中标或参与线路 34 条、美的 28 条、海尔 22 条市场份额占比前三，市场占有率分别为 14.8%、12.2%、9.6%。顿汉布什在城市轨道交通冷水机组中市场占有率处于相对领先地位。

2000 年之后国内城市轨道交通高速发展，国外或合资品牌凭借技术和品牌优势在城市轨道交通领域迅猛发展，国外或合资品牌在城市轨道交通市场总体占有率较高。近年来国产品牌在技术创新、市场营销能力方面逐渐提升，市场份额逐渐提升，已占据主导地位。

统计数据分析发现，22 条线路全线或试点采用磁悬浮离心冷水机组，国产品牌占绝对多数并慢慢占据市场主导地位。

3.3.1.2 蒸发冷凝机组市场分析

从统计的 46 条轨道交通线路（含延长线、支线工程）对蒸发冷凝机组从品牌格局进行分析（如图 3.3-2 所示），国祥、申菱、华德、海尔中标数量分别为 13、8、8、4 条，市场占有率分别为 28.3%、17.4%、17.4%、8.7%，目前轨道交通蒸发冷凝机组市场国产品牌厂家市场份额占绝大多数，且多数线路为 2015 年之后建设线路。

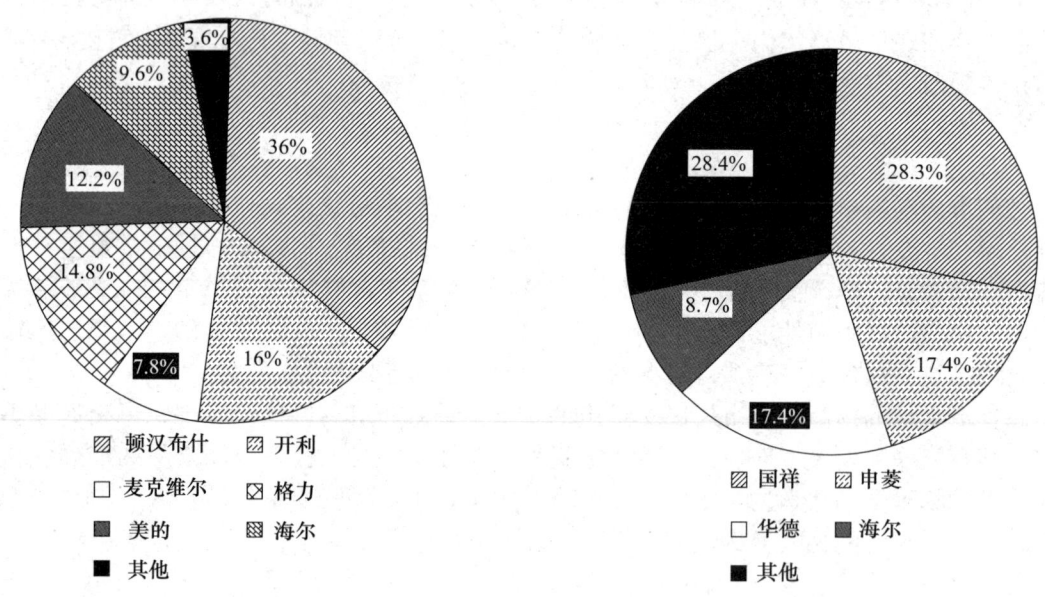

图 3.3-1　城市轨道交通冷水机组市场占比　　　图 3.3-2　城市轨道交通蒸发冷凝机组市场占比

注：同一条线路存在多个品牌供货情况

3.3.1.3 多联机空调市场分析

基于收集统计的 147 条城市轨道交通线路（含延长线、支线工程）分析多联机空调系统的品牌格局（如图 3.3-3 所示），外资品牌东芝、大金、三菱市场占有率相对较高，中标线路分别为 33、19、4 条，市场占有率分别为 22.5%、12.9%、2.7%。合资品牌海信日立中标 5 条线路，市场占有率为 4.3%。国产品牌中美的、格力、海尔全线或部分中标线路数分别为 29、29、28 条，市场份额相当，分别占比 19.7%、19.7%、19.1%，从数量看在国内城市轨道交通多联机空调市场处于第一梯队。

3.3.1.4 直膨式空调机组市场分析

城市轨道交通建设中采用直膨式空调机组的线路相对较少,纳入统计城市轨道交通线路总数14条,其中郑州4条线路、洛阳全部2条线路采用直膨式空调机组,北京、石家庄、太原、上海、宁波等各有1条线路。从品牌市场占有率分析,申菱中标线路5条、华德中标线路3条、清华同方和格力各中标2条,市场占有率分别为38.4%、23%、15.4%、15.4%,如图3.3-4所示。

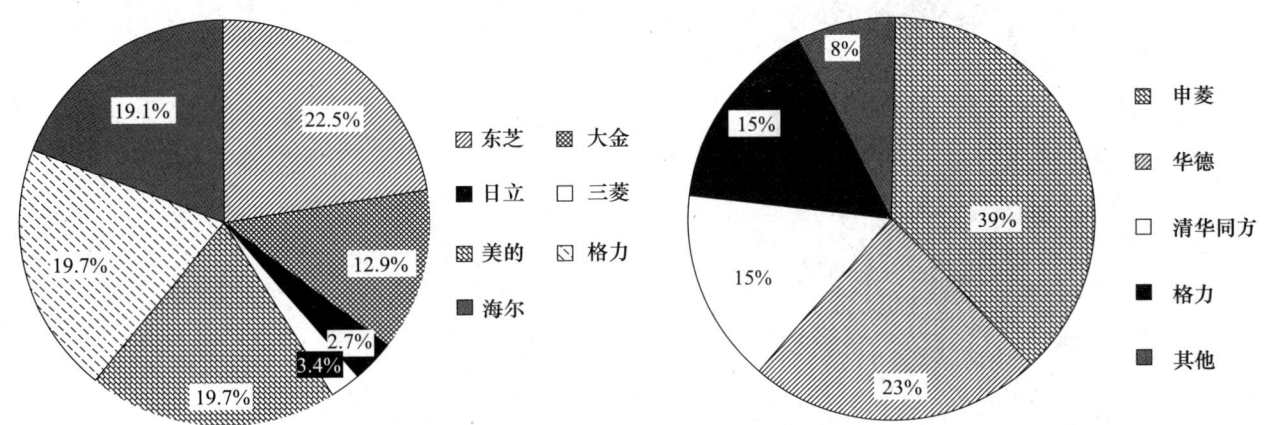

图3.3-3 城市轨道交通多联机空调系统市场占比 图3.3-4 城市轨道交通直膨式空调机组市场占比

注：同一条线路存在多个品牌供货情况。

3.3.2 末端处理设备

截至2023年8月,共调研统计了全国33座城市163条线路的末端处理设备使用情况。各线路末端处理设备主要分布为组合式空调机组、柜式空调机组及风机盘管机组,还有变风量空调箱、大表冷器等设备。统计线路中组合式空调机组有5484台,柜式空调机组有5361台,风机盘管机组有10252台,变风量空调箱有450台,大表冷器有323台,以及其他未注明具体类型的末端设备1497台。

3.3.2.1 组合式空调机组市场分析

统计线路中应用的组合式空调机组品牌主要包括格力、美的、顿汉布什、开利、海尔、天加、盾安、麦克维尔、风神、国祥、约克、欧科、华德、创元、日立、申菱、特灵、克莱门特、松下、业畅等国内外品牌。其中格力使用设备数量最多,约有1323台,占比24.1%;其次是开利,约有404台,占比7.4%;市场占比的前几名还有天加388台(占比7.1%)、美的370台(占比6.7%)、顿汉布什264台(占比6.6%)、风神320台(占比5.8%)、海尔312台(占比5.7%)、盾安271台(占比4.9%)、国祥240台(占比4.4%)、麦克维尔223台(占比4.1%),等等。如图3.3-5所示。

3.3.2.2 柜式空调机组市场分析

统计线路中应用的柜式空调机组品牌主要包括格力、美的、开利、麦克维尔、顿汉布什、盾安、海尔、开利、风神、欧科、约克、申菱、特灵、清华同方、国祥、克莱门特、天加、贝莱特、申海等国内外品牌。其中格力使用设备数量最多,约有826台,占比15.4%;其次是开利,约有793台,占比14.8%;市场占比的前几名还有美的689台(占比12.9%)、麦克维尔412台(占比7.7%)、顿汉布什361台(占比6.7%)、盾安349台(占比6.5%)、海尔330台(占比6.2%)、风神205台(占比3.8%),等等。如图3.3-6所示。

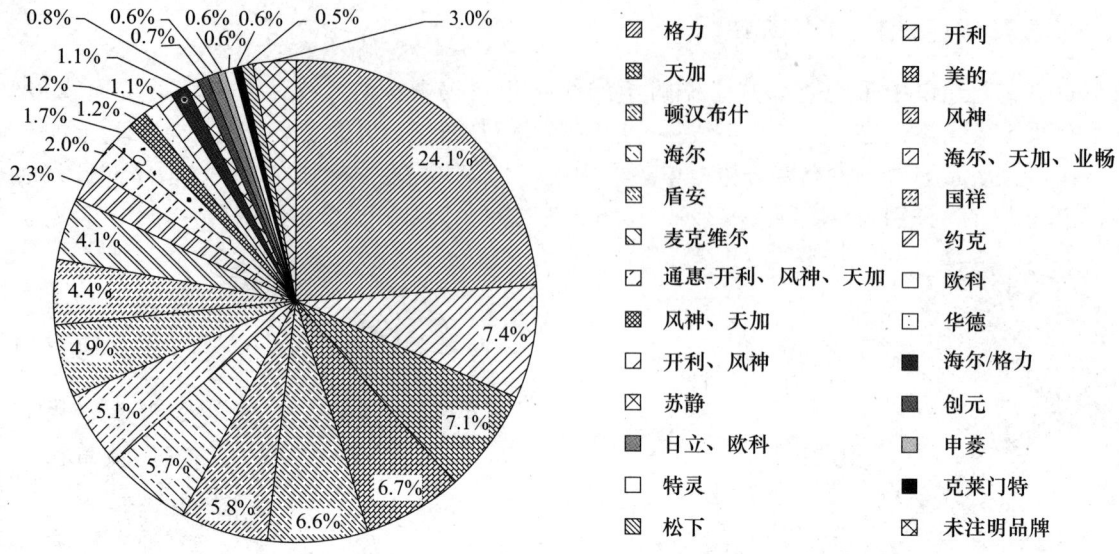

图 3.3-5 组合式空调机组各品牌占比

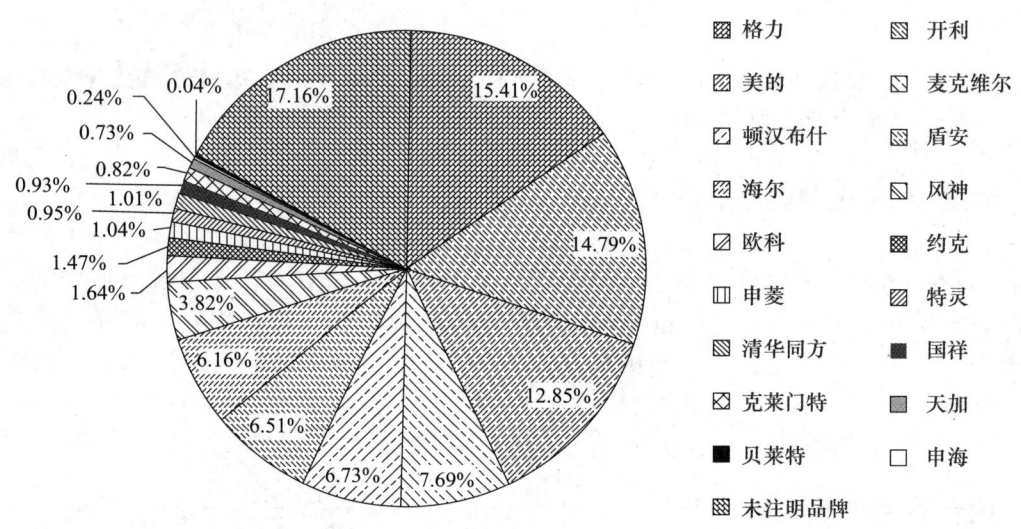

图 3.3-6 柜式空调机组各品牌占比

3.3.2.3 风机盘管机组市场分析

统计线路中应用的风机盘管机组品牌主要包括美的、格力、天加、海尔、特灵、约克、盾安、海信、国祥等国内外品牌。其中美的使用设备数量最多，约有 2223 台，占比 21.7%；其次是格力，约有 1412 台，占比 13.8%；市场占比的前几名还有天加 1364 台（占比 13.3%）、海尔 439 台（占比 4.3%）、特灵 437 台（占比 4.2%）、约克 282 台（占比 2.8%）、盾安 227 台（占比 2.2%），等等。如图 3.3-7 所示。

3.3.3 风机

本次调研共统计分析了 183 条线路隧道风机、射流风机、排热风机和小型通风机设置情况，目前轨道交通市场上主要风机品牌有浙江上风、浙江金盾、江苏中联、湖北三峰（原湖北风机厂）、浙江双阳、南方风机等。其中市场占比（图 3.3-8）：浙江上风 35.52%、浙江金盾 21.31%、江苏中联 10.38%、湖北三峰（原湖北风机厂）6.01%、浙江双阳 5.46%、南方风机 5.46%。同时上鼓风机、上海科禄格、上海池辉、上海瑞西、上海德惠、上海冰晶、上海鼓风机厂、陕鼓动力、德州亚太、浙江上虞、浙江亿利达、江苏申海、沈鼓、703所、安瑞、德国 AEG、伦登风机、豪顿华、英飞同仁等风机品牌也有零星应用。

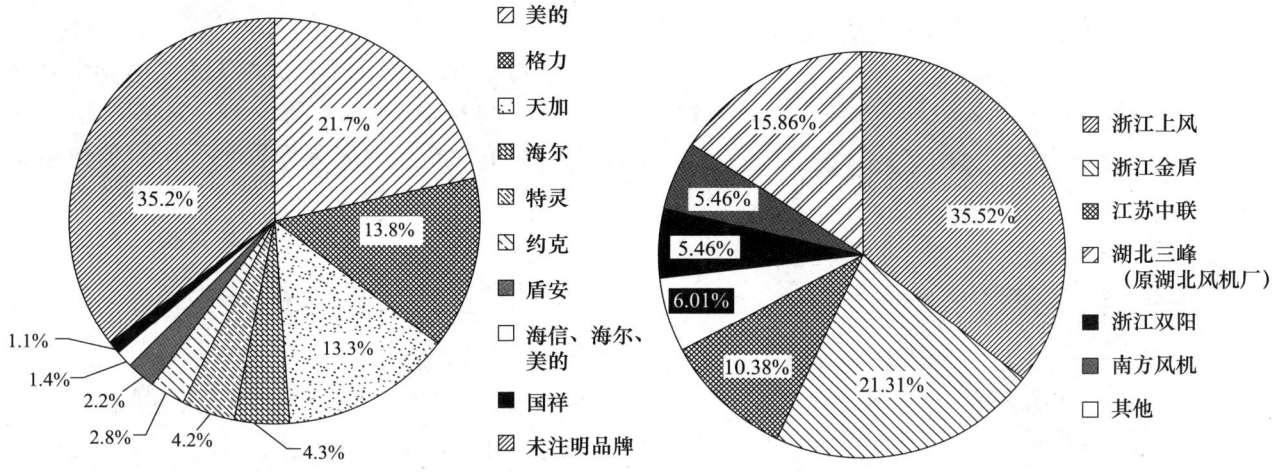

图 3.3-7　风机盘管机组各品牌占比　　　　图 3.3-8　各品牌风机市场占比示意图

3.3.4　冷却塔

冷却塔调研数据来源于全国 160 余条地铁线路，分布于全国 28 个城市。轨道交通冷却塔主要设备类型为方形横流冷却塔，主要安装方式为地面安装，水量范围主要集中在 150～500m³/h 之间。本次调研统计的设备总量约为 5560 台，品牌主要包括览讯、良机、上风、新菱、明新、马拉松、荏源、元亨、斯频德、上海金日、盾安、国祥、BAC、马利、济南秦泰、沃菲特、凌电、锦辉、金光等。调研范围内的设备经过统计计算：览讯占比约为 29%，上风占比约为 10%，其他产品占比约为 61%，如图 3.3.9 所示。

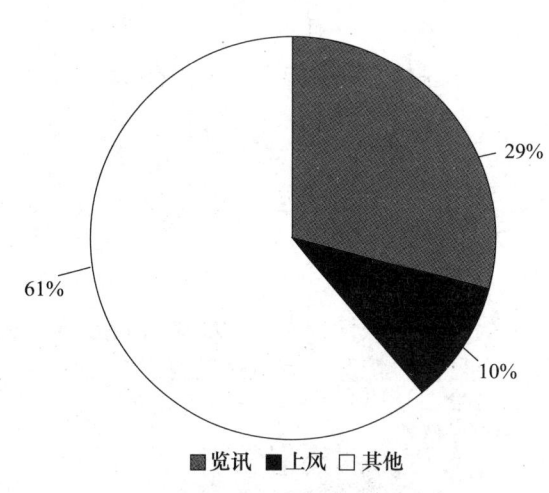

图 3.3-9　冷却塔品牌占比情况

3.3.5　水泵

水泵调研数据来源于全国 130 余条地铁线路，分布于全国 28 个城市。轨道交通空调水泵主要设备类型为卧式离心泵和立式离心泵，水泵流量范围主要集中在 100～250m³/h 之间。本次调研统计的设备总量约为 8000 台，品牌主要包括格兰富、山东双轮、凯泉、威乐、上海熊猫、阿姆斯壮、清华同方、荏原、东方泵业、连城、赛莱默、南方、盾安等，调研范围内的设备经过统计计算：上海凯泉占比约为 17%，赛莱默占比约为 17%，荏原占比约为 16.5%，格兰富占比约为 10%，威乐占比约为 10%，山东双轮占比约为 7%，其他品牌占比约为 22.5%，如图 3.3-10 所示。

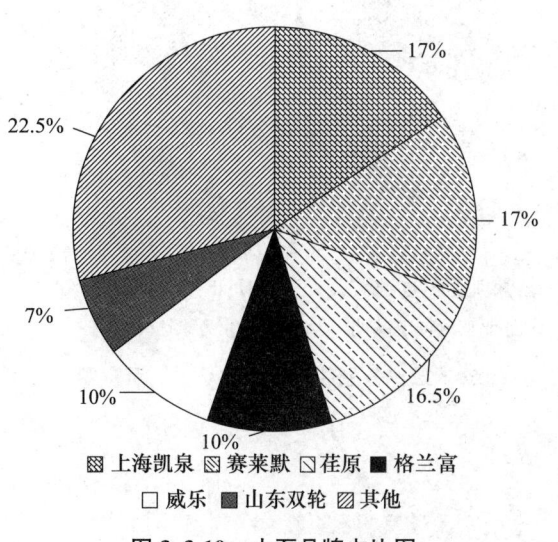

图 3.3-10　水泵品牌占比图

3.3.6 风阀

本次调研共统计分析了 216 条线路电动组合式风阀、70℃防火阀、280℃防火阀、70℃电动防火阀、电动调节阀和其他风阀设置情况，目前轨道交通市场上主要风阀品牌有北京吉盛、华东正大、北京汉威、TROX、浙江上风、江苏新扬、浙江金盾等。其中市场占比：北京吉盛 39.35%、华东正大 12.04%、北京汉威 8.80%、TROX7.87%、浙江上风 6.02%、江苏新扬 3.24%、浙江金盾 2.78%，如图 3.3-11 所示。同时广东康道、江苏中联、江苏欣盛、江苏慧聪、江苏溧阳、江苏中亚、江苏三燕、江苏靖江春意、无锡泰衡、上海池辉、上海进基、上海显隆、上海上仪、上海浒江、上海航海仪器厂、上海进基吉盛、山东金光、德州亚太、汉伟利源、田中空调、凯恩特、博力谋等风阀品牌也有零星应用。

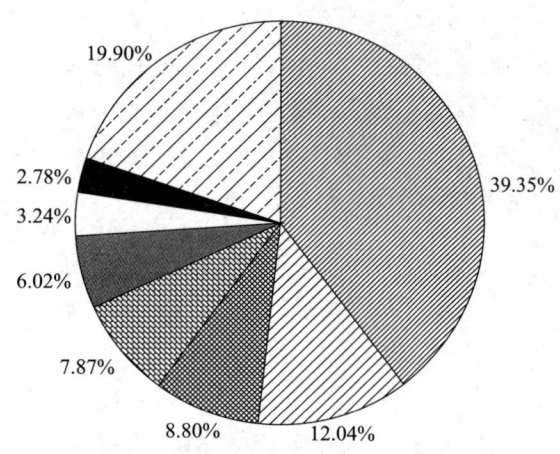

图 3.3-11　各品牌风阀市场占比示意图

3.3.7 消声器

本次调研共统计分析了 195 条线路金属外壳片式、金属外壳矩阵式、土建片式、土建矩阵式和管道式消声器设置情况，目前轨道交通市场上主要消声器品牌有深圳中雅、浙江金盾、四川正升、浙江上风、北京绿创、华东正大、北京万讯达等。其中市场占比：深圳中雅 18.46%、浙江金盾 11.79%、四川正升 11.28%、浙江上风 9.74%、北京绿创 9.74%、华东正大 9.74%、北京万讯达 5.64%，如图 3.3-12 所示。同时浙江双阳、上海显隆、上海静源、上海进基、上海申华、上海池辉、上海五灵风机、江苏新扬、江苏申海、靖江春意空调、无锡泰衡、南京创元、山东格瑞德、远兴等消声器品牌也有零星应用。

因为时间有限，统计数据难免有差漏，以上产品应用情况及品牌市场格局仅局限于所统计的样本范围内。轨道交通通风空调系统技术的发展，离不开众多设备生产厂家的大力支持，下面主要列举在轨道交通领域相关的通风空调设备生产厂家。

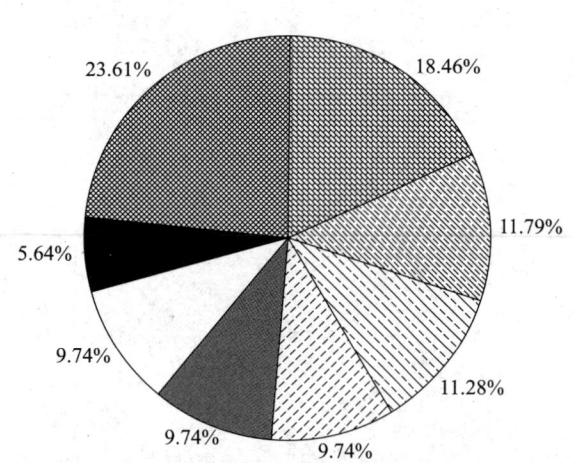

图 3.3-12　各品牌消声器市场占比示意图

3.4 通风空调系统设备生产

3.4.1 珠海格力电器股份有限公司

3.4.1.1 概况

珠海格力电器股份有限公司成立于1991年，1996年11月在深交所挂牌上市。公司成立初期，主要依靠组装生产家用空调，现已发展成为多元化、科技型的全球工业制造集团，产业覆盖家用消费品和工业装备两大领域，产品远销190多个国家和地区。

公司现有近8万名员工，其中研发人员及技术工人5万人。在国内外建有77个生产基地，覆盖从上游生产到下游回收全产业链，实现了绿色、循环、可持续发展。公司现有16个研究院、152个研究所、1411个实验室、1个院士工作站（电机与控制），拥有国家重点实验室、国家工程技术研究中心、国家级工业设计中心、国家认定企业技术中心各1个，同时成为国家通报咨询中心制冷设备研究评议基地、国家标准验证点（制冷设备节能）。

坚持创新驱动。提出研发经费"按需投入、不设上限"。经过长期沉淀积累，截至2024年2月，格力电器累计申请专利119550件，其中发明专利64352件；累计获得国内外发明专利授权20668件。是唯一一家连续七年进入中国发明专利授权量前十的家电企业。现拥有44项"国际领先"技术，累计获得国家科技进步奖2项、国家技术发明奖2项、中国专利金奖3项、中国外观设计金奖3项、日内瓦发明展金奖14项、纽伦堡发明展金奖10项。

3.4.1.2 轨道交通业绩

截至2023年，格力已成功服务37个城市、近200条地铁线路、22个大型机场项目、130多个铁路枢纽站，是城市轨道交通领域最大空调设备供应商。服务内容包括北京地铁、杭州地铁、天津地铁、广州地铁、深圳地铁等全国主要城市多条线路，除了各地铁站点，还涉及深圳地铁轨道交通网络运营控制中心（NOCC）、武汉地铁总部大楼等大型轨道交通项目，广州南站、大张铁路等大型铁路枢纽站，北京大兴国际机场、广州白云机场等大型机场项目。

其中，深圳地铁四期12号线全线25个站点采用高效机房设计，机组采用永磁变频螺杆式冷水机组，实际运行1年，2023年1—11月其运行数据经第三方检测机构合肥通用机电产品检测院有限公司检验，25个站点平均机房能效达到5.74，高效示范站新安公园站机房能效达到7.17。洛阳地铁2号线全线15个站点采用磁悬浮直膨系统，2023年7—9月其运行数据经第三方检测机构合肥通用机电产品检测院有限公司检验，高效示范站市民之家站机房能效达到7.25，空调系统能效达6.03，被评为"国际领先"。

3.4.1.3 产品系列

1. LHVE永磁同步变频螺杆式冷水机组

历经十余年的发展，格力积累了丰富的螺杆机研制和应用经验，现年产各类制冷螺杆压缩机3000台，在建生产基地总投资15亿元，压缩机年产能提升9000台。格力LHVE系列永磁同步变频螺杆式水冷冷水机组（如图3.4-1所示）是专为提高效率、减少运行成本而设计的，产品采用先进的半封闭永磁同步变频螺杆式压缩机、最新的高效降膜式换热器、24V全直流控制变频器、环保制冷剂R134a，全系列性能达到1级能效、超高的可靠性，保证机组长期稳定运行、高效节能。

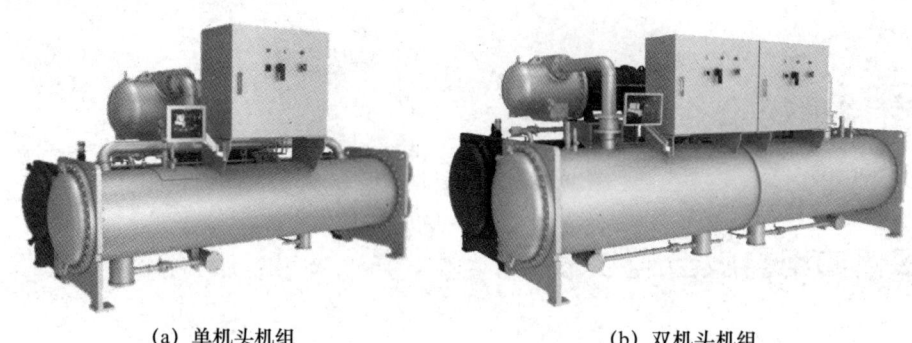

(a) 单机头机组　　　　　　　　　(b) 双机头机组

图 3.4-1　LHVE 永磁同步变频螺杆式冷水机组

机组冷量范围：100~700RT（350~2461kW），名义工况下（冷水出水温度 7℃，冷却水进水温度 30℃）COP 可达 6.6。

2. CCE 系列磁悬浮变频离心式冷水机组

格力 CCE 系列磁悬浮变频离心式冷水机组（图 3.4-2），冷量范围：100~1300RT（350~4570kW），具有全球领先的性能系数，按 GB/T 18430.1—2007 标准工况，COP 高达 6.95，机组 IPLV 高达 9.78，实现满负荷、部分负荷"双一级能效"，相比常规离心机更节能高效。

3. 水冷磁悬浮直接制冷机组

冷量范围：60~140RT（210~500kW），直接制冷系统采用制冷剂直接膨胀蒸发的方式进行降温除湿后送风，省去了空调冷水循环系统，无需二次换热能耗，集成冷水机组和组合式空调箱功能，特别适合在地铁站、高铁站、火车站等大型轨道交通场站中应用。水冷磁悬浮直接制冷机组如图 3.4-3 所示。

图 3.4-2　CCE 系列磁悬浮变频离心式冷水机组　　　图 3.4-3　水冷磁悬浮直接制冷机组

4. 智能群控

以格力机组为中心的空调系统研发的一套节能智慧控制系统，解决空调系统冷量输配过剩、机组能耗高、系统综合能效比 EER_s 过低等问题，实现空调系统智能化控制。通过完备的弱电、强弱电一体硬件解决方案，实现对下控电机设备进行控制，实现节能逻辑、自动化运行。提供工作站监控平台用于人机交互、参数查看、用户操作、数据记录、故障报警、运维管理等，实现远程监控功能。

支持 C/S 与 B/S 架构；提供手机小程序、APP、网页端可远程登录管理界面，查看实时数据，故障信息以发送短信或邮件形式及时有效反馈机房实时运行状况，掌握基本运行信息。系统架构如图 3.4-4 所示。

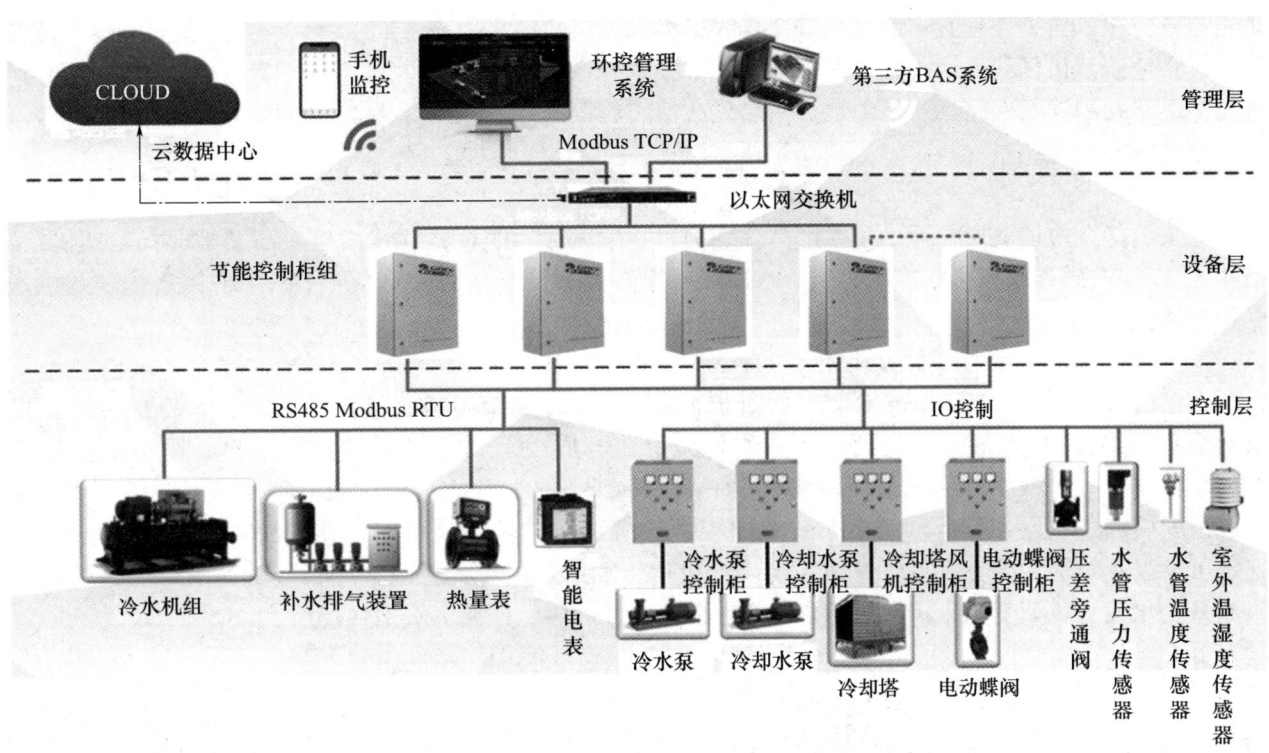

图 3.4-4 格力高效环控系统架构

3.4.2 克莱门特捷联制冷设备（上海）有限公司

3.4.2.1 概况

克莱门特成立于 1971 年，是欧洲最大的跨国中央空调设备生产厂家，公司仅在意大利的员工超过 3000 名。成立以来，公司一直将科研和技术更新放在首位，积极吸收最先进的专业技术，以适应市场的需要，迎接新的挑战。公司拥有独立的开发研究机构，主要从事空调制冷系统及产品的环保节能，以及新工艺、新产品的研究开发工作。

克莱门特于 1987 年取得 AHRI 及 UNI9018 等标准证书，1992 年取得 ISO9001 产品质量证书。作为中央空调领域富于创新的世界一流公司，面对复杂的市场环境，克莱门特不断努力，以技术革新来迎接挑战，适应市场需求。克莱门特拥有一所全电脑控制的测试室，是在意大利唯一被政府认可作为第三方测试的设备。所有的产品在出厂以前都经过严格的测试，模拟真实使用情况，并且开展相应的老化试验。

20 世纪 80 年代，克莱门特进入中国。2003 年，克莱门特捷联制冷设备（上海）公司成立，2004 年，克莱门特上海工厂建成投产，克莱门特在中国的发展进入了一个全新的阶段。克莱门特上海工厂占地面积 10 多万 m^2，厂房面积 8.5 万 m^2。生产的主要产品有：风冷户式冷水（热泵）机组、模块式风冷冷水（热泵）机组、大型整体式风冷冷水（热泵）机组、水冷冷水机组、地源热泵机组、热回收机组、末端产品等。

克莱门特上海工厂采用意大利原厂管理和原厂技术人员，拥有精湛的技术、先进的生产加工及测试设备和成熟完善的管理经验，选用优质的原材料及配件，生产的产品面向中国、辐射亚洲、返销欧洲，深受广大客户的欢迎。

3.4.2.2 轨道交通业绩

截至 2023 年，克莱门特空调设备在轨道交通领域应用广泛，服务北京地铁、上海地铁等头部轨道交通运营公司，典型工程有：北京地铁7号线工程、北京地铁昌平线二期工程、北京地铁6号线西延工程、北京地铁新机场线一期工程、北京地铁昌平线南延工程、北京地铁3号线一期工程、上海地铁14号线金粤路站和锦绣东路站、上海地铁1号线改造工程等。

3.4.2.3 产品系列

克莱门特在轨道交通领域的主要产品分别为水冷（变频）螺杆式冷水机组、高端组合式空调机组、整体式/模块式磁悬浮离心式冷水机组、水冷磁悬浮直接蒸发式空调机组、冷水机组群控系统以及机房专用空调。

1. 水冷（变频）螺杆式冷水机组

克莱门特 FOCSWATER.E-INV（如图3.4-5所示）是克莱门特新推出的高效型水冷螺杆冷水机组，全系列COP及IPLV均达到中国一级能效标准，同时取得了美国空调、供热及制冷工业协会AHRI标准认证。FOCSWATER.E-INV系列采用最新开发的W3000中文微电脑控制器、高效变频压缩机搭配满液式蒸发器设计，相对于传统定频螺杆机组系统较优化匹配，其集高效节能、绿色环保、稳定可靠以及结构紧凑等特点于一体，可广泛应用于酒店、医院、企业、办公楼等场所。尤其适用于人流量变化大、负荷变化比较大的场合，如轨道交通、酒店、医院等舒适性场所。

(a) FOCSWATER.E-INV系列　　　　　　　(b) FOCSWATER.E系列

图 3.4-5　水冷（变频）螺杆式冷水机组

2. 高段组合式空调机组

轨道交通项目是一个相对复杂的系统工程，和其他公共建筑相比有着很鲜明的特点，其中最显著的就是人流密度大，空气流动性差，新风量需求高，供冷供热区域相对集中，对空调设备运行稳定性要求高。这就要求科学系统地对待包括项目选型方案、安装与维护等各个阶段，保证空调系统能提供必要的温度、湿度环境。

克莱门特"行家"系列高端组合式空调机组，按照EN1886及EN13053欧洲行业标准设计、制造及测试，同时各项指标均达到中国国家标准。机组不仅可配置各种常规功能段，更推出了创新的半嵌式强弱电一体化变频控制柜（图3.4-6）和$PM_{2.5}$自清洗静电除尘器，为客户带来不一样的高品质空气体验。

3. 整体式/模块式磁悬浮离心式冷水机组

克莱门特水冷磁悬浮变频离心式冷水机组采用整体式和模块式设计（如图3.4-7所示），尤其适合运行时间较长、空调负荷较低的场合高效节能运行，不仅适合新建项目，而且适用于替代使用年限过长、运行能耗过高、存在安全隐患的老旧冷水机组。

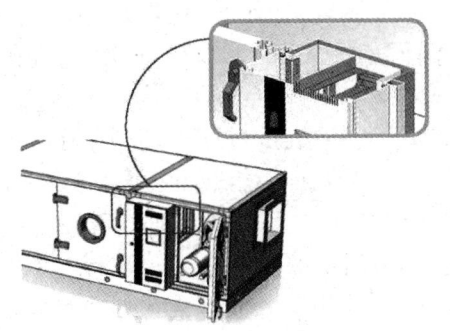
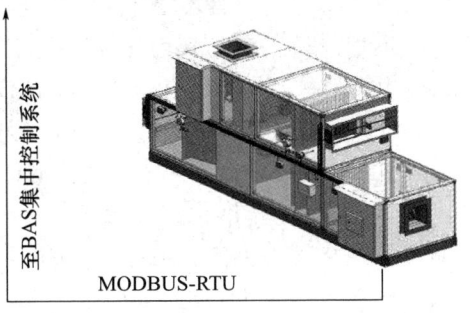

图 3.4-6 半嵌式强弱电一体控制柜

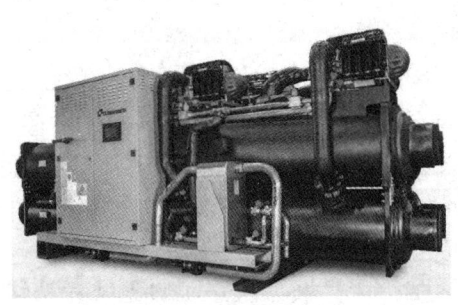

(a) 整体式水冷磁悬浮变频离心式冷水机组　　(b) 模块式水冷磁悬浮变频离心式冷水机组

图 3.4-7 整体式/模块式磁悬浮离心式冷水机组

4. 水冷磁悬浮直接蒸发式空调机组

经过对地铁空间需求的研究以及对空调技术发展前沿的跟踪，克莱门特成功研发出水冷磁悬浮直接蒸发式空调机组，创造性地将磁悬浮离心技术和欧洲屋顶机技术整合，将磁悬浮与直流电机完美结合（图 3.4-8），为地铁空间提供稳定、舒适的空气环境，同时节省机房空间及能源、降低了使用维护成本，将逐步代替城市轨道交通传统的冷水机组＋组合式空调机组的系统，成为新型轨道交通空调系统。

5. 冷水机组群控系统

图 3.4-8 无油磁悬浮变频离心压缩机

克莱门特冷水机组群控系统是管理多台冷水机组和相应外围设备（如：冷水泵、冷却水泵、冷却塔和各类电动阀门等）的一个自动控制系统。通过对多台冷水机组的启停控制，使总制冷量最优匹配建筑物的实时负荷，通过对相应外围设备的自动控制，使冷水机组在最可靠、安全和利于节能的条件下运行。

克莱门特冷水机组群控系统的使用可极大地提高设备管理的自动化程度，提高操作人员工作效率，同时保证稳定的冷水供水温度，降低冷水机组及系统能耗，延长冷水机组使用寿命。冷水机组群控系统中的监控终端为冷水机组的群控提供人机界面，通过这些图形界面，操作人员可方便、全面地掌控各个设备的运行状态，并通过修改各类控制参数使各受控设备在最佳的工况下运行。

3.4.3 皇家动力（武汉）有限公司

3.4.3.1 概况

皇家动力（武汉）有限公司（简称"皇家动力"）位于中国武汉，公司致力于为客户提供专业智能的通风系统解决方案，是一家集研发设计、生产制造、营销服务于一体的高新技术企业。

皇家动力核心技术源自英国皇家空气动力实验室（简称 RAE），RAE 成功地将研发飞机的高效机翼技术广泛应用于通风设备领域。公司建有严格符合中国国家标准 GB/T 1236—2017 和美国 AMCA 标准的空气动力性能检测实验室，采用先进的气动模拟设计软件，持续不断地研发高效节能的通风技术及设备，现拥有实用新型及发明专利 20 多项。皇家动力重视产学研相结合，长期与华中科技大学、武汉理工大学等知名高校及中国铁道科学研究院、中教能源研究院等权威科研机构进行交流合作。公司关注国家减碳节能的政策，是"全国风机标准化技术委员会"会员单位，并参与多项中国国家标准的起草修订。

皇家动力通过程序化管理不断提升公司的生产工艺，产品从原材料采购、设计、制造、检验到供货等各个环节均严格执行国际 ISO 管理体系、产品符合国家及相关行业标准，并取得国家能效等级认证、国家消防认证、国家防爆认证、中国环境保护产品认证等。

皇家动力拥有完善的销售和服务网络，在北京、上海、深圳、成都、西安等重要城市设有分公司，服务范围覆盖全国各大主要城市，能及时有效地为客户提供完善的售前、售中和售后服务。

3.4.3.2 轨道交通业绩

在国内同行业中，皇家动力的产品质量处于领先地位，被广大客户所认可，已被广泛地应用到轨道交通、工业建筑、医疗建筑、商用综合体、航空航天、生物医药、军民融合、援外等项目。

轨道交通代表性的项目有京沈高铁、京张高铁、蒙华铁路、郑万高铁、昌赣高铁、杭黄高铁、成自高铁、汕汕高铁、梅汕高铁、广汕高铁、郑济高铁、杭温高铁、湖杭高铁、汉孝城际铁路、长株潭城际铁路、太焦城际铁路、安九城际铁路、连徐城际铁路、珠机城际铁路、佛莞城际铁路、衢宁铁路、兴泉铁路、金甬铁路、玉磨铁路、杭绍台铁路、黄黄铁路、徐毕铁路、包银铁路、昌景黄铁路、天陇铁路、丽香铁路、浙江乐清湾市域铁路、广东清远磁浮、武汉光谷空轨、天津地铁 7 号线、北京地铁 15 号线望京西/大屯路东站换乘通道、重庆江北国际机场 T3B 航站楼及第四跑道工程旅客捷运系统、北京地铁 17 号线次渠停车场项目、丽江轨道交通 1 号线等重大工程。

公司凭借卓越的技术实力、创新能力和产品质量，在轨道交通隧道通风领域取得了显著的业绩和成就，为轨道交通的可持续发展作出了重要贡献。未来，公司将继续保持创新能力，推动轨道交通行业不断向前发展。

3.4.3.3 产品系列

1. AF 系列地铁隧道风机

地铁隧道风机如图 3.4-9 所示，叶轮尺寸 1120～2800mm，风量可达 1100000m³/h，压力可达 2800Pa，可单向或可逆运行，适用于隧道、铁路、地铁等送风、排风及消防排烟系统。

2. ADF 系列射流风机

射流风机如图 3.4-10 所示，叶轮尺寸 400～1800mm，风量可达 300000m³/h，轴向推力可达 3050N，可单向或可逆运行，适用于隧道、铁路、地铁等送风、排风及消防排烟系统。

图 3.4-9　地铁隧道风机

图 3.4-10　射流风机

3. RJF 系列诱导式节推风机

诱导式节推风机如图 3.4-11 所示，叶轮尺寸 250～1000mm，风量可达 16000m³/h，轴向推力可达 100N，出口风速可达 26.2m/s，适用于车站、机场、动车所、车辆段、停车场等送风、排风及消防排烟系统。

图 3.4-11 诱导式节推风机

4. JC-M 智能风机安全管理系统

风机安全监测系统柜如图 3.4-12 所示，智能风机安全管理系统如图 3.4-13 所示，适用于隧道风机等动力设备的振动及松动检测与预警，系统主要由传感器、采集器、集中器、远程工作站等组成。

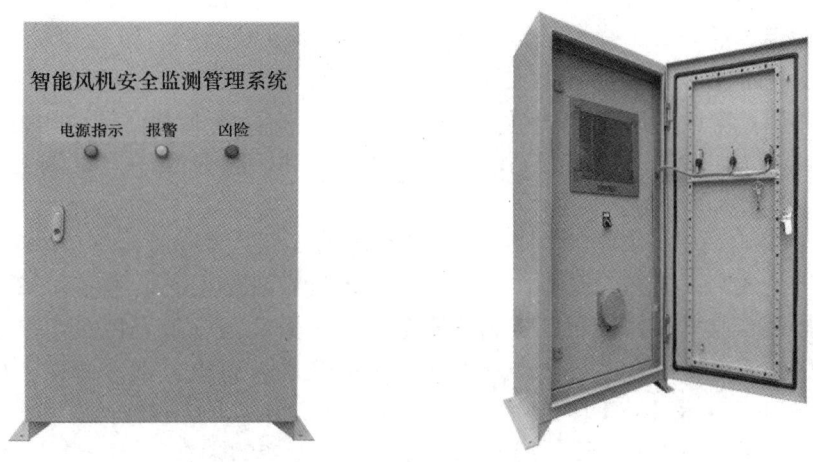

图 3.4-12 风机安全监测系统柜外观图

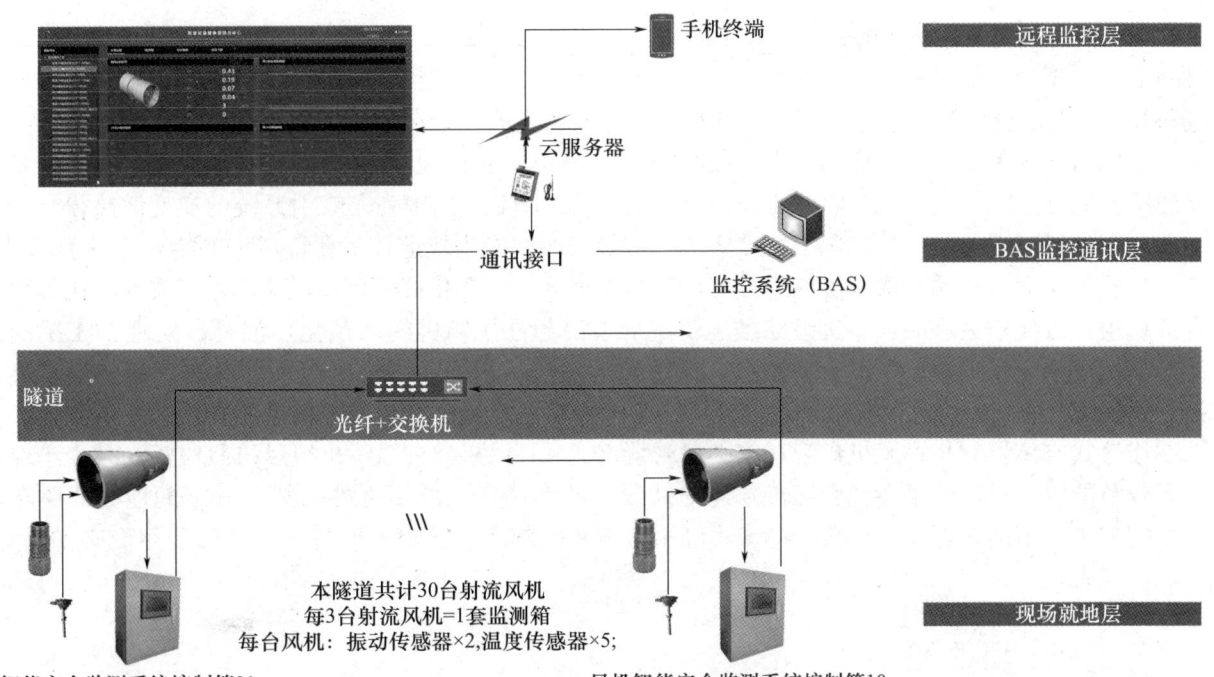

图 3.4-13 JC-M 智能风机安全管理系统

传感器安装在风机的不同位置上，用于采集风机等设备的振动及松动信号，并将其传送至采集器采集通道；采集器将传感器传送来的信号进行预处理、分析，并通过高速网卡将有用的信号传送至集中器；集中器用于收集处理就近各监测点设备状态信息，对数据进行分析及综合处理，最终得到设备的振动及松动预警信号，可将预警信号就地显示，同时高速传送至远程人机界面站点；远程站点（远程监控/BAS）：通过以太网获取就地集中器中各个设备振动及松动预警信号，将信号在人机界面显示，通知相关检修人员及时对存在风险位置的设备进行检修处理。

3.4.4 依必安派特电机（上海）有限公司

3.4.4.1 概况

依必安派特集团是一家总部位于德国 Mulfingen 的家族企业，是全球风机和电机领域的专家。自 1963 年创立以来，依必安派特凭借在电机技术、控制系统、数字化和空气动力学方面的核心竞争力，不断刷新国际行业标准。依必安派特为通风和供热技术领域提供可持续、智能和定制化的解决方案。

2022—2023 财年，依必安派特集团营业额创下历史新高，达到 25.4 亿欧元。在全球范围内拥有 27 个生产基地（包括德国、中国和美国）及 49 个销售办事处，雇员人数将近 15000 名。依必安派特刷新了诸多领域的行业标准，如通风、空调和制冷技术、供热技术、信息技术、机械工程、室内物流和医疗技术等。

依必安派特自 1996 年进入中国市场，围绕着"本地化研发""本地化供应链"和"本地化生产"三个维度全面提升运营效率。依必安派特在上海和西安均设有研发中心，配备了与德国同样先进的实验设备，能为客户提供专业全面的检测及定制化服务；在上海和西安拥有两大生产基地，为中国、亚太、非洲及中东地区的客户提供更多符合当地市场需求的产品及解决方案。此外，依必安派特中国现已通过 ISO9001、ISO14001 及 IATF16949 等认证，中国团队的 1700 多名员工用优质的产品和服务，为客户的应用场景提供了无限可能，让他们能成功应对瞬息万变的未来。

3.4.4.2 轨道交通业绩

依必安派特是 EC 技术的先驱，其不断研发和提升 EC 技术，这对依必安派特来说毫无疑问是重大挑战之一。至今，依必安派特在全球范围内拥有广泛的 EC 风机和电机产线。多年来，依必安派特的绿色科技 EC 技术已成为全球标杆，以其可靠的性能和领先的技术在各个领域提供服务。

在轨道交通领域的列车应用方面，依必安派特 EC 产品很早就应用于列车空调风机里面，包括空调器的冷凝侧和蒸发侧的风机，除此之外，还有 EC 风机产品应用于列车牵引系统的逆变散热模块。轨道交通列车领域对于此类产品提出了特殊要求，依必安派特专为轨道技术和特定标准要求开发了风机。

在轨道交通的车站空调系统应用方面，近几年也开始使用依必安派特的 EC 风机技术。比如磁悬浮直膨机组，近年来大型的水冷机组已经逐步实现了磁悬浮压缩机的国产化，但是针对地铁工况的磁悬浮压缩机受限于技术难度尚属行业空白，在这种类型机组里面，因为机组尺寸紧凑、能效要求高，依必安派特 EC 离心风机可以应用于该类型机组的送风功能段，已经在部分城市的车站有应用。比如空调末端组合式空调器和柜式风机盘管，依必安派特 EC 离心风机具有缩短机组风机段段长、减少维保工作和高效节能等优点，除了在各大城市新建地铁线路的车站广泛应用之外，部分城市的地铁线路车站也开始用其进行节能改造。比如蒸发冷却式冷水机组和冷却塔，已经有设备厂家开始使用依必安派特 EC 轴流风机来配套。

3.4.4.3 产品系列

依必安派特在轨道交通领域的核心产品为 BG150 平台 EC 风机产品，主要应用在轨道交通的车站空调系统相关设备。

BG150 平台里面的 EC 离心风机，功率范围为 3~8kW，风量最大 20000m^3/h，压力最大 2000Pa，主要应用在磁悬浮直膨机组、组合式空调器和柜式风机盘管。BG150 平台里面的 EC 轴流风机，功率范围为 2~3.25kW，风量最大 360000m³/h，压力最大 300Pa，主要应用在蒸发冷却式冷水机组和冷却塔。

EC 电机本质为外转子永磁无刷直流电机，无励磁能耗损失，内置集成变频控制器，可无级变频调速，内置位置传感器实现电子换向，图 3.4-14 为 EC 电机内部结构示意图。

图 3.4-14　依必安派特 EC 电机图

依必安派特 EC 电机能效优势高于 IE4，调速范围广，10%~100% 转速都可以使用，并且在各种输出功率下（各档转速）效率相对恒定在高效区，如图 3.4-15 所示。

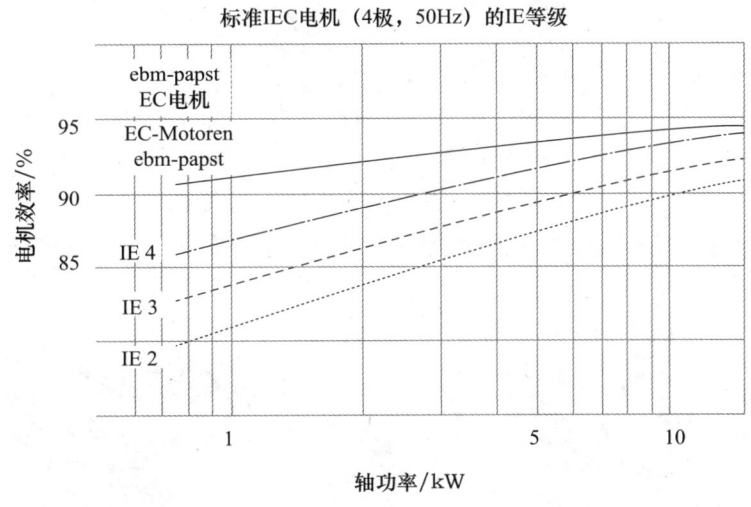

图 3.4-15　依必安派特 EC 电机效率图

依必安派特 EC 离心风机使用叶轮为无蜗壳后倾离心风机叶轮，叶轮为机翼型叶轮，静压效率高以及噪声低，风机出风均匀性好，向四周扩散，无需额外增加均流段。EC 风机的叶轮特点见图 3.4-16。

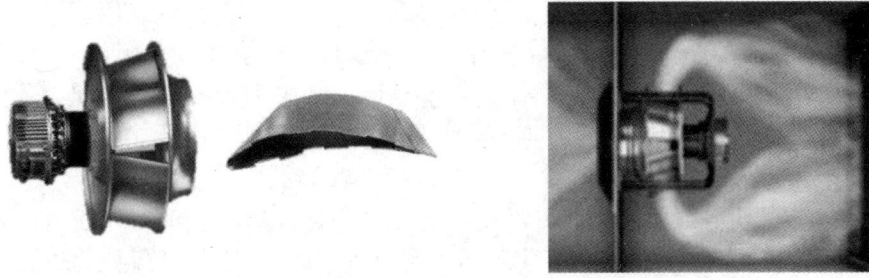

图 3.4-16　依必安派特 EC 离心风机图

依必安派特 EC 轴流风机使用复合材料，静压效率超过 50%，压力超过 300Pa，为客户提高设备性能提供有力支持。

3.4.5 搏力谋自控设备（上海）有限公司

3.4.5.1 概况

搏力谋成立于 1975 年，在 80 多个国家和地区拥有 2300 多名员工，1995 年就已在瑞士交易所（SIX）上市。在供暖、通风和空调系统领域中，搏力谋一直是研发、生产和营销节能现场设备的全球市场领导者。风阀执行器、控制阀、传感器及计量表构成了公司的核心业务。

对市场和客户需求始终如一的关注使搏力谋成为了能为客户提供无与伦比的附加值的合作伙伴。搏力谋开发的以客户为导向的 CESIM 理念，通过传感器、控制阀和风阀执行器来优化建筑技术，确保产品对建筑物的舒适度、能耗、安全性、安装和维护产生重大影响。

3.4.5.2 轨道交通业绩

搏力谋自进入轨道交通领域以来，产品和方案深受多个轨交城市业主的青睐。主要使用城市有深圳、北京、合肥、成都、浙江区域、郑州、贵阳、哈尔滨、重庆、长春、福州、西安、南宁、天津、武汉、石家庄、上海、南京、苏州、无锡、徐州、济南、沈阳、芜湖、佛山、长沙等。

3.4.5.3 产品系列

1. EPIV 和 EV 能量阀

EPIV 能量阀（如图 3.4-17 所示）由一个等百分比控制球阀、一个超声波流量计，以及一台智能执行器组成，为一体阀结构。将可调节的最大流量 V_{max} 的值分配给最大控制信号，执行器控制可以是交互式或模拟式；测量管段内的传感器测得的介质被作为流量值应用，实际测得的值与设定值进行比较，然后执行器通过改变阀门的开度来修正偏差，从而确保不受压力波动影响稳定所要求的水量。

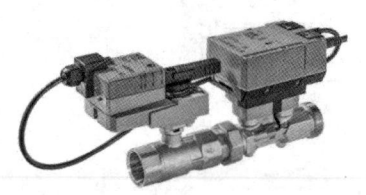
(a) EPIV DN15-50

(b) EPIV DN65-150

图 3.4-17 搏力谋 EPIV 能量阀

EV 能量阀（如图 3.4-18 所示）由一个等百分比控制球阀、一个超声波流量计、一对温度传感器以及一台智能执行器组成，为一体阀结构，结合电动流量调节阀、静态平衡阀和动态平衡阀及流量、能量等参数监控仪表在内的集多种功能于一体的电子式压力无关型控制阀。流量、能量和供回水温度为直接实测，并经计算得出实时热交换量。依据外部控制信号，提供不受压力波动影响的稳定水量，亦可直接稳定热交换量，精确快速控制被控温度参数，节省能耗。

搏力谋能量阀是一款真正意义上的 IoT 设备，作为数字化高效系统的一个部件，可视化界面可以帮助实现数字化管理。其两路通讯 Modbus/BACnet 和以太网有益于冗余控制系统的成本降低；同时如果设计打造压力无关型系统，可有效降低末端阻力和优化系统阻力，利用其自身独特技术，可以实时反馈空调末端和系统的性能、状态等；可通过数据显示节能水平，且不再依赖于水力平衡，易于进行区域调整。在某些空调水系统中，在保证同等房间舒适度情况下，可以有效杜绝大流量、小温差现象；强大的存储可以在本体持续保存 13 个月数据，运行数据有利于再优化和打造自稳定的暖通空调系统。可通过微信小程序、网络、手操器等方式在线查阅；还可通过 App 扫码、AR 动态显示运行参数。其适用领域如图 3.4-19 所示。

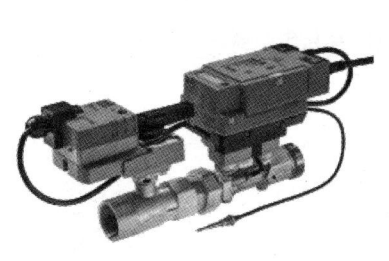
(a) EV DN15-50

(b) EV DN65-150

图 3.4-18 搏力谋 EV 能量阀

  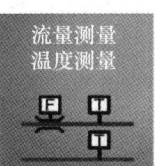 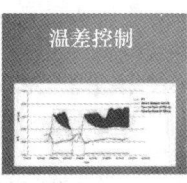 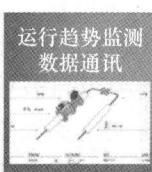

图 3.4-19 搏力谋能量阀适用领域

搏力谋能量阀的阀芯采用不锈钢 316，阀轴采用不锈钢 304，阀座密封采用 PTFE、EPDM 材质 O 型圈。阀门适用于 −10～120℃ 的冷、热水，以及最大浓度为 50% 的乙二醇溶液。在能量控制模式下，它是一款真正意义上的线性控制阀，也可作为能量计收费依据。

2. 传感器

传感器主要有三大类产品：应用于空调水系统的压力传感器、温度传感器和流量计（图 3.4-20）；应用于空调风系统的温湿度传感器和 CO_2 传感器（图 3.4-21）；应用于室内空气质量检测的传感器（图 3.4-22）。这些产品均采用高防护等级、烧结工艺防潮保护、安装附件可选。

(a) 水压力传感器　　(b) 水压差传感器　　(c) 插入式水温传感器　　(d) 流量计

图 3.4-20 应用于水系统的系列传感器

(a) 室外温湿度传感器　　(b) 室内温湿度传感器　　(c) 室内控制面板（温湿度+CO_2）

图 3.4-21 应用于风系统的系列传感器

(a) 室内空气质量传感器　　　　(b) 室内空气质量传感器（全彩色LCD显示屏）

图 3.4-22　应用于空气质量检测的系列传感器

3.4.6　美的集团股份有限公司

3.4.6.1　概况

"科技尽善，生活尽美"，美的集团秉承用科技创造美好生活的经营理念，经过54年发展，已成为一家集智能家居、楼宇科技、工业技术、机器人与自动化、数字化创新业务五大板块于一体的全球化科技集团，产品及服务惠及全球200多个国家和地区约4亿用户。在世界范围内拥有约200家子公司、60多个海外分支机构及12个战略业务单位。美的集团楼宇科技事业部是美的集团旗下五大业务板块之一，聚焦楼宇产品、服务及相关产业，以楼宇数字化服务平台为核心，打通楼宇交通流、信息流、体验流、能源流，为用户提供 SMART IN ONE 的智能化、数字化、低碳化的楼宇建筑整体解决方案，助力智慧城市的加速变革与发展。业务范围涉及暖通、楼宇控制、电梯、能源四大板块。

美的楼宇科技目前拥有顺德（暖通/楼控）、重庆（暖通）、合肥（暖通）、荆州（暖通）、意大利 Clivet（暖通）、佛山南海（电梯）六大生产基地，产品辐射全球。

美的楼宇科技拥有多联机组、水冷离心机、水冷螺杆机、空气源热泵机组、单元机、恒温恒湿精密机房空调等全系列暖通产品，货梯、客梯、扶梯、观光电梯等多领域电梯产品。美控智慧建筑所研发和推动的核心产品，包括设备层的"传感器、温控器、变频器、阀门、电量表、能量表"，控制层的"DDC 控制器、ITBox、KONG-Touch 7 寸屏、网关以及强弱电一体柜"，以及脑机、云能效平台、IOC 智慧平台、病房控制器、车行人管理系统，是国内规模最大、产品线最宽、产品系列最齐全的暖通行业生产厂家之一，数千个型号产品，远销海内外200多个国家。

美的楼宇科技目前在国内拥有29家销售公司，强大的销售网络与服务平台给广大用户带来了快捷、完善、高品质的供货与服务，也让美的楼宇科技在地产行业、基础建设、公共事业、商业服务、工农生产及其他品牌行业模块等领域深受客户的信赖。为了给社会提供最佳的环境解决方案、创造更美好的生活环境，美的楼宇科技以不断突破的精神在专业领域努力探索前行。

3.4.6.2　轨道交通业绩

自2009年美的集团涉足城市轨道交通领域以来，至今已积累了15年的丰富经验。初期，美的专注于单一设备的销售，顺应地铁用户对设备能效日益增长的需求，从定频螺杆机升级至变频螺杆机，乃至小冷量离心机，持续在能效技术上推陈出新。例如，磁悬浮离心机与变频直驱离心机的能效表现均已超越一级标准，这些先进技术最早在深圳地铁和上海地铁成功应用。时至今日，市场对高能效设备的追求热度不减，这持续激励着美的一路研发创新。面对设备能效提升遭遇的瓶颈，美的策略性地转向了对整个地铁空调系统能效的探索，推出了风水联动高效机房解决方案。这一方案自2018年在广州地铁试点站成功应用后，迅速推广至全国多条地铁线路，现已成为业内广泛认可的轨道交通能源管理解决方案之一。美的不仅致力于提供高效设备与系统整合，更进一步参与整线设备的实施落地，全方位赋能轨道交通行业的绿色发展。通过不断的产品迭代与低碳解决方案的打造，美的不仅树立了一系列行业标杆案例，更是持续为推动轨道交通领域的节能减排贡献力量。

美的楼宇科技在城市轨道交通领域取得了一系列丰硕成果，典型代表项目有：天河公园站作为亚洲最大地铁站，应用了美的高效机房方案，节能率达40%，能效超过6.3，获奖众多。苏元站同样能效出色，获奖连连。广州地铁7号线延长线、苏州地铁6号线、深圳地铁16号线及宁波地铁6号线均采用了美的高效机房解决方案，通过高效主机、智能控制等技术实现了显著的能效提升，解决了能耗、运维难题，并推进了智慧化管理，为同类项目树立了可复制的典范。

3.4.6.3 产品系列

美的为轨道交通行业专门打造了"美的数智轨交方案"，方案融合了美的技术与产品，涵盖了智能环控系统、数字化服务、机电设备比如高效主机、末端、控制、阀门阀件、电梯、云端可视化平台等。打通系统与系统间的壁垒，实现轨交全寿命周期管理。

1. 轨交产品矩阵

美的在地铁暖通领域的创新聚焦于应对车站环控系统能效挑战，通过在冷水机组效率、新回风利用，以及智能化管控三个核心维度的突破，构建了全面的轨道交通产品系列，精准适配多样化的场景需求。其主机技术革新包括推出双一级磁悬浮小冷量离心机、变频螺杆机、蒸发冷一体化机组、磁悬浮直驱蒸发冷凝机组及集成制冷站等高效能设备，确保每个特定应用均有相匹配的末端解决方案。智能控制方面，美的自主研发的地铁定制DDC控制器、强弱电集成柜、上位机系统，搭配高品质阀门、传感器等组件，实现了系统的精细化管理与优化。针对地铁大客流量与复杂地形的挑战，美的还提供重载公交型自动扶梯，确保高效安全的乘客流通。这一系列高能效、富含创新力的产品不仅极大丰富了设计师的选择空间，还使得他们在设计时能够更加灵活自如，为轨道交通的可持续发展注入强劲的低碳节能动力。美的轨交产品如图3.4-23所示。

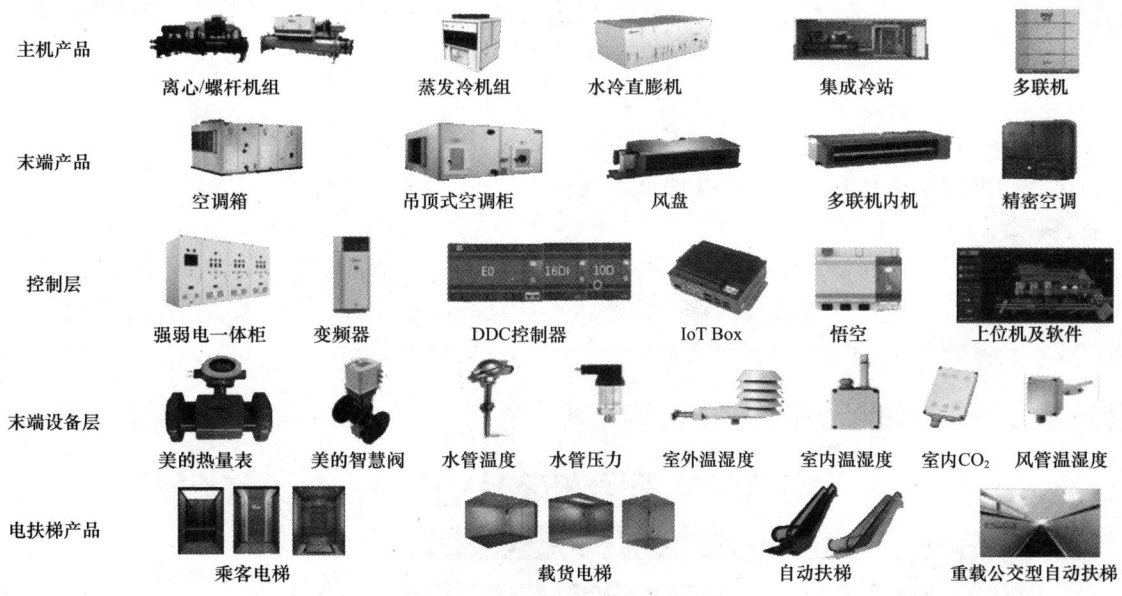

图 3.4-23 美的轨交产品矩阵

2. 高效变频磁悬浮离心机

美的磁悬浮变频离心机是美的自主研发的高端冷水机组，融合了多项尖端技术，实现了高效节能和稳定可靠的运行性能。机组采用无油磁浮轴承、高效气动设计、永磁同步电机、全降膜蒸发技术等，有效提升了能效表现和换热效率，同时降低运行噪声至70dB（A）以下。具体技术特点如下。

1) 无油高效：机组无油运行，减少了机械部件的传动噪声，提高了能效，避免了油膜带来的效率衰减。
2) 磁浮轴承技术：采用工业级磁轴承，功耗极低，实现了高精度的位置控制，维护成本低。
3) 高效气动技术：通过补气增焓的双级压缩，提高了压缩效率。
4) 永磁同步电机：使用高效稀土永磁体和高频低损硅钢，电机效率极高，降低了能耗。

5）全降膜蒸发：采用膜态蒸发增强换热效率，减少了制冷剂用量。
6）宽域运行：能在极端工况下稳定运行，通过变转速和进口导叶调节，适应不同需求。
7）低噪环保：无油无摩擦运行，采用对臭氧层无破坏的 R134a 制冷剂，减少环境影响。
8）智能控制系统：配备智能控制系统，实现设备间自动化运行，提升运营效率。

这些技术的结合，使得美的磁悬浮变频离心机在机场、地铁、高铁等领域提供了高效的绿色建筑解决方案，显著降低了运行和维护成本，增强了系统的整体性能和可靠性。美的磁悬浮产品如图 3.4-24 所示。

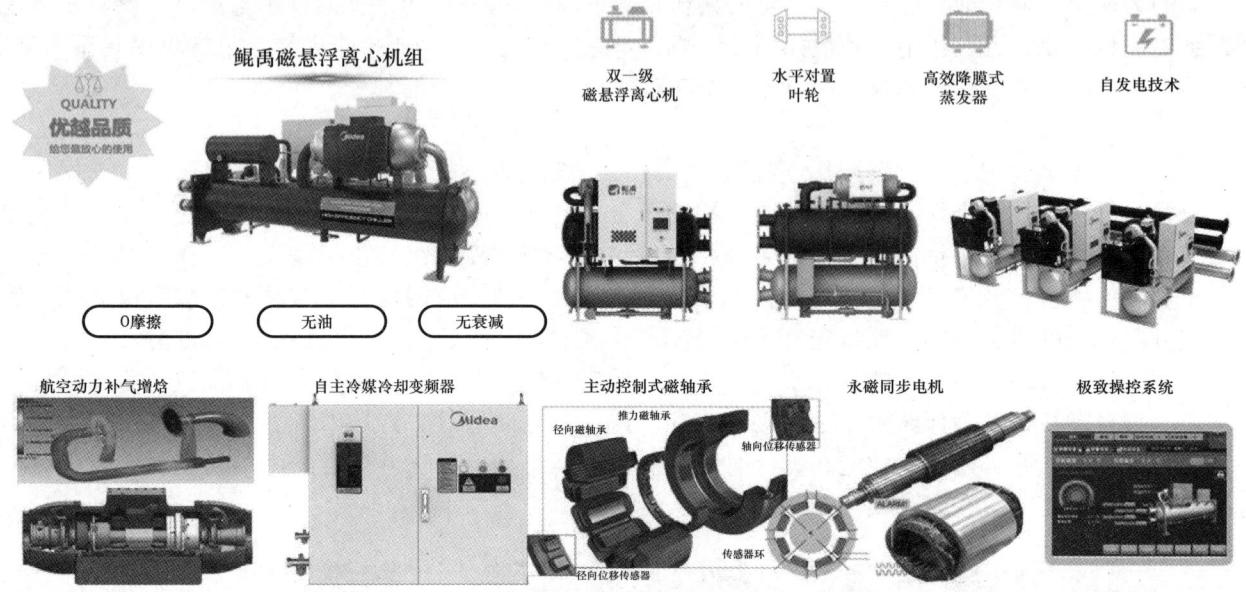

图 3.4-24　磁悬浮产品特点

3. 低碳解决方案

除了在产品上的创新和完善，美的在地铁暖通系统上也打造了一些低碳解决方案。

1）高效机房

随着地铁对节能降耗和智慧化管理要求越来越高，有了高效节能的设备，美的还根据不同站点的需求和特点，推出了风水联动高效机房解决方案，实现机房高效、便捷的运维管理，降低全寿命周期运行维护成本。高效机房系统如图 3.4-25 所示。

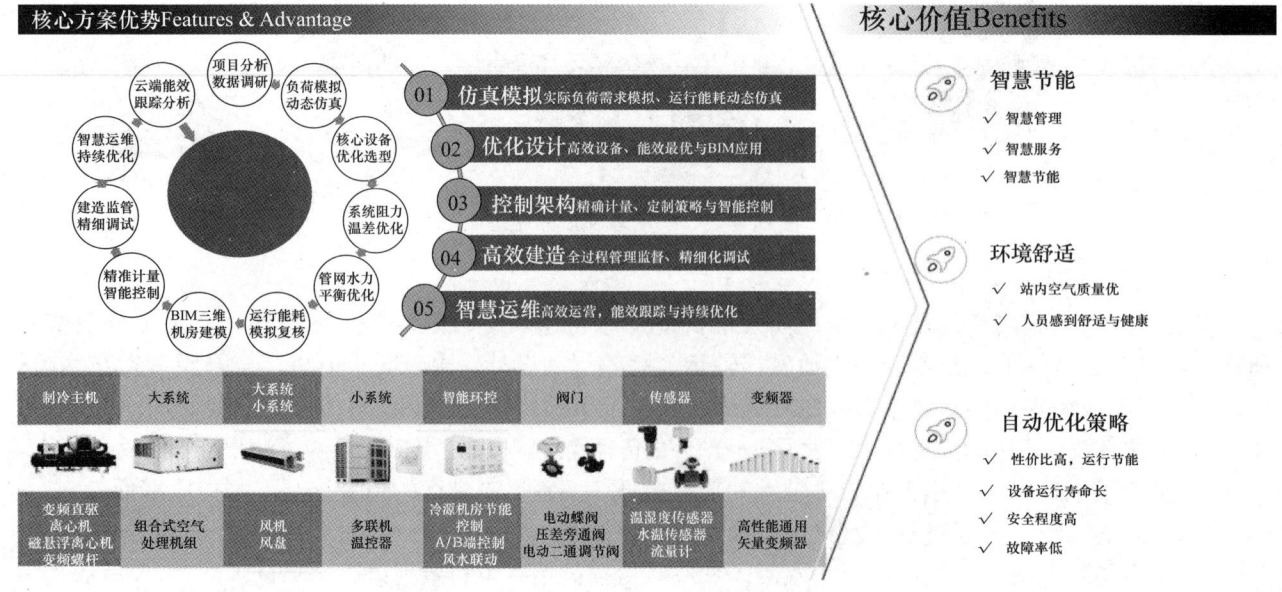

图 3.4-25　高效机房系统一览

2) 装配式机房

高效机房的另外一种应用形式，装配式机房解决方案，采用高效主机、智能控制系统，将整个机房进行模块化设计，结合高效机房优化手段，利用 BIM 预制化技术，在工厂完成预制、模块化运输、现场拼装形成机电一体化系统级产品。较普通机房节省占地面积，缩短安装周期，现场少动焊，责任主体单一，售后维护更加便捷。装配式机房如图 3.4-26 所示。

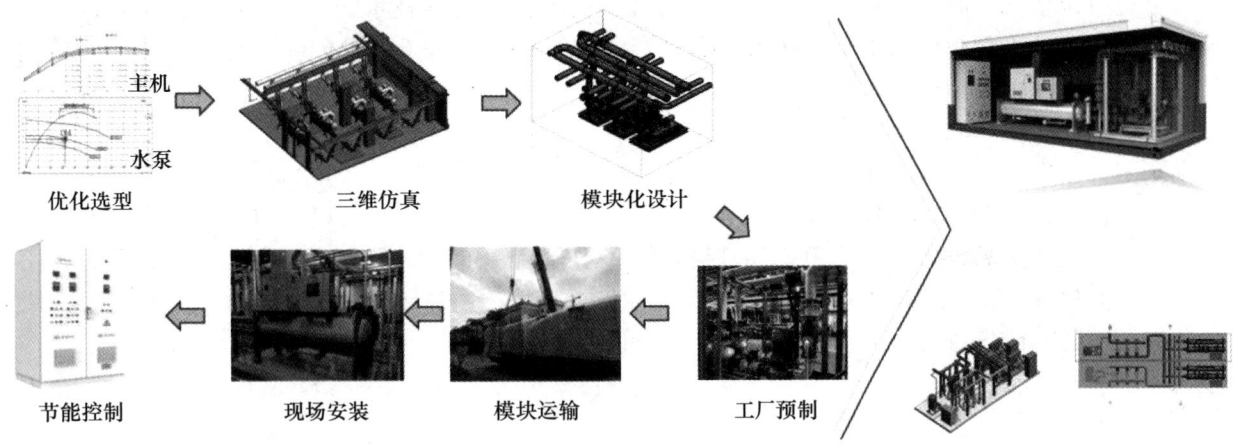

开展深化设计和BIM三维仿真，通过工厂预制、模块运输、现场拼装形成的机电一体化系统级产品。

图 3.4-26 装配式机房实施

3) 磁悬浮水冷直膨机解决方案

磁悬浮水冷直膨机解决方案，随着磁悬浮离心机小型化，也无需润滑油系统，解决了直膨机机组回油难的问题。地铁大系统可以考虑采用直接蒸发的方式，通过提高蒸发温度，从而提高系统能效。美的磁悬浮水冷直膨机组采用了美的全自制磁悬浮机头，集成压缩机到空调箱末端内。省去冷水系统，减少水泵功耗及二次换热损失，提高了系统能效，也减小了机房面积。磁悬浮直膨机应用如图 3.4-27 所示。

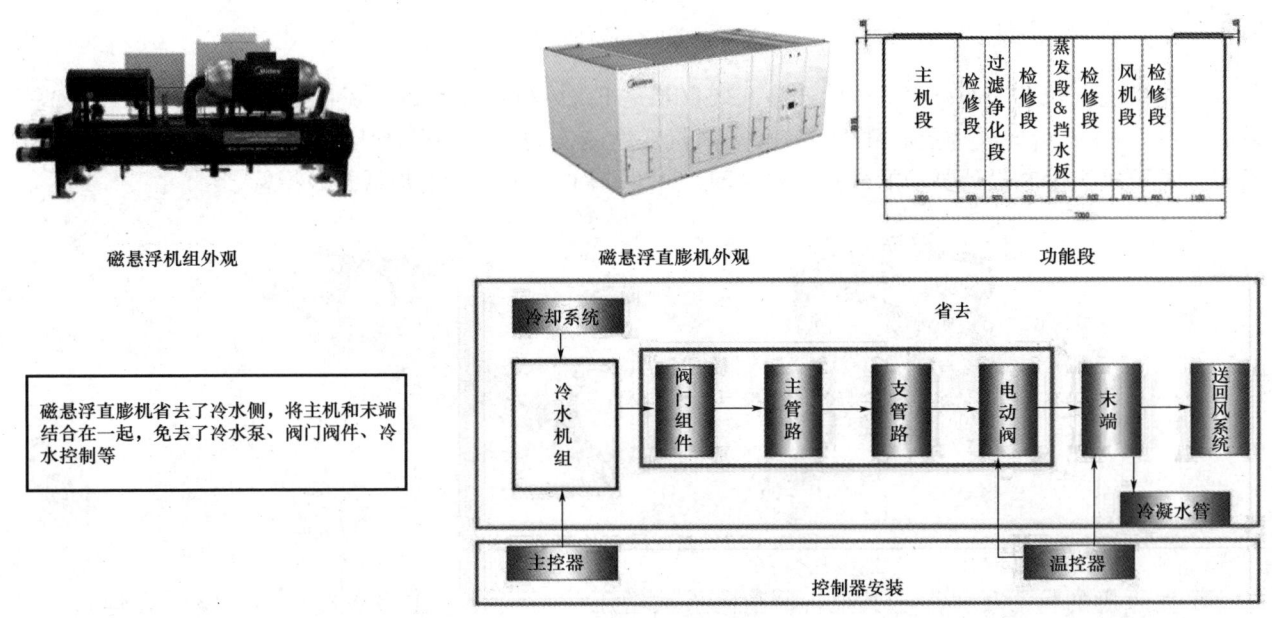

图 3.4-27 磁悬浮直膨机应用

3.4.7 澎克机电设备(上海)有限公司

3.4.7.1 概况

澎克机电设备(上海)有限公司成立于2012年,是起源于德国技术的风机企业,公司自创立之初便致力于将德国的工程优势与本土市场需求相结合。公司始终致力于技术创新与品质提升,以满足国内及海外市场对高性能节能风机的需求。2015年,公司成功设计并推向市场的高性能节能风机产品,标志着公司在风机领域的重要突破。此后,公司进一步升级推出了新一代EC风机,该款风机经过严格的各项测试并获得了广泛应用和认可。

目前,公司拥有3600m^2的现代化厂房及仓库,经验丰富的研发人员,以及研发生产所需的各类仪器设备。公司主要产品包括EC和AC离心风机系列,凭借卓越的设计和精湛的制造水平,已经获得了ISO9001和ISO14001质量与环境管理体系认证。此外,公司的产品还拥有CE认证、3C认证、一级能效认证以及消防和防爆风机认证,充分体现了产品的高品质与高安全标准。

3.4.7.2 轨道交通业绩

公司风机产品在轨道交通行业中得到了广泛应用,展示了优秀的技术性能和运营可靠性。风机被知名轨道交通公司采用,在多个关键领域中发挥了重要作用。

在高铁轨道系统中,澎克风机用于列车的空调系统,确保了乘客在长途旅行中的舒适体验。高铁列车在高速行驶中对温控要求较高,澎克风机能够提供稳定的气流和高效的散热,帮助维持车厢内部的舒适温度。澎克风机也被应用于列车的刹车系统中,确保在制动过程中的有效散热,提升了整个车载系统运行的安全性和稳定性。此外,澎克风机还被用于列车的动力系统中,完成发电机和变流器等重要设备的冷却功能。

除了在列车上的应用,澎克风机还用于地铁站和高铁站的通风系统。这些风机在车站的通风和空气流通中发挥了重要作用,有效地排除车站内的有害气体,保持空气新鲜,提升乘客的出行体验。

3.4.7.3 产品系列

澎克风机在轨道交通行业应用的产品系列主要是EC风机产品系列(见图3.4-28)。其采用了高质量的进口Punker叶轮作为核心部件,确保了风机在性能上的卓越表现,性能远超欧盟2024年7月3日颁布的关于风机生态设计要求的最新法规(EU 2024/1834)中规定的最低能效指标。

图3.4-28 澎克风机外形及结构图

澎克风机的核心优势在于其独特的径向扩散增压区域设计。在这一设计中,空气在通过叶轮后流入径向扩散区,通过逐步转化动压为静压,并减小风速,从而进一步提高风机静压效率并且同时通过减小风速达到降低噪声的目的。这一设计不仅优化了风机的性能,还确保了运转过程中的静音效果。

此外，澎克风机采用了直连结构、永磁无损电机机芯和高效的机翼型叶轮，并采用免维护设计，这些创新性的设计使得澎克风机最大静压可达 3500Pa，叶轮最高静压效率可达 79%，噪声水平比同级产品低 5dB。

在操作上，澎克 EC 风机可配置智能化操作模块，提升用户现场操作及运行体验。控制上并具备软启动、运行指示、集成变频调速、集成过流保护、欠压保护、故障反馈、过热保护、缺项及不平衡保护、485 通讯、模拟量控制、实时功率监控、控制失效保护等功能。

4

通风空调系统应用技术

4.1 隧道通风

隧道通风是地铁通风空调与其他类型民用建筑暖通专业的主要区别。加之网络特征、阻塞比、发车密度等方面的特点,地铁的隧道通风有着不同于铁路、公路山岭隧道的功能需求。如何有效地消解并善加利用活塞风,是地铁隧道通风系统的核心任务。

4.1.1 系统功能概述

隧道通风系统是城市轨道交通工程通风空调系统的重要组成部分,由于设备装机容量及机房占地面积均较大,往往对地下车站工程方案有直接影响。如何充分利用以及有效地消解列车活塞效应所带来的正、反两方面的影响,是暖通专业在轨道交通工程应用场景下最重要的任务。

具体到不同的应用场景,隧道通风系统需具备以下功能:1)正常运营时段,应将系统内环境指标控制在相关标准规定的范围内,包括温度、湿度、风速、压力、CO_2浓度、噪声等;2)列车阻塞在隧道内时,应能对阻塞处进行有效的通风,以保证受阻列车上乘客的新风需求,当列车设有车载空调时还应保证车载空调冷凝器运行条件;3)列车发生火灾事故且停在隧道内(包括区间隧道及车站段隧道)时,应能对事故处进行有效的排烟、通风,在疏散时间内保障人员逃生路径上的逃生条件。以上3种工况下的通风需求最终都是落实到为"人"服务。

4.1.2 隧道特征

相较于铁路山岭隧道,城市轨道交通工程的隧道有以下3个特征:网络特征明显;阻塞比大;行车密度较高。

铁路山岭隧道通常仅在隧道两端有一进一出2个洞口,网络特征不强。而城市轨道交通工程中,上、下行线通常设置为相对独立的单洞单线隧道。根据行车组织的需要,每间隔3~5座车站或8~10km需在上、下行线之间设置渡线、折返线。另一方面,由于站间距相对较小,若将全部地下区段视作一条完整的隧道,则从隧道的角度看,可视作在隧道内设置了若干地下车站。为消解活塞风压对地下车站公共区(乘客活动区域)环境的影响,通常需在地下车站端头设置活塞风道或迂回风道。这些配线、活塞风道、迂回风道等与隧道正线形成的通风回路,使城市轨道交通工程的地下部分具有很明显的网络特征。

铁路隧道中，车—隧断面阻塞比通常低于 0.3。城市轨道交通工程中，车辆轮廓断面积通常为 9~10m²，速度目标值 120km/h 以下、直流牵引制式下的隧道净断面积通常为 20~22m²，故阻塞比一般为 0.45~0.5。速度目标值高于 120km/h、采用交流牵引制式的线路，因车辆限界的原因，单洞单线隧道的标准断面积一般大于 30m²，阻塞比比采用直流牵引的地铁制式略小，但仍大于铁路隧道。

城市轨道交通工程服务对象以通勤客流为主，因而采用公交化运营模式，行车密度通常高于铁路，高峰时段可达 20~33 对/h。正常运营期间，利用列车的活塞效应对隧道通风换气。若将隧道视为风道，则可将列车等效地视作沿风道移动的"轴流风机"。行车密度高，则意味着"风机"运行的占空比高。

以上 3 个特征决定了城市轨道交通工程中的隧道在正常运营期间与地面的气流交换量（率）较大。

4.1.3　热源与热汇

隧道内的热源项包括列车散热、照明散热，以及隧道内其他系统设备（转辙机、计轴器、通信漏缆、供电电缆等）散热，其中最主要的热源项为列车散热，其他热源项散热占比极低。

采用直流牵引制式时，列车散热包括制动电阻散热、车载空调散热以及车身与空气的摩擦散热。制动电阻用于耗散在同一供电臂内的邻车未能完全吸收的再生制动能量部分。制动电阻散热为主要热源项，但随着供电系统越来越多地采用逆变回馈（中压或低压网）技术，另一方面为降低车身自重，也越来越趋向于将制动电阻设于变电所或地面（即不设车载制动电阻），近年来此项热源趋于变小。

采用交流牵引制式时，牵引供电原理决定了再生制动能量全部回馈至牵引中压网，因而没有制动电阻散热的热源项，其他热源项与直流制式相同。地铁、轻轨等通常采用直流牵引，而铁路均采用交流牵引。正是因为多出了制动电阻的散热，加之大量地引入了地面空气，地铁隧道往往给人以"热"的直观感觉，而一定长度以上的铁路隧道都是"冬暖夏凉"。

"冬暖夏凉"是地下工程在周期性变化的温度边界条件下的固有特性，其根本原因是温度波在半无限大物体内传播过程中波幅的衰减，见图 4.1-1 和图 4.1-2。地面温度波通常在传播至 15m 深度处时的振幅已基本趋近于 0℃，而地铁隧道的埋深往往大于 20m，故一般可认为隧道外岩土层温度基本恒定为当地的多年平均温度的平均值。因此，隧道外的岩土在夏季可构成巨大的热汇，热量由隧道内空气传向隧道壁外的岩土；冬季反之，岩土散热对隧道而言构成一个热源项，热量由隧道外的地层传向隧道内空气。

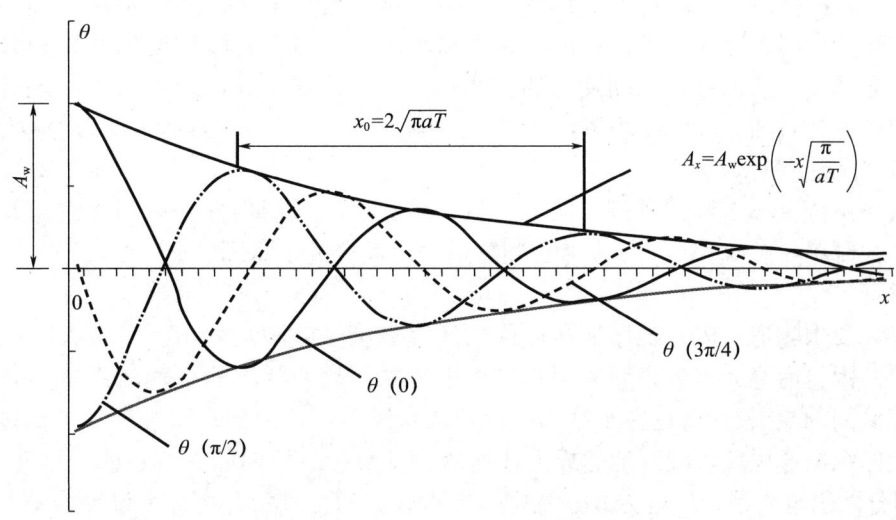

图 4.1-1　周期性边界条件下半无限大物体内温度波的传播

围岩内热扰动的源头来自气温的波动和隧道内热源（列车散热为主），岩土的热物理特性（岩性、比热容、密度、导热系数、热扩散系数、含水率、地下水流速）等对热扰动的传播有直接的影响。气温波动引起的热扰动有"周期性、双向性、衰减性、范围有限"的特点，而隧道内热源引起的热扰动有"持续性、单向性、趋缓性、温升有限"的特点。

在以上诸因素的耦合作用下，热扰动在围岩内的传播呈现为中值随时间抬升的、波幅随距离衰减的简谐波——气温的周期性波动决定了围岩中热扰动以近似简谐波的形式存在；隧道内热源（列车散热为主）决定了简谐波的中值随时间抬升；岩土的热物理性质既决定了简谐波的波幅随距离衰减的速度，也决定了同一空间点上简谐波中值随时间抬升的速度，以及同一时间点上热扰动传播的距离；隧道内热源强度决定了中值抬升的"天花板"。

因波幅随温度波传播的距离而衰减，在隧道壁外一定距离之外（工程中可取为一倍波长 $2\sqrt{\pi aT}$）的地层中，热扰动的波动性即基本消失，热扰动虽仍持续向外传播，但推进速度已极其缓慢。

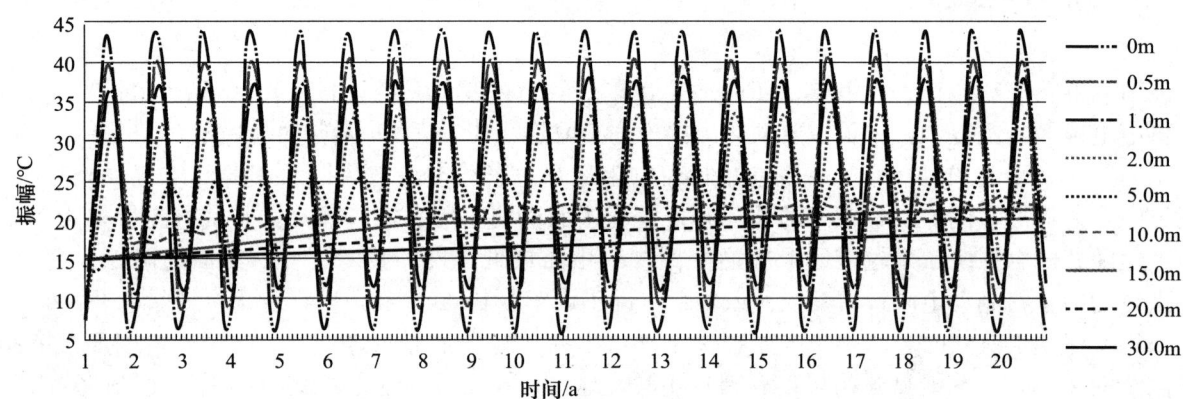

图 4.1-2　隧道壁外地层内热扰动的传播规律

4.1.4　系统组成及功能

在前述的工程特征及热源、热汇条件下，要实现前述的系统功能要求，城市轨道交通工程的隧道通风系统与铁路或公路山岭隧道有着显著的区别。

根据各区段在线路中的位置，隧道可分为区间隧道及车站段隧道。区间隧道指位于车站与车站之间的供载客列车运行的隧道，其间列车正常运行时的速度较高；车站段隧道指位于车站区段内的列车运行空间，正常运营期间车速通常较低。由于通风需求不同，通常将隧道通风系统划分为区间隧道通风和车站段隧道通风 2 个子系统，区间隧道通常采用"推—挽式"纵向通风，车站段隧道一般采用半横向通风。两部分既相对独立又紧密联系，功能上互相补充，并可结合具体情况合并设置。

1. 区间隧道通风系统

区间隧道通风系统主要由隧道风机、推力风机、射流风机、消声器、风阀等设备及相应的管路系统、动力配电和控制单元组成。图 4.1-3 为区间隧道通风系统的示意图。

1）正常运行

正常运行时，要求隧道通风系统保证隧道内的环境温度，以满足列车上各种设备正常运转以及乘客对新风的要求。因目前绝大多数线路采用集中供电方式，故通常将隧道通风系统尽量集中设于车站端部（也即相邻区间的端头）。通过在车站端部设置活塞风井，利用列车行驶形成的活塞效应对区间隧道进行推—挽式的纵向通风，可较好地达成上述通风设计目标。早期的一些线路，如北京地铁 1 号线、2 号线等，采用分散供电或混合供电方式，变电所布点较灵活，且站台边缘未设置屏蔽门，因而往往结合供电系统的开闭所，在区间中部设置隧道通风系统的风井及机房，车站部分则未设置活塞风道，而是利用出入口通道作为活塞风的泄压通路。

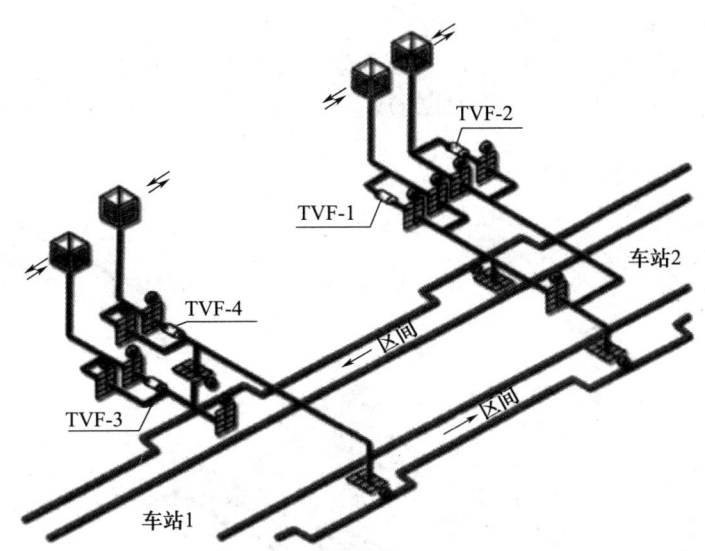

图 4.1-3 区间隧道通风系统示意图

为保证通过活塞风井传递至地面的列车运行产生的机械噪声和空气动力学噪声满足《声环境质量标准》等相关国家标准的要求，需设置相应的消声处理措施。

2) 阻塞工况

发生阻塞工况时，一段时间内，隧道内仍具有一定的纵向活塞气流。但随着前方列车驶离、后续追踪列车陆续扣车或迫停，隧道内的纵向气流会在阻尼作用下逐渐衰减。由于国内绝大多数车载空调冷凝器需设于车厢顶部，与隧道拱顶之间空间较小，隧道内纵向气流衰减后，车载空调冷凝器周围的温度会快速上升。根据《轨道车辆空调机组》(GB/T 19842—2005) 及《铁道车辆空调机组》(TB/T 1804—2017)，T1型车载空调机组制冷工况正常运行的允许环境温度上限为45℃。为保证阻塞工况下空调冷凝器继续有效工作，同时满足车内乘客对新风的要求，需对阻塞区段进行纵向机械通风。为尽量提高通风效率，单侧线路发生阻塞时，通常顺行车方向组织气流，以便尽量利用残余活塞风压。

3) 火灾工况

列车发生火灾且无法继续前进而停在区间隧道内时，需组织乘客迅速撤离逃生，而乘客撤离的必要条件是，逃生路线上具备最低要求的新风量与能见度，避免互相践踏。因此，乘客沿着单洞单线隧道疏散时，需迎着多数乘客撤离的方向送入新风，控制烟气单向流动，避免发生烟气逆向分层。参考美国早期在公路隧道火灾实验中的研究成果，一般认为要抑制烟气逆向分层，需保证隧道断面风速大于某一临界流速V_c。但目前有观点认为，一方面，地铁隧道中，在纵向活塞风速场的作用下，烟气无法"分层"；另一方面，临界流速及逆向分层理论，是基于公路隧道火灾实验得出的，该实验中的车—隧阻塞比远小于地铁隧道，其研究结论是否适用于地铁隧道需进一步论证。

由于城市轨道交通隧道的网络复杂，在渡线、折返线等处通常会出现隧道断面的突变，通常是配线处的一段大断面隧道在四个方向分别连接小断面（标准单洞单线）隧道，此种情况可比拟为一个"静压箱"连接若干条风道支路。当事故列车失去动力停于某一支路隧道中时，由于列车的阻塞比较大，该支路的阻抗较大，而其他不需组织气流的非事故支路阻抗反而很小，此时通常需设置局部射流诱导措施（推力风机或射流风机）。

射流诱导的设计原理是动量交换，也称萨卡多原理，即以喷嘴的高速气流通过动量交换转换为隧道全断面的低速气流。出于降低配电电缆成本以及安装方便等原因，射流诱导措施通常应尽量设置在靠近变电所的车站端头的大断面隧道内，但其设计目标并非是要营造出所在大断面隧道的局部风速，而是要调节"静压箱"所连接的各支路之间的阻抗比例关系，以保证需要组织气流的事故支路的断面风速。这正是萨卡多原理在城市轨道交通网络状隧道应用场景下与在铁路、公路山岭隧道中的区别所在。

2. 车站段隧道（轨行区）通风系统

车站隧道大多采用半横向通风方式，车站隧道通风系统主要由车站隧道排风机、消声器、风阀等设备及相应的管路系统、动力配电和控制单元组成。图 4.1-4 为设置了轨顶及轨底排风系统的车站隧道通风系统示意图。

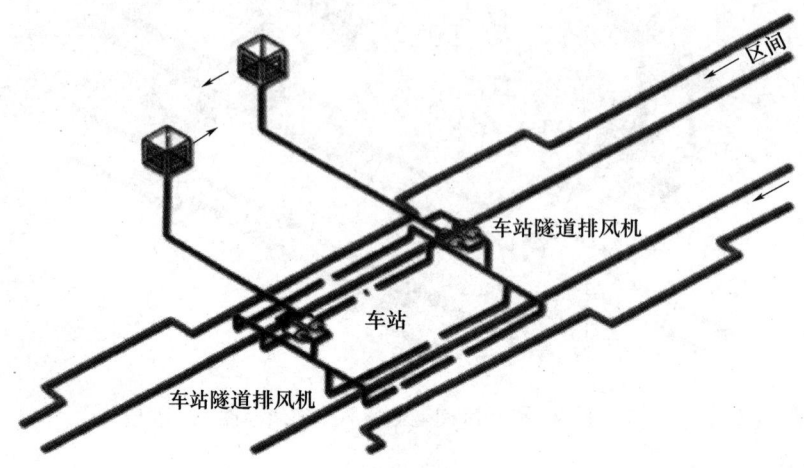

图 4.1-4　车站隧道通风系统示意图

国内早期建设的北京地铁 1 号线、2 号线以及天津地铁 1 号线均未在车站段轨行区设置半横向排风系统。轨道排热系统的设计方案源起于美国交通部在 20 世纪 70 年代组织编撰的《地铁环境设计手册》。该方案基于 1975 年多伦多实验，实验场景为非屏蔽门制式，实验列车不设车载空调，车站内也不设空调系统，室内设计温度高于室外环境温度。

列车停靠站台供乘客上、下车时，因牵引电机和制动电阻等装置的散热，周围温度会快速上升。基于多伦多实验报告，《地铁环境设计手册》认为，应在列车电机和制动电阻等热源对应位置处设置排热风口，通过最短的路径捕获热量，减少被活塞风带入区间隧道的热量比例。

兴建于 20 世纪 60—80 年代的北京地铁 1、2 号线，原设计中对车站段隧道未设置专用的通风系统。2008 年北京奥运会之前，作为"消隐工程"的一项内容，在轨行区上方增设了排烟系统，该系统并非轨道排热系统。

国内地铁项目从上海地铁 1 号线起，多数线路均借鉴美国方案，设置了轨道排热系统。但经过多年的运行实践发现，在普遍设置了空调系统的地下车站中，此套系统捕获列车散热的效率很低，尤其是在夏季运行时，反而会大量引入外界温度较高的空气，增大车站空调负荷。越来越多的线路虽然设置了该套排热系统，但在实际运营中将其关停，通风及空调能耗显著降低。深圳地铁 13 号线、昆明地铁 4 号线、青岛地铁 6 号线、苏州地铁 6 号线，以及目前正在建设的深圳地铁五期工程的全部线路，佛山地铁 1 号线等项目均在设计中取消了轨道排热系统。取消轨顶排风道后，车顶与车站结构中板之间的空间更大，更有利于车载空调冷凝器的散热。

轨行区排热系统的主要功能是排热和排烟，其排热功能大家讨论较多，认识不尽相同。但排热效率低、很多车站很少开启运行是不争的事实，至少排热功能的运行策略优化非常重要的认识是一致的。排热系统的排烟功能和目标要求还需要更加清晰，这是最需要进一步研究和探索的。

4.1.5　系统制式

1. 开/闭式系统

在开式系统和闭式系统中，车站与区间隧道相通，作为一个整体空间进行通风空调设计。开式系统指尽量充分利用列车运行产生的活塞效应对车站及区间隧道进行通风、换气，因而通常在车站端头对应于行车隧道分别设置活塞风井；闭式系统指除车站出入口通道外，尽量减少或关闭系统通向外界大气的开口。实际工程中，极少采用单纯的开式系统或闭式系统，而往往按开式系统设置风井及其他相关硬件设施，按开/闭式运行——在室外气象条件有利（通风季或过渡季）时，开启活塞风井（阀）以增强活塞效应对车站及区间隧道的通风效果；室外气象条件不利（夏季车站空调系统运行或冬季过冷）时，关闭活塞风阀，尽量减少与外界的空气交换量。图 4.1-5 为开/闭式隧道通风系统图。

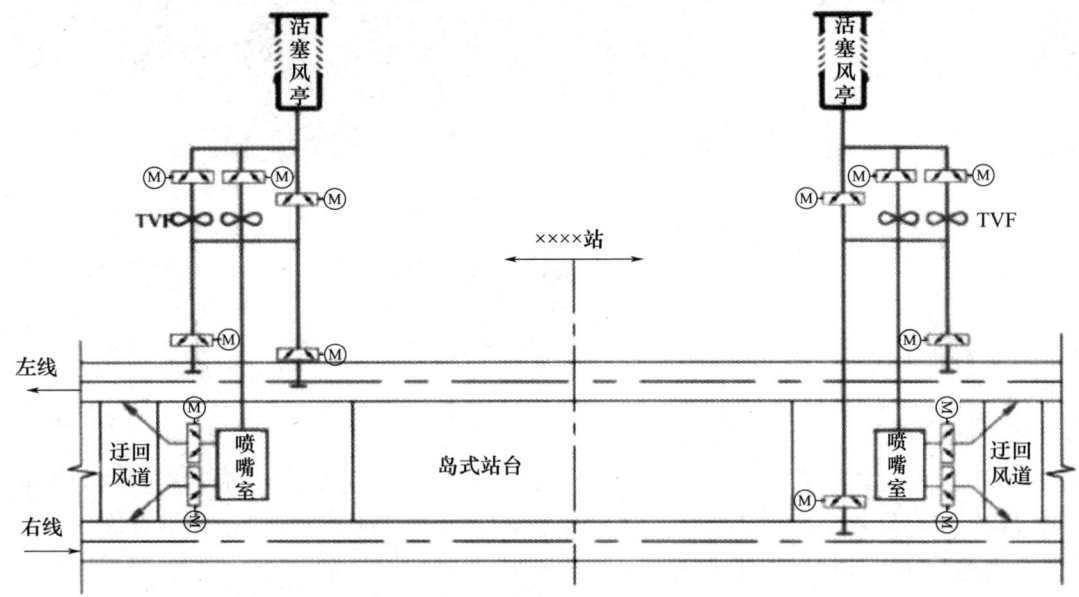

图 4.1-5　开/闭式隧道通风系统图

为降低闭式运行时列车进站阶段活塞风对站台乘客活动区域的影响，通常在车站端头设置连通上、下行线的迂回风道；为有效防止乘客跌入轨道，可沿站台边缘设置半高或全高安全门。

开/闭式系统形式简单，通风设备较少，工程造价较低，但地下空间空气环境质量相对较差，且无法有效地组织气流准确控制地下空间的温度、湿度。南方城市中，仅早期建设的部分线路，如广州地铁 1 号线、上海地铁 2 号线等，因当时屏蔽门系统国产化率较低、造价较高以及技术成熟度等方面的原因，按开/闭式系统设计、建设并运行多年。广州地铁 1 号线于 2004—2008 年对地下车站增设了屏蔽门，至 2009 年 7 月完成了对地面站增设半高式安全门的改造；上海地铁 2 号线则于 2019 年 3 月完成了加装半高安全门的改造。

北京城建设计发展集团股份有限公司在传统闭式系统的基础上提出了集成闭式系统：将隧道通风系统与车站公共区通风空调系统集成，在风道中设置可旋转开启/关闭的大型表冷器替代组合式空气处理机组，并在车站两端站台层设置迂回风道，区间间隔设置活塞风道。这种集成闭式系统相比传统闭式系统在土建规模及设备投资上进行了优化，然而这套系统空调装机容量仍大大高于屏蔽门系统，且因主要的大型环控设备均布置于风道中，通常需加大风道面积，这对于南方早期规划的狭窄街道很难实施。目前该系统在北京、天津、南京等城市中得到应用。

2. 屏蔽门系统

开/闭式系统中，由于车站公共区与隧道连通，如果车站需设置空调系统，在活塞风压的作用下，空调系统装机容量往往很大。沿站台边缘设置屏蔽门，在无列车停站的时段内可将车站公共区与区间隧道隔断，车站公共区与隧道相对独立地配置各自的环境控制系统。相同条件下，屏蔽门制式下空调负荷约为开/闭式的 1/3，因而可大幅降低车站空调系统能耗。

上海地铁 1 号线于 1990 年 1 月开工建设，1995 年 4 月一期工程全线正式通车运营，如图 4.1-6 所示。上海地铁 1 号线列车采用 A8 编组（2006 年以前为 6、8 编组混跑，2006 开始 6 扩 8，2010 年起全线 8 辆编组），是国内（不含港澳台地区）首条按屏蔽门系统进行设计的线路，但建设初期因造价等问题缓装屏蔽门。

图 4.1-6　装设屏蔽门前、后的上海地铁 1 号线

自 1998 年先后启动的广州地铁 2 号线及深圳地铁一期工程起，南方城市后续建设的多数线路按照屏蔽门系统进行设计。

屏蔽门系统在减少空调设备装机容量、节省机房面积及提升候车环境等方面优于闭式系统，近年来在国内轨道交通中广泛采用。

3. 复合通风制式

因屏蔽门制式下空调负荷大为降低，在长江以南地区有着明显的优势，但在空调季很短的北方地区是否适用则长期存在较大争议，其原因是在非空调季难以有效利用活塞效应对车站公共区通风，故而公共区机械通风系统需长时间运行。

采用复合通风制式，即利用屏蔽门上部空间开设若干通风孔并设置电动风阀，空调季关闭这些风阀，车站公共区按空调工况运行，而非空调季打开风阀，利用列车活塞效应对车站公共区通风。此种系统避免了困扰业界多年的开/闭式与屏蔽门制式的争论，兼具两种制式的优势。实现复合通风制式主要分为在屏蔽门立门体设置风阀以及在屏蔽门上方的土建顶梁上开孔等多种方式。

上海地铁 11 号线云锦路站采用可调通风型站台门的形式，即在屏蔽门顶箱内设置风孔及相应阀门实现开、闭控制，如图 4.1-7 所示。青岛地铁 2 号线麦岛站、海游路站、华楼山站等三站也采用复合通风制式，如图 4.1-8 所示，其中海游路站采用幕帘风阀，另两站采用普通的钢质百叶风阀。此三站也都是在屏蔽门顶箱上开孔。

图 4.1-7　上海地铁 11 号线云锦路站复合屏蔽门

图 4.1-8　青岛地铁 2 号线复合屏蔽门

贵阳地铁 1 号线、2 号线，以及成都地铁 3 号线的磨子桥站、高升桥站、军区总医院站等三站采用了与上述线路不同的方案。这些项目不是在屏蔽门体上开孔，而是将轨顶排风道宽度压缩 1500mm，在屏蔽门的结构安装顶梁上开孔，如图 4.1-9 和图 4.1-10 所示。采用此方案的一个重要前提是公共区应采用透空率较高的吊顶。

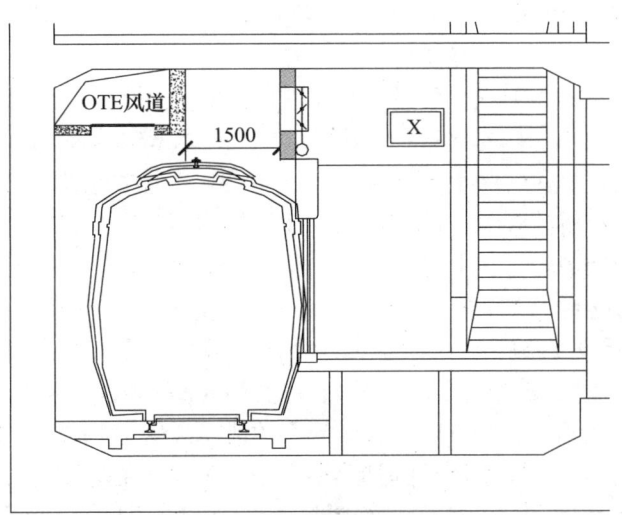

图 4.1-9　屏蔽门顶梁开孔的复合通风示意图

图 4.1-10　成都地铁 3 号线磨子桥站复合通风制式

采用复合通风制式不仅在非空调季可利用活塞效应对车站公共区通风，即使在夏季，也完全有可能利用地下工程冬暖夏凉的特点，尽量减少冷水机组的运行时间。虽然复合通风制式在实践中出现一些问题，但相信经过不断持续改进，会有更大程度的推广应用。列车活塞风利用、抑制的一些其他方式，还有待进一步开发和实践。

4.2 隧道压力波控制

在无限或半无限大空间中，马赫数 Ma 低于 0.2 时，可忽略空气的可压缩性，按不可压缩流体处理。但在受限空间（例如隧道）中，此阈值则大大降低。因为除马赫数 Ma 外，阻塞比 α 也对压力变化值有很大影响。地铁隧道中，空气流动的马赫数 Ma 甚至低于 0.1，但由于阻塞比变化剧烈，很多情况下也充分显现出了可压缩性。随着地铁速度目标值的提高，压力波问题日益突出。

4.2.1 压力波问题概述

随着我国地铁建设的迅速发展，地铁列车运营速度不断提高。各城市新建和拟建的多条地铁线路的设计运营速度均超过了 100km/h，如广州地铁 3 号线、深圳地铁 11 号线、东莞 R2 线、温州市域铁路 S1 线、上海地铁 16 号线、北京新机场快线等，设计最高运行速度达到了 120km/h，而成都地铁 19 号线等，设计速度更是高达 160km/h。列车速度的提高，使得许多在低速时可以忽略的问题变得十分突出，隧道压力波就是其中的一个关键问题。

广州地铁 3 号线，全线长 64.41km，包括一条主线和一条支线，共设 28 个站。采用地铁 B 型车辆，6 辆编组。线路设计时速为 120km/h，实际运行速度为 100～110km/h。运行初期，常收到乘客投诉，反映有耳膜不适等症状；列车司机不适症状更为严重。2010 年 2 月，在广州地铁 3 号线上进行了车内压力测试。测试隧道为汉溪长隆至市桥站区间隧道，长为 6.32km，测试车速最高达 113km/h。结果表明，列车的头部位置引起耳膜反应的次数较多，中间与尾部较少，且大多出现在列车通过区间通风井时。

深圳地铁 11 号线（机场线）宝全段全长 32.6km，设 11 座站。采用地铁 A 型车辆，6 辆编组。线路设计时速为 120km/h。计划 2011 年 10 月动工，2016 年建成通车。根据其隧道空气压力波研究结果，主要的压力舒适度问题是在列车高速驶出及驶进洞口时所产生的，建议在 120km/h 速度下，盾构隧道采用 6.0m 的直径，同时在近洞口段设置 6 个 0.75m² 的泄压风管（每隔 100m 设置 1 个），而由于列车通过大部分中间风井时的车速不高，压力舒适问题不太明显，只在机场北站南面第 1 个区间风井以南设置了 3 个 0.5m² 的泄压风管（每隔 100m 设置 1 个）。2016 年 6 月，在 11 号线开通运营前，对列车内的压力变化进行了实测，测试数据表明全线运行时车内压力波动值低于 800Pa/3s 的控制标准，且运营至今仅部分乘客能感知耳压的变化，但并未收到关于耳痛问题的投诉。

东莞市城市快速轨道交通 R2 线首建工程线路总长 37.743km，其中地下线长 33.730km，高架线长 3.589km。全线共设车站 15 座，其中高架车站 1 座，地下车站 14 座。采用地铁 B 型车辆，6 辆编组。线路设计时速为 120km/h。项目针对空气动力学问题进行了专项研究，其分析报告指出，推荐采用扩大隧道断面缓解空气动力学效应的措施，对于长大区间隧道，隧道断面内径建议选用 6.0 m，其余区段仍选用地铁通用断面，内径为 5.4 m。而列车出入洞口时，车内外气压变化剧烈，应采取缓冲措施。如果车辆在常规密封条件下，洞口需采取喇叭口结构的缓冲措施，喇叭口形缓冲结构扩大面积可按 1.5 倍隧道面积。另外，R2 线首次在全国地铁车辆上采用气压调节设备，通过调节客室内气压大小，将客室内的气压稳定在一定范围内，从而提高乘客的舒适性。2016 年东莞市轨道交通有限公司在蛤地站—陈屋站区间内径 6.0m 盾构隧道处和展览中心站—虎门火车站区间隧道与地面线路连接 U 形槽处进行了列车高速运行情况下的压力波测试，测试结果表明：当列车突入隧道时，车体内外压力波变化极值最大值出现在列车以 120km/h 速度运行时的车头处，3s 内车体内压力波变化极值最大值为 428kPa；列车冲出隧道时，车体内变化极值最大值出现在列车以 110km/h 速度运行时的车尾，3s 内压力波变化极值最大值为 419Pa。测试数据表明设计阶段考虑的空气压力波缓解措施在东莞地铁 2 号线的应用取得了良好的效果。

4.2.2 压力波形成机理

当列车车头由 A 端洞口进入隧道时,由于列车的强烈挤压,但流动又受到隧道壁的限制,洞口附近的气体受到压缩,压力突然升高而形成初始压缩波。初始压缩波以音速沿隧道向前传播,到达 B 端洞口时,一部分能量以脉冲波的形式传播到洞外(大气压环境),形成微压波,因而在 B 端洞口处产生强烈的爆破声;另一部分则被反射回来,以膨胀波的形式向相反的方向(A 端洞口)传播。膨胀波到达 A 端洞口时再次被大气压压缩因而发生反射,又以压缩波的形式再次向 B 端洞口方向传播。在传播和反射的过程中,由于隧道壁面及列车车身的摩擦不断耗散波的能量,波的强度会逐渐衰减。

列车尾部由 A 端洞口进入隧道时,由于列车尾部为负压(压力绝对值低于大气压),会在 A 端洞口形成初始膨胀波。初始膨胀波同样也以音速在 A、B 两端洞口之间传播并以压缩波、膨胀波的形式反复地被反射。

由于初始波及其反射波在洞内反复反射、叠加,因而在隧道内形成了非常复杂的波动系列,见图 4.2-1。

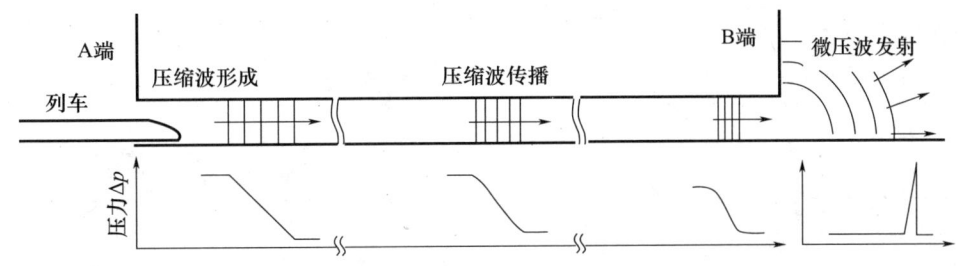

图 4.2-1 列车通过隧道引起的压力波

一般而言,列车在隧道内运行时引起的空气流动是复杂的三维、可压缩、非定常的湍流流动。隧道的长度 L_{tu} 通常远大于隧道的当量直径 D_{tu},即 $L_{tu} \gg D_{tu}$。列车在隧道内引起的压力波的传播速度接近音速 a。压力波沿整个隧道长度传播的时间 $\dfrac{L_{tu}}{a}$ 和沿隧道横截面上的传播时间 $\dfrac{D_{tu}}{a}$ 之间也存在着相应的关系:$\dfrac{L_{tu}}{a} \gg \dfrac{D_{tu}}{a}$。所以,对具有一定长度的隧道和列车来讲,可近似认为:隧道横截面上的压力是均匀分布的,即在同一断面上的各处的压力相等。又因为隧道横截面在隧道长度方向上的变化率 $\dfrac{dE}{dx}$ 较小,从而有 $\dfrac{\partial u}{\partial x} \gg \dfrac{\partial u}{\partial y}$,$\dfrac{\partial u}{\partial x} \gg \dfrac{\partial u}{\partial z}$。故当隧道的长度远远大于其当量直径时,可以把隧道内空气流动简化为一维、可压缩、非定常的湍流流动。这一点已为高速列车在隧道运行的现车实验研究所证明。相比之下,隧道入口及出口处的空气流动则具有明显的三维特性:当列车进入隧道以前,由于车头的挤压,列车前方的空气随列车一起向前运动;当车头驶入隧道瞬间,由于空气的压缩性及列车侧壁和隧道壁限制了空气的侧向流动和向上流动的空间,使紧贴在列车车头前面的空气受到压缩并随列车向前流动,造成列车前方的空气压力突然升高,产生压缩波,被列车排挤的另一部分空气则通过环状空间向列车后方流动,并在隧道入口处形成喷射流喷出隧道;当车尾进入隧道后,由于列车尾部产生的负压低于大气压力,原先经过环状空间流到隧道入口处的空气改变流向,并与隧道外的空气一起回流至隧道。在隧道出口处,一方面有当列车驶入隧道时,由于列车前方的压力瞬变一部分传播至隧道外形成的微气压波,另一方面也有当列车驶出隧道时形成的喷射状流动,因此空气的流动更为复杂。

以上为独立的山岭隧道中压力波的形成机理。而在网络状的城市轨道交通隧道中,由于各地下车站端头均设有与外界连通的活塞风井,各风井可等效为山岭隧道的洞口,城市轨道交通的地下段内的压力波问题比山岭隧道更为复杂,因而处理压力波问题的工程措施与山岭隧道也并不完全相同。

4.2.3 压力舒适度标准

1. 压力变化的生理作用

人的鼻咽腔通过耳咽管与中耳相连。耳咽管通常是关闭的，当鼻咽腔的压力比中耳的压力低将近2kPa时，耳咽管会因收缩而自动打开，在外界气压降低的情况下，中耳和外部气压不平衡即得以消除，则不会作用于鼓膜的两边。而当外界气压增高时，鼻咽腔随之增高的气压不会自动传到中耳，因此在耳膜的两边产生压力差。在这种情况下必须通过吞咽、打呵欠或挤捏鼻子等动作来人为地开启耳咽管，以消除耳膜两边的不平衡压力。因此，采用特定时间内（3s或4s）压力单调变化值作为瞬变压力波动特征参数，其"特定时间"，即3s或4s，正是自动或人为地（通过生理反应）开启耳咽管，建立中耳和外界的压力平衡所需要的时间。不同压力变化值下人的典型生理症状如表4.2-1所示。

表 4.2-1　不同压力变化值下人的典型生理症状

压力变化值	典型症状
$\Delta p < 0.3\text{kPa}$	人员感觉不到压力波动
$0.3\text{kPa} < \Delta p < 5.0\text{kPa}$	耳朵不舒服，有耳鸣的感觉，且随着波动值增加，症状加重
$5.0\text{kPa} < \Delta p < 10.0\text{kPa}$	耳朵疼痛
$\Delta p > 10.0\text{kPa}$	医学健康标准，鼓膜可能破裂

2. 压力舒适度标准的选取

国内外对于压力舒适度标准做了许多研究，目前已形成城市轨道交通压力波控制的成套标准。

对于最高运行速度不超过100km/h、采用常规电机驱动列车的钢轮钢轨地铁新建工程设计，其压力波标准应符合《地铁设计规范》（GB 50157—2013）中相关规定。其中13.2.7条规定："当隧道内空气总的压力变化值超过700Pa时，其压力变化率不得大于415Pa/s"。

对于采用站站停追踪运行或快慢车组合运行、列车最高运行速度为100～120km/h的钢轮钢轨地铁快线新建工程的设计，其压力波标准应符合《地铁快线设计标准》（CJJ/T 298—2019）中相关规定，该标准于2020年3月1日正式实施。《地铁快线设计标准》（CJJ/T 298—2019）8.2.1条规定："列车客室任意3s内的压力变化值不应大于700Pa，司机室任意3s内的压力变化值不应大于600Pa。列车客室任意1s内的压力变化值不宜大于400Pa，司机室任意1s内的压力变化值不宜大于300～400Pa"。

对于最高运行速度120～160km/h、采用钢轮钢轨制式的新建、改建、扩建并服务于市域范围内中、长距离客运交通的市域快速轨道交通设计，其压力波标准应符合《市域快速轨道交通设计标准》（CJJ/T 314—2022）中相关规定，该标准于2022年8月1日正式实施。《市域快速轨道交通设计标准》（CJJ/T 314—2022）5.1.5条规定："车辆的密封性应采用动态密封性指数，数值应经经济技术比较确定。司机室的动态密封性指数不应小于6s，列车客室动态密封性指数不应小于3s"。10.1.3条规定："当隧道内空气总的压力变化值超过700Pa时，车厢内部的压力变化率不应大于415Pa/s"。

4.2.4 隧道压力波控制措施

对于最大运行速度大于100km/h的线路，解决隧道内车速提高后乘客舒适度的问题，可采取加大隧道断面、提高列车气密性、采用流线型列车车头、隧道断面突变处设置缓压段等综合技术措施降低空气动力学效应。

根据既有工程经验及相关理论研究，隧道净空断面面积，即隧道阻塞比，是隧道空气动力学效应的最主要的因素，扩大隧道断面缓解空气动力学效应是最有效的措施。但隧道断面，盾构机制造成本，以及隧道开挖方量、支护结构成本均有所增加。

提高车辆的气密性，是从车辆本身考虑的，不影响隧道结构，因此建设期土建投资不会增加。但气密性标准要求过高，必然会增加车辆的制造成本、维护成本和维护难度。与无气密性要求的客车相比，达到一定的运营期以后，密封客车需要检查其密封情况，进行必要的气密性整修和调试。动态密封指数的定义为：向车厢充气后，气压泄至充气压力的38%所需的时间，单位s。图4.2-2为动态密封指数示意图。

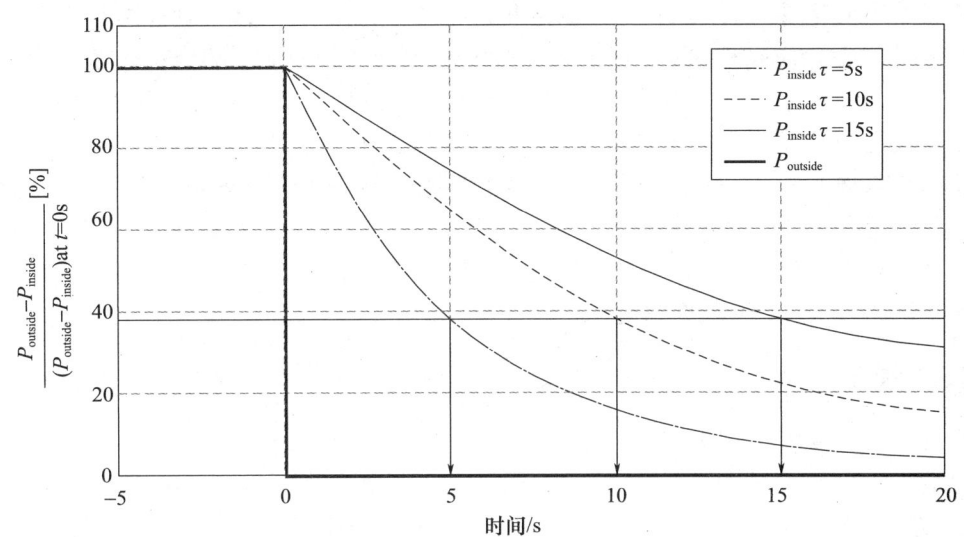

图4.2-2　动态密封指数示意图

因此，若仅依靠某一种技术措施进行隧道压力波控制，其经济性与可行性均是不合理的。对于最大运行速度大于100km/h的地铁线路，均应对列车车辆进行相应的气密性要求。对于列车最高运行速度为100~120km/h的钢轮钢轨地铁快线新建工程的设计，车辆的动态密封指数不应小于3s，司机室的动态密封指数不应小于5s。对于最高运行速度120~160km/h的新建地铁线路，司机室的动态密封性指数不应小于6s，列车客室动态密封性指数不应小于3s。

隧道断面净空应根据建筑限界、隧道内股道数和线间距、空气动力学效应、列车密封性、接触网悬挂方式、轨道结构形式及其维护方式、隧道设备空间、结构受力条件等参数多方面综合考虑。当车辆采用流线型和密封性设计，且隧道断面突变处采取缓压措施时，隧道最大阻塞比应小于0.4。

《市域快速轨道交通设计标准》（CJJ/T 314—2022）中6.3.1节要求："地下区间建筑限界应满足接触网的安装形式和阻塞比的要求"。第6.3.4节要求："当采用AC25kV牵引供电制式时，设计轨面到矩形隧道顶部的距离不应小于6500mm；圆形隧道建筑限界直径不应小于7200mm。当采用DC1 500V/DC3000V牵引供电制式时，设计轨面到矩形隧道顶部的距离不应小于4500mm；圆形隧道建筑限界直径不应小于5800mm"。

快速城市轨道交通地下段内的压力波控制是一个综合且复杂的问题，对暖通专业来说最大的挑战，是其设计标准的确认不是"规定指标"法能简单完成的。相信随着研究的进一步深入，越来越多的工程实践和数据积累，一定能更准确、便捷解决压力波控制问题。

4.3　高效制冷机房

城市轨道交通通风空调系统的能耗是除列车牵引之外的最大耗能专业，如何降低城市轨道交通空调能耗已成当务之急。在轨道交通通风空调系统的能耗组成中，60%~80%的能耗为制冷机房的能耗。因此制冷机房的能耗对通风空调系统的节能降耗具有十分重要的意义。

4.3.1 原理概述

4.3.1.1 技术背景

据公开资料，当前我国轨道交通行业内制冷机房能效比为 2.5～3.0，处于较低水平。优秀的制冷机房系统全年平均能效比应高于 5.0，低于 3.5 时则需要改进。新加坡的绿色建筑标准对不同等级的绿色建筑制冷机房能效比有最低的要求，如最低等级的绿色建筑，使用水冷式冷水机组、最大冷量≥500RT 的新建非居住建筑，最低设计制冷机房能效比应该大于 5.0。

相对于美国、新加坡等发达国家，我国制冷机房的能效水平仍然有较大差距，进行能效提升和高效机房的建设就十分有必要。根据我国碳达峰、碳中和的时代背景和建筑节能的相关政策要求，同时也是地铁运营部门对于企业的运行管理节能降耗、降本增效的需求，都应积极发展地铁高效制冷机房，提高制冷机房系统的效率，以降低地铁能耗，减少运行费用。

4.3.1.2 技术原理

高效制冷机房主要包括但不限于以下技术。

1. 精细化设计

1) 负荷计算

在设计阶段，制冷机房的一个重要设计参数就是确定制冷机房的装机容量。制冷机房的装机容量通常是根据空调系统在最不利工况下的负荷计算结果进行确定。为了保证制冷机房选择合理的装机容量，避免出现偏大浪费或偏小不足的情况，空调系统的负荷必须进行精细化计算。因此精细化地下车站的空调负荷主要由大系统负荷与小系统负荷两部分组成。其中大系统负荷所占比重较大，且受客流、列车运行及外界气候条件影响较大，负荷波动较大。而空调小系统负荷相对较稳定。

地铁高效空调系统设计的精确计算，应包括以下两方面：

(1) 符合地铁特征的额定工况计算，确定合理的系统规模；

(2) 分析逐时负荷，找出项目非额定工况的分布规律，合理匹配设备性能与运行策略，以保证部分负荷时的高效运行。

设计工况负荷计算用于确定系统的规模以及设备的额定参数，但由于系统绝大部分时间都运行在部分负荷工况，因此作为变流量系统，还应密切关注系统负荷率的变化，作为设备选型时性能曲线匹配的依据。

2) 水力计算

在进行负荷计算和技术方案确定后，为了选用合理的输送设备，避免出现大马拉小车或选型不足的情况，必须进行精细化的管路水力计算。设计应通过 BIM 三维设计等方式进行合理的设备和管路布置，然后结合布置情况进行详细的水力计算，优化管路，进一步减少输送能耗。为设备正确选型，并使之运行在高效区，减少设备能耗奠定基础。

除了精确的水力计算外，高效制冷机房的设计还应对系统的总压损作限定，才能保证冷水机组的能耗占比。为了达到水力计算的控制目标，在管路设计应严格核算相关的参数、筛选管件类型、梳理敷设路径，确保在经济合理的前提下做到阻力最小。

2. 优化设备选型

制冷机房的设备选型包括冷水机组、水泵、冷却塔、水处理设备、传感器、调节阀等设备的选型。制冷机房选用的设备应采用运行安全、技术先进、可靠性高、节省空间、便于安装和维护、高效节能且自动控制性能好的设备。

1) 冷水机组选型

冷水机组的常见类型包括螺杆式冷水机组、磁悬浮冷水机组、离心式冷水机组等。选型除关注冷水机组的类型之外，还应关注冷水机组的能效水平。主机选型时应要求名义工况下的 COP 为一级能效，设计工况的能效按运行条件换算，制冷量按设计工况值确定。主机选型应优先选用目前市场能满足《冷水机组能效限定值及能源效率等级》(GB 19577—2015) 的双一级能效要求的主流产品。

在主机选型时，可根据全年负荷率与冷却水温度的全年分布情况，提出与本项目匹配的 NPLV，并在冷水机组选型时计算 NPLV 值，从而选择适用于本工程负荷工况的冷水机组。

主机选型包括以下要点：

（1）冷水机组选型时应结合不同冷水温度、不同冷却水温度、不同负荷率条件下的冷水机组性能曲线图，从全工况多维度角度对冷水机组的能效水平进行综合对比分析。

（2）在不同工况条件下，冷水机组的部分负荷工况下 COP 曲线可以表现为不同的变化趋势，性能峰值点以及高效区段范围也有所不同，应按实际工程条件与调适需求来选择。

（3）当负荷率变化的同时发生冷却水温度变化时，机组的性能曲线应重新拟合。一般较常见的情况是负荷率下降的同时冷却水温度下降，此时有利于提高部分负荷的 COP，在一定程度补偿性能下滑，扩大高效区段范围。

（4）有条件时，应以一个典型已运营车站为代表，收集一个空调季的运行参数，作为数据项目的依据。如果没有本地区的运营车站的数据，可以收集其他相近区域的数据或进行深入的理论分析，不宜单凭名义工况或设计工况直接选型。

（5）对于新建项目，可结合当地地铁的客流情况，在设备第一阶段的寿命周期内，重点关注系统负荷率在 60% 以下区段的设备能效。

（6）当有多个不同类型、不同型号的冷水机组进行比选时，可在保持其他条件一致的情况下，基于不同的冷水机组的性能参数，分别计算制冷机房全年综合能效比和全年用电量，并结合工程投资进行全寿命期成本分析，根据分析结果确定优选冷水机组。

（7）项目建成运营后，应不断积累运营数据进行系统自优化，以及作为设计依据。

2) 冷水泵和冷却水泵选型

水泵根据设计工况的冷量和温差计算冷水量和冷却水量，根据管路布置计算扬程，当扬程超过指标限定值时，通过优化管路、降低水流速等措施使扬程参数满足限值要求。水泵选型时，尽量使水泵名义工况的设计工作点位于水泵性能曲线高效区的中间区，便于水泵变频工作时工作点仍位于高效区。

目前地铁车站都采用一级泵变流量系统，水泵的流量对冷水机组的性能和水泵的输送能耗影响较大，水泵流量越小，输送能耗越小，但可能影响冷水机组的性能。由于冷水机组能耗占比较大，所以水泵的变流量调节必须以保证冷水机组的性能为前提。

综合考虑冷水机组、水泵的安全和运行工况稳定，建议冷水泵的最低频率不小于 30Hz，冷却水泵则应结合主机能效受影响情况与综合能耗变化确定变频范围。

3) 冷却塔选型

冷却塔一般放置在室外，是制冷机房的关键设备。冷却塔能耗占比较小，一般为水系统的 5% 左右，虽然能耗不大，但冷却水温度对冷水机组性能影响非常大。一般来说，冷却水温度每降低 1℃，主机的能耗降低 3% 左右，因此冷却塔散热能力对制冷机房的高效运行非常重要。

冷却塔选型需根据当地环境湿球温度，结合冷却塔的热工性能曲线进行校核，保证冷却塔的实际出水温度满足要求。当一个冷却塔的热负荷、水流量以及空气入塔条件确定时，逼近度是塔容量的函数，选用较大换热面积的冷却塔，可以得到较小的逼近度，即出水温度越逼近湿球温度，出水温度越低，冷水机组的运行能效越高。

综合了系统功能要求与用地限制等条件，地铁车站冷却塔的冷却水温度与室外湿球温度的逼近度一般为 4℃。对布置条件较理想的项目，可以考虑在设计时缩小逼近度；或者在运行中利用部分负荷条件下富余的塔容量，进一步减小逼近度，从而提高冷水机组运行能效。

一般情况下，出水温度需高于湿球温度 3℃ 以上。相同运行条件下，逼近度由 5℃ 降至 3℃ 时，选用塔的换热面积加大约1.45倍，逼近度由4℃降至2℃时，选用塔的换热面积加大约1.8倍。塔的容量增大会提高机房能效水平，同时也会增加工程投资，因此需要进行取舍。在工程应用时，可在保持其他条件一致的情况下，基于不同的冷却塔选型，分别计算制冷机房全年综合能效比和全年用电量，并结合工程投资进行全寿命期成本分析，根据分析结果确定优选冷却塔。

冷却塔可采用变频运行的方式，当冷却塔、冷却水泵变频运行时，应保证冷却塔小流量下布水均匀。在系统负荷率动态变化时，在保证冷水机组的稳定运行的前提下，冷却塔的变频应以保证逼近度达到设计要求为控制目标。

4）压差旁通阀选型

对于一级泵变流量系统，分集水器间压差旁通阀管径，按单台冷水机组流量下限选型。

5）传感器选型

传感器不仅需要选型精确，还需要按规范安装，并进行计量标定，方可获得准确的控制参数。

3. 控制系统配置

控制系统是保证制冷机房稳定可靠高效运行的系统，是实现高效制冷机房的关键一环。高效制冷机房控制系统能够对制冷机房的各种设备进行单体点动控制，也可以按照用户需求与节能要求进行逻辑联动控制，使制冷系统设备相互协调并运行在高效状态。

控制系统可以自动对各设备的运行状态及参数进行实时监控并由软件进行分析，实现了制冷机房的无人管理，减少了人工成本，使设备始终运行在最佳状态，达到高效运行指标。

制冷机房控制系统的硬件配置需要满足以下技术要求：

1）控制系统硬件设备应选用具备高可靠性、容错性、可维护性的工业级控制设备。

2）控制系统的管理工作站应采用工业控制计算机，并配备足够的内存、硬盘以满足性能要求。

3）宜选用可编程逻辑控制器（PLC）作为现场控制设备。

4）PLC设备应采用可扩展、易维修模块化结构，通信、输入输出（I/O）等主要模块组件应具备带电插拔功能及必要的隔离措施。

5）系统主控制器与远程控制器或远程I/O模块应通过现场总线或以太网连接，并适应轨道交通现场环境且具有抗电磁干扰能力。

6）制冷机房控制系统应配置在线式不间断电源，其后备时间应大于1h。

4. 系统控制策略

高效制冷机房控制系统的控制策略应满足实现制冷机房高效运行的要求。高效制冷机房的控制应符合下列规定：

1）应能进行冷水机组、水泵、阀门、冷却塔等设备的顺序启停和连锁控制。

2）应能进行冷水机组的台数调节；控制系统应能与冷水机组自带控制单元建立通信连接。

3）应能根据末端负荷需求实现水泵台数控制和流量调节，并保证最不利环路的资用压力。

4）应能进行冷却塔台数控制，并根据室外气象参数进行变频调节。

5）宜能根据冷水机组、冷却塔、冷却水泵的能效变化，进行冷却水系统COP值的自动寻优，保证冷水机组的高效运行。

6）宜能根据室外气象参数和末端需求进行供水温度的优化调节。

7）宜能按累计运行时间进行设备的轮换使用。

5. 精细化施工

轨道交通车站高效空调系统实现不仅需要优化设计方案、进行精细化设计，还需要精细化施工、精细化调试、系统验收及后续运营的精细化管理，才能最终实现通风空调系统节能控制目标。

6. 精细化调试

根据轨道交通空调系统运行特点，调试工作分3个阶段进行，分别为施工阶段精细化调试、试运行阶段精细化调试、1~2个空调季精细化调试。空调季的调试工作要求在制冷季最热月进行，1~2个空调制冷季完成节能考核目标调试，调试效果评价至少涵盖1个完整的空调制冷季。

机房系统内的所有设备完成单设备精细化调试工作后，冷水机房系统全部启动，测试每台设备在各个负荷段的协同运行性能参数在最优效率点；在完成机房系统设备精细化调试后，完成通风空调控制系统的半自动、全自动运行模式调试工作。

节能控制系统对通风空调系统进行整个供冷周期、全负荷段的运行主要参数调试，找出符合系统运行的最佳控制参数及设定规律，同时控制系统能进行自纠和自学习。

4.3.2 工程应用

1. 工程概况

深圳地铁9号线二期工程南山书城站位于南海大道与海德二路交界处，沿南海大道横向布置，该站为地下车站，于2019年12月8日开通。总建筑面积20198m^2，其中空调面积5800m^2，总冷负荷为1378kW，配置2台689kW的冷水机组，车站采用分站供冷形式。

2. 改造方案

南山书城站高效冷水机房节能控制系统如图4.3-1所示，由能耗计量模块、冷水机房控制模块、大系统控制模块、小系统控制模块、环境监测模块以及数据采集分析系统组成，并通过专线网络将运行数据上传至广州地铁设计院数据中心云服务器，对运行数据进行归档、建模、分析。

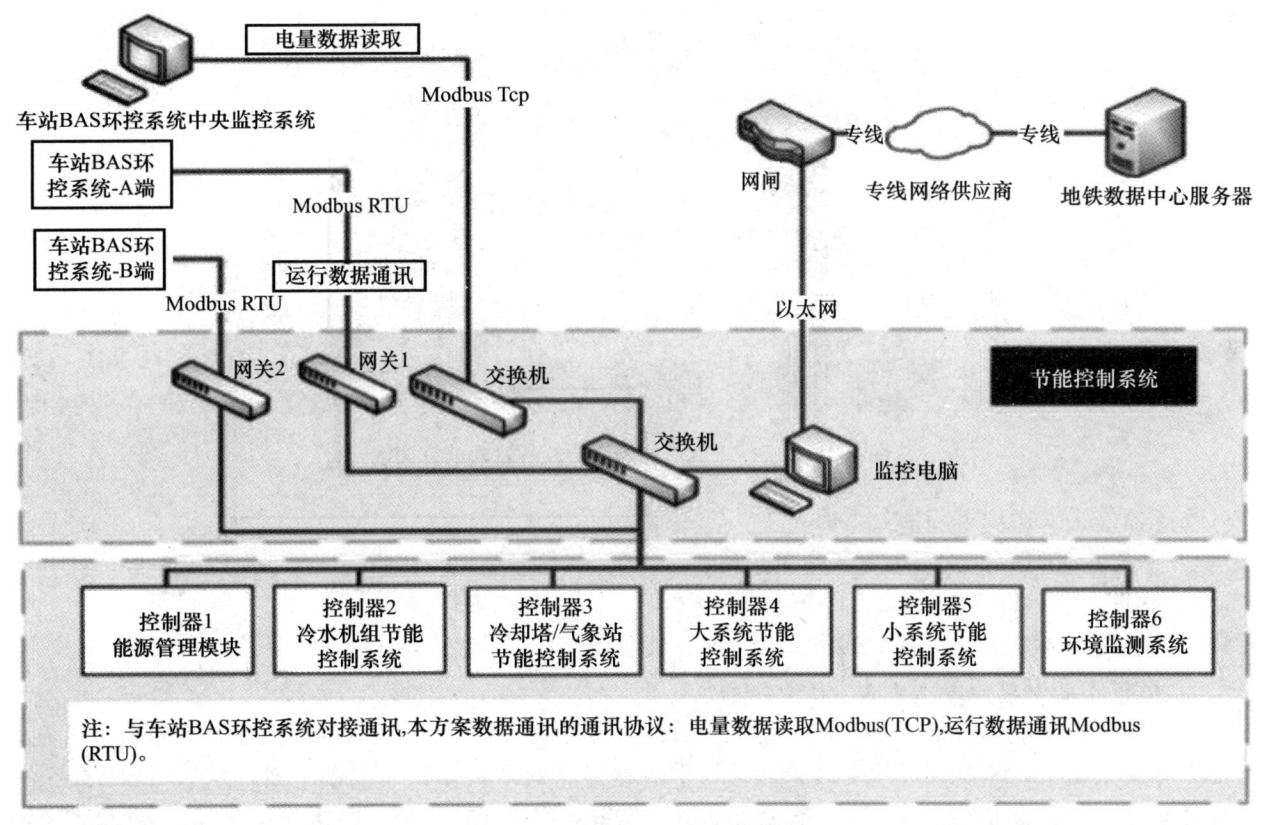

图4.3-1 节能控制系统架构图

同时，通过优化冷水主机、冷水泵、冷却水泵、冷却塔控制策略，配以节能控制系统的全局寻优算法，使得制冷机房可以根据实时冷负荷需求，实时调控冷水机组、水泵和冷却塔的运行工况，使地铁环控系统在保证末端舒适度的前提下，整体能效处于全局最优状态运行。

为实现南山书城站的节能目标以及数据采集任务，经过多次实地考察研究，结合车站所属热工区域、空调系统的运行情况、车站系统规模，综合建设成本、运行成本和维护成本等多方面的影响，从全局经济效益最优的角度，确定选择性价比最优的建设方案。根据工程进度情况，针对南山书城站空调系统的原有设计进行可实现的优化。南山书城站高效空调系统采用新增节能控制系统但不直接控制环控设备的方案进行实施，保持综合监控系统的完整性。在原配置基础上，更换冷却水泵2台，增加各类电柜（箱）5个（网关1电箱、网关3电箱、交换机电箱、节能系统控制柜、临时4G外网引入设备柜），传感器40个，变频器、室外气象站1套。对空调系统的运行状况进行全面的检测和控制，从而实现环控系统的高效运行。

当末端负荷发生变化时，风系统空调和风机设备进行变频调节，空调器的变频调节改变了末端空调的输出冷量，冷量的变化又引起了冷水供回水温差的变化，供回水温差的变化引起了水系统冷水泵的变频调节和冷水机组的冷量输出。对风系统和水系统的节能调控，就需要协调多个部分之间的耦合关系，从综合能效比整体最优出发，寻找风系统、水系统综合能效比最优运行策略。

节能控制系统数据平台主要软件功能及框架如图4.3-2所示。

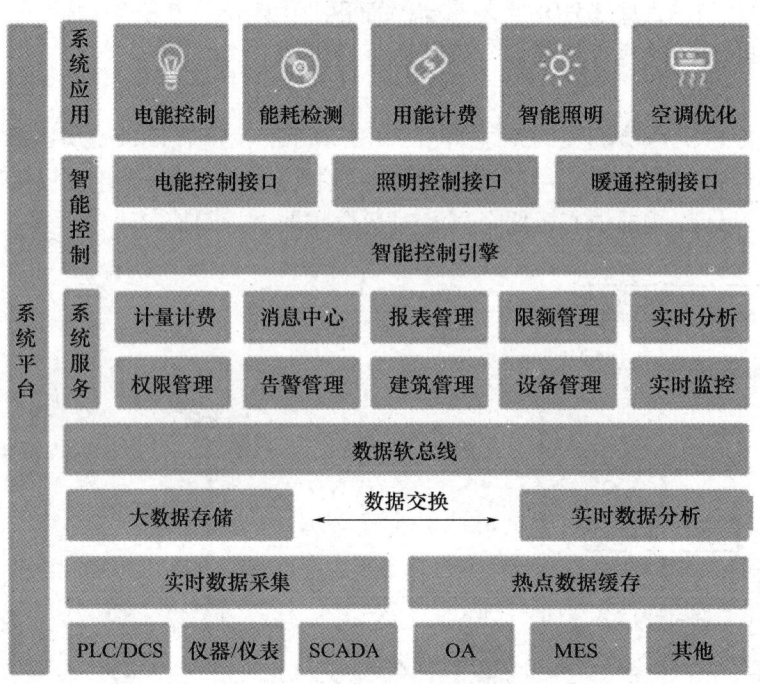

图4.3-2 节能控制系统云平台软件及功能框架图

系统软件主要由以下四部分组成：
1) 数据采集器（ClientAgent）；
2) 数据中心（DataCenter）；
3) 数据访问接口（Interface）；
4) 数据中心网站服务（WebService）。

平台网络拓扑图如图4.3-3所示。通过GPRS/4G网络、有线、光纤等进行通讯，传送数据。在复杂的分布式系统中，需要有效的手段管理系统中的硬件及软件对象，监视整个系统的运行状态，检测硬件和软件故障，以及在故障情况下通过自动或人工重新构造系统配置，以达到高效可靠运行的目的。

节能控制数据平台主要包括设备实时监控、能耗监测、数据分析、反馈优化运行、故障预警、工单管理、远程控制等功能。

1) 设备实时监控

实时监测空调系统状态，如空调器、风机、冷水机组、水泵等设备的主要运行参数，系统主要运行状态，实现设备远程智能监测，实时在系统界面显示，确保设备的正常安全运行。实时监测界面如图4.3-4所示。

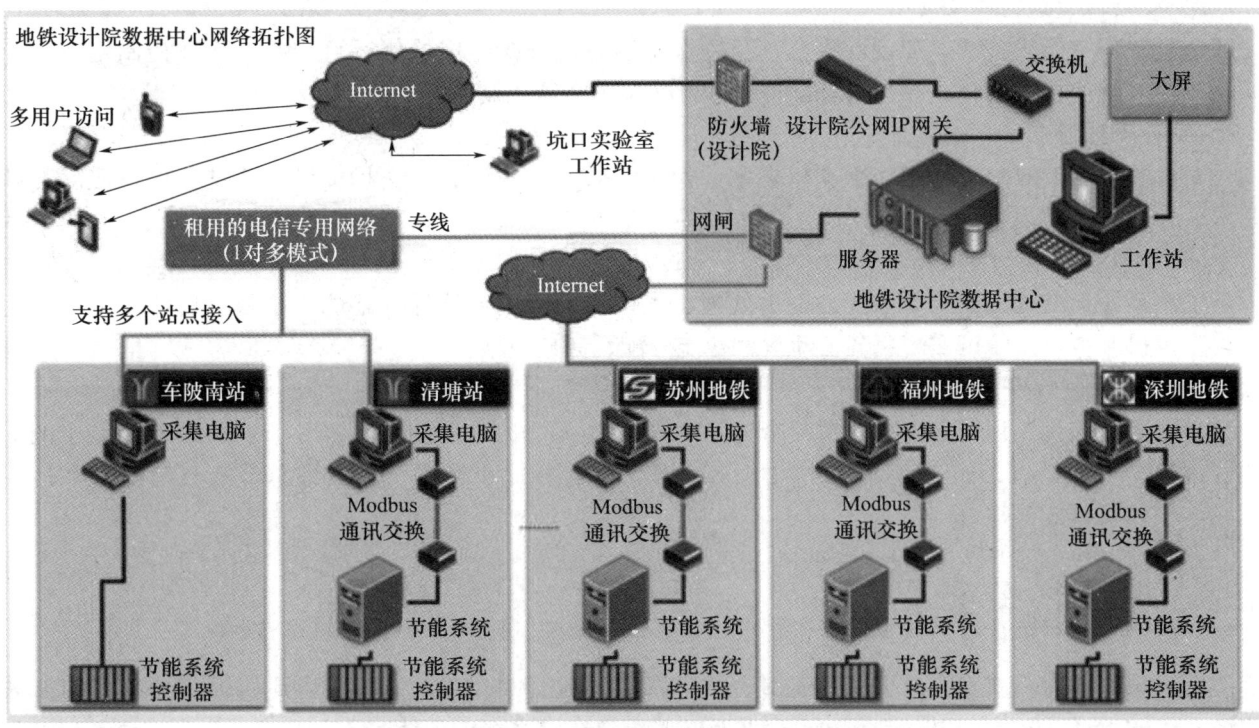

图 4.3-3 节能控制系统云平台网络拓扑图

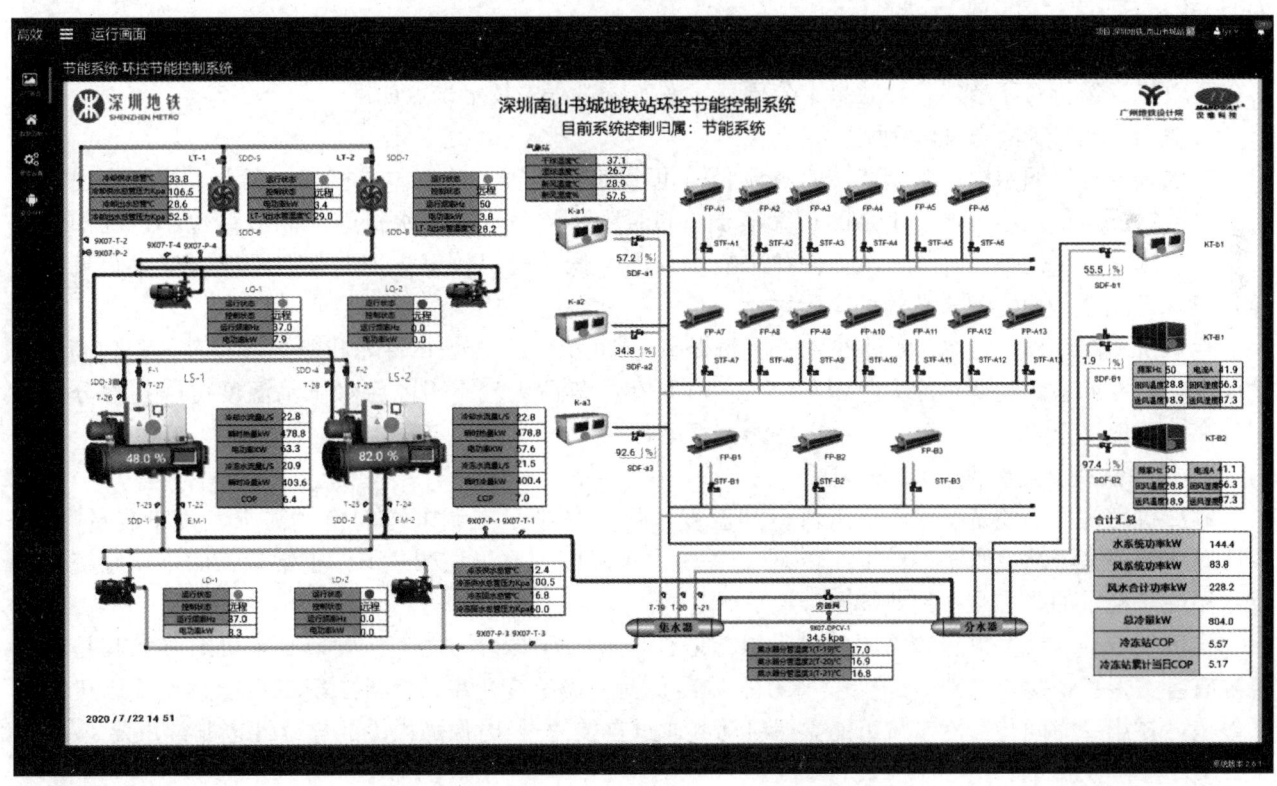

图 4.3-4 节能控制系统实时监测界面

2）数据分析

智能分析处理气象数据与能耗数据（包括气象数据、电耗数据、气耗数据和水耗数据）、负荷数据等，支持多维度能耗数据对比，并自动生成报表数据。

3) 反馈优化运行

通过采集空调设备状态和运行数据，经过平台智能化分析生成最优运行方案，下发控制指令至空调系统，调整主机、水泵、冷却塔等设备的运行状态，实现控制系统节能。

4) 故障预警

对可能出现的故障、预警信息进行提示，如机组故障、水流丢失保护、设备清洗、环境温湿度异常等，并针对预警内容给出处理建议。

5) 工单管理

工单系统拥有强大的工单分配、工单处理、工单跟踪、工单统计等功能，高效、专业地为运营运维人员提供服务，系统可实现服务自动化、智能分配、高效灵活。

3. 节能改造效果

经以上措施优化后，南山书城站制冷机房2020年空调季的平均能效比为5.08，2021年空调季的平均能效比为5.05，2022年空调季的平均能效比为5.31，相比不采用优化方案总节能（节电）率达到35%，节能减排效果显著。

4.3.3 适应性分析

城市轨道交通高效制冷机房主要应用于城市轨道交通空调行业，适用于新建轨道交通项目的高效空调系统的设计和建设，以及既有轨道交通车站的通风空调系统的节能改造。

4.3.4 关键技术或难点

高效机房运行对于节能降耗效果十分显著，在实践过程中技术难点如下。

1. 需要保障空调系统的舒适性

冷水泵依据供回水温差来调节转速（频率），但设定值是很小的压差或很高的温差，这样会使冷水泵大多数情况运行在小流量，水泵的功率很小。同时由于流量小，冷水机组的制冷量也小，冷却水温升也小，冷却水泵也可以降频，从而使整个机房的能耗低，机房效率会很高。但不能保证供水流量品质，很有可能会影响空调末端的供冷能力。

冷水供水温度设定过高。冷水供水温度每提高1℃可有2%～4%的冷水机组效率提高，但较高的供水温度会使空调末端的换热能力急剧下降，尤其是在高负荷天气。因此冷水供水温度可以在部分负荷时升高些，但一定要节制，避免末端供冷能力不足。

2. 供冷品质、连续性需保障

制冷机房供冷品质是指冷水供水流量和温度，目的是满足空调末端的换热需求。关于流量品质，由压差或温差来调节冷水泵的流量（转速）。关于供水温度需要再强调一下，正常运行的空调系统希望供水温度是稳定的，在有些行业甚至希望是恒定的。

机房供冷的连续性也应该是评判机房运行是否正常的重要指标之一。大型冷水机组（尤其是离心机）有各类保护，冷水/冷却水流量、水质、制冷负荷、流量变化率、室外工况都可能触发冷水机组保护停机，在第一时间待命冷水机组能立即启动（通过自控），及时保障供冷的连续性也非常重要。

3. 达到能效目标

制冷机房如何达到能效目标是项目的难点。项目中一些设备的设计或运行，可能会影响制冷机房的能耗。

较高的供水温度可以改善冷水机组的运行工况，从而提升机房效率节能，但为了不影响室内的舒适性，可能需要设计更大的空调末端风量，从而导致空调风系统的能耗上升；较大的冷水供回水温差设计或运行，输送水量会降低，从而可以减少水泵的输送能耗，但可能需要增加空调末端换热盘管的数量或面积，从而导致初投资成本的增加。

由上可知，节能控制策略必须以能效为目标，不断优化调整、自学习，最终实现通风空调工艺需求。

4.3.5 小结

根据我国"双碳"目标的时代背景和建筑节能的相关政策要求，地铁运营部门对于企业的运行管理节能降耗、降本增效的需求，建设高效空调系统的需求十分迫切。高效空调的技术方案可以降低地铁能耗、减少运行费用，建议在全国轨道交通工程中推广。

4.4 直膨技术

传统的中央空调系统通过"5个循环、4次热交换"向室外排热。每一个循环中均需采用相应的透平机械为换热介质（制冷剂、水、空气）提供输配动力。如果采用传统的空调系统形式，地铁车站"狭长"的空间特点决定了冷水系统的供冷半径往往在200m以上，且冷量输配过程难以避免地会出现"折返跑"现象。采用制冷剂直接蒸发空调系统（DX），可减少1个循环和1次热交换，既简化了系统，又可有效降低运行能耗。

4.4.1 原理概述

地下车站公共区与设备管理用房区环境控制需求差异明显。公共区为乘客乘降区域，通风空调系统（通常简称"大系统"）运行时间通常与地铁站运营时间基本一致（如06：30—23：00），空调季室内设计温度不高于30℃，相对湿度40%~70%。设备管理用房区主要为强、弱电系统设备机房及人员办公房间，通风及空调系统（通常简称"小系统"）需要24h连续运行。

如果大、小系统共用一套冷源，会出现显著的不均衡，特别是在夜间仅小系统运行时间段内，共用一套冷源会使得冷水机组处在较低的负荷率下运行，效率很低。因此，宜将大、小系统分开，采用不同的冷源解决各自的需求。

目前大多数地下车站公共区采用全空气空调系统，主要由冷水机组、冷水泵、冷却水泵、冷却塔、组合式空调机组及相应的管路组成。地下车站的冷量范围决定了一般采用螺杆式冷水机组，以冷水作为载冷剂，通过循环水泵输送到组合式空调机组，冷水经过表冷器与空气进行换热。冷量制备及输配的途径为：冷水机组→冷水泵及冷水管网→组合式空调箱→送风口，其换热介质是：制冷剂—水—空气，为典型的"5个循环、4次热交换"的过程，如图4.4-1所示。

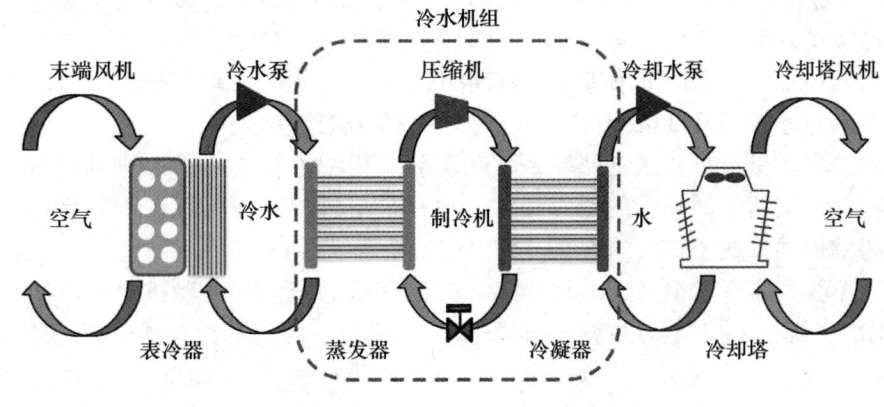

图4.4-1 传统方案工作原理

这种空调系统主要存在以下问题：

① 制冷系统运行蒸发温度低，压缩机运行能耗高；

② 水泵输配能耗占比大，系统效率低。

对于公共区而言，一般仅在车站两端各设一台组合式空气处理机组，且这两台末端同时服务于一个大空间（站台、站厅），并不需要分配两个末端的冷量，也完全无必要由冷水系统对其进行分配、设置复杂的阀门等调节设备。因此，完全可以取消冷水系统，把制冷压缩机直接与组合式空调箱结合在一起，利用制冷剂的直接蒸发来实现对空气的处理，满足冷量的需求，如图4.4-2所示。水冷直膨空调系统是一种新型的、适用于地铁车站的空调系统。制冷系统中低温低压的液态制冷剂在直膨空调机组的表冷器（蒸发器）内直接蒸发（膨胀），与需要处理的空气直接完成换热，其换热方式是：制冷剂—空气，无需进行二次换热。

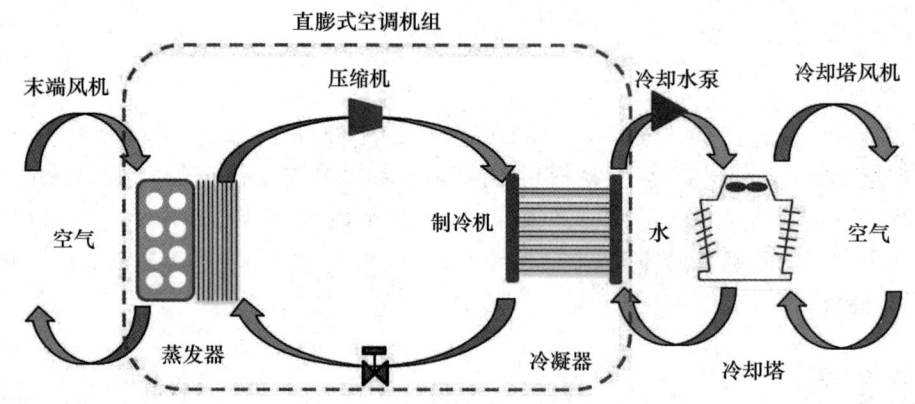

图4.4-2 直膨式空调机组工作原理

直膨技术主要用于制冷量较小的系统中，在大冷量系统中，特别是对于地铁车站直膨空调机组，其技术开发难点在于选取合适的制冷压缩机、解决蒸发器侧制冷剂分配均匀问题及可能存在的回油问题等。涡旋式制冷压缩机单机容量小，比较适合直膨技术，但是在大容量的空调系统中，通常只能采用多个压缩机并联，其中受到回油的影响通常会采用多个制冷系统。螺杆式制冷压缩机采用滑阀调节，低负荷性能差，且因为制冷系统均存在润滑油，应用于大风量、大冷量直膨系统中存在回油困难的问题，可能会造成长期运行衰减和压缩机缺油故障。磁悬浮无油变频离心压缩机，采用磁悬浮轴承，没有任何润滑油，压缩机无级变频调节，低负荷性能优异，非常适合地铁车站直膨式空调机组的压缩机方式。

4.4.2 工程应用

北京地铁9号线是国内最早采用直膨空调系统的线路。该线路地铁公共区的冷负荷在1400～2100kW之间，送风量在240000～360000m³/h之间，在车站两端分别设置2台大型组合式空调机组负担车站公共区的冷负荷。示范样机一对一设置直接蒸发式制冷机和直接蒸发式表冷器，制冷机和直接蒸发式表冷器采用分体设计，制冷压缩机采用有油的螺杆式压缩机，制冷剂管道的单程长度约为13m，冷却塔、冷却水泵的启停控制及冷量的自动调节等均由制冷机组实现。

该项目是在地铁领域里最早尝试直膨技术，在实际应用中也有不少需改进的地方，其中由于制冷剂输送距离长导致制冷剂液管和气管的压降增大，尤其是吸气管的压降对制冷效率影响较大，并且较长的管道给压缩机的回油造成了较大的困难。

目前国内已有不少厂家开发出采用磁悬浮离心式压缩机的直膨式空调机组。机组外观如图4.4-3、4.4-4所示，由制冷主机、电控箱、过滤段、蒸发段、风机段、均流段、消音段与送风段等部分组合而成。机组整体尺寸与地下车站常规的组合式空调机组外形尺寸相当，并且由于取消了冷水机组、冷水泵以及相应的输送管路，空调机房占地面积显著减小。

(a) 机组外观

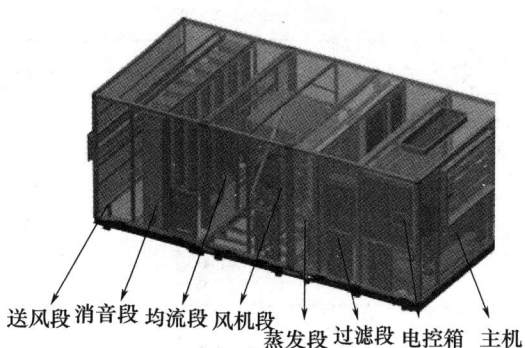
(b) 机组结构布置①

(c) 机组结构布置②

(d) 机组结构布置③

图 4.4-3 直膨式磁悬浮空调机组外观与结构（方形截面）

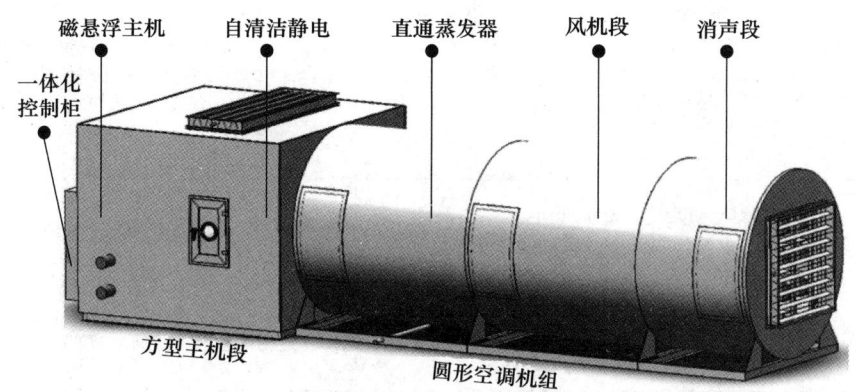

图 4.4-4 直膨式磁悬浮空调机组外观（方圆截面）

表 4.4-1 给出了某厂家研发的直膨式磁悬浮空调机组的性能，风量 48000～81000 m^3/h，对应的名义制冷量为 280～500kW，机组整体 EER（制冷量/空调箱内压缩机和风机电耗总和）可达 4.8 左右，显著高于传统空调方式。磁悬浮离心式压缩机的直膨式空调机组目前已在北京、太原、佛山、洛阳等地的新建地铁站中得到了很好的应用，详见表 4.4-2。

表 4.4-1 直膨式磁悬浮空调机组性能参数

型号（方形截面）	LBLX80SCVE	LBLX100SCVE	LBLX120SCVE	LBLX140SCVE
风量（m^3/h）	45000	57000	68000	81000
名义制冷量（kW）	280	350	420	500
名义制冷耗功率（kW）	58	75	86	106
EER	4.83	4.67	4.88	4.72

续表

型号（方圆截面）	FSDAH37-Y	FSDAH56-Y	FSDAH59-Y	FSDAH68-Y
风量（m^3/h）	36900	56000	59000	68100
名义制冷量（kW）	225	500	498	560
名义制冷耗功率（kW）	46.8	97.1	95.9	108.9
EER	4.81	5.15	5.19	5.14

表 4.4-2 直膨式磁悬浮空调机组应用情况

	线路概况	直膨式空调机组应用情况
北京地铁 19 号线牡丹园站	北京地铁 19 号线位于北京市西部地区，是一条贯穿中心城南北方向的轨道交通快线，其定位为大运量等级加密线。一期工程线路起于丰台区新宫站，途经丰台区、西城区、海淀区，止于海淀区牡丹园站，线路全长 22.4km，全部为地下敷设，共设 10 座车站	采用水冷直膨式磁悬浮空调机组为车站公共区和设备管理用房区供冷。牡丹园车站设有 4 台水冷直膨式空调机组。设计进风干湿球温度：28.8℃/22.1℃，出风干湿球温度：20.0℃/18.4℃。各机组参数如下：110440m^3/h，制冷量 660kW，2 台；53533m^3/h，制冷量 440kW，1 台；56887m^3/h，制冷量 273kW，1 台
太原地铁 2 号线体育馆站、电子西街站	太原地铁 2 号线是太原市第一条开通运营的地铁线路，2016 年 3 月全面开工，2020 年 12 月开通运营一期工程。太原地铁 2 号线一期工程北起尖草坪区尖草坪站，途经杏花岭区、迎泽区，南至小店区西桥站，途经人民路、长治路、解放路等太原中心道路，全长 23.65km，设 23 座车站，全部为地下车站	体育馆站和电子西街站的公共区空调采用磁悬浮直膨式空调机组方案。每个车站选用 2 台额定制冷量为 326kW、额定风量为 52053m^3/h 的直膨式空调机组，分别布置在公共区两侧的小端设备机房和大端设备机房。实测在部分负荷下相比于传统的水冷冷水机组实现 22%～26% 的节能率，节省土建面积约 170m^2/站
佛山地铁 2 号线莲塘站	佛山地铁 2 号线是佛山地铁第二条线路，是东西向骨干线，起点为高明西安，终点为广州南站，该线路连接佛山西江组团和中心城区与区域铁路客运枢纽广州南站，形成了广州佛山第二条城际通道。线路全长 55.6km，共设 27 座车站	该项目采用 2 台 45200m^3/h 风量、295kW 制冷量、占地面积仅 23m^2 的磁悬浮直膨式空调机组，在不增加原组合式空调机组占地面积的前提下，取代原来庞大复杂的冷水机房，高效节能的同时，节省了 200m^2 以上的制冷站占地空间
洛阳地铁 1 号线解放路站、牡丹广场站	洛阳地铁 1 号线，线路全长 25.3km，地下线敷设，设车站 19 座。解放路站为地下三层双柱岛式站台车站，地下一层为车站站厅层，地下二层为 1 号线车站设备层及 2 号线站台层，地下三层为 1 号线车站站台层。牡丹广场站为 1 号、3 号线的换乘站，采用平行岛换乘	洛阳地铁 1 号线解放路站和牡丹广场站的公共区空调采用磁悬浮直膨式空调机组方案。解放路站选用 2 台直膨式空调机组，分别布置在公共区两侧的小端设备机房和大端设备机房，2 台空调机组名义制冷量为 282kW，冷却水进出水温度为 32℃/37℃

4.4.3 适用性分析

从地铁车站大系统负荷变化特性来看，大系统负荷变化主要受列车对数、室外新风参数（出入口渗透风等）、室内人员数量的变化的影响，需要制冷系统蒸发侧制冷剂随之变化，但蒸发温度可保持不变。冷凝侧通常采用冷却塔排热，冷却水温度、冷凝温度随室外条件改变，蒸发、冷凝侧的变化使得需求制冷循环的压缩比、制冷量均发生显著的变化，从制冷剂压缩机的工作特性来看，定频螺杆压缩机的压缩比特性很难适应这种实际需求的变化，在部分负荷、部分冷量需求状况下存在过压缩现象，与实际需求不匹配；而离心式压缩机，采用变频措施可较好地适应这种压缩机变化、冷量输出变化的运行需求。因此，对于地铁车站的直膨式空调机组，应当采用变频离心式压缩机。从地铁车站的实际冷量需求来看，250～700kW 的冷量范围很难选取普通的离心式压缩机；而磁悬浮离心式压缩机则完全可以满足这种运行工况的需求，并且完全不存在回油问题，是适合地铁车站直膨式空调机组的压缩机方式。

采用直膨式空调机组，取消了冷水泵和冷水管道，除了减少换热环节，减少水泵、阀门、管道等复杂的系统外，还有助于提高蒸发温度，提升制冷系统的能效。

此外，对于地铁车站直膨式空调机组通风控制的需求，蒸发器可以采用变风道形式，满足非空调季节旁路通风的要求，除了采用传统蛇形盘管蒸发器的组合式空调机组，也可采用圆形表冷器的直膨式空调机组，这种设计气流可以不经过表冷器而直接通过表冷段，从而降低了机组整体的阻力约200Pa。

为推进高效水冷直膨机组在地铁中的应用、制订适用于地铁车站的水冷直膨机组性能检测标准，由清华大学生态规划与绿色建筑教育部重点实验室（轨道交通节能研究中心）主导，组织各方专家，针对水冷直接制冷式地铁车站用空调机组的特点，对其名义工况定义、IPLV计算方法、供冷量测试方法等进行了深入研究，反复征求各方专家意见，形成了《水冷直接制冷式地铁车站用空调机组检测方法》标准，并于2018年召开专家审定暨技术研讨会，最终审定通过了该标准。

4.4.4 关键技术

目前直膨式空调机组已在国内多个地铁车站中成功应用，在实际运行阶段，通过实测数据分析，直膨式空调机组在额定工况和部分负荷工况下均有优异的性能表现，在城市轨道交通项目中具有较好的推广前景。直膨技术应用于城市轨道交通工程中，产品及系统研发方面的关键技术在于：

1）蒸发温度每提高1℃，压缩机制冷效率可提升2%～3%，直接蒸发式表冷器的优化设计对系统能效提高至关重要，在满足出风参数的前提下，应尽可能提高制冷系统的蒸发温度。

2）地铁车站大系统空调冷负荷变化较大，为保证机组在不同负荷率下稳定、可靠地运行，直接蒸发式表冷器的冷媒均匀分配及膨胀阀的控制需要各厂家重点考虑并进一步优化。

3）直接蒸发式空调机组的控制系统集成了制冷系统与送风机的联合控制，配合地铁环控系统与冷却塔、冷却水泵实现联动控制，可实现地铁车站大系统整体能效的提升。

4.5 蒸发冷凝技术

水冷直膨空调系统取消了"5个循环"中的蒸发器侧的冷水循环，由制冷剂直接与被处理的空气进行热交换；本节的蒸发冷凝技术则是省却了冷凝器侧的（一次）冷却水循环。蒸发冷凝器本质上就是闭式冷却塔，是同一种设备的不同应用场景——其管程内通入一次冷却水、壳程通入二次（蒸发）冷却水时，即是常规的闭式冷却塔应用；管程的循环介质更换为制冷剂时，即是蒸发冷凝器的应用场景。

4.5.1 原理概述

蒸发冷凝空调技术是一项利用水蒸发吸热带走制冷循环中冷凝器散热的制冷技术。在无其他热源的条件下，水与空气间的热湿交换过程是空气将显热传递给水，使空气的温度下降；而由于水的蒸发，进入空气的水蒸气带入汽化潜热。当这两种热量到达动态平衡时，水温达到空气的湿球温度。只要空气不是饱和的，利用循环水直接（或通过盘管）喷淋空气就可获得降温效果。条件允许时，可将降温后的空气直接作为送风以降低室温，这种处理空气的方法称为蒸发冷却空调，详见下节。蒸发式冷凝器以水和空气作冷却介质，利用水的蒸发带走冷凝热量。冷却水由水泵送到冷凝器上部的喷水盘里，冷却水均匀地喷淋在冷凝盘管（板管）外表面，形成一层很薄的水膜。板管内高温高压的气态制冷剂被冷凝盘管（板管）外的冷却水吸收热量，冷凝成液态制冷剂。同时冷凝器外表面的冷却水中的少部

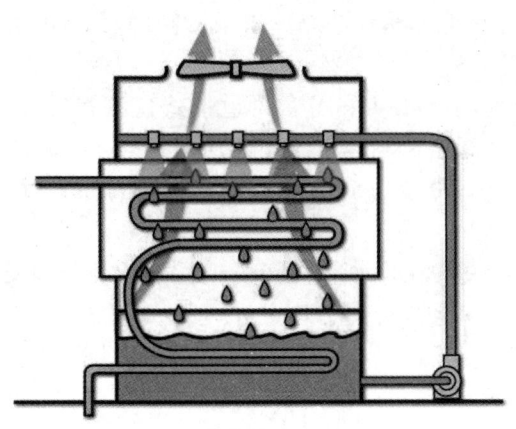

图 4.5-1 蒸发式冷凝器示意图

分吸收热量蒸发成水蒸气，大部分落入下部集水盘内。风机推动空气流经冷凝器促使水膜蒸发，强化冷凝器外侧换热，吸收热量的水滴在下落过程中被空气冷却。蒸发的水分以水蒸气的形式随空气迁移到大气中。

城市轨道交通地下车站应用的蒸发冷凝空调机组的冷凝器，市场主流产品有盘管蒸发式冷凝器、板管蒸发式冷凝器、盘管与板管式结合的蒸发式冷凝器。蒸发冷凝空调机组的特点是集冷凝轴流风机、蒸发式冷凝器、压缩机和冷却水系统于一体，不需要另外配套冷却塔，结构紧凑，安装方便，节省空间。蒸发式冷凝器如图 4.5-1 所示。

与传统空调系统相比，蒸发冷凝空调系统在我国干旱、半湿润气候区的城市轨道交通工程中具有较明显的应用优势。

4.5.2 工程应用

蒸发冷凝技术在国内城市轨道交通工程的首次应用案例是北京地铁 1 号线西单站和建国门站改造项目。西单地铁站目前由 4 台冷水机组提供冷量，其中包括 2 台水冷式冷水机组，单台名义制冷量为 335kW；还包括 2 台整体式蒸发冷凝式冷水机组，单台名义制冷量 357kW，如图 4.5-2 所示。建国门站采用 2 台整体式蒸发冷凝式冷水机组，单台名义制冷量 450kW，如图 4.5-3 所示。

图 4.5-2 西单站蒸发式冷凝机组

图 4.5-3 建国门站蒸发式冷凝机组

近年来，整体式蒸发冷凝机组在国内其他城市轨道交通项目中也得到了更多的应用。相较于传统方案，整体式蒸发冷凝机组方案节能效果显著。部分新建车站在建设初期就选择了蒸发冷凝方案，如天津地铁 6 号线迎风道站、石家庄地铁 1 号线解放广场站、武汉 6 号线汉口街站、郑州 2 号线机场南站、重庆 6 号线会展中心站等，杭州 1 号线三期全线地下车站均采用了整体蒸发冷凝机组。广州 2 号线三元里站改造工程的现场实测报告表明，蒸发冷凝式冷水机组系统所需能耗为常规风冷式空调冷源系统所需能耗的 47.2%，节能率为 52.8%。整体式蒸发冷凝机组方案技术已经相对成熟，并得到了设计人员及建设单位的认可，正在逐步推广使用。

4.5.3 应用分析

北京地铁 1 号线西单站改造中，蒸发冷凝式冷水机组的实际运行参数、能效状况与同站内的原水冷式冷水机组的相关参数测试对比见表 4.5-1。

表 4.5-1 两类冷水机组及其整个制冷系统的运行性能

机组类型	指标类型	制冷量（kW）	能效比 机组	能效比 机组+冷凝侧	能效比 制冷系统
蒸发冷凝式机组	名义值	357	4.72	4.72	4.30
	1 号机实测值	390.5	4.93	4.93	4.62
	2 号机实测值	399.7	4.83	4.83	4.54
水冷式机组	名义值	335	4.86	4.18	3.82
	1 号机实测值（部分负荷工况）	180.0	4.30	3.65	3.29
	2 号机实测值（部分负荷工况）	127.5	2.81	2.45	2.22
	1 级能效机组（名义值）	335	5.0	4.28	3.91

根据测试结果，可得出以下结论：

1) 西单地铁站中的蒸发冷凝式冷水机组运行状态良好，冷水出水温度、制冷量和能效比均达到并超过了名义值，且实测能效比超过了《冷水机组能效限定值及能源效率等级》(GB 19577—2004) 规定的 1 级能效的名义值；

2) 西单地铁站中的蒸发冷凝式冷水机组的实测能效比优于同站中的水冷式冷水机组，且节省了冷却水管和冷却塔的安装空间；

3) 考虑水冷式冷水机组的冷却水泵和冷却塔的能耗，被测试的蒸发冷凝式冷水机组的节能效果优于能效比为 1 级能效标准的水冷式冷水机组，并比 1 级能效的水冷式冷水机组节能 12.8%～15.2%。

4.5.4 总结与展望

蒸发冷凝式冷水机组是蒸发冷凝技术的开发应用，能够为城市轨道交通通风空调系统提供能效更高、系统更为紧凑、控制更方便的新型节能空调产品，节省安装占地面积，节约用水达 50% 以上，对于提高城市轨道交通通风空调系统的节能水平、推动城市轨道交通装备产业的发展有着非常深远的意义。

蒸发式冷凝技术将制冷循环的冷凝环节布置在地面以下，可解决对城市景观的影响问题，这是选用蒸发冷凝技术的核心。应用中需与城市轨道交通的建筑、结构特点以及运行规律相协调，达到各种资源和工况条件的有机衔接、充分利用，最大限度地实现系统的运行节能。能够适应城市轨道交通工程的独有特点，可以满足城市轨道交通实际需求的蒸发式冷凝空调产品的开发应用是基础性的前提，蒸发式冷凝机组是蒸发冷凝技术的开发应用，这个方面解决得合理就能够为城市轨道交通通风空调提供能效更高、无需冷却塔、系统更为紧凑、控制更方便的新型节能空调产品，满足节省安装占地面积、节约用水的需求。

蒸发冷凝技术未来发展应向模块化、高度集成方向发展，以节约资源和能耗。从运输便利性和节能角度分析，蒸发冷凝式机组采用模块化方案在轨道交通中的应用前景巨大。地下车站需求冷量主要受初、近、远期客流及早、晚高峰发车对数的影响，绝大多数时间为部分负荷下运行。当车站采用节能控制系统时，蒸发冷凝模块机的开启台数更灵活、节能潜力较大。在产品和系统方案方面，推荐采用板式冷凝换热器，自带高静压排热风机，水泵和相关水处理设备集成在模块机组内部，喷淋水处理方式尽量采用物化结合的控制方法等，以降低工程造价、提升现场安装质量。

蒸发冷凝技术的应用过程中出现了一些问题，主要为腐蚀（产品问题）和结垢（产品和运维问题），地下布置机组时风机或接力风机的能耗大，这是今后工程应用需要特别面对的问题。

4.6 蒸发冷却技术

传质学原理决定了，水向空气中蒸发的推动力是二者之间水分子的分压力之差。空气的干球温度一定时，相对湿度越低则其中的水蒸气分压力越低，其吸收水蒸气分子的能力越强，故而其湿球温度越低。换言之，相对湿度越低时，干、湿球温度之差越大。

若空气与水进行充分的热、质交换，理想情况下，二者的温度均将趋于空气的湿球温度。因此，在干燥地区，不经机械压缩制冷循环也可能获得较低温度的水或空气。此种潜力可称作"干空气能"，在城市轨道交通工程中善加利用，可大幅降低营造人工环境的能耗。

4.6.1 原理概述

在蒸发冷却空调系统中，主要有直接蒸发冷却空调系统、间接蒸发冷却空调系统和多级蒸发冷却空调系统。

直接蒸发冷却通风降温系统是指利用空气中丰富的干空气能，通过水蒸发时与空气的热质交换，使得空气的显热转化为潜热，以制取低于环境干球温度的冷空气，通过风管将制取的冷空气送入站内空调区，消除空调区域的热负荷；通过全新风直排的形式，来改善空调区的湿负荷，维持站内空调区的温湿度参数在设计的合理范围内，满足站内人员的舒适度要求。直接蒸发冷却通风降温系统主要由直接蒸发冷却空调机组和送风管道组成，站内公共区的热负荷全部由直接蒸发冷却空调机组承担，提供高于进口空气湿球温度的冷空气，不会产生凝结水，相比传统的机械制冷空调系统来说，省去了凝结水系统，杜绝了细菌的产生与传播。并且，该系统采用了全新风直流的形式使得站内公共区的污染物（二氧化碳、$PM_{2.5}$）能有效地排至站外，提高了站内公共区的空气品质，为乘客以及车站工作人员营造一个安全、健康、舒适的环境。

直接蒸发冷却空调机组按照出风形式主要划分为冷风式和冷雾式这两种形式：冷风式是室外空气进入到机组中与填料表面的水膜发生热质交换，使得自己被冷却降温；冷雾式是在机组中通过高压喷嘴将水雾化，然后通过风将其输送到空调区，在空调区进行蒸发冷却，来降低该区域的环境温度。

理想情况下，在直接蒸发冷却器中循环水持续不断地喷淋填料，在填料表面形成一层薄薄的水膜，空气与水膜进行热湿交换。此过程为绝热过程，空气没有明显的焓升或焓降，其过程会沿着等焓线进行变化。当循环水在填料表面反复与空气接触时,水温无限接近湿球温度,空气中的显热转移到水膜上,使得水膜表面水分子蒸发逃逸,空气的显热转变为水的蒸发潜热,空气的干球温度降低。而水吸收了空气中的热量,变成水蒸气进入到空气中,使得空气的含湿量升高,但焓值不变。

直接蒸发冷却通风降温系统在不同的室外气象条件下有不同的运行模式,主要为以下3种模式:活塞风模式、直接蒸发冷却模式、机械通风模式。在我国干燥地区,室外空气的干球温度小于等于28℃时,即可采用机械通风的模式为地铁站进行通风降温,通过机械送排风将地铁站内产生的热量排至站外。当站外空气的干球温度大于28℃时,机械通风模式不能满足车站内舒适性要求时,开启直接蒸发冷却模式,将室外的高温空气进行降温后,送入站内公共区带走热量,以满足空调区的舒适性要求。

在采用安全门的系统中,列车进站时,由于活塞效应会将轨行区的空气通过安全门上侧的百叶风口送入到站台公共区,而当列车离开时,活塞效应又将站台公共区的空气吸入轨行区,然后通过活塞风井排至站外。因此,活塞风模式会伴随其他两种模式一起运行,不是单一的工况在运行。

4.6.2 工程应用

兰州地铁1号线兰州大学站,地下两层岛式站台。在车站两端的机房各设置一台直接蒸发冷却空调机组,对站厅站台公共区进行通风降温。直接蒸发冷却空调机组的结构示意图如图4.6-1所示,实物图如图4.6-2所示。在兰州大学站的应用中,结合土建风道,将机组中的蒸发、消声、净化等各个功能段放置于风道中的不同位置,充分利用了地下空间,减小了设备房的占地面积,降低了建设成本。相比传统机械制冷空调系统,该系统采用全新风直流的形式,空调区的空气龄较短,空气新鲜。

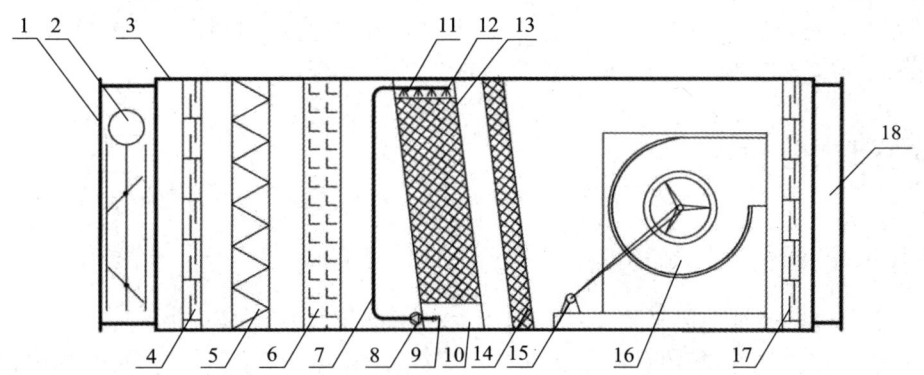

图 4.6-1 直接蒸发冷却空调机组结构示意图

1—进风口;2—风阀;3—壳体;4—对外消声器;5—新风过滤器;6—高压静电与杀菌装置;7—循环水管;
8—循环水泵;9—水过滤器;10—集水箱;11—喷嘴;12—布水器;13—倾斜式不锈钢填料;14—填料式挡水板;
15—电机;16—风机;17—对内消声器;18—送风风口。

填料是蒸发冷却空调机组的"核芯"。综合防火、防锈、效率、使用寿命、维护保养、经济性等多方面因素,采用微模块化设计的小型不锈钢填料,比表面积为500m^2/m^3,尺寸为475mm×600mm×835mm(长×宽×高),可根据土建风道的实际尺寸灵活拼装。兰州大学站采用8×4的组合模式,将32个不锈钢填料模块拼接放置于安装框架中,迎风面断面尺寸为3.8m×3.34m。图4.6-3为不锈钢填料实物图。
为改善填料迎风面下半部分区域布水不均的问题,模块组装采用了7°倾角,其优势在于:

1) 在相同空间下填料采用倾斜式放置比垂直放置迎风面的尺寸更大,直接蒸发冷却热质交换面面积增大,进而有效提高单位体积制冷量;

2) 因机组采用上部喷淋的布水方式,前排的喷嘴在填料前形成的水帘在风压作用下能全部到达填料迎风面,避免了传统垂直布置所导致的填料下部迎风面缺水的弊端,布水更加均匀,减少了干点的存在,避免了填料表面结垢;

图4.6-2 直接蒸发冷却空调机组实物图

图4.6-3 不锈钢填料实物图

3）填料内部的喷淋水在风的作用下，会从上到下流动，同时伴随着从前向后的运动，更好地润湿内部填料的表面，填料表面的水膜稳定。

机组运行过程中水分子不断通过蒸发被风带走，水中的钙镁离子则留在了水箱中，随着时间的推移水箱中钙镁离子浓度逐渐增加，继续喷淋会在填料表面形成固状钙镁化合物，俗称"水垢"，降低填料的换热能力，堵塞填料空气流道，增大气流通过填料的阻力，增大风机能耗。因此，该机组中设置了阳离子交换树脂净水装置及水硬度在线监测仪。水质硬度测量值达到设定目标值时，系统自启动水处理装置，去除循环水中的钙镁离子，降低循环水的硬度，保障填料高效运行。

4.6.3 应用效果分析

4.6.3.1 公共区干湿球温度测试

当直接蒸发冷却机组提供送风平均干球温度为16.2℃、平均送风量为108000m^3/h的冷风时，站厅公共区的平均干球温度保持在23.9℃左右，湿球温度保持在15.8℃左右，相对湿度保持在45%左右；站台公共区参数则维持在干球温度21.7℃、湿球温度15.8℃、相对湿度54%左右。如图4.6-4所示。

4.6.3.2 直接蒸发冷却空调机组性能评价

1. 直接蒸发冷却效率

当机组采用顶喷+前喷的布水方式时，直接蒸发冷却效率随送风量的变化如图4.6-5所示。从图中可知机组的风量从43200m^3/h上升为108000m^3/h，机组运行时的直接蒸发冷却效率不断增大。其中当送风量达到86400m^3/h时，效率高达98%，当风量达到64800m^3/h以后，机组的蒸发冷却效率可达90%以上。因此，尽可能使机组在64800m^3/h风量以上的高效区运行。

2. 输入功率

在该直接蒸发冷却设备中耗能单元只有高压静电除尘与杀菌装置、循环水泵和送风机这三部分，输入功率随风量变化曲线如图4.6-6所示。当机组的风量从43200m^3/h上升为108000m^3/h时，机组的输入功率由23kW增加到50kW，机组所消耗的功率是巨大的，机组运行过程中应保证公共区温度符合要求的情况下，尽量减少送风量，以减少输入功率、降低机组能耗。

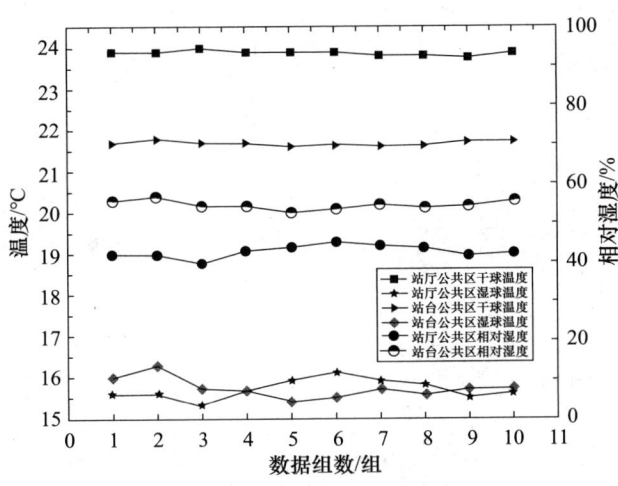

图 4.6-4 兰州大学站公共区温湿度监测　　　　图 4.6-5 蒸发效率随风量变化曲线

3. 制冷量

直接蒸发冷却空调机组的制冷量随送风量的变化曲线如图 4.6-7 所示。从图中可知，当机组的风量从 43200m³/h 上升为 108000m³/h 时，机组的制冷量从 54kW 提高到 518kW，两者差值较大，说明在测试范围内随着风速的逐渐增大，机组填料表面水膜与空气的热质交换也越充分，空气的冷却效果也越来越好，凸显出了送风风速大小对蒸发冷却的影响很大，并且说明了风量是冷量的生产者。

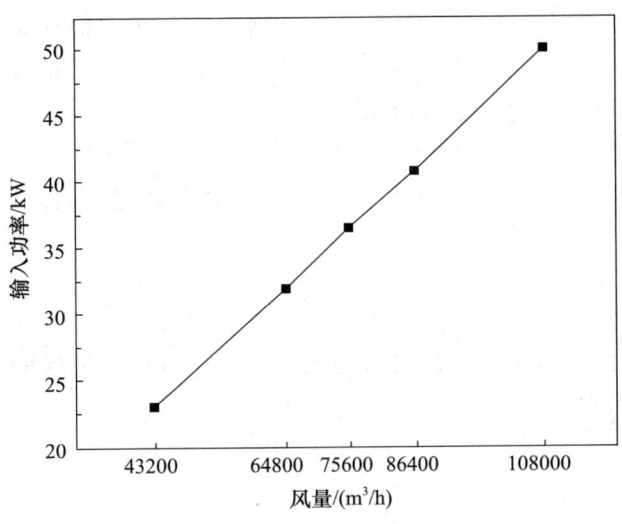
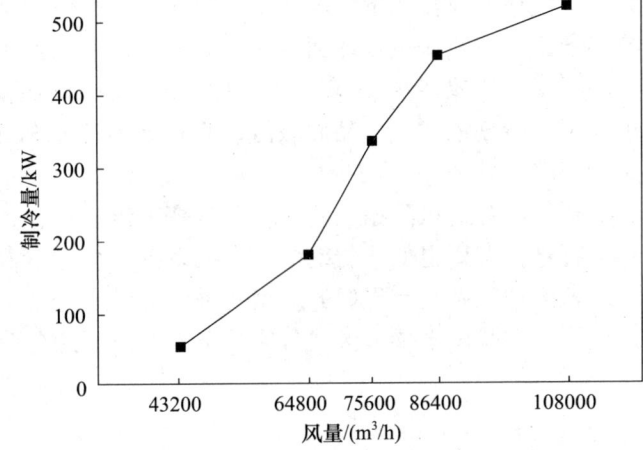

图 4.6-6 输入功率随风量变化曲线　　　　图 4.6-7 制冷量随风量变化曲线

4. 能效比（EER）

能效比是衡量蒸发冷却设备的另一重要参数，其随风量的变化如图 4.6-8 所示。当机组的风量从 43200m³/h 上升为 108000m³/h 时，机组的能效比呈现出逐渐增大的过程。当机组送风量为 86400m³/h 时，该蒸发冷却设备的能效比（EER）高达 11.09。

5. 耗水量

机组的耗水量随送风量的变化曲线如图 4.6-9 所示。当机组的风量从 43200m³/h 上升为 108000m³/h 时，机组的耗水量逐渐增加，由最初的 116.8kg/h 增加到 740.6kg/h，说明在测试范围内随着风量的逐渐增大，机组通过蒸发所消耗的水量是巨大的，必须考虑机组的补水问题，保证机组湿工况运行，为站厅站台公共区提供充足的制冷量。

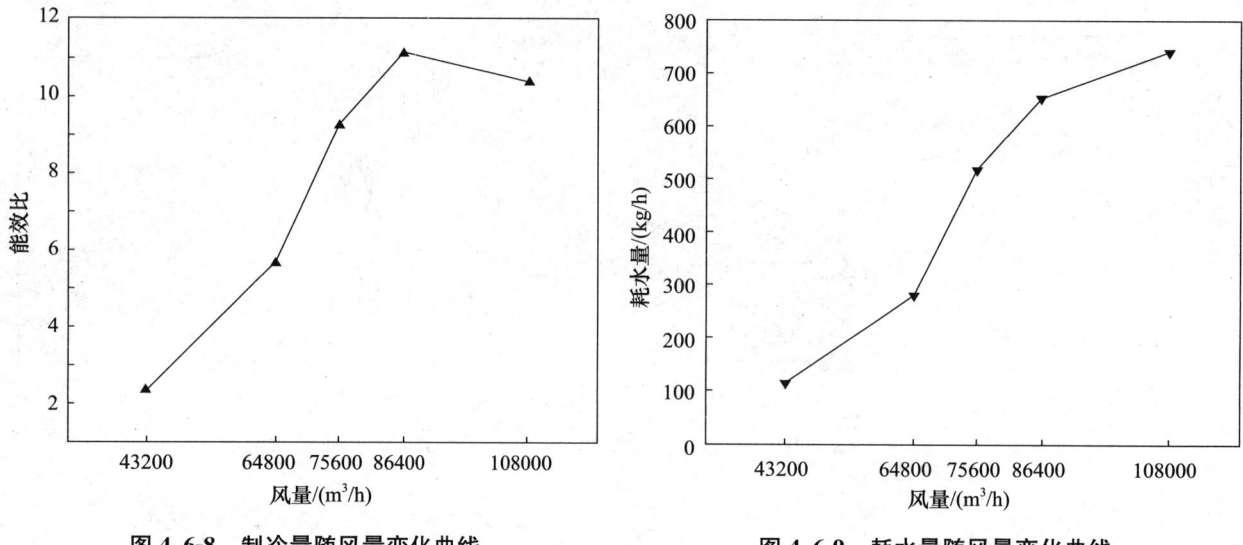

图 4.6-8　制冷量随风量变化曲线　　　　　图 4.6-9　耗水量随风量变化曲线

4.6.4　总结与展望

兰州地铁1号线兰州大学站开创了直接蒸发冷却技术在城市轨道交通工程中应用的先河，在基础原理、系统组成、测试方案、实测分析、控制策略、经济性等方面均取得了重要经验。

经实测，在活塞风模式下，进站所形成活塞风对站台公共区热环境的影响要强于出站形成的活塞风；在机械通风模式下，可使得站厅站台公共区的环境温湿度、空气品质满足设计要求；在直接蒸发冷却模式下，当送风量达到 64800m³/h 以后，机组的直接蒸发冷却效率高达 90% 以上，使得车站公共区的干球温度保持在 21.6~24℃ 之间，相对湿度保持在 42%~58% 之间，降温效果明显，站内公共区出现了过冷现象，空气品质较好。直接蒸发冷却机组的最大制冷量达到 518kW，最高能效比（EER）达 11.09，蒸发耗水量最高达到 740.6kg/h。

蒸发冷却通风降温系统初投资略高于传统机械通风系统，但远低于设置机械制冷的空调系统，且年运行维护费用也低于传统机械通风系统，舒适度高。集中式直接蒸发冷却通风降温系统在我国西北干燥地区地铁站具有很好的应用效果，可以充分地为地铁站内公共区进行通风降温，并且该系统的能效比高，在我国干燥地区城市轨道交通工程中具有极高的推广价值。

4.7　温湿度独立控制空调系统

"温度"的本质是分子的平均平动动能水平的问题，"湿"的本质是由道尔顿定律描述的空气中各组分的分压力问题，两种物理现象的本质不同，变化规律不同，理应分别处理。从热、湿解耦的原则出发，两种过程可以各自灵活采取不同的处理措施，因而带来了对传统空调系统方案的诸多变革。在舒适性空调工程的范围内，所有问题都应该沿着温度和湿度两条路线分别思考和处理。换言之，温、湿分别控制的理念和技术路线不独适用于轨道交通工程地下车站，也适用于与室内环境热舒适度相关的所有问题。但是，地铁车站在空间、负荷等方面有其自身的特点，不能简单地将地面建筑的温湿度独立控制系统移植到地下车站，而应进行针对性的设计。

4.7.1 原理概述

传统的空调系统通过冷凝除湿方式实现对空气的降温与除湿处理，同时去除车站内的显热负荷与潜热负荷（湿负荷）。降温只要求冷源温度低于室内空气的干球温度，而冷凝除湿则要求冷源温度低于室内空气的露点温度。理论上只要低于室内干球温度（28~30℃）的物体均可成为热汇，因而显热负荷原本可以采用温度更高的冷源排走，却不得不与除湿过程共用低温冷源进行处理，造成了能源品位上的浪费。另一方面，通过冷凝除湿方式对空气进行冷却和除湿，其所能处理的显热与潜热比只能在一定的范围内变化。

在早期的独立新风系统（DOAS，dedicated outdoor air system）理念中，强调必须"由新风承担全部湿负荷"，其核心目的在于保证空调室内不出现湿表面，即保证室内盘管干工况运行，避免因湿表面的存在而滋生微生物和霉菌。这在室内空气处理过程中将热、湿负荷解耦处理方面已然迈出了一大步。然而，DOAS 系统中新风机组与室内显热盘管仍是以或串联或并联的形式共用冷源。

温湿度独立控制理念，其核心更多的是着眼于热、湿解耦处理，而并不是仅仅强调保证室内盘管的干工况运行。由于"热"的本质是大量微观粒子无规则运动的宏观表现，"湿"的本质是由道尔顿定律描述的空气中各组分的分压力问题，两种物理现象的本质不同，变化规律不同，理应分别处理。从热、湿解耦的原则出发，两种过程可以各自灵活采取不同的处理措施，因而带来了对传统空调系统方案的诸多变革。

4.7.2 工程应用

温湿度独立控制理念提出至今，经历了近 20 年的发展，系统理论、配套产品等均已日渐成熟。办公、酒店、住宅、商场、博物展览馆、体育馆、医院、厂房、数据中心等各类型工程中均有大量应用。交通类大空间建筑项目也有大量应用案例：曼谷素万那普国际机场大量采用显热末端；西安咸阳机场 T3A 航站楼采用地板辐射＋置换通风末端形式，湿度控制采用热泵式溶液调湿新风机组；天津火车站改造项目采用溶液除湿＋地板辐射系统。

青岛地铁 2 号线麦岛站是迄今为止国内唯一采用温湿度独立控制空调系统的地铁车站。青岛地铁 2 号线一期东段于 2017 年 12 月 10 日正式开通运营。麦岛站位于香港东路宁夏路口东，为地下二层岛式车站。

由于地处海滨，青岛夏季（7 月底至 8 月）的气候特点是温度不高、湿度极大，地下车站甚至经常呈现"水帘洞"的景象。车站公共区需将空调温度设于 24℃以下才能保证不结露，公共区相对湿度一般为 70%~80%。各车站在开通后往往需在出入口通道及站内公共区增设除湿机。另，青岛有较多深埋暗挖车站，相较于浅埋站则更为潮湿，尤其是出入口的斜通道部分。

麦岛站车站公共区选用 2 台热泵式溶液调湿全空气空调机组，每台送风量 60000m³/h，额定新风量 12000m³/h，名义除湿量 240kg/h，显热盘管段冷量 434kW。设备管理用房区选用热泵式溶液调湿新风机组 2 台，额定新风量分别为 2000 m³/h 和 12000m³/h，名义冷量分别为 29.13kW 和 220kW，名义除湿量分别为 40kg/h 和 240kg/h。开通 4 年以来，空调系统运行状态良好。在夏季的高湿条件下，除湿效果好，是 2 号线沿海边各站中最干爽的车站，仅消防专用通道等未设空调的区域较潮湿。

但是，从 2 号线全线的运营能耗数据看，麦岛站通风空调系统能耗在全线各站中反而是最高的。经回访调研，分析主要原因为：

1）初步设计确定方案阶段，项目组力主采用独立新风机组加室内干盘管的设计方案，但审图方坚持认为地下空间必须保证"换气"需求，应保留全新风工况，要求沿用地下车站传统采用的全空气系统方案。最终选用热泵式溶液调湿全空气空调机组实为一种妥协的方案。实际运行中，机组的除湿（溶液热泵机组）与降温送风（干盘管）功能未能分别控制运行，强行"捆绑"同启同停，导致在湿度不高的时段溶液热泵机组仍与风机一同开启运行，事实上并未真正实现温度与湿度的分别控制。简言之，在该机组只需要当作风机运行的时段内，仍"人为"地加入了热泵压缩机的功耗。

2) 温湿分控系统的优势在于在不需要除湿的时段内可以仅使用高温冷水处理显热负荷。常规的冷水机组冷水供回水温度为7℃/12℃，而高温冷水机组供回水温度可设置为14℃/19℃。由于提高冷水出水温度，制冷剂蒸发温度（压力）提高，因而在同样的冷却水温度（压力）条件下可大幅降低压缩机功率。但是麦岛站实际供应的冷水机组并非针对高温工况的机型，与其他车站机型相同；另一方面，基于青岛夏季温度不高的特点，运营部门事实上将所有车站的冷水机组均运行于12℃/17℃（含麦岛站）。

综上，由于实施方面的原因，"温"与"湿"事实上仍被"强行"地耦合处理，完全无法体现温湿分控系统的优势，而弱势（溶液热泵COP值略低于常规冷水机组）又被"放大"，因而造成了麦岛站空调系统能耗反而高于其他车站的现象。麦岛站是从节能目的出发才选择温湿度独立控制空调系统的，但从实际运行效果看并未达成设计初衷。

4.7.3 适用性分析

1. 室内环境控制系统的任务

轨道交通地下车站的热湿环境直接影响人员的热舒适度。室内热湿环境是在室外气象参数、室内设备、照明、人员等室内热湿源，以及室内空气流动状况等因素共同作用下产生的。室内环境控制系统的任务是：排除室内余热、余湿、CO_2、异味以及其他有害气体（VOC），将室内温度、湿度、空气流动速度、空气品质以及压力波动等都控制在一定范围内，为人员提供舒适、健康的室内环境，并为室内设备提供适合的工作环境。

城市轨道交通地下车站为典型的交通类公共建筑，乘客在车站公共区逗留时间短，只需营造一个介于室外热湿环境与列车车厢环境之间的过渡性舒适环境即可，夏季公共区环境设计参数（控制目标）通常为干球温度28~29℃、相对湿度55%~70%，露点温度19~21℃；设备管理用房区的设计参数通常为干球温度27~28℃、相对湿度50%左右，露点温度15~16℃。公共区空调排除余热、余湿的任务可以看成是从28~29℃环境下向外界干球温度排除显热，在19~21℃的露点温度的环境下向外界湿球温度排除水分。

2. 地下车站空调负荷特点

地下车站公共区与地面建筑在空调负荷方面的根本区别在于，地下工程不受太阳辐射的直接影响，且地层热惯性极大，余热量与室外干球温度的相关性较弱，而与室外空气湿球温度显著相关。从全空调期内余热负荷的热源及形态构成看，以设备及照明散发的显热负荷为主，数值相当稳定；潜热负荷波动幅度非常大，且主要源自无组织侵入新风带入的湿负荷。

1) 热源构成分析

余热负荷由人员散热散湿、照明及设备散热、围护结构传热及散湿，以及无组织侵入新风等部分构成。对夏热冬暖、夏热冬冷、寒冷地区典型城市典型地下车站逐时负荷计算结果的统计表明，从热源构成看，显热负荷主要源自室内照明、设备发热量，潜热负荷则主要来源于无组织侵入新风。

人员散热、散湿与客流人数成正比，在一天之内波动幅度非常大，但是在地下车站的余热总得热量中并不占主导地位，通常低于15%，初、近、远期客流的变化所直接引起的空调系统负荷的变化率则在2%以下。空调系统能耗与客流并非线性相关。客流对空调负荷的影响更主要的是体现在间接的方面——客流（线路层级，而非车站层级）的增长要求行车密度需与之相适应，而行车密度的增加会直接引起无组织侵入新风量的增加，因而影响到地下车站的空调负荷。

公共区照明、设备等的发热量尽管会受负载率、效率等因素的影响有一定的波动，但相对于人员、新风形成的热源而言则非常稳定。无组织侵入新风是地下车站公共区余热负荷中最主要的变量，这是由侵入新风的"质"和"量"两方面的变化共同作用决定的——行车密度影响无组织侵入新风的

"量"，而室外空气参数本身的波动又决定了新风的"质"。

热源构成中的人员、设备、照明散热与室外空气参数无关，且要么在总负荷中占比不高（人员），要么变化幅度不大（设备、照明）。而室外湿球温度直接决定了无组织侵入新风的比焓，因此地下车站公共区空调负荷与室外湿球温度呈显著的相关性。

地铁车站为交通型公共建筑，车站公共区只需构建从室外到车厢之间的过渡性舒适区，公共区设计参数通常设置在28～30℃，相对湿度在50%～65%，显然比同为公共建筑的办公、影剧院、商场等场合的设计参数（尤其是焓值）高出许多。从整个空调期考察，室外空气参数在很多时段并不高于车站公共区的设计参数，也即无组织侵入新风在很多时段并不构成余热负荷。

2）余热形态分析

从余热负荷的形态构成看，各类气候条件下的空调期内，公共区的逐时显热余热均为正值，而逐时潜热余热则或多或少地会出现负值。系统能力的设计计算以及设备选型往往是按最大负荷取值。最大余热负荷（设计取值）构成中，潜热负荷占比为50%～60%；但在全空调期的平均余热负荷构成中，潜热负荷占比仅为22%～33%，并且有大量时段潜热负荷为负值。在平均潜热负荷中，无组织侵入新风带入的部分占比可高达60%～75%，结构壁面散湿不高于9%，其余部分为人员散湿。

地下车站公共区除湿的任务，主要是处理无组织侵入新风带入的余湿。人员和结构壁面的散湿占比很少。在室外气象条件比较干燥的时段，仅人员和结构壁面散湿不足以导致站内湿度超过舒适范围，甚至无需处理。

设备管理用房区余热以设备散热的显热负荷为主，占比在90%以上，且相对于公共区而言封闭性好、无组织侵入新风量小，故空调负荷与室外空气的干、湿球温度均呈弱相关性。

3. 传统处理方法的问题

传统的设计方案基本都是公共区与设备管理用房区共用冷源，空调处理方式都是通过表面式冷却器对空气进行冷却和冷凝除湿后，再将冷却干燥的空气送入室内。传统空调系统采用热湿耦合处理的方法，通过冷凝除湿的方式同时处理显热负荷与湿负荷，实现对空气的降温与除湿。传统空调方案存在如下几个问题：

1）能源品位的浪费

图 4.7-1 给出了典型的地下车站空调系统各环节的温度水平。如果不考虑除湿的需求，只排除显热，理想状态下只需要构建一个工作于29℃低温热源和32℃高温热汇之间的逆卡诺循环即可，即理想热泵只需将热量从29℃提升至32℃。实际工程中，考虑5℃传热温差和5℃介质输送温差，冷源的温度只需要低于19℃即可带走显热余热。

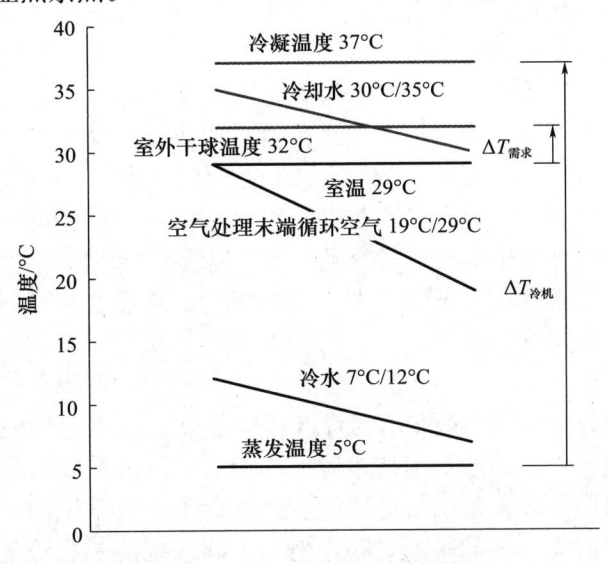

图 4.7-1 典型空调系统各环节温度水平

热湿耦合处理的方式下，由于需同时除湿，且大、小系统共用冷源，冷源的温度必须低于设备管理用房室内空气的露点温度（15~16℃），考虑5℃传热温差和5℃介质输送温差，故需要5~7℃的冷源温度，这正是传统空调系统采用7℃的冷水的原因。冷水机组的压缩机则实际工作于5℃的热源（制冷剂蒸发温度）和37℃的热汇（制冷剂冷凝温度）之间。

如前所述，系统按潜热负荷占比超过50%的峰值负荷进行设计计算及设备选型，但在整个空调期的排热任务中，显热占比高于70%，潜热部分仅约1/4~1/3。排除显热只要求冷源温度低于19℃，很多自然冷源都可满足要求，或者如第4.6节介绍的，在一些干燥地区则完全可利用蒸发冷却技术实现"免费供冷"。但由于采用热湿耦合处理的方式，受室内空气露点温度的限制，采用5~7℃的冷源，则只能通过机械制冷方式获得。热湿耦合处理造成能量品位的极大浪费，限制了自然冷源的利用，也制约了制冷设备效率的提高。

2）难以适应热湿比的变化

由于热湿耦合处理，设计方案及设备选型一旦确定，系统所能适应的室内热湿比变化也就限定在了一个相对较小的范围，且通常只适应热负荷与湿负荷同步、同向变化。实际运行中，站内的热湿比却可能在（-∞~+∞）的范围内变化。热与湿呈反向变化趋势时，传统的耦合处理方案会显得捉襟见肘。在长江中下游以及华南地区每年的梅雨季节，室外温度并不高，但湿度极高，由于采用耦合处理，室内热与湿两个参数只能保证一个牺牲一个：要么保证室内温度适宜而牺牲湿度，则站内地面、墙面几乎全被水"浸泡"；要么保证除湿能力，则站内温度可能很低。如图4.7-2所示。

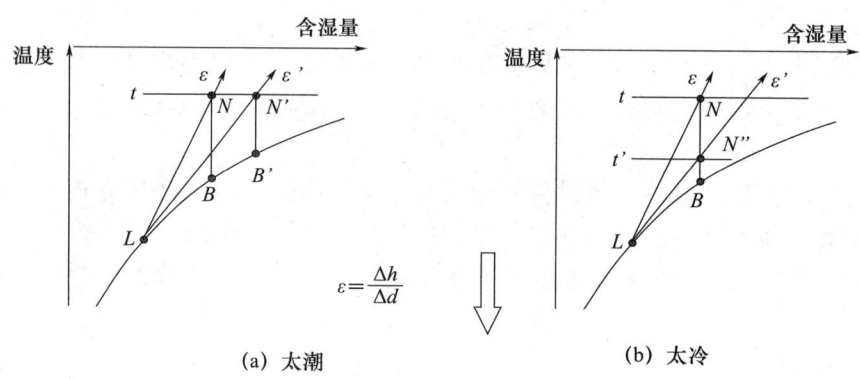

图 4.7-2　耦合处理对热湿比变化的不适应性

3）冷源选型时的相互妥协

上文分析了地下车站公共区与设备管理用房区的空调负荷特点。公共区与设备管理用房区在热源构成、余热形态、变化规律、使用时长等方面均有显著的不同，因此更适合分别选择冷源。传统设计方案受各方面因素制约，大、小系统合用冷源系统，无法结合各自的负荷特征进行针对性的产品开发及选型，实际运行中只能相互迁就，难以发挥冷源系统的最佳效能。

在冷水出水温度相同的条件下，冷水机组的运行效率取决于负荷率和压缩比。公共区空调系统只需在线路运营期间运行，各城市通常为15~18h/d，而设备管理用房区则需连续24h供冷，因此在夜间非运营时段，冷水机组需连续运行，但负荷率很低；在冷却塔逼近度相同的情况下，室外湿球温度直接决定了主机冷凝器的入口温度，也即决定了冷凝压力（温度）。室外参数中，干球温度在一天之间可能有较大的波动幅度，但湿球温度的日波幅却非常小。因此，合设的冷源系统中，冷水机组在夜间往往会运行于高压缩比、低负荷率的工况。

4）输配能耗高

城市轨道交通地下车站，建筑空间最突出的特点是"狭长"。受制于地面冷却塔用地条件，冷水机房通常只能设于车站某一端。典型的地下车站布置形式为：中部是乘客乘降的公共空间，包括通风空调机房在内的设备及管理用房分设于两端。这种特点就决定了冷水系统的供冷半径，也决定了通风空调机房必然与其所服务的空间有一定的距离，相应地，空调系统的一次输配（水泵、冷却塔）及二次输配（风机）的能耗即受此种特点的影响。

相对于民用建筑通风空调系统，城市轨道交通地下车站的通风空调系统历来有"重风轻水"的倾向，这一点从装机容量的比例即可看出：民用建筑通风空调系统的风系统与水系统的装机功率比例通常为1：4～1：3，而一个典型地铁车站通风空调系统总装机约1000kW，其中风机与水系统的装机功率比例约为7：3，除去隧道通风系统部分后，风、水比例约为5：4。换言之，民用建筑通风空调系统的能耗中，冷源制备（冷水机组）及一次输配（水泵）能耗所占比例远大于二次输配（风机）能耗，而在城市轨道交通工程中，风、水子系统的能耗关系是"倒挂"的：二次输配能耗大于冷源制备及一次输配能耗。

采用不同的输配方式、不同的输配媒介，输配系统的效率存在着明显的差异。在全空气空调系统中，所有的冷量全部用空气来传送，导致输配效率很低。输送相同冷量、采用相同温差的情况下，在合理的流速范围内，采用空气作为媒介的输送能耗是以水为媒介时的4～5倍。

5）占用空间大

风管占用空间太大，历来是困扰城市轨道交通地下车站设计的老大难问题。输送相同冷量、采用相同温差的情况下，在经济流速范围内，使用空气作为媒介的管道截面积往往是以水作为媒介时的400倍以上。典型地下二层车站，站厅、站台层的结构净高通常为4.5～5m。为了保证乘客舒适度，避免出现压抑感，公共区吊顶底标高通常控制在3.2m以上，吊顶之上1m左右的空间内需布置各专业的所有管线。设备管理用房区留给管线敷设的空间则更为紧张。而所有管线中，永远是风管占用了最多的空间，在工程实施过程中引起了诸多问题，自不待赘述。

站内空调区域（包括公共区和设备管理用房区）的露点温度通常在17～18℃。为避免二次结露，同时为避免送风温度过低引起人员的不舒适感，送风温差不可过大。为保证除热除湿能力，全空气系统就只能靠加大风量解决问题。典型地下车站公共区的余热指标约为100～120W/m²，送风温差为10℃时，所要求送风量为30～36m³/(h·m²)，也即送风换气次数需达6～7h^{-1}。

4. 温湿分控在地下车站的适用性

业界对温湿分控空调系统是否适用于地下车站也曾有过争论。如前所述，"热"与"湿"两种物理现象的本质不同，变化规律不同，理应分别处理。认识到这一点，则在舒适性空调工程的范围内，所有问题都应该沿着温度和湿度两条路线分别思考和处理。换言之，温、湿分别控制的理念和技术路线不独适用于轨道交通工程地下车站，也适用于与室内环境热舒适度相关的所有问题。但如果只是把宾馆、写字楼、医院等地面建筑的温湿度独立控制系统简单地移植到地下车站，则有胶柱鼓瑟之嫌。

地下车站天然具有"狭长"的空间特点，由于出入口通道及列车活塞风压的作用，公共区的"通透"性又非常好。公共区显热负荷主要来源于站内的设备、照明散热，可以认为热源的空间分布较均匀；而潜热负荷的主要部分源自无组织侵入新风，站厅层由出入口通道进入，站台层由屏蔽门缝隙进入。设备管理用房区相对封闭，余热以设备及照明的显热负荷为主，人员散湿及结构壁面散湿在潜热负荷中占比很小，主要的潜热由机械新风带入湿负荷形成。故不论是公共区还是设备管理用房区，显热的主要热源与潜热的主要湿源在空间分布上天然地就已经分离。从这个角度考虑，地下车站更应该将温度与湿度分别控制，尽可能地将显热负荷和潜热负荷在其发生地就地处理。如果集中处理，在"狭长"的空间特点下，势必无谓地增大输配能耗。

4.7.4 技术措施

地下车站采用温湿分控系统，应紧密结合车站的空调负荷特点和建筑空间特点采用针对性的方案，而不应简单地照搬地面建筑的做法。

1. 冷源

地下车站温湿分控系统，宜采用高、低温双冷源，低温冷源用于冷凝除湿，并可同时排除部分显热余热，高温冷源处理显热。

1）低温冷源

低温冷源可采用水冷式调温型直膨除湿机。市场上有非常成熟的产品，并有《除湿机》（GB/T

19411—2003）及《全新风除湿机》(GB/T 20109—2006) 两本相关的产品国标，只是在国内城市轨道交通工程建设中暂未得到广泛应用，仅在改造项目中偶见使用。以上两本国标均规定"以冷凝热为再热方式"，是因为相关产品均为直膨型机组，如果按制冷剂蒸发温度5℃、传热温差5℃计算，出风温度仅约10℃，如不经再热直接送入室内，在送风口等金属构件处极易形成冷表面而引起二次结露。此时，冷凝器的排热正可"废热利用"。

但是，风冷型设备的效率通常低于水冷型。并且，如果完全采用风冷且采用一体化的机型直接设置在空调空间内，相当于把水蒸气凝结所释放出的潜热加上除湿机压缩机做功转变为的显热量直接排回空调室内，则空调区控制体中整体的空气内能净增加了压缩机做功的部分。对全新风除湿机，如果将冷凝排热完全用于送风再热，出风温度甚至可能高达80～90℃；如果选用分体型产品，把风冷冷凝器设于室外，一方面设备造价、工程投资均会过高，另一方面会加大制冷循环的有害过热度，制冷效率大为下降，经常运行费用也非常高。

综上，在地下车站使用的直膨除湿机，应以水冷排热为主，同时以保证除湿机出风状态略高于室内状态露点温度为原则设风冷再热冷凝器。

2）高温冷源

常规的冷水机组出水温度在一定范围内可由用户设定，通常为5～14℃，但适宜的工作出水温度不宜偏离名义工况（7℃）太多。简单地将常规冷水机组出水温度调高，并不利于机组的长期运行。这是因为：①提高冷水出水温度，则蒸发器中制冷剂的蒸发温度（压力）提高，相应地，制冷剂的比体积（m^3/kg）变小，压缩机吸气密度（kg/m^3）变大，因而制冷剂的质量流量加大，系统容量同比例地加大，过大的系统容量有可能导致电机过载；②目前市场上主流产品均不设油泵，而是靠两器之间的压差回油，由于压比减小，对不设油泵的常规机组可能因回油困难而不能保证机组正常运行；③制冷剂流量增加，膨胀阀开度需相应加大，可能导致压缩机吸气（有害）过热度加大，影响制冷循环效率；④对非变频驱动的螺杆式机组，由于内压比（内容积比）固定，内压比无法适应过小的外压比，因而极可能产生较大的过压缩损失。综上，应选用针对高温出水工况研发的专门型号的冷水机组，而不宜采用常规机组调高出水设定温度长期运行。

一座典型地下车站的总冷量通常在1000～1500kW，如果按2台机组选型，单台机组容量通常为500～800kW，此冷量范围适于选用螺杆式冷水机组。螺杆式压缩机属容积型压缩机，由转子的齿槽、机体内壁面和两端端盖共同构成工作容积。定频驱动的螺杆式机组采用滑阀作为能量调节装置，通过移动滑阀改变转子对与机壳之间形成的有效工作容积实现部分负荷时的卸载。变频驱动的螺杆式冷水机组不必再利用滑阀卸载，而是改变转子转速以调节制冷剂质量流量，故可通过调节滑阀调节内容积比（内压比），使内压比适应不同工况下外压比的变化。因此，如果大、小系统仍合设冷源，采用温湿分控系统时，更适宜选用变频驱动的螺杆式机组，既可适应夜间小系统单独供冷的情况，也可适应因冷水出水温度提高带来的压比的变化。

如果大、小系统分设冷源，因公共区空调负荷与室外湿球温度显著相关的特点，对大系统而言，磁悬浮离心机组是较好的选择，既可以采用冷水机组的形式，也可采用直膨机组（见第4.4节）。这是由离心式压缩机的速度型压缩原理决定的。将制冷剂气体在叶轮出口的绝对速度c分解为径向速度c_r和切向速度c_u，径向速度c_r决定了制冷剂的质量流量，机组的制冷量即与径向速度c_r成正比；而制冷剂气体所具有的能头可用$\rho c_u^2/2$表达，即切向速度c_u反映了叶轮的做功能力和气体压力大小。在一定的冷却水流量下，可认为叶轮出口压力p_{dk}大致等于冷凝器中的冷凝压力p_c，而p_c取决于在室外气象条件（湿球温度）下冷却塔所能为冷凝器提供的冷却水温度。当机组冷水出水温度确定时，冷媒在蒸发器内的蒸发压力p_{s0}也就相应确定。压缩机的压比$\varepsilon = p_{dk}/p_{s0} \approx p_c/p_{s0}$，也取决于冷却水温度或室外气象条件。负荷变化时，调整压缩机转速，c_r和c_u必然同步变化，也即制冷剂流量（制冷量）与压缩比是同步变化的，所以能很好地适应前述大系统负荷与室外湿球温度显著相关的特点。

分设冷源时，设备管理用房区适于选用水冷多联机组。目前已有适用于温湿度独立控制系统的风冷型高温多联机组，是否有水冷型高温多联机的成熟产品尚待进一步调研。

2. 显热末端

民用建筑领域经常采用的常规显热末端包括冷梁、辐射末端、自然对流末端、干式风机盘管等。冷梁、辐射末端、自然对流末端等均因单位面积载冷能力较小而不适用于轨道交通工程。地下车站采用温湿分控系统时，仍应优先采用表面式冷却器。

表冷器表面边界层平均温度低于主体空气干球温度，但尚高于其露点温度时，空气处理为等湿冷却过程或干冷过程（干工况），析湿系数 $\xi=1$，此时只有显热交换，表冷器热交换的推动力是干球温度差。

表面边界层平均温度低于主流空气湿球温度时，空气温度降低的同时，所含的水蒸气将释放出汽化潜热而发生相变，由气态凝结为液珠或液膜析出，此时的空气处理为减湿冷却过程（湿工况）。因边界层空气与主体空气之间不但存在温差，还存在水蒸气分压力差，湿工况下不但有显热交换，也有伴随着湿（质）交换的潜热交换。析湿系数 ξ 的定义为全热冷量与显热冷量之比，故湿工况下析湿系数 $\xi>1$。因湿工况下的减湿降温过程符合路伊斯关系，$Le=\alpha/(\sigma \cdot c_p)=1$，总热交换的推动力是空气的比焓差。

正因为湿工况的传热推动力是比焓差，而干工况的推动力是干球温度差，所以湿工况下的表冷器比干工况下有更大的换热能力。常规的标准型号的表冷器是按湿工况进行产品结构设计的，若只是简单地通以高温冷水，固然可以进入干工况，但由于换热能力大幅降低（传热系数 K 值下降），要输出所需的显热冷量，可能需放大若干号进行设备选型，经济性较差。因此需选用在流程、管距、排距、翅片节距、开窗形式等方面均针对干工况开发的专门的盘管产品。

干工况表冷器相关的产品标准已有机械部标准《干式风机盘管机组》(JB/T 11524—2013)，国家标准《风机盘管机组》(GB/T 19232—2019) 中也已加入了干式风机盘管机组较为详尽的内容。两份标准对干式风机盘管机组的载冷系数均要求为 $2W/(m^3/h)$，即每 1kW 冷量对应风量为 $500m^3/h$。目前《柜式风机盘管机组》(JB/T 9066—1999)、《组合式空调机组》(GB/T14294—2008) 尚未更新或修订，现行标准中尚无针对干工况表冷器的相关要求。

4.7.5 建议与总结

城市轨道交通工程采用温湿度独立控制空调系统，需结合自身的建筑空间特点及空调负荷特点采用适宜的方案。民用建筑领域采用温湿分控系统时所形成的一些思维定式需有所转变。

首先，冷源部分不必刻意追求高温。"高温"只是达成"小压比"这一目标的途径，而不是目的本身。其次，不必刻意追求显热末端干工况。这两点前已详述。第三，不必刻意追求新风除湿。民用建筑在采用温湿分控系统时常常强调"新风承担全部湿负荷"，早期的 DOAS (Dedicated Outdoor Air System) 系统也特别强调这一点，主要原因在于人体 CO_2 排放量与散湿量的同步性。通常情况下空调区域要求尽量密闭，在围护结构渗风量不大的情况下，室内余湿主要来源于人员散湿。城市轨道交通车站公共区也属人员密度高的场合，情况却不尽相同。《城市轨道交通工程项目规范》(GB 55033—2022)、《地铁设计规范》(GB 50157—2013)、《城市轨道交通通风空气调节与供暖设计标准》(GBT 51357—2019) 均规定，地下车站公共区小新风空调工况下人均新风量指标为 $12.6m^3/(h·人)$，过渡季为 $30m^3/(h·人)$。如果按人均最小新风量为 $12.6m^3/(h·人)$，即便只处理人员湿负荷而不考虑其他湿源，按 29℃下成年男子散湿量 $219g/(h·人)$ 计算（中等劳动强度），则要求送风与室内含湿量差值 Δd 高达 $14.48g/kg$，意味着新风送风含湿量必须为 $0g/kg$ 甚至为负值，这显然不现实。

4.8 冷却塔高效运行

冷却塔，本应是地铁空调系统中最"简单"的设备，但事实上"麻烦"却最多。一方面，对冷水机组的实际运行效率起着几乎决定性的作用；另一方面，地面选址往往面临诸多困难。

4.8.1 变流量冷却塔技术

轨道交通行业的冷却塔宜选用高效、节水、低噪、变流量均布型冷却塔。采用达到国家 1 级节能认证及 1 级节水认证的产品。其特点为冷却塔换热填料有效换热面积大、配置大直径低转速风机的低噪声型设备。此外，冷却系统的变流量运行已经是机房系统常用技术，在一定范围内应充分利用冷却塔的换热面积，实现低出水温度，因此冷却塔应具有变流量均布能力及变风量节能运行能力。冷却塔可根据运行逼近度进行风量的动态调整，降低冷却水供水温度，提高冷水机组的能效。

根据《机械通风冷却塔 第 1 部分：中小型开式冷却塔》(GB/T 7190.1—2018) 规定，常规的用于空调工程的冷却塔标准工况Ⅰ为：进出水温度 37℃/32℃，环境湿球温度 28℃，则冷却塔逼近度为 4K。为了相对简单、安全、低投资地提升机房能效，通常将冷却塔的设计工况的逼近度取为 2~3K。

绝大多数时间里，空调系统都在部分负荷状态下运行，冷水机组根据负荷状况进行台数控制。为尽量利用冷却塔填料的传热面积，冷却塔运行台数不一定与主机台数对应，即在部分主机运行时仍开启全部冷却塔，以期获得尽可能小的逼近度，尽量降低冷却塔群组的出水温度，从而提高冷水机组运行效率。但在这种一机对多塔的运行工况下，单台塔实际流量会低于其设计流量。在冷却水泵也采用变频控制的系统中，冷却塔也多处于低流量状态下运行。

传统的冷却塔在实际运行流量降低标称值的 70% 时即会出现布水不均，导致部分换热填料无水，无法参与换热，且空气从无水区短路，运行效率低。所以即使开启了多台塔，出水温度可能反而变高，且冷却塔本身的能耗也有所增加。

为避免上述问题，冷却塔的设计选型时宜采用变流量均布冷却塔，其布水系统变流量均布能力在 30%~100%，以达到充分利用换热面积进行高效换热、能有效降低出水温度。

4.8.2 塔间流量平衡

冷却水系统流量平衡是长期困扰实际运行的"老大难"问题。大部分地下车站会采用 2 台以上的冷水机组，并配置相应台数的冷却水泵及冷却塔。因为系统管道布置、冷却塔的空间位置、系统阻力差异等原因，在多台塔运行时，实际运行中经常出现各塔之间流量不平衡的现象，有的塔冷却水流量大，有的塔流量小，甚至同一台塔两侧布水盘的水位都有很大差别。塔间的流量不平衡及布水盘之间不平衡直接造成了设计参数相同的冷却塔的效率存在很大差异，因而影响了整个冷却塔群组的换热效率。

传统设计极少考虑到冷却塔供水平衡，近年高效机房系统技术蓬勃发展，在获取大量数据进行分析下，冷却水供水平衡问题引起了关注。有些项目为了让多台塔供水平衡，采用了同程管布置。同程管系统具有一定的复杂性，且工程量增加，较难推广应用。

现有的高效机房系统，在设备侧均设置了电动控制阀门，因此可将该冷却塔进水电动蝶阀替换为动态流量调节蝶阀，可根据系统循环水的需求，按需平均分配给每台冷却塔，保证塔间流量平衡。冷却塔采用内置均压分水管设计，保证了冷却塔每个布水盘的水量相同。同时冷却塔进出水管道靠近地面，管路布置简洁，减少施工难度和高空作业的风险性。每台冷却塔配置 1 套流量调节阀门，通过阀门的通讯接口，可向环控系统反馈冷却塔实时流量、进出水温度等数据，实现冷却塔设备的全面性能监控。图 4.8-1 为变流量冷却塔与常规冷却塔的对比。

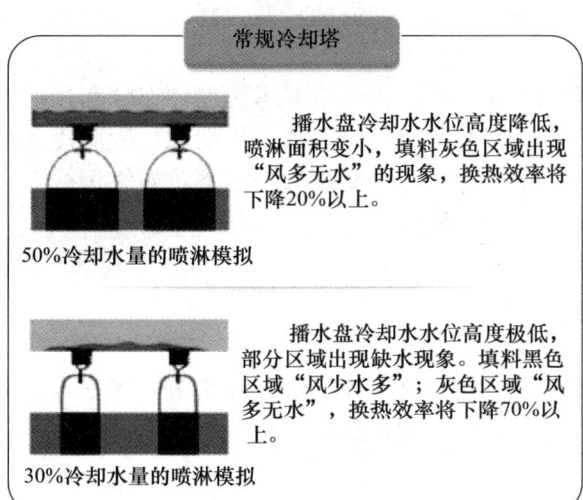

图 4.8-1 变流量冷却塔与常规冷却塔对比

冷却塔变流量技术已在广州地铁 3 号线和 5 号线、深圳地铁四期工程、佛山地铁 3 号线，以及广州地铁车陂南站、北京地铁 19 号线牡丹园站、苏州地铁 4 号线三元坊站、福州地铁 1 号线葫芦阵站等项目中应用，取得了很好的节能效果。

4.8.3 控制策略

传统冷却塔控制模式，基于解决冷却塔组以标准恒定工况、对应冷水机组一对一的设计模式，在实际运行中，由于气候条件、系统负荷、循环流量、水量分配、风机状态等参数即时变化，影响传统冷却塔的热力性能，造成系统能耗高、管理难等问题。

为充分提升冷水机组部分负荷下的性能系数，需要设置有效的控制策略。根据全年室外湿球温度分布特征，选择较低的逼近度（相对于冷却塔标准工况），降低冷却水供水温度。

图 4.8-2 为冷却塔运行热力性能曲线，在一定的前提下，冷却塔出水温度主要与冷却水量、冷却塔风量、湿球温度、进水温度有关。当湿球温度、冷却水量、温差保持不变时，冷却塔的逼近度随风量的减少而上升；当温差、冷却水量、冷却塔风量保持不变时，出水温度随湿球温度的降低而降低；当温差、湿球温度、冷却塔风量保持不变时，出水温度随冷却水量的降低而降低。

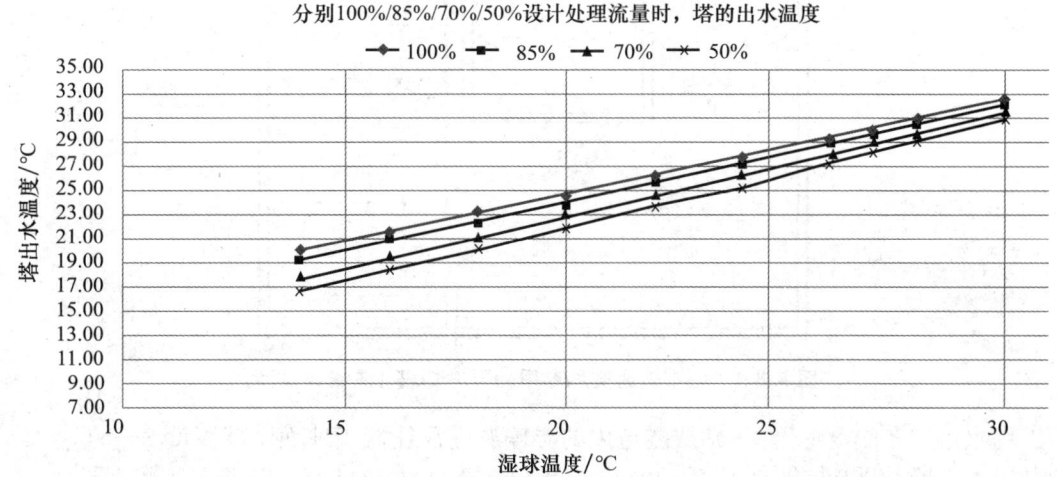

图 4.8-2 变流量冷却塔出水温度

根据上述冷却塔热力性能曲线关系,结合冷水机组部分负荷下的性能系数,建立计算模型,逼近度寻优,获取低冷却水温度,实现系统节能。

变流量、变风量冷却塔系统具有即时、自动感测机组系统负荷和环境湿球温度,充分利用所有填料换热面积,在变流量的条件下,对应计算冷却塔的热力性能曲线,用小的风机能耗,为制冷主机提供最佳供水温度,进而保证冷水机组在"环境气候、系统负荷"随时变化的条件下,始终运行在合理的 COP 能效范围内,达到真正的高效节能要求。

4.8.4 隐形冷却塔

传统地铁车站空调系统冷却塔的布置位置,通常有高风亭、地面和下沉式地坑等。当站点地处中心城区时,热气、噪声、飘水等问题难免会给周围带来严重的影响,招致居民投诉。因此,采用一种地下隐藏式冷却塔,可以解决地铁车站冷却塔带来的各种问题。

地铁车站两端一般各设有新风井、排风井。新、排风井负责车站内的通风,根据地铁设计规范,敞口新、排风井间距不小于10m,根据冷却塔与地铁风亭的相互关系,分析地铁结构特点,发现可利用进、排风井之间的空间设置冷却塔。冷却塔设置于地下风道旁,可利用原有风道围护结构,减少土建投资;同时将冷却装置隐藏于地下,可易于进行噪声处理,减少环保投诉。城市轨道交通专用隐形冷却塔如图 4.8-3 和图 4.8-4 所示。

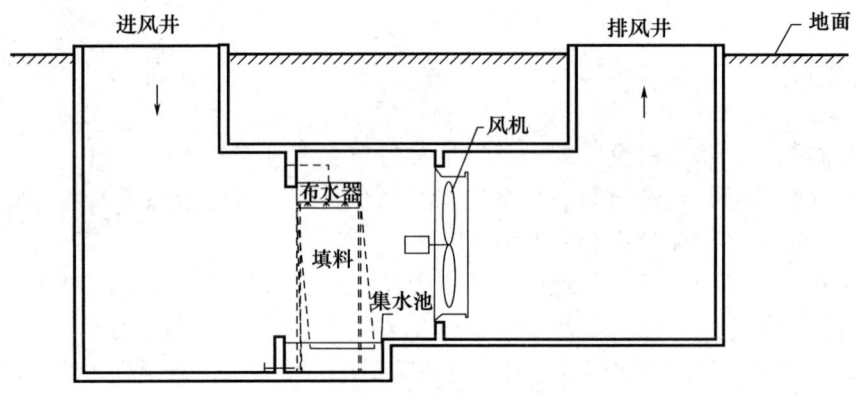

图 4.8-3 城市轨道交通专用隐形冷却塔(横流式设计)

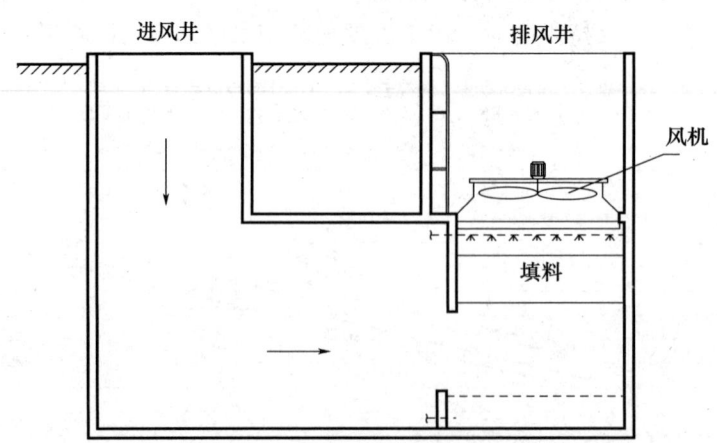

图 4.8-4 城市轨道交通专用隐形冷却塔(逆流式设计)

地下工程永远"冬暖夏凉"。车站或隧道内的湿球温度往往低于地面湿球温度 3~5℃,因此,车站或隧道的排风对于冷却塔而言,为优质的换热空气,宜充分加以利用。根据实测数据计算,若利用隧道或车站排风作为冷却塔的进风,出水温度可降低 1~3℃,简单实现系统的节能降耗,变废为宝。同时，当外界相对湿度过大时，冷却塔出风口出现白雾，也可引用地铁排风与冷却塔出风进行混合，降低相对湿度，实现冷却塔防白雾处理。

在选择城市轨道交通专用隐形冷却塔时，首先应精准计算风道的压力损失，优先考虑选用可变流量横流式轴流风机冷却塔。而离心风机式由于能耗高、噪声大、飘水大，非必要不推荐采用离心风机式。

城市轨道交通专用隐形冷却塔分别有横流式冷却塔、逆流式冷却塔，轴流式风机和离心式风机等。在北京地铁19号线牡丹园站、金融街站等项目中应用，取得了良好的使用效果。

4.8.5 冷却塔噪声控制

地面设置的冷却塔的噪声，往往引发居民投诉。冷却塔的噪声源主要有：
1）布水时水滴撞击填料及水滴与水面撞击产生的落水声；
2）电机、减速机产生的机械摩擦振动噪声；
3）风机产生的空气流动噪声，这是冷却塔主要的噪声源。

冷却塔排风口噪声比进风口噪声高4～8dB(A)，频谱特性是以低频为主的连续谱，属于低频噪声。冷却塔整体噪声为以低频为主的连续谱，没有突出的噪声峰值，一般在31.5～2000Hz之间，噪声级为55～85dB(A)，如图4.8-5所示。

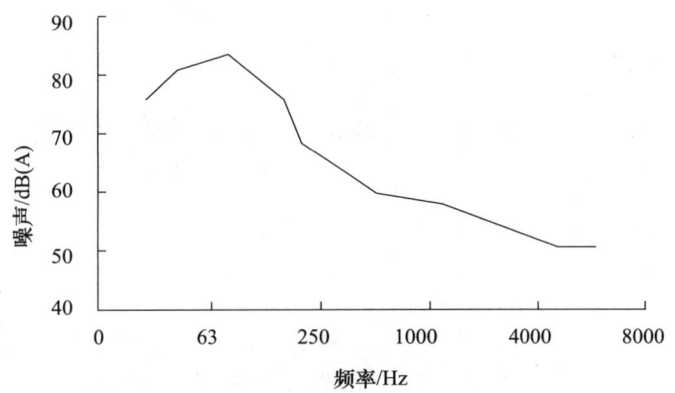

图4.8-5 冷却塔噪声—频率曲线

冷却塔噪声控制分主动降噪与被动降噪。主动降噪的技术方式主要有：设备选型，采用换热面积大、耗电比小的设备；采用大直径、宽叶片、低转速风机或采用超静音风机（如图4.8-6所示）；采用免维护直驱电机、减少传动部件产生的噪声；采用弹簧减振器。图4.8-7为冷却塔主动降噪示意图。被动降噪的技术方式主要有：在冷却塔出风口设置弯头风筒，把噪声导向非敏感侧；冷却塔进、出风口设置消声设施。

 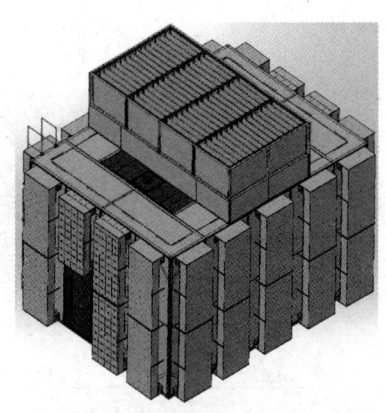

图4.8-6 冷却塔超静音风机　　　　图4.8-7 冷却塔主动降噪示意图

4.8.6 小结

优化冷却塔应用技术的最终目的，在于提供尽可能逼近环境湿球温度的冷却水，提升制冷主机的能效。保持冷却塔高效运行，需要从多方面下手：①优化提升冷却塔布水的均匀性，采用变流量均布冷却塔，即使在系统低流量运行时，也能充分利用到填料面积；②优化系统管路的水力平衡，采用内置均压分水管设计，在冷却塔进水侧安装动态流量调节阀，保持各个布水盘水位均衡；③采用高效的控制策略，灵活控制冷却塔变流量、变风量运行，获取最优的冷却水温度，实现系统节能；④合理利用地形优势，根据环境选择合适的塔型以及合理的布置方式，最大程度地发挥出冷却塔的散热性能；⑤以人为本，尽可能降低冷却塔对周边居民的影响，降低冷却塔的运行噪声。要尽可能从源头上对冷却塔进行降噪，必要时可采取被动降噪措施，减少因为噪声而引发的投诉，也是保证冷却塔持续运行的关键。

综上所述，冷却塔技术优化涉及逼近度提升、变流量控制、水力平衡调整、智能控制策略实施以及降噪处理等多个方面，旨在全方位提高冷却塔能效，降低碳排放，同时兼顾人本关怀，为实现"双碳"目标贡献力量。

4.9 蓄冷技术应用

蓄冷空调系统的基本原则是移峰填谷、谷蓄峰用。在有电价政策支持时，蓄冷技术可显著降低车站的峰值用电。

4.9.1 原理概述

蓄冷空调系统，传统理解是指在夜间用电低谷期或者光伏发电等可再生电力富余时间段，采用电制冷机制冷，将冷量以显热或者潜热的形式储存在蓄冷装置中；在用电高峰期或者电力不足时间段，把储存的冷量释放出来，满足建筑物空调负荷需求的空调系统。在空调负荷较小的过渡季或人流低谷时间段采用融冰释冷，减少电制冷机的开启，使制冷机尽量工作在高效能状态，满足空调用冷需求。

蓄冷技术错峰用能，既减小了制冷主机配置容量，也减小了电力设施的容量。其能量平衡关系如图 4.9-1 所示。

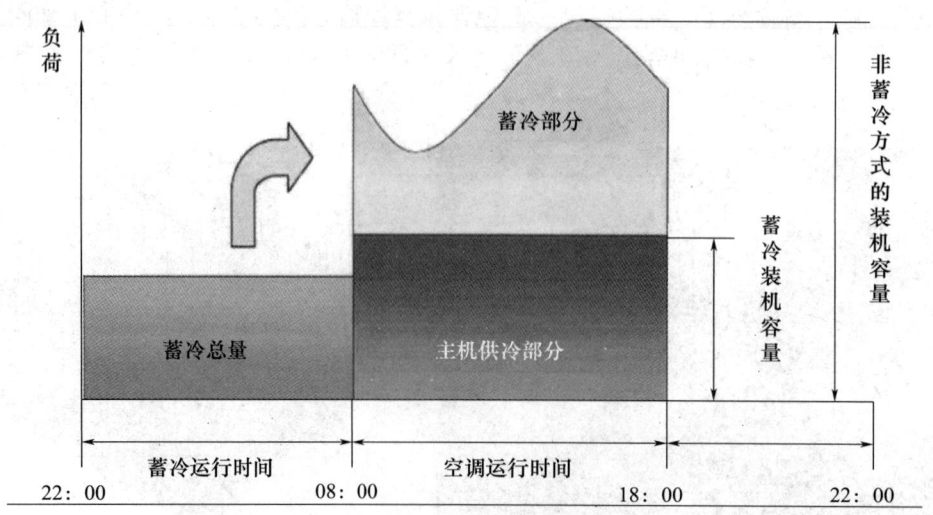

图 4.9-1 冰蓄冷系统能量平衡关系图

蓄冷系统性能优势主要体现在以下几个方面：

1) 能源侧的宏观效益

可以通过转移电力高峰期的用电量，平衡电网的峰谷负荷差，提高电力系统效率，减少新建电厂及电网投资；减少环境污染，有利于生态平衡；有利于提高光伏、风能等可再生能源应用比例，起到用户侧电力负荷灵活调节的作用，是我国发展绿色电力不可缺少的储能措施。

2) 用户侧节省运行费用

"移峰填谷"用户可利用峰谷电价差，节省大量的运行费用；减少在电价高峰期主机、冷却塔及冷却水泵的电力消耗；设备满负荷运行比例增大，充分提高设备利用率和效率；可实现大温差供冷，减少冷水泵能耗。

3) 减少制冷设备及配电容量

减少制冷主机装机容量，减少冷却水泵、冷却塔装机容量；减少制冷剂充注量，碳排放量大幅降低；减少电力增容费用，减少相应的电力设备投资。

4) 提高空调系统舒适性与节能性

可采用低温送水，室内快速制冷；可采用低温送风，除湿效果好，更舒适；配合温湿度独立调节系统，作为新风除湿冷源，可以提高系统整体能效。

5) 增加制冷系统可靠性

可作为应急冷源，停电或主机故障时可利用自备电力启动水泵融冰供冷。

用于空调系统的蓄冷形式主要有水蓄冷（显热蓄冷）和冰蓄冷（潜热蓄冷），常用蓄冷系统的比较分析如下：

1) 水蓄冷系统

水蓄冷系统最低蓄冷温度一般为4℃，蓄冷温差为7~10℃，多采用温度分层型蓄冷装置，可以利用消防水池作为蓄冷槽。蓄冷体积相对较大，但主机蓄冷时效率较高，系统综合能效比高。技术成熟，各类工业及民用建筑空调供冷都适用，尤其是有充足室外空间放置蓄冷槽的场所。水蓄冷方式及适用范围如表4.9-1所示。

表4.9-1 水蓄冷方式及适用范围

按储水槽结构	结构及特点	水槽及布水器形状
温度分层型	上下温度分层，上部温水进出口；下部冷水进出口。结构简单，蓄冷效率高	圆罐型最佳，一般采用八角形布水器；如放置于地下室或者利用消防水池则一般为方形槽，采用H形布水器
迷宫式	串联混合型储槽，内部通过流通孔口形成多个槽的串联，加长进出水口之间流通的路径，尽量减少混水	一般多利用建筑物本身伐基形成的多个独立空间构建，一般单元槽个数越多越好（超过20个时可以控制整体储蓄冷温水的混合），但是要考虑水流是依靠液位差自然流动，沿途阻力不可过大
多槽空置式	多槽并联，其中始终有一槽空置，专门用于存放进储槽的温水或者冷水，这样就可以将冷水和温水从物理空间上完全隔绝	水槽可以为圆筒形或者方形

2) 冰蓄冷系统

冰蓄冷是利用水的潜热蓄冷，蓄冷时主机效率相对低，蓄冷体积小，蓄冷温度一般大于等于-6℃，内融冰温度3~5℃，外融冰温度1~3℃。技术成熟，各类工业及民用建筑空调供冷都适用，尤其是对设备占地空间较敏感的商业建筑。冰蓄冷方式及适用范围如表4.9-2所示。

表4.9-2 冰蓄冷方式及适用范围

蓄冷分类	蓄冷方式	适用范围
盘管式	间接蓄冷，蓄冰盘管置于蓄冷槽内，通过管内载冷剂循环使管外水结冰	技术成熟，各类工业及民用建筑空调供冷都适用，外融冰速度快、温度低，不完全冻结内融冰融冰稳定

续表

蓄冷分类	蓄冷方式	适用范围
冰球式	间接蓄冷，冰球冰板等封装容冰器置于低温载冷剂的蓄冰槽内，载冷剂在封装容器周围循环，容器内水结成冰	技术成熟，适用于供水温度5℃以上的间歇式或者短时负荷较大的系统中小型工业及民用建筑空调供冷项目。蓄冷温度相对较低，放冷速率后期下降明显
冰晶式	制冰机产生细小均匀的冰晶，储存于蓄冰槽内	技术尚处于探索及稳定期，适用于出水温度较低且瞬间供冷负荷大，且设备需要长期运行的小型项目

4.9.2 工程应用

空调蓄冷技术，目前在各类建筑中已经应用非常广泛，可以有效实现电力削峰填谷，目前全国蓄冷技术应用案例1000余项，其中在轨道交通领域的应用案例多为大型交通枢纽，包括深圳北站、杭州东站、上海南站、北京副中心轨道交通枢纽、成都天府广场站（1、2号线换乘站及相邻物业）等，在城市轨道交通（地铁）中的应用案例较少，主要原因是目前国内绝大部分地铁运营都实行特殊电价（电网直购电），没有峰谷电价政策，采用蓄冷技术并不能带来很好的经济效益。但是也有例外，广州即将对地铁线网实行统一电价，即采用与普通工商业建筑一样的峰谷电价，这给蓄冷技术在地铁空调系统的应用带来了政策机遇。地铁的运营成本很高，绝大部分地区的地铁运营均为亏损状态，南方城市地铁运营成本中空调能耗成本占到40%以上，如果通过蓄冷技术应用降低运营成本10%以上，对运营部门是非常具有吸引力的。

4.9.3 适用性分析

4.9.3.1 地下车站空调特点

城市轨道交通地下车站空调系统具有以下特点：
1）负荷与压比不匹配。制冷主机经常在高压比、低负荷率状态运行，能效偏低。
2）需求与能力不匹配。由于风侧循环与水侧循环的热惯性差异巨大，负荷扰动反馈到风侧和水侧的响应时间不一致，运行滞后性易引起冷量过大或者过小。
3）不同空间需求差异大。大小系统运行时间、室内环境要求、负荷特点、新风需求不一致，匹配难度大。
4）长距离输配功耗大。车站公共区对称设置的末端距离差异大，远端供水管折返跑，功耗浪费大。

4.9.3.2 蓄冷空调适用性分析

1. 项目概况

本项目为广州地铁鹭江路站的冷源改造项目，原冷源系统自2002年投入运行，现有冷源因设备老化，系统效率持续降低，故障率增加，当前业主拟考虑对现有冷源系统进行整体改造。原系统为二级泵系统，根据原系统的设备配置，本站的尖峰负荷为5908kW，以下将从系统性能、年运行费用等角度对常规空调系统及分量蓄冰系统作为本项目冷源的可行性进行比较分析。空调期按270天计，空调工作时间05:00—23:00，原系统设计供回水温度7℃/17℃。

2. 电价政策及逐时空调冷负荷

根据地铁的空调使用时间及负荷特点，空调逐时冷负荷如表4.9-3所示。广州市最新电价如表4.9-3所示，其中7—9月11:00—12:00、15:00—17:00执行尖峰电价。

表 4.9-3　地铁的空调使用时间及负荷

空调时间	逐时冷负荷（RT）	逐时电价 ［元/(kW·h)］（7—9月）	逐时电价 ［元/kW·h］
00：00—01：00	0	0.2915	0.2915
01：00—02：00	0	0.2915	0.2915
02：00—03：00	0	0.2915	0.2915
03：00—04：00	0	0.2915	0.2915
04：00—05：00	0	0.2915	0.2915
05：00—06：00	600	0.2915	0.2915
06：00—07：00	857	0.2915	0.2915
07：00—08：00	1359	0.2915	0.2915
08：00—09：00	1284	0.7468	0.7468
09：00—10：00	1184	0.7468	0.7468
10：00—11：00	1216	1.2077	1.2077
11：00—12：00	1193	1.5207	1.2077
12：00—13：00	1294	0.7468	0.7468
13：00—14：00	1310	0.7468	0.7468
14：00—15：00	1315	1.2077	1.2077
15：00—16：00	1389	1.5027	1.2077
16：00—17：00	1653	1.5027	1.2077
17：00—18：00	1680	1.2077	1.2077
18：00—19：00	1336	1.2077	1.2077
19：00—20：00	1018	0.7468	0.7468
20：00—21：00	879	0.7468	0.7468
21：00—22：00	716	0.7468	0.7468
22：00—23：00	660	0.7468	0.7468
23：00—24：00	0	0.7468	0.7468

注：电价标准依据粤发改价格（2021）331号文件执行。

3. 冰蓄冷系统流程及设备配置

本系统根据项目的负荷特点，拟采用主机上游蓄冰装置下游的串联内融冰蓄冰流程、分量蓄冰模式。采用2台双工况离心式冷水主机、2台螺杆式冷水主机，冷却塔、板式换热器，乙二醇泵、冷水泵、冷却水泵与主机容量匹配。系统夜间全力蓄冰，白天运行主机优先模式。系统原理示意图见图4.9-2。

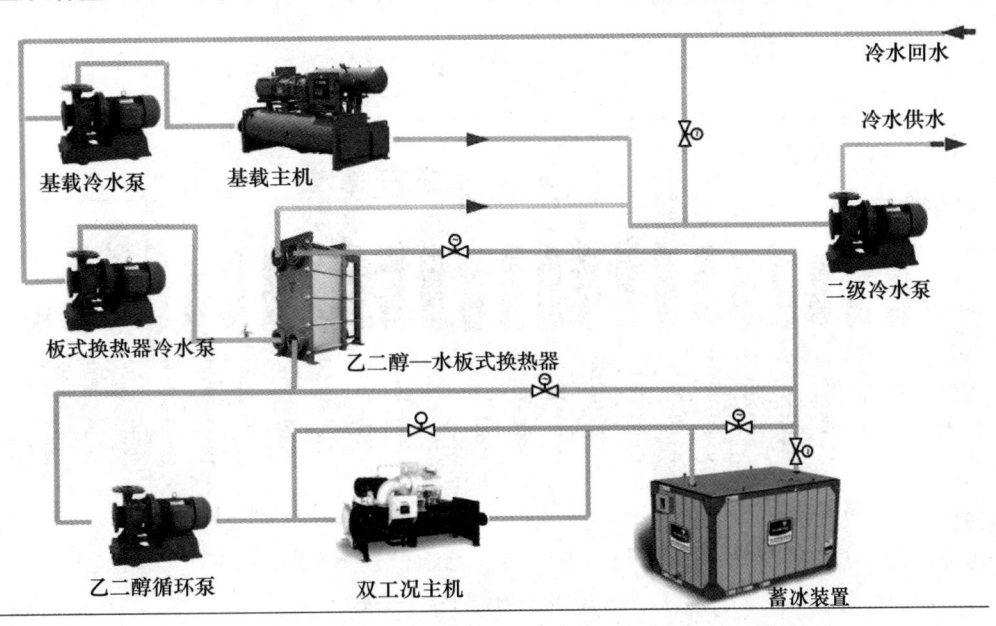

图 4.9-2　冰蓄冷系统原理示意图

因拟改造冷源系统承担多个站的供冷负荷，各站输配距离差距较大，本次改造方案仍采用冷水二级泵系统，因各站的负荷情况不明，本方案仅计算一级泵以内的冷源系统运行费用，冰蓄冷系统各主要设备配置参数及投资概算如表4.9-4所示。

表4.9-4 设备配置参数

序号	设备名称	性能参数	数量	备注
1	离心式双工况冷水机组	空调工况制冷量400RT，冷媒进出口水温11℃/6℃，流量259m³/h，压降70kPa，电功率251kW；制冰量268RT，冷媒出口温度−5.6℃，水压降76kPa，电功率220kW；冷却水流量288m³/h，水压降65kPa	2	
2	螺杆式水冷冷水机组	空调工况制冷量350RT，冷媒进出口水温17℃/7℃，流量106m³/h，压降16kPa，输入电功率195kW，冷却水流量265m³/h，压降75kPa	2	变频
3	乙二醇溶液泵（双工况机）	循环流量272m³/h，扬程33m，计算功率32kW	2	变频
4	冷水一级泵（离心机）	循环流量115m³/h，扬程18m，计算功率7.5kW	2	变频
5	板式换热器二次侧冷水循环泵	循环流量155m³/h，扬程12m，计算功率7kW	2	变频
6	冷却水泵（双工况机）	循环流量305m³/h，扬程36m，计算功率40kW	2	变频
7	冷却水泵（离心机）	循环流量280m³/h，扬程36m，计算功率37kW	2	变频
8	开式横流冷却塔	水流量400m³/h，塔体扬程5.6m，冷却水温37℃/32℃，输入功率5.5×2kW	4	变频
9	蓄冰设备	不完全冻结内融冰蓄冰盘管，总配置蓄冰量4350RTh	1	
10	乙二醇—水板式换热器	额定换热量1900kW，一次侧冷媒进出口温度3.5℃/11℃，二次侧冷水进出口温度7℃/17℃，循环阻力小于等于50kPa	2	
11	乙二醇循环系统补液定压装置	膨胀罐有效容积1m³，调节容积0.5m³，补液泵循环流量2m³/h，补液泵扬程15m，储液箱有效容积2m³	1	
12	其他辅件	全程物化水处理器、定压水箱、管材及安装		
13	自控系统	新冷源的自控系统		
	初投资合计	868万元		

4. 冰蓄冷系统运行费

对4个设计负荷日的运行策略进行分析，并按100％、75％、50％、25％四种负荷情况进行运行费用的计算。不同负荷日运行策略如图4.9-3所示。

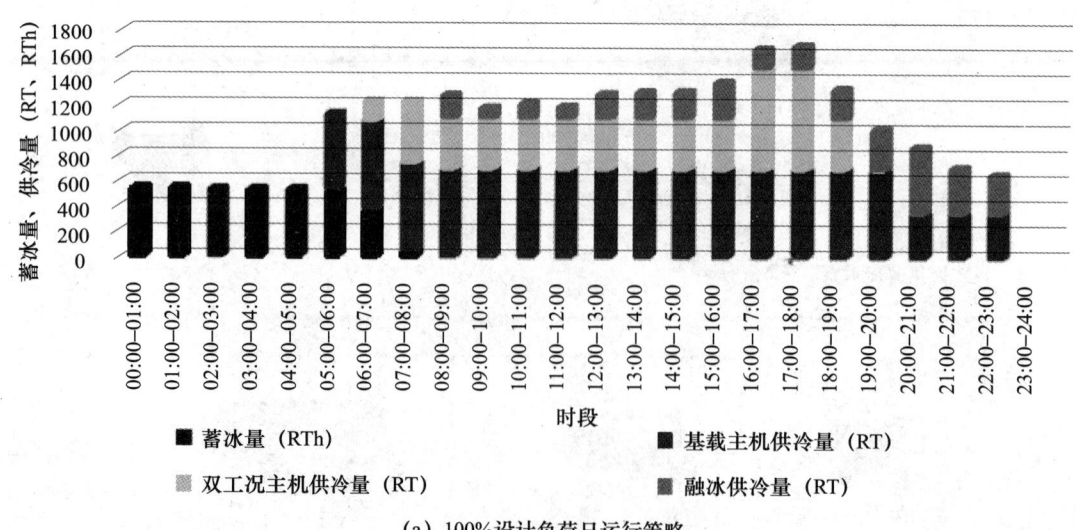

(a) 100%设计负荷日运行策略

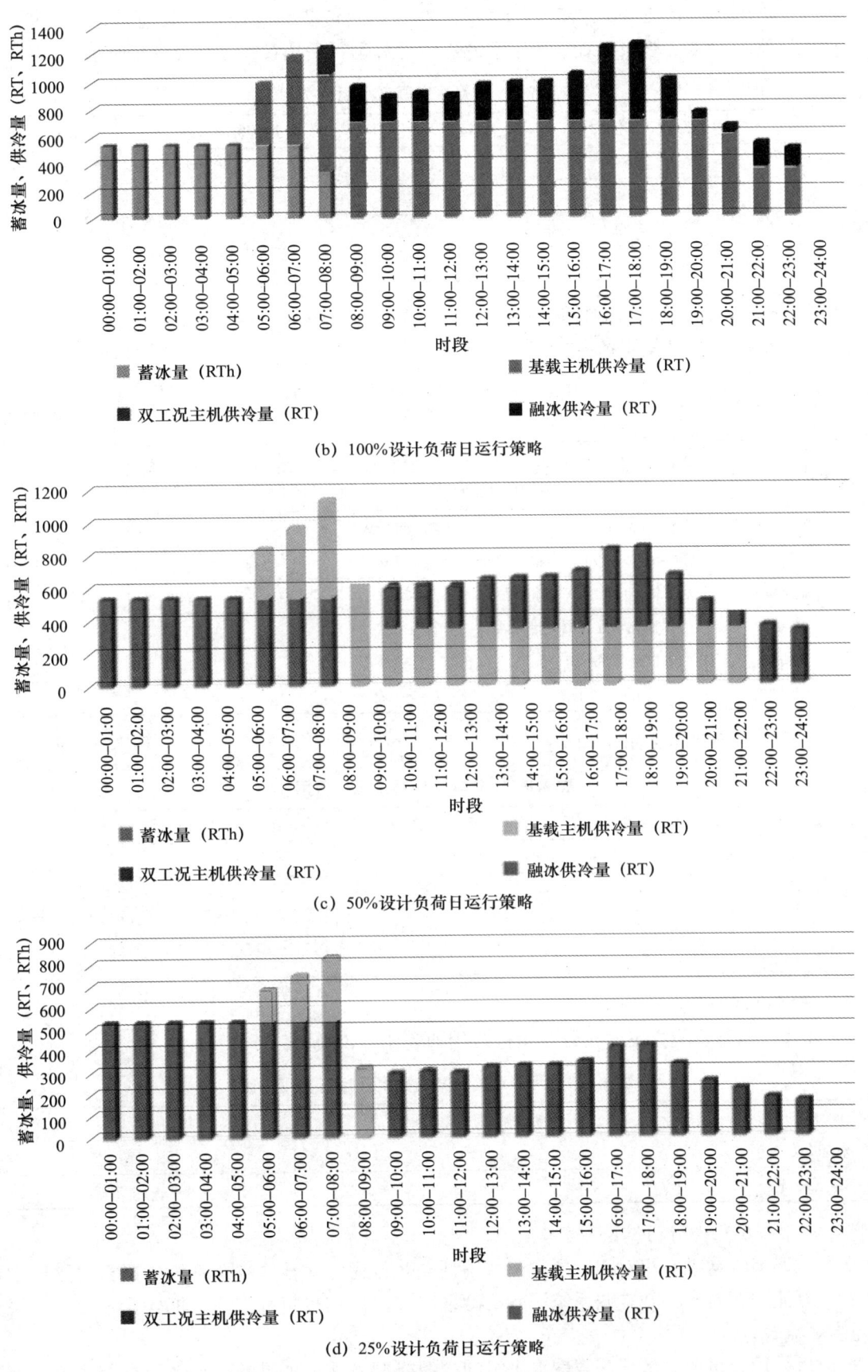

(b) 100%设计负荷日运行策略

(c) 50%设计负荷日运行策略

(d) 25%设计负荷日运行策略

图 4.9-3 冰蓄冷系统运行负荷图

全年供冷期270天，按100%、75%、50%及25%不同负荷率运行时间分别为120、60、60及30天计，不计入末端及冷水二级泵系统，全年空调冷源部分运行费用计算如表4.9-5所示。

表4.9-5 冰蓄冷空调系统运行费用

	日运行费用（元/d）	运行天数（d）	运行费用（万元）	年总运行费用（万元）
100%负荷日	13868	120	166.4	255.5
75%负荷日	8701	60	52.2	
50%负荷日	5209	60	31.3	
25%负荷日	1850	30	5.6	

5. 常规空调系统配置及运行费计算

常规空调系统配置及投资如表4.9-6所示。

表4.9-6 常规空调系统配置及投资

序号	设备名称	性能参数	台数	备注
1	螺杆式水冷冷水机组	空调工况制冷量420RT，冷媒进出口水温17℃/7℃，流量127m³/h，压降11.4kPa，电功率247kW；冷却水流量304m³/h，压降35.5kPa	4	两台变频
2	冷水一级泵	循环流量170m³/h，扬程12m，轴功率11kW	4	变频
3	冷却水泵	循环流量432m³/h，扬程32m，轴功率75kW	5	四用一备，变频
4	横流冷却塔	水流量400m³/h，塔体扬程6m，冷却水温37℃/32℃，输入功率5.5×2kW	4	变频
5	其他辅件	全程物化水处理器、定压水箱、管材及安装		
6	自控系统	主机群控系统		
常规冷源改造投资	620万元			

常规空调系统运行费如表4.9-7所示。

表4.9-7 常规空调系统运行费用

	日运行费用（元/d）	运行天数（d）	运行费用（万元）	年总运行费用（万元）
100%负荷日	16163	120	194.0	326.2
75%负荷日	11941	60	71.6	
50%负荷日	8068	60	48.4	
25%负荷日	4055	30	12.2	

6. 两种方案投资效益对比分析

经前文计算，两种系统方案的投资及运行费用如表4.9-8所示。

表4.9-8 两种系统方案的投资及运行费用对比

空调冷源方案	冷源初投资费用（万元）	年供冷费用（万元/a）
冰蓄冷方案	868	255.5
常规冷源	620	326.2

7. 冰蓄冷系统可行性分析结论

1）常规空调系统初投资相对冰蓄冷空调系统低248万元，冰蓄冷空调系统年运行费用比常规空调系统低70.8万元。相对于常规空调系统，冰蓄冷系统多出的初投资静态回收期约为3.5年，采用冰蓄冷系统经济效益较好。

2）本项目采用分量冰蓄冷+基载冷水机组的冷源搭配方式，可灵活满足系统在部分负荷下的使用要求，提高了系统的安全及稳定性。主机基本运行在高效区间，冰蓄冷系统可以满足空调负荷一天内大范围变化的需求响应。基载主机可以采用变频或者磁悬浮主机，进一步提高系统能效。

3）冰蓄冷系统节省运行费用的同时减少了主机的配置容量，减少有效配电容量189kW。全年转移高峰电力118万kW·h。

4）采用冰蓄冷系统会增加冷源机房占地面积，为节约面积，对于新建项目可选用圆筒形蓄冰装置，占地面积约50m²，外形尺寸直径7m、高度约7m。

5）冰蓄冷系统可以进一步降低系统供水温度，可以进一步加大系统供回水温差，降低输送能耗，同时除湿效果更好。

4.9.4 小结

在具备良好电价政策支撑的前提下，蓄冷技术在城市轨道交通的应用具有可行性，不仅可以提高制冷系统负荷相应的匹配性及响应速度，而且具有更好的除湿效果，可以和温湿度独立控制空调系统配合使用，达到在提高系统能效的同时降低运行费用的双重目标。蓄冷技术在城市轨道交通工程中应用需重点注意：

1）地铁站是否实行峰谷电价政策是蓄冷技术是否适宜的关键。

2）地下车站机房面积紧张，需要根据项目条件选择合适的蓄冷装置，尽量减少设备占地面积，需要在项目建设初期进行整体规划考虑。

3）地下车站负荷变化大且具有迟滞性，需要根据负荷预测结果提前制订供冷策略，以达到能满足供冷需求同时系统运行经济性最优的目标。地下车站围护结构负荷较稳定，人员及新风负荷随机性比较大，需要积累长期运行数据进行规律总结。

4.10 装配式制冷站

标准化、模块化的工厂预制，现场简单拼装，既可有效缩短建设周期，也利于控制施工质量，降低运维成本。

4.10.1 发展概况

传统制冷站一般由建设单位对各个分系统进行单独招标，然后由机电安装公司按设计院设计要求，通过管路系统将冷水机组、冷水泵、冷却塔、冷却水泵、阀门等设备进行简单的集成、连接，整体性、系统性较弱，各专业间难免存在脱节，实际效果也往往达不到预期；同时传统制冷站往往没有考虑整体最佳运行状态，导致制冷站的运行效率不高，难以满足当前国家节能减排的政策性要求。

装配式高效制冷站指的是通过BIM等三维设计软件对制冷站进行仿真设计，然后工厂模块预制、现场拼装而形成的系统产品。国外尤其是欧美地区，空调行业发展较早，整体发展较为规范，建筑节能和系统性思维较强，加上较为昂贵的人工成本，装配式高效制冷站已成为主流。装配式高效制冷站针对公共建筑的个体特点和需求，由集成制造商在设计院设计的基础上采用三维仿真技术、流体仿真技术及模型数据库技术对制冷站开展二次深化设计，通过工厂整体预制和调试来提供最佳整体性能和质量，它是一种区别于传统现场安装模式的模块运输、现场拼装的系统级产品。

例如北京星达科技发展有限公司以航天技术为依托，应用建造太空之城、载人空间平台所应用的系统工程设计理念，在吸收国外同类产品的经验后，于2009年提出并建造了国内第一套中央空调高效集成制冷站，应用于山东航天电子技术研究所科研楼项目。装配式高效制冷站是一种针对公共建筑中央空调的机房节能设备，在设计院设计的基础上开展二次深化设计和三维仿真，以节能控制系统为核心，进行设备最优选型匹配。装配式制冷站具有以下特点：

1）可靠性高：采用模块工厂预制的方式，作为整体在工厂预先测试达标后运抵现场，减少现场施工、测试工作。

2）交付迅速：通过工厂模块预制、现场拼装，避免工程现场的交叉施工，降低施工管理难度，缩短现场建设周期，在制冷站扩容或设备更新替换时可快速交付。

3）标准统一：以工厂成品替代现场安装工人，以工业化标准生产保证产品的性能、质量，使设备、安装具有通用性、标准性，便于制冷站运行维护。

4）维修便捷：模块化制冷站采用拼接形式安装。对设备、管路、阀部件等的维修、更换方便、快捷。

5）高效节能：可以通过系统集成技术，使制冷站内设备很好的关联和匹配，自控系统控制制冷站内设备协同工作，达到制冷站整体性能最优，实现制冷站节能、高效运行。

6）智能运行：智能化控制，保证制冷站持续稳定运行，降低系统运行费用和维护成本。

7）节地节材：制冷站整体优化设计、工厂化预制，避免多专业间交叉作业、制冷站空间利用率低的问题，使机房布局更优，节省占地面积和材料耗费，并且能够灵活适应特定的安装空间要求。

4.10.2 政策与标准规范

2019年6月，国家发展改革委等七部委联合发布《绿色高效制冷行动方案》，要求：到2022年，家用空调、多联机等制冷产品的市场能效水平提升30%以上，绿色高效制冷产品市场占有率提高20%，实现年节电约1000亿 kW·h。到2030年，大型公共建筑制冷能效提升30%，制冷总体能效水平提升25%以上，绿色高效制冷产品市场占有率提高40%，实现年节电4000亿 kW·h。

装配式高效制冷站作为装配式建筑建设的一部分，引起行业的重视，陆续出台了各种规范和标准，如表4.10-1所示。

表4.10-1 相关政策与标准规范

序号	标准名称	标准编号	实施日期	归口单位	主编单位
1	《整装集成式制冷供热机房设计与安装》	L21N801	2021-08-01	山东省住房和城乡建设厅	山东省建筑设计研究院
2	《集成式制冷机房应用技术标准》	T/SDCEAS 10008—2022	2022-03-01	山东土木建筑学会	山东省建筑设计研究院
3	《高效制冷机房技术规程》	T/CECS 1012—2022	2022-07-01	中国工程建设标准化协会	中国建筑科学研究院
4	《机电一体化装配式空调冷冻站》	T/CECS 10102—2020	2021-01-01	中国工程建设标准化协会	中国建筑科学研究院
5	《轨道交通车站高效空调系统技术标准》	T/CABEE 008—2020	2021-03-01	中国建筑节能协会和中国城市轨道交通协会	广州地铁设计研究院股份有限公司

4.10.3 装配式高效制冷站技术实施途径

传统制冷站的建设实施主要是由设计院进行施工图纸设计，建设单位根据设计院设计对设备、施工单位、监理单位进行招标，在监理单位的全程监督下，由施工单位在项目现场进行设备落位、管道及管阀件安装、压力试验、冲洗、调试等工作。主要存在以下问题：

1）责任主体分散；

2）现场交叉作业严重、安装时间长、安装质量不易控制；

3) 现场实施管理难度大；
4) 缺少系统的节能控制设计，后期运行能耗高、运维管理难度大。

装配式高效制冷站是集设计、生产、安装、调试、验收、维护六个阶段于一体的系统级产品。实现了以下特点：

1) 从分散责任主体到系统集成商单一责任主体；
2) 从工程项目到系统产品；
3) 从项目现场施工到工厂预制生产、测试；
4) 从独立控制到关联控制。

装配式高效制冷站实施流程如图 4.10-1 所示。

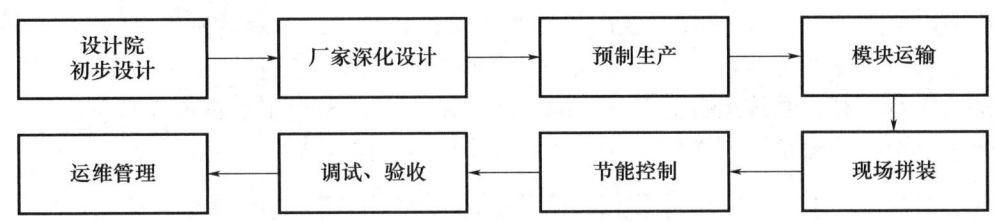

图 4.10-1 装配式高效制冷站实施流程

4.10.3.1 厂家深化设计

一种途径是根据设计院的初步设计结果，厂家结合自身产品特点进行优化设计，包括：输配系统优化设计、设备选型优化分析、设备布局优化、三维仿真设计、模块化结构设计、节能控制系统设计等。

1) 输配系统优化设计主要对系统输配距离及比摩阻、末端设备压降、主机及过滤设备压降、管网局部阻力构件等进行精细化计算。

2) 设备选型优化分析主要包括：

（1）根据建筑逐时负荷特性、冷水供回水温度、冷却水供回水温度、地区温湿度等情况，对冷水机组进行优化选型；

（2）根据系统管网阻力、设备变频运行特性、节能控制策略等，对水泵进行优化选型；

（3）根据室外温湿度条件、现场安装条件、节能控制策略等，对冷却塔进行优化选型。

3) 三维仿真设计主要是采用 BIM、SOLIDWORKS 等三维设计手段，建立 1∶1 设备及管道模型，以减少占地面积、优化管阻为目的，考虑正常维修空间，对设备布局、管道路由进行仿真设计，如图 4.10-2 所示。

图 4.10-2 三维仿真设计

4) 模块化结构设计主要是根据实际运输通道对结构进行模块化拆分设计、现场接口设计、管道及设备支撑设计、考虑阀门法兰垫片保温等，并形成精细化工厂加工生产图纸，如图 4.10-3 所示。

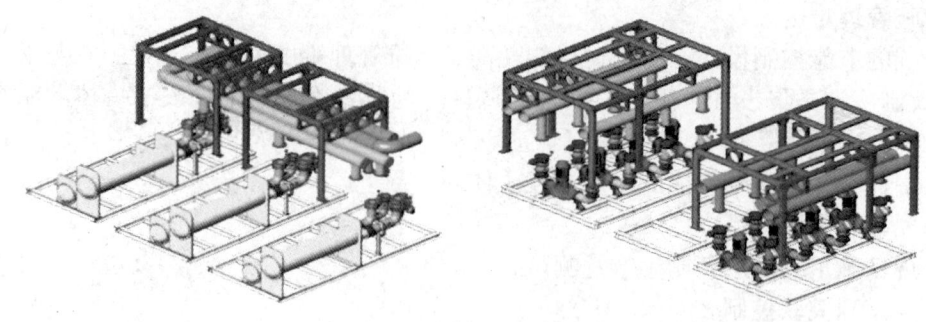

图 4.10-3　模块化结构设计

5）节能控制系统设计：节能控制系统的作用在于保证装配式高效制冷站的正常运行，使各设备充分发挥其效能，使制冷站系统运行处于最佳状态，并根据实际负荷变化在满足工艺需求的基础上提高系统的整体运行效率，减少系统运行能耗。节能控制策略重点考虑全年动态负荷特征、系统整体节能、调适和运维水平、全过程的协同精准控制等。节能系统设计如图 4.10-4 所示。

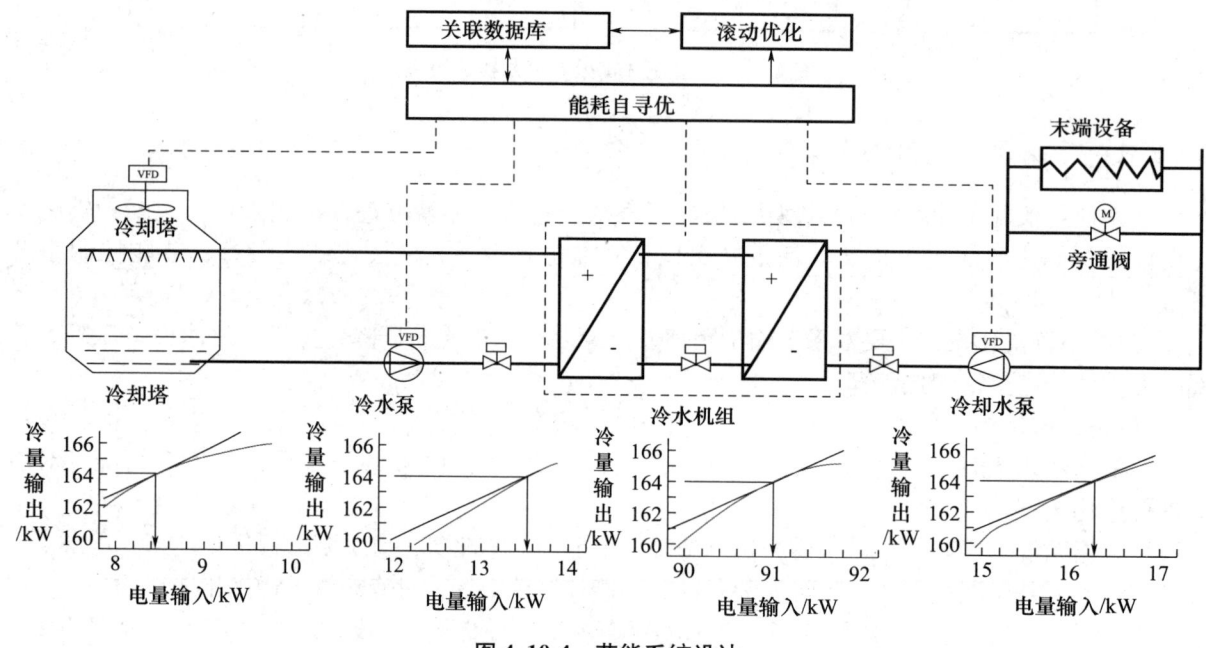

图 4.10-4　节能系统设计

4.10.3.2　预制生产

根据模块化结构设计图纸在工厂进行生产加工、功能模块生产装配、系统整体预拼装（如图 4.10-5 所示），并在出厂前进行测试预调。

图 4.10-5　生产加工、功能模块生产装配、系统整体预拼装

4.10.3.3 模块化运输及现场拼装

装配式高效制冷站在工厂完成测试预调后，分模块运输至项目现场，在现场进行拼装，并与空调系统进行对接、压力试验、冲洗等。

4.10.3.4 调试验收

调试验收的目的是通过对设备的测试、调整和试运转，检验设计、安装和设备性能是否符合装配式高效制冷站的性能要求。

1）装配式高效制冷站内主要设备验收，包括：冷水机组、冷水泵、冷却水泵、冷却塔、控制系统等；
2）装配式高效制冷站整体验收，包括：基本参数、基本功能、整体能效、安装质量、外观等；
3）联合调试验收：将装配式高效制冷站联合空调末端系统进行调试，检验其整体运行性能，包括：制冷量、供回水温度、噪声、运行效率、智能化管理等。

4.10.3.5 运维管理

制冷站在运维管理阶段主要是相关管理人员能够及时发现系统和设备的异常并排查具体原因，然后进行维修，主要分为排障和维修两部分，故障类型分为系统故障和设备故障。因为传统制冷站控制对象及内容多而复杂，在运维管理阶段普遍存在以下问题：

1）依靠人员定期巡检排查，运维成本高、效率低，且无法及时有效地解决问题；
2）故障排除依靠运维人员经验，受个人能力限制，故障排除难度大。

装配式高效制冷站可通过大量数据采集和分析，经过智能算法进行系统隐患预警、故障报警、故障排除指导等。后续逐渐发展为结合BIM运维技术、数字孪生技术、三维可视化技术和AI智能算法等技术，对系统运行数据进行全面分析，实现信息时报、数据可视化、管理直观化，以系统化管理思想实现数据管理、能耗分析、风险识别、故障预警、设备全寿命周期管理、日志管理等，为装配式高效制冷站的设备维护、运行管理提供技术支持和保障，最终实现装配式高效制冷站的全自动无人值守运行。

4.10.4 典型工程应用

4.10.4.1 北京地铁9号线郭公庄站

1. 项目概述

郭公庄站是北京地铁9号线和房山线的换乘站，同时也是北京地铁9号线的南端终点站，北京地铁首座同台换乘车站，位于北京市丰台区郭公庄中街，属夏热冬冷地区。

该项目设4台磁悬浮冷水机组、4台冷却塔、5台冷水泵、5台冷却水泵。

2. 制冷站设备规格

1）机房总装机容量：3440kW；
2）建筑面积：2.5万 m^2；
3）冷水机组参数：4台860kW的磁悬浮机组，$N=164.9kW$，$COP=5.22$；
4）冷却塔参数：4台，$L=300 \ m^3/h$，进/出水温度32℃/37℃，$N=4×2kW$，变频；
5）冷水泵参数：5台，4用1备，$N=30kW$，变频；
6）冷却水泵参数：5台，4用1备，$N=30kW$，变频。

3. 设计及建设效果

该项目采用装配式高效制冷站建设模式，制冷站由模块化高精度制冷站安装平台、高效磁悬浮离心式冷水机组、高效冷却水泵、高效冷水泵、横流式超低静音冷却塔、旁通式水处理仪、定压补水系统、管道、一般阀门、电动调节阀门、电动开闭阀门、分水器、集水器、压差传感器、温度传感器、流量传感器、功率传感器、变频器、配电控制系统和关联预测高效节能控制系统等组成。

在硬件集成方面，采用装配式的建设理念，减少了制冷站的占地面积、施工周期。

1）三维优化设计：经过三维仿真设计，实现了对制冷站的整体最优布局，机房占地面积200m², 节省1/2以上的占地面积，如图4.10-6所示。

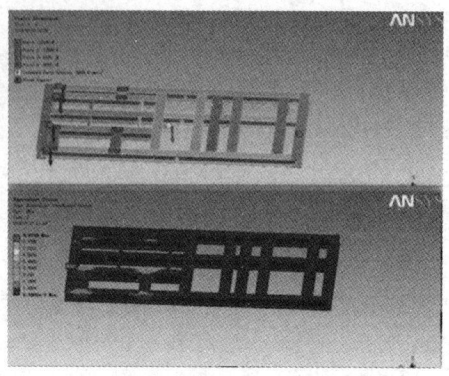

图4.10-6　三维仿真设计优化

2）模块化：根据现场条件及运输通道，进行模块化设计、模块化预制生产。

3）工厂预制生产：采用国军标质量体系、科学的工艺方法和产品技能工人，保证了产品的整体质量。

4）出厂测试：出厂前对集成冷热源进行整体测试，保证系统的整体性能。

5）现场拼装：通过工厂预制、模块运输、现场拼装，避免工程现场的交叉施工，降低业主的管理难度，如图4.10-7所示。现场安装仅用了15天时间，缩短了2/3现场建设周期。

图4.10-7　现场拼装

该项目采用基于关联预节能控制策略的全变频节能技术，实现主要耗电设备协同关联高效运行、快速负荷响应调节，年均综合节能率达到34.3%（图4.10-8），制冷季节节省运行费用30.6万元。

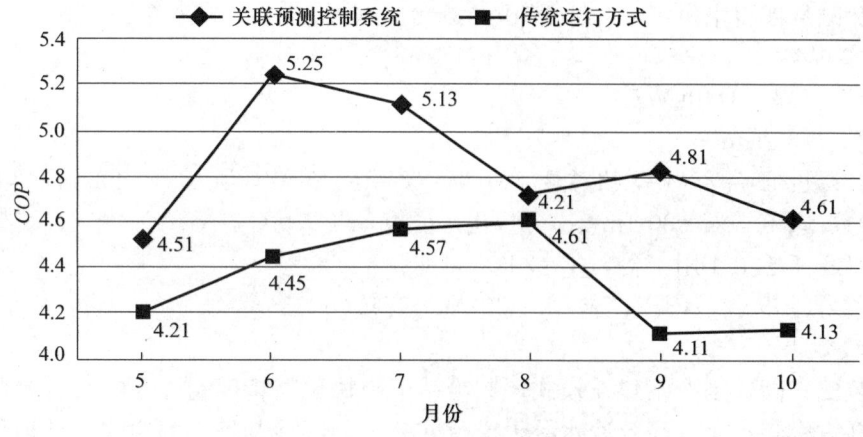

图4.10-8　节能效果

4. 总结

该项目制冷站采用高效集成制冷站的建设模式，充分体现了装配式高效制冷站的优势，减少占地面积、缩短施工周期、实现高效节能运行和全自动无人值守运行，机房占地面积200m²，现场施工周期15天，系统运行节能率达34.3%。

4.10.4.2 武汉地铁6号线一期武胜路站

1. 项目概述

武汉地铁6号线一期是中国湖北省武汉市第5条建成运营的地铁线路，于2016年12月28日开通运营（金银湖公园站至东风公司站）。该线路全长35.93km，设站27座，全部为地下车站。

该项目全线采用集成制冷站模式，全线年均COP设计指标4.0以上。全线采用"标准化"设计、"批量化"生产，实现对地铁建设的高质量、快速响应。武胜路站位于武汉市硚口区，其制冷站设2台冷水机组、3台冷水泵、3台冷却水泵、2台冷却塔。

2. 制冷站设备规格

1）制冷站总装机容量：1516kW；
2）总建筑面积：27810m²；
3）冷水机组参数：2台758kW的冷水机组，N=154kW，COP=4.9；
4）冷却塔参数：2台，L=225m³/h，进/出水温度32℃/37℃，N=5.5kW，变频；
5）冷水泵参数：3台，2用1备，N=30kW，变频；
6）冷却水泵参数：3台，2用1备，N=30kW，变频。

3. 设计及建设效果

该项目在硬件集成方面，采用装配式的建设理念，减少了制冷站的占地面积、施工周期。

1）三维优化设计：经过三维仿真设计，实现了对制冷站的整体最优布局，机房占地面积160m²，节省约1/2的占地面积，如图4.10-9所示。

2）参数化、标准化设计：根据地铁全线各站特点，采用参数化设计方式，提前设定计算公式，通过调整各站设备变量，自动生成设计图纸，速度快、效率高。

3）工厂预制生产：采用科学的工艺方法和产品技能工人，代替传统制冷站建设的现场施工人员，保证了产品的整体质量，如图4.10-10所示。

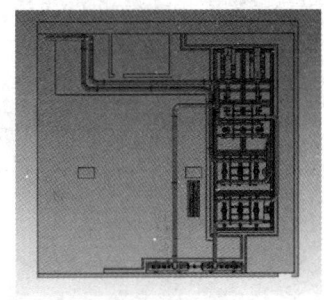

图4.10-9 三维优化设计

图4.10-10 工厂预制生产

4）出厂测试：出厂前对集成冷热源进行整体测试，保证系统的整体性能。

5）现场拼装：通过工厂预制、模块运输、现场拼装，避免工程现场的交叉施工，降低业主的管理难度。

在智能化节能控制方面，制冷站整体采用全变频关联预测控制策略，实现主要耗电设备协同关联高效运行、快速负荷响应，综合节能率达到24.2%，并实现全自动无人值守运行。

4. 总结

武汉地铁6号线一期项目全线采用装配式高效制冷站的建设模式，实现了制冷站的"标准化"设计、"批量化"生产，通过装配式高效设计，占地面积减少约1/2，系统综合节能率达到24.2%，很好地满足了地铁建设的高质量、快速响应、高效节能等要求。

4.10.4.3 其他轨道交通案例

1. 武汉地铁5号线

武汉地铁5号线是中国湖北省武汉市境内第11条开通运营的地铁线路，是武汉第1条采用全自动驾驶模式运行的地铁线路。该线路全长35.1km，共设25座车站，其中高架站4座、地下站21座，地下站全部采用高效集成制冷站建设模式，于2021年12月26日开通运营。

2. 武汉地铁8号线一期

武汉地铁8号线是中国湖北省武汉市第7条建成运营的地铁线路，也是武汉市第3条穿越长江的地铁线路，该线路一期全长3.5km，共设12个站，全线采用高效集成制冷站建设模式，于2014年10月26日开工建设，2017年12月26日开通运营。

3. 武汉地铁11号线一期

武汉地铁11号线是中国湖北省武汉市第8条建成运营的地铁线路，一期工程是东湖新技术产业开发区管委会自行投资建设的首条地铁线路，全长19.7km，共设13个站，全部采用高效集成制冷站建设模式，于2018年10月1日开通运营。

4. 深圳地铁20号线

深圳地铁20号线一期工程是全球最大会展中心深圳国际会展中心的市政配套项目，也是刷新地铁建设速度的一项伟大工程，是中国广东省深圳市第12条建成运营的地铁线路，全长8.43km，共设5座车站，全线采用高效集成制冷站建设模式，于2021年12月28日开通运营，标志着深圳地铁迈入无人驾驶时代。

5 工程案例

5.1 严寒地区

5.1.1 概述

根据我国建筑热工设计分区,严寒地区指我国最冷月平均温度小于等于-10℃或日平均温度小于等于5℃的天数大于等于145天的地区。严寒地区气候特点鲜明,冬季室外气温低且漫长,夏季室外平均气温不高(最热月平均气温均低于25℃)且高温时间较短。

目前该区域内已运营地铁的城市有哈尔滨、长春、沈阳、乌鲁木齐、呼和浩特,除哈尔滨处于严寒B区外,其余均处于严寒C区。气候特点决定了严寒区域地铁通风空调系统功能需求要点:①夏季及过渡季车站公共区可充分利用活塞通风降温满足舒适度需求,因此地下车站公共区应采用通风系统;②冬季应采取手段抑制因活塞风造成的冷风渗透,保证公共区和区间隧道的温度不至过低。

可调通风型站台门通风系统是适用于严寒地区的系统制式。夏季及过渡季开启站台门上部百叶风口,可充分利用列车运行产生的活塞风对车站公共区通风换气;冬季关闭站台门上部百叶风口,开启车站端部迂回风道,避免过多的室外低温空气由于活塞效应由车站出入口进入公共区,维持车站公共区温度。

5.1.2 集成通风结合可调通风型站台门通风系统

5.1.2.1 工程概况

长春市地处我国东北地区,最冷月平均温度-14.4℃,最热月平均温度23.7℃,年平均气温5.7℃。根据《民用建筑热工设计规范》(GB 50176)附表 A.0.1,其建筑气候分区属严寒C区,其气候条件在同属严寒地区的几个拥有轨道交通线路的城市中具有代表性。截至目前,长春市已开通的地铁线路共2条,其中长春轨道交通1号线作为长春轨道交通线网的骨干线之一,贯通城区南北。线路总长18.097km,共设置车站15座,均为地下站,平均站距约1255m,采用B型车6辆编组,于2017年6月30日开通运营,是长春市首条开通运营的地铁线路。

长春轨道交通1号线通风空调系统由区间隧道通风系统、车站公共区通风系统和设备管理用房通风空调系统组成。其中区间隧道通风系统、车站公共区通风系统设备集成设置，使系统模式组合更加灵活完善、设备体量更精简、系统运行更节能。

5.1.2.2 技术原理及系统配置

区间隧道通风系统在车站两端设置单活塞风井，平时为活塞通风。站内两端隧道风机房各设1台隧道风机和1台区间新风机作为区间隧道的机械通风和新风手段。当区间发生阻塞或火灾事故时，在车站两端排风机房内各设2台排风机配合隧道风机对区间进行送排风、排烟。

车站公共区通风系统在车站两端排风机房内各设2台排风机，作为公共区的机械排风兼排烟风机，平时公共区通过活塞风进行自然通风换气；在两端新风道内各设置1台车站新风机，作为公共区的机械新风手段。车站公共区机械排风和机械新风均为上排风/上送风，风口均匀分布。

车站设备及管理用房采用全空气空调系统。在通风空调机房内设置组合式空气处理机组和回排风机，全年可采用小新风空调、全新风空调和通风模式。车站设置风冷式冷水机组，空调机组、冷水泵和定压补水等设备及管道布置在制冷机房内；设备及管理用房重要房间设置一套多联分体空调系统，作为备用空调系统。

综合考虑严寒地区地铁通风及防寒的功能需求，借鉴既有沈阳地铁1号线运营初期严寒季节暴露出的车站公共区温度偏低的问题经验，长春轨道交通1号线采用"集成通风结合可调通风型站台门通风系统"（系统原理图详见图5.1-1）作为全线的通风空调系统制式，即：在全封闭站台门上部设置可开启的电动百叶，冬季严寒时段关闭电动百叶，起到屏蔽门的作用，减少因活塞效应造成的车站出入口冷风侵入量，以此缓解公共区和区间低温问题。由于工程采用的可调通风型站台门上方的百叶风口是可远程启闭的电动转换装置，故还与车站和区间的火灾排烟系统运行模式实现了关联配合。

此外，为避免远期冬季闭式运行时车站和区间出现新风不足的情况，在站台公共区每端、上下行出站端各设置1条新风管，利用设置的公共区新风机和区间新风机，分别对车站和区间送新风；为防止冬季出入口通道内温度过低或者结冰，在车站每个出入口敞口段均设置1道电热风幕；为防止风道内温度过低，对外的立式风阀均采用双道保温型电动组合风阀。

1. 可调通风型站台门的组成及原理

可调通风型站台门系统由机械部分（门体结构和门机系统）和电气部分（电源系统和控制系统）组成。其中，门体结构由承重结构、滑动门、固定门、应急门、端门、顶箱、门槛及转换装置等组成；门机系统主要是由电机、传动装置和锁紧装置组成，整个门机系统放置在顶箱内。

电源系统为一级负荷用电，由低压配电系统提供两路独立的AC380V电源。输入的两路交流电源经双电源切换箱的切换控制电路选择其中一路输入给交流配电单元，并在电源输入端加装防雷装置。其中电动转换装置供电也引自站台门电源系统；控制系统主要由中央控制盘PSC、就地控制盘PSL、门控单元DCU、通讯介质及通讯接口等设备组成。

由于区间火灾、车站轨行区火灾和站台火灾时，转换装置需要动作（开启/关闭），故转换装置材料原则上选用A级不燃材料，在不能采用A级不燃材料时选用阻燃或难燃材料。其各类指标（如氧指数、烟密度、毒烟散发性、表面焰散性等）满足规范要求且整体保证A级不燃。

2. 集成通风结合可调通风型站台门通风系统全年运行模式

按夏季、冬季、过渡季分别阐述集成通风结合可调通风型站台门通风系统的全年运行模式。

1) 夏季运营模式

（1）机械排风

开启车站排风机对车站公共区进行排风，开启车站进站端的活塞风道，开启全封闭站台门上方电动百叶，关闭迂回风阀，利用列车运行活塞效应及站内负压，从出入口及活塞风道引入站外冷空气，吸收列车区间发热后，从车站排风系统排出。机械通风主要在夏季站外气温低于车站设计温度时采用。

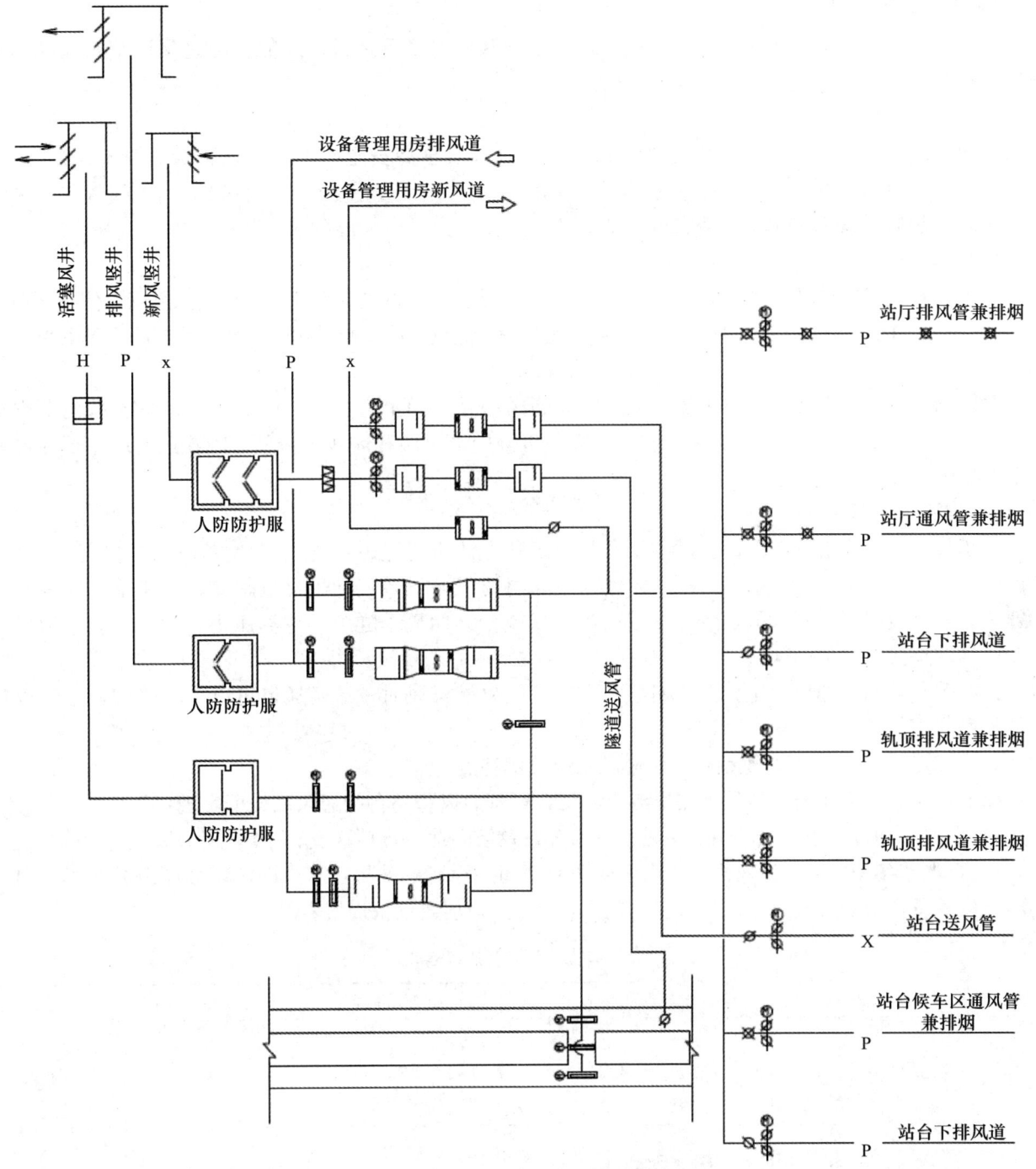

图 5.1-1 集成通风系统原理图

(2) 活塞通风

关闭车站排风机,开启进站端活塞风道,开启全高安全门上方电动百叶,关闭迂回风阀,通过列车活塞效应从活塞风道和出入口引进新风。活塞通风主要在夏季站外气温低于车站设计温度时采用,也可以和机械通风并用。

(3) 闭式运行

关闭车站排风机,开启全高安全门上方电动百叶,开启迂回风阀,依靠列车活塞效应从出入口引入站外空气,这种模式下都可以满足人员的新风量要求。闭式运行主要在夏季站外气温高于车站设计温度时采用。

2) 冬季运营模式

长春作为严寒地区的代表区域,全地下站车站和区间的冬季运行模式的核心是保证车站和区间的温度,在此前提下,尽量满足人员新风需求。

(1) 活塞通风

关闭车站排风机,开启车站出站端的活塞风道,开启全高安全门上方电动百叶,关闭迂回风阀,开启出入口热风幕,利用列车运行活塞效应,从活塞风道引入站外冷空气,直接进入区间隧道,吸收列车区间发热后,从下一车站的活塞风道排出。

(2) 闭式运行一

关闭活塞风阀,关闭车站排风机,开启可调通风型站台门上方电动百叶,开启迂回风阀,依靠列车活塞效应从出入口引入站外空气。闭式运行一主要在冬季气温较高的早晚采用或者严寒季节的白天采用。

(3) 闭式运行二

关闭活塞风阀,关闭车站排风机,关闭可调通风型站台门上方电动百叶(仅开启进站端门上方百叶),开启迂回风阀,开启车站新风机和区间新风机分别给车站和区间送新风。闭式运行二主要在严寒季节的早晚采用。

3) 过渡季运营模式

由于长春市冬季温度较低,通过冬季大量通风的方法进行隧道蓄冷,会使冬季车站、隧道温度过低,不满足人员的舒适性要求。这样,隧道蓄冷降温的任务就转移到了过渡季节,过渡季节应适当增加通风量,将夏季隧道吸收的热量尽量放出来,以减少远期夏季隧道的降温压力。此时,大量通风不至于产生隧道温度过低的问题。

过渡季节以活塞通风为主,在远期需要高峰时段机械排风时,活塞通风可以单独采用,也可以与机械排风合用。

3. 集成通风结合可调通风型站台门通风系统技术特点

综上,长春轨道交通 1 号线采用集成通风结合可调通风型站台门通风系统可实现:

1) 在夏季和过渡季充分利用活塞风效应为车站及区间地下环境换气、排热;

2) 在严寒冬季配合活塞风阀,更大程度地实现闭式运行的效果,减少因活塞效应造成的车站出入口冷风侵入量,缓解公共区和区间低温问题。表 5.1-1 为主要设备规格表。

表 5.1-1 主要设备规格表

序号	设备编号	设备名称	型号及规格	单位	数量	备注
1	SVF/A(B)-1,2	可逆转轴流风机	$L=118800 m^3/h$, $H=1000Pa$, $N=55kW$ 280℃, 1h	台	4	变频
2	TVF/A(B)	可逆转轴流风机	$L=216000 m^3/h$, $H=1000Pa$, $N=110kW$ 280℃, 1h	台	2	
3	TAF/A(B)	送风机	$L=10531 m^3/h$, $H=650Pa$ $N=5.5kW$	台	2	
4	SAF/A(B)	送风机	$L=6941 m^3/h$, $H=700Pa$ $N=5.5kW$	台	2	
5	RF/A(B)	人防风机	$L=10000 m^3/h$, $H=800Pa$ $N=7.5kW$	台	2	
6		全高封闭型/全高非封闭型站台门转换装置		2×22	套	每侧站台一套

5.1.2.3 技术实施情况及运行效果

长春轨道交通 1 号线在开通运营的初期，出现了夏季车站公共区结露、冬季个别车站公共区和出入段线区间温度偏低的实际情况。设计及建设单位为此开展多轮现场测试、问卷调查及专题论证，旨在分析长春地铁热环境与热舒适情况、是否满足规范要求、环控系统的设计是否合理等可能的问题原因，最终得出以下结论：

1）由于个别车站出入口较短、电热风幕的关闭、端头站隧道与室外相连等原因均会引起冬季室外冷风渗入车站，导致站内温度较低。冷风渗入是影响严寒地区地铁冬季热环境的主要因素，防止冷风渗入应作为地铁环控设计必不可少的环节，对于特殊的车站结构应对应调整环控设计方案，不能一概而论。

2）长春地下平均温度偏低，运营时间短土壤未达到蓄热稳定。需严格执行隧道通风系统的全年运行模式，严防冬季冷风渗入地下环境。

随着线路运行年份增加，地下围护结构逐渐蓄热升温，目前长春轨道交通 1 号线车站公共区平均温度已在 6~12℃范围内，并有逐年上升趋势，证明了集成通风结合可调通风型站台门通风系统的冬季闭式运行模式对严寒地区冬季地下环境的改善具有明显作用。

5.1.2.4 展望

目前运行过程中存在的问题主要有以下几点：

1）乘客在站台逗留时间长，冬季对站台公共区 80% 舒适区温度要求较高，过渡季及冬季的站台公共区设计温度仍需适当提高；出入口通道长度较短或靠近出入段线的线路末端车站受冷风渗入影响大，运营初期冬季站内温度均较低。

2）夏季和过渡季完全打开可调通风型站台门上方电动百叶，隧道内颗粒物大量涌入使得站台公共区颗粒物浓度较高。

3）严寒冬季运行"闭式运行二"模式时，个别车站的可调通风型站台门承压过大产生啸叫。

未来发展方向建议：

1）严寒地区城市新建工程通过降低隧道阻塞比、冬季行车运营增加编组数量以降低冬季发车对数，从根源上削弱活塞效应，配合集成通风结合可调通风型站台门通风系统的冬季闭式运行模式，减少室外对地下空间的冷风渗入。

2）夏季和过渡季，根据实际排热及新风需求，建议只打开风压合适、阻力较小位置的部分电动百叶；对站台门产品进行改良，百叶风口前设置过滤装置。

3）应在迂回风道的基础上进一步优化泄压手段，以缓解严寒冬季运行"闭式运行二"模式时，个别车站可调通风型站台门承压过大产生的啸叫。

5.2 寒冷地区

5.2.1 概述

寒冷地区气候特点为冬季室外气温低（最低月平均温度 −10~0℃）、低温时间较长（日平均温度小于等于 5℃的天数在 90~145 天之间），夏季最热月室外平均气温较高（例如北京为 27.1℃）、高温时间较短（例如北京地铁空调季约 4 个月）。

此气候特点决定了地铁通风空调功能需求要点：①最热月平均温度高，车站公共区仅依靠机械通风降温难以满足相对舒适度需求,因此车站公共区需采用空调系统;②空调季较短、非空调季较长,非空调季应尽可能创造条件利用列车活塞风对车站公共区通风。

5.2.2 地铁集成闭式通风系统

5.2.2.1 工程概况

北京地铁14号线一期工程,全长47.3km,其中高架线长约4.544km,地下线长42.325km。共设车站37座,其中2座高架车站、35座地下车站。车辆为A型车6节编组,列车最高运行速度80km/h。高架车站、地下车站站台均设置全高半封闭站台门(安全门)。本工程已于2021年12月贯通运营。

按《民用建筑热工设计规范》(GB 50176)划分方式,北京属于寒冷B区(2B)。结合本线工程特点综合考虑,通风空调系统制式采用集成闭式系统。丽泽商务区站因车站建筑形式特殊,未采用集成闭式系统,不在本文论述。

5.2.2.2 技术原理及系统配置

北京地铁14号线采用的集成闭式系统主要特点:车站公共区通风空调系统和区间通风系统共用部分设备及风道;设置区间事故风道兼车站送排风道;在送风道内设置大型表冷器、过滤器等以代替组合式空调机组;区间事故风机配置变频器,在正常工况时低速运行对车站公共区送排风。

集成闭式系统与传统闭式系统相比,土建规模、设备初投资、运行能耗均全面占优。以北京地铁14号线的系统规模,采用集成闭式系统的年综合费用约为传统闭式系统的84%,具有明显优势。

集成闭式系统与全封闭站台门系统相比,需根据不同线路的具体工程规模进行全寿命周期技术经济分析。原则上集成闭式系统设备初投资高于全封闭站台门系统、土建投资低于全封闭站台门系统、全年总运行费用略低于全封闭站台门系统。A型车6节编组或B型车7节编组是一个临界点,线路规模低于此临界点时集成闭式系统具有明显的综合经济优势,线路规模高于此临界点时全封闭站台门系统具有优势,线路规模在临界点时则需根据工程实施具体条件选用集成闭式系统或全封闭站台门系统。

北京地铁14号线地下车站通风空调系统主要构成如下:

1) 区间隧道通风系统

各地下车站大系统送、排风机兼区间隧道事故风机,车站两端各设一组送、排风道,风道内设有对应上下行区间的事故风阀。当区间发生火灾或阻塞时,通过风阀转换,可实现车站4台大风机对同一隧道送风或排风。九龙山站、大望路站大风机工频运行参数为70m^3/s、1000Pa;其余车站大风机工频运行参数为60m^3/s、1000Pa。

车站两端如为双洞区间,需设迂回风道连通上下行隧道。若车站两端的隧道为盾构区间,则迂回风道设在车站内;若为其他方法施工,则迂回风道可以设在车站外距站端约30m处,也可以设在车站内,具体位置根据建筑合理性确定。迂回风道内设置组合式风阀,空调季节或冬季室外气温过低(小于等于5℃)时开启组合式风阀,减少列车活塞风对车站公共区的影响;通风季节迂回风道组合式风阀关闭,充分利用列车活塞风对车站公共区通风。迂回风道组合式风阀净过风面积为25~30m^2。公共区通风空调系统原理图见图5.2-1,大型表冷器外观见图5.2-2,大型表冷器构造见图5.2-3。

2) 地下车站公共区通风空调系统

车站公共区通风空调系统为双风机全空气系统。车站每端均设置送风道和排风道,送风道内设置消声器、风阀、大型表冷器、车站送风机(兼区间隧道事故风机)等设备,排风道内设置消声器、风阀、车站排风机(兼区间隧道事故风机)等设备。

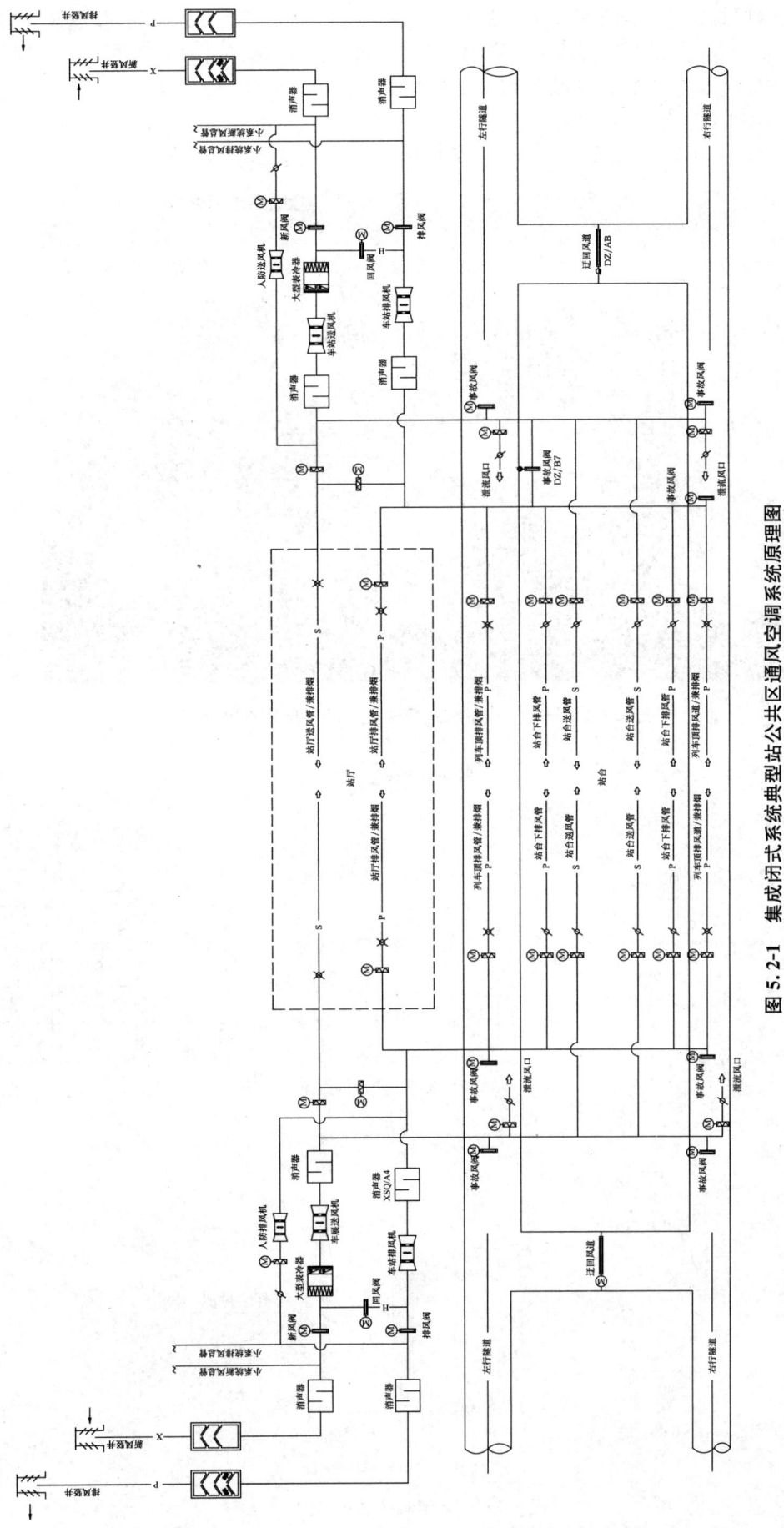

图 5.2-1 集成闭式系统典型站公共区通风空调系统原理图

站厅层和站台层送风量分别按照车站总送风量的25%和75%考虑。站厅送排风管均布置在吊顶内，采用上送上回的通风方式，送排风管均兼排烟风管。站台层送风管布置在吊顶内，站台层排风由列车顶、站台下排风组成，站台公共区气流组织为上送、上/下回方式。站台层列车顶排风为站台总排风量的55%，站台下排风为站台总排风量的45%。车站两端的送风道应于上下行隧道均设置泄流风口，泄流风口风量为站台层总送风量的20%～30%，风口风速6～8m/s。

图5.2-2 集成闭式系统送风道设置的大型表冷器外观

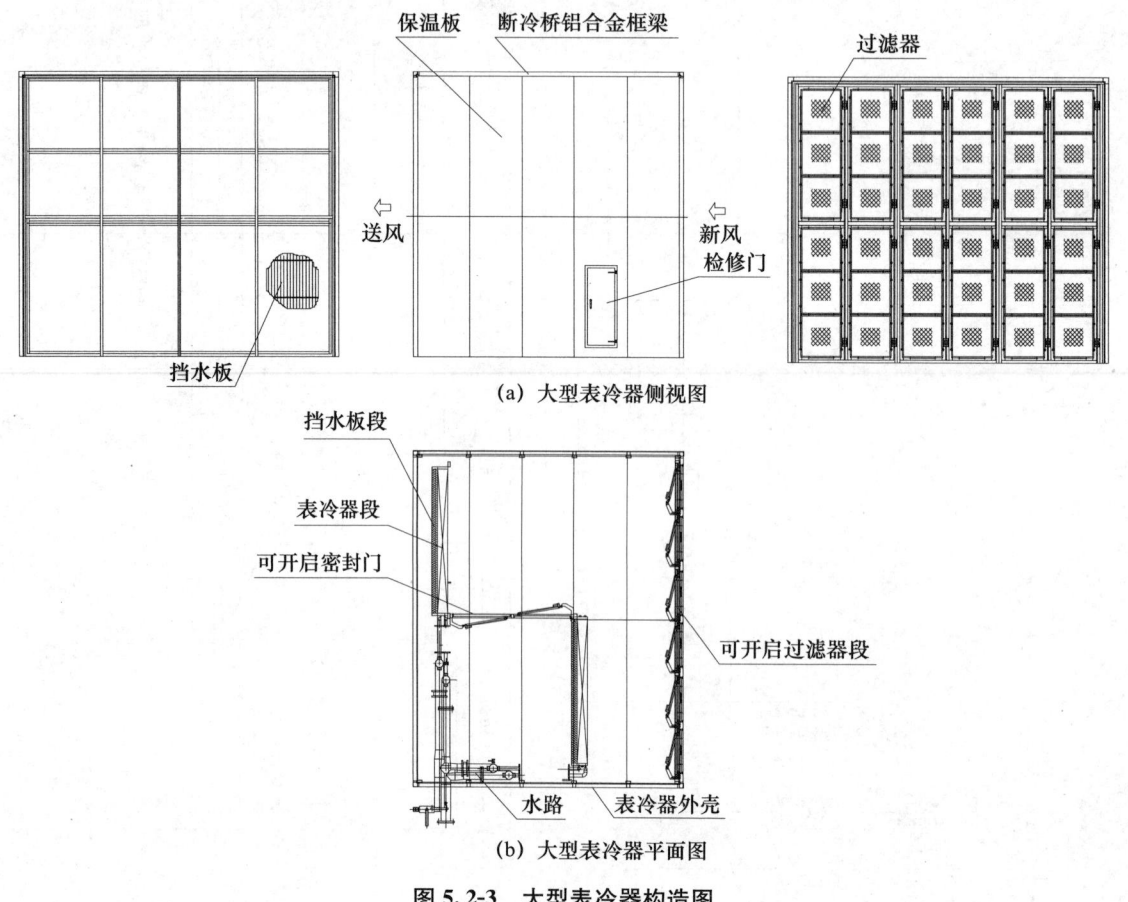

(a) 大型表冷器侧视图

(b) 大型表冷器平面图

图5.2-3 大型表冷器构造图

各站公共区空调负荷最大的车站为大井站：冷负荷 2140kW，空调风量 36.3 万 m^3/h。各站公共区空调负荷最小的车站为阜通西站：冷负荷 1482kW，空调风量 26.78 万 m^3/h。典型站站厅层平面图见图 5.2-4，站台层平面图见图 5.2-5，站台板下平面图见图 5.2-6。

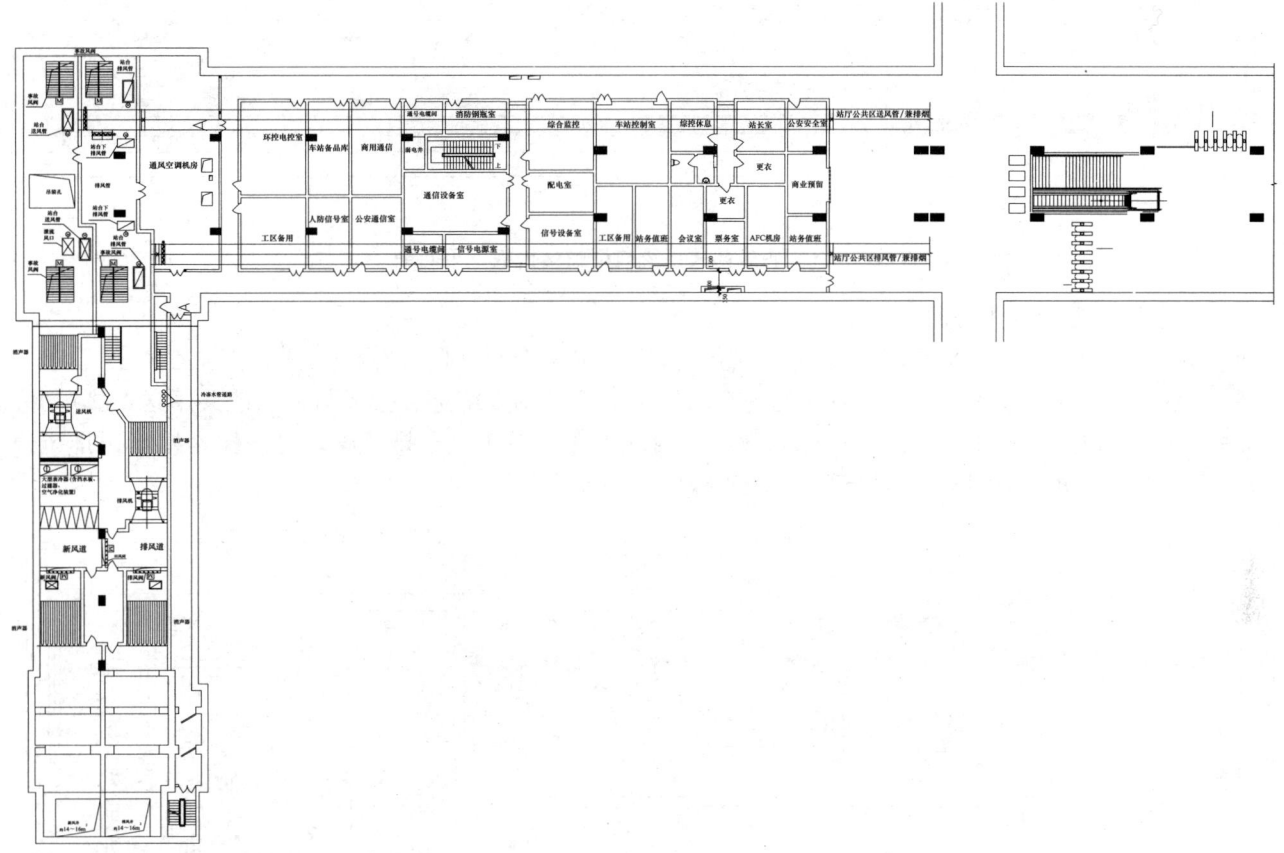

图 5.2-4　集成闭式系统典型站站厅层平面图

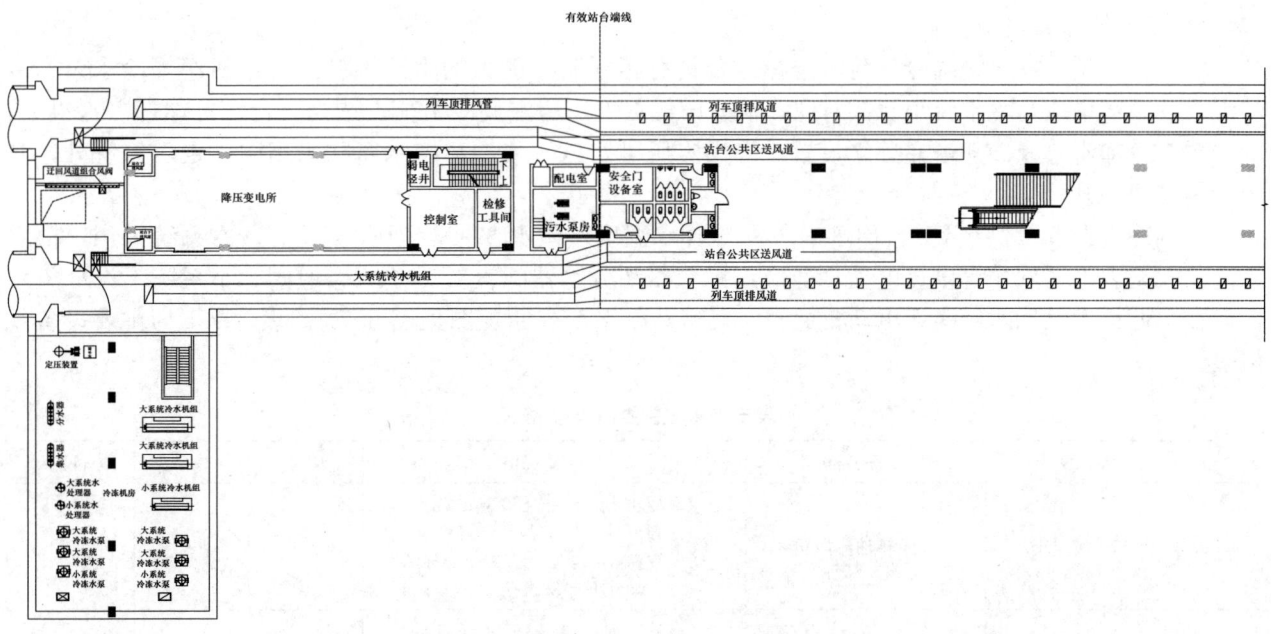

图 5.2-5　集成闭式系统典型站站台层平面图

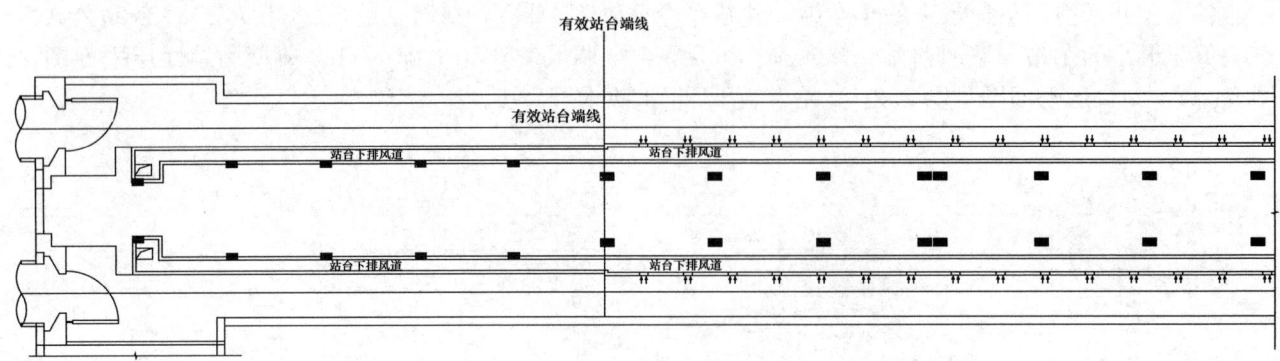

图 5.2-6　集成闭式系统典型站站台板下平面图

3) 车站设备管理用房通风空调系统

车站设备管理用房通风空调系统单独设置，满足各房间相关专业工艺要求。

小系统进风均直接采自大气，排风均为直接排出地面。小系统进、排风与大系统共用送、排风井，车站两端送排风道内设小系统进、排风总管，一端连接各小系统进、排风管，另一端连接至送排风道对外土建消声器处。典型站送排风道小系统管线图见图 5.2-7。

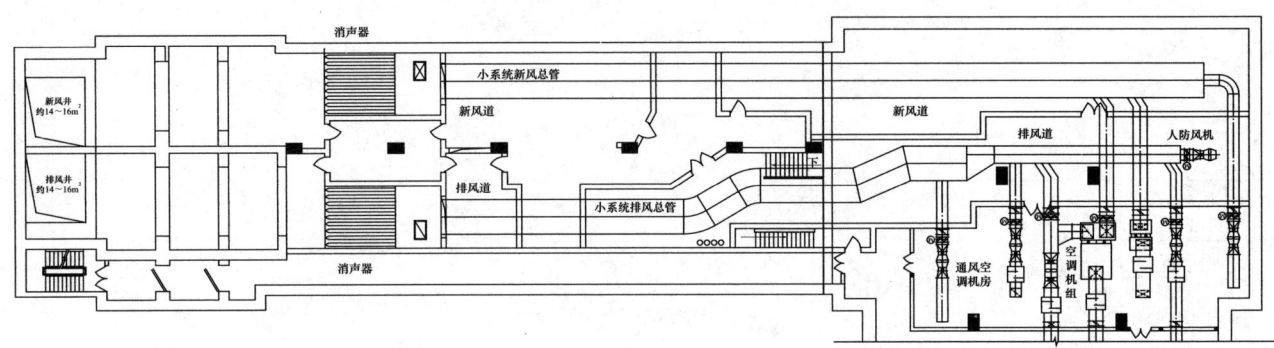

图 5.2-7　集成闭式系统典型站送排风道小系统管线图

4) 空调冷水系统

根据各车站公共区空调冷负荷，选择两台具有相同制冷能力的水冷螺杆式冷水机组，冷水泵、冷却水泵及冷却塔应与冷水机组台数对应。根据设备管理用房空调冷负荷，选择一台水冷螺杆冷水机组，冷水泵、冷却水泵及冷却塔亦独立设置。采用定压罐定压。大小系统水路除采用同一定压系统外，其余管路彻底分开。

空调冷水温度：供水 7℃，回水 12℃；冷却水温度：供水 32℃，回水 37℃。冷水系统采用一次泵系统。大型表冷器回水管设置电动二通阀，集水器和分水器间设置压差式旁通阀。小系统不设分集水器，在空调机组供回水管间设电动三通阀。典型站冷水系统原理图见图 5.2-8。表 5.2-1 为主要设备规格表。

表 5.2-1　主要设备规格表

序号	设备编号	设备名称	型号及规格	单位	数量	备注
1	ZSF/A, B	可逆转轴流风机	事故工况：$L=216000m^3/h$，$H=1000Pa$，$N=90kW$ 通风空调工况：$L=159000m^3/h$，$H=850Pa$	台	2	变频
2	ZPF/A, B	可逆转轴流风机	事故工况：$L=216000m^3/h$，$H=1000Pa$，$N=90kW$ 通风空调工况：$L=143100m^3/h$，$H=750Pa$	台	2	变频

续表

序号	设备编号	设备名称	型号及规格	单位	数量	备注
3	BLQ/A，B	可电动开启风道表冷器	$Q=967$kW，$L=174900$m^3/h，$N=4$kW	台	2	
4	LS/B1，2	冷水机组	$Q=967$kW，$P=201$kW，$COP=4.82$	台	2	
5	LD/B1，2	冷水泵	$G=205$m^3/h，$H=27$m，$N=30$kW，$n=1450$r/min	台	2	
6	LQ/B1，2	冷却水泵	$G=246$m^3/h，$H=30$m，$N=37$kW，$n=1450$r/min	台	2	
7	LT/B1，2	冷却塔	$G=300$m^3/h，$N=11$kW	台	2	

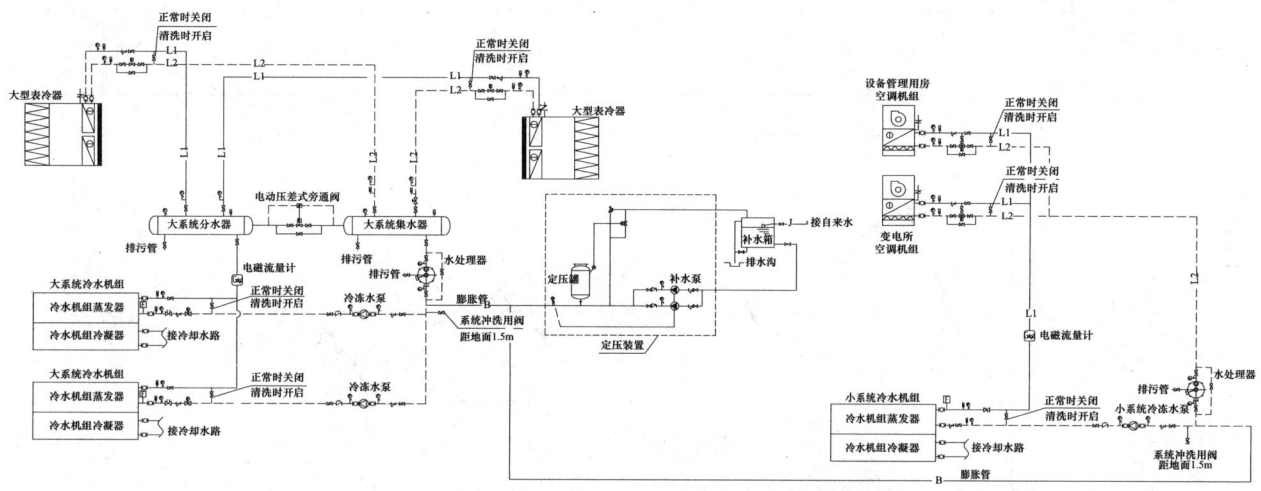

图 5.2-8　集成闭式系统典型站冷冻水系统原理

5.2.2.3　技术实施情况及运行效果

北京地铁 14 号线西段（张郭庄站—西局站）于 2013 年 5 月开通运营，东段（金台路站—善各庄站）于 2014 年 12 月开通运营，中段（北京南站—金台路站）于 2015 年 12 月开通运营，剩余段（西局站—北京南站）于 2021 年 12 月开通运营，至此北京地铁 14 号线实现全线贯通运营。

本线分段开通，最早开通的东段至今已近 10 年，较晚的中段也已运营 7 年，总体运营效果良好。

2016 年 7 月 27 日至 8 月 1 日，对已运营的东段东湖渠站、阜通西站开展了为期 6 天的连续测试。7 月 27 日为入场调查阶段，8 月 1 日为设备拆除阶段，中间 4 天为集中测试阶段，集中测试阶段每天有三个测试时段，分别为早上 08：30—10：00，中午 13：00—14：30，晚上 17：00—18：30。

东湖渠站主要测试结果如图 5.2-9 和表 5.2-2、表 5.2-3 所示。

表 5.2-2　东湖渠站室内温湿度、CO_2 浓度实测记录

项目	7月28日早	7月28日午	7月28日晚	7月29日早	7月29日午	7月29日晚	7月30日早	7月30日午	7月31日早	7月31日午	7月31日晚
站厅温度（℃）	25.2	27.1	25.1	25.2	27.1	25.4	24.6	27.4	25.1	26.3	24.7
站厅相对湿度（%）	63.4	69.8	69.4	69.7	67.6	77.8	81.1	77.7	86.4	76.9	77
站厅 CO_2 浓度（10^{-6}）	636	548	490	637	546	576	539	562	538	578	498
站台温度（℃）	23.6	25.3	23.8	25.7	25.1	25.3	24.7	25.3	24.8	25.2	24

续表

项目	7月28日早	7月28日午	7月28日晚	7月29日早	7月29日午	7月29日晚	7月30日早	7月30日午	7月31日早	7月31日午	7月31日晚
站台相对湿度（%）	73.5	68.1	71.6	74.8	75.7	75.8	80.9	78.9	74.7	77.5	80.2
站台CO_2浓度（10^{-6}）	746	622	502	704	536	592	569	509	545	515	631
办公区温度（℃）	25.4	26.9	23.8	25.2	26.4	25.1	24.2	26.7	25.2	25.9	24.6
办公区相对湿度（%）	69.7	64.5	71.6	69.7	76.2	74.3	80.7	76.3	71.7	72.6	69.2
办公区CO_2浓度（10^{-6}）	629	525	502	637	565	585	576	639	537	560	535

表 5.2-3 东湖渠站能耗统计

	制冷机 COP	制冷系统 COP	空调系统 COP	无主送排风机功率（kW）	全空调系统功率（kW）
东湖渠站大系统	3.81	2.93	2.34	378.07	475.52
东湖渠站小系统	4.53	3.45	2.66		

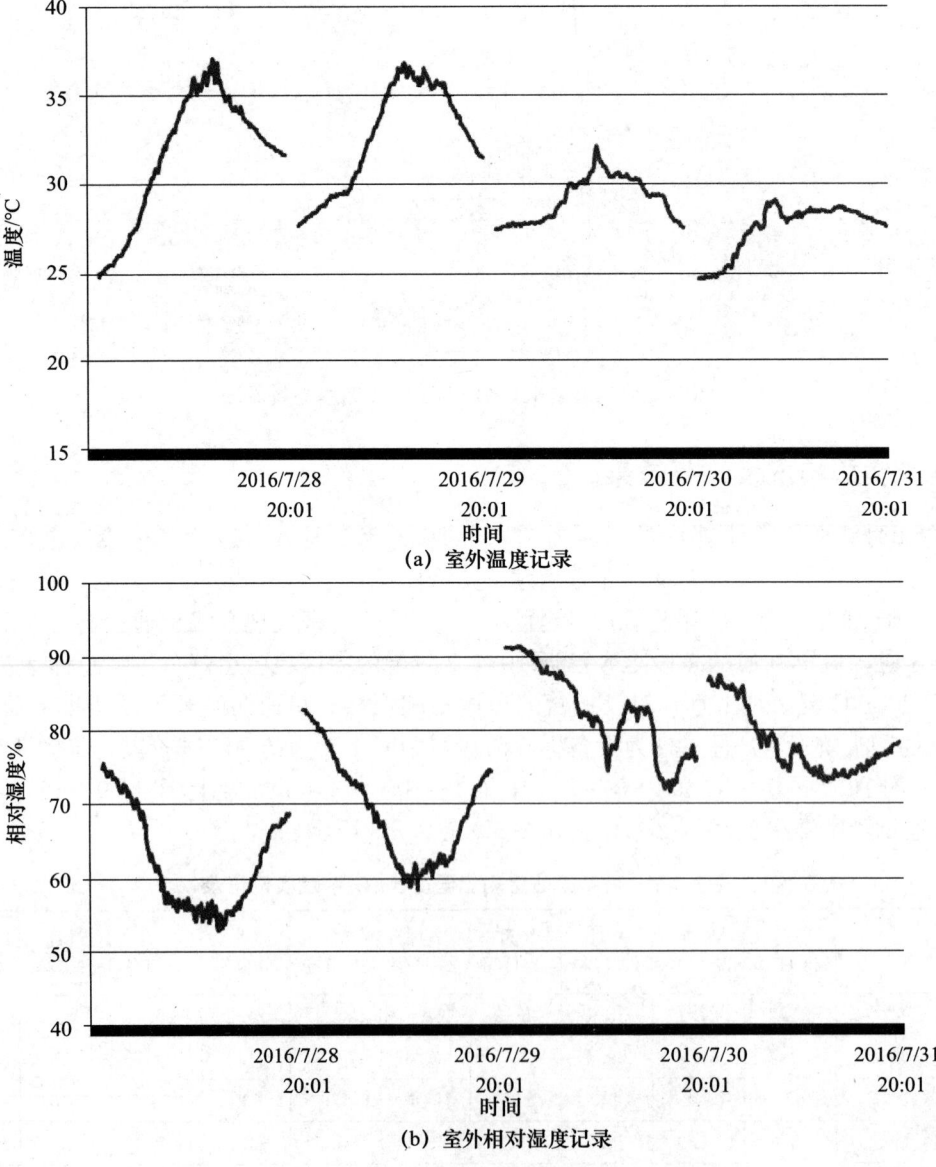

(a) 室外温度记录

(b) 室外相对湿度记录

图 5.2-9 东湖渠站室外温湿度记录

5.2.2.4 展望

寒冷地区采用集成闭式系统时,因为一部分区间负荷也由车站公共区空调系统承担,所以车站公共区通风空调系统冷负荷、空调风量均比较大。

对于工程规模在 A 型车 6 节编组以下的地铁线路,车站公共区空调风量一般在 250000～370000m³/h,通风管路布置空间虽有一定难度,但还不至于导致车站整体宽度、高度加大,选用集成闭式系统是合理可行的。

如果工程规模达到 A 型车 7 节、8 节编组,车站公共区空调风量可达 400000～500000m³/h,可能需要站厅、站台层高大幅度调整,继续采用常规的集成闭式系统就不合理了,推荐采用全封闭站台门通风空调系统。

5.2.3 可调通风型站台门通风空调系统

5.2.3.1 工程概况

济南城市轨道交通远期线网规划方案总长 541.8km,由 11 条线路组成。当前已开通运营线路 3 条,分别为 1 号线一期、2 号线一期、3 号线一期,总长约 84.1km。

济南城市轨道交通 1 号线于 2019 年 1 月 1 日建成通车,线路全长 26.1km,其中高架段长 16.2km,过渡段长 0.2km,地下段长 9.7km;设站 11 座,含地下站 4 座,高架站 7 座,平均站间距 2.573km。本线采用 B 型车,6 节编组,设计最高时速 100km/h。

按《民用建筑热工设计规范》(GB 50176) 划分方式,济南位于寒冷 B 区,最热月的平均温度为 27.6℃,空调季为 6 月中旬至 9 月中旬,过渡季为 3 月中旬至 6 月中旬及 9 月中旬至 11 月中旬,冬季为 11 月中旬至次年 3 月中旬。非空调季时间较长,结合本线工程特点,通风空调系统制式采用可调通风型站台门系统。

5.2.3.2 技术原理及系统配置

可调通风型站台门系统是在传统屏蔽门的固定门、滑动门上部设置带可控风阀通风口的一种空调系统制式。空调季关闭可调通风型站台门上方的风阀,采用传统屏蔽门系统运行,有效阻隔轨行区与站台之间的空气流动,不仅可以减少车站空调负荷,提高乘客候车舒适性,还可以减小空调机组装机容量,节约机房面积,进而降低初投资;非空调季打开可调通风型站台门上方的风阀,充分利用活塞风,满足车站公共区及隧道区间的温湿度要求,从而降低车站公共区风机能耗、隧道风机能耗,达到节能的目的。与屏蔽门系统相比,可调通风型站台门系统在非空调季节采用活塞通风维持地铁环境,降低了通风系统能耗;与安全门系统相比,夏季车站公共区空调系统只需负担车站公共区冷负荷,大大降低了空调系统能耗。简言之,可调通风型站台门系统整合了屏蔽门系统与安全门系统的节能优势,实现全年节能运行。

济南轨道交通 1 号线地下车站通风空调系统主要构成如下:

1. 区间隧道通风系统

每个地下车站两端均设有两台区间事故风机,通过活塞/事故风阀与两条区间隧道连通。在区间发生事故时,通过阀门的转换,可以实现四台隧道风机对任一隧道送风或排烟。每个地下车站每端设置单(双)活塞风道,设置在列车的出(进)站端。区间隧道通风系统原理图见图 5.2-10。

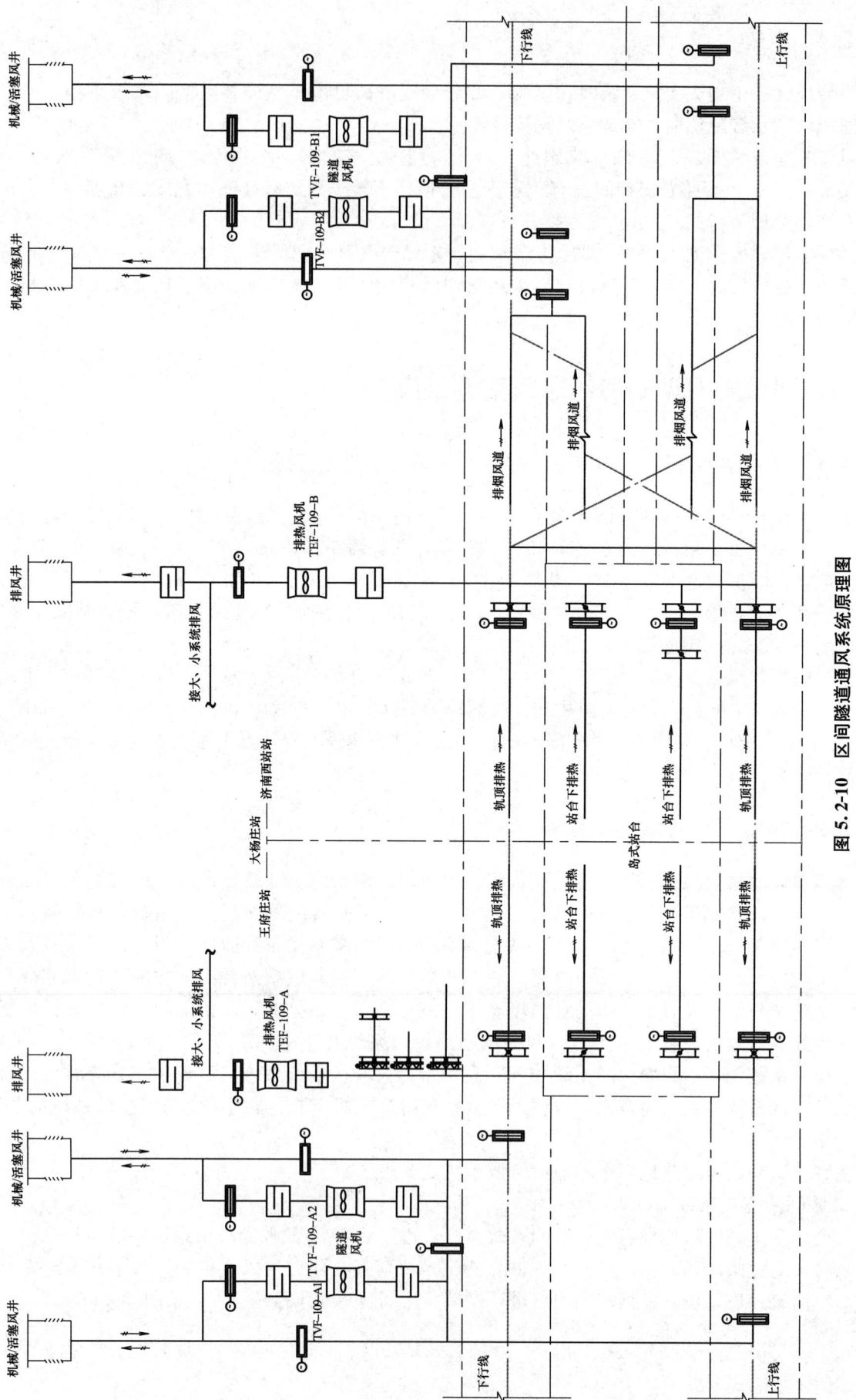

图 5.2-10 区间隧道通风系统原理图

1）夜间通风运行

为充分利用室外空气冷却区间隧道，空调季节在夜间停运后半小时、早晨运营前半小时对隧道进行夜间通风。

2）区间阻塞通风运行

空调季，当列车因故障或其他原因而必须停在区间超过一定时间（此时间长度由运营根据需要确定）时，该区间列车前方站（或区间事故风机房）的区间事故风机送风，列车后方站（或区间事故风机房）的区间事故风机排风，控制隧道内温度在可接受范围内。车站其他通风空调系统设备执行"相关区间阻塞"工况运行。非空调季，关闭可调通风型站台门上部的风阀，执行空调季区间阻塞通风的运行模式。

3）区间火灾事故运行

空调季，列车在区间内发生火灾时，尽可能行驶到车站，若停在区间，需根据着火部位进行处理。列车车头（1、2、3节车厢定义为车头）火灾：列车所在区间后方车站（或区间风机房）区间事故风机送风，列车前方车站（或区间风机房）区间事故风机排烟，乘客迎风疏散。列车车尾（4、5、6节车厢定义为车尾）火灾：列车所在区间后方车站（或区间风机房）区间事故风机排烟，列车前方车站（或区间事故风机房）区间事故风机送风，乘客迎风疏散。非空调季，关闭可调通风型站台门上部的风阀，执行空调季区间火灾事故的运行模式。

2. 公共区通风空调系统

公共区通风空调系统采用全空气变风量一次回风系统。车站两端分别设置一台组合式空调机组、回排风机、排烟风机及小新风机，负责车站公共区的空调、通风及排烟。公共区通风空调系统原理图见图5.2-11。

1）正常运行工况

正常工况分为空调季小新风、空调季全新风和非空调季三种情况。

当空调季小新风运行时，可调通风型站台门上部的风阀关闭，当室外空气比焓大于车站空调系统回风比焓时，采用小新风空调运行，回风与新风混合经处理后送入公共区；当空调季全新风运行时，可调通风型站台门上部的风阀关闭，当室外空气比焓小于或等于车站空调系统回风比焓且其温度高于空调送风点温度时，采用全新风空调运行，室外新风经空调机组处理后送至车站公共区；当非空调季时，可调通风型站台门上部的百叶风阀开启，当室外空气干球温度低于通风工况转换温度（济南按照18℃考虑）时，停止制冷，采用机械通风模式。

公共区大系统在以上三种模式下运行时，可根据室内温度、湿度、CO_2浓度调节组合式空调机组、回排风机的运行频率，根据空调器送风温度调节水阀的开度，以实现节能运行。

2）火灾运行工况

车站内发生火灾时，立即停止车站空调水系统，转换车站通风空调系统进入火灾模式：当站厅层公共区发生火灾时，大系统排烟风机启动进入排烟状态，同时站台送、排风及站厅送风停止，由出入口自然补风；当站台层公共区发生火灾时，可调通风型站台门上方的百叶开启，站厅送、排风及站台送风停止，大系统排烟风机启动进入排烟状态，由楼梯口自然补风。开启轨行区排热风机和车站两端隧道风机运行对站台层辅助排烟。

当站台轨行区发生火灾时，关闭可调通风型站台门上方的百叶，开启排热风机、隧道风机排烟，由工作人员确认开启站台着火一侧的全封闭站台门，通过公共区出入口自然补风。

3. 设备管理用房通风空调系统

设备及管理用房均采用全空气一次回风空调系统，弱电设备用房设置冗余多联机空调系统。表5.2-4为主要设备规格表。

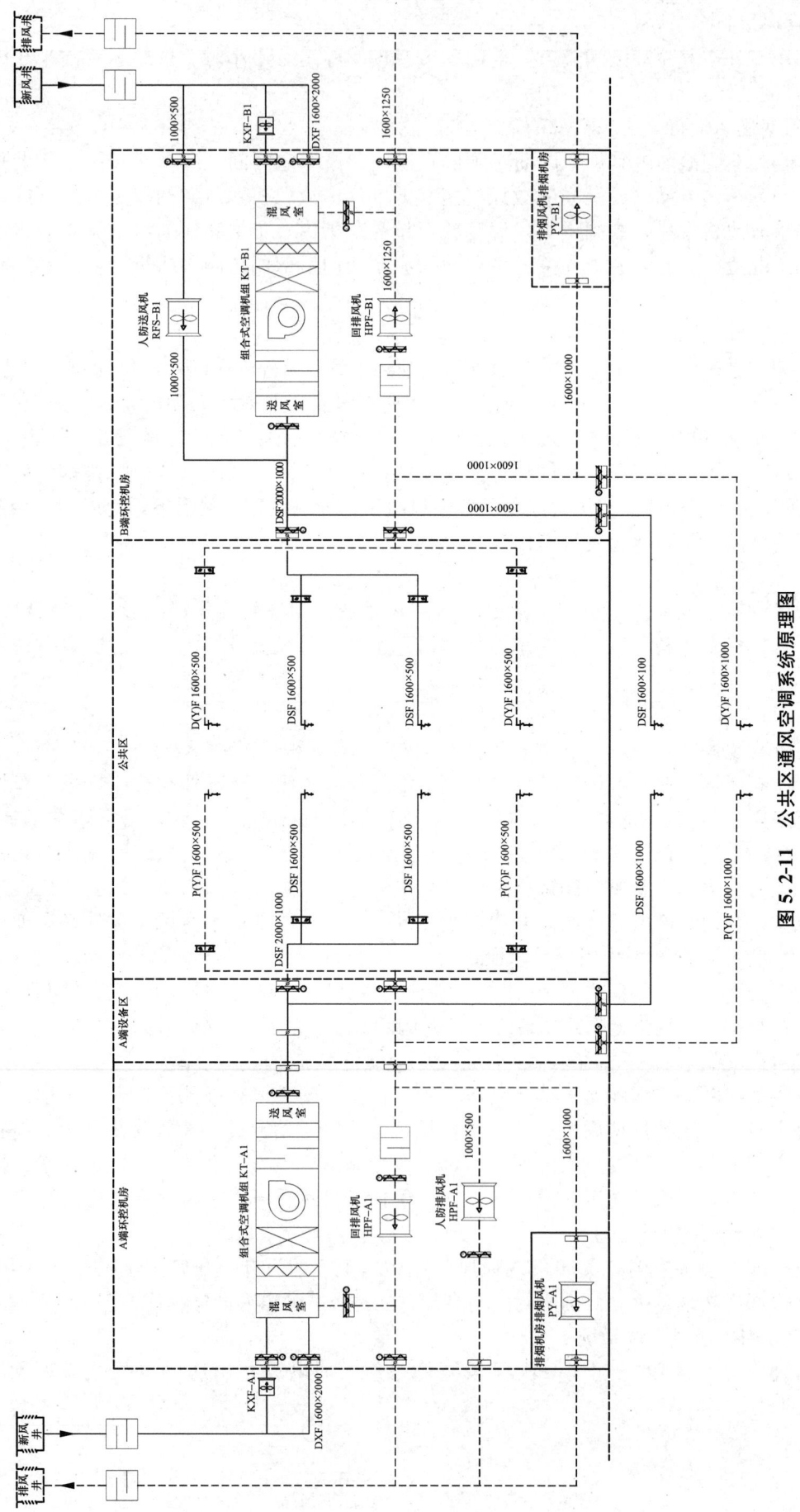

图 5.2-11 公共区通风空调系统原理图

表 5.2-4 主要设备规格表

序号	设备编号	设备名称	型号及规格	单位	数量	备注
1	TVF—A，B1/2	隧道风机	$L=60m^3/s$，全压 900Pa，$N=90kW$，可逆转	台	4	
2	TEF/A，B	排热风机	$L=40m^3/s$，$N=37kW$，$P=800Pa$	台	2	变频
3	AHU—A/B	组合式空调器	$L=64400m^3/h$，$P=640Pa$，$N=22kW$，$Q=263kW$	台	2	变频
4	HPF/A，B	回排风机	$L=57960m^3/h$，$P=540Pa$，$N=18.5kW$	台	2	变频
5	PY/A，B	排烟风机	$L=86000m^3/h$，$P=800Pa$，$N=30kW$	台	2	
6	LS/B1，2	冷水机组	$Q=399kW$，$N=68kW$	台	2	变频
7	LD/B1，2	冷水泵	$L=64m^3/h$，$H=25m$，$N=15kW$	台	2	变频
8	LQ/B1，2	冷却水泵	$G=77m^3/h$，$H=30m$，$N=15kW$，$n=1450r/min$	台	2	
9	LT/B1，2	冷却塔	$G=95m^3/h$，$N=5kW$	台	2	
10		全高封闭型/全高非封闭型站台门转换装置		套	2×22	每侧站台一套

5.2.3.3 技术实施情况及运行效果

结合济南城市轨道交通 1 号线工程特点，按照远期通风空调负荷考虑，可调通风型站台门系统通过调整其上方百叶的开启与关闭，切换系统运行模式，大幅度地降低了通风空调系统的耗电量。空调季节关闭可调通风型站台门上方百叶，空调系统耗电量为集成闭式系统的 79%，保持了屏蔽门系统空调季节的节能优势；非空调季节开启可调通风型站台门上方百叶，有效利用活塞风，大幅降低车站通风系统能耗，耗电量为集成闭式系统的 60%。经济方面，可调通风型站台门系统的空调、通风系统设备年耗电费用及年运营费用相对较低，具有一定的经济优势。

可调通风型站台门系统，火灾工况更有利于烟气的排出。站台公共区火灾时，可开启车站隧道通风系统及站台门上方转换装置，辅助站台排烟，不必开启站台门，即可满足楼扶梯口部 1.5m/s 向下风速。轨行区火灾时，关闭站台门上方转换装置，防止烟气蔓延至车站公共区。

可调通风型站台门系统，不仅能够满足济南城市轨道交通的区间隧道空气温度及公共区舒适性要求，还可以减少通风空调系统的运行能耗，降低运行费用；另外，可调通风型站台门系统能够降低供电系统的造价，同时能够满足建筑专业对吊顶以及管线综合的要求，有利于实现城市轨道交通的可持续发展，符合济南城市轨道交通的绿色地铁理念。

5.2.3.4 展望

可调通风型站台门系统在济南轨道交通一期线路的应用中体现出了良好的节能效果及经济效益，但在应用中也凸显出了很多实际的应用问题。济南轨道交通二期线路均采用可调通风型站台门系统，在二期线路的设计中应充分考虑前期的问题，并提出有效的解决思路和实施策略，充分发挥其节能效果。

目前可调通风型站台门上方转换装置，执行机构多，故障率相对较高。可调通风型站台门应用中应综合考虑隧道通风、非空调季公共区舒适性及站台火灾排烟效果，结合数值模拟、现场实测及计算等方式确定可调通风百叶面积，优化转换装置数量，调整传动机构，减少工程模式转换故障率的同时降低工程造价。

5.3 夏热冬冷地区

5.3.1 概述

夏热冬冷地区是指我国最冷月平均温度为 0~10℃，最热月平均温度为 25~30℃，日平均温度≤5℃ 的天数为 0~90 天，日平均温度≥25℃的天数为 49~110 天的地区，主要包括长江中下游及其周围地区。该区域从气候来说，气温较高导致空调季时间较长；从经济来说，该区域经济发达，修建城市轨道交通的城市数量较多，其景观要求高且城市轨道交通规划用地紧张。

基于气候特点和经济特征，本区域城市轨道交通应采用系统能效高、占地面积小的通风空调系统，因此本节重点介绍取消地面冷却塔综合创新技术——模块式蒸发冷凝冷水机组及复合通风系统＋空气—水系统。

5.3.2 模块式蒸发冷凝冷水机组

5.3.2.1 工程概况

杭州属于我国夏热冬冷地区，最冷月平均温度为 1~8℃，最热月平均温度为 28.4℃。由于景观要求高且用地紧张，在 4 号线一期工程（2015 年开通）中首次采用了整体式蒸发冷凝冷水机组（采用螺杆压缩机，单机制冷量约 400~800kW，蒸发冷凝器采用了管式换热器）；为解决换热器结垢难以清洗问题，在 5 号线工程（2019 年开通）采用了板式蒸发冷凝换热器的整体式蒸发冷凝冷水机组；针对地铁车站负荷特点（初期和近期负荷率低），在 1 号线三期（2020 年底开通）、4 号线二期（2022 年开通）、3 号线一期（2022 年开通）等线路中率先全线采用模块式蒸发冷凝冷水机组。

杭州地铁 1 号线三期工程长 11.2km，列车采用 6B，设向阳路站等 5 座地下车站，于 2020 年 12 月 30 日正式开通。

5.3.2.2 技术原理及系统配置

模块式蒸发冷凝冷水机组由集中控制柜、子机组（多台）、内部水管及阀门、内部控制线缆构成，可以根据地铁车站实际冷量需求调整子机组运行台数。集中控制柜通过控制线缆连接所有子机组，根据车站 BAS 系统指令或冷水回水温度控制子机组的启停和对应冷水管路的启闭。模块式蒸发冷凝冷水机组如图 5.3-1 所示，其控制方案如图 5.3-2 所示。

各子机组均含一套完整的制冷系统，包括压缩机、蒸发器、节流阀、蒸发冷凝式冷凝器等部件。压缩机一般采用涡旋式压缩机，单台压缩机额定制冷量一般约为 80kW，每个子机组含 1~3 台涡旋压缩机，子机组额定制冷量为 80~240kW。机组采用板式或者板管式换热器。单台子机组的尺寸一般不超过 2300mm×2000mm×3500mm（长×宽×高），运行质量一般不超 4000kg。

集中控制柜可根据子机组的状态（运行时间、故障状态等）确定对应子机组启停，保证每台子机组的运行时间基本一致。每台子机组自带水阀，单台子机组的故障不影响其他子机组的使用，从而提高机组的可靠性及整体寿命。表 5.3-1 为主要设备规格表。

图 5.3-1　模块式蒸发冷凝冷水机组

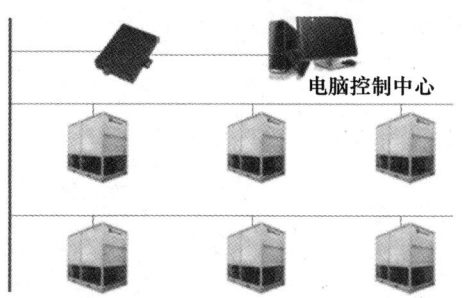

图 5.3-2　模块式蒸发冷凝冷水机组控制方案

表 5.3-1　主要设备规格表

序号	设备编号	设备名称	型号及规格	单位	数量	备注
1	LS/A1	蒸发冷凝冷水机组	制冷量：136kW+200kW， 输入功率：35.8kW+53kW， 冷凝排风量：48000m³/h， 冷水流量：60m³/h	组	2	变频
2	LS/B1	蒸发冷凝冷水机组	制冷量：136kW×2+176kW×2， 输入功率：35.8kW×2+45.2kW×2， 冷凝排风量：93150m³/h， 冷水流量：110m³/h	组	2	变频
3	LD/A1	冷水泵	扬程 $H=25$m， 冷水流量 $G=68$m³/h， 功率 $N=11$kW	台	1	变频
4	LD/B1	冷水泵	扬程 $H=25$m， 冷水流量 $G=128$m³/h， 功率 $N=15$kW	台	1	变频
5	PF/A1	强排风机	风量 $Q=50000$m³/h， 风压 $P=400$Pa， 功率 $N=11$kW	台	1	变频
6	PF/A1~2	强排风机	风量 $Q=50000$m³/h， 风压 $P=400$Pa， 功率 $N=11$kW	台	2	变频

5.3.2.3　技术实施情况及运行效果

1. 技术实施情况

向阳路站大、小系统冷源合设，蒸发冷凝机房分别设置在车站 A、B 端站厅层新排风道之间。在 A 端蒸发冷凝机房设置一组总制冷量为 336kW 的冷水机组（LS/A1），包含 2 个子机组；在 B 端蒸发冷凝机房设置一组总制冷量为 624kW 的冷水机组（LS/B1），包含 4 个子机组。水系统原理图见图 5.3-3 和图 5.3-4，机房安装效果见图 5.3-5，冷水机组近景见图 5.3-6。

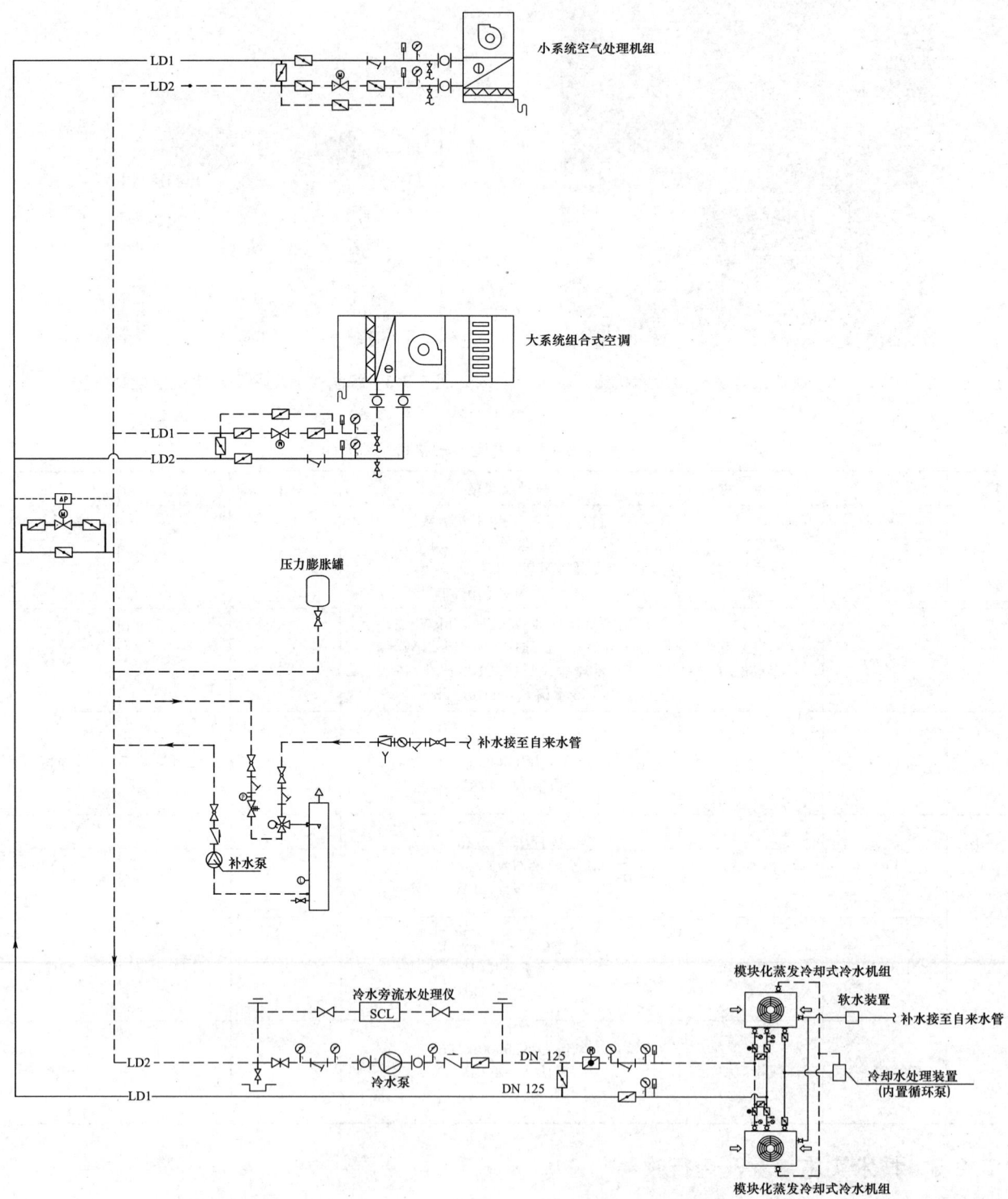

图 5.3-3　A 端水系统原理图

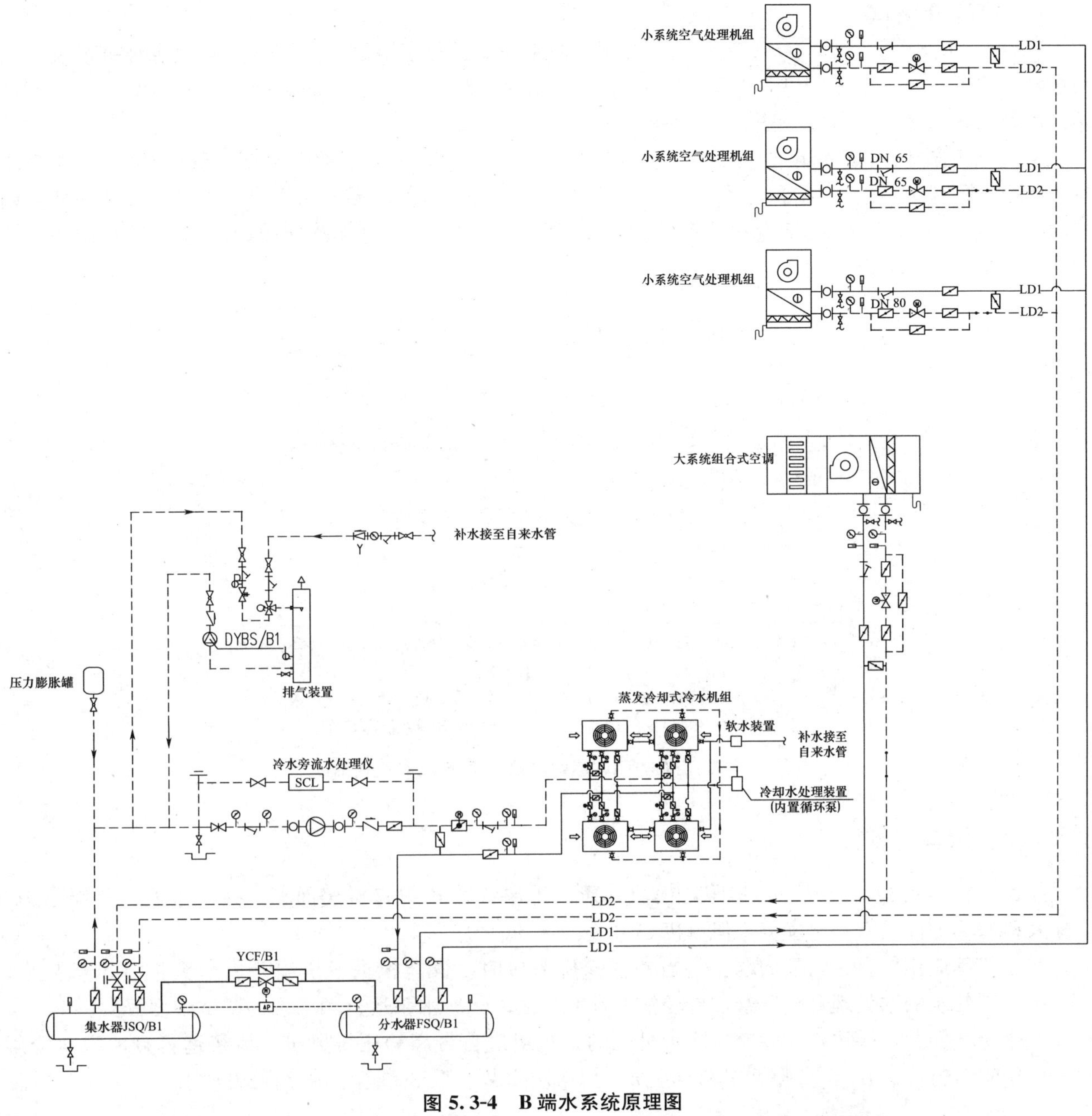

图 5.3-4　B 端水系统原理图

图 5.3-5　蒸发冷凝机房整体安装效果

图 5.3-6　模块式蒸发冷凝冷水机组近景

2. 运行效果测试

针对空调季运行情况，于2021年8月下旬在向阳路站进行了测试。测试期间蒸发冷凝机组及空调系统均开启运行，测试期间室外温度30～32℃。对冷源系统及空调系统的运行参数进行测试，得到该站冷源及系统效率变化曲线如图5.3-7所示。

通过分析图中COP变化曲线，可见A端的冷源COP在5.7上下微小波动，系统COP在4.7左右；B端冷源COP在3.8左右，系统COP稳定在3.1。分析车站两端的总能效比，可以看到该站空调冷源的能效比（COP）在4.7左右，系统总COP在3.9左右，通过测试数据得到该车站的空调系统综合能效比均高于3.0。

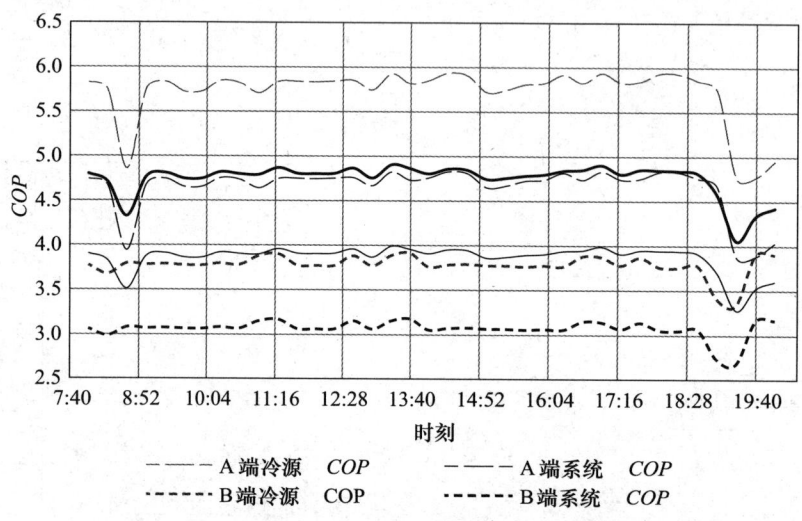

图 5.3-7 空调季测试期间冷源及系统COP变化曲线

5.3.2.4 展望

相比于整体式蒸发冷凝冷水机组，模块式蒸发冷凝冷水机组在机房面积、控制难度、节能潜力、运输及检修等方面具有一定优势，但单机COP效率略低。

实际工程应用中存在以下问题：①当外置强排风机时，仅能根据子机组开启台数控制风机频率；②机组的冷却水的水处理管路复杂，现场施工难度较大；③冷水泵运行频率现场调试难度较大。

基于上述问题，模块式蒸发冷凝冷水机组的子机组应自带高静压排风机（风机运行频率根据冷凝温度由机组自行控制）、自带吸垢仪和冷水泵，以解决安装、调试和运维中存在的问题。

5.3.3 复合通风系统＋空气－水系统

5.3.3.1 工程概况

成都地铁3号线磨子桥站位于新南路与林荫街交叉路口处，沿新南路南北向布置，为12m岛式站台车站。该站2016年7月31日开通试运营，车站总长180m，车站标准段总宽19.3m，为地下两层12m岛式车站，车站总建筑面积10610m^2，其中主体建筑面积7750m^2（站厅层、站台层均为3875m^2），附属建筑面积2860m^2，中心里程处顶板覆土3.00m。车站设置3个通道出入口，A、C号出入口通道长度均超过60m，B号通道为预留。本站远期设计年限2041年，远期早高峰小时预测客流12724人/h，晚高峰小时预测客流10369人/h，超高峰系数为1.30。

本站北端受用地条件限制，未设置任何风井（道），仅在南端设置1座活塞风井、1座排风井，并利用消防专用通道及其楼梯间兼新风井。

5.3.3.2 技术基本原理介绍

1. 复合通风制式

采用复合通风制式，即在站台门安装顶梁上开设若干通风孔并设置电动风阀，空调季关闭这些风阀，车站公共区按空调工况运行；非空调季打开风阀，利用列车活塞效应对车站公共区通风。此种系统避免了困扰业界多年的开/闭式与屏蔽门制式的争论，兼具两种制式的优势。实现复合通风制式可有多种方式，常见的是在屏蔽门顶箱内设置风孔及相应阀门实现开、闭控制。但屏蔽门绝缘问题在全国甚至是世界范围内都未很好地解决，改变既有产品的成熟结构未必是最佳的做法。加入的阀门执行机构的动力及控制电缆也需较大的安装空间，故只能压缩顶箱内原门机及控制系统的安装空间。另外门机与风阀执行机构的电压等级往往不同，大量的线缆之间易形成信号干扰。

成都 3 号线磨子桥等三站未采用屏蔽门顶箱开孔的方案，而是将轨顶排风道宽度压缩 1500mm，在屏蔽门的安装顶梁上开孔，如图 5.3-8 所示。车站公共区采用复合通风制式，在屏蔽门安装顶梁上开设通风孔并设置电动风阀，每侧通风孔面积合计 44.1m²。空调季关闭电动风阀，车站按屏蔽门制式运行；非空调季打开两侧电动风阀，按开式系统运行，关闭车站公共区通风空调设备，利用列车活塞效应对车站公共区通风。即使在夏季，也完全有可能利用地下工程冬暖夏凉的特点尽量减少冷水机组的运行时间。2016 年 8 月 3 日，当天除开启新风空调柜外，设于公共区的各空调末端均未运行，利用隧道活塞风带走室内负荷，公共区温度仍然可以保持在相对舒适的水平。

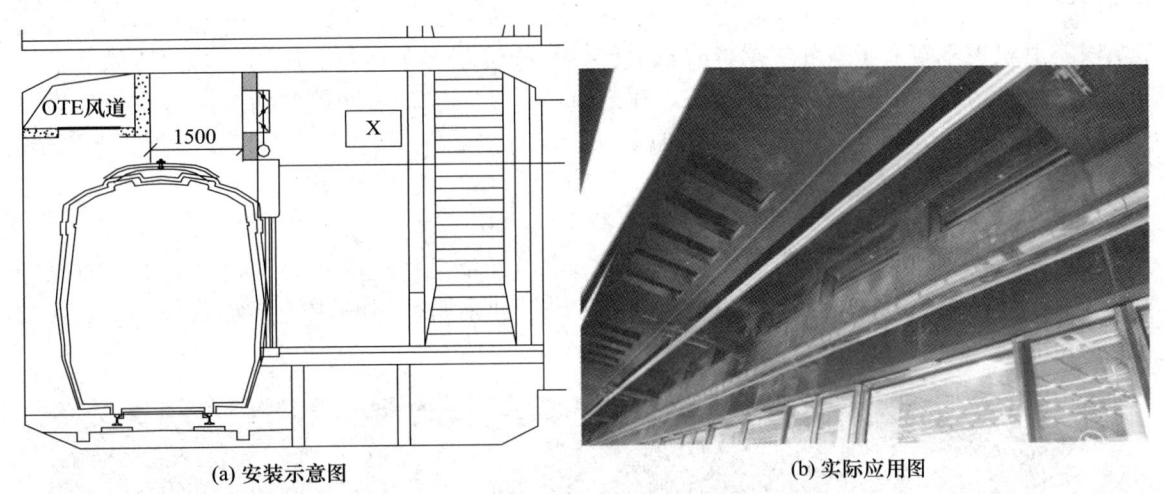

(a) 安装示意图　　　(b) 实际应用图

图 5.3-8　复合通风制式安装及实际应用位置

2. 采用相对分散的空气—水系统

国内绝大多数地铁线路地下车站公共区的通风空调系统均采用全空气系统，通常在车站两端的空调机房内设置组合式空调机组，并设置回、排风机和排烟风机，回、排风管与排烟风管合用。全空气系统的优势在于可提前关停冷水系统进入通风工况，有利于非空调季的运行节能。但事实上，由于地下工程中机械排烟系统是必不可少的，通风季节完全可以利用排烟风管对车站公共区通风。

相对于民用建筑通风空调系统，城市轨道交通地下车站的通风空调系统历来有"重风轻水"的倾向，这一点从装机容量的比例即可看出。换言之，民用建筑通风空调系统的能耗中，冷源制备（冷水机组）及一次输配（水泵）能耗所占比例远大于二次输配（风机）能耗，而在城市轨道交通工程中，风、水子系统的能耗则呈现出相反的关系：二次输配能耗大于冷源制备及一次输配能耗。因此，尽量降低风系统的能耗应该成为城市轨道交通通风空调系统节能的"主攻方向"。

全空气系统相较于空气—水系统存在以下问题：①工程造价高。全空气系统的造价明显高于空气—水系统：一方面通风空调系统本身的初投资高，同时相配套的动力配电、综合监控系统的初投资也较高；另一方面全空气系统对机房面积及净空要求较大，使得土建初投资也相应增加。②输配能耗高。

一方面，由于空气的比热容远小于水的比热容，输送相同的能量，采用空气系统所需的输配能耗远大于采用水系统；另一方面，由于全空气系统集中设置空气处理设备，空气输配管路长，且集中设置挡水、消声、风量调节等局部管件，使得风机能耗进一步加大。③使用灵活性差。由于全空气系统设备数量少，单台容量大，使用中不便根据实际负荷情况灵活组合，在部分负荷下只能靠变频运行调节风量。并且，一旦某台设备故障，系统将损失较大的空气处理能力。

从空调原理上说，全空气系统与空气—水系统并没有本质的区别，区别仅在于相对的集中和相对的分散。空气—水系统之所以在空调期内比全空气系统运行能耗低，主要在于空气—水系统的输送能耗（以水为主要输送媒介）显著小于全空气系统，风机能耗显著降低。全空气系统组合空调柜因其功能段多，柜内风阻大，一方面因风机出口风速较高，必须设挡水段，另一方面因风机的声功率级高，必须设消声段，此两段阻力增加较多。而柜式风机盘管的内阻则小得多。此外，全空气系统风管需穿越设备管理用房区，不仅增加了无效的沿程阻力损失，还因需设置较多的防火阀、参与模式控制的电动风阀、调节风量平衡的手动风阀，以及较多的弯头、三通、变径等，局部阻力也增加很多。而空气—水系统的风管则很简洁，局部阻力较少。由于磨子桥地铁站采用复合通风制式，非空调季可利用活塞效应通风，故公共区通风空调系统只需负担空调季，全空气系统能耗在非空调季的相对优势无法发挥。因此，磨子桥站空调采用空气—水系统，在全年运行过程中，大幅降低了风机的输配能耗。

3. 设置于地下的鼓风式冷却塔及冷却塔供冷

该站的冷却塔设于地下一层排风道内。由于车站大、小系统均采用空气—水系统，空调系统无排风，仅通风系统（内走道、机房等）有排风；另一方面，因岩土的热汇效应，地下工程通常冬暖夏凉，夏季车站段隧道温度基本低于室外气温，故轨道排热系统也基本不运行。所以，站内通风及空调系统的排风量远小于鼓风式冷却塔需风量。因此，在鼓风塔进风端左、右两侧与活塞风道和新风道（兼消防专用通道）的隔墙上分别设置组合式电动风阀，并在活塞风道和新风道内分别设置温、湿度传感器，由实测湿球温度值较低的一侧取风，提高冷水机组的运行效率，现场图如图5.3-9(a)所示。

此外，该站因为采用了复合通风制式，非空调季可利用活塞效应通风。因为全站（大、小系统）均为空气—水系统，为降低非空调季的设备管理用房供冷的能耗，同时也为了避免低负荷时段冷水机组反复启停或回油困难等不良工况，该站在低负荷时段设计采用冷却塔供冷（free cooling），现场图如图5.3-9(b)所示。

(a) 鼓风式冷却塔进风端

(b) 磨子桥站板式换热器

图5.3-9　地下冷却塔与冷却塔供冷用板式换热器

4. 更新控制工艺

国内很多城市轨道交通线路的通风空调控制工艺设计中，因为通风空调、动力与照明配电、综合监控三个专业之间的接口关系不够清晰，各专业之间不能相互理解设计意图，往往导致一些控制功能最终无法实施。成都地铁3号线通风空调系统的控制工艺图与其他线路相比作出了很多调整，明确了解耦控制的原则。既包括控制目标的解耦，也包括控制途径的解耦，还包括各子系统控制模式的解耦。

1) 风系统解耦控制。风系统控制目标的解耦是指室内环境的比焓与 CO_2 浓度两个室内参数进行解耦控制,各自形成独立的闭环。控制途径的解耦指在以室内比焓为控制目标的闭环中,因被控系统的输出(比焓)对不同可调参数的响应时间不同,将多个可调参数解耦,分阶段调节,每个阶段只调节一个可调参数,固定其他参数,避免控制目标值产生振荡。各子系统控制模式的解耦是指大系统 A、B 两端,以及小系统的各子系统各自按相应的传感器反馈值闭环控制,相互之间均不必"捆绑"执行同一模式。

2) 水系统解耦控制。磨子桥站空调水系统为一级泵变流量系统,采用基于群控的解耦控制。根据站内实际负荷需求确定冷水机组运行台数。冷水泵、冷却水泵均采用变频电机、集管制连接,运行台数与冷水机组台数不对应,即不论冷水机组运行 1 台或 2 台,水泵均优先运行 2 台,并联运行于频率下限而被控参数(分、集水器间压差)仍为负偏差且超过 2 个控制周期时,减 1 台水泵。冷水泵根据分、集水器间压差变频控制,2 台泵运行时变频范围 25~50Hz,1 台泵运行时变频范围 20~45Hz。冷却塔风扇运行台数也与冷水机组或冷却水泵运行台数不对应,优先运行 2 台冷却塔,以尽量降低冷却塔出水温度(降低冷水机组平均冷凝温度,也即降低冷水机组冷凝压力)。由于螺杆式冷水机组多采用两器间的压差回油,为保证冷水机组正常回油,只有在冷却塔出水温度过低时才逐台减少冷却塔运行数量。

综上所述,磨子桥站采用复合通风制式,故全年只分为空调季和非空调季。空调季内,将室内比焓和 CO_2 浓度值两个参数进行解耦控制,各自形成独立的控制闭环:根据室内比焓控制设于公共区的柜式风机盘管机组 AHU 的回水管上的二通调节阀,或减少 AHU 运行台数;根据室内 CO_2 浓度值控制新风机组 PAU 的频率。非空调季则打开屏蔽门顶梁的电动风阀,充分利用列车活塞效应对公共区通风。

5.3.3.3 技术实施情况及运行效果

如图 5.3-10 所示,2018 年 6 月至 2019 年 5 月,磨子桥站通风空调系统全年用电 200397kWh,其中冷源侧用电 129294kWh,风机侧用电 71103kWh。扣除风道 1170m²,按建筑面积 9440m² 计算,则通风空调系统单位面积年用电指标 21.2kWh/m²。

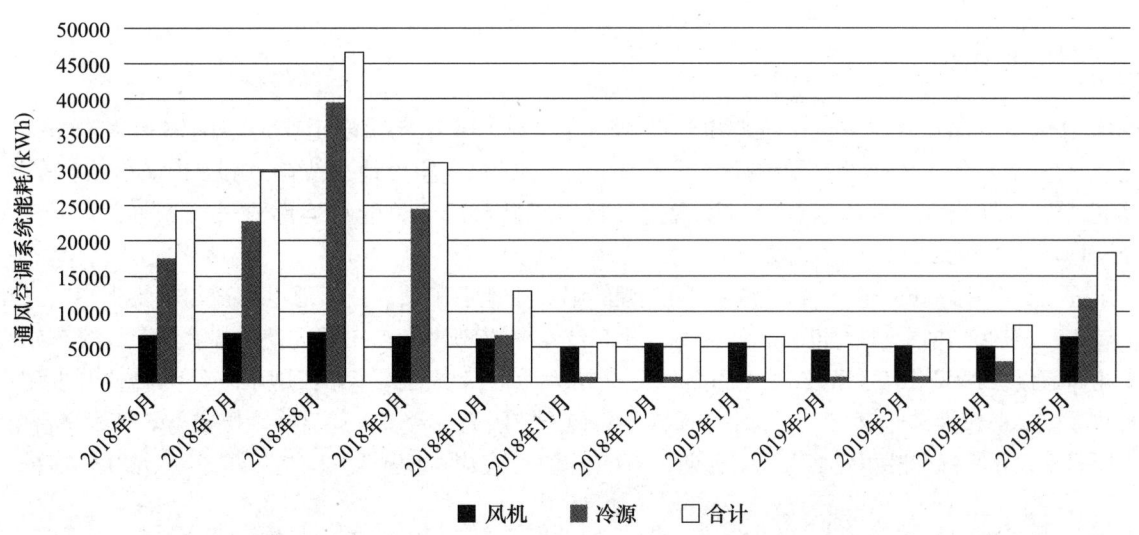

图 5.3-10 磨子桥站 2018 年 6 月至 2019 年 5 月通风空调系统能耗

从 2016 年 7 月 31 日至 2018 年 1 月 28 日,磨子桥站累计供冷量 2314.7MWh,制冷站累计用电量 461860kWh,其中冷水机组用电量 303045kWh,冷水泵、冷却水泵、冷却塔合计用电量 158815kWh,冷源综合能效比 7.64,制冷站综合能效比 5.01。

5.3.3.4 展望

与国内多数线路的通风空调系统设计相比,成都地铁3号线磨子桥站系统设计进行了大量的变革。该地铁站采用的关键节能技术包括:复合通风制式,空气—水系统,地下冷却塔采用活塞风冷却,一级泵变流量系统,基于智能电机控制(MCC)的风系统解耦控制,以及基于冷源群控的水系统解耦控制等。开通运营以来,节能效果显著。但限于地铁设计现状及规范,本车站仍是大小系统共用冷源、设置了轨顶和轨底排风,未来车站通风空调系统的设计、运行也还有进一步提高的空间。

从实际车站环境控制效果来看,该地铁车站温湿度、CO_2浓度等指标均能够满足旅客等的需求,但实际CO_2浓度水平仍较低,表明多数时段内车站仍存在过量的无组织新风,存在进一步优化的空间,也为车站能耗的进一步降低提供了启示。

5.4 夏热冬暖地区

5.4.1 概述

夏热冬暖地区气候特点为冬季室外气温较高(最低月平均温度大于10℃)且时间较短、空调季时间长(平均室外气温大于等于25℃天数长达100~200天)。以南宁为例,地铁车站空调季原则上为5月1日至11月5日,4月、11月根据实际天气条件选用空调或通风工况。

此气候特点决定了地铁通风空调功能需求要点:全年以空调需求为主,空调工况运行时间长,选用初投资较高的节能设备投资回收期短,更能体现节能设备优势。

5.4.2 公共区水冷直膨制冷通风空调系统

5.4.2.1 工程概况

南宁市轨道交通4号线一期工程(洪运路站—龙岗站)是南宁市轨道交通线网体系实施的第4条线路,是邕江南岸一条东西向的骨干线路。线路全长25.04km,均为地下线,共设19座车站。采用B型车,初、近、远期均为6节编组。站台设置全高封闭式站台门。目前洪运路站—楞塘村站已于2020年11月开通运营,该段线路长度20.71km,设16座车站。

那洪立交站是南宁市轨道交通4号线一期工程的第3座地下车站,位于那洪大道与壮锦大道交叉路口西北角,是4、5号线的换乘站,如图5.4-1所示。4号线车站沿那洪大道东西向路中敷设,5号线车站沿壮锦大道南北向敷设。两线设有联络线。4号线那洪立交站为地下三层岛式车站:地下一层为物业开发层;地下二层为站厅层,通过换乘通道与5号线站厅层换乘;地下三层为站台层,通过换乘楼梯与5号线站台层换乘;车站总长256.65m,标准段宽度27.5m。远期2045年早高峰客流14049人/h,晚高峰客流12373人/h。

5.4.2.2 技术原理及系统配置

南宁4号线那洪立交站取消了空调冷水系统,公共区空调机组采用水冷直膨空调机组,设备管理用房区采用多联分体空调系统。

采用水冷直膨制冷方案的主要优点:取消了空调冷水系统,减少了冷水机组、冷水泵、分集水器、旁流水处理器、冷水管线及各类水系统附件,节省了机房面积;采用水冷直接制冷空调机组,室内空调负荷仅需4次热循环即可传至室外大气,与传统方案相比,减少了换热环节,提高了整体换热效率。

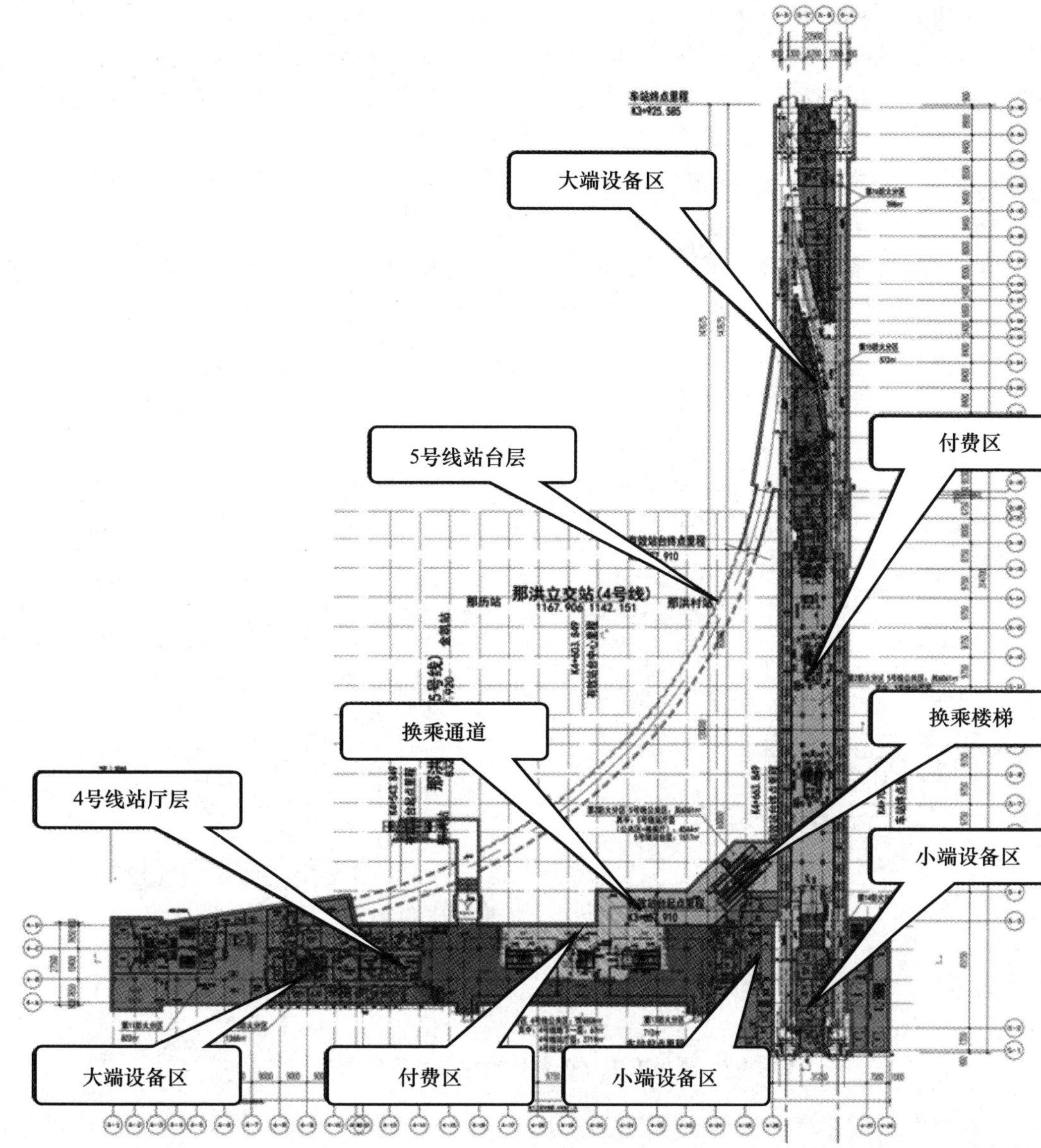

图 5.4-1 那洪立交站平面图

传统空调方案使用的冷水为 7℃/12℃，冷水机组制取 7℃冷水，冷媒蒸发温度约 5℃。水冷直接制冷空调机组，空气与冷媒直接换热，冷媒蒸发温度可达 10~11.5℃。蒸发温度每提高 1℃，制冷效率提升约 3%。因此水冷直接制冷空调机组内的压缩机，比冷水机组中的同类型压缩机制冷效率高 15%~20%。蒸发温度对制冷循环的影响如图 5.4-2 所示。

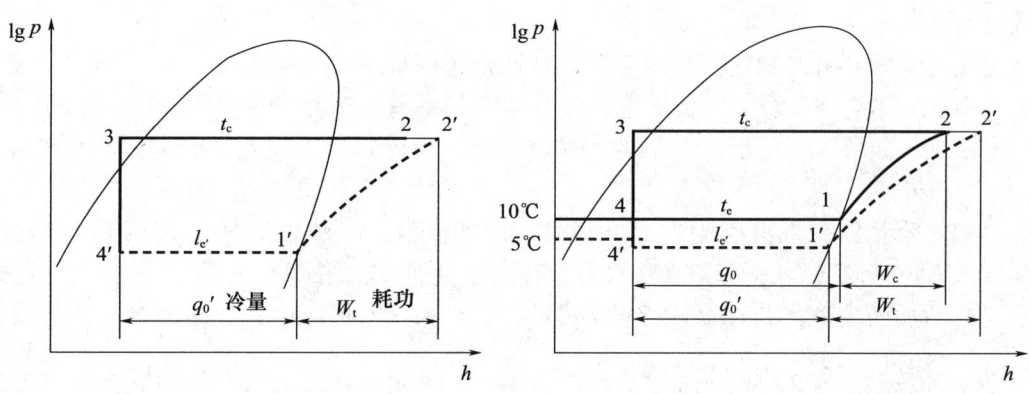

图 5.4-2 蒸发温度对制冷循环的影响

那洪立交站公共区近期计算空调总负荷433kW，空调总风量68433m³/h；公共区远期计算空调总负荷540kW，空调总风量88245m³/h。因水冷直膨制冷空调机组造价较高，公共区水冷直膨制冷空调机组按近期空调负荷、风量选型，公共区回排风机也相应地按近期风量选型；冷却塔及冷却水路相关设备管线、公共区送排风管按远期空调负荷所需冷却水量、风量配置。

那洪立交站通风空调系统主要特点如下。

1. 公共区通风空调系统

那洪立交站公共区采用全空气—次回风空调系统，车站两端环控机房内各设置1台水冷直接制冷组合式空调机组、1台回排风机，各自承担一半车站公共区负荷，如图5.4-3所示。

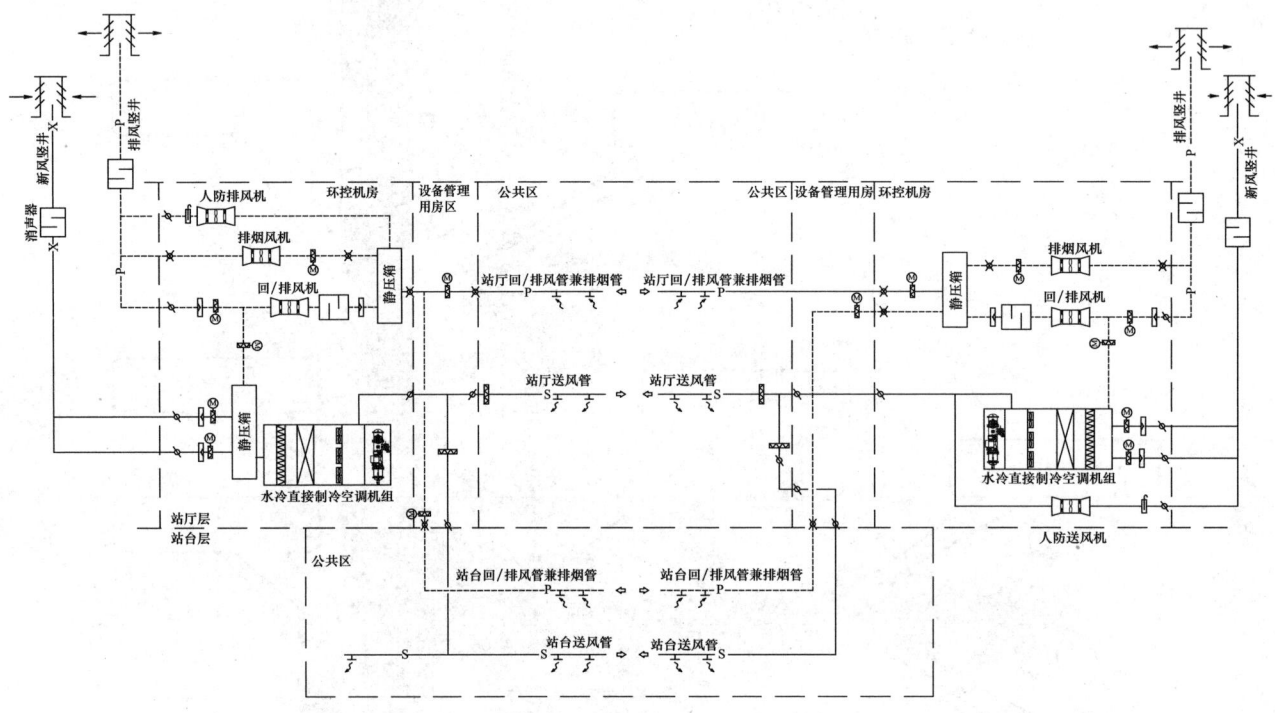

图5.4-3 那洪立交站公共区通风空调系统原理图

水冷直膨制冷组合式空调机组选型参数为：风量34300m³/h，机外余压500Pa，采用3台EC风机，额定功率4kW/台；冷量217kW，采用1台水冷螺杆式压缩机，额定功率34.6kW；设计进风干球温度29.6℃，设计进风湿球温度22.7℃，出风干球温度18.1℃，出风湿球温度17℃；冷却水供回水温度32℃/37℃，水阻力50kPa；配置粗效过滤＋高压静电除尘装置；机组配电功率（51＋12）kW。

回排风机选型参数为：27500m³/h；小里程端风压550Pa，大里程端风压450Pa；配电功率均为7.5kW。

2. 冷却水系统

那洪立交站公共区采用水冷直膨制冷组合式空调机组（如图5.4-4和图5.4-5所示），设备管理用房区采用水冷多联分体空调系统。本站水冷多联分体空调室外机采用套管式换热器，适用于水质较差的开式冷却水系统（如图5.4-6所示）。因此本站仅设置一套冷却水系统，同时为大小系统设备提供冷却水。

设置2台相同容量的高低速横流方形冷却塔，选型参数：冷却水流量150m³/h，配电功率4kW（高速）/3kW（低速）。配置一套冷却水路水力循环洁净模块（如图5.4-7所示），此模块为成套设备，分为循环泵、自动加药装置、自动微米级除污装置三部分；模块配置2台循环泵，单台泵额定流量106m³/h，扬程36m，互为备用。

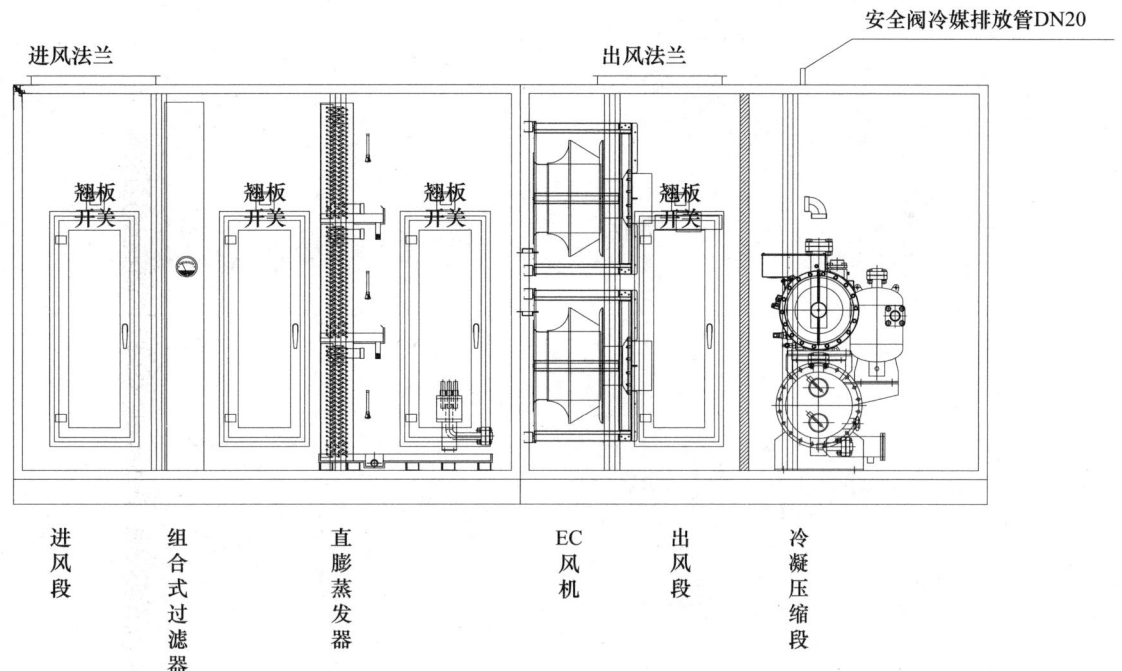

图 5.4-4 那洪立交站水冷直接制冷组合式空调机组外形图

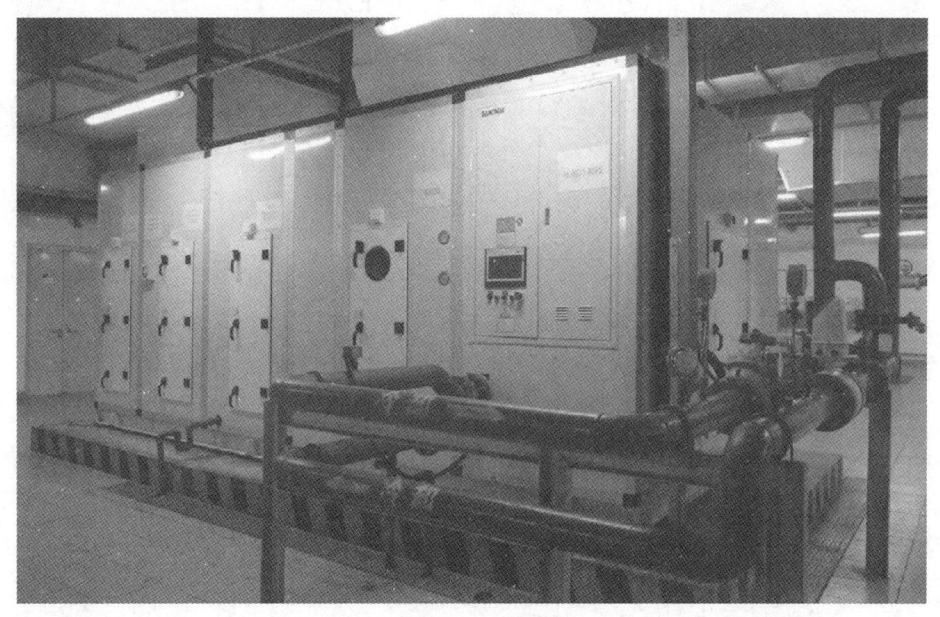

图 5.4-5 那洪立交站水冷直接制冷组合式空调机组现场照片

3. 风水协调控制系统

那洪立交站水冷直接制冷组合式空调机组自带一套风水协调控制系统，该系统配置 1 台风水协调管理中心控制柜、1 台水系统节能控制箱、2 台大系统节能控制箱、1 套现场信号采集控制箱，控制架构如图 5.4-8 所示。

本站风水协调控制系统监控范围包括公共区水冷直膨制冷空调机组、公共区回排风机、大系统新风阀/回风阀/排风阀、冷却塔、冷却水路水力循环洁净模块、冷却水路各电动阀、公共区通风空调系统监控必要的各类传感器（温度、湿度、CO_2 浓度、冷却水流量、冷却水温度、冷却水路压差）、电力检测和计量仪表。

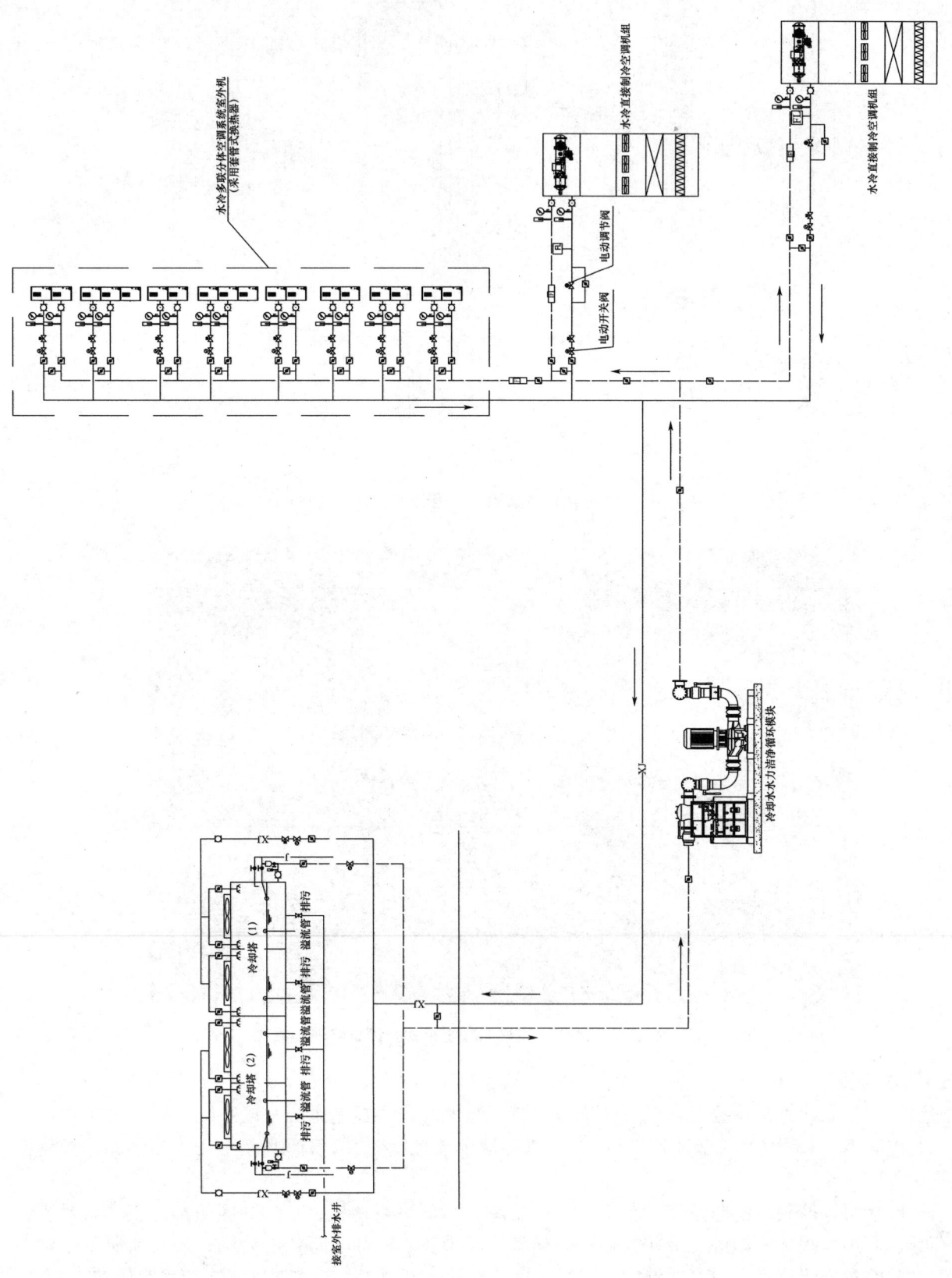

图 5.4-6 那洪立交站冷却水系统原理图

图 5.4-7 那洪立交站冷却水路水力循环洁净模块现场照片

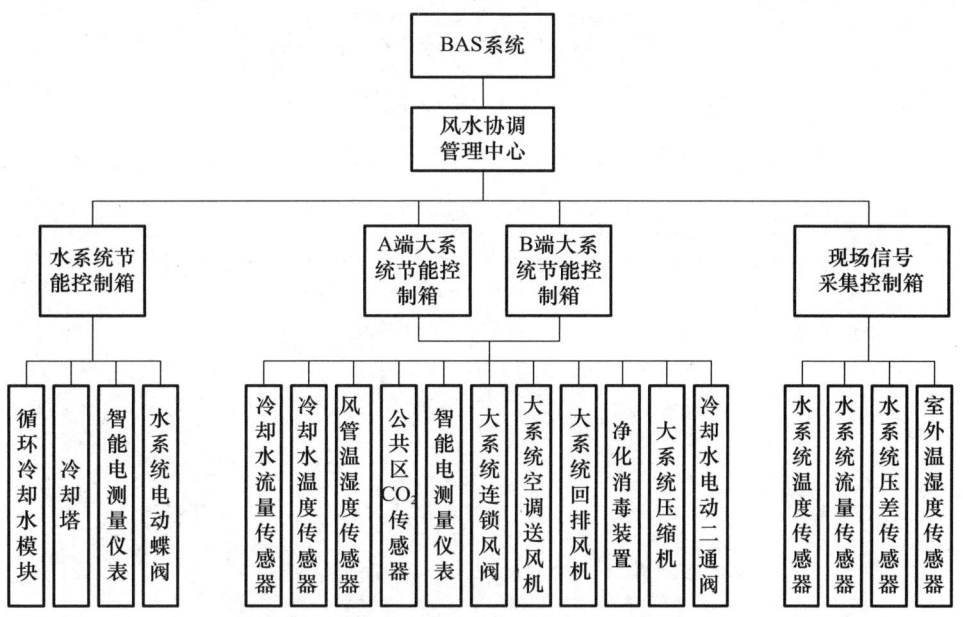

图 5.4-8 那洪立交站风水协调控制系统网络架构图

本系统采用基于负荷预测的风机控制技术对大系统进行控制,采用冷却水自适应优化控制技术实现冷却水系统优化控制功能,以解决地铁空调负荷的多变性。表 5.4-1 为主要设备规格表。

表 5.4-1 主要设备规格表

序号	设备编号	设备名称	型号及规格	单位	数量	备注
1	LT/A,B	高低速恒流冷却塔	$L=150\text{m}^3/\text{s}$, $N=4\text{kW}/3\text{kW}$	台	2	
2		冷却水路水力循环洁净模块	$L=106\text{m}^3/\text{s}$, $H=36\text{m}$, $N=22\text{kW}$	套	1	包含过滤,加药,水泵变频
3	AHU-A1/B1	组合式空调器	$L=34300\text{m}^3/\text{h}$, $P=500\text{Pa}$, $N_{风机}=12\text{kW}$, $N_{压缩机}=34.6\text{kW}$, $Q=217\text{kW}$	台	2	变频
4	HPF/A,B	回排风机	$L=27500\text{m}^3/\text{h}$, $P=550\text{Pa}$, $N=7.5\text{kW}$	台	2	变频
5	PY/A,B	排烟风机	$L=126990\text{m}^3/\text{h}$, $P=1150\text{Pa}$, $N=55\text{kW}$	台	2	

5.4.2.3 技术实施情况及运行效果

南宁市轨道交通4号线那洪立交站于2020年11月开通运营，车站通风空调系统已同步投入使用至今，运行效果良好。

2021年7月15日至10月20日，合肥通用机电产品检测院对那洪立交站公共区制冷系统、公共区空调系统进行第三方检测。其中公共区制冷系统能耗统计设备包括水冷直接蒸发制冷空调机组（压缩机部分）、冷却水路水力循环洁净模块、冷却塔；公共区空调系统能耗统计设备包括水冷直接蒸发制冷空调机组（压缩机部分）、水冷直膨制冷空调机组（风机部分）、公共区回排风机、冷却水路水力循环洁净模块、冷却塔。

数据采集于2021年7月15日6：06至10月20日23：50，数据采集周期为每60秒一次。

根据采集数据分析，那洪立交站公共区制冷机房全年能效比为6.22，公共区空调系统全年能效比为4.64，均为极优秀水平，如图5.4-9所示。

合肥通用机电产品检测院有限公司
Hefei General Machinery & Electrical Products Inspection Institute
国家压缩机制冷设备质量检验检测中心
National Quality Inspection Center of Compressor and Refrigerator Products

检 验 报 告
Inspection Report

No. 2021LK1811　　共 9 页 第 7 页 Page 7 of 9 Pages

检验结果（附表）　　检验日期：2021年07月15日
Inspection Results　　至：2021年10月20日
　　　　　　　　　　Date of Test: Jul. 15, 2021
　　　　　　　　　　To: Oct. 20, 2021

序号 No.	检验项目 Inspection Item	技术要求 Technical Requirements	检验数据 Inspected Data	评价 Evaluation
1	制冷机房全年能效比（修正）	/	6.22 kW/kW	/
2	空调系统全年能效比（修正）	/	4.64 kW/kW	/

备注：
1. 本报告数据采集于 2021年07月15日 06:06 至 2021年10月20日 23:50，数据周期每60秒采集一次。
2. 表中制冷机房全年能效比、空调系统全年能效比的试验方法依据GB/T 17758—2010标准及《南宁地铁那洪立交站水冷直接蒸发式空调系统测试大纲》的规定。

图 5.4-9　那洪立交站公共区制冷系统、空调系统检测报告

5.4.2.4 展望

采用水冷直膨制冷组合式空调机组方案，具有节省机房面积、节约运行能耗、便于调节等优点，虽然初投资有所增加，但有助于实现中国城市轨道交通绿色城轨行动目标"2025年综合能耗下降10%以上、2030年综合能耗下降15%以上"，非常具有推广价值。

5.5　温和地区

5.5.1　概述

昆明地处云贵高原中部，市中心海拔1891m，属于低纬度高原山地季风气候，日照长、霜期短。

气候温和，夏无酷暑，冬无严寒，四季如春，气候宜人。年平均气温14.5℃，最热月（7月）平均气温19.7℃，最冷月（1月）平均气温7.5℃，年温差12～13℃，相对湿度约为74%，日照数年平均2445.6h。

考虑到昆明气候特点，昆明最热月平均温度低于25℃，同时根据车辆编组形式，根据《地铁设计规范》(GB 50157—2013)第13.1.5条的有关规定，昆明地区公共区采用通风系统，不设置空调系统，可满足车站设计温度要求。因此，昆明地区轨道交通车站公共区采用通风系统，在满足车站新风量及温度的前提下，尽可能多利用活塞风系统，减少车站机械通风开启时长，进一步达到节能效果。

5.5.2 通风系统

5.5.2.1 工程概况

昆明城市轨道交通规划线网全长562km，由14条放射谱线网+穿越快线的线网组成。同时，昆明已开通运营线路为1、2、3、4、5、6号线，里程达到172.6km。

昆明轨道交通4号线工程起始于五华区金川路站，止于呈贡区火车南站，线路全长43.42km，均为地下线。全线共设车站29座，其中换乘站14座，最大站间距3.295km，最小站间距0.772km，平均站间距1.54km。本线采用最高运行速度为100km/h的标准地铁B型车，采用接触轨供电方式，初、近、远期均采用6辆固定编组。公共区采用纯通风系统。

5.5.2.2 技术原理及系统配置

针对昆明（温和地区）气候特点，本线车站公共区采用通风系统，不设置空调系统。站台门形式结合开式隧道通风系统采用不封闭高站台门。车站公共区通风系统采用机械送风、正压自然排风系统形式，利用得天独厚的气候条件，最大限度引入新风，排除余热余湿的同时也保证了公共区空气品质。

同时，在满足新风量的条件下，尽可能多采用活塞通风系统形式。活塞效应是轨道交通区别于其他建筑或设施的最大特点，而由活塞效应带来的活塞风其本质为列车在隧道内形式的机械能转化而来的通风能力，在某种程度上可认为列车即为通风系统中的"风机"。通过合理利用活塞式通风能力代替机械风，具备较好的节能潜力。图5.5-1为车站公共区通风系统原理图。

系统设计充分利用昆明全年平均温度较低、昼夜温差大的特点，采用仅设置送风机的单风机通风系统配合站内活塞通风效应维持公共区环境。仅当夏季车站公共区温度、湿度或二氧化碳浓度超过设计值时变频启动运行通风系统；过渡季则完全关闭公共区通风系统，利用列车活塞通风对车站公共区进行余热处理及换气。

设计工况按以下两种模式运行。

1) 正常工况：在满足公共区空气品质前提下，优先采用活塞通风系统工况，尽可能地多利用活塞风系统，以降低车站机械通风时长；当公共区温度、湿度或二氧化碳浓度超过设计值时，变频启动车站公共区送风系统，根据探测器反馈数据控制风机频率。

2) 火灾工况：车站公共区火灾时，关闭车站大系统送风机，启动排烟风机对站厅或站台进行排烟。该系统公共区的设备规格详见表5.5-1。

表5.5-1 主要设备规格表

序号	设备编号	设备名称	型号及规格	单位	数量	备注
1	SF-A/B	车站送风机	$L=80000m^3/h$, $P=750Pa$, $N=30kW$	台	2	
2	PY-A/B	排烟风机	$L=60000m^3/h$, $P=900Pa$, $N=22kW$	台	2	

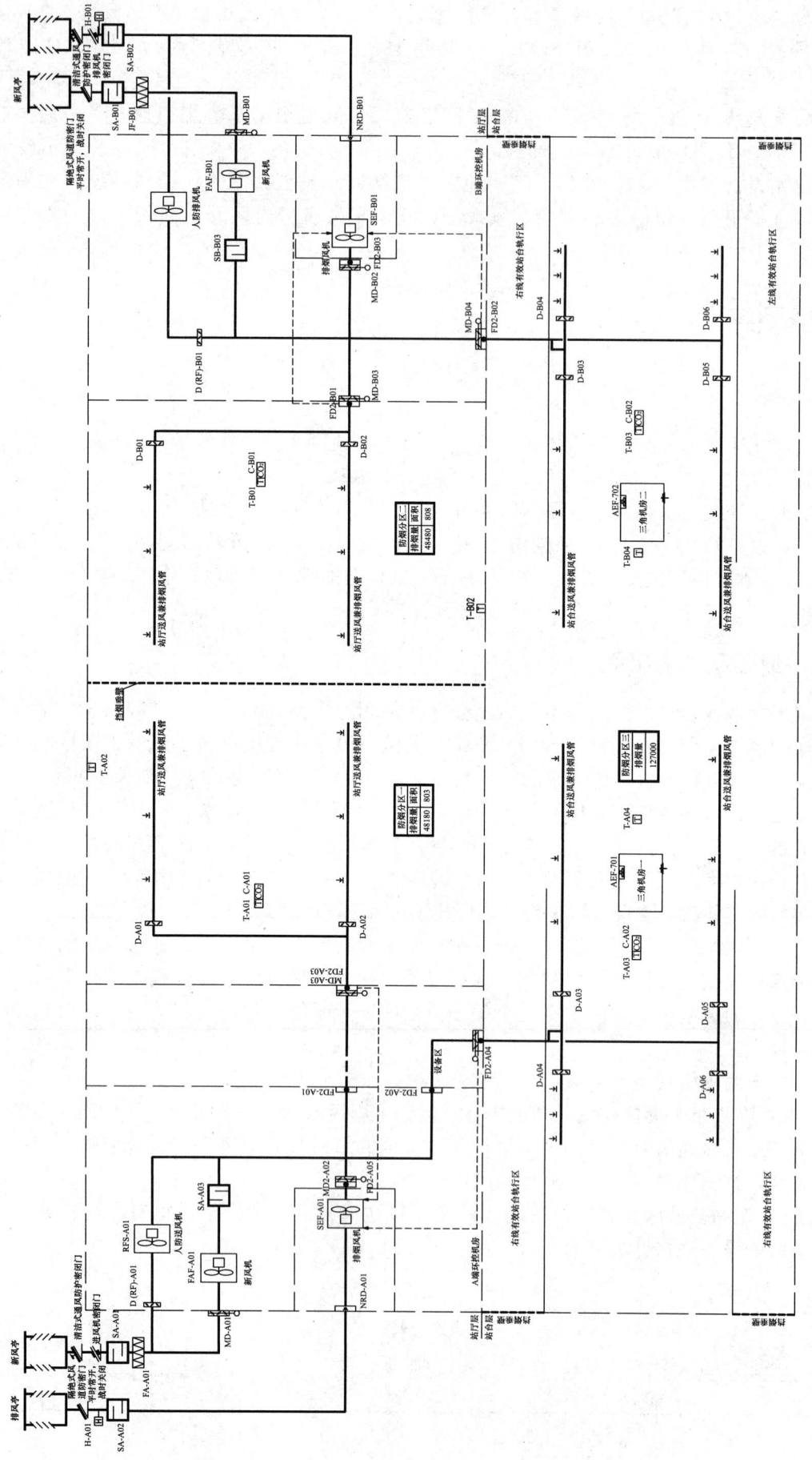

图 5.5-1 昆明 4 号线车站公共区通风系统原理图

5.5.2.3 技术实施情况及运行效果

根据国家重点研发计划科技报告《地铁车站建筑节能营造技术体系及工程示范》对昆明轨道交通4号线的实测数据，昆明地区室外气温最高的4—5月晚高峰时段金川路站等8个地下车站站厅、站台温度、湿度及二氧化碳浓度如表5.5-2所示。

表5.5-2　温度、湿度及二氧化碳浓度测量结果

序号	车站名称	站厅平均温度（℃）	站台平均温度（℃）	站厅相对湿度（%）	站台相对湿度（%）	站厅平均二氧化碳体积分数（$\times 10^{-6}$）	站台平均二氧化碳体积分数（$\times 10^{-6}$）
1	金川路站	23.23	22.7	50～55	50～55	367.68	333.34
2	金鼎山北路站	23.38	22.15	45～60	45～60	311.97	341.73
3	火车北站	24.75	24.35	45～55	45～55	321.73	281.22
4	白龙路站	24.08	23.11	40～55	40～55	371.97	370.77
5	牛街庄站	24.62	23.14	40～55	40～55	291.65	350.76
6	斗南站	24.34	23.35	45～55	45～55	591.65	331.76
7	祥丰街站	24.44	22.95	45～60	45～60	305.64	331.61
8	吴家营站	23.83	22.35	40～55	40～55	325.65	101.63

大河埂—海屯路等4个典型区间隧道温度如表5.5-3所示。

表5.5-3　区间隧道温度测量结果　　　　　　　　　　　℃

序号	区间名称	左线温度	右线温度
1	大河埂—海屯路	18.82～23.5	20.51～22.22
2	火车北—白龙路	23.93～26.5	22.6～26.39
3	塔密—斗南	21.2～20.79	22.72～20.44
4	祥丰街—牛头山	22.37～23.26	22.42～24.53

由上述车站实测公共区环境参数可知，站厅公共区温度区间为23～25℃，站台公共区温度区间为22～24℃，均满足乘客舒适需求，达到规范及设计要求，站内CO_2体积分数基本控制在500×10^{-6}以内，运营环境较好，全年公共区通风能耗极低。

5.5.2.4 展望

对于温和地区，虽然利用区间活塞风实现站内环境的主要设计目标已被验证，其经济性具有极强的推广前景，但仍然存在以下问题：

1）根据测试结果，昆明最热月，地铁4号线的大部分车站仍旧可以不开启公共区送风机，且站内相对湿度较低，故理论上系统存在进一步优化，取消集中式通风机的可能。

2）利用区间活塞风可能会带来站内可吸入颗粒物浓度上升的问题，可以考虑在站台门上方设置高容尘的活塞风过滤器，对站内活塞通风系统进行净化。

5.6　西北干旱地区

5.6.1　概述

西北地区深居我国西北部内陆，大部分位于严寒气候及寒冷气候区，少部分位于夏热冬冷气候区。具有面积广大，夏季室外空气湿球温度低、相对湿度小、空气极其干燥的特点。

考虑到西北地区气候特征，推荐采用蒸发冷却降温技术。因为西北地区夏季室外湿球温度基本均低于20℃，蕴含丰富的干空气能，可极大提升蒸发冷却系统对空气的降温加湿效果，达到节能的目的。

5.6.2 蒸发冷却技术

5.6.2.1 工程概况

乌鲁木齐1号线目前已开通运营，线路全长26.48km，均为地下线，共设车站21座，其中换乘站7座；平均站间距1.26km，最大站间距2.407km，最小站间距806m。采用B型车6节编组。

乌鲁木齐1号线系统设置分为区间隧道系统、车站大系统、设备管理用房小系统。本条线区间隧道系统根据周边环境情况可灵活考虑采用单活塞风井或者双活塞风井的通风方案，站内隧道风机房各设2台TVF风机，该风机互为备用。

车站公共区大系统采用变风量通风系统，车站两端采用送风机、排烟风机以及相关的辅助设备。车站送风机在满足人员新风量情况下根据室内外温度变化变频运行。采用上送风、正压自然排风的气流组织方式，按均匀送风设计。设备及管理用房采用机械送排风及多联机系统形式。变电所及走廊分别设置机械送排风系统。

5.6.2.2 技术原理及系统配置

直接蒸发冷却地铁通风降温系统是将直接蒸发冷却技术应用于地铁通风与空调系统中，将传统的机械通风系统和直接蒸发冷却技术相结合。在地铁车站土建送风道里布置一台直接蒸发冷却通风降温机组（如图5.6-1所示），使室外空气经该机组进行蒸发冷却降温处理后送入地铁车站公共区，保证地铁车站环境舒适性要求。

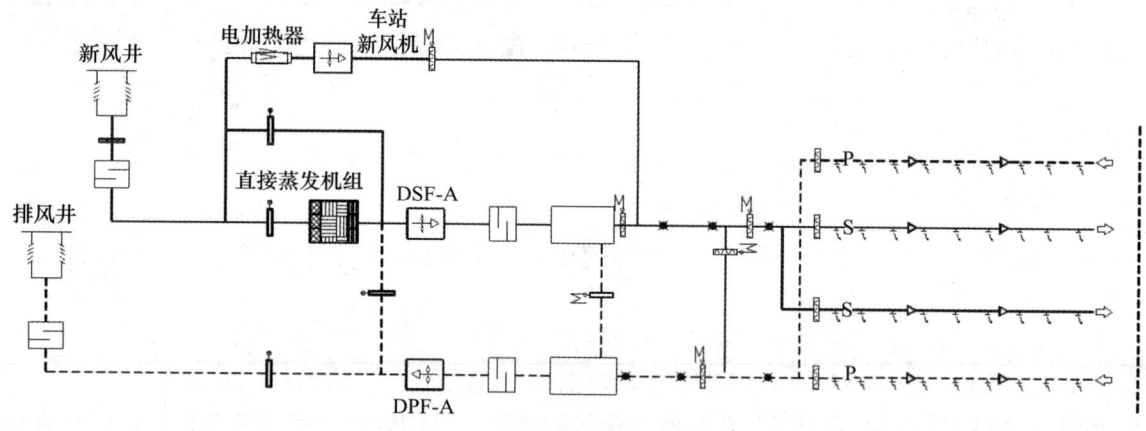

图5.6-1 直接蒸发式机组系统图

直接蒸发冷却地铁通风降温系统相比机械通风系统，所需风量小，环境舒适性高；相比空调制冷系统，可满足西北地区地铁温湿度设计要求，同时也更节能。

蒸发冷却技术是利用自然环境中可再生能源干燥空气的干球温度与露点温度差，通过水与空气之间的热湿交换来获取冷量的一种环保高效而且经济的冷却方式，用于冷却空气的蒸发冷却基本形式有直接蒸发冷却和间接蒸发冷却两种。直接蒸发冷却是空气与雾化的水直接接触进行热湿交换蒸发吸热的冷却方式，近似于等焓降温的空气处理过程，对于干湿球温度差越大的地区，其蒸发冷却效果越好。间接蒸发冷却则是水蒸发的冷量通过传热壁面传给被冷却的空气，为等湿降温的处理过程。目前地铁车站中多采用直接蒸发机组。

该技术无须人工冷源、能耗较少，在我国实施节能减排中具有重要的作用。在《公共建筑节能设计标准》等相关设计规范和技术措施中均对该技术的应用做出了要求。目前，该技术在国内各行业的应用范围也十分广泛,尤其是在西北地区(如新疆、甘肃等)的民用或公共建筑工程中得到了大力推广,且取得了良好的节能效果。

利用蒸发冷却通风降温技术对直接送入地下车站公共区的室外新风进行冷却降温处理达到较低的温度后,再行送入室内与室内空气混合消除余热后排出室外。采用蒸发冷却技术应用主要有以下优势:

1) 比设置空调系统具有明显的节能优势,比设置机械通风系统的舒适性更好,空气环境质量更能保证;
2) 无须设置专门的人工机械冷源,在消耗少许电能的情况下,明显提高了空气品质及环境舒适性;
3) 采用蒸发冷却通风降温技术后,通风温差增大,车站通风所需通风量大大降低,土建风道、风亭面积变少,节省土建规模及占地面积,同时减小了设备容量、管道材料工程量;
4) 结合既定的通风系统方式,空气无需循环,直流室外,空气新鲜、新风量充足;
5) 设备维护保养工作量少,一般只需清洗过滤网,无须专门值班人员。

该系统公共区的设备规格详见表5.6-1。

表 5.6-1 主要设备规格表

序号	设备编号	设备名称	型号及规格	单位	数量	备注
1		直接蒸发冷却机组	$Q=108000m^3/h$	台	2	
2	DSF—A/B	送风机	$Q=30m^3/s$,$P=800Pa$,$N=30kW$	台	2	变频
3	DPF—A/B	排风机	$Q=30m^3/s$,$P=800Pa$,$N=30kW$	台	2	变频

5.6.2.3 技术实施情况及运行效果

目前该项技术已在兰州轨道交通1号线和乌鲁木齐地铁1号线得到了应用。各市地铁开通情况如表5.6-2所示。

表 5.6-2 乌鲁木齐和兰州轨道交通现状

地铁	运营/在建线路	通风空调系统形式	已运营里程(km)
乌鲁木齐地铁	乌鲁木齐地铁1号线	蒸发冷却通风降温空调系统	27.61
	乌鲁木齐地铁2号线(在建)		
兰州轨道交通	兰州轨道交通1号线		25.9
	兰州轨道交通2号线		

以在兰州地铁1号线兰州大学站测试为例分析系统实际运行效果。兰州地铁1号线兰州大学站,车站共两层,全部为地下建筑,地下一层为站厅公共区和车站设备管理用房区,地下二层为站台公共区。在站厅公共区两侧的设备管理用房区各设置一台直接蒸发冷却空调机组,对站厅站台公共区进行通风降温。车站远期高峰小时客流量为9000人/h,车站总长度为220.4m,有效站台长度为140m,站台宽度12.5m,总高19.49m,总建筑面积24526m²。车站空调区域峰值冷负荷为510kW。

对机组在5种不同风量工况下的蒸发效率、制冷量、能效比以及耗水量进行了测试。测试结果如表5.6-3所示。

表 5.6-3 测试结果

	工况1	工况2	工况3	工况4	工况5
风量(m³/h)	43200	64800	75600	86400	108000
风速(m/s)	1.05	1.43	1.67	1.9	2.38
蒸发效率(%)	56	94	93	97	96
输入功率(kW)	23	32	36	42	50
制冷量(kW)	51	184	336	478	518
能效比	2.2	5.8	9.3	11.4	10.4
耗水量(kg/h)	102	287	513	664	752

通过实测分析知，该直接蒸发冷却设备蒸发效率可达90%以上，最大制冷量达到518kW，此工况下输入功率为50kW，能效比（EER）高达10.36。

5.6.2.4 展望

西北地区空气湿度低，采用蒸发冷却技术可以对送风进行高效的降温，而且节能效果明显。但西北地区气候干燥、植被较少、沙尘暴天气较多，采用蒸发冷却系统存在过滤器频繁堵塞。而且西北地区水质硬度高，换热器极易结垢，难以清洗。

对于西北地区沙尘暴天气多、空气质量差的问题，可以考虑在进风处设置多级过滤器，建议采用三级过滤措施；第一级采用惯性过滤器对进风进行预过滤，将空气中较大的颗粒物先进行过滤；第二级使用金属过滤器提高进风洁净度；第三级采用静电除尘器去除微小颗粒物，以延长设备使用寿命。

对于水质较差的情况，考虑到目前制冷系统基本都采用软化水进行补水，系统腐蚀加剧，由于离子交换树脂老化、维护操作不当等原因，出水硬度去除率低，造成换热列管结垢、换热效率下降，需每年进行清洗维护。推荐采用ECT电化学析垢设备，直接降低循环水中的Ca^{2+}、Mg^{2+}离子的浓度，偏离钙镁垢临界饱和浓度值，防止系统结垢。

5.7 高效制冷机房

5.7.1 概述

高效制冷机房通常由三部分组成：高效设备、输配系统减阻和智能控制系统。高效的设计是建设高效制冷机房的基础，合理的选型是建设高效制冷机房的基本保障。机房内的主要耗能设备包括制冷主机、冷水泵、冷却水泵和冷却塔，选择合理高效设备使其在高效区间内运行；同时在空调系统架构设计时因地制宜，对水力管网设计时进行降阻和水力平衡优化，能从根本上降低水泵能耗，最大化发挥出节能潜力；对于高效机房必须有健全、准确的智能控制和能效评价系统，能够清楚了解制冷机房设备实际运行效率，利用智能监控系统逐步完善运行对策，确保高效制冷机房持续高效。

5.7.2 高效制冷机房改造

5.7.2.1 工程概况

车陂南地铁站为广州地铁4、5号线换乘站，于2009年12月开通运行，位于广州市天河区车陂路和黄埔大道东交汇处，4号线呈南北走向，5号线呈东西走向，为"T"型换乘站，共设4个出入口，6组风亭。车站主体建筑面积约34556m^2，为地下三层明挖车站；地下一层为车站站厅层，主要为站厅公共区和车站管理用房；地下二层为5号线站台层，主要为5号线岛式站台及设备管理用房；地下三层为4号线站台层，主要为4号线岛式站台及设备管理用房。车站远期早高峰小时设计客流为40213人，属于客流较大的换乘枢纽站。环控系统原设计为4、5号线共用冷水机房，冷水机房位于地下三层设备区，系统设计总冷量为2466kW。

针对本站运营工作人员反馈的关于公共区环境温度低于设计标准、部分环控设备运行偏离正常水准等问题，2016年6月地铁设计院进驻车陂南站进行环控系统测试。经现场检测发现制冷站运行能耗处于行业平均水平，但仍存在较大的改善空间。主要表现在以下方面：①冷水机组性能有一定程度的下降；②水泵能耗偏大，长时间以"大流量、小温差"工况运行，加大了输送能耗；③空调器末端电动二通阀基本失效，不能起到流量调节作用；④大系统组合式空调器送风量偏离设计值；⑤室外冷却塔换热性能下降；⑥设备用房空调系统送风量偏大，输送能耗偏高；⑦监控点传感器数据异常；⑧控制系统基本失效，现场需手动控制；⑨冷却塔散热性能只能勉强满足现阶段要求，并已成为系统能效提高的瓶颈，同时维护保养频率较高；⑩大系统组合式空调柜设备老化，表冷器性能下降严重，风机及电机锈蚀严重，不具备维修可行性，实际风量值与设计值偏差较大；⑪小系统空调柜 AHU-B301、AHU-B601 的电动二通阀开度长期低于 35%，设计余量偏大。

5.7.2.2 工程详情

1. 主要内容

车陂南站空调系统至改造前运行有 8 年时间，冷水机组性能下降较明显，且原设计水泵扬程偏大、耗电偏高，加上动力设备定频运行、控制系统基本失效等原因，使得整个空调系统运行不节能。再者，大系统空调柜、部分小系统空调柜实际运行状态与设计值偏差较大，使得环境指标低于设计标准。本次改造将针对以上顽疾一一解决，力求较大幅度降低空调系统的能耗。

1) 更换高效冷水机组

车陂南站原冷水机组采用某国产品牌，额定工况 COP 为 4.8，已不符合新国标规范规定的一级能效产品的要求。经过 8 年时间的使用，主机输出冷量低于设计值较多，这是环境温度不达标的主要原因之一。本次改造选用高效冷水机组，各项性能都优于旧机组，如表 5.7-1 所示。

表 5.7-1　新旧冷水主机功率、能效比及尺寸参数对照

对比项目	原主机	新主机（特灵）
功率（kW）	267	211.2
满负荷能效比	$COP=4.81$	$COP=5.838$
尺寸（长×宽×高）(mm×mm×mm)	4210×1810×2130	3743×1922×2342
单台主机冷量（RT）	366	350.6（变频螺杆机）

由图 5.7-1 可以看出，特灵变频螺杆机在 30% 负荷下，依然能保持 5.5 以上的 COP，部分负荷性能较好。

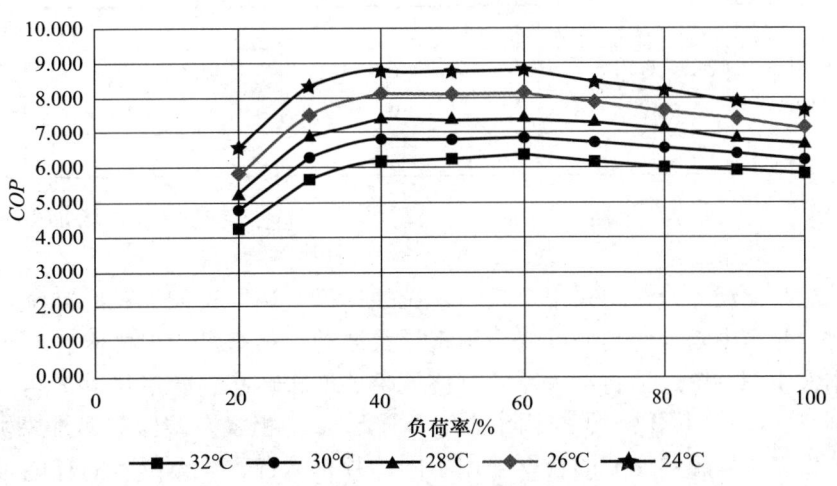

图 5.7-1　特灵 350RT 变频螺杆冷水机组定冷却水温性能曲线

由图 5.7-2 可以看出，地铁车站小系统需夜间运行，且在过渡季，小系统仍需供冷，因此，制冷站的冷水机组配置应充分考虑低负荷需求，尽量选择低负荷效率较高的设备，特灵变频螺杆冷水机组可以满足上述要求。根据全年各部分负荷比例测算，全年冷水机房综合 COP 可达 5.5 左右。

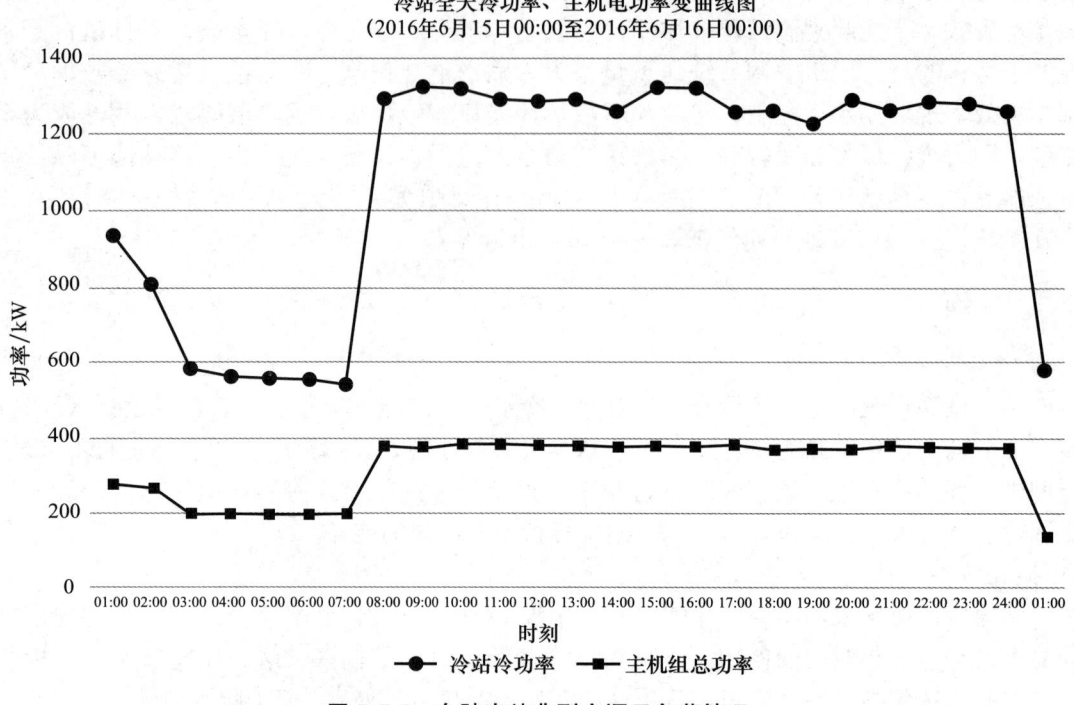

图 5.7-2 车陂南站典型空调日负荷情况

2) 更换冷水泵、冷却水泵

为减少输送能耗,改造后空调冷水供回水按 7℃ 温差选取 7℃/14℃,冷却水供回水温度仍为 32℃/37℃。此外,将水泵出口处的止回阀更换成低阻力止回阀,减少管路局部阻力。经精细计算,冷水泵的选型参数为:流量 151.3 m^3/h,扬程 23m;冷却水泵的选型参数为:流量 243.7 m^3/h,扬程 24m。

显而易见,改造后,冷水泵能耗可下降到原来的 34%,冷却水泵能耗可下降到原来的 59.4%,如表 5.7-2 所示。

表 5.7-2 新旧水泵功率参数对照

对比项目	冷水泵		冷却水泵	
	原水泵(ITT)	新水泵(PACO)	原水泵(ITT)	新水泵(PACO)
功 率	45kW	15kW	37kW	22kW
效 率		81%		84.8%

3) 水泵、冷却塔、大系统空调器、回排风机、新风机、部分空调小系统增加变频器,更换大系统空调柜

本站原空调系统各类动力设备均采用定频,这无疑使得空调输送能耗长时间维持在较高水平。事实上,空调负荷在一年当中随着气候的改变会出现较大波动,甚至在一天之内客流高峰和低谷时期都会有较大差异。本次空调系统改造将给大系统(空调器、回排风机、新风机共 8 台)、水泵(冷水泵、冷却水泵共 6 台)、冷却塔(共 2 台)、空调小系统 B3 及 B6 的柜式空调器和回排风机加装变频器,根据在车站各个位置设置的传感器反馈的数据采用不同的频率运行。各类设备的耗电量与空调负荷可以很好的匹配,极大程度上减少了空调能耗。

图 5.7-3 为大系统空调器 AHU-1 与 AHU-2 空调季小新风工况下在 2017 年 10 月 1 日全天运行频率记录,图 5.7-4 为 2017 年 10 月 1 日全天运行功率记录。两台空调器的额定功率均为 37kW,当二者均为工频运行时,AHU-2 的功耗与额定功率偏差较小,而 AHU-1 的运行功耗只有额定功率的 54% 左右,显然属于病态运行。正常运行时,大系统全天的负荷会随着客流及室外气象参数出现较大波动,

不会出现全天全负荷运行的情况。出现该现象的原因可能有：①电机故障运行；②设备余压偏大；③换热效率下降等。

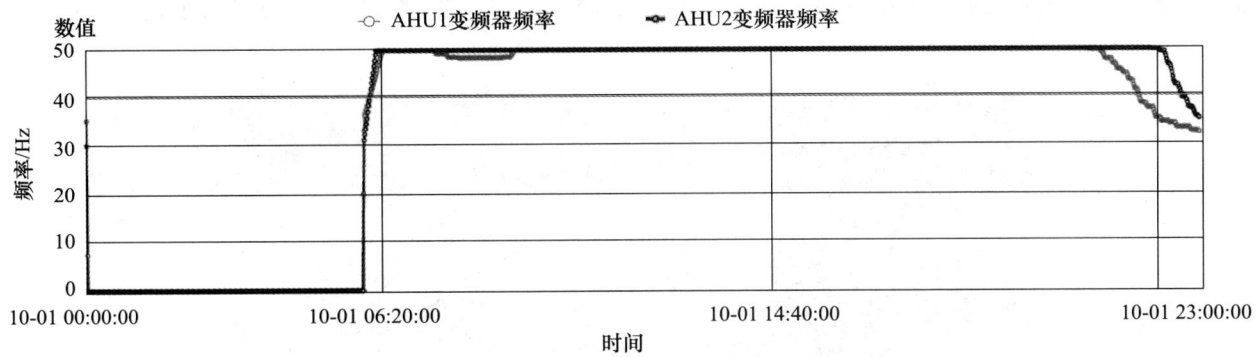

图 5.7-3　AHU-1 与 AHU-2 运行频率记录

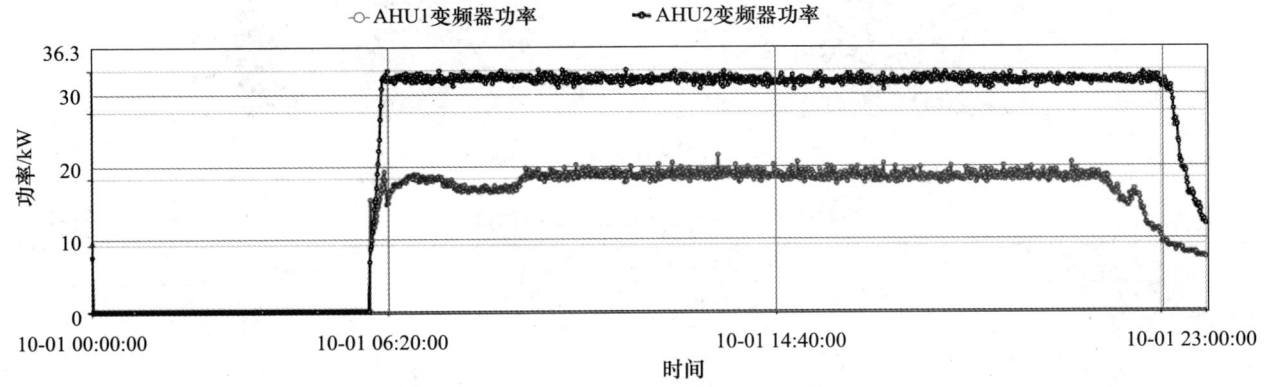

图 5.7-4　全天运行功率记录

图 5.7-5 为小系统 B3 和 B6 在 2017 年 10 月 3—8 日电动二通阀开度统计，由图可知两台设备的二通阀开度长时间低于 35%，小系统 B3 的开度更是长期维持在 15% 以下水平。出现这种情况是由于这两个小系统设计冷负荷远大于实际冷负荷，在风量一定为固定值时，所需冷水量远小于设计水量。如此造成风侧实际上处于大风量小温差的运行状态，风侧输送能耗偏大。

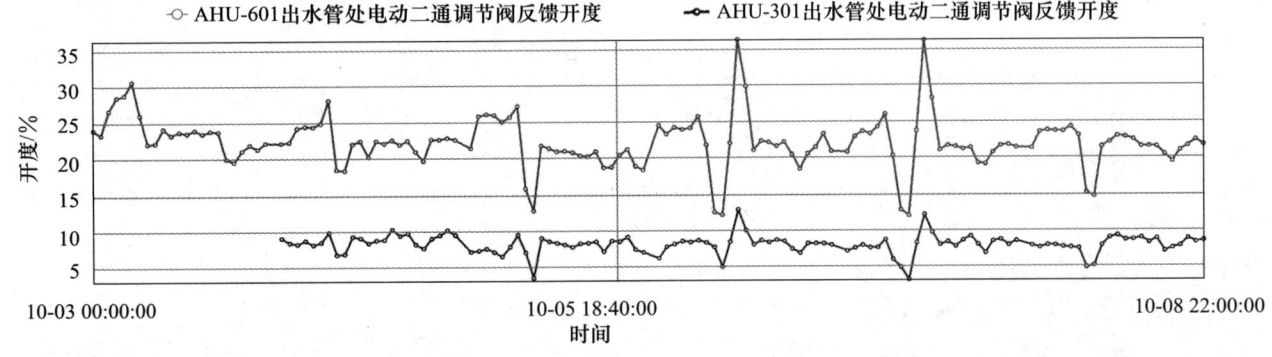

图 5.7-5　电动二通阀开度统计

4）增加冷凝器在线清洗设备及在线吸垢装置

冷水机组冷凝器在长时间与冷却水换热后易结垢，污垢的增加会引起换热器换热性能下降。本次改造在更换高效冷水机组的同时加装冷凝器在线清洗设备，可降低冷水机组维护工作量，保证冷凝器换热效果，实现节能 5%~10% 的效果。在室外冷却塔水盘内设置在线吸垢装置，可有效吸附冷却循环水中的金属离子，减少换热器和管道内结垢的情况。

5）更换高效冷却塔

图 5.7-6 为车陂南站室外冷却塔的现场情况：冷却塔结垢问题、填料老化问题非常严重。上述问题将在很大程度上影响环控系统的 COP，同时也大幅增加了冷却塔的清洗频率，环控系统运行不节能的同时也增加了运营的人工成本。新旧冷却塔对照如表 5.7-3 所示。

图 5.7-6　改造前冷却塔现状

表 5.7-3　新旧冷却塔参数对照

对比项目	原机组（马利）	备选新机组（新菱）
型号	SC-350L2	SC-105HC-H
功率（kW）	11	11
进/出水温度（℃）	37/32	37/32
冷却水量（m³/h）	345	370

6）更换空调机组及回排风机

前期改造工程中，从运行效果与实际测试的数据来看，大系统组合式空调器、回排风机实际运行风量与设计值存在较大偏差。除机组性能下降的影响之外，经风管水力计算复核原机组余压偏大，这在一定程度上增加了风侧的输送能耗。在本次升级改造中，拟将上述设备全部更换，选用效率高、余压合理的新设备，如表 5.7-4 和表 5.7-5 所示。

表 5.7-4　新、旧空调器参数对照

对比项目	原机组（天加）	备选新机组（申菱）
型号	TBC3336CH	ZK90R
制冷量（kW）	796/783	800
风量（m³/h）	90772	90800
机组余压（Pa）	700	480
功率（kW）	37	37
进/出水温度（℃）	9/16	9/16
备注		可开启式表冷器机组

表 5.7-5　新、旧回排风机参数对照

对比项目	原风机	新机组
风量（m³/h）	69184	69200
全压（Pa）	650	480
功率（kW）	22	18.5

7) 控制系统改造

本次改造拟拆除更换两台冷水主机及相关管道阀门，空调风柜及风机盘管冷水自动调节阀门修复更新改造；水系统的冷水泵、冷却水泵、冷却塔和大系统的组合空调器及新风机、回排风机等增加变频控制柜；更换既有电动二通阀；新增部分传感器。

新增的节能控制系统负责对改造后的大系统和水系统设备及传感器进行采集并根据节能控制策略对环控设备进行调节，同时将采集的数据及设备状态上传给 EMCS 系统，通过 EMCS 系统与主控系统的接口将节能控制系统采集的数据上传至控制中心。本次车站 EMCS 改造内容包括：

（1）废除与原冷水机组的接口。

（2）修改与智能低压的接口数据，将增加了变频器的设备的信息点删除，包括水系统的冷水泵、冷却水泵、冷却塔和大系统的组合空调器及新风机、回排风机等。

（3）新增与节能控制系统的接口，与节能控制系统进行信息交互，接收节能控制系统提供的冷水机组、变频器、二通阀及传感器信息；利用新增传感器计算比焓，并向节能控制系统提供工况参数（按环控工艺要求划分为空调季节小新风、空调季节全新风、非空调季节、夜间运行、火灾事故工况）。

（4）对 EMCS 软件进行修改，屏蔽原软件中对通风空调大系统和水系统的控制策略计算，接收节能控制系统的控制结果，实现对新增设备的监视功能。

8) 低压配电专业改造

（1）原大系统的组合式空调器、回排风机及小新风机调整为变频，增加计量功能，节能控制系统只控制设备的运行频率，设备的启停仍纳入 BAS 控制，相应的运行模式保持不变。由于环控柜内空间不足以设置变频器，变频器考虑单独成柜；考虑到现场的环境潮湿，且空间紧张，所以新增的变频柜设置在环控电控室内，变频器与节能控制系统接口。原环控柜配电回路只保留断路器和接触器，电动机保护器拆除，电流互感器和电流表拆除设置在新增的变频柜配电回路内。同时根据需求在变频柜内增加电度表，计量数据上传至节能控制系统，节能控制系统预留与其他系统的接口。节能控制系统电源的负荷等级与被控设备中最高负荷等级同级，取为二级负荷，回路引自 0.4kV 低压开关柜的备用回路。设备的启停、运行模式及工频、变频运行由 BAS 与节能控制系统直接接口。

（2）原水系统设备中冷水机组功率降低；冷却水泵、冷水泵功率降低，调整为变频；冷却塔调整为变频；冷水机组、冷水泵、冷却水泵、冷却塔均增加计量功能。节能控制系统要实现对所有水系统设备的控制，包括启停及是否变频运行。由于现场设备、管道繁多，条件恶劣，并且冷水机房电控室内空间紧张，新增的变频器考虑设置成箱体，安装在墙上。原电控柜内只保留断路器，接触器和电动机保护器拆除，电流互感器和电流表拆除设置在变频器箱体内。箱体内增加电度表，计量数据上传至节能控制系统。变频器与节能控制系统接口，节能控制系统从而控制设备变频运行。蝶阀的原 PLC 采用 RS485，Modbus Rtu 协议，上传至智能低压，现改为接至节能控制系统，同时需对原智能低压软件修改，实现节能控制系统对蝶阀的控制。新增的冷凝器在线清洗装置由原电控柜内的备用回路配电。由于设备的功率降低，电源引出的位置也由原先的环控柜改为变频器箱，所以电缆型号也会相应调整，但敷设路径仍保持不变。

（3）原小系统的空调柜、回排风机调整为变频，功率保持不变。节能控制系统只控制设备的运行频率，设备的启停仍纳入 BAS 控制，相应的运行模式保持不变。设备的启停、运行模式由 BAS 直接与节能控制系统对接，智能低压不参与控制。由于环控柜内空间不足以设置变频器，变频器单独成柜；考虑到现场的环境潮湿，所以新增的变频柜设置在环控电控室内，防护等级为 IP41。变频器直接与节能控制系统通信。原环控柜配电回路保留断路器、电动机保护器、电流互感器和电流表，拆除接触器及相关二次接线改造。新增的变频柜需实现原环控柜对设备的所有保护功能。在原环控柜配电回路内，电能数据是通过电度表通讯口上传至节能控制系统，此处仍保持不变。由于变频器柜的位置比原配电柜更靠近负荷，所以原有的配电电缆可以继续利用，沿原敷设路径接至变频器柜，再新增配电柜至变频器柜的电缆。

2. 工程成果

车站在经历了 2016 及 2017 年度非空调季的节能改造之后，环控系统已实现健康的运行，图 5.7-7 为改造前后冷水机房面貌的对比（上部为改造前，下部为改造后）。

图 5.7-7　改造前后冷水机房面貌

车站公共区室内设计温度标准为站厅 29℃和站台 27℃，温度波动范围±1℃。图 5.7-8 为 2016 年 6 月份前期测试中某一天公共区温度分布情况。

图 5.7-9 为测试的改造完成后 2017 年 8 月 10 日公共区温度变化曲线：在车站运营时段（06：30—23：30）公共区温度参数波动较小，基本维持在 27~28℃的可控范围内。

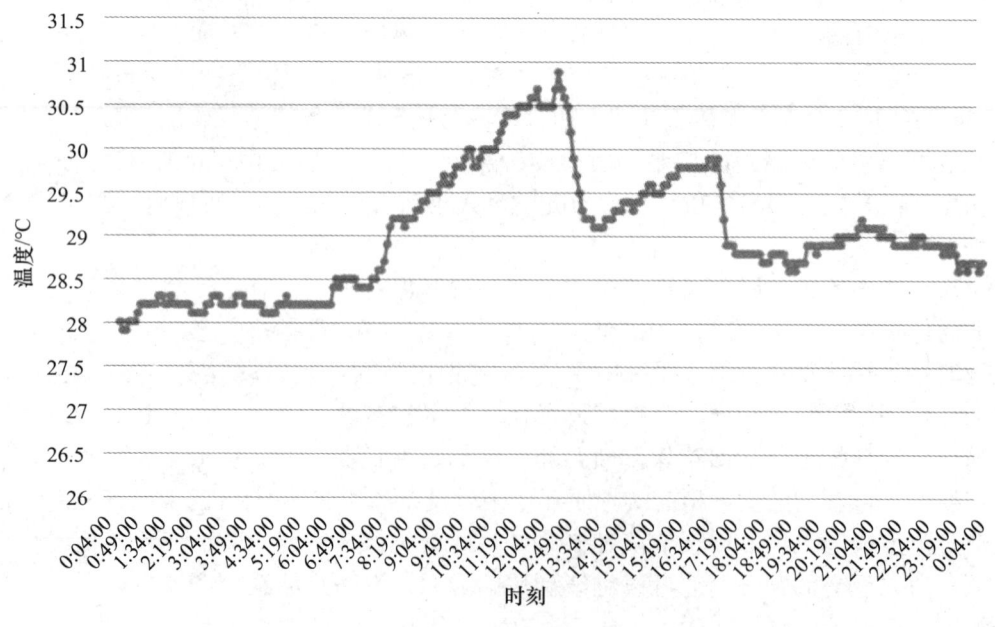

图 5.7-8　改造前全天公共区温度变化曲线

显而易见，在车站正常运营的时段，峰谷现象明显，与设计标准偏离较多。公共区环境温度基本失控，是本站接到报热投诉的直接原因。

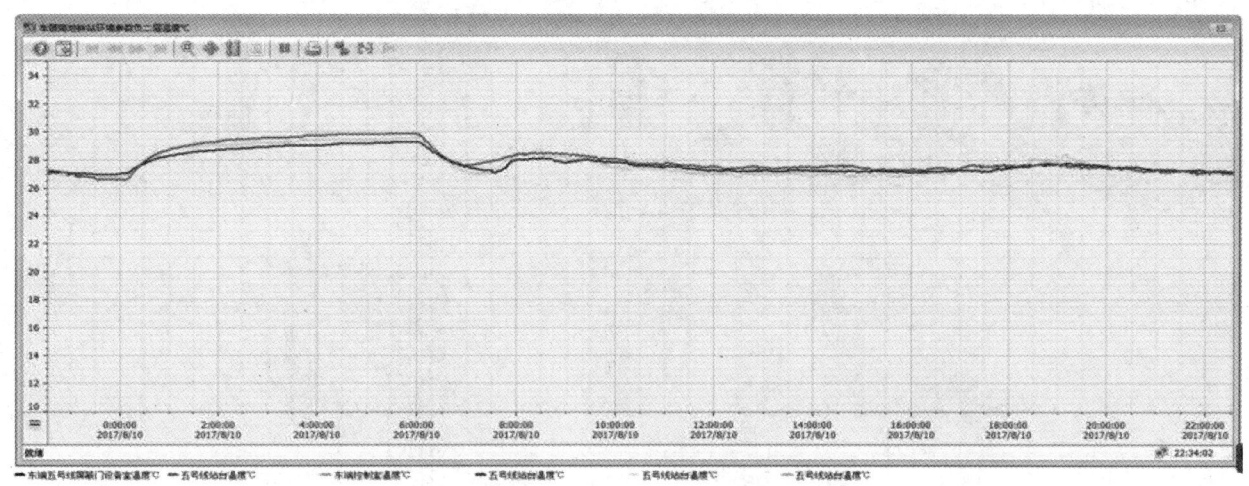

图 5.7-10　改造后全天公共区温度变化曲线

3. 运行策略

本项目作为广州地铁已运行车站一个典型车站的节能改造，创造性做了一些尝试，包括但不限于以下内容。

1）优化公共区大系统运行模式：当系统运行空调季节的全新风模式、非空调季节的通风模式时，关闭大系统回排风机及相应的电动风阀。此模式下，大系统只送不排，节省了回排风机的能耗。新风机变频运行，运行频率根据室内传感器检测到的二氧化碳浓度值进行变频运行，以减少新风冷负荷。

2）冷水机组变出水温度控制：根据逆卡诺循环原理，出水温度越高机组的 COP 值越高。车站空调负荷一天之内变化幅度相对较大，有明显的峰谷现象，当用冷处于低负荷状态时，可适当提高出水温度，使机组长期处于高效运行状态。

3）供变电房间空调系统变频运行：对于供变电房间，设备投入使用的功率在车站运行的近期和远期会有不同，因此发热量会有较大的差别，采用变频运行时可有效地应对初期小负荷的情况。

4）水系统自动运行：匹配冷水机组的运行特性，冷水泵、冷却水泵和冷却塔投入使用的数量根据负荷情况判断，使水系统长期处于高效运行状态。

4. 自研节能控制系统

本项目研发了一套适用地铁车站通风空调系统特性的节能环控系统，第一版节能控制软件于 2017 年 6 月 15 日投入使用，第二版节能控制软件于 2017 年 8 月 8 日投入使用。经过一年多的运行调试，节能控制系统已经比较成熟，实现了本站环控系统人工操作转自动运行的跨越式发展。图 5.7-11 为节能控制系统主控制界面。

如图 5.7-11 所示，节能控制系统可实时监测各环控设备的运行情况和运行参数，通过获取的数据可自动计算当前冷水机房瞬时 COP、环控系统瞬时 COP，以及各系统的实时功率及能耗情况。通过对运行参数的积累和存档，节能控制系统可自动生成环控系统日平均 COP、月平均 COP 以及年平均 COP 等。

5. 工程验收

由于广州地区地铁车站空调季节长，施工改造只能在时长不足 3 个月的非空调季节进行。车陂南站环控系统节能改造由于改造范围大、改造内容多，故分两期进行：前期改造于 2016 年 12 月开始，2017 年 3 月中旬结束；二次升级改造于 2017 年 12 月开始，2018 年 3 月中旬结束。本项目于 2017 年 7 月中旬对前期改造进行了初步验收，全项目的最终验收在 2018 年 11 月完成。

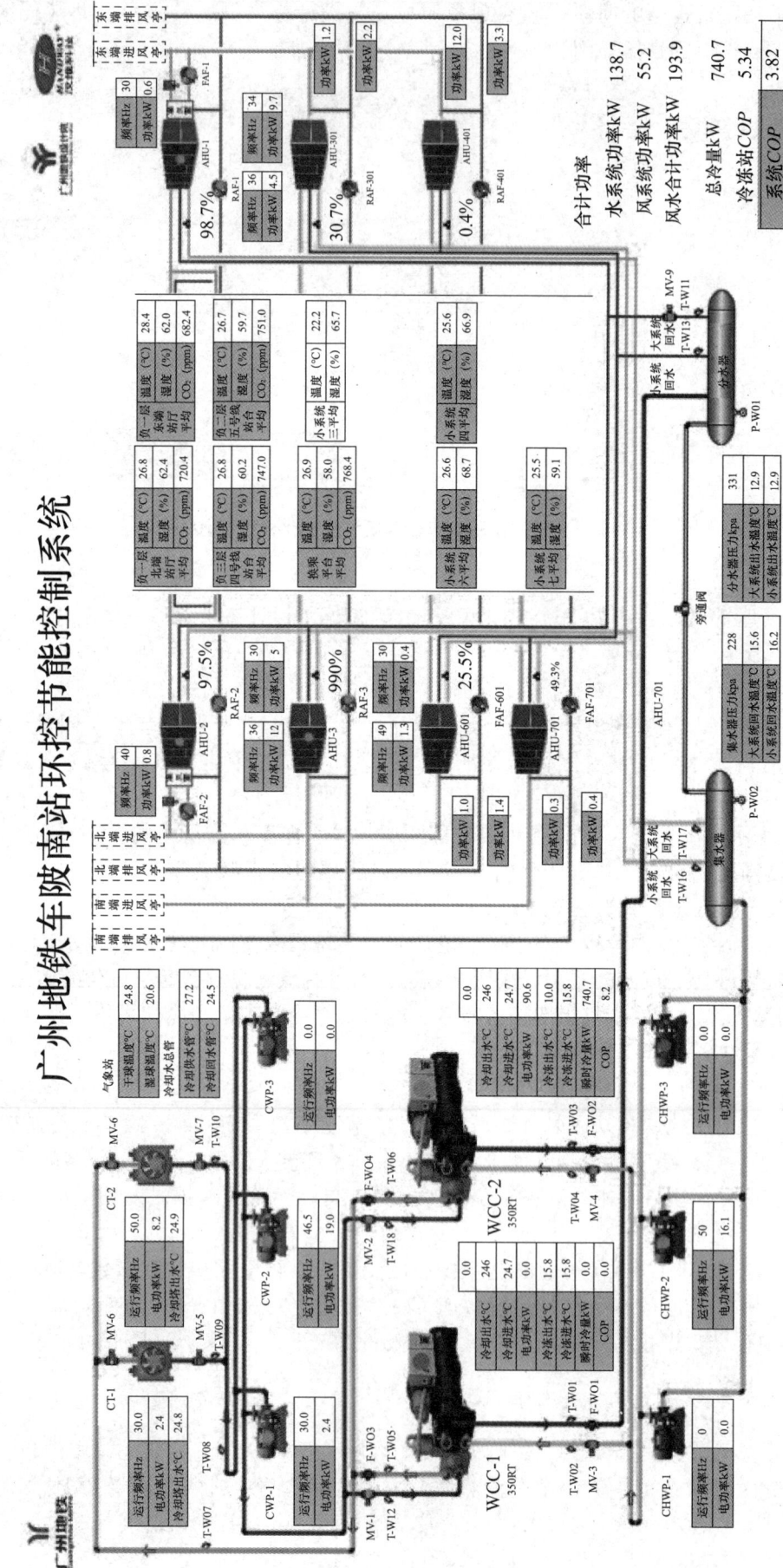

图 5.7-10 节能控制系统主界面

5.7.2.3 工程实施效果

根据广东产品质量监督检验研究院提供的第三方能效测评报告：改造前系统年用电量为 222 万 kWh，风系统年用电量为 92 万 kWh，环控系统年总用电量为 314 万 kWh；改造后水系统年用电量为 99 万 kWh，风系统年用电量为 74 万 kWh，环控系统年总用电量为 173 万 kWh。改造完成后环控系统年节电量约 141 万 kWh，综合名义年节电率为 45%，冷水机房年综合性能系数 COP 为 5.56。

以上第三方数据为 2017 年 3 月前期改造完成后取得的节能效果，二次升级改造完成后，对限制能效提升的瓶颈进行了解决，理论节能效果更佳。

本次改造不仅解决了车陂南站环控系统长期病态运行的现状，同时也极大改善了乘客投诉问题，提升了广州地铁的服务品质。通过本次改造及研究，为通风空调设计师的科学合理设计提供理论支持，为车站后期运营提供合理的建议，进而降低整个寿命周期内的运营成本。

1. 经济效益

据第三方能效测评报告，改造完成后年节电约 141 万 kWh。按照地铁用电的标准，有：年节省电费＝0.86 元/kWh×141 万 kWh＝121 万元。项目前期总投资约 378 万元，投资回收期为 3.12 年。

2. 社会效益

根据改造项目节能效果，每年可节约 141 万 kWh 电，同比减少 148.5t 标准煤的燃烧和 399.7t 二氧化碳排放。以上数据仅为车陂南站改造项目带来的效益，如在广州地铁旧线改造和新线建设中全面推广，则产生的效益无疑是巨大的。

3. 工程亮点

作为轨道交通行业车站节能改造项目中较为成功案例，在行业内推广和学习的主要亮点有：

1）国内轨道交通行业内冷水机房的年综合性能系数 COP 约维持在 2.5~3.0 的水平，车陂南站经节能改造之后，从实际运行效果来看，冷水机房年综合性能系数 COP 为 5.56，远高于行业平均水平。

2）行业内首次建成智能化的专业节能数据中心，集多线网多车站通风空调系统海量数据存储、分析与共享于一体，并实现远程及移动终端监控功能。节能数据中心可实现与广州地铁集团国家工程实验室节能平台的数据共享，最大限度地将成果转化为科学研究的一手资料。

3）行业内首次从精细化设计、高效节能设备选型，到全变频风水联动能耗最优自动控制，提出全过程节能应用理念与技术要求。

4. 推广潜力

本项目的成功经验已在广州地铁"十三五"新线建设和既有线路环控节能改造项目推广应用，并可在全国轨道交通行业内进行推广。

本项目与国内城市轨道交通的同行进行了广泛的经验分享和技术交流，国内福州、南宁、苏州、长沙、深圳等地铁城市建设方表达了推广应用的意向。

5.7.2.4 问题与展望

1. 存在问题及建议

1）作为设计人员，在建设之前须将设计做得精细、合理和科学。从源头把关，对减少后期运营能耗与费用是至关重要的。

2）作为建设人员，须严格把控好招标设备的质量，尽量选用性能高效的设备，不可简单地从控制初投资的角度来考虑选用价低性能较差的产品。

3）作为使用方（即用户），在使用过程中需严格按照设计及厂家的指导要求，定期对设备进行维护和保养。

2. 发展与展望

作为为城市轨道交通地铁车站内营造必要的人员舒适环境和消防安全环境的承担者，通风空调系统已经成为地铁车站内的能耗大户，仅次于列车的牵引能耗。本次改造针对已运营的车陂南站通风空调系统能耗进行现场实测和理论研究，并提出可行的优化方案，从而降低整个通风空调系统的能耗。

在国内，越来越多的一线、二线城市开始运行或建设地铁，甚至一些三线城市都开始申报建设计划。国内地铁线路越来越多、通行的里程越来越长，能耗占国民生产总能耗的占比逐年攀升。节能，需要从系统的全寿命周期考虑，是一项任重道远的工作。

5.8 车辆基地

5.8.1 概述

地铁的车辆基地是地铁车辆停放、检查、整备和修理的所在地，是地铁线路的"心脏"，包括车辆段（停车场）、综合维修中心、物资总库、培训中心和其他生产、生活、办公等配套设施。

地铁车辆基地的暖通空调系统存在以下两个特点：

1) 地铁车辆基地中的高大厂房，由于体量巨大，冬季供暖系统能耗及运营费用较高；
2) 高大厂房传统的横向通风系统主要在厂房上部进行循环，工作人员作业区域风速基本衰减为0，厂房内 CO_2 浓度相对较高。

为解决上述问题，近年来多地进行了不同的探索与尝试。下面分别介绍再生水+水源热泵系统与高大空间纵向诱导通风技术。

5.8.2 再生水+水源热泵系统

5.8.2.1 工程概况

郑州城市轨道交通4号线于2020年12月26日开通运营，线路全长29.217km，共设27座车站，全部为地下车站，列车采用6节编组B型列车，最高时速80km/h。郑州4号线关陈车辆段位于贾鲁河西侧既有京广铁路与陇海铁路联络线以西的区域内，车辆段包含停车列检库、联合检修库、洗车库、物资总库、综合办公楼等功能，地上总建筑面积约8.58万m^2。

5.8.2.2 技术基本原理介绍

再生水是污水经适当处理后，达到一定的水质指标，满足某种使用要求，可以进行有益使用的水。再生水源热泵就是以城市污水处理厂二级出水（再生水）作为冷热源，利用热泵机组换热原理，通过输入少量的高品位能源（如电能），实现低温位热能向高温位转移，提取再生水中的冷热量，为建筑提供冬季供暖和夏季制冷，是具有现实意义的节能环保技术和资源循环利用方式，应用前景广阔。

根据再生水与制冷剂之间的换热关系将再生水源热泵系统分为两大类：再生水与制冷剂之间不通过任何中介媒质而仅通过换热器壁面进行换热的热泵系统称为直接再生水源热泵系统，热量传递过程中存在中介媒质称为间接再生水源热泵系统，原理图分别如图5.8-1、图5.8-2所示。

5.8.2.3 技术实施情况及运行效果

目前该项技术已在郑州轨道交通4号线关陈车辆段得到了应用。关陈车辆段建筑面积约为8.58万m^2，总热负荷为6.41MW，总冷负荷为2.03MW。

本工程热泵机房设置 3 台热泵机组，单台机组额定制热量为 2338kW，额定制冷量为 2062kW，提供空调热水、冷水，冬季供/回水温度 50℃/40℃，夏季供/回水温度 7℃/12℃。热泵机组选用双机头机组，可根据负荷变化选择开启压缩机台数。冬季 3 台机组同时使用，夏季只使用 1 台，满足车辆段内各单体供热、供冷需求。

热泵机房内共设 4 台热水循环泵，三用一备；设 2 台冷水循环泵，一用一备。夏季 1 台热泵机组就能满足负荷要求。在水处理间内设有软水器和补水、排气、定压装置。

进入热泵机组的水质应满足《城市污水再生利用 工业用水水质》(GB/T 19923—2005) 表 1 再生水用作工业用水水源的水质标准——冷却用水（直流冷却水）之指标限值。

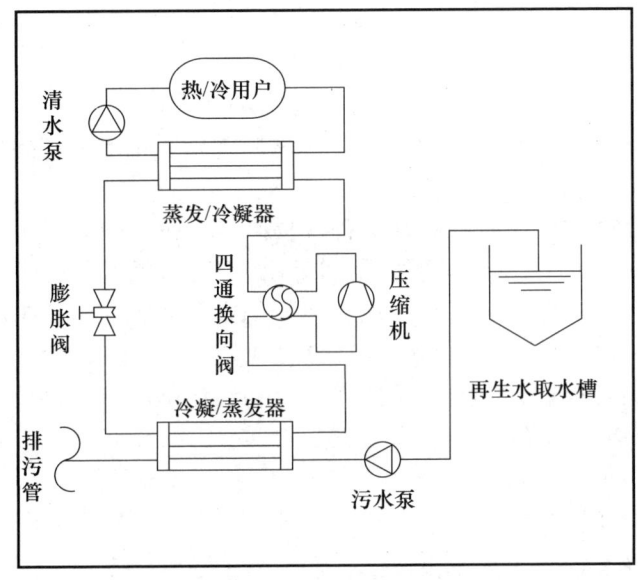

图 5.8-1 直接再生水源热泵系统图

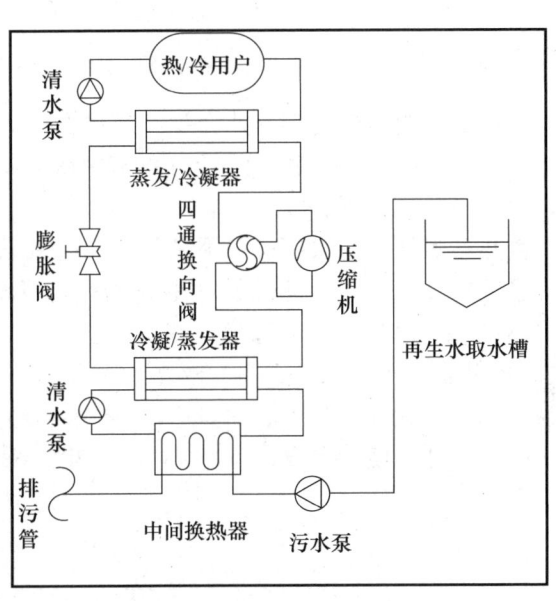

图 5.8-2 间接再生水源热泵系统图

5.8.2.4 展望

随着城市社会和经济的发展，能源和环境安全的形势十分严峻，开发利用新型的可再生清洁能源，实现优质环保能源的本地化已经成为城市经济发展和节能减排的重要途径之一。发展城市再生水源热泵技术，是建设资源节约型和环境友好型社会的客观要求，是改变城市能源结构的有效途径，对于本地能源开发和环境保护具有重要意义。

5.8.3 高大空间纵向诱导通风技术

5.8.3.1 工程概况

福州车辆基地位于夏热冬暖地区，其运用库建筑面积 33000m²，建筑高度 8.9m，梁下高度 7.4m。

5.8.3.2 技术基本原理介绍

如图 5.8-3 所示，系统工作时由厂房一侧大门上部引入室外新风，新风由诱导风机在厂房内纵向推送，在人员工作区域形成 1~2m/s 的纵向风速，携带库内颗粒物和热量的污染空气由厂房另外一侧大门上部的排风口排出室外。纵向诱导通风系统无须在厂房顶部设置风亭，为厂房上部开发创造了良好条件；另外纵向通风系统能够在人员工作区域形成有效的纵向通风风速，提高了运营人员舒适度，并能够有效排除厂房内的余热和污染空气。诱导风机实物图如图 5.8-4 所示。

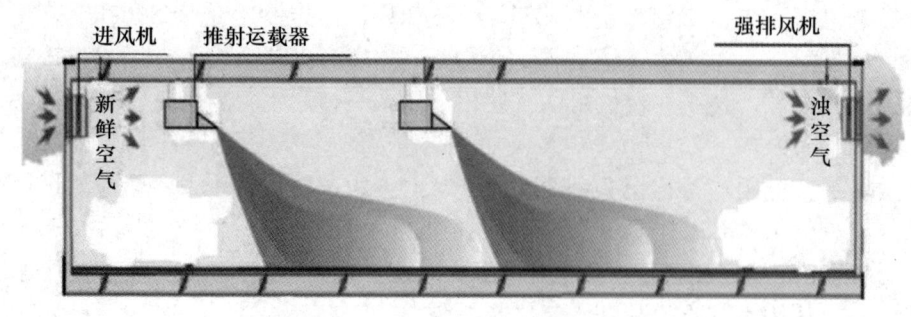

图 5.8-3 纵向诱导通风系统原理图　　　　图 5.8-4 诱导风机

5.8.3.3 技术实施情况及运行效果

该运用库内每个防烟分区面积不超过 2000m²，共划分 18 个防烟分区。运用库按照 $1h^{-1}$ 的换气次数进行风量计算，其计算通风量为 293700m³/h。采用纵向诱导通风系统，厂房内共设置 147 台诱导风机，风机沿股道设置。

夏热冬暖地区高大厂房采用纵向诱导通风系统投入使用后，对其进行现场测试分析，同时对采用传统系统的高大厂房也进行了对比测试。运用库的纵向诱导通风系统测试对象为黑色粗线所框区域，主要测试的通道为 16A-B 通道，测试点位是诱导风机的正下方，以及两台风机的中间区域。车库中的 A、B 段分别是车辆入库方向的顺序，A 段为图 5.8-5 中的右半部分，包含有车库的大门和咽喉区，B 段为图 5.8-5 中的左半部分，靠近车库的附属用房。测试时间为 2017 年 8 月上旬。测试内容主要包括厂房内的干球温度、湿度、风速、CO_2 浓度、噪声及功率等。

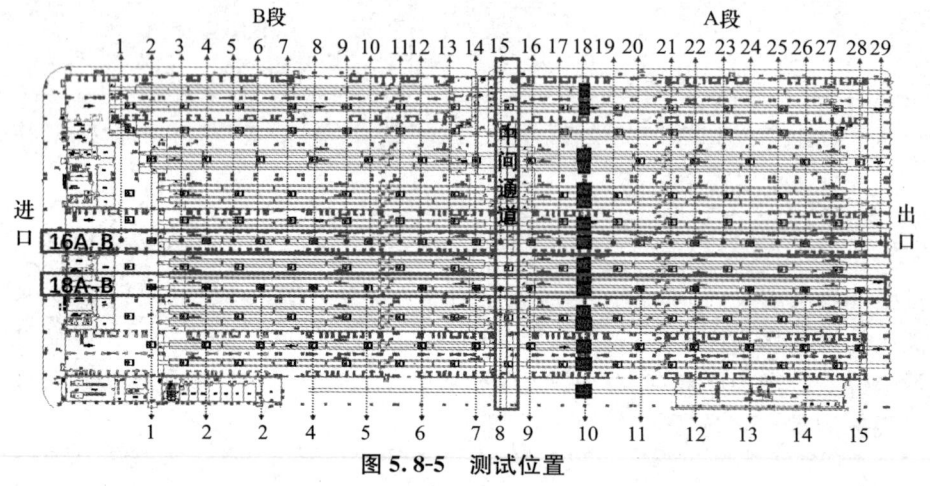

图 5.8-5 测试位置

1. 工作区温度及风速

选取单独开启 16A-B 通道的全部诱导风机的测试数据，分析 16A-B 通道的工作区风速以及体感温度。一般情况下，人体表面温度大约为 32℃，但由于湿度和风速的原因，促使人体表面汗液蒸发，使肌体向外散热从而降低人体表面温度，使人感觉到舒适。由于该项目采用了纵向诱导通风系统，使得人体表面温度和所测的空气干球温度不同，因此采用体感温度来表征人体的舒适度。

图 5.8-6 和图 5.8-7 分别是通道 16A-B 的工作区风速及体感温度分布图。图 5.8-6 显示工作区的风速分布没有特定规律，风速最低为 0.1m/s，最高为 2.2m/s，工作区的平均风速为 1.1m/s。图 5.8-7 显示 16A-B 的工作区体感温度呈现进口低、出口高的趋势，此规律与纵向诱导通风系统的工作特点相符合。测试时室外干球温度为 33℃。测试出口处体感温度为 29.4℃，高于入口体感温度 29.0℃。这是因为入口及出口处靠近车库大门，与室外温度相近，空气流动速率较高，因此人的体感温度相对较低。15 点位为通道的中间位置，距离室外最远，受室外环境影响最小，其温度为 30.2℃，低于人体表面平均温度 32℃，工作人员感觉相对舒适。

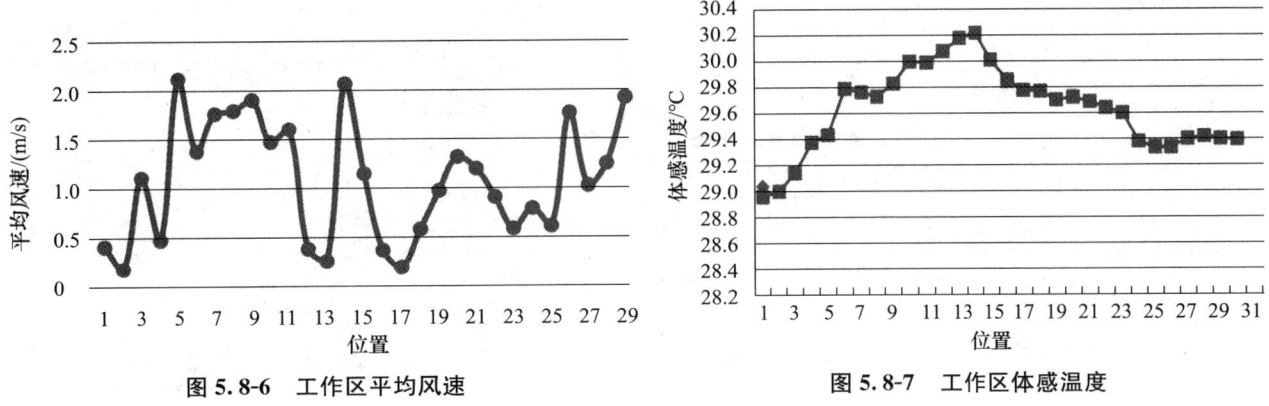

图 5.8-6　工作区平均风速　　　　　　　图 5.8-7　工作区体感温度

2. 工作区的噪声

选取某夜间测试数据，当夜间车库内停止作业、所有设备未开启时，测试背景噪声在 30 dB(A) 左右；此时厂房内的诱导风机全部开启，中间通道和其他各点处的噪声如图 5.8-8 所示，工作区的噪声为 75～80dB(A)，满足规范要求。

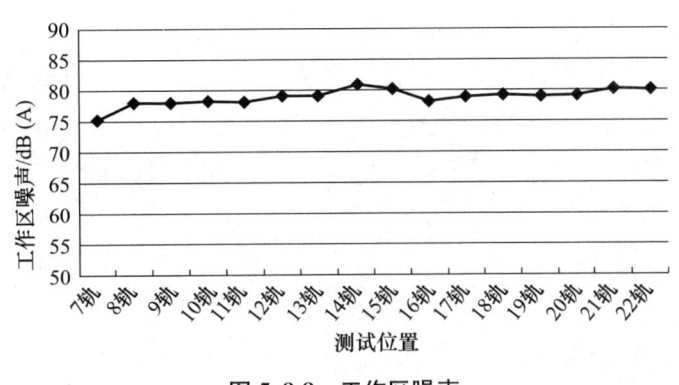

图 5.8-8　工作区噪声

选取某日上午测试数据，库内有部分车辆在进行检修作业，同时开启库内全部诱导风机。测试库内 16A-B 通道的噪声最大值为 85dB(A)，最小值为 80dB(A)。工作区的噪声在人耳承受的标准之内。

3. CO_2 浓度及 $PM_{2.5}$

选取某日上午测试数据，如图 5.8-9 和图 5.8-10 所示，测试时高大厂房内有车辆进行维护。高大厂房 CO_2 浓度变化相对平稳，由进口的 $(625～640)×10^{-6}$ 缓步变化到出口处 $620×10^{-6}$ 左右。中间点位处的 CO_2 浓度并没有高于进出口处的浓度。由图 5.8-10 可以看出，工作区 $PM_{2.5}$ 浓度在 $8～12\mu g/m^3$，此时库外 $PM_{2.5}$ 浓度为 $13\mu g/m^3$。尽管高大厂房内在进行检修作业，但是库内的中部区域的 $PM_{2.5}$ 浓度并没有明显增高，16A-B 股道整体的 $PM_{2.5}$ 浓度变化平稳。说明纵向诱导通风系统对于高大厂房中部的通风换气是有效的。

4. 风机运行功率

测试时运用库内全部风机工频运行，总功率为 257kW，测试时局部风机故障，实际运行的风机有 133 台，平均每台风机的运行功率在 1.93kW。当单独开启一条通道的 14 台风机时，总功率为 28kW，单台风机的运行功率为 2kW。该系统能够智能控制，根据实际检修工作需要开启工作区的风机，相对于传统（风机＋风管）的横向通风系统，其运行功率大大降低。

5. 传统系统的测试对比

对该地区采用传统系统的高大厂房进行了对比测试，测试结果表明工作区域基本风速为 0m/s，噪声高于 85dB(A)，运营人员的平均体感温度为 37℃，高于采用纵向诱导通风系统的厂房内的平均体感温度，运营人员感到闷热潮湿。

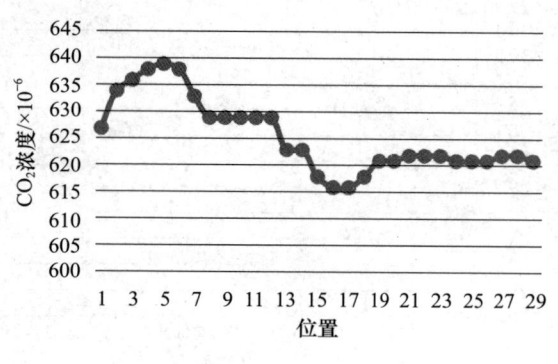
图 5.8-9 工作区 CO_2 的浓度

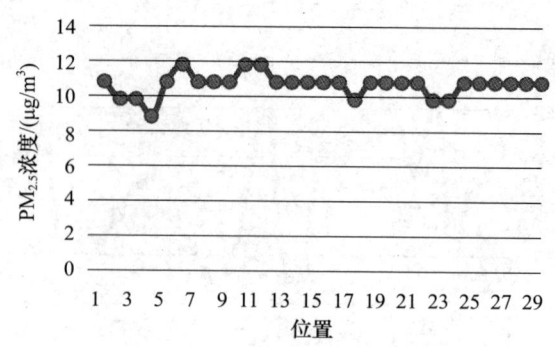
图 5.8-10 工作区 $PM_{2.5}$ 的浓度

6. 设计回访问卷调查

该系统投入使用后,项目进行了设计回访问卷调查,通过分析问卷调查的相关内容得出,100%工作人员表示,夏季关闭该系统后无法正常工作;该系统投入使用后运用库内的通风效果得到明显改善,其运行功率大幅降低。

5.8.3.4 展望

综上所述,分析实际工程的测试数据以及设计回访问卷调查得知,纵向诱导通风系统显著地改善了运营人员的工作环境,降低了通风系统的运营耗电量。尤其对于高大厂房采用纵向诱导通风系统方案时,其上部不用设置排风竖井,更有利于上部开发,对地铁高大厂房通风系统是一种非常好的选择。

6

发展趋势与展望

6.1 绪论

城市轨道交通作为一个城市的标志性公共基础设施，凭借着运能大、速度快、安全准时，已成为各大中城市重点发展的对象。城市轨道交通成为了应用信息化、智能化、节能、安全、环保等现代先进技术的先导和引领，提高了整个交通运输系统的发展水平和质量，以管理和服务水平为切入点，依托轨道交通增强我国的交通供给能力，提高安全保障、实现创新发展。当前，我国已经成为全球轨道交通发展最快的国家，随着技术的进步以及智慧城市的加速推进，城市轨道交通的现代化特征更加明显。然而城市轨道交通发展面临可持续性的挑战，一段时间内地铁项目由新建为主向存量市场转变也是必然的趋势。

暖通空调专业在轨道交通中担负着安全、舒适和减碳的重要使命，特别是随着我国"双碳"目标的提出和实施，城市轨道交通暖通空调的发展更具挑战性。地铁建设规模的日益壮大、技术水平的不断提高，未来发展趋势必然是安全、舒适、绿色。

城市轨道交通中的通风空调（文中也称环控）系统经过几十年的快速发展，经历了从无到有，从摸索到有序，从粗放到精细的发展历程，通过不断改进和发展，取得了很大的成绩。但我国城市轨道交通通风空调专业发展还有较大提升空间，绿色低碳挖潜空间尚大，环境可持续保障能力有待提升，存量市场设备系统急需更新换代等等，这些问题和需求成为通风空调专业今后一段时间内的发展方向，也是必须面对的挑战。本章从国家政策的引导、目前专业技术水平在工程实际中应用的痛点以及能够看到的技术改善路径，分析论证地铁及地铁通风空调专业发展趋势。

6.2 轨道交通发展趋势

6.2.1 发展原则

以城市财力和建设运营管理能力为前提，以切实提高城市轨道交通发展质量为目标，实事求是，规划建设与城市发展水平相适应的城市轨道交通，合理把握建设规模和节奏。

充分考虑地区差异和发展需求，适应不同城市空间布局特征，以区域内超大城市、特大城市、大城市为重点，以城市轨道交通为骨干，促进轨道交通与城市空间、产业布局的"一体融合"，构建区域对外、城际、都市圈等不同空间尺度高效衔接的一体化、多层次综合交通网络，发挥出"站城一体、产城互促、多网融合"的最佳综合效能。

统筹安全与发展，以安全为基础，全面提升风险防控与应急处置水平，提供品质更优、效率更高、安全可靠的运输服务，增强城市轨道交通环境保护、绿色节能和资源经营可持续发展能力，助力国家"双碳"目标的实施。

坚持系统观念，加强顶层规划与创新策源，有序推进基于业务目标导向的一体化、整体化创新，规避打补丁式的碎片化创新对整体系统效能的不利影响；针对城市轨道交通产业链的技术短板，坚持不断创新，引领和加强核心技术自主攻关，构建行业自主发展能力。

依托5G、物联网、云计算、大数据等新技术，夯实数字底座、高速通信等新基建建设，强化场景应用导向，深度融合新技术、新业态，改善人机协同效能，提升网络治理与综合服务水平，推动整个城市轨道交通行业的数字化转型、智能化发展。

深化重点领域和关键环节改革，强化地区间、部门间在重大政策、重大工程等方面衔接协调，打破行政分割和市场壁垒，统筹规划、设计、建设、运营、管理、维护各环节，有序推动各类要素高效配置和便捷流动，实现城市轨道交通的可持续发展。在特大城市、大城市中选择代表性项目进行示范应用，逐渐带动全行业的良性有序发展。

6.2.2 发展目标

到2035年我国要基本建成便捷顺畅、经济高效、绿色集约、智能先进、安全可靠的现代化高质量国家综合立体交通网，实现国际国内互联互通、全国主要城市立体畅达、县级节点有效覆盖，有力支撑包括都市区1小时通勤的"全国123出行交通圈"。交通基础设施质量、智能化与绿色化水平居世界前列，交通运输全面适应人民日益增长的美好生活需要，有力保障国家安全。

城市轨道交通发展总体战略目标是：统筹推进，构建安全、便捷、高效、绿色、经济的新一代智慧型城市轨道交通，有力支撑交通强国、新型城镇化、都市圈发展等国家战略，由城轨大国迈向城轨强国，为人民群众提供高质量的轨道交通服务，提升人民群众的获得感和幸福感。

分两个阶段实现总体战略目标：

第一阶段（至2025年），初步建成新一代智慧型城市轨道交通，迈入城市轨道交通强国。网络发展方面，城市轨道交通规模科学有序发展，多制式协调推进，继续推动交通服务网络建设；一体融合方面，各类交通方式一体发展、与新型基础设施融合发展取得突破性进展，网络结构功能更加完备，服务特大、超大城市能级明显提升，有力推进城市现代化进程；技术装备方面，关键核心技术实现自主安全可控突破，产业链现代化水平不断提升；运营管理方面，探索完善网络化管理模式，促进技术与管理有效适配、双轮驱动，网络整体运行效率与客流效益、运输能力、应急处置能力明显提高；持续发展方面，促进"站城一体"综合开发，优化经营水平，增强运营资金平衡，财务可持续、环境可持续、资源可持续形成新路径；智慧赋能方面，完善智慧应用场景顶层设计，构建智慧城轨标准体系，核心业务智慧化水平不断提升。

第二阶段（至2035年），全面建成新一代智慧型城市轨道交通，进入城市轨道交通强国前列并引领发展潮流。网络发展方面，发展方式实现根本性转变，系统化、协同化、智能化、绿色化水平显著提升，发展格局实现差异化协同，不同类型网络因地制宜良性发展；一体融合方面，与各类交通方式、新型基础设施实现功能上的深度融合，网络韧性与通达性大幅提升，服务大城市能级明显提升，推进大城市率先实现现代化进程；技术装备方面，关键核心技术装备产业实现完全自主可控和产业链现代化，支撑"一带一路"倡议有效实施；运营管理方面，从侧重提高运输能力过渡到侧重改善服务质量和效率，运输方式从简单过渡到灵活，多方式运输协同效能、多样化综合服务品质、精准化复杂场景管控能力明显提升；持续发展方面，财务可持续、环境可持续、资源可持续探索形成良性发展新模式；智慧赋能方面，数字化、智能化城市轨道交通建设覆盖核心业务和基础设施，智慧调度、智慧维保、智慧应急等得到广泛应用，综合效能显著提升。

6.2.3 发展方向

城市轨道交通是现代城市公共交通的发展方向。发展轨道交通是解决大城市病，建设绿色城市、智能城市的有效途径。城市轨道交通发展应紧密结合交通强国建设，围绕构建安全、便捷、高效、绿色、经济的新一代智慧型城市轨道交通目标，加快推进城市轨道交通从相对独立的交通方式向与市内、城际多种交通方式协同发展的一体融合转型；从单一交通运输服务向城市多元综合服务转型，在主动融入城市现代化建设的过程中实现自身的可持续发展；从国产化向自主化转型，满足城市轨道交通行业国内循环的需要，确保产业安全；从传统轨道交通向智慧轨道交通转型，全面提升城市轨道交通综合效能。

作为环保型出行方式，城市轨道交通系统在降低人均出行碳排放方面作用显著，但仍存在诸多难点制约着绿色低碳潜能的进一步发挥。例如：在规划方面，既有环评导向市（郊）区线路采用地下敷设方式为主，从规划源头造成城市轨道交通系统碳排放增加，同时既有城市轨道交通设计标准与绿建标准体系在理念融合、需求融合、功能融合等方面还存在诸多挑战；在建设方面，地下车站预制建造与复杂环境暗挖技术、废弃工程材料循环利用技术尚有巨大挖潜空间；在运维方面，关键设施设备延寿评估体系与标准尚未建立，新能源应用、绿色节能工艺改进与技术升级等方面仍需重点加强；同时，从低碳角度看，城市轨道交通系统的碳足迹捕捉、碳排放计量、碳交易模式等领域都属于亟须重点攻关的新兴领域。因此，需要坚持以精准降碳为引导，以满足人民群众健康出行为导向，以技术创新为手段，加快形成城市轨道交通全寿命周期的绿色低碳发展体系，全方位全过程推动城市轨道交通绿色升级，助力经济社会发展全面绿色转型。

"十四五"相关地铁发展论述指出了发展的基本方向，"十四五"是地铁发展从快速到平稳，进而转入建设缓慢下行，未来一段时间内地铁交通建设规模增速放缓，行业重心逐步向管理效能提升、运营可靠度提高、服务质量升级过渡。运营管理需要快速提升转型发展，面对运营收支缺口逐步增大、维护成本不断递增、客流效益随网络外延递减；人民对公共交通的功能完备和服务品质要求不断提升；低能耗、高效率成为行业的发展趋势。要实现：财务可持续——开源节流、降本增效；服务可持续——聚焦需求、提升品质；资源可持续——能源节约、环境友好。

展望未来，应该进一步从"增量"转向"提质"。"十四五"期间，我国地铁的工作重点将由以建设为主，逐步转向运营、管理并重发展的新阶段，相应的发展思路也需要调整。"十四五"期间，地铁交通需要因地制宜、一体融合，量力有序、固本开源，管建并重、需求导向，自主突破、智慧赋能，从而实现全行业协调、持续、高效的创新发展。

6.3 轨道交通通风空调发展趋势

6.3.1 政策引导发展

6.3.1.1 "双碳"目标政策

2020年9月22日，国家主席习近平在第75届联合国大会上宣布，中国力争2030年前二氧化碳排放达到峰值，努力争取 2060 年前实现碳中和目标。"双碳"目标倡导绿色、环保、低碳的生活方式，是国家发展根本战略，引导、推动着各项绿色技术创新。

城市轨道交通运行能耗总量和强度高，有关资料显示：近些年中国城市轨道交通年总用电量均维持在 200 亿 kWh 以上，并且逐年增加，几个一线城市几乎都是或接近第一用电大户。目前，主要能源类型包括化石能、电能、生物质能、太阳能、水能、风能和核能，以化石能源为代表的传统能源减少使用对碳排放贡献最大。城市轨道交通作为用户端，相对源的绿色化而言，本身运行的减碳和节能具有更大意义，可以说低碳和节能已经成为绿色城轨的基本诉求。

通风空调系统能耗相对占比较高，在地铁中是耗能大户。在国家节能环保改革的大背景下，产业的升级改革是必须要做的事情。低碳生活方式已经对暖通空调市场产生深远的影响，伴随暖通空调产业的不断发展和科技日新月异的进步，这需要地铁通风空调技术有一个科学的评价方法，用这些评价方法来指导地铁通风空调技术的设计方案、施工措施和运营管理，使其更合理，实现资源的更有效配置。现阶段我国科学技术水平不断提高，为地铁通风空调技术创新发展提供良好机遇。通过积极响应落实国家"双碳"目标，注重整体节能创新技术应用，持续改进，降低轨道交通通风空调系统碳排放和能耗可期。

1. 地铁通风空调系统减碳的发展方向

目前用户碳排放的计算值等于各地区的平均碳排放因子乘以能耗，碳排放与能耗几乎成为一件事情，在同一地区相同的能耗就是相同的碳排放。因此很多观点认为地铁用户，节能是唯一的减碳方式，其实不然。由于风电、太阳能发电等绿电占有的比例是随时间不断变化的，同一地区不同时段相同的能耗碳排放不一定相同，这就为我们提供了一种路径，节能减碳的同时，通过合理调整用能时段达到减碳的目的。将来相关政策会积极引导个体建筑减少碳排放，需要两个基本条件支持：一是相关部门给出各时段不同能源随时间变化的动态碳排放因子，让用户知道碳排放因子什么时段高（绿电占比少）、什么时段低（绿电占比多）。通过发布的实时和预测碳排放因子改变自身用电行为，最大限度地减少二氧化碳排放。二是单体建筑具有能够根据政策引导进行减碳响应的措施，即在满足使用要求的前提下，尽量使用低碳排放因子时段的电或其他能源。达到这个目的可能有多种方式，例如储电等，但对暖通空调系统本身而言，储冷（热）变得更加重要、直接和有意义，目前不仅可以根据"峰谷电价"合理运行达到省钱的目的，将来还可以根据"峰谷碳值"合理运行和引导达到进一步减碳的目的。电源侧碳排放因子如图 6.3-1 所示。

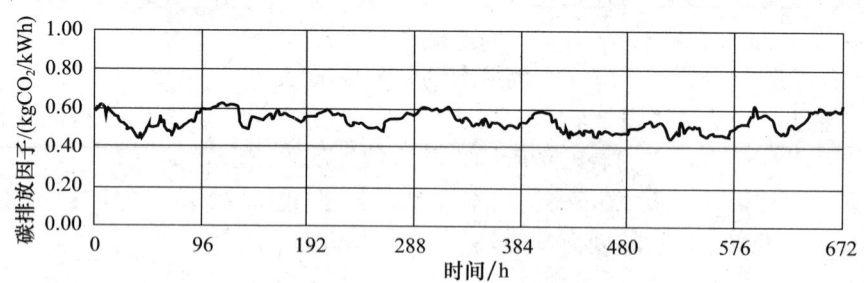

图 6.3-1 电源侧碳排放因子示意图

对于"电力动态碳排放责任因子"，清华大学江亿院士这样解释：碳核算，就是 1kWh 电对应着多少二氧化碳的排放量。为什么加"动态"两个字，因为随着时间变化，电力的构成、电源的构成是不断变化的，所以得是动态的。根据什么来分摊排放责任？需要让它有利于促进相关各方的减碳行动，不同状况下，各方采取的行动不同，分摊方式也不一样。利用电力动态碳排放责任因子来调动终端的调节性能，要求每时每刻有个动态碳排放责任的数值，让它和电网的供需平衡关系相关，从而来调动终端，来自律似的参与调节。电网的调控保障由完全依靠电网侧的调节，用户想怎么用就怎么用，转为电网跟终端共同承担控制调节的任务，而集中跟分布的储能设施成为保证电网稳定运行的重要支撑，现在是靠转动惯量，未来就是靠各种储能。由于这样的重大变化，所以就使得相应的政策机制必须跟着变化，因为不同政策机制对应的是不同系统结构跟调控方式来解决不同的主要矛盾。

当前，电网碳排放因子存在更新不及时、时空分辨率体现不够、绿色环境价值尚未体现、无法引导企业主动调整用电行为等问题，亟须建立客观、直观、精准的电网碳排放因子体系，为监测碳排放动态、落实减碳行动提供科学数据参考。

未来可基于新能源发电装机容量的实际情况，探索构建区域动态电网碳排放因子，并逐步精确到省、市，这样可以有效引导用户通过调整用电时序实现主动碳响应，同时促进清洁能源消纳，进一步提高全社会碳效水平。

2. 地铁通风空调系统深度节能的发展方向

地铁通风空调技术的发展始终伴随着节能的主题，节能是不断深入、持续改进的过程，节能当然也是减碳。目前地铁车站通风空调系统每年的平均能耗已有大幅度降低，系统的能效水平也在不断提高。在专业技术不断发展进步的同时，节能发展潜力更加偏重于：①专业间的交叉互动，协调寻优，推动整体节能；②建立一个更加科学合理的评价体系，通过该评价体系来对地铁通风空调技术的发展趋势进行引导，也为强制监管提供依据；③强化地铁通风空调系统运营技术，同时打破壁垒，相互借鉴，使节能真正落地。

6.3.1.2 《绿色高效制冷行动方案》政策

2019年6月，国家发展改革委联合多部门发布了《绿色高效制冷行动方案》的通知，总体要求，到2030年，大型公共建筑制冷能效提升30%，制冷总体能效水平提升25%以上，绿色高效制冷产品市场占有率提高40%以上，实现年节电4000亿kW·h左右。类似政策出台了很多，例如2022年8月，中国城市轨道交通协会发布了《中国城市轨道交通绿色城轨发展行动方案》，其中提出强力推进新一代节能技术研发试用等，推进车站通风空调智能控制模式。

能效的提升包括了主要设备效率的提升，例如冷水机组能效和水泵效率提升中采用的变频技术、制冷机无油悬浮技术、直膨技术等，都是设备能效提升的有效途径。也包括通风空调系统配置的优化，让所选设备在不同负荷率和室外湿球温度下，都能高效运行。要达到实时高效，控制系统的有效提升也必不可少。《绿色高效制冷行动方案》等政策直接推动了地铁通风空调设备的进步和系统的改进。近些年高效制冷机房的建设高速发展，取得了良好的节能效果，得到大家的广泛认可。地铁高效制冷机房的年均COP值不断创出新高，广州地铁设计研究院股份有限公司罗燕萍团队作出了很大贡献，尤其在推广方面取得突出成绩，走在了全国行业的前列。我们应该看到，地铁车站特点之一是狭长，地铁车站特点和使用性质决定了通风空调系统末端能耗占比较大，怎样提高通风空调系统的整体能效是未来发展方向，而减少末端设备的能耗，例如采用空调风—水系统、单风机系统等，都是提高通风空调系统整体能效的重要发展方向。

"十三五"国家重点研发计划项目"公共交通枢纽建筑节能关键技术与示范"中课题3"地下交通建筑节能关键技术研究与设备开发"，对地铁车站通风空调系统进行了深入研究，对暖通空调目前技术水平进行了科学确定，清华大学李晓锋教授团队给出了不同地区地铁标准站环控能耗水平（约束值、引导值）的研究成果，如表6.3-1所示。虽然目前有个别年能耗很低的车站（如成都磨子桥站等），但各地区大多车站实际年平均能耗值与约束值相比都有相当大差距，尤其是建成运行多年的系统，实际年平均能耗值更高。在新建地铁项目积极采用节能技术的同时，把既有能耗大车站节能改造做好，贡献更大，这无疑是新时期地铁通风空调系统新的发展方向。

表6.3-1 不同地区地铁标准站环控能耗水平（约束值、引导值） 万kWh/(a·站)

	寒冷地区	夏热冬冷地区	夏热冬暖地区
能耗约束值			
最大值	49.1	68.3	85.9

续表

	寒冷地区	夏热冬冷地区	夏热冬暖地区
平均值	38.1	57.9	75.0
最小值	18.4	44.6	60.4
能耗引导值			
最大值	32.1	43.3	52.9
平均值	27.2	37.6	47.2
最小值	17.8	30.6	40.0
实测平均值	130（北京）	118（上海）	155（广州）

注：表中北京、上海、广州每站年实际平均能耗值的来源是：根据中国城市轨道交通协会公布数据，各条线年总能耗减去年牵引能耗再平均，按通风空调能耗占60%取值。

6.3.1.3 "十四五"目标

习近平总书记乘坐北京大兴国际机场线时提出："城市轨道交通是现代大城市交通的发展方向。发展轨道交通是解决大城市病的有效途径，也是建设绿色城市、智能城市的有效途径"。这一论述，既指明了大城市交通通病，更指明了城市轨道交通的发展方向和途径。到2025年的目标是综合交通运输基本实现一体化融合发展，智能化、绿色化取得实质性突破，综合能力、服务品质、运行效率和整体效益显著提升，交通运输发展向世界一流水平迈进。"十四五"规划中，城际铁路、市域铁路、地铁各增运营里程3000km，但重点建设发生了明显的变化，通过解读、理解和提炼，下面从市域铁路、智慧环控系统和存量市场高质量更新改造和管理3个方面论述发展趋势。

1. 支持市域铁路发展，强化标准建设

现代化国际都市圈一般以通勤圈确定其基本范围，对应着一体化的轨道交通体系。都市圈市域（郊）铁路，欧美国家称为市郊铁路、通勤铁路，它是沟通都市圈中心城区和周边城镇组团、服务通勤客流的快速、大运量、公交化轨道交通系统，它对塑造现代化都市圈的空间形态、支撑都市圈产业发展具有重要作用。党中央、国务院对新型城镇化和铁路建设高度重视，党的十九届五中全会通过了《中共中央关于制定国民经济和社会发展第十四个五年规划和二〇三五年远景目标的建议》，明确提出"发挥中心城市和城市群带动作用，建设现代化都市圈""加快城市群和都市圈轨道交通网络化"。近些年来许多地方也在积极探索、谋划、建设市域（郊）铁路。建设市域（郊）铁路，对推动新型城镇化迈向高质量发展、培育现代化都市圈具有重大意义。

一些城市新建或者利用既有铁路发展都市圈市域（郊）铁路取得了很好效果，但是总体上仍处于起步发展阶段。当前市域（郊）铁路发展还有功能定位认识模糊、管理体系不完善、体制机制不明晰等问题。高铁主要服务区际出行，新建高铁时速一般在250km/h及以上。地铁主要服务中心城区通勤出行，时速一般在80～100km/h。市域铁路时速在100～160km/h，是介于高铁和地铁之间的一种形式，最主要区别是列车速度不同。由于高铁和地铁的特点各不相同，市域铁路的技术标准很难避免"两头化"现象，目前现行的相关技术标准中的规定不一致现象普遍存在，这对工程设计、施工和验收等环节造成了重大的不良影响。尤其是在安全保障措施方面差别很大，根本原因是高铁和地铁的安全疏散理念不同。例如，铁路隧道防灾疏散以洞外疏散为主，而地铁有事故列车迫停在隧道内的工况，需要就地安全疏散。很多时候线路属性并不明确，导致市域铁路偏向高铁或是偏向地铁的工程措施差别很大，例如，中间风井和风机的设置标准，偏向高铁就不需要设置，偏向地铁就需要设置，现行市域铁路标准也不相同，很难抉择或抉择不统一。市域铁路标准"两头化"现象是迫切需要解决的一个重要问题，关系到设计、验收等多个环节，对工程经济性也有很大影响。

2. 智慧环控系统

配合"十四五"规划中智慧轨交内容，中国城市轨道交通协会2020年3月发布《中国城市轨道交通智慧城轨发展纲要》，作为行业的顶层设计，已成为城市轨道交通制定智能智慧化发展的指导性文件。智慧城市轨道建设全面启动，其中的智慧环控系统跟上智慧城轨发展步伐，也是必然。当前，在诸多利好因素的引导下，智慧环控系统建设驶入高质量发展的快车道。大数据、人工智能、物联网、5G、云计算等新兴技术的发展，为智慧环控系统的进一步推广和应用实现了技术上的可能。此外，智慧环控系统的发展，对进一步提升轨道交通的安全性、舒适性和减碳节能意义重大。从 RT 轨道交通发布的《2022 年中国城市轨道交通通风空调中标统计》可以看出一些变化，2022 年共计有重庆、成都、天津、苏州、青岛、深圳、贵阳等城市轨道交通业主发布了智能高效空调系统采购项目 17 个，合计中标金额超过 8 亿元，预计占据全年度空调系统中标金额的 60% 以上。

  智慧的内涵是感知、记忆、理解、分析、判断、升华等能力。智慧环控系统是一种集成了先进传感技术、数据分析与云计算等现代信息技术和自动化技术，实现对地铁通风空调及相关专业的智能化、精细化环境管理的系统。

  发展智慧环控系统，需要解决下列几个问题和痛点：

1) 地铁通风空调系统工况变化多、耦合因素多、控制复杂，导致控制策略和方法目前参差不齐。
2) 更多的相关专业一体化，例如与环控相关的声光等深度融合。
3) 建立更高层次能耗大数据库和能源管控平台，实现从车站到线路到线网的统筹。

  重点一是在"技术层面"，通过智慧的加持，在减碳节能目标下恰到好处发挥出通风空调系统功能初衷，并能扩大推广范围到不留死角；二是"管理层面"，通过智慧的加持，实现以采集数据为基础的精准分析、持续优化和管理升华。

3. 强化高质量更新改造和运营管理

  城市轨道交通建设即将进入高位平稳发展新阶段，有利于从高速度发展向高质量发展转变。城市轨道交通的通风空调系统的显著特点是造价只占据总体造价的 10% 左右，但系统的运行能耗要占到车站总能耗的 40%～50%，甚至更多。因此针对通风空调系统的节能更新改造必然会越来越多，在"双碳"目标和强度趋缓双重作用下，存量市场通风空调系统高质量更新改造和运营技术必然是一段时间内暖通专业的重点和发展趋势。

  对运营车站进行技术更新改造的难度和成本远远大于对新建车站。首先，既有车站建筑工程和通风空调系统，形成了对更新改造目标的诸多限制条件，包含拆除和无法拆除的限制，以及不影响正常运营等。其次，改造目标必然有更高的要求，减碳目标、节能目标和新技术应用目标等，不是简单地以旧换新。同时，每个车站的情况不同，个性化特征强，系统方案和工程措施通用性差，一般不能相互套用。因此，地铁的更新改造技术不同于我们熟悉的新建工程，需要投入更大精力了解工程现状、通风空调系统能耗现状，进行多方案、多专业可行性比选，才能达到更经济、更合理的目标。随着地铁通风空调系统的更新改造项目的逐步增多，需要逐步形成一套体现更新改造特点、可遵循的技术路线、模式和经验。

  目前绝大多数既有地铁通风空调系统运行控制逻辑和智能化控制程度不高，运营人员经验起到很大作用，也导致了车站实际运行效果参差不齐，需要提高环控系统的智慧控制水平。同时需要重点指出的是，很多地铁车站已有的大量实际运行数据闲置，没有体现出应有的价值，没有有效应用在运营的持续改进中。因此针对存量市场，提高运营人员基本素质和培养具有运行数据分析判断能力的高层次人才是迫切需要的。

6.3.2 通风空调技术发展思路

  上文对目前地铁通风空调若干应用技术的发展做了一些总结和评价，本节主要对尚未应用过的技术和应该更好发展应用的技术做一思考和分析，为广大地铁建设、设计、施工和运营人员提供参考，这些技术思路可能尚不完整，难免挂一漏万，或失之偏颇。期望能为践行者提供一种思路，也期望大家能进一步深入研究和尝试，更期望工程实际效果的验证结果。

6.3.2.1 车站活塞风利用强化措施

1. 目前情况

过渡季利用列车活塞风冷却车站，减少或代替车站机械通风的使用，是车站活塞风利用强化措施的目标。目前在站台门上方设置风阀，通风有利时风阀打开，达到利用活塞风冷却（加热）车站的目的，通风不利时风阀关闭，减少活塞风对车站的影响。可调通风型站台门利用和抑制列车活塞风机理明确、应用地域广，但一些应用痛点和效果导致推广并不理想。

2. 完善思路

1）以通风空调专业为主，与屏蔽门、FAS/BAS、供电、建筑等相关专业密切配合，继续完善风阀位置、形式、开启方式和密闭性能等，是十分必要的。同时根据隧道和车站冷却及新风需求，研究配合活塞风阀调节的必要性和可行性，有利于更多活塞风经过车站从出入口进出，增强节能效果。

2）屏蔽门端门的合理开启利用：端门断面较大、与隧道顺连，过渡季节若采取一些开启措施，可以充分利用活塞风动压，增加车站与外界的换气量。还可以根据隧道空气质量（温度、颗粒物）选择多进或多出的单向效果：例如只打开出站端端门，使车站出入口进风为主；只打开进站端端门，使车站出入口出风为主。

3）屏蔽门运行策略：在保障安全前提下，过渡季（或通风有利时）调整屏蔽门关闭程度，增加站台与轨行区连通通道，有利于提高列车活塞风进出车站比例。

4）受活塞风影响从车站出入口排掉的空气干、湿球温度较低，与冷却用进风有机结合可以提高冷却效率。

6.3.2.2 车站制冷机房的能效再提升

1. 车站高效制冷机房的发展历程

纵观高效制冷机房的建设历程，是一个由循序渐进到快速发展，最后到全面普及的过程，大致可分为三个阶段。

第一阶段为导入期。这个阶段制冷机房能效提升是以节能率作为目标，采用改造前后的用电量作为对比参数，以用电量的变化作为评价参数。节能率确实体现了系统能耗的降低，但是缺少系统本身的运行数据的支持，而且不能保证前后两次测量的基准相同，也不掌握系统内部各设备、各环节的运行状态，无法进行系统性的运行评估与能效分析。另外在节能率的计算中，第一次测量时大多数系统运行状态存在一定程度不健康的情况，导致数据不够客观，而且不能进行不同项目间的横向对比。

第二阶段为快速发展期。这个阶段的高能效建设范围主要集中在水系统，评价指标为系统运行能效。在这个阶段中，各城市的地铁车站高效机房建设从试点示范站，逐步扩展到全线所有车站，呈现出的运行能效水平也越来越高，从开始提出的空调水系统年平均运行能效 5.0 提升到了 7.0 以上。系统实际运行的状态参数得到了广泛关注，用于远程管理与智能运维、数据存储以及优化分析的云平台也陆续建成投用，几乎所有的能效提升技术、节能控制措施及其算法等，都得到了应用与发展。

目前车站高效制冷机房正处于快速发展中，以空调需求量最大、空调季最长的华南地区为例，已完成了高效机房试点示范车站建设，并积累了丰富的技术与工程经验，率先进入了新线的全面建设阶段，其中广州地铁还开展了旧线的全面节能改造，首先迈出了由全线到全网普及高效制冷机房的脚步。

但是在技术发展与能效提升的同时也出现了一些问题，主要包括了评价指标定义不够清晰，片面追求高运行能效的现象，对能耗、成本、服务水平等关注不够，考核方法与评价体系不统一等，影响到行业的持续健康发展，因此针对发展中出现的问题进行改善、规范和推广，是第三阶段即下阶段的目标与方向。

2. 系统能效再提升思路

制冷机房是个大型集成系统，由众多底层设施和上层控制构成，其中底层设施的表现是全系统运行能效的基础。底层设施包括了单体设备，以及为数众多的监控元器件，只有建立在单体设备运行良好、监控元器件数据准确的基础上，上层控制系统及其调节策略才能行之有效，否则就是空中楼阁、纸上谈兵。受设备能效提升技术的周期性发展影响，目前空调水系统年平均运行能效7.0的表现，短期内很难再有实质性、全面性的数值提高，系统能效的再提升，应着眼于规范内涵、丰富层级，以提升全行业平均能效水平为目标，针对发展中出现的问题而进行的规范化与层次化。

1) 规范化

规范化是系统能效再提升的基础，首要任务是确定评价标准的定义。只有统一了评价标准的内涵，才能对不同系统进行横向对比与客观分析，发现存在问题与优化空间。

其次是评价指标的多元化。未来的高效空调系统评价不应只停留在运行能效一个单一的指标上，还要关注它的能耗、服务水平等。从节能的角度来看，提升运行能效只是过程，最终的目标是减少运行的能耗，从而确实减少碳排放。对于提升运行能效的一些措施，如果对系统末端的运行状态存在一定程度的不良影响，当两者存在矛盾时，应先保证空调区域的必要服务水平，维持系统的稳定可靠运行，不影响底层设备的性能与寿命。

再次是行为规范化。有效的运行节能调节，需要建立在单体设备运行良好、现场数据准确、网络传输及时的基础上，片面强调上层控制的重要性与贡献度，而忽略底层设备的影响、现场监控元器件的设置与维护要求，既不客观也不科学。行为规范化应是结合空调系统从设计到施工、调试、考核的全过程，明确各个环节的工作标准与阶段目标，促进能效水平全面提升的实现。行为规范化也可以应用于常规的空调系统，有比高效空调系统更广泛的应用场合，因为能效的提升是个对比值，同样的差额，运行能效从3提高到5比从5提高到7更具有市场，也更具有推广价值。

2) 层次化

全国地域广阔，各地城市的气候条件、经济水平千差万别，对地铁车站空调系统的应用需求也有区别，不适合采用单一的能效指标进行统一的建设要求，而要因地制宜，区分出不同的层级，作为建设的选择。未来能效的再提升，可分为层次化的向内渗透和向外延伸两个方向。

向内渗透是指从高能效示范的精品工程，普及到所有的寻常车站，应该在系统的能效水平基础上，充分考虑综合的建设成本、长期的运维费用的平衡，以全寿命期成本与效益作为标准，建立不同级别的能效水平供建设方选择。无论新建工程或旧改工程，都可以根据自身条件选择最适合的能效等级，达到全行业平均能效水平提升的目的，而不是在高门槛前望而却步，或者是盲目地追求高能效。

除了不同工程间之外，系统内部也可以考虑普及节能措施。目前地铁车站的高效空调系统建设主要集中在地下车站的常规空调水系统和大系统，下阶段可以考虑将小系统纳入控制范围，另外其他形式空调系统，如蒸发冷凝系统、直膨空调系统等，也应考虑其能效目标与考核。

向外延伸是指在维持服务水平不变、成本和风险可控的前提下，全面提升轨道交通车站空调系统的全自动运行的水平、能源应用与运维效率，打破系统本身的界限，连通更高层级的控制系统或数据平台，建立轨道交通车站空调系统互联网，实现从车站到线路到线网的连通，使系统的调节控制更直接地关联到系统的服务对象和边界条件，最大程度实现不同系统之间的信息共享与互联互通，减少中间的信息传递与数据转换环节，可以压缩系统构架与规模、提高运行响应速度，最终达到减少全系统能耗和维护成本的目的。比如广州地铁目前全新构建的"穗腾2.0"示范平台，建立了基于工业互联网和物联网的轨道交通操作系统，可以全面展示车站的各类信息，从此空调系统不再是一座孤岛。

6.3.2.3 减少车站末端能耗

近些年地铁通风空调系统高效机房实践取得显著成绩，为地铁车站运行节能作出很大贡献。但地铁通风空调系统末端设备能耗不容忽视，主要原因是全空气一次回风系统风道路径过长导致风机风压过大，通常采用送风机和回排风机的双风机系统，目前绝大部分地铁车站风系统单位耗功率 W_s 值不满足公共建筑国家规范的规定（很多设计人员把送风机和回排风机 W_s 值单独进行计算，认为满足要求，明显是不对的）也体现了这点。以目前水冷集中空调为例，减少末端设备能耗大体归纳为两个方向：一是维持目前全空气系统形式，尽量减少末端风机压头，即在高效机房基础上的系统节能方向；二是采用空气—水系统的以水代风节能方向。

1. 系统节能方向

1) 车站公共区采用单端送风

很多情况下，车站采用单端送风可以减少空调机组风机的压头，进而减少末端风机运行能耗。不仅如此，多专业配合做一些并不复杂的变化，可以进一步得到节能益处。

（1）单风机系统：可以进一步减少风机能耗，两个风机串联不管从设计和实际运行角度，匹配不会达到恰好。

（2）大小系统分开：公共区组合空调机组集中在一处，不跨越公共区，为空调冷水泵节能创造了条件，同时冷水机组和冷却塔如果能与空调机房放在车站同一端，则可以把单端送风的节能潜力，以及风系统和冷水、冷却水系统的功能发挥到最大。图 6.3-2 为单端送风示意图。

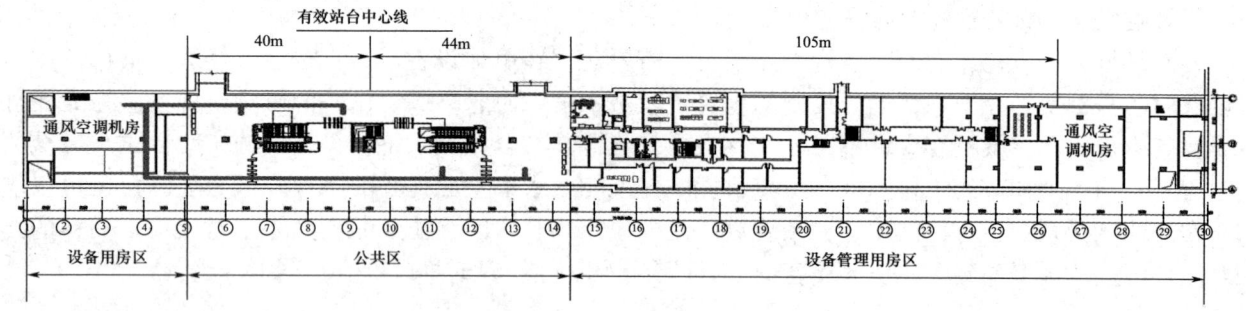

图 6.3-2 某车站单端送风示意图

2) 车站公共区不均匀送风

目前车站全部采用均匀送风形式，由于车站活塞风对车站的气流有较大的扰动，其扰动具有一定规律（目前尚不十分清晰），尝试利用这种扰动规律研究不均匀送风满足旅客过渡舒适要求的可行性。这对缩短风道长度、减少风机的风压，以及建筑空间布局无疑也是有益的。

2. 以水代风方向

1) 形式多样

以水代风的核心是将末端设备从空调机房分散至用户就地。可以采用集中制冷＋大风机盘管方案，也可以采用水冷柜机，将集中制备冷水分散至末端直彭，即集中冷却水系统。还可尝试采用多联机系统（以制冷剂代风）。

2) 降低末端能耗

以水代风可以在不增加水泵能耗的前提下，就地送回风，实现大幅减少空调末端能耗的效果。实际测试证明利用这种空气—水空调系统能够实现能耗减少。

3) 降低建设投资

以改进型水冷柜机为例，可以基本取消制冷机房和空调机房，标准车站土建费用节省约 400 万元，通风空调系统本身设备系统投资不增加，同时还可以减少控制系统投资。

6.3.2.4 运行节能

1. 避免车站公共区过度供冷

车站公共区设计理念为过渡舒适，设计标准通常为站厅 29～30℃、站台 28～29℃。实际运行时绝大部分车站公共区在 26℃左右，达到了舒适标准。室温的高低对能耗影响很大，不仅影响到通风空调系统的能耗和能效，有时还会把外界的负荷变为消除负荷的冷源，双向受益。尽管目前的公共区过度供冷有其深层次原因，但应该提倡尝试始终或一部分时间内按设计要求的环境参数运行，合理有效挖掘节能潜力。

2. 改变列车空调运行策略

近年来，清华大学朱颖心老师研究的健康环境概念和国内外越来越多的研究成果表明，稳定无变化的、恒温恒湿的中性环境对人体来说并不是最健康的，而略微偏离舒适的、对人体有一定刺激锻炼作用的环境反而是更健康的。因此，我们营造室内环境的目标，不应该是追求极致的"舒适"，而应该是追求有变化的"可接受"，这样才能达到既有益于维持人体的健康，同时又能达到降低资源和能源消耗的目的。

排热风机运行的主要目的之一是排除列车停站时空调排出的热量，即使这样实际列车空调冷凝环境仍然十分恶劣，为了达到列车内的环境控制温度，列车空调需要全力工作，而越全力工作排出的热量越多，冷凝环境越恶劣，空调越要更全力工作，进入了恶性循环，列车空调和排热系统都消耗了大量能源。如果尝试改变列车空调的运行策略，到站停车的时段，提高列车室温目标设定值，进而使列车空调以尽量小的负荷运行，不完全保障列车空调供冷。30s停站期间列车内温度会产生波动，但停留在车厢的旅客也不会感到明显不舒适，出站后列车空调再全力运行。列车空调运行策略这样调整的结果是，在提供的总冷量不变的前提下，会使列车空调能效提高，同时显而易见会减少排热系统运行的时间和能耗，为排热系统取消排热的功能提供了进一步支撑。

6.3.2.5 蓄冷

1. 蓄冷技术进入车站的可行性

1）地铁车站的空调负荷特点分析

地铁车站空调负荷受客流影响呈现早晚上下班两个高峰，夜间地铁停运以后，车站设备用房仍有部分相对较为稳定的负荷需求（根据目前运营实际情况，白天地铁运营和晚间停运，部分设备用房负荷有所变化，而且不同季节，设备用房负荷也有小幅度的变化）。地铁一典型车站夏季空调逐时负荷如图6.3-3所示。

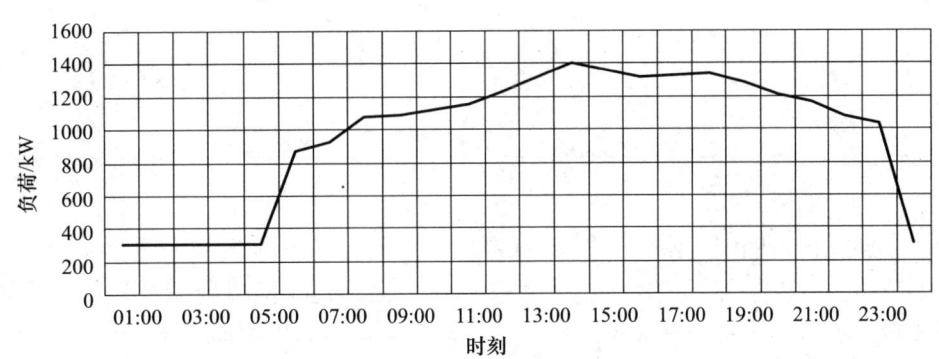

图6.3-3　典型车站逐时负荷曲线图

根据车站规模和客流情况的不同，大系统空调负荷的数值有所不同，但基本在600~1100kW之间，车站小系统空调负荷基本在280~500kW之间。

2）地铁蓄冷电价及碳减排利益

随着城市经济的发展，城市空调电力负荷占据城市电网高峰负荷的比重越来越大，加剧了城市电网白天高峰用电紧张、夜间低谷电力消耗不足的现状，始终存在昼夜间用电需求差别较大的矛盾。大力推进各种电网调峰技术是解决这个矛盾的重要方法之一，空调蓄冷技术则可作为调峰技术的一种手段。

根据某城市执行的电价政策，未设置蓄冷时，地铁执行的是优惠电价，全天统一为0.8308元/kWh；若设置蓄冷，执行峰谷电价为：00：00—08：00时间段内0.3元/kWh，08：00—24：00时间段内

0.9028元/kWh。如地铁能争取到更优惠的电价，蓄冷的经济性将更优。反之，蓄冷的经济性将大打折扣。

蓄冷可提高电网负荷率，使电力部门实现减排，这是大家的共识。但到目前为止，对蓄冷空调系统的二氧化碳排放研究只是从系统本身考虑，对蓄冷系统的评价也只是从经济、环境和能耗三方面进行，结合将来动态碳排放因子的引导和推广，随着通风空调系统碳排量的合理计算、减碳效果定量评估的规范与机制，以及碳交易市场的制定与完善，蓄冷空调系统作为柔性用能方法之一，也必将成为为减碳作出更大贡献的技术。

2. 蓄冷空调系统分类

空调蓄冷就是贮存电网低谷时段"低价的能源"，在需要能量的峰值时段，贮存的冷量被释放出来满足负荷的需求，达到转移电力高峰期空调用电负荷，节省运行费用的目的。以蓄冷介质区分，有水蓄冷、冰蓄冷、共晶盐蓄冷三种方式。

3. 地铁车站水蓄冷经济性分析

根据前述地铁车站的负荷特点，选取冷负荷为1300kW的一车站作为典型站进行水蓄冷经济性分析，对车站水蓄冷在不同蓄冷率条件下和不同空间条件（有水池空间和单独开挖水池）的经济性分析结果表明，蓄冷率18%～50%、有水池空间情况下初投资增加费用的回收期为6.8～9.8年，而单独开挖水池情况不具有经济效益。

4. 地铁车站冰蓄冷适用性分析

相比较而言，对相同负荷基数，由于制冰工况相对较低的蒸发温度导致冷水机组效率较低，使得冰蓄冷系统的耗电量要高于常规空调30%左右；而用于常规空调的冷水机组均可直接用于水蓄冷，即在蓄冷阶段和供冷阶段，水蓄冷的主机都可以保持较高的制冷效率。冰蓄冷耗电及运营维护费用较水蓄冷要高。

由于冰蓄冷系统需使用双工况主机，以及使用特殊的载冷剂乙二醇溶液和板式换热器，冰蓄冷系统初投资总体较水蓄冷要高。

经测算地铁车站采用冰蓄冷投资回收期在13～15年，投资回收年限较水蓄冷增加一倍左右，经济性较差，地铁车站采用水蓄冷比冰蓄冷更具有优势。

6.4 展望

强国建设，交通先行，国家"十四五"规划和党的二十大报告明确将"交通强国"作为我国经济社会发展的重大战略进行决策部署。作为社会主义现代化强国建设的先行领域，全面推进交通基础设施建设，对构建新发展格局、推动高质量发展而言，具有更加重要的战略意义。

从第一次提出修建地铁设想，到地铁总运营里程位居世界第一，其间经历了艰难的摸索阶段、缓慢的经验积累阶段，由经济飞速发展、大型国际盛事的承办推动超一线城市里程的增加，再到近十年二、三线城市的增速发展。50年来，中国城市轨道交通从无到有、由小及大，时至今日已经站在了从"地铁大国"迈向"地铁强国"的关键节点。

地铁作为一个城市的标志性公共基础建筑，凭借着强大的人员分流能力，已成为各大中城市重点发展的对象。我国城市轨道交通行业已经成为城市公共交通的重要组成部分，未来将继续规模化、智能化、绿色化、多元化发展，为城市居民提供更加便捷、快速、安全、舒适的出行方式。随着信息化、大数据分析和人工智能（AI）等智能化技术的应用，到城市轨道交通行业的管理更高效，以及综合性和一体化的解决方案发展和实施，地铁作为目前中国城市交通建设中最有发展前景的交通工具，其服务质量和运行效率会越来越得到提升。

城市轨道交通发展必然由"外延式扩张"为主向"内涵式高质量发展"为主进行转变，对一线城市，建设多层次立体的轨道交通，将民航、公路、水运、邮政、管道、铁路（包含高铁，城际，市域郊铁路等等）向一体化融合方面发展转变。同时，通过聚焦在城市轨道交通向快速发展积累的大量存量市场的高质量更新改造和升级，解决好快速发展过程中积累的一些突出短板和风险，系统性优化地铁安全、舒适和节能，为地铁高质量发展打下更牢固的基础，城市轨道交通和通风空调专业的健康、可持续和高质量发展成为必然。

展望未来，我国地铁建设前景仍然可期。通风空调专业如何把握机遇，建设资源节约型、环境友好型、技术创新型和安全便捷型的智慧地铁，必须在创新上矢志不渝，不断超越；在质量上站稳脚跟，不断突破。未来我国地铁建设到 2025 年，综合交通运输基本实现一体化融合发展，智能化、绿色化取得实质性突破，综合能力、服务品质、运行效率和整体效益显著提升，2035 年跻身创新型国家前列，到本世纪中叶建成现代化城市轨道交通强国，实现中国地铁强国梦！这些宏图的实现都离不开通风空调专业的健康发展，建立起具有自身特点并可持续发展的优势，通过技术革新和管理创新，为实现我国城市轨道交通及通风空调专业可持续发展贡献力量。

参 考 文 献

[1] 姚林泉，汪一鸣．城市轨道交通概论［M］．北京：国防工业出版社，2012．
[2] 中华人民共和国住房与城乡建设部，中华人民共和国国家质量监督检测检疫总局．城市轨道交通工程基本术语标准：GB/T 50833—2012 ［S］．北京：中国建筑工业出版社，2012．
[3] 中国城市轨道交通协会．城市轨道交通 2023 年度统计和分析报告［EB/OL］．［2024-03-29］．https：//www.camet.org.cn/xytj/tjxx/14894.shtml
[4] 中国城市轨道交通协会．城市轨道交通 2023 年度统计和分析报告解读［J］．城市轨道交通，2024，（4）：15-17．
[5] 侯秀芳，冯晨，左超，等．2023 年中国内地城市轨道交通运营线路概况［J］．都市快轨交通，2024，37（1）：10-16．
[6] 中国城市轨道交通协会年鉴编纂委员会．中国城市轨道交通年鉴（2023）［M］．上海：上海书店出版社，2023．
[7] 中国城市轨道交通协会年鉴编纂委员会．中国城市轨道交通年鉴（2022）［M］．北京：中国铁道出版社，2022．
[8] 中国城市轨道交通协会年鉴编纂委员会．中国城市轨道交通年鉴（2021）［M］．上海：上海书店出版社，2021．
[9] 中华人民共和国住房与城乡建设部，中华人民共和国国家质量监督检测检疫总局．地铁设计规范：GB 50157—2013 ［S］．北京：中国建筑工业出版社，2013．
[10] 陆耀庆．实用供热空调设计手册［M］．北京：中国建筑工业出版社，2008．
[11] 中国气象局气象信息中心，清华大学建筑技术科学系．中国建筑热环境分析专用气象数据集［M］．北京：中国建筑工业出版社，2005．
[12] 李国庆．城市轨道交通通风空调新技术及应用［M］．北京：中国建筑工业出版社，2014．
[13] 刘晓华，张涛，戎向阳，等．交通场站建筑热湿环境营造［M］．北京：中国建筑工业出版社，2019．
[14] 国家发展和改革委员会，工业和信息化部，财政部，等．绿色高效制冷行动方案（发改环资［2019］1054 号）［Z］．北京：中华人民共和国国家发展和改革委员会，2019．
[15] 罗燕萍．地铁车站高效空调系统设计方法与能效评价［M］．北京：中国建筑工业出版社，2019．
[16] 毛金伟．地铁车站空调负荷特征分析［J］．中国设备工程，2022，（14）：89-90．
[17] 郑晋丽．轨道交通隧道通风及相关系统应对大客流、高密度的适应性和对策思考［J］．隧道与轨道交通，2021，（3）：41-46，60．
[18] 胡浩明．不同排热模式下地铁隧道内气流分布特征的研究［C］//铁路暖通年会论文集，成都，2014．
[19] 郑晋丽，吴妍，王亮，等．地下车站排热通风系统困境及其原因探讨［J］．暖通空调，2023，53（7）：28-34．
[20] 林菁，付战莹，江洪泽，等．关于地铁轨行区排热系统运行模式的探讨［J］．节能，2020，39（05）：160-162．
[21] YUAN F D, YOU S J. CFD simulation and optimization of the ventilation for subway side-platform [J]. Tunnelling and Underground Space Technology, 2007, 22 (4): 474-482.
[22] TAO Y, YANG M Z, BOSEN B, et al. Numerical and experimental study on ventilation panel models in a subway passenger compartment [J]. Engineering, 2019, 5 (2): 329-336.
[23] 乔小博．直接蒸发冷却通风降温在地铁高架车站的应用［J］．铁道标准设计，2011，（9）：116-119．
[24] 王靖宜．屏蔽门系统地铁车站出入口渗透风特性研究［D］．西安：长安大学，2019．
[25] 刘垚，史柯峰，李晓峰，等．地铁通风空调造价指标特性分析［J］．暖通空调，2020，50（5）：56-62．
[26] 刘垚，王奕然，李晓峰，等．城市轨道交通工程通风空调投资数据统计特征分析［J］．城市轨道交通研究，2023（9）：279-285．
[27] 曾逸婷，赵蕾．地铁车站环境热舒适与通风空调系统节能策略研究进展［J］．铁道标准设计，2019，63（3）：178-183．
[28] 刘俊，车轮飞，於泽，等．典型地铁站通风空调控制系统节能改造分析［J］．暖通空调，2023，53（S2）：250-253．
[29] 房烁，夏美秀，郑进龙．地铁车站设备房空调负荷实测研究［J］．城市轨道交通研究，2018，21（10）：112-115．

[30] 刘伊江. 地下车站冷水机组部分负荷性能系数研究 [J]. 暖通空调, 2023, 53 (7): 7-16.

[31] 金昕祥, 王镜儒. 柜式空调器室内机风道优化与降噪研究进展 [J]. 低温与超导, 2018, 46 (4): 77-82.

[32] 胡祝银, 余朝刚, 张宇深. 地铁通风空调系统的变频节能技术研究 [J]. 铁道运营技术, 2013, (7): 16-18.

[33] 杨东堂, 张勇. 我国风机盘管技术现状分析 [J]. 制冷与空调, 2003 (5): 7-11.

[34] 华耀男, 郭绍华, 石雪松. 地铁和隧道风机的前景、现状及发展 [J]. 风机技术, 2009 (3): 54-59.

[35] 祁志生. 地铁风机运行的若干问题概述 [J]. 风机技术, 2008 (5): 67-70.

[36] 刘沃鸿, 王柳磊. 地铁隧道风机能效研究报告 [J]. 机械化工, 2020 (19): 150-152.

[37] 李首亨. 地铁冷却塔布置形式讨论 [J]. 工程建设与设计, 2021 (12): 34-36, 39.

[38] 苏晓青, 黄翔, 李鑫. 蒸发冷却技术在地铁环控系统中研究现状及应用形式探讨 [J]. 制冷与空调 (四川), 2015, 29 (6): 616-620.

[39] 郑聪. 广州地铁某车站风亭冷却塔噪声治理 [J]. 智能城市, 2021, 7 (19): 120-121.

[40] 范宏武, 聂悦, 程煊, 等. 基于实际运行能效的冷却塔性能评价方法研究 [J]. 建筑科技, 2022, 6 (2): 24-26, 29.

[41] 宋卷达, 孙奉仲, 孙清航, 等. 湿式冷却塔填料结垢的微观结构特征与组分分析 [J]. 动力工程学报, 2022, 42 (10): 897-903, 943.

[42] 余珏, 梁颖君. 城市轨道交通车站空调系统冷冻水供回水温度方案研究 [J]. 制冷, 2022, 41 (2): 20-25.

[43] 李丽. 轨道交通车站冷冻水系统变频节能技术探讨 [J]. 地下工程与隧道, 2007 (4): 49-51, 57.

[44] 于晓明, 赵建博, 石颖, 等. 空调冷水一次泵变流量系统设计探讨 [J]. 暖通空调, 2010, 40 (4): 67-70, 62.

[45] 曲凯阳, 曹阳, 郭旭, 等. 地铁车站水冷直接制冷空调机组 IPLV 计算方法 [J]. 建筑节能, 2019, 47 (11): 52-57.

[46] 李峰, 杨鑫泽, 黄冠英. 夏热冬暖地区地铁车站水冷直膨式空调机组的综合部分负荷性能指标评价 [J]. 城市轨道交通研究 2019, (7): 88-91.

[47] 吴益, 王奕然, 郭爱东. 单端设置机房地铁车站公共区通风空调系统设计探讨与实践 [J]. 暖通空调, 2017, 47 (12): 54-57, 123.

[48] 周慧敏. 城市轨道交通车站空调水变频技术现场测试与数据分析后评估 [J]. 城市轨道交通研究, 2020, 23 (5): 89-91, 96.

[49] 李亮, 李晓锋, 王春旺, 等. 地铁屏蔽门渗透风对车站空调负荷影响的数值模拟研究 [J]. 暖通空调, 2021, 51 (11): 121-124.

[50] 闫家伟, 杜霞. 地铁通风系统组合风阀存在的问题及建议 [J] 消防科学与技术. 2012, 31 (12): 1298-1300.

[51] 韩力. 地铁通风系统组合风阀存在的问题及解决措施 [J]. 运输经理世界, 2021 (17): 7-9.

[52] 魏军, 周颖, 杨秀英, 等. 城市轨道交通地下车站新型消声器研制 [J]. 噪声与振动控制, 2021, 41 (3): 245-251.

[53] 万雯. 地铁车站风机系统消声器材料与结构的优化研究 [J]. 科技与企业, 2014 (8): 303-304.

[54] 李元阳, 方兴, 胡钦, 等. 某地铁车站通风空调系统风水联动控制方法及应用 [J]. 暖通空调, 2023, 53 (S2): 226-231.

[55] 鲍帅阳, 杨卓, 武雪都, 等. 基于制冷季逐时能耗模拟的地铁车站冷源方案分析方法 [J]. 暖通空调, 2024, 54 (6): 167-170, 166.

[56] 蔡文生, 王怀良, 林达民, 等. 水冷直膨式空调机组与水冷多联机组合系统在地铁车站的应用分析 [J]. 暖通空调, 2024, 54 (6): 163-166.

[57] 张超, 丁路. 蒸发冷凝式螺杆冷水机组在地铁车站空调系统中的应用 [J]. 暖通空调, 2018, 48 (1): 96-98.

[58] 郭谊蝉. 蒸发式冷凝技术在地铁车站空调系统中的应用研究 [J]. 科学技术创新, 2017 (17): 82-83.

[59] CAO Y, DING T, YU Z. Review on energy saving optimization of ventilation and air conditioning control system in subway station [J]. Building Science, 2022, 38 (4): 213-228.

[60] 李俊. 基于现场实测的地铁车站空调负荷计算方法研究 [D]. 北京: 清华大学, 2009.

[61] 李国庆. 用于地铁的可调通风型站台门系统综合技术研究 [D]. 天津: 天津大学, 2013.

[62] 张亚卓. 岛式站台可调风口屏蔽门环控系统运行效果研究 [D]. 天津: 天津大学, 2018.

[63] 林炎顷, 李先庭, 吴成斌, 等. 地铁可调通风型站台门过渡季节自然通风性能测试 [J]. 制冷与空调 (四川), 2016, 30 (3): 316-320.

[64] 李德辉, 邓保顺, 郭永桢, 等. 复合式通风空调系统在太原地铁2号线中的应用 [J]. 山西建筑, 2015, 41 (9): 126-128.

[65] 李国庆, 张春生, 褚敬止, 等. 城市轨道交通集成闭式通风空调系统 [C] //中国土木工程学会城市轨道交通技术推广委员会, "新型城市轨道交通技术"项目办公室, 中国城市轨道交通新技术 (第二集), 北京: 中国科学技术出版社, 2007: 8.

[66] 邱劲柏, 礼杰. 沈阳市地铁一号线集成通风系统节能分析 [J]. 节能, 2008 (2): 44-46, 3.

[67] LI Y, ZHANG Q, WANG J, et al. Field investigation on operation parameters and performance of air conditioning system in a subway station [J]. Energy Exploration & Exploitation, 2019, 38 (1): 235-252.

[68] 苏子怡, 李晓锋. 夏热冬冷地区集成闭式系统地铁站空调系统用能分析 [J]. 暖通空调, 2022, 52 (9): 73-77.

[69] 程浩. 蒸发冷凝空调系统在轨道交通中的应用 [J]. 建筑热能通风空调, 2019, 38 (5): 50-53, 60.

[70] 彭铁红, 姜新杰, 方黄志. 风墙型蒸发冷凝直膨系统研究——以合肥地铁为例 [J]. 都市快轨交通, 2023, 36 (3): 146-152.

[71] 杨晏清. 风机盘管在地铁通风空调系统中的应用分析 [J]. 城市建设理论研究 (电子版), 2019 (30): 51.

[72] 李晓菲. 风机盘管在地铁通风空调系统中的应用 [J]. 四川建材, 2019, 45 (6): 166-167.

[73] 吴疆, 杨林. 埋地式离心鼓风横流冷却塔在地铁工程中的应用研究 [J]. 暖通空调, 2020, 50 (3): 123-128.

[74] 王辉. 基于工程案例探析鼓风式冷却塔在地铁工程中的应用 [J]. 绿色环保建材, 2021 (4): 107-109.

[75] 罗于. 冷却塔供冷系统设计方法探讨 [J]. 制冷与空调 (四川), 2023, 37 (4): 562-567, 612.

[76] 翁雪飞, 董骥, 李科, 等. 浅谈暖通空调智能控制系统在北京地铁的应用实践 [J]. 暖通空调, 2023, 53 (S2): 223-225.

[77] 寇凡, 黄翔, 罗绒, 等. 蒸发冷却技术在轨道交通领域的应用形式探讨 [J]. 制冷与空调 (四川), 2021, 35 (3): 401-406.

[78] 吴磊, 黄翔, 金洋帆, 等. 兰州某地铁站蒸发冷却通风降温系统测试与应用研究 [J]. 制冷与空调 (四川), 2021, 35 (1): 101-105.

[79] 李国庆, 孟鑫, 张晓伟. 新型蒸发冷凝型冷媒直膨式通风空调系统在地铁车站中的应用 [J]. 都市快轨交通, 2019, 32 (3): 52-56.

[80] 谷雅秀, 邹阳, 潘嵩. 北京某地铁站蒸发冷凝空调系统实测分析 [J]. 都市快轨交通, 2019, 32 (3): 57-62.

[81] 苏振宇. 广州地铁通风空调系统节能测试调试实践分析 [J]. 城市轨道交通研究, 2015, 18 (11): 106-113.

[82] 刘培龙, 周文慧, 殷广越. 车辆基地绿色建筑技术应用 [J]. 山西建筑, 2022, 48 (23): 164-166, 169.

[83] 夏美秀. 水源热泵在苏州地铁中应用分析与研究 [J]. 洁净与空调技术, 2015 (2): 82-85.

[84] 国务院新闻办公室. 新时代的中国能源发展 [Z]. 北京, 2020.

[85] 国务院办公厅. 国务院办公厅关于保障城市轨道交通安全运行的意见 (国办发 [2018] 13号) [Z]. 北京: 中华人民共和国国务院, 2018.

[86] 中华人民共和国交通运输部. 城市轨道交通运营管理规定 (中华人民共和国交通运输部令2018年第8号) [Z]. 北京: 中华人民共和国交通运输部, 2018.

[87] 胡自林. 水蓄冷空调在深圳地铁可行性应用研究 [J]. 城市轨道交通交通研究, 2014 (9): 35-37.

[88] NAZIR H, BATOOL M, OSORIO F J B, et al. Recent developments in phase change materials for energy storage applications: A review [J]. International Journal of Heat and Mass Transfer, 2019, 129: 491-523.

[89] 马江燕, 邓保顺, 张欣, 等. 活塞风对地铁车站影响特性及多因素分析 [J]. 铁道工程学报, 2020, 37 (6): 85-91.

[90] ZHANG X, MA J, LI A, et al. Ventilation for subway stations with adjustable platform doors created by train-induced unsteady airflow [J]. Building and Environment, 2019, 152: 87-104.

[91] ZHANG X, MA J, LI A, et al. Train-induced unsteady airflow effect analysis on a subway station using field experiments and numerical modelling [J]. Energy and Buildings, 2018, 174: 228-238.

[92] 栾承志, 李晓锋. 非屏蔽门地铁车站隧道与站台空气交换量模拟研究 [J]. 暖通空调, 2024, 54 (1): 134-139.

[93] 陈勇, 王丽慧, 朱佳良. 活塞风影响下非屏蔽门地铁站台空调送风速度场动态变化模拟研究 [J]. 暖通空调, 2024, 54 (S1): 317-322.

[94] 臧建彬, 屈海波, 郑晋丽, 等. 地铁站台与轨行区的非均匀非稳态流场及热平衡仿真分析 [J]. 暖通空调, 2022, 52 (S2): 67-71.

[95] 张欣,尤占平,任晓芬,等.地铁站活塞风井内周期性活塞风效应影响因素分析[J].暖通空调,2022,52(S2):79-84.

[96] 朱培根,孔维同,涂江峰,等.迂回风道对安全门地铁环控能耗的影响[J].解放军理工大学学报(自然科学版),2016,17(5):493-498.

[97] 王丽慧,施遥,宋洁,等.地铁活塞风井及迂回风道速度场特性研究[J].流体机械,2010,38(3):22-27,16.

[98] WANG L H, ZUO H, KONG M, et al. Study on the evolution characteristics of temperature and heat storage of the soil surrounding the tunnel with years[J]. Energy and Buildings, 2022, 257: 111804.

[99] 周伟.广州全封闭式屏蔽门地铁车站自然通风潜力研究[D].广州:广州大学,2020.

[100] 苏子怡,李晓锋.地铁车站分项能耗原理模型及其简化研究[J].暖通空调,2021,51(9):18-23,17.

[101] 吴炜,刘伊江,渠永通.双碳背景下地铁通风空调风系统设计优化思路再探讨[J].制冷与空调(四川),2023,37(2):312-319.

[102] 王晖,何轶敏.地铁环控能耗分项数据模型及拆分算法研究[J].暖通空调,2022,52(2):85-88.

[103] 高波,李先庭,韩宗伟,等.地铁通风空调系统节能的新进展[J].暖通空调,2011,41(8):21-26.

[104] 叶睿琪,伍盛达,袁嫒.中国数字基建的脱碳之路[R].北京:国家应对气候变化战略研究与国际合作中心,2021.

[105] 中国城市轨道交通协会.中国城市轨道交通绿色城轨发展行动方案[R].北京:中国城市轨道交通协会,2022.

附录 1：2023 年中国城市轨道交通运营线路制式统计表

附表 1　各城市城轨交通运营线路制式规模统计汇总表

序号	城市	线路长度 (km)	各系统制式线路长度 (km)									各敷设方式线路长度 (km)			车站数	场站（座）	
			地铁	轻轨	跨座式单轨	市域快轨	有轨电车	磁浮交通	自导向轨道系统	电子导向胶轮系统	导轨式胶轮系统	悬挂式单轨	地下线	地面线	高架线		其中换乘站数	车辆段或停车场数
1	北京	907.08	760.79			115.33	10.20		20.76				592.59	148.40	166.10	404	83	41
2	上海	967.13	795.37			56.00	29.11	6.29	39.70	40.65			550.39	152.04	264.69	476	111	44
3	天津	306.16	246.05	52.25					7.86				227.60	16.04	62.52	206	24	16
4	重庆	538.20	396.13		98.45	28.22					15.40		320.64	3.79	213.76	270	44	25
5	广州	653.34	550.84			76.50		3.90	22.10				538.46	25.80	89.08	283	46	27
6	深圳	575.62	555.40						11.72		8.50		473.28	14.85	87.49	332	62	29
7	武汉	556.39	486.75						59.14			10.50	372.47	52.66	131.26	323	56	30
8	南京	476.43	213.22			246.50			16.71				251.73	30.43	194.27	216	23	20
9	沈阳	262.20	159.59						102.61				159.59	102.61		180	47	10
10	长春	128.71	43.00	68.20					17.51				50.24	40.90	37.57	114	21	7
11	大连	260.47	90.12	103.80		43.15			23.40				100.15	74.37	85.95	128	14	10
12	成都	695.92	562.42			94.20			39.30				499.36	138.47	58.09	331	61	28
13	西安	337.53	304.73			26.30				6.50			260.34	35.00	42.18	195	21	18
14	哈尔滨	100.33	82.13							18.20			82.13	18.20		73	4	4
15	苏州	300.54	209.97			41.25			44.22	5.10			245.50	41.42	13.63	205	20	15
16	郑州	353.54	277.11			76.43							285.52	47.23	20.79	177	31	15
17	昆明	165.85	165.85										143.90	0.03	21.92	103	11	11
18	杭州	516.00	516.00										482.00	35.00	19.80	256	44	21
19	佛山	115.40	94.60						20.80				85.70	9.90	19.80	74	5	6
20	长沙	234.73	207.92				18.55				8.26		197.07	0.61	37.05	146	19	11
21	宁波	185.14	163.61			21.53							114.32		70.82	116	12	11

附录1：2023年中国城市轨道交通运营线路制式统计表

续表

序号	城市	线路长度(km)	各系统制式线路长度 (km)										各敷设方式线路长度 (km)			车站数	场站（座）		车辆段或停车场数
			地铁	轻轨	跨座式单轨	市域快轨	有轨电车	磁浮交通	自导向轨道系统	电子导向胶轮系统	导轨式胶轮系统	悬挂式单轨	地下线	地面线	高架线		其中换乘站数	
22	无锡	110.77	110.77										96.57	0.30	13.90	80	7	8
23	南昌	128.45	128.45										122.96		5.49	94	9	7
24	兰州	94.46	33.46			61.00							33.46	61.00		31	4	3
25	青岛	326.27	140.70			176.80			8.77				211.20	10.87	104.20	161	15	14
26	淮安	20.07							20.07					20.07		23		1
27	福州	138.94	138.94										131.51	0.67	6.76	90	10	9
28	东莞	37.79	37.79										33.73	0.41	3.64	15		1
29	南宁	124.96	124.96										124.96			93	11	7
30	合肥	196.99	196.99										192.76		4.23	162	11	9
31	石家庄	74.28	74.28										74.28			60	3	5
32	贵阳	116.91	116.91										108.36	1.98	6.57	82	4	6
33	厦门	98.40	98.40										93.12	2.16	3.12	70	5	6
34	珠海	8.81							8.81					8.81		14		1
35	乌鲁木齐	26.80	26.80										26.80			21		2
36	温州	115.45				115.45							20.00	4.39	91.06	36	2	3
37	济南	84.10	84.10										66.10	0.20	17.80	41	2	5
38	常州	54.03	54.03										49.87	0.74	3.43	43	1	3
39	徐州	64.09	64.09										63.44	0.09	0.56	51	3	5
40	呼和浩特	49.03	49.03										45.84	0.34	2.85	43	1	4
41	天水	12.93							12.93					11.57	1.36	12		2
42	三亚	8.37							8.37					8.37		15		1
43	太原	23.28	23.28										23.28			22		1
44	株洲	17.00								17.00				17.00		18		
45	宜宾	68.09								68.09				68.09		40	1	3
46	洛阳	42.46	42.46										40.78	0.31	1.36	33	1	2
47	嘉兴	60.12				46.32			13.80				12.53	14.18	33.41	28	1	4
48	绍兴	57.30	57.30										48.99	1.00	7.31	35	2	
49	文山州	13.40							13.40					13.40		10	1	

续表

序号	城市	线路长度(km)	各系统制式线路长度 (km)									各敷设方式线路长度 (km)			车站数	场站（座）		车辆段或停车场数
			地铁	轻轨	跨座式单轨	市域快轨	有轨电车	磁浮交通	自导向轨道系统	电子导向胶轮系统	导轨式胶轮系统	悬挂式单轨	地下线	地面线	高架线		其中换乘站数	
50	芜湖	46.20			46.20								1.41		44.79	35	1	3
51	南平	26.17							26.17					18.49	7.68	6		
52	金华	98.95				98.95							34.37		64.58	28		2
53	南通	58.78	58.78										58.78			42		3
54	台州	52.40				52.40							17.83	5.34	29.22	15	2	2
55	黄石	26.88							26.88					23.71	3.17	29		1
56	盐城	13.00								13.00				13.00		17		
57	红河州	13.40							13.40							15		
58	滁州	44.83				44.83										10		1
59	许昌	33.70				33.70							4.09	0.87	28.74	11		
总计		11224.54	8543.11	224.25	144.65	1454.86	57.86	10.19	578.42	168.54	32.16	10.50	7769.99	1260.11	2136.21	6239	856	523

注：
1. 表中经国家发展改革委审批的线路10057.40km，占比89.60%；地方政府审批的线路835.94km，占比7.45%；原铁道部审批的线路总规模331.20km，占比2.95%。
2. 所有线网车站数量含换乘站，每车站只计数一次。
3. 按地理区域划分，广佛线在佛山境内线路21.50km，车站15座计入佛山市，郑许线在许昌境内线路33.70km，车站11座计入许昌市。
4. 有轨电车运营线路按市域快轨制式物统计全线运营线路长度。
5. 杭海城际线运营线路合上海、沈阳、武汉、长春4市共计60.10km共线运营由浙江省轨道交通集团运营。
6. 南京轨道交通宁句线计入南京市。
7. 由于各敷设方式线路度统计缺少滇南中心城市群现代有轨电车示范线及宁滁城际线滁州段数据，各敷设方式线路长度总和小于各城市线路长度总和。

附录2：地铁线路能耗统计表（2021年—2023年）

附表2 地铁线路能耗统计表（2021年—2023年）

地点	线路名称	起始站	站数	长度(km)	编组	站台门形式	牵引能耗（万 kWh）(2021年)	运营总能耗（万 kWh）(2021年)	牵引能耗（万 kWh）(2022年)	运营总能耗（万 kWh）(2022年)	牵引能耗（万 kWh）(2023年)	运营总能耗（万 kWh）(2023年)	开通日期	备注
北京	北京地铁1号线（含北京地铁八通线）	古城站—环球度假区站	36	55	6辆B	初期没有门，后期加装半高安全门	11989.7	19733.7	11481.4	18603.6	11403	18121	1969年10月1日	八通线：四惠站—土桥站2003年12月27日，土桥站—花庄站2019年12月28日，环球度假区站2021年8月26日
	北京地铁2号线	西直门站—西直门站（环形）	18	23	6辆B	初期没有门，后期加装半高安全门	5067.8	8962.8	5086.2	8449.1	4576.7	7864.5	1984年9月20日	一期工程：长椿街站—北京站1969年10月1日，二期工程：复兴门站—建国门站1984年9月20日
	北京地铁4号线（含北京地铁大兴线）	安河桥北站—天宫院站	35	50	6B		10209.2	17545	10940.6	17789.3	9880.8	16498.9	2009年9月28日	大兴线：2010年12月30日
	北京地铁5号线	宋家庄站—天通苑北站	23	28	6B	全高非封闭站台门	7129.6	12565.3	7335.3	12587.3	6910.9	11839.7	2007年10月7日	
	北京地铁6号线	金安桥站—潞城站	33	53	8B		13845.7	25996.3	13632.8	24166.8	13036.7	22547.8	2012年12月30日	一期工程：海淀五路居站—草房站2012年12月30日，二期工程：草房站—潞城站2014年12月30日，西延伸段：海淀五路居站—金安桥站2018年12月30日
	北京地铁7号线	北京西站—环球度假区站	30	41	8B		—	—	7008.3	16081.7	6789.3	15229.3	2014年12月28日	北京西站—焦化厂站2014年12月28日，垡头站2018年12月30日，双井站和东延伸段：焦化厂站—环球度假区站2021年8月26日
	北京地铁8号线	朱辛庄站—瀛海站	34	51.6	6B		6921.7	14379.6	6653.6	13537.8	7592.8	14458.7	2008年7月19日	森林公园南门站—北土城站2008年7月19日，奥体中心站2008年10月9日，森林公园南门站—回龙观东大街站2011年12月31日，北土城站—鼓楼东大街站2012年12月31日，回龙观东大街站2013年12月28日，鼓楼大街站—南锣鼓巷站2015年12月26日，珠市口站—五福堂站、安德里北街站—瀛海、中国美术馆站2018年12月30日，中国美术馆站—珠市口站2021年12月31日

· 273 ·

续表

地点	线路名称	起始站	站数	长度(km)	编组	站台门形式	牵引能耗(万 kWh)(2021 年)	运营总能耗(万 kWh)(2021 年)	牵引能耗(万 kWh)(2022 年)	运营总能耗(万 kWh)(2022 年)	牵引能耗(万 kWh)(2023 年)	运营总能耗(万 kWh)(2023 年)	开通日期	备注
北京	北京地铁9号线	国家图书馆站—郭公庄站	13	17	6B	全高封闭站台门	2927.4	6967.6	2813.8	6016.9	2515.9	4940.2	2011年12月31日	郭公庄站—北京西站站 2011 年 12 月 31 日、丰台东大街站—国家图书馆站 2012 年 10 月 12 日、白堆子站—国家图书馆站 2012 年 12 月 30 日、军事博物馆站 2013 年 12 月 21 日
	北京地铁10号线	巴沟站—巴沟站(环形)	45	57	6B	全高非封闭站台门	10936.1	25209.4	10833	24088.7	9947.6	20544.9	2008年7月19日	巴沟站—劲松站 2008 年 7 月 19 日、劲松站—首经贸站、西局站—巴沟站 2012 年 12 月 30 日、首经贸站—西局站 2013 年 5 月 5 日
	北京地铁11号线	金安桥站—新首钢站	3	2.5	4A		—	—	—	—	364.8	1382.2	2021年12月31日	2021 年 12 月 31 日开通运营西段;2023 年 12 月 30 日开通(模式口站暂缓开通)(金安桥—模式口)运营西段剩余段(金安桥)
	北京地铁13号线	西直门站—东直门站	17	41	6辆B	全高非封闭站台门(一期工程)	5618.7	7720.3	5869.7	7920.2	5401.4	7463.5	2002年9月28日	金台路站—霍各庄站 2014 年 12 月 28 日、北京南站—金台路站 2021 年 12 月 31 日
	北京地铁14号线	张郭庄站—善各庄站	33	50.8	6A		6827.9	13322.4			7475.3	13149.8	2013年5月5日	
	北京地铁15号线	清华东路西口站—俸伯站	20	43	6B		5996.1	10935.1	6076.5	10446.1	5825.8	9503.3	2010年12月30日	望京西站—后沙峪站 2010 年 12 月 30 日、后沙峪站—俸伯站 2011 年 12 月 31 日、望京西站—清华东路西口站 2014 年 12 月 28 日
	北京地铁16号线	北安河站—玉渊潭东门站	25	46.2	8A		3058.5	5794.6	4897.5	8828.1	4786	8828.6	2016年12月31日	北安河站—西苑站 2016 年 12 月 31 日、甘家口站—甘家口站 2022 年 12 月 31 日、玉渊潭东门站 2021 年 12 月 31 日开通玉渊潭东门通榆树庄站至丰台站、2023 年 12 月 30 日
	北京地铁17号线	十里河站—嘉会湖站	7	15.8	8A		—	—	—	—	2879.2	5116.8	2021年12月31日	嘉会湖站—十里河站 2021 年 12 月 31 日、2023 年 12 月 30 日开通未科学城北站至工人体育场站
	北京地铁19号线	牡丹园站—新宫站	10	20.8	8A	全高封闭站台门	2382.1	4884.2	2503	5003.3	3676.6	7051.7	2021年12月31日	新宫站—牡丹园站 2021 年 12 月 31 日
	北京地铁亦庄线	宋家庄站—亦庄火车站	14	23	6B		3669.2	5595.1	4354.7	7089.9	1330.8	2417.2	2010年12月30日	宋家庄站—亦庄火车站 2010 年 12 月 30 日、亦庄火车站 2018 年 12 月 30 日
	北京地铁房山线	东管头南站—阎村东站	16	30	6B	地下:全高封闭站台门 高架:半高安全门	—	—	—	—	4113.6	6730.2	2010年12月30日	苏庄站—大葆台站 2010 年 12 月 30 日、大葆台站—郭公庄站 2011 年 12 月 31 日、阎村东站—苏庄站 2017 年 12 月 31 日、东管头南站 2020 年 12 月 31 日
	北京地铁燕房线	阎村东站—燕山站	9	13.3	4B	半高安全门	1252.5	2253.9	1332.1	2343	1221.6	2243.2	2017年12月31日	
	北京地铁昌平线	清河站—昌平西山口站	13	32.5	6B	全高非封闭站台门	4432.9	7142.6	4829.6	7325.4	5244.9	7724.3	2010年12月30日	西二旗站—南邵站 2010 年 12 月 30 日、南邵站—昌平西山口站 2015 年 12 月 26 日、西二旗站—清河站 2021 年 12 月 31 日;2023 年 2 月 4 日开通清河站至西土城站
	北京地铁S1线	苹果园站—石厂站	8	10.2	6M		1862.6	2699.8	1940.4	2755.5	2241.2	3062.9	2017年12月30日	2017 年 12 月 30 日金安桥至石厂站开通;2021 年 12 月 31 日金安桥站至苹果园站开通

续表

地点	线路名称	起讫站	站数	长度(km)	编组	站台门形式	牵引能耗(万kWh)(2021年)	运营总能耗(万kWh)(2021年)	牵引能耗(万kWh)(2022年)	运营总能耗(万kWh)(2022年)	牵引能耗(万kWh)(2023年)	运营总能耗(万kWh)(2023年)	开通日期	备注
北京	北京地铁首都机场线	北新桥站—2号航站楼站	5	29.8	4L		1241.4	2124.5	1277.3	2185.6	2424.2	4692.4	2008年7月19日	
	北京地铁大兴机场线	草桥站—大兴机场站	3	38.3	4D/8D	全高封闭站台门	4439.7	7141	4329.8	7181	4115	6950.7	2019年9月26日	
	北京现代有轨电车西郊线	巴沟站—香山站	6	8.9	准C		2382.1	—	—	—	—	—	2017年12月30日	
	亦庄新城现代有轨电车T1线	定海园站—屈庄站	14	11.9	5准C		—	4884.2	—	—	—	—	2020年12月31日	
天津	天津轨道交通1号线	东沽站—刘园站	27	41	准6B		3639.9	9692.3	3924.8	10240.8	4390.8	10005.2	1984年12月28日	2002年11月25日开工改造，2006年6月12日开通运营；2018年12月3日双林站和李楼楼站开通
	天津轨道交通2号线	曹庄站—滨海国际机场站	20	27	6B		2920.8	7012.9	3230.5	7022.3	2968.8	6886.5	2012年7月1日	2012年7月1日曹庄站至东南角、天津站至空港经济区站开通；曹庄站至空港国际机场于2013年8月28日开通；滨海国际机场2014/8/28
	天津轨道交通3号线	南站—小淀站	26	33.6	6B		4050	7206	4474.6	9061.8	4442.7	8598.3	2012年10月1日	小淀站—高新区站2012年10月1日，高新区站—南站2013年12月28日
	天津轨道交通4号线(南段)	东南角站—新兴村站	14	19.1	6B	全高封闭站台门	—	—	19.1	57.6	1711.2	4868.1	2021年12月28日	
	天津轨道交通5号线	北辰科技园北站—李七庄站	27	34.80	6B		2756.6	8490.4	2756.6	8490.4	2885.1	8751.4	2018年10月22日	北辰科技园北站2019年1月31日，李七庄站2021年12月7日
	天津轨道交通6号线	南孙庄站—咸水沽西站	38	43.70	6B		3730.7	14452.7	3730.7	14452.7	4350.5	12683.4	2016年8月6日	南孙庄站—长虹公园站2016年12月31日，南翠屏站—梅林路站2018年4月26日，梅林路站—咸水沽2021年12月28日
	天津轨道交通6号线(二期)	咸水沽站—咸水沽西站	9	12.80	6B		—	—	19.4	41.6	1428.1	3610.9	2021年12月28日	
	天津轨道交通9号线(津滨轻轨)	天津站—东海路站	21	52.20	4B		3881.5	5643.7	3881.5	5643.7	3886.3	5467	2004年3月28日	
	天津轨道交通10号线	于台—屿东城	21	21.20	6B		—	—	—	—	444.9	787.1	2022年11月18日	2022年11月18日开通于台站至屿东城站
	天津开发区导轨电车1号线	泰达站—学院区北站	14	7.90	/		3881.5	5643.7	—	—	—	—	2007年5月10日	

续表

地点	线路名称	起始站	站数	长度(km)	编组	站台门形式	牵引能耗(万kWh)(2021年)	运营总能耗(万kWh)(2021年)	牵引能耗(万kWh)(2022年)	运营总能耗(万kWh)(2022年)	牵引能耗(万kWh)(2023年)	运营总能耗(万kWh)(2023年)	开通日期	备注
上海	上海地铁1号线	莘庄站—富锦路站	28	36.9	8A	地下：全高封闭站台门；高架：半高安全门	14347	20035	14494.4	20266.5	12178	17619.5	1993年5月28日	1995年4月10日开通锦江乐园站至上海火车站；1996年12月28日开通上海火车站至莘庄站；2004年12月28日开通上海火车站（不含）至共富新村站；2007年12月29日开通共富新村站（不含）至富锦路站
	上海地铁2号线	徐泾东站—浦东国际机场站	30	60.4	8A	地下：淞虹路站—张江高科站为半高安全门，其余地下站为全高封闭站台门；高架：半高安全门	17861	29997	18469.7	30804.3	15035.8	26272.7	2000年6月11日	2000年6月11日开通中山公园至龙阳路站；2000年12月27日开通中山公园站（不含）至张江高科站；2006年12月30日开通淞虹路站（地下站，新建）至中山公园站（不含）；2010年3月16日开通徐泾东站至淞虹路站（不含）；2010年4月8日开通广兰路站至浦东国际机场站（不含）；2010年7月1日开通东虹桥火车站
	上海地铁3号线	上海南站—江杨北路站	29	40.1	6A	地下：全高封闭站台门；高架：半高安全门	7667	10507	7973.9	10919.8	6828.1	9506.2	2000年12月26日	2000年12月26日开通上海南站至江湾镇站；2006年12月18日开通江湾镇站（不含）至杨北路站
	上海地铁4号线	宜山路站—宜山路站	17	33.9	6A	地下：全高封闭站台门；高架：半高安全门	4043	7838	4028.8	7908.2	3516.4	7297.3	2005年12月31日	2005年12月31日开通大木桥路站至蓝村路站，2007年12月29日开通环段
	上海地铁5号线	莘庄站—奉贤新城站（闵行开发区站）	19	32.5	4C/6C	地下：可调风口开启门；高架：半高安全门	4611	6870	4727.6	7079.2	4104.4	6312.1	2003年11月25日	2003年11月25日开通莘庄站至闵行开发区站，2018年12月30日开通东川路站至奉贤新城站
	上海地铁6号线	港城路站—东方体育中心站	28	32.6	4C	地下：全高封闭站台门；高架：半高安全门	4047	7448	4399.5	7904	3963.7	7356.4	2007年12月29日	2007年12月29日开通港城路站至灵岩南路站，2011年4月12日东方体育中心站开通
	上海地铁7号线	美兰湖站—花木路站	33	43.9	6A	地下：全高封闭站台门；高架：半高安全门	8502	15209	8876.6	16538.2	7678.6	14815.5	2009年12月5日	2009年12月5日开通上海大学站至花木路站，2010年4月20日开通后滩站；12月28日开通上海大学站（不含）至美兰湖站，2011年6月30日开通广兰路站；刘行站，2014年7月22日开通郊郡华路站
	上海地铁8号线	市光路站—沈杜公路站	30	37.1	6C/7C	全高封闭站台门	9033	15133	9033	15133	6692.7	12567.2	2007年12月29日	2007年12月29日开通市光路站至耀华路站（不含）至沈杜公路站
	上海地铁9号线	松江南站—曹路站	35	64	6A	地下：全高封闭站台门；高架：半高安全门	11578	20246	11578	20246	10716.1	18719.8	2007年12月29日	2007年12月29日开通松江新城站至桂林路站
	上海地铁10号线	虹桥火车站（航中路站）—基隆路站	37	45	6A	地下：全高封闭站台门；高架：半高安全门	7880	15122	7880	15122	7649.5	15183.8	2010年4月10日	2010年4月10日开通龙溪路以东部分（新江湾城站至龙溪路站）及支线部分（龙溪路站（不含）至虹桥路站）；2010年11月30日开通龙溪路站（不含）至虹桥火车站，2020年12月26日开通基隆路至新江湾城站

续表

地点	线路名称	起始站	站数	长度(km)	编组	站台门形式	牵引能耗(万kWh)(2021年)	运营总能耗(万kWh)(2021年)	牵引能耗(万kWh)(2022年)	运营总能耗(万kWh)(2022年)	牵引能耗(万kWh)(2023年)	运营总能耗(万kWh)(2023年)	开通日期	备注
上海	上海地铁11号线	嘉定北站、花桥站—迪士尼站	39	81.4	6A		13494	20626	13494	20626	12050.9	18530.5	2009年12月31日	2009年12月31日开通一期工程主线；2010年3月29日开通一期工程支线；2013年8月31日开通二期工程；2013年10月16日开通花桥段；2015年12月19日开通迪士尼段
	上海地铁12号线	七莘路站—金海路站	32	39.9	6A	全高封闭站台门	7163	15190	7163	15190	6702.4	14275.4	2013年12月29日	2013年12月29日开通金海路站至天潼路站；2014年5月10日开通曲阜路站；2015年12月19日开通曲阜路站至七莘路站
	上海地铁13号线	金运路站—张江路站	31	38	6A	全高封闭站台门	8215	16466	8215	16466	6973.1	15121.6	2012年12月30日	2012年12月30日开通金运路站至金沙江路站；2014年6月15日开通祁连山南路站；2014年11月1日开通大渡河路站（不含）至金沙江路站；2014年12月28日开通江宁路站（不含）至长寿路站；2015年12月19日开通长寿路站（不含）至世博大道站；2018年12月30日开通世博大道站（不含）至张江路站
	上海地铁14号线	封浜站—桂桥路站	30	38.2	8A	可调风口站台门	—	—	—	—	6236.3	17344.9	2021年12月30日	2021年12月30日开通封浜站至桂桥路站
	上海地铁15号线	顾村公园—紫竹高新区站	30	41.7	6A	全高封闭站台门	—	—	—	—	5264.3	14724.1	2021年1月23日	2021年1月23日开通顾村公园站至紫竹高新区站；2021年6月27日佳林路站投入使用
	上海地铁16号线	龙阳路站—滴水湖站	13	58.9	6A	地下：全高封闭站台门 高架：半高安全门	6822	9823	6822	9823	7249.9	10243.8	2013年12月29日	2013年12月29日开通罗山路站至滴水湖站；2014年12月28日开通龙阳山路站
	上海地铁17号线	虹桥火车站—东方绿舟站	13	34.8	6A	全高封闭站台门	4713	7188	4713	7188	4183.4	6534.9	2017年12月30日	2017年12月30日开通虹桥火车站至东方绿舟站
	上海地铁18号线	长江南路站—航头站	26	36.1	6A	全高封闭站台门	—	—	—	—	4515.9	13559.9	2020年12月26日	2020年12月26日开通航头站至御桥站；2021年12月30日至长江南路站（不含）
	上海地铁浦江线	沈杜公路站—汇臻路站	6	6.3	4APM		633	1073	633	1073	546.7	987.4	2018年3月31日	2018年3月31日开通沈杜公路站（不含）至汇臻路站
	上海磁浮列车示范运营线	磁浮龙阳路站—磁浮浦东国际机场站	2	29.1	4/5节	高架：半高安全门	—	—	—	5275	3567.1	3567.1	2006年4月27日	
	上海松江区有轨电车示范线	辰塔路—新桥火车站 三新北路—三新北路	46	30.6	100%低地板		916.5	1302.5	998	1308.3	—	—		

续表

地点	线路名称	起讫站	站数	长度(km)	编组	站台门形式	牵引能耗(万 kWh)(2021 年)	运营总能耗(万 kWh)(2021 年)	牵引能耗(万 kWh)(2022 年)	运营总能耗(万 kWh)(2022 年)	牵引能耗(万 kWh)(2023 年)	运营总能耗(万 kWh)(2023 年)	开通日期	备注
广州	广州地铁 1 号线	西塱站—广州东站	16	18.5	6A	地下：全封闭站台门；高架：半高安全门	5232	11588	5213	11360.8	4768	10670.6	1997 年 6 月 28 日	1997 年 6 月 28 日开通西塱站至黄沙站；1999 年 2 月 16 日开通黄沙站至广州东站；1999 年 6 月 28 日开通西塱站至广州东站
	广州地铁 2 号线	广州南站—嘉禾望岗站	24	31.8	6A	全封闭站台门	9287	16924	9180.2	16585.8	7786.2	14832	2002 年 12 月 29 日	2003 年 6 月 28 日开通三元里站至晓港站；2005 年 12 月 26 日开通三元里站至万胜围站；2010 年 9 月 25 日开通嘉禾望岗站至广州南站；2024 年 1 月 21 日广州南站换乘通道开通
	广州地铁 3 号线主线及支线	机场北站—番禺广场站	30	67.3	6B	全封闭站台门	17361	27980	17428	27759.5	15793.6	25270.5	2005 年 12 月 26 日	2005 年 12 月 26 日开通广州东站至客村站；2006 年 12 月 30 日开通客村站至番禺广场站、天河客运站至广州东站；2010 年 10 月 30 日开通机场南站至广州东站
	广州地铁 4 号线	黄村站—南沙客运港站	23	59.3	4L	地下：全封闭站台门；高架：半高安全门	7480	13073	7772	13033.8	7001.1	12084.5	2005 年 12 月 26 日	2005 年 12 月 26 日开通新造至万胜围、2006 年 12 月 30 日开通新造至金洲站；2007 年 6 月 28 日开通万胜围至车陂南站；2017 年 12 月 28 日开通金洲站至南沙客运港站
	广州地铁 5 号线	滘口站—文冲站	24	31.9	6L	地下：全封闭站台门；高架：半高安全门	13816	21210	14509.7	21947	13404.3	20669.9	2009 年 12 月 28 日	2009 年 12 月 28 日开通滘口站至文冲站；2023 年 12 月 28 日开通文冲站至黄埔新港站
	广州地铁 6 号线	浔峰岗站—香雪站	31	42.1	4L	地下：全封闭站台门；高架：半高安全门	8994	16336	10262.4	17494.3	9494.6	16553.5	2013 年 12 月 28 日	2013 年 12 月 28 日开通浔峰岗站至长湴站；2016 年 12 月 28 日开通长湴站至香雪站
	广州地铁 7 号线	美的大道站—大学城南站	17	32	6B	全封闭站台门	2711	5722	2594.1	5556.2	3131.3	7049.5	2016 年 12 月 28 日	2016 年 12 月 28 日开通广州南站至大学城南站；2022 年 5 月 1 日开通广州南站至美的大道站—大学城南站
	广州地铁 8 号线	万胜围站—滘心站	28	33.9	6A	全封闭站台门	4377	9688	7502.7	15863.6	6405.9	13780.5	2010 年 9 月 25 日	2010 年 12 月 28 日开通昌岗站至万胜围；2010 年 11 月 3 日开通凤凰新村站至文化公园站；2019 年 12 月 28 日开通文化公园站至滘心站
	广州地铁 9 号线	飞鹅岭站—高增站	11	20.1	6B	全封闭站台门	2411	5939	3386.1	6674.2	1946.9	4823.5	2017 年 12 月 28 日	2017 年 12 月 28 日开通
	广州地铁 13 号线	鱼珠站—新沙站	11	27	8A	全封闭站台门	3606	7473	2160.8	5289.8	3257	6700.3	2017 年 12 月 28 日	2017 年 12 月 28 日开通
	广州地铁 14 号线主线及支线	嘉禾望岗站—东风站	22	76.3	6B	地下：全封闭站台门；高架：半高安全门	7570	13999	7355.2	13209.7	6777.8	11782.8	2017 年 12 月 28 日	2017 年 12 月 28 日开通嘉禾望岗至镇龙站；2020 年 11 月 26 日开通新和站至东风站
	广州地铁 18 号线	万顷沙站—冼村站	8	58.3	8D	全封闭站台门	—	—	2893.9	4427.7	11805.4	17283.3	2021 年 9 月 28 日	2018 年 12 月 28 日开通文化公园站至滘心站

续表

地点	线路名称	起始站	站数	长度(km)	编组	站台门形式	牵引能耗(万kWh)(2021年)	运营总能耗(万kWh)(2021年)	牵引能耗(万kWh)(2022年)	运营总能耗(万kWh)(2022年)	牵引能耗(万kWh)(2023年)	运营总能耗(万kWh)(2023年)	开通日期	备注
广州	广州地铁21号线	员村站—增城广场站	21	61.6	6B	地下：全高封闭站台门 高架：半高安全门	7073	14308	6860.6	13238.8	6627.3	11920.7	2018年12月28日	2018年12月28日开通镇龙西站至增城广场站；2019年12月20日开通员村站至镇龙西站
	广州地铁22号线	番禺广场站—陈头岗站	4	18.2	8D	全高封闭站台门	—	—	—	—	2620.7	4235.2	2022年3月31日	
	广州地铁APM线	广州塔站—林和西站	9	3.9	2APM	全高封闭站台门	249	1046	254.5	1014.9	227.1	927	2010年11月8日	
	广佛地铁	新城东站—沥滘站	25	38.9	4B	全高封闭站台门	3712	9843	4426.5	10418.5	4227.8	9875.8	2010年11月3日	
深圳	深圳地铁1号线	罗湖站—机场东站	30	40.9	6A		11300.8	20552	12680.2	21952	12416.1	20548.8	2004年12月28日	
	深圳地铁2号线	赤湾站—莲塘站	38	51.7	6A		7789.7	16091.9	10763.6	21738.8	10098	19594.1	2010年12月28日	2020年10月28日深圳地铁8号线贯通
	深圳地铁3号线	双龙站—福保站	31	43.1	6B	地下：全高封闭站台门 高架：半高安全门	8035.2	15987.8	9800.6	16505.1	9564.4	14394.8	2010年12月28日	
	深圳地铁4号线	福田口岸站—牛湖站	23	31.3	6A	地下：全高封闭站台门 高架：半高安全门	5721	9688.2	7848.4	13869.6	6738.4	12299.2	2004年12月28日	
	深圳地铁5号线	黄贝岭站—赤湾站	34	47.7	6A		10523.1	20865.6	11129.2	20753.6	10624.4	19658.9	2011年6月28日	
	深圳地铁6号线	科学馆站—松岗站	27	49.4	6A		2196.8	5017.6	7067.3	14266.7	7200.1	13020.9	2020年8月18日	
	深圳地铁7号线	西丽湖站—太安站	4	6.1	6B		6598.1	14507.3	6760.3	14729.3	54.1	104	2022年11月28日	
	深圳地铁8号线	莲塘站—盐田路站	27	30.2	6A	全高封闭站台门	—	—	—	—	6475.2	15121.3	2016年10月28日	
	深圳地铁9号线	前湾站—文锦站	32	36.3	6A		7424.9	18714.2	7703.2	17155.2	7253.7	15883	2016年10月28日	
	深圳地铁10号线	福田口岸站—双拥街站	24	29.3	8A		1821.4	4751.2	6305.2	14446.1	6353.4	13857.1	2020年8月18日	
	深圳地铁11号线	福田站—碧头站	19	53.5	8A		10194.4	16690.1	10560	16461.9	11053	16636.6	2016年6月28日	
	深圳地铁12号线	左炮台东站—海上田园东站	33	40.5	8A		—	—	—	—	425.6	1030.3	2022年11月28日	
	深圳地铁14号线	岗厦北站—沙田站	18	50.3	8A	全高封闭站台门	—	—	—	—	1815.9	2214.2	2022年10月28日	
	深圳地铁16号线	大运站—田心站	24	29.2	6A		—	—	—	—	—	—	2022年12月28日	2022年12月28日开通大运站至田心站
	深圳地铁20号线	机场北站—会展城站	5	8.4	8A		335.7	693.2	400	739	1239.6	3645.2	2021年12月28日	2021年12月28日开通机场北站至会展城站
	深圳现代有轨电车及支线	清湖—新澜，大和—下围	20	11.7		地下：全高封闭站台门（高架站） 高架：半高安全门	—	—	—	—	328.2	626.7	2017年10月28日	
南京	南京地铁1号线	迈皋桥站—中国药科大学站	32	45.4	6A	地下：全高封闭站台门（高架站） 北延线：半高安全门	7323.6	11469.7	7719.5	12018.5	7332.5	11691.2	2005年5月15日	
	南京地铁2号线	鱼嘴站—经天路站	30	43	6A	地下：全高封闭站台门（高架站） 高架：半高安全门 西延线：全高封闭站台门	7011.6	10507.8	7400.1	11637.1	7975.4	12805.9	2010年5月28日	
	南京地铁3号线	林场站—秣周东路站	29	44.9	6A	全高非封闭站台门	6679.2	11966.5	7187.6	12620.8	7390.6	13086.3	2015年4月1日	
	南京地铁4号线一期	龙江站—仙林湖站	18	33.8	6B	地下：全高封闭站台门 高架：半高安全门	3943.2	7049.9	4200.9	7471.6	4161.9	7484.3	2017年1月18日	

续表

地点	线路名称	起始站	站数	长度 (km)	编组	站台门形式	牵引能耗 (万 kWh) (2021年)	运营总能耗 (万 kWh) (2021年)	牵引能耗 (万 kWh) (2022年)	运营总能耗 (万 kWh) (2022年)	牵引能耗 (万 kWh) (2023年)	运营总能耗 (万 kWh) (2023年)	开通日期	备注
南京	南京地铁7号线	西善桥站—仙新路站	10	13.8	6B		—	—	—	—	19.8	38.2	2022年12月28日	幕府西路站—仙新路站在2022年12月28日开通，西善桥站—应天大街站在2023年12月28日开通
	南京地铁10号线一期	安德门站—雨山路站	14	21.6	6A	地下：全高封闭站台门 高架：半高安全门	3037.3	5596.7	3133.6	5670.2	3231	5758.1	2014年7月1日	
	南京地铁S1号线	南京南站—空港新城江宁站	8	35.8	6B	地下：全高封闭站台门 高架：半高安全门	2706.6	4187.6	2502.7	3895.2	2684.5	4230.7	2014年7月1日	
	南京地铁S3号线	南京南站—高家冲站	19	37.2	6B	全高封闭站台门	3051.5	4961	3270.6	5236.1	3342.8	5351.2	2017年12月6日	
	南京地铁S6号线	马群站—句容站	13	43.6	4B/6B	全高封闭站台门	—	2464.5	28.4	55.2	2604.8	4612.4	2021年12月28日	
	南京地铁S7号线	空港新城江宁站—无想山站	10	30.2	4B/6B	全高封闭站台门	1050.9	2464.5	1048.9	2453	1133.3	2572.3	2018年5月26日	
	南京地铁S8号线一期	长江大桥北站—金牛湖站	19	47.3	4B	全高非封闭站台门	2823.7	4557.7	3004.1	4732	3076.9	4985.7	2014年8月1日	
	南京地铁S9号线	翔宇路南站—高淳站	6	52.4	3B/4B	地下：全高封闭站台门 高架：半高安全门	1208.5	2009.1	1208.8	1983	1331.7	2150.1	2017年12月30日	
沈阳	沈阳地铁1号线	十三号街站—黎明广场站	22	27.1	6节B型	全高非封闭站台门	3465.2	6880.7	3581.9	6826.6	3166.1	6170.5	2010年9月27日	
	沈阳地铁2号线	蒲田路站—全运路站	26	31.9	6节B型	全高非封闭站台门	3400.6	6604.5	3500.4	6493.4	3195.4	5894.4	2011年12月30日	
	沈阳地铁9号线	怒江公园站—建筑大学站	23	28.2	6节B型	全高封闭站台门	2560	6116.5	2707	6417.9	2355.4	5652.5	2019年5月25日	
	沈阳地铁10号线	丁香湖站—张沙布站	21	26.8	6节B型	全高封闭站台门	1691	4617.3	2560.4	7017.5	2244.9	5934.4	2020年4月29日	
成都	成都地铁1号线	韦家碾站—科学城站/五根松站（支线）	35	41	6B	全高封闭站台门	7110	18820.8	7336.8	19460.3	6907.3	18433.1	2010年9月27日	2010年9月27日开通升仙湖站至世纪城站，2015年7月25日开通世纪城站至广都站，2018年3月18日开通升仙湖站至韦家碾站、四河站至科学城站，广都站至五根松站
	成都地铁2号线	犀浦站—龙泉驿站	32	42.2	6B	地下：全高封闭站台门 高架：半高安全门	6927.6	16059.9	6870.5	16103.1	6511.9	14916.7	2012年9月16日	2012年9月16日开通茶店子客运站至成都行政学院站，2013年6月8日开通茶店子客运站—龙泉驿站，2014年10月26日开通成都行政学院站—龙泉驿站
	成都地铁3号线	双流西站—成都医学院站	37	49.9	6B	地下：全高封闭站台门 高架：半高安全门	9014.9	17427.6	9446.9	17977	8775.6	16838.5	2016年7月31日	2016年7月31日开通军区总医院站—太平园站；2018年12月26日开通太平园站—双流西站，军区总医院站—成都医学院站
	成都地铁4号线	万盛站—西河站	30	43.5	6B	地下：全高封闭站台门 高架：半高安全门	6548.3	13926.8	6804.9	14588.9	6604.2	13835.3	2016年1月1日	2016年1月1日开通非遗博览园站至万年场站；2017年6月2日开通非遗博览园站和万年场站至万盛站—西河站

附录2：地铁线路能耗统计表（2021年—2023年）

续表

地点	线路名称	起始站	站数	长度(km)	编组	站台门形式	牵引能耗(万kWh)(2021年)	运营总能耗(万kWh)(2021年)	牵引能耗(万kWh)(2022年)	运营总能耗(万kWh)(2022年)	牵引能耗(万kWh)(2023年)	运营总能耗(万kWh)(2023年)	开通日期	备注
成都	成都地铁5号线	华桂路站—回龙站	41	49	8A		10280.8	23851.1	10144	23555.4	9799.5	22424	2019年12月27日	
	成都地铁6号线	望丛祠站—兰家沟站	56	68.9	8A	全高封闭站台门	467.7	1803.5	11666.8	30713.5	11631.2	28473.7	2020年12月18日	
	成都地铁7号线	火车北站—火车北站（环线）	31	38.6	6A	全高封闭站台门	6192.2	15282.3	6185.3	15573.8	6058.9	14673.6	2017年12月6日	
	成都地铁8号线	十里店站—莲花站	25	29.1	6A	全高封闭站台门	179.5	324.9	4676.9	11587.1	4337.4	11339.4	2020年12月18日	
	成都地铁9号线	黄田坝站—金融城东站	13	22.2	8A	全高封闭站台门	171.6	377.1	4468.9	10103	4545.9	9659	2020年12月18日	2017年9月6日开通太平园站—双流机场2航站楼站；2019年12月27日开通双流机场2航站楼站—新平站
	成都地铁10号线	太平园站—新平站	16	38	6A		3723.2	9587.4	3992.8	9620.4	3995.1	9193.8	2017年9月6日	
	成都地铁17号线	金星站—机投桥站	9	26.1	8A	地下：全高封闭站台门 商高架：半高安全门	146.1	360.9	3635.1	9128.1	3709.9	8946.6	2020年12月18日	
	成都地铁18号线	火车南站—天府机场北站	13	70	8A	地下：全高封闭站台门 商高架：半高安全门	1530.3	2284.3	7958.2	16762.9	8262.5	16564	2020年9月27日	2020年9月27日开通火车南站至三岔站；2020年12月18日开通三岔站至天府机场北站
	蓉2号线	郫县西站—成都西站	35	39.3	有轨电车		806.1	1294.4	1046.1	1514.6	1072.3	1616.2	2018年12月26日	
	高明有轨电车示范线	沧江路站—智湖站	10	6.5	氢能源有轨		4426.5	10418.5	4426.5	10418.5			2019年12月30日	
	南海有轨电车1号线	礌岗站—林岳东站	15	14.3	100%低地板有轨		41.8	101.6	41.8	101.6	282.6	2539.9	2021年8月18日	
佛山	佛山地铁2号线	南庄站—广州南站	17	32.4	6B	全高封闭站台门	32458.1		32458.1		3940.6	11372.1	2021年12月28日	
	佛山地铁3号线	顺德学院站—佛科院仙溪校区站	22	40.7	6B		100.4	1002.8	100.4	1002.8	41.9	96.4	2022年12月28日	2022年12月28日开通顺德学院站—镇安站
	广州地铁7号线（西延段）	美的大道站—大洲站	7	11.8	6B								2022年5月1日	
重庆	重庆轨道交通1号线	朝天门站—璧山站	25	45.3	地铁6B	全高封闭站台门	5969.3	10729.2	5969.3	10729.2	5772.6	10524.3	2011年7月28日	小什字至妙坪坝段于2011年7月28日开通；妙坪坝至大学城段于2012年12月20日开通；大学城至尖顶坡段于2014年12月30日开通，尖顶坡至璧山段于2019年12月30日开通，小什字至朝天门段于2020年12月31日开通
	重庆轨道交通2号线	较场口站—鱼洞站	25	31.4	单轨4/6/8		3732.4	5733.3	3732.4	5733.3	3862.6	6007.1	2004年11月6日	较场口站至动物园站段于2005年6月18日开通，动物园站至新山村站段于2006年7月1日开通试运营，新山村站至鱼洞站段于2014年12月30日开通

续表

地点	线路名称	起始站	站数	长度 (km)	编组	站台门形式	牵引能耗 (万 kWh) (2021年)	运营总能耗 (万 kWh) (2021年)	牵引能耗 (万 kWh) (2022年)	运营总能耗 (万 kWh) (2022年)	牵引能耗 (万 kWh) (2023年)	运营总能耗 (万 kWh) (2023年)	开通日期	备注
重庆	重庆轨道交通3号线	鱼洞站—江北机场T2航站楼站	45	67.1	单轨、6/8	地下：全高封闭站台门 高架：半高安全门	11205.1	17387.6	11205.1	17387.6	11022.2	16387.7	2011年9月29日	两路口站至鸳鸯站段于2011年9月29日开通；鸳鸯站至长福路站段于2011年11月8日开通；两路口站至江北机场T2航站楼站段、长福路站至重庆交通大学站于2011年12月30日开通；重庆交通大学站至鱼洞站段于2012年12月28日开通；碧津站至举人坝站段于2016年12月28日开通
	重庆轨道交通4号线（一期）	民安大道站—黄岭站	23	48.5	地铁、6As	地下：全高封闭站台门 高架：半高安全门	1492.3	2734.8	1492.3	2734.8	3665.6	6524.1	2018年12月28日	重庆北站广场至唐家沱站于2018年12月28日开通；重庆北站广场至民安大道站于2019年1月11日开通；唐家沱站至黄岭站于2022年6月18日开通
	重庆轨道交通5号线	园博中心站—大龙山站、石桥铺站—跳磴站	22	35	地铁、6As		1911.1	4060	1911.1	4060	4771.2	8373.5	2017年12月28日	园博中心站至大龙山站于2017年12月28日开通；大龙山站至大石坝站于2021年1月20日开通；石桥铺站至跳磴站于2023年2月27日开通；园博中心站至悦港北站至石桥铺站于2023年11月30日开通
	重庆轨道交通6号线	茶园站—北碚站	28	63.3	地铁、6B	全高封闭站台门（一期工程） 高架：半高安全门（二期工程）	7669.5	14475.9	7669.5	14475.9	8078.9	14208.7	2012年9月28日	五里店站至康庄站于2012年9月28日开通；康庄站至礼嘉站于2012年12月26日开通；礼嘉站至北碚站于2013年12月31日开通；五里店站至茶园站于2014年12月30日开通
	重庆轨道交通9号线	新桥站—兴科大道站	24	32.3	地铁、6As						3416.5	6636.9	2022年1月25日	2022年1月25日开通高滩岩站至兴科大道站，2023年1月18日开通兴科大道站至花石沟站
	重庆轨道交通国博线	礼嘉站—沙河坝站	13	26.6	地铁、6B		882.6	1834	882.6	1834	1741	3684.1	2017年12月28日	鲤鱼池站至王家庄站于2017年12月28日开通，鲤鱼池站、后堡站于2023年1月18日开通，后堡站至沙河坝站于2023年11月30日开通
	重庆轨道交通10号线	鲤鱼池站—王家庄站	19	34.3	地铁、6As	地下：全高封闭站台门 高架：半高安全门	3829.9	8469.8	3829.9	8469.8	4313.6	8625.3	2013年5月15日	礼嘉站至悦来站于2013年5月15日开通；悦来站至沙河坝站于2020年12月31日开通
	重庆轨道交通环线	重庆西站—重庆西站	32	50.8	地铁、6As	地下：全高封闭站台门 高架：半高安全门	7084	13291.6	7084	13291.6	8581.6	16417.8	2018年12月28日	重庆图书馆站至海峡路站于2018年12月28日14时开通；海峡路站至二郎站于2019年12月30日14时开通；二郎站经重庆西站至重庆图书馆站于2021年1月20日开通
	重庆市郊铁路江跳线	跳磴站—圣泉寺站	7	26.3	市郊铁路、6As						642.5	1105.5	2022年8月6日	2022年8月6日开通跳磴站至圣泉寺站

续表

地点	线路名称	起始站	站数	长度(km)	编组	站台门形式	牵引能耗(万 kWh)(2021 年)	运营总能耗(万 kWh)(2021 年)	牵引能耗(万 kWh)(2022 年)	运营总能耗(万 kWh)(2022 年)	牵引能耗(万 kWh)(2023 年)	运营总能耗(万 kWh)(2023 年)	开通日期	备注
苏州	苏州轨道交通 1 号线	木渎站—钟南街站	24	25.7	4B	全高封闭站台门	2740.7	8036.9	2924.9	8347.9	2777.5	8672.6	2012 年 4 月 28 日	
	苏州轨道交通 2 号线	桑田岛站—骑河站	35	42.2	5B	全高封闭站台门	3697.4	11584.4	3941	12171.9	3958.3	12237.6	2013 年 12 月 28 日	2013 年 12 月 28 日开通高铁苏州北站至宝带桥南站；2016 年 9 月 24 日开通骑河站至高铁苏州北站、宝带桥南站至桑田岛站
	苏州轨道交通 3 号线	苏州新区火车站—唯亭站	37	45.2	6B	全高封闭站台门	4124.7	12731.5	5020.7	12939.8	4930	13378	2019 年 12 月 25 日	
	苏州轨道交通 4 号线	同里站／木里站—龙道浜站	39	52.8	6B	全高封闭站台门	5152.8	13719	5804.8	14120.4	5881.5	14599	2017 年 4 月 15 日	
	苏州轨道交通 5 号线	太湖香山站—阳澄湖南站	34	44.1	6B	地下：全高封闭站台门；高架：半高安全门	—	—	2470	7525.4	4995.6	13205.1	2021 年 6 月 29 日	
	苏州高新有机 1 号线	西洋山站—狮子山站	14	25.8	100% 低地板有轨		585.4	897.3	—	—	778.3	1216.5	2014 年 10 月 26 日	2014 年 10 月 26 日开通狮子山站至龙康路站；2018 年 4 月 28 日开通龙康路站至西洋山站
	苏州高新有机 2 号线及 1 号线反支线	龙康路站—文昌路；鸿福路站—苏州新区火车站	13	18.4	100% 低地板有轨		315.5	515.5	—	—	458.1	713.7	2018 年 8 月 31 日	
昆明	昆明轨道交通 1 号线、2 号线及 1 号线支线	环城南路站—大学城南站	35	47.3	6B	全高封闭站台门	4834.9	11602.3	5169	11526.1	4972.9	11380.6	2014 年 4 月 30 日	支线于 2016 年 10 月 3 日与 1、2 号线首期工程贯通
	昆明轨道交通 3 号线	西山公园站—东部汽车站	20	23.4	6B	全高非封闭站台门	2442.2	5917.6	2717.3	6088.8	2663.5	5863.3	2017 年 8 月 29 日	
	昆明轨道交通 4 号线	金川路站—昆明南火车站	29	43.4	6B	全高非封闭站台门	852.1	2305.3	3575.8	9019.8	3548.6	8613	2020 年 9 月 23 日	
	昆明轨道交通 5 号线	世博园站—宝丰站	22	26.5	6B	全高非封闭站台门	1088.9	2010.8	1757.9	3371.4	2274.5	5686.4	2022 年 6 月 29 日	
	昆明轨道交通 6 号线	机场中心站—塘子巷站	8	25.3	6B	全高封闭站台门	5586.8	10648.7	6292.1	10957.7	1730.9	3266.8	2012 年 6 月 28 日	2012 年 6 月 28 日开通运营机场中心站至东部汽车站；2020 年 9 月 23 日开通东部汽车站至塘子巷站
西安	西安地铁 1 号线	纺织城站—洋河森林公园站	23	30.9	6B	全高封闭站台门	6846.9	11846.5	7332.6	12359.5	5937.8	10430	2013 年 9 月 15 日	2013 年 9 月 15 日开通纺织城站至后卫寨站；2019 年 9 月 26 日开通后卫寨站至洋河森林公园站至咸阳站
	西安地铁 2 号线	西安北站—韦曲南站	21	26.1	6B	全高封闭站台门	5764	11079.1	6366.7	11792.5	6481.6	11573	2011 年 9 月 16 日	西安北站至电视塔站于 2011 年 9 月 16 日开通；电视塔站至韦曲南站于 2014 年 6 月 16 日开通；西安北站至草滩站、南站至常宁宫站于 2023 年 6 月 27 日开通
	西安地铁 3 号线	鱼化寨站—保税区站	26	38	6B	全高封闭站台门	4648.5	12137.6	4792.1	11913.7	6243.2	11566	2016 年 11 月 8 日	
	西安地铁 4 号线	航天新城站—西安北站	29	34.4	6B	全高封闭站台门					4714.7	11807	2018 年 12 月 26 日	

283

续表

地点	线路名称	起始站	站数	长度(km)	编组	站台门形式	牵引能耗(万 kWh)(2021年)	运营总能耗(万 kWh)(2021年)	牵引能耗(万 kWh)(2022年)	运营总能耗(万 kWh)(2022年)	牵引能耗(万 kWh)(2023年)	运营总能耗(万 kWh)(2023年)	开通日期	备注
西安	西安地铁5号线	创新港站—马腾空站	31	41.3	6B	地下：全高封闭站台门高架：半高安全门	—	—	5343	12141.3	5110.5	11732	2020年12月28日	2020年12月28日开通创新港站至马腾空站
	西安地铁6号线	西安国际医学中心站—西北工业大学站	30	35	6B	全高封闭站台门	—	—	2359.3	5569.4	2326.4	5646	2020年12月28日	2020年12月28日开通西北工业大学站至西安国际医学中心站城西站；2022年12月29日开通纺织城站至西北工业大学站
	西安地铁9号线	纺织城站—秦陵西站	15	24.4	6B	全高封闭站台门	—	—	2214.8	5485.2	2183.5	5855	2020年12月28日	
	西安地铁14号线（包含机场城际）	机场西(T1、T2、T3)站—贺韶站	17	42.3	6B	地下：全高封闭站台门高架：半高安全门	—	—	3272.7	6928.7	3564	8096	2019年9月29日	机场西站—北客站(北广场)站于2019年9月29日开通；北客站(北广场)站至贺韶站于2021年6月29日开通，同时与机场城际铁路贯通
杭州	杭州地铁1号线	湘湖站—萧山国际机场站	33	53	6B	全高封闭站台门	8630.3	19213	10408.9	22258.2	10511.5	20929.8	2012年11月24日	2012年11月24日开通湘湖站至文泽路站/临平站；2015年11月24日开通文海南路站至下沙江滨站；2020年12月30日开通杭州大会展中心站至萧山国际机场站；2021年7月10日，杭州地铁1号线临平支线（余运中心站至临平站）拆分并人杭州地铁9号线
	杭州地铁2号线	良渚站—朝阳站	33	43	6B	全高封闭站台门	6710.8	12900.5	7793.2	15772.2	7539.5	14013.3	2014年11月24日	2014年11月24日开通朝阳站至钱江路站；2016年4月28日开通潘王路站至西文古翠站；2017年7月3日开通庆春广场站至古翠路站；2017年12月27日开通良渚站至文新站、文泽路站至朝阳站
	杭州地铁3号线	星桥站—吴山前村站、石马站	37	57	6AH	全高封闭站台门	—	—	5202.7	10372.7	—	—	2022年2月21日	2022年2月21日开通星桥站至文一西路站、西冀湿地南站至石马站、文一西路站至吴山前村站
	杭州地铁4号线	浦沿站—池华街站	32	46	6B	全高封闭站台门	3971.5	7032.8	4319.4	8157.4	7196.5	12478.8	2015年2月2日	2015年2月2日开通近江路站至新塘新路站；2018年1月9日开通浦沿江路站至浦沿站；2022年2月21日开通甬石路站至池华街站
	杭州地铁5号线	金星站—姑娘桥站	39	56	6AH	全高封闭站台门	5309.6	15240.9	8411.2	16676.1	8975.9	17447.8	2019年6月24日	
	杭州地铁6号线	枸桔弄站—桂花西路站、双浦站	34	58	6AH	全高封闭站台门	—	—	7436.4	14230.2	9081.4	15992	2020年12月30日	2020年12月30日开通桂花西路站至江世纪城站；2021年4月1日开通桂花西路站至双浦站；2021年11月6日开通之浦北站（不含）至枸桔弄站；2023年2月21日开通明石路站至池华街站
	杭州地铁7号线	吴山广场站—江东二路站	24	48	6A	全高封闭站台门	—	—	5962.1	11442.4	7497.5	12802.1	2020年12月30日	2020年12月30日开通奥体中心站至江东二路站；2021年9月17日开通市民中心站至吴山北站和亚运村站；2022年4月1日开通观音塘站至吴山广场站；2022年4月22日开通运营莫鄂塘站

附录2：地铁线路能耗统计表（2021年—2023年）

续表

地点	线路名称	起讫站	站数	长度(km)	编组	站台门形式	牵引能耗(万kWh)(2021年)	运营总能耗(万kWh)(2021年)	牵引能耗(万kWh)(2022年)	运营总能耗(万kWh)(2022年)	牵引能耗(万kWh)(2023年)	运营总能耗(万kWh)(2023年)	开通日期	备注
杭州	地铁8号线	文海南路站—新湾路站	9	17	6A	全高封闭站台门	—	—	1103	2400.6	2203.3	4202.6	2021年6月28日	2021年6月28日开通文海南路站至新湾路站
	杭州地铁9号线	观音塘站—龙安站	21	30	6B	全高封闭站台门	—	—	—	2153.6	3559	7100.2	2021年7月10日	2021年7月10日由1号线临平支线拆分并独立成线开通临平站至客运中心站；2021年9月17日开通龙安站至邵山大街站；2022年4月1日开通九睦路站至观音塘站
	杭州地铁10号线	逸盛路站—黄龙体育中心站	10	14	6A	全高封闭站台门	—	—	1018.2	—	1018.4	2561.2	2022年2月21日	2022年2月21日开通逸盛路站至翠柏路站
	杭州地铁16号线	九州街站—绿汀路站	12	35	4B	地下：全高封闭站台门 高架：半高安全门	1505.7	3051.3	2489	4763.4	2579.7	4728.3	2020年4月23日	
	杭州地铁19号线	沿溪路站—永盛路站	13	59	6A	全高封闭站台门	—	—	—	—	1869.6	2816.3	2022年9月22日	
武汉	武汉地铁1号线	径河站—汉口北站	32	37.8	4B	半高安全门	3556.9	5442.6	4909.1	6843.7	4425.5	6304	2004年7月28日	
	武汉地铁2号线	佛祖岭站—天河机场站	38	60.7	6B	地下：全高封闭站台门 高架：半高安全门	6689.2	14867.6	9955.3	18560.6	9468.7	17263.7	2012年12月28日	2012年12月28日开通金银潭广场站，2016年12月28日开通金银潭光谷广场站至佛祖岭站；2019年2月19日开通光谷广场站至佛祖岭站
	武汉地铁3号线	宏图大道站—沌阳大道站	24	30.1	6B	全高封闭站台门	3421.2	9342.6	4566.1	10777.2	4642.5	10077.8	2015年12月28日	2015年12月28日开通宏图大道站至沌阳大道站
	武汉地铁4号线	武汉火车站—柏林站	37	50.4	6B	地下：全高封闭站台门 高架：半高安全门	5303.7	12914.9	7683.1	15809.1	7238	14381.5	2013年12月28日	
	武汉地铁5号线	中医药大学站—武汉东广场站	25	35.1	6A	全高封闭站台门	—	—	—	—	4434.9	8797.2	2021年12月26日	2021年12月26日开通武汉东广场站至中医药大学站
	武汉地铁6号线	东风公司站—新城十一路站	32	43	6A	全高封闭站台门	3611	9211.4	5111.4	10833.8	6115.9	11982	2016年12月28日	2016年12月28日开通东风公司站至东方马城站
	武汉地铁7号线	园博园北站—青龙山地铁小镇站	33	68.9	6A	全高封闭站台门	5607.2	12049.3	7230.5	14198.8	7037.3	13025.4	2018年10月1日	2018年10月1日开通园博园北站至青龙山地铁小镇站；2019年11月6日开通野芷湖站至纸坊大街站；2022年12月30日开通野芷湖站至北湖站
	武汉地铁8号线	金潭路站—军运村站	26	39.1	6A	全高封闭站台门	2255.1	6015	6511.4	13410	5569.5	11428.3	2017年12月26日	2017年12月26日开通金潭路站至梨园站；2019年1月2日开通野芷湖站至军运村站
	武汉地铁11号线	武汉东站—葛店南站	14	23.4	6A	全高封闭站台门	1445.3	4880.1	2811.2	6663.8	2702.3	5927.6	2018年10月1日	2018年10月1日开通武汉东站至左岭站；2021年1月2日开通左岭站至葛店南站
	武汉地铁16号线	周家河站—国博中心南站	14	37.3	4A	地下：全高封闭站台门 高架：半高安全门	—	—	—	—	2146.6	4399.5	2021年12月26日	2021年12月26日开通国博中心南站至周家河站；2022年12月30日开通国博运站至通航机场站

续表

地点	线路名称	起讫站	站数	长度(km)	编组	站台门形式	牵引能耗(万kWh)(2021年)	运营总能耗(万kWh)(2021年)	牵引能耗(万kWh)(2022年)	运营总能耗(万kWh)(2022年)	牵引能耗(万kWh)(2023年)	运营总能耗(万kWh)(2023年)	开通日期	备注
武汉	武汉地铁阳逻线	后湖大道站—金台站	16	35	4A	地下：全高封闭站台门 高架：半高安全门	1601	4168.6	2194.2	4940.2	2216.5	4752.9	2017年12月26日	
	T1	汤逊湖城铁站—珊瑚北路站	17	13.5	5C 有轨电车		375.5	751.5	589.5	805.3	608.2	705.1	2018年4月1日	
	T2	车轮广场—得胜港	22	18.7	5C 有轨电车		250.3	501	426.4	494.7	437.4	468.2	2018年4月1日	
	车都T1线		23	16.8	100%低地板		541.6	553.6	613	632.7	—	—	2017年7月28日	
哈尔滨	哈尔滨地铁1号线	哈尔滨东站—新疆大街站	23	25.8	6B	全高非封闭站台门	2547.7	6170.3	3433.4	7118	3063.1	6613.1	2013年9月26日	
	哈尔滨地铁2号线	江北大学城站—气象台站	19	28.2	6B	全高封闭站台门	—	—	955.8	1982.9	2907.6	5828.9	2021年9月19日	2021年9月19日开通江北大学城站至气象台站
	哈尔滨地铁3号线	太平桥站—体育公园站	24	24.1	6B	全高封闭站台门	441.3	1015.2	550.8	1532.9	2345.4	5786.9	2017年1月26日	2013年12月28日开通西流湖站至市体育中心站；2017年1月12日开通西流湖站、市体育中心站至河南大学新区站
郑州	郑州地铁1号线	河南工业大学站—河南大学新区站	30	41.2	6节编组B型列车	全高封闭站台门	4979.1	9362.1	5697.9	8490	5429	10479	2013年12月28日	
	郑州地铁2号线	贾河站—南四环站	22	30.9	6节编组B型列车	全高封闭站台门	6079.8	9879.6	6811	8828.4	6272.5	11498.2	2016年8月19日	2016年8月19日开通刘庄站至南四环站；2019年12月28日开通贾河站至刘庄站；郑州地铁2号线与郑州城郊线贯通运营
	郑州地铁3号线	南四环站—新郑机场站	18	40.8	6节编组B型列车	地下：全高封闭站台门 地上：半高安全门	—	—	2248.6	5032.1	2432.7	6048.4	2017年1月12日	
	郑州地铁3号线	省体育中心站—省岗站	21	25.5	6节编组A型列车	全高封闭站台门	—	—	2185	5732	2410.7	8217.3	2020年12月26日	2020年12月26日开通省科医院站至省岗站；2021年6月26日开通省体育中心站至省科医院站；2023年9月8日开通省岗站至滨河新城南站
	郑州地铁4号线	老鸦陈站—郎庄站	27	29.2	6节编组A型列车	全高封闭站台门	4481.3	10479	4093.9	8354.5	4497.4	11543.2	2020年12月26日	
	郑州地铁5号线	月季公园站—五一公园站（环线）	32	40.4	6节编组A型列车	全高封闭站台门	—	—	—	—	—	—	2019年5月20日	
	郑州地铁6号线一期西段	贾峪站—常庄站	10	17.6	6节编组A型列车	全高封闭站台门	98.8	1301.5	230	783.7	231.9	637.9	2022年9月30日	
	郑州地铁14号线	铁炉站—奥体中心站	6	7.4	6节编组B型列车	全高封闭站台门（一期工程）	—	—	—	—	153.7	1297	2019年9月19日	2019年9月19日开通须水站至莲湖站

续表

地点	线路名称	起始站	站数	长度(km)	编组	站台门形式	牵引能耗(万 kWh)(2021年)	运营总能耗(万 kWh)(2021年)	牵引能耗(万 kWh)(2022年)	运营总能耗(万 kWh)(2022年)	牵引能耗(万 kWh)(2023年)	运营总能耗(万 kWh)(2023年)	开通日期	备注
长沙	长沙轨道交通1号线	尚双塘站—开福区政府站	20	23.6	6B	地下：全高封闭站台门 高架：半高安全门	3095.5	7685	3585.2	7835.2	3593.1	7652.1	2016年6月28日	2016年6月28日开通开福区政府站—尚双塘站
	长沙轨道交通2号线	光达站—梅溪湖西站	23	26.5	6B		5052.4	10725.1	5660.7	11992	5578.2	11477.4	2014年4月29日	2014年4月29日开通望城坡站至光达站；2015年12月28日开通梅溪湖西站至望城坡站
	长沙轨道交通3号线	山塘站—广生站	25	36.4	6B	全高封闭站台门	1958.9	7853.1	4164.3	10128.2	4184.8	9982.3	2020年6月28日	
	长沙轨道交通4号线	罐子岭站—杜家坪站	25	33.5	6B	全高封闭站台门	3763.6	10066.3	4281	10543	4380	10390.1	2019年5月26日	
	长沙轨道交通5号线	毛竹塘站—水渡河站	18	22.5	6B	全高封闭站台门	1209.8	3789.2	2174.6	6563.4	1971.5	6575.3	2020年6月28日	
	长沙轨道交通6号线	谢家桥站—黄花机场T1T2站	34	48.1	6A	全高封闭站台门	—	—	—	—	3637.7	8402	2022年6月28日	与2023年6月28日开通的长株潭城际轨道交通西环线一期贯通
	长沙磁浮快线	磁浮高铁站—磁浮机场站	3	18.6	3B	全高封闭站台门	655.9	1300.5	756.9	1446.5	673.1	1435	2016年5月6日	
宁波	宁波轨道交通1号线	高桥西站—霞浦站	29	46.2	6B	地下：全高封闭站台门 高架：半高安全门	3734.3	11024.8	5238	12729.1	5216.9	12522.6	2014年5月30日（一期）	2014年5月30日开通（一期）
	宁波轨道交通2号线	栎社国际机场—鄞州路站	27	36.8	6B	地下：全高封闭站台门 高架：半高安全门	3016.1	8330.1	3814	9022.1	3964.1	9061.4	2015年9月26日（一期）	
	宁波轨道交通3号线	大通桥站—金海路站	15	16.7	6B	全高封闭站台门	1739.6	5357.1	2323.7	5684.9	2400.2	5762	2019年6月30日（一期）	大通桥站至高塘桥站段于2019年6月30日开通；鄞奉首通段于2019年9月28日开通明辉路站；鄞奉剩余段（明辉路站至金海路站）于2020年9月27日开通
	3号线鄞奉段		9	21.5	6B	全高封闭站台门	566.1	975.8	1559.2	2413.6	1599.8	2411.1	2019年9月28日	
	宁波轨道交通4号线	慈城站—东钱湖站	25	36	6B	全高封闭站台门	89.7	193.5	3895.3	8438.3	4078.9	8673.6	2020年12月23日	
	宁波轨道交通5号线	布政站—兴宁路站	22	27.9	6B	全高封闭站台门	—	—	25.6	69	2716.9	7580.4	2021年12月28日	
无锡	无锡地铁1号线	堰桥站—南方泉站	27	33.9	6B	地下：全高封闭站台门 高架：半高安全门	2810	6669.3	3299.2	8955.7	2999.2	8601.1	2014年7月1日	2014年7月1日开通堰桥站至长广溪站；2019年9月28日开通长广溪站至南方泉站
	无锡地铁2号线	梅园开原寺站—无锡东站	21	25	6B	全高封闭站台门	2029.6	4464.5	2359.4	5926.3	2184.6	5537	2014年12月28日	
	无锡地铁3号线	苏庙站—硕放机场站	21	28.2	6B	全高封闭站台门	344.7	810.8	2206.1	5778.6	2110	5511.8	2020年10月28日	
	无锡地铁4号线	刘潭站—博览中心站	18	23.8	6B	全高封闭站台门	—	—	1774.1	4667.4	1774.1	4667.4	2021年12月17日	

续表

地点	线路名称	起始站	站数	长度(km)	编组	站台门形式	牵引能耗(万 kWh)(2021年)	运营总能耗(万 kWh)(2021年)	牵引能耗(万 kWh)(2022年)	运营总能耗(万 kWh)(2022年)	牵引能耗(万 kWh)(2023年)	运营总能耗(万 kWh)(2023年)	开通日期	备注
大连	大连地铁1号线	姚家站—河口站	22	28.3	6B		2909.1	6524.9	2914.8	6772.2	2684.8	6606	2015年10月30日	2015年10月30日开通姚家站至富国街站；2017年6月7日开通会展中心站至河口站
	大连地铁2号线	海之韵站—大连北站至机场站	29	37.3	6B		2574.8	5842.4	2574.8	5914.8	2857.5	6007.5	2015年5月22日	2015年5月22日开通机场站至会议中心站；2017年6月7日开通会议中心站至海之韵站；2022年9月30日开通辛寨子站至大连北站
	大连地铁3号线	地铁大连站—金石滩	12	49.2	4B		2432.5	2893.4	2432.5	2893.4	2409	3057.7	2003年5月1日	2003年5月1日开通香炉礁站至金石滩站；2004年9月29日开通香炉礁站至大连站
	大连地铁3号线支线	开发区—九里站	7	14.3	2B		529.1	724.4	569.2	755.8	486.3	699.7	2008年12月28日	2008年12月28日开通开发区至九里站
	大连地铁12号线	河口站—旅顺新港站	8	40.4	4B		1450.6	1835.7	1394.6	1797.8	1369.4	1766.5	2014年5月1日	2014年5月1日开通蔡大岭至旅顺新港站；2017年6月7日开通蔡河口站至王家港站
	大连地铁13号线	九里站—普兰店振兴街站	11	43.2	4B		—	—	9.1	25.7	591.1	1906.2	2021年12月28日	
青岛	青岛地铁1号线	王家港站—东郭庄站	40	60	6B	可调风口站台门	3483.5	7660.6	2405.5	5122.3	6673.5	13352.3	2020年12月24日	2020年12月24日开通东郭庄站青岛北站；2021年12月30日开通青岛北站至王家港站
	青岛地铁2号线	李村公园站—泰山路站	21	25.2	6B	全高封闭式站台门(有3个站采用可调风口站台门)	3183.5	7660.6	3445.8	7392.4	3319.3	7298.9	2017年12月10日	2017年12月10日开通芝泉路站至李村公园站；2019年12月16日开通芝泉路站至泰山路站
	青岛地铁3号线	青岛北站—青岛站	22	24.8	6B	全高非封闭式站台门	3142.6	7946.8	3518.3	7575.9	3195.6	7231.5	2015年12月16日	2015年12月16日开通青岛北站至双山站；2016年12月18日开通双山站至青岛站
	青岛地铁4号线	人民会堂站—大河东站	24	30.7	6B		—	—	—	—	—	—	2022年12月26日	
	青岛地铁8号线	胶州北站—青岛北站	11	48.3	8B	可调风口站台门	62.5	130.5	2732.1	5710.5	2848.4	5619.1	2020年12月24日	
	青岛地铁11号线	苗岭路站—鳌山湾站	21	58.4	4B	可调风口站台门	3252.4	5698.2	3531	5882.6	2855.9	5470.9	2018年4月23日	
	青岛地铁13号线	嘉陵江西路站—董家口火车站	21	67.6	4B	可调风口站台门	2911.9	6657.2	2796.3	5913.6	2595	5540.1	2018年12月26日	
	有轨电车示范线	城阳地铁发市场站—前旺疃站	12	8.8	3/100%低地板		134	198	179	231.4	146	197	2016年3月5日	
南昌	南昌地铁1号线	双港站—瑶湖西站	24	28.8	6B	全高封闭式站台门	3235.1	8651.9	3894.7	8802.4	3855.2	8707.3	2015年12月26日	
	南昌地铁2号线	南路站—辛家庵站	28	31.5	6B	全高封闭式站台门	3266.3	9221	3605.3	9306.1	3457.6	8873.7	2017年8月18日	南路站至地铁大厦站于2017年8月18日开通；地铁大厦站至辛家庵站于2019年6月30日开通
	南昌地铁3号线	银三角北站—京东大道站	22	28.5	6B	全高封闭式站台门(一期工程)	74	117.5	3414.6	7503	3477.1	7207	2020年12月26日	
	南昌地铁4号线	白马山站—鱼尾洲站	29	39.6	6B	地下：半高安全门；高架：全高封闭式站台门	—	—	53.4	155.8	4444.6	9944.2	2021年12月26日	

续表

地点	线路名称	起始站	站数	长度(km)	编组	站台门形式	牵引能耗(万 kWh)(2021年)	运营总能耗(万 kWh)(2021年)	牵引能耗(万 kWh)(2022年)	运营总能耗(万 kWh)(2022年)	牵引能耗(万 kWh)(2023年)	运营总能耗(万 kWh)(2023年)	开通日期	备注
福州	福州地铁1号(一期)	象峰站—三江口站	25	29.5	6B	全高封闭站台门	2615.6	7545.2	3419.1	9699.6	3579.4	9599.8	2016年5月18日	三叉街站至福州火车南站2016年5月18日开通；象峰站至三叉街2017年1月6日开通；福州火车南站至三江口站于2020年12月27日开通
	福州地铁2号线	苏洋站—洋里站	22	29.3	6B	全高封闭站台门	2706	8631.9	3098.8	8283.2	3455.2	8311.8	2019年4月26日	
	福州地铁5号线	荆溪厚屿站—螺洲古镇站	17	21.5	6B	全高封闭站台门	—	—	—	—	1299.7	4327.3	2022年4月29日	2022年4月29日开通荆溪厚屿站至螺洲古镇站；于2023年8月27日开通前锦洲至福州火车南站
	福州地铁6号线	潘墩站—万寿站	14	30.6	6B	地下：全高封闭站台门；高架：半高安全门	—	—	—	—	609.9	2031.4	2022年8月28日	
东莞	东莞轨道交通2号线	虎门火车站—东莞火车站	15	37.8	6节B型	地下：全高封闭站台门；高架：半高安全门	4380.8	9994.1	4403	9799	4426.2	9365.1	2016年5月27日	
南宁	南宁轨道交通1号线	火车东站—石埠站	25	32.1	6节B型	地下：全高封闭站台门；高架：半高安全门	3777.3	13990.7	4235.9	9500.6	4115.3	12829.7	2016年6月28日	
	南宁轨道交通2号线	西津站—坛泽站	23	27.3	6节B型	全高封闭站台门	2648.2	7675.1	3436.2	5917.9	3438.8	8354.7	2017年12月28日	西津站至玉洞站2017年12月28日开通；玉洞站至坛泽站于2020年11月23日开通
	南宁轨道交通3号线	科园大道—平良立交站	23	27.9	6节B型	全高封闭站台门（一期工程）	2740.3	9720	3159.7	6709.3	3178	9022.3	2019年6月6日	
	南宁轨道交通4号线	洪运站—楞塘村站	16	20.7	6节B型	全高封闭站台门	—	—	2351.9	4646.4	2352.7	6441.6	2020年11月23日	
	南宁轨道交通5号线	国凯大道—金桥客运站	17	20.2	6节B型	全高封闭站台门	—	—	118.8	419.1	2182.7	7335.3	2021年12月16日	
合肥	合肥轨道交通1号线	合肥火车站—九联圩站	24	24.3	6B	全高封闭站台门	3599.2	10325.8	3732.5	9323.1	3747.1	8258.5	2016年12月26日	2016年12月26日开通合肥火车站至九联圩站；2023年12月1日开通张洼站至合肥火车站
	合肥轨道交通2号线	南岗站—三十埠站	23	27.2	6B	全高封闭站台门	3987.1	9572.3	4096.4	9086.5	4283.7	8389.2	2017年12月26日	2017年12月26日开通南岗站至三十埠站；2023年12月26日相城路站撤镇站
	合肥轨道交通3号线	相城路站—幸福坝站	33	36.8	6B	全高封闭站台门	4947.9	12383.2	5101.5	11536.2	5218.1	10435.8	2019年12月26日	2019年12月26日开通相城路站幸福坝站；2023年12月26日幸福坝站至省儿童医院新区站
	合肥轨道交通4号线	青龙岗站—综保区站	31	41.1	6B	全高封闭站台门	—	—	1855.6	5996.3	5146.5	11322.9	2021年12月26日	
	合肥轨道交通5号线南段	贵阳路站—望潜城西站	33	39.5	6B	全高封闭站台门	—	—	86.9	183.1	1935.4	5768.4	2020年12月26日	2020年12月26日开通贵阳路站至望潜城西站；2022年12月26日望潜城西站至潜波桥路

续表

地点	线路名称	起迄站	站数	长度(km)	编组	站台门形式	牵引能耗(万 kWh)(2021年)	运营总能耗(万 kWh)(2021年)	牵引能耗(万 kWh)(2022年)	运营总能耗(万 kWh)(2022年)	牵引能耗(万 kWh)(2023年)	运营总能耗(万 kWh)(2023年)	开通日期	备注
石家庄	石家庄地铁1号线	西王站—福泽站	26	33.1	6A	全高封闭站台门（一期工程）	3546	9072.7	3305.5	8503.4	4075.4	9333.1	2017年6月26日	
	石家庄地铁2号线	柳辛庄站—嘉华路站	15	15.2	6A	全高封闭站台门（一期工程）	700.4	1875.3	1570.2	4385.1	1610	4375.7	2020年8月26日	2020年8月26日开通嘉华路站至柳辛庄站，市二中站至石家庄站于2017年6月26日开通
	石家庄地铁3号线	西三庄站—乐乡站	22	26	6A	可调风口站台门	1156.4	2894.2	2340.7	5426.3	2963.3	6513.8	2017年6月26日	
长春	长春轨道交通1号线	北环城路站—红嘴子站	15	18.1	6B	可调风口站台门	1851.4	6256.7	2163.1	6098.1	1888.1	5821.4	2017年6月30日	
	长春轨道交通2号线	汽车公园站—东方广场站	21	24.9	6B	无	2171.5	5676	2768.7	6849.7	2330.8	6333.1	2018年8月30日	
	长春轨道交通3号线	伪满皇宫站—长影世纪城站	34	34.1	6C	无	1639.3	2546.6	1472.1	2439.1	1116.2	2189.1	2002年10月30日	
	长春轨道交通4号线	长春站—职业学院站	16	16.3	6C	无（预留安装条件）	705.6	1623.5	805.9	1751.4	634.9	1592.8	2011年6月30日	
	长春轨道交通8号线	北环城路站—广通路站	12	13.3	6C	无	464.9	1515.8	537.6	1670.9	453.4	1593.6	2018年10月30日	
贵阳	贵阳轨道交通1号线	窦寨站—小孟工业园站	25	34.8	6B	地下：全高封闭站台门 高架：半高安全门	3564.5	8796.5	3705.6	8349.6	3406.4	8411.8	2017年12月28日	
	贵阳轨道交通2号线	白云北路站—中兴路站	32	39.5	6B	地下：全高封闭站台门 高架：半高安全门	—	—	—	7579.4	3698.7	10477.3	2021年4月28日	
厦门	厦门地铁1号线	镇海路站—岩内站	24	30.3	6B	全高封闭站台门	3916.2	11039.6	4258.6	11531.2	4093	10704	2017年12月31日	
	厦门地铁2号线	天竺山站—五缘湾站	32	41.6	6B	全高封闭站台门	4719.2	12770.8	4647.1	13321.1	4591	12107	2019年12月25日	
	厦门地铁3号线	厦门火车站—蔡厝站	16	26.5	6B	地下：全高封闭站台门 高架：半高安全门	—	—	1446.8	5003.3	2820	8439	2021年6月25日	
乌鲁木齐	乌鲁木齐地铁1号线	国际机场站—三屯碑站	21	26.8	6A	全高封闭站台门	2045.5	6650.5	2920	7561	1939.7	5874.9	2018年10月25日	2018年10月25日开通国际机场站至八楼站；2019年6月28日开通八楼站至三屯碑站
温州	温州轨道交通S1线	桐岭站—双屿大道站	18	52.5	4D	全高封闭站台门	2694.1	4893	3258.6	5398.4	3446.6	5581.9	2019年1月23日	2019年1月23日开通桐岭站至人民体中心站；2019年9月28日开通人民体中心站至双屿大道站
济南	济南轨道交通1号线	工研院站—方特站	11	26.1	4B	地下：可调风口站台门 高架：半高安全门	1563.4	3326.1	1645	3342	1677.8	3480.5	2019年4月1日	
	济南轨道交通2号线	王府庄站—彭家庄站	19	36.4	6B	地下：可调风口站台门 高架：半高安全门	—	—	3389	6815	4371.1	8611.8	2021年3月26日	
	济南轨道交通3号线	龙洞站—滩头站	13	21.6	6A	可调风口站台门	2445.2	5674.7	2427	5446	2384.5	5486	2019年12月28日	
兰州	兰州轨道交通1号线	陈官营站—东岗站	20	25.5	6B	全高封闭站台门	2524.1	5982.1	2685.2	6180.2	2135.6	5535.6	2019年6月23日	
常州	常州地铁1号线	南夏墅站—森林公园站	29	34.2	6B	地下：全高封闭站台门 高架：半高安全门	3628.7	10713	3949.8	10553.8	3721.8	7953.5	2019年9月21日	
	常州地铁2号线	青枫公园站—五一路站	15	19.8	6B	地下：全高封闭站台门 高架：半高安全门	—	—	1141.9	2869.1	2019.1	4276.8	2021年6月28日	2021年6月28日开通青枫公园站至五一路站

附录2：地铁线路能耗统计表（2021年—2023年）

续表

地点	线路名称	起始站	站数	长度(km)	编组	站台门形式	牵引能耗(万kWh)(2021年)	运营总能耗(万kWh)(2021年)	牵引能耗(万kWh)(2022年)	运营总能耗(万kWh)(2022年)	牵引能耗(万kWh)(2023年)	运营总能耗(万kWh)(2023年)	开通日期	备注
徐州	徐州地铁1号线	路窝站—徐州东站	18	21.8	6B	全高封闭站台门	1867.2	7927.8	1876.5	5509	1888.6	4792.6	2019年9月28日	
徐州	徐州地铁2号线	客运北站站—新城区东站	20	24.2	6B	全高封闭站台门	192.8	440.1	1890.6	4578.5	1856.7	4268.8	2020年11月28日	
徐州	徐州地铁3号线	高新区南站—下淀站	16	18.1	4B	全高封闭站台门	—	—	617.5	1894.2	1172.8	3125.3	2021年6月28日	
呼和浩特	呼和浩特地铁1号线	伊利健康谷站—坝堰（机场）站	20	21.7	6B2	可调风口站台门	1759.9	5503.5	1868	7804.7	1523.4	7116.8	2019年12月29日	
呼和浩特	呼和浩特地铁2号线	阿尔山路站—塔利东路站	24	27.3	6B2		545.5	1494.7	2026	7309.5	1673.6	6709.5	2020年10月1日	
太原	太原地铁2号线	尖草坪站—西桥站	22	23.3	6A	全高非封闭站台门	—	—	3325.9	8144.3	3100.2	7943.9	2020年12月26日	
洛阳	洛阳轨道交通1号线	红山站—杨湾站	19	24.9	6B	全高封闭站台门、可调风口站台门	—	—	1942.4	5263.5	2075	5458	2021年3月28日	
洛阳	洛阳轨道交通2号线	八里堂站—二乔路站	15	17.6	6B	全高封闭站台门	—	—	23.4	75.5	1498.2	5093.8	2021年12月26日	
嘉兴	嘉兴有轨电车T1线	嘉兴南站—嘉兴火车站	16	13.8	100%低地板有轨电车		—	—	94.6	174.1	330.7	613.4	2021年6月25日	2021年6月25日开通嘉兴南站至嘉兴火车站；2022年1月15日开通嘉兴火车站至中山路安乐路（旭辉广场）站
绍兴	绍兴轨道交通1号线	芳泉站—一姑娘桥站	17	26.8	6B	地下：全高封闭站台门 高架：半高安全门	—	—	1108.5	2215.6	1517.9	4617.2	2022年4月29日	2021年6月28日开通姑娘桥站至中国轻纺城站至姑娘桥站；中国轻纺城站至中山路安乐路站；2022年4月29日开通嘉兴火车站中山路安乐路至芳泉站
绍兴	绍兴轨道交通1号线柯桥段	黄酒小镇站—会展中心站	10	20.3	6B		—	—	—	—	2522.3	5127.5	2021年6月28日	
银川	银川城际线	火车南站—一百苗站	4	81	动车组		—	—	—	—	—	—	2018年9月29日	
银川	银川云轨1号线	1号楼—8号站	8	6.9	6节编组跨座式单轨车辆		—	—	—	—	—	—	2017年9月1日	
芜湖	芜湖轨道交通1号线	白马山站—保顺路站	25	30.4	4节编组跨座式单轨车辆		—	—	342.6	579.7	2375.5	3414	2021年11月3日	
芜湖	芜湖轨道交通2号线	万春湖路站—鸠兹广场站	11	15.8			—	—	9.7	27.7	891.5	2229.4	2021年12月28日	
淮安	1号线有轨电车	体育馆站—南门站	23	20.1	4有轨电车		—	—	489.9	1037.6	580	1091	2015年12月28日	
三亚	三亚有轨电车示范线	三亚火车站—建港站	15	8.4	5储能式有轨电车		—	—	118.5	352.4	74.1	237.7	2020年1月30日	
天水	有轨电车示范线	五里铺站—天水火车站	12	12.9	五模块100%低地板		—	—	166.8	518.3	143.3	466.8	2020年5月1日	

注：1. 该表为全国主要城市的部分地铁线路能耗数据；
2. 站台门形式数据来源为7家设计院（中国铁路设计集团有限公司、中铁第一勘察设计院集团有限公司、中铁二院工程集团有限责任公司、中铁第四勘察设计院集团有限公司、北京城建设计发展集团股份有限公司、上海市隧道工程轨道交通设计研究院、广州地铁设计研究院股份有限公司）参与的项目。

附录3：高校人才培养

附表3　地铁通风空调研究方向研究生培养名单

姓名	类别	论文题目	毕业时间	导师
清华大学				
李晓锋	硕士	应用示踪气体实验技术研究建筑物内空气流动	1997年	朱颖心
李慧林	硕士	地铁通风空调系统在线实时优化控制的研究	1999年	江亿
江泳	硕士	地铁环控系统全年运行研究	2002年	朱颖心
奚峰	硕士	无屏蔽门地铁的环控系统在线控制运行方法研究	2004年	朱颖心
王俊宏	硕士	德黑兰地铁环境控制软件EnCs的研究与改进	2004年	朱颖心
李亮	硕士	列车停站时段站台屏蔽门渗透风量的数值模拟研究	2006年	朱颖心
刘垚	硕士	南京地铁BAS初期在线运行与优化研究	2007年	朱颖心
邓伟	硕士	火灾条件下地下隧道烟气传播的场网耦合模拟及通风控制研究	2007年	朱颖心
李俊	硕士	基于现场实测的地铁车站空调负荷计算方法研究	2009年	朱颖心
杨乐	博士	地铁站用能特征与节能策略研究	2017年	江亿
王莹	硕士	屏蔽门地铁车站无组织渗风问题研究（校级优秀硕士学位论文）	2018年	李晓锋
马晓明	硕士	屏蔽门地铁车站公共区负荷运行优化控制	2020年	朱颖心
李亮	硕士	基于现场实测的地铁车站设备与管理用房空调负荷研究	2020年	李晓锋
张越	博士	地铁隧道环境特性与环控系统优化控制研究（校级优秀博士学位论文）	2022年	李晓锋
王怡臻	硕士	基于调研数据与理论分析的地铁能耗指标研究	2022年	李晓锋
许峥浩	硕士	地铁用能特征与环控系统节能研究	2022年	刘晓华
苏子怡	博士	地铁车站用能基准分析及能耗指标体系研究	在读	李晓锋
王春旺	博士	地铁车站颗粒物的传播规律及控制策略研究	在读	李晓锋
朱俣霖	博士	地铁车站金属颗粒物的控制方法研究	在读	李晓锋
西南交通大学				
曹俊杰	硕士	地铁环控数值模拟研究	1996年	刘应清
黄美荣	硕士	地铁中长期环境的数值模拟	1997年	赵海恒
冯炼	博士	地铁网络系统环境控制数值模拟研究	2001年	刘应清
王兰	硕士	地铁站台屏蔽门系统的技术经济分析	2002年	冯炼
何菡	硕士	基于人工神经网络的地铁环控热负荷计算	2002年	刘应清
樊玲	硕士	基于遗传算法的地铁通风模式优化研究	2003年	冯炼
王春	博士	地铁车站通风与火灾三维数值模拟研究	2005年	刘应清
沙晓雪	硕士	成都地铁利用地下水制冷模式的研究	2005年	许志浩
闫荣巧	硕士	站台屏蔽门系统在我国地下铁道中的适用性研究	2006年	杨其新
王峰	硕士	地铁通风空调系统变频节能研究	2007年	雷波
周吉日	硕士	地铁环控系统中应用变频技术的节能效果研究	2007年	邓志辉
项毅	硕士	站台屏蔽门渗漏风量的模拟分析	2007年	许志浩

续表

姓名	类别	论文题目	毕业时间	导师
周伟军	硕士	过渡季节地铁环控模式分析研究	2008 年	冯炼
汪文光	硕士	地铁车站火灾通风数值模拟研究	2008 年	曾艳华
常莉	硕士	地铁环控系统区域适用与节能性研究	2009 年	冯炼
覃新	硕士	顶部开孔地铁区间隧道自然通风计算研究	2009 年	雷波
李鹏	硕士	地铁屏蔽门可控风口数值模拟研究	2010 年	冯炼
易小楠	硕士	城际列车地下车站环控系统数值模拟研究	2011 年	冯炼
彭治霖	硕士	全封闭屏蔽门系统岛式站台热环境研究及优化	2011 年	毕海权
易小楠	硕士	城际列车地下车站环控系统数值模拟研究	2011 年	冯炼
华正博	硕士	屏蔽门制式地铁轨行区通风模式研究	2012 年	雷波
陈瑶	硕士	复合式屏蔽门地铁车站自然通风特性研究	2013 年	雷波
何剑锋	硕士	地铁隧道通风系统中间风井的优化研究	2013 年	麦继婷
林放	硕士	地铁环控通风节能技术研究	2013 年	曾艳华
刘凯	硕士	地下双岛式车站自然通风与火灾研究	2013 年	毕海权
张成爽	硕士	城际列车地下车站站台门系统比选与通风研究	2013 年	冯炼
谢宣	硕士	地铁深埋长隧道火灾通风数值模拟研究	2013 年	冯炼
喻容	硕士	市域铁路地下车站轨行区通风排烟设置研究	2014 年	冯炼
苗好	硕士	市域铁路地下长隧道热环境模拟及排热形式研究	2016 年	冯炼
许力方	硕士	列车检修库移动式空调研究	2016 年	雷波
韩立辰	硕士	地道风系统在地铁车站中的应用研究	2016 年	冯炼
闫春利	硕士	屏蔽门系统双活塞风井通风换热特性研究	2017 年	雷波
王方宇	硕士	地铁区间隧道风速分布特性及监测方法研究	2017 年	毕海权
唐莎	硕士	屏蔽门系统地铁隧道温度分布特性与监测方法研究	2017 年	雷波
付强	硕士	湿热地区深埋地铁车站通风空调系统能耗研究	2018 年	冯炼
卢昌宪	硕士	重庆地铁六号线隧道运营通风系统实测和数值模拟研究	2018 年	冯炼
张敏	硕士	地铁车站地道风系统降温效果与节能性分析	2018 年	冯炼
熊武标	硕士	基于地铁红土地站实测数据的通风空调系统运行控制研究	2019 年	冯炼
任明月	硕士	地铁区间隧道毛细管换热系统性能研究	2019 年	袁艳平
程江浩	硕士	成都地铁典型车站空气品质及污染物分布规律研究	2021 年	郭春
天津大学				
娄小军	硕士	地铁岛式站台公共区流场的动态模拟研究	2002 年	由世俊
王良柱	硕士	地铁侧式站台通风 CFD 模拟与优化	2002 年	涂光备
杨向劲	硕士	地铁侧式站台空调方案 CFD 模拟	2003 年	由世俊
王峰一	硕士	地铁岛式站台通风 CFD 模拟	2003 年	由世俊
刘晶	硕士	地铁热环境影响因素研究	2003 年	由世俊
田铖	硕士	地铁用轴流风机的 CFD 模拟及研究	2003 年	张欢
那艳玲	博士	地铁车站通风与火灾的 CFD 仿真模拟与实验研究	2004 年	涂光备
王英辉	硕士	基于通用 CFD 的地铁车站热环境模拟系统的开发与应用	2004 年	涂光备
杨东旭	硕士	地铁空调通风节能研究	2004 年	由世俊
高立江	硕士	地铁用轴流风机的数值模拟及研究	2004 年	张欢
李涛	硕士	活塞风对地铁站内环境的影响	2005 年	涂光备

续表

姓名	类别	论文题目	毕业时间	导师
赵金亮	硕士	地铁车站紧急通风系统的数值模拟研究	2005 年	朱能
魏巧丽	硕士	地铁环控系统变风量技术研究	2005 年	张欢
光俊杰	硕士	深圳地铁香蜜湖岛式车站的隧道活塞风研究	2006 年	涂光备
杨樱	硕士	利用变频风机进行地铁环控空调通风节能运行方案研究	2006 年	由世俊
高彩凤	硕士	地铁岛式站台公共区通风空调气流组织方式研究	2006 年	张欢
袁凤东	博士	智能化地铁通风空调系统节能技术研究	2007 年	由世俊
韩荣山	硕士	地铁侧式站台改造工程横向通风气流组织研究	2007 年	由世俊
李莉	硕士	地铁岛式站台公共区流场的动态模拟研究	2007 年	张欢
张璐璐	硕士	迂回风道及安全门对地铁车站热环境的影响	2007 年	张欢
伍晨	硕士	地铁用轴流风机的 CFD 模拟	2007 年	由世俊
徐波	硕士	地铁安全门系统和屏蔽门系统舒适性与能耗性研究	2007 年	张欢
董书芸	博士	北方城市地铁活塞风对地铁环境的影响规律及有效利用	2008 年	由世俊
尹奎超	硕士	安全门和带风口的屏蔽门对地铁侧式站台环境影响研究	2008 年	由世俊
李国庆	硕士	新型城市轨道交通通风空调多功能集成系统研究	2008 年	由世俊
吴文忠	博士	地铁岛式站台空气龄及火灾防排烟研究	2009 年	由世俊
周鹏	硕士	岛式站台通风节能性研究	2010 年	杨昭
马锋	硕士	地铁新环控系统可行性及节能效果研究	2011 年	杨昭
余龙清	硕士	地铁环控系统变频节能研究	2011 年	杨昭
李国庆	博士	用于地铁的可调通风型站台门系统综合技术研究	2012 年	由世俊
张亚卓	硕士	岛式站台可调风口屏蔽门环控系统运行效果研究	2016 年	由世俊
朱春光	博士	狭长受限空间运动地铁列车火灾特性研究	2017 年	张欢
崔桐	硕士	地铁车站采用可调风口屏蔽门环控系统节能效果研究	2017 年	张欢
唐朝	硕士	地铁未运行地下车站除湿研究	2019 年	由世俊
周婷婷	硕士	岛式站台火灾烟气流动及排烟系统研究	2019 年	叶天震
刘敏章	博士	超长隧道多运动列车活塞风特性及其模型简化研究	2020 年	张欢
李博林	硕士	天津某地铁岛式站台排烟系统气流组织研究	2020 年	叶天震
王焙	硕士	室外风对岛式地铁站站厅层排烟效果的影响	2020 年	叶天震
喻彦喆	博士	北方城市地铁车站建筑热湿环境特征及能效测评方法研究	2022 年	由世俊

西安建筑科技大学

姓名	类别	论文题目	毕业时间	导师
辛伟宁	硕士	活塞风与机械风耦合作用下的地铁站台热环境研究	2009	赵蕾
韩云	硕士	地铁风亭和风井形式对隧道通风效果影响的研究	2009	赵蕾
朱柏山	硕士	列车进站过程中活塞风对岛式车站热环境影响的研究	2010	赵蕾
王乐	硕士	活塞风对地铁安全门系统环控通风效果的影响分析	2010	赵蕾
贾文涛	硕士	地铁侧式站台隧道内有、无隔断对环控通风效果的影响研究	2013	赵蕾
胡浩明	硕士	地铁隧道内气流分布特征及排热模式研究	2014	赵蕾
张建平	硕士	地铁列车车厢内气流组织的优化研究	2015	朱常琳
陶海涛	硕士	地铁屏蔽门对站台空调系统负荷的影响研究	2015	樊越胜
张鹏	硕士	地铁隧道通风系统的节能运行优化研究	2016	樊越胜
齐江浩	硕士	地铁活塞风特性及车站通风空调负荷能耗研究	2016	赵蕾
赵全超	硕士	地铁车站屏蔽门系统的站台区环境数值模拟	2016	李安桂

续表

姓名	类别	论文题目	毕业时间	导师
赵纯	硕士	北方严寒地区地铁新型屏蔽门通风及冬季热环境数值模拟	2017	李安桂
韩浩天	硕士	严寒地区地铁车站用水环多联式热泵系统的设计方法及性能研究	2018	刘艳峰
吴嘉钰	硕士	利用活塞风降低地铁站通风空调系统能耗的潜力研究	2018	赵蕾
曾逸婷	硕士	地铁车站公共区通风空调系统运行方案优化方法研究	2019	赵蕾
付亮	硕士	地铁车站中央空调系统负荷预测与节能优化	2019	段中兴
王堃	硕士	西安地铁站热舒适与空气品质研究	2019	赵西平
张荣	硕士	基于人群密度估计的地铁通风系统节能控制研究	2019	段中兴
胡文斌	硕士	西安地铁轨行区间热环境理论研究及通风优化策略	2019	赵西平
宁艳涛	硕士	基于青岛第二海底隧道的不同运营期温度控制及通风设计参数优化	2019	李安桂
李佳兴	硕士	地铁岛式站台公共区柱体贴附送风气流组织模拟与优化设计分析	2019	李安桂
张文榕	硕士	地铁屏蔽门漏风对车站热环境的影响及气流组织优化研究	2019	李安桂
徐国强	硕士	基于客流特征的地铁车站动态空调负荷预测方法研究	2020	赵蕾
曹菲菲	硕士	基于合肥某地铁车站公共区的柱面贴附通风气流组织分析与评价	2020	李安桂
马江燕	博士	北方地区冬季地铁车站热环境及其控制策略	2020	李安桂
任涛	硕士	地铁车站通风空调系统能效控制及招标评价体系研究	2021	陈登峰
温倩	硕士	地铁站公共区通风空调系统节能优化研究	2021	段中兴
张思凯	硕士	寒冷地区地铁隧道浅埋段温度分布规律及冷风侵入控制方法研究	2021	高然
张欣	博士	地铁站轨行区、活塞风井与出入口通道非机械通风特性及环控系统节能研究	2022	李安桂
同济大学				
王丽慧	博士	地铁活塞风与地铁环控节能	2007	吴喜平
边志美	硕士	地铁屏蔽门、闭式和开式系统环控能耗分析研究	2007	吴喜平
杨波力	硕士	地铁区间隧道热环境监测技术及温升模型研究	2013	臧建彬
张婷婷	硕士	轨顶排风对地铁停站列车空调散热影响分析	2014	臧建彬
桑东升	硕士	公铁合建越江隧道通风及排烟模式优化分析	2015	张旭
程刚	硕士	地铁区间隧道雾化降温技术研究	2015	臧建彬
王胜己	硕士	狭长大空间多向污染气流控制技术优化研究	2017	张旭
张倩	硕士	地铁隧道环境颗粒物分布特性分析与车内控制研究	2017	臧建彬
李世峰	硕士	多匝道城市隧道压力分布及火灾烟气控制方案优化	2019	张旭
吴经伟	硕士	地铁隧道通风竖井突发污染物扩散研究	2019	臧建彬
陆心怡	硕士	运行地铁列车通风特性与穿堂风研究	2021	臧建彬
周华美	硕士	基于车洞耦合作用的地铁隧道颗粒物分布规律研究	2022	臧建彬
王涛	硕士	地铁隧道内广告灯箱压力分布特性分析研究	2022	臧建彬
上海理工大学				
李志玲	硕士	活塞风作用下站台空调送风射流流场特性模拟研究	2009年	王丽慧
杜晓明	硕士	地铁活塞风与站台送风射流等温耦合速度场特性研究	2009年	王丽慧
孙云雷	硕士	地铁站台活塞风与空调送风非等温耦合特性研究	2010年	王丽慧
王维	硕士	新建地铁隧道内围岩层吸热特性研究	2010年	王丽慧
任俊	硕士	地铁车站轨行区排热系统特性研究	2011年	王丽慧
刘卓	硕士	地铁敞开区域热环境与冷量分配动态规律研究与优化	2011年	王丽慧
陈蕊	硕士	横流作用下空调送风口下方动态舒适性特性研究	2011年	王丽慧

续表

姓名	类别	论文题目	毕业时间	导师
戴睿	硕士	站台活塞风与空调送风射流耦合的机理研究及应用	2012 年	王丽慧
陶辉	硕士	地铁隧道围岩土壤温度场演化特性实验研究	2012 年	王丽慧
王鹏飞	硕士	地铁隧道围岩壁面温度演化特性的实验研究	2013 年	王丽慧
白芯慧	硕士	热舒适状态下人体与环境换热特性的实验研究	2013 年	王丽慧
杜志萍	硕士	地铁隧道围岩土体热库及其蓄放热性能演化特性的变因素研究	2014 年	王丽慧
邹学成	硕士	室内外传热耦合下地铁站侧墙半无限大土体热库演化特性研究	2015 年	王丽慧
刘畅	硕士	不同运行年限下地铁环控设备系统性能参数演化特性研究	2015 年	王丽慧
张嫄	硕士	基于地铁负荷演化特性的环控设备动态匹配研究	2016 年	王丽慧
刘俊	硕士	三个空气温度波耦合作用下地铁车站周围土体蓄放热演化特性研究	2016 年	王丽慧
胡田伟	硕士	作用与地铁站周围土体三个关联温度波的分析及其实验实现方式研究	2017 年	王丽慧
张继华	硕士	隧道空气温度长期演化特性与调控策略研究	2017 年	王丽慧
张雨蒙	硕士	地铁车站周围土体长周期温度演化特性的理论模型研究	2018 年	王丽慧
刘鹏飞	硕士	地铁车站周围土壤水气冷凝相变临界条件与放热特性实验研究	2018 年	王丽慧
高仁义	硕士	基于高温天气乘客热舒适性需求的地铁车站运行气温研究	2018 年	王丽慧
张杉	硕士	基于不同年限壁面冷辐射下的地铁车站热环境运行参数研究	2018 年	王丽慧
孙彬	硕士	远期运营且气温超标地铁区间的调控策略与效果研究	2019 年	王丽慧
左沪	硕士	地铁区间温和围岩土体蓄放热量随年限演化特性的迭代求解与预测研究	2019 年	王丽慧
黄淑敏	硕士	屏蔽门地铁车站内部压力波动规律特性研究	2019 年	王丽慧
王博	硕士	基于人员分布特征地铁车站不同区域冷负荷及新风配比的需求研究与应用	2019 年	王丽慧
程坚	硕士	单向流在地铁车站轨行区上排热中的应用研究	2020 年	王丽慧
尹立元	硕士	地铁车站空气温度逐年演化特性的影响因素研究	2020 年	王丽慧
曾宪明	硕士	地铁车站围岩多孔介质土体冷凝换热特性随运营年限演化研究及其应用	2020 年	王丽慧
朱佳良	硕士	长周期地铁区间隧道气温演化特性与温升阈值预测研究	2021 年	王丽慧
马嘉楠	硕士	地铁车站与周边建筑相关性分类及车站降耗潜力研究	2021 年	王丽慧
马长江	硕士	活塞风效应下地铁站台层压力波动特性及楼梯口风量研究	2021 年	王丽慧
杨欣薇	硕士	基于乘客热舒适特征的市域铁路车站空调分区及其调控策略	2021 年	王丽慧